中国与葡语国家能源合作展望

魏欣旸 萧仔伶 盛妮 编著

中国财经出版传媒集团
中国财政经济出版社

图书在版编目（CIP）数据

中国与葡语国家能源合作展望／魏欣旸，萧仔伶，盛妮编著．－－北京：中国财政经济出版社，2023.7
ISBN 978－7－5223－2312－1

Ⅰ．①中… Ⅱ．①魏…②萧…③盛… Ⅲ．①能源经济－经济合作－国际合作－研究－中国、世界 Ⅳ．①F426.2②F416.2

中国国家版本馆 CIP 数据核字（2023）第 112428 号

责任编辑：罗亚洪　　　　　　　　责任印制：张　健
封面设计：陈宇琰　　　　　　　　责任校对：胡永立

中国与葡语国家能源合作展望
ZHONGGUO YU PUYU GUOJIA NENGYUAN HEZUO ZHANWANG
中国财政经济出版社 出版

URL：http：//www.cfeph.cn
E－mail：cfeph@ cfeph.cn
（版权所有　翻印必究）

社址：北京市海淀区阜成路甲 28 号　邮政编码：100142
营销中心电话：010－88191522
天猫网店：中国财政经济出版社旗舰店
网址：https：//zgcjjcbs.tmall.com
北京密兴印刷有限公司印刷　各地新华书店经销
成品尺寸：170mm×240mm　16 开　32 印张　476 000 字
2023 年 8 月第 1 版　2023 年 8 月北京第 1 次印刷
定价：90.00 元
ISBN 978－7－5223－2312－1
（图书出现印装问题，本社负责调换，电话：010－88190548）
本社质量投诉电话：010－88190744
打击盗版举报热线：010－88191661　QQ：2242791300

序　言

　　能源是经济社会发展的重要资源，能源的可及、安全、绿色和可持续性对人类社会持续发展意义重大。随着世界经济持续发展，越来越多的发展中国家对能源呈现出日益增长的需求。受世界化石能源存量限制和供应渠道制衡，国际能源市场长期承受供应紧张、价格波动压力，不可再生化石燃料消耗对地球大气生态环境造成严重破坏，对能源的可及、安全和可持续性带来巨大挑战和深刻影响，最终将影响到整个人类经济社会的可持续发展。传统能源的短缺和污染，迫使人们将视线转向更为安全环保的水、风、光等其他可再生清洁能源，以保护生态环境推动持续发展，这是人类社会迈向 21 世纪的重大议程。2022 年 2 月，俄乌冲突触发的国际能源市场动荡，造成了世界范围内的能源危机，众多国家由此出现严重通货膨胀和经济滞涨景象。少数能源输出国对传统能源资源的有组织控制以及具有不确定性的黑天鹅事件爆发，加剧了世界解决能源问题的紧迫感和决心，各国更多地将能源重心转向了可再生清洁能源的开发和利用，世界能源格局将由此发生深刻变化。

　　世界能源向全面可及、安全、绿色、可持续发展转型，既要依靠科技的发展和应用，也需要通过广泛的国际能源合作来解决全球范围内的能源问题。中国过去几十年经济增长，在能源领域取得了长足的进展，是全球能源消费和生产大国。中国在能源科技、产业装备、传统能源开采加工、可再生清洁能源开发利用、能源市场和基础设施建设等各领域都拥有强大的能力。中国秉持开放、绿色、廉洁理念，坚持共商共建共享原则，实行开放条件下的能源发展和安全策略，扩大能源领域对外开放，加强能源领域国际交流，促进能源基础设施互联互通建设，畅通能源国际贸易，促进能源投资便利化，维护全球能源市场稳定，推动共建"一带一路"能源绿色可持续发展，积极参与全球能源共同治理，努力引导、携手应对全球气候变化挑战，积极推动能源绿色低碳转型发展，在实现自身发展的同时与世界各国开展了互利共赢的务实能源合作，为构建国际能源安全稳定新格局作出了贡献。

中国能源发展优势与劣势并存，虽然能源资源蕴藏丰富，但由于人口众多、经济高速增长，导致能源消耗量一直居高不下，对煤炭、石油、天然气等化石燃料过度依赖进口，能源需求和供给结构不平衡，可再生清洁能源所占比例仍然不高，很多领域还存在高污染排放情况，不利于保护环境和可持续发展，能源安全仍存潜在风险。中国在满足国家经济发展和社会需求的同时，需要进一步发展新能源技术，积极开展国际能源合作拓宽能源渠道，发展可再生清洁能源以改善能源结构，减少对进口化石能源的依赖，降低经济发展能耗，提高能源利用效率，确保国家能源安全、可持续发展。

1996年7月17日在葡萄牙首都里斯本，葡萄牙、巴西、安哥拉、莫桑比克、赤道几内亚、佛得角、几内亚比绍、圣多美和普林西比以及东帝汶等九个官方语言为葡萄牙语的国家，正式宣布成立总部设在里斯本的葡语国家共同体。九个国家地处欧洲、拉丁美洲、非洲和亚洲，各自处于不同的经济社会发展阶段，总人口约2.5亿人。凭借着独特而传统的文化纽带关系，九国在相互理解和尊重基础上，进行政治协商并开展经济和文化等不同领域的深度合作，形成了较为紧密的经贸协同体。

葡语国家由于地域与国情不同，能源发展的状况也大不相同。除了能源资源禀赋与结构不平衡外，能源市场、科技和产业发展水平也有很大差异。多数葡语国家能源科技和开采加工能力弱，能源资源得不到有效开发、开采和利用，普遍面临能源供应短缺或产出不稳定、能源发展结构不平衡需要转型等问题。葡语国家大多数位于热带和亚热带海洋地区，水能、风能、太阳能、生物质能和海洋潮汐能等可再生能源资源丰富，具有广泛开展国际可再生能源合作开发利用的潜力与优势，发展可再生清洁能源、促进能源结构转型是他们共同的愿景。

中国与葡语国家地缘虽远，但在经贸技术、文化交流等方面存在长期合作的良好基础，彼此能源资源、市场、产业、技术和资金互补性强，具有深入开展能源合作的条件与空间。在新的国际能源环境状况下，各方的能源合作将为彼此能源发展带来新的机遇，对保障彼此能源供应安全和能源绿色转型意义重大。同时，也对维护世界能源市场稳定和推动全球能源可持续发展具有重要意义。

中国与葡语国家在能源领域的合作，需要本着共商共建、互利共赢的理念原则，通过中国澳门与葡语国家长期形成的互动合作平台，借助"中国—葡语国家经贸合作论坛（澳门）"进行广泛的能源合作交流，深入了解彼此的能源发展和利益关切，沟通、协调彼此观念和政策法规，严格按照国际惯例和相关法律法规，增进战略互信，在分析、评估既有能源合作传导效应与能源市场联动性影响基础上，共同应对地缘政治、文化差异、政策连续性和国际能源市场动荡风险挑战，创建多双边能源合作机制与组织，形成多元能源合作投融资渠道，加强能源科技的合作，促进技术创新，推广先进可再生清洁能源技术应用并保护知识产权，为开展彼此能源合作创造更为有利的环境和条件。

中国与葡语国家的能源合作前景广阔且意义深远，中国与葡语国家在开展能源领域的实际合作中，应充分发挥各自的优势条件，共同探索能源合作新机遇和新模式，深化合作内涵，开展能源资源、技术、市场、组织、人员、开采、开发、利用、供应链和资金等全方位的项目合作，积极推进能源基础设施互联互通建设，共同推动能源的可持续发展和绿色转型，构建更为广泛的能源合作前景。

本书第一章由于昊玉、魏欣旸编写（于昊玉：伦敦政治经济学院硕士研究生，魏欣旸：澳门科技大学助理教授、博士生导师）；第二章由黄婉玟、盛妮编写（黄婉玟：澳门科技大学硕士研究生，盛妮：澳门科技大学商学院院长、教授、博士生导师）；第三章由胡嘉树、萧仔伶编写（胡嘉树：澳门科技大学应用经济学学士，萧仔伶：澳门理工大学副教授、博士生导师）；第四章由梁博、萧仔伶编写（梁博：澳门科技大学应用经济学学士）；第五章由曾政、盛妮编写（曾政：澳门科技大学应用经济学学士）；第六章由霍诗敏、盛妮编写（霍诗敏：首尔科学综合大学院大学博士研究生）；第七章由李政杰、萧仔伶编写（李政杰：澳门科技大学应用经济学学士）；第八章由刘瑾、叶子炀、魏欣旸编写（刘瑾：澳门科技大学硕士研究生，叶子炀：澳门科技大学硕士研究生）；第九章由郑昕玥、魏欣旸编写（郑昕玥：伦敦政治经济学院硕士研究生）；第十章由魏欣旸、萧仔伶、盛妮编写。全书主编为魏欣旸、萧仔伶、盛妮。

  本书编写过程中，全体编著人员经历并克服了新冠疫情带来的困难和影响，共同完成了书稿的编写，在此感谢全体编者付出的艰辛努力。

  本书的编著与出版获得了澳门特别行政区政府教育基金（原高等教育基金）的支持，特此致谢！

  谨此希望本书能够为增进中国与葡语国家在能源领域交流合作以及发挥澳门特别行政区的纽带作用而作出有益的奉献。

  感谢所有为本书出版发行提供服务的人士！

编　者
2023 年 7 月于澳门

目 录

1. 中国能源发展状况 ... 1
   1.1 中国的能源资源状况 ... 1
   1.2 中国能源消费状况 ... 3
   1.3 中国能源供应状况 ... 10
   1.4 中国能源进出口现状 ... 18
   1.5 中国能源产业现状 ... 24
   本章小结 ... 32
   本章数据来源 ... 33
   本章参考文献 ... 33
2. 中国能源国际合作传导效应 ... 37
   2.1 概述 ... 37
   2.2 研究方法 ... 39
   2.3 实证结果分析 ... 46
   2.4 结论与建议 ... 75
   本章小结 ... 77
   本章附录 ... 79

  本章参考文献   80

3. 葡语国家能源消费与经济增长   86
  3.1 葡萄牙能源消费与经济增长   86
  3.2 巴西能源消费与经济增长   98
  3.3 安哥拉能源消费与经济增长   110
  3.4 莫桑比克能源消费与经济增长   121
  3.5 佛得角能源消费与经济增长   131
  3.6 圣多美和普林西比能源消费与经济增长   133
  3.7 赤道几内亚能源消费与经济增长   136
  3.8 东帝汶能源消费与经济增长   140
  3.9 几内亚比绍能源消费与经济增长   142
  本章小结   145
  本章数据来源   146
  本章参考文献   146

4. 葡语国家能源供给与结构   148
  4.1 葡萄牙能源供给与结构   148
  4.2 巴西能源供给与结构   164
  4.3 安哥拉能源供给与结构   181
  4.4 莫桑比克能源供给与结构   193
  4.5 其他葡语国家能源供给与结构   208
  本章小结   218
  本章数据来源   219
  本章参考文献   219

5. 葡语国家能源行业发展现状   221
  5.1 葡萄牙能源行业发展现状   221
  5.2 巴西能源行业发展现状   236
  5.3 安哥拉能源行业发展现状   255
  5.4 莫桑比克能源行业发展现状   264
  5.5 其他葡语国家能源行业发展现状   270
  本章小结   284

本章数据来源 284

　　本章参考文献 285

6. 葡语国家能源行业面临的问题 289

　6.1　葡萄牙能源行业面临的问题 289

　6.2　巴西能源行业面临的问题 296

　6.3　安哥拉的能源问题 302

　6.4　莫桑比克的能源问题 305

　6.5　其他葡语国家能源行业面临的问题 309

　　本章小结 312

　　本章数据来源 312

　　本章参考文献 313

7. 葡语国家能源发展政策与规划 318

　7.1　葡萄牙能源发展政策与规划 318

　7.2　巴西能源发展政策与规划 324

　7.3　安哥拉能源发展政策与规划 330

　7.4　莫桑比克能源发展政策与规划 333

　7.5　几内亚比绍的能源发展政策与规划 336

　7.6　东帝汶的能源发展政策与规划 338

　7.7　赤道几内亚的能源发展政策与规划 338

　7.8　佛得角的能源发展政策与规划 340

　7.9　圣多美和普林西比的能源发展政策与规划 341

　　本章小结 342

　　本章参考文献 343

8. 中国能源政策与葡语国家市场联动性分析 347

　8.1　中国能源政策对葡萄牙市场的传导效应 347

　8.2　中国能源政策对巴西市场的传导效应 388

　　本章小结 429

　　本章参考文献 430

9. 中国与葡语国家能源合作现状 437

　9.1　中国与葡语国家的经贸合作 437

9.2　中国与葡萄牙的能源合作　439
9.3　中国与巴西的能源合作　443
9.4　中国与安哥拉的能源合作　448
9.5　中国与莫桑比克的能源合作　451
9.6　中国与佛得角的能源合作　456
9.7　中国与圣多美和普林西比的能源合作　458
9.8　中国与赤道几内亚的能源合作　461
9.9　中国与东帝汶的能源合作　464
9.10　中国与几内亚比绍的能源合作　467
本章小结　470
本章数据来源　471
本章参考文献　471

10. 深化发展中国与葡语国家能源合作　476
10.1　中国与葡语国家总体能源状况　476
10.2　俄乌冲突对能源环境的影响　488
10.3　中国与葡语国家能源合作意义　492
10.4　建立中国与葡语国家的能源合作多边机制　496
10.5　深化发展中国与葡语国家能源合作的政策建议　497
本章小结　501
本章数据来源　501
本章参考文献　501

1. 中国能源发展状况

自 2015 年以来，中国坚持创新、协调、绿色、开放、共享的新发展理念，不断深化能源体制机制改革，能源治理不断完善，能源科技持续发展，政策导向优先发展非化石可再生清洁能源，能源消费需求持续增长结构加快转变，能源利用效率显著提高，能源进出口贸易持续发展，能源生产供应能力不断提高。经过多年努力，中国已构建起多渠道安全清洁能源供应体系，能源利用保障和可持续性得到大幅提升，已经发展成为全球最大的能源消费国和生产国。中国政府将采取更加有力的政策和措施，力争在 2030 年前实现碳达峰，2060 年前实现碳中和。

1.1 中国的能源资源状况

能源是经济社会发展的重要基础和动力，中国能源资源储量丰富种类齐全，但存在能源资源结构失衡和地区分布不均的问题。

截至 2021 年年底，在中国已发现的 173 种矿产中，能源矿产为 13 种。主要能源矿产已探明储量分别为：煤炭 2 078.85 亿吨、石油 36.89 亿吨、天然气 63 392.67 亿立方米、煤层气 5 440.62 亿立方米、页岩气 3 659.68 亿立方米。就资源结构而言，主要能源矿产中煤炭资源丰富，石油和天然气储量相对较低（如图 1-1-1 所示）。2020 年，中国已探明煤炭资源占全球 13.3%，位列世界第四，而已探明石油和天然气储量分别占全球 1.5% 和 4.5%（bp 中国，2021）。中国不断推进能源资源的开发和管理，加强重要矿产资源保障，2021 年国家针对能源资源勘查的投入进一步增加，油气地质勘查资金投入 799.06 亿元，较上年增长 12.5%；煤炭勘查资金投入 13.49 亿元，同比增长 10.3%（中华人民共和国自然资源部，2022）。

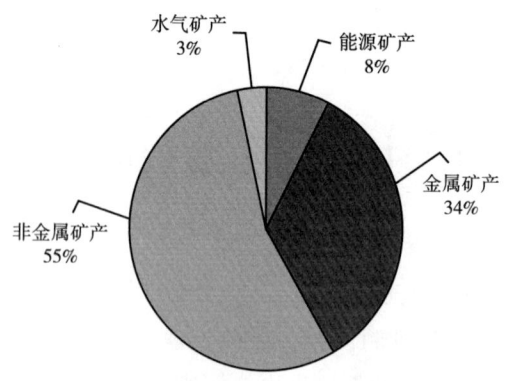

图 1-1-1 中国已探明矿产资源种类结构

资料来源：《中国矿产资源报告 2022》。

中国能源存在资源赋存分布不均衡的问题。如图 1-1-2 所示，中国煤炭资源主要集中在山西、陕西、新疆、内蒙古和贵州 5 个省份，上述地区探明储量约占全国储量的 78.7%。资源分布呈现"北富南贫，西多东少"的状况，主产地与消费地逆向分布，基本流向呈"北煤南运、西煤东运"的趋势。中国石油资源最丰富的 5 个省份为新疆、甘肃、河北、黑龙江和陕西，上述地区探明储量约占全国总量的 55.5%。天然气资源主要分布在中西部地区的四川、陕西、新疆和内蒙古 4 个省份，4 个地区储量之和约占全国总量的 76.2%（中华人民共和国自然资源部，2021）。页岩气资源也主要分布在中国中西部地区，四川和重庆为页岩气的主要产区。

金属资源与能源产业发展有密不可分的联系，尤其是在全球第三次能源转型和碳中和目标的背景下，关键矿产资源对于各国具有战略性意义。钴、锂、天然石墨等矿产是能源系统转型过程中所需的关键矿产资源，在绿色、低碳、清洁技术中发挥了重要作用。锂、钴和石墨在电池技术中有重要应用，稀土元素应用于生产电动汽车和风力发电机的永磁体，钇和钪可用于某些类型的氢电解槽。中国在这些战略性新型矿产储量方面有一定优势，截至 2021 年，中国稀土金属储量位居世界第一，约为 4 400 万吨，占全球总储量的 35.7%；天然石墨储量为 7 826.33 万吨，占全球总储量的 20%，位居土耳其之后排名世界第二；锂矿储量为 404.68 万吨，约占全球总储量的 7.4%，

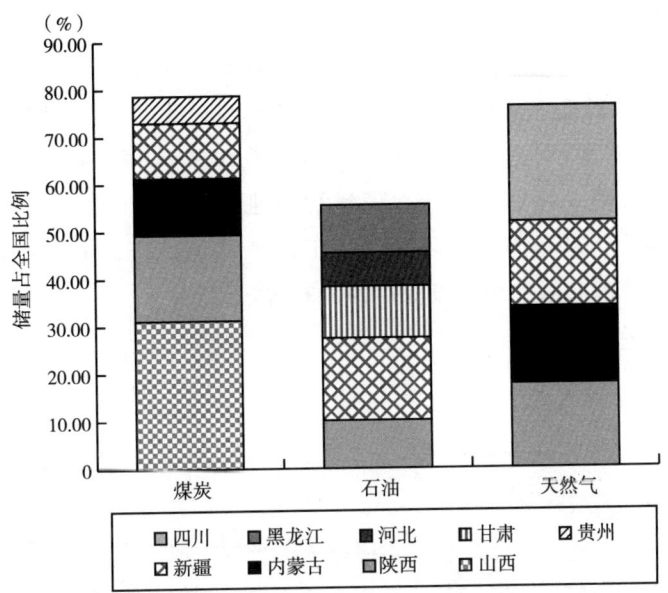

图 1-1-2 中国主要能源资源储量地区分布

资料来源：中华人民共和国自然资源部《2020 年全国矿产资源储量统计表》。

位列世界第四；钴矿储量为 13.86 万吨，位列世界第九。随着绿色革命的进一步推进和清洁能源技术的发展，对于这些关键矿产需求将持续增加，国际能源署（International Energy Agency，IEA）表示，为实现 2050 年全球净零排放，到 2040 年需要的关键矿产投入将是 2021 年的 6 倍（IEA，2021）。能否拥有足够的关键矿产资源满足能源转型需求将成为各国共同面对的挑战。

1.2 中国能源消费状况

1.2.1 能源消费总量

中国已在 2009 年超越美国成为全球能源第一大消费国。从世界前四大能源消费国中国、美国、印度和俄罗斯的能源数据来看（如图 1-2-1 所示），总的能源消费只有中国在过去的 20 年间保持高速增长，其余三国能源消费量增长缓慢且在新冠疫情冲击期间出现不同程度下降。与 2000 年相比，中国能源消费总量增长近4倍，2021年中国能源消费总量已经接近美国的两倍，占全球总消费量的26.5%（bp世界能源统计年鉴，2022）。2021年，中国的能源消费总量达到了52.4亿吨标准煤，同比增长了6.3%（如图1-2-2所示），自2012年以来增长了30.4%，年均增速为3%。这一消费量对应的支撑国内生产总值年均增速为6.6%（中国国家统计局，2022c）。随着新冠疫情稳定防控，复工复产稳定推进，中国经济平稳运行，中国能源消费增速将继续保持回升趋势。

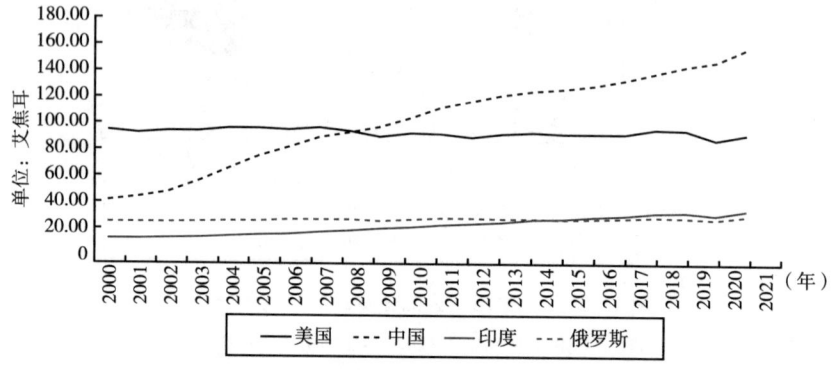

图1-2-1 中美印俄四国能源消费总量变化

资料来源：bp。

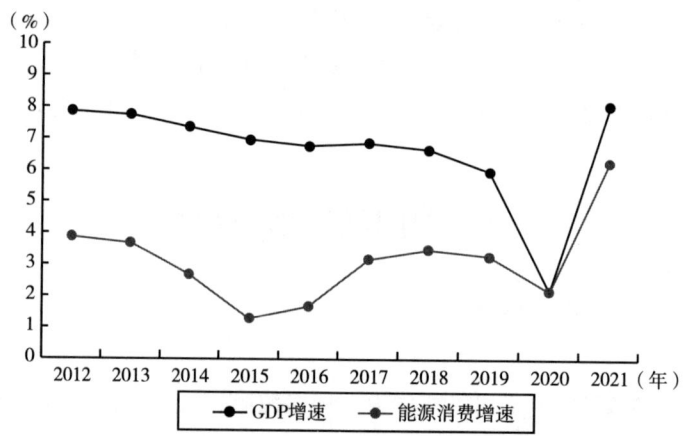

图1-2-2 中国能源消费增速与国内生产总值增速趋势

资料来源：中国国家统计局。

多年来中国人均用能水平不断提高，用能结构也发生显著变化（如图1-2-3所示）。2020年，中国人均能源消费量为3 531千克标准煤，相比2012年增长18.9%，年均增长2.2个百分点。人均生活能源消费量为456千克标准煤，按生活能源消费种类来看，人均生活电力、液化石油气、天然气消费量年均增长率分别为7.3%、6.7%、8.1%（中国国家统计局，2022c）。分地区来看，如图1-2-4所示，自2016年起，乡村人均生活能源消费量开始超过城镇人均生活能源消费量（中国国家统计局能源统计司，2021）。

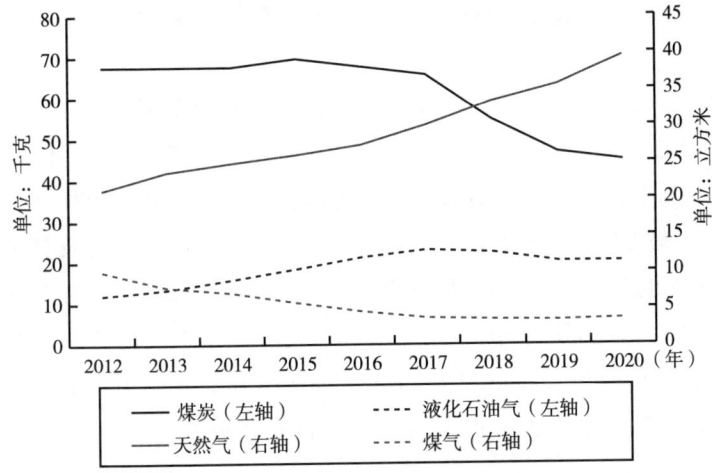

图1-2-3 中国人均生活能源消费量

资料来源：中国国家统计局。

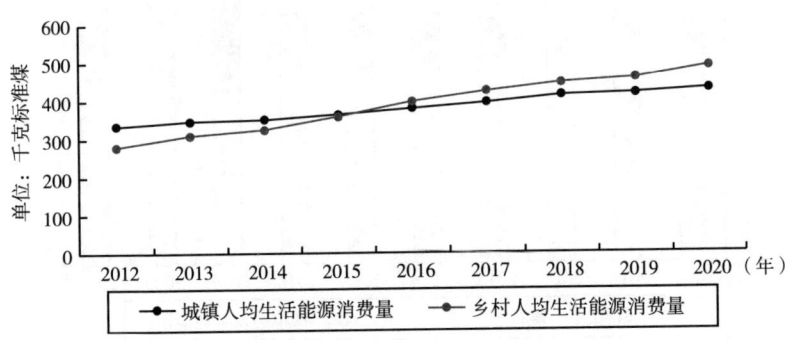

图1-2-4 中国分地区人均生活能源消费量

资料来源：中国国家统计局。

1.2.2 能源消费结构

近十年来,中国坚定不移推进能源消费革命,转变用能方式,追求低碳发展,确立"双碳"目标,能源绿色低碳转型逐步推进,扎实开展重点地区煤炭消费减量替代工作,积极发展清洁能源,推动城乡电气化发展,加快天然气在工业燃料、燃气发电、城镇燃气等领域的大规模高效科学利用进程,天然气、水电、核电等清洁能源消费量比重持续增加,能源消费结构不断优化。

如图 1-2-5 所示,2012 年中国清洁能源在能源消费总量中的比重为 14.5%,2021 年各类清洁能源消费占总消费比重为 25.5%,比 2012 年增加 11%。其中,天然气在能源消费中所占比重逐年上升,2021 年其占比达到 8.9%,较 2012 年提高了 4.1 个百分点。同时,一次电力及其他清洁能源消费比重也有所上升,从 2012 年的 9.7% 上升至 2021 年的 16.6%,增长了 6.9%。与此同时,化石能源消费占比总体呈下降趋势。煤炭的消费比重由 2012 年的 68.5% 下降为 2021 年的 56.0%,年均下降 1.85%,幅度显著;2021 年石油消费比重为 18.5%,同比下降 0.3 个百分点。2021 年

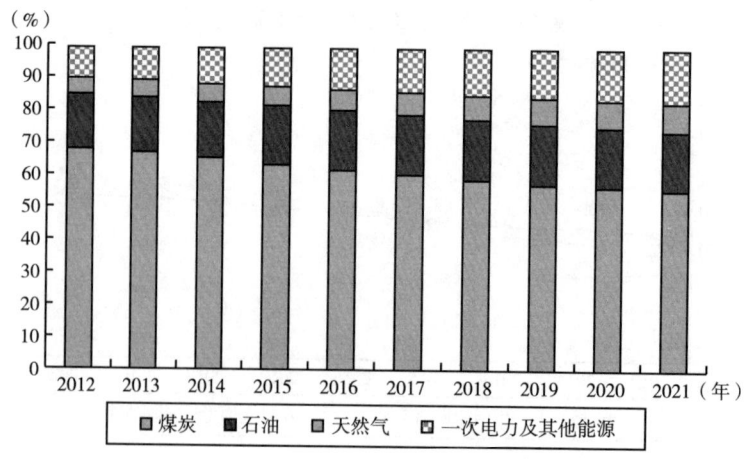

图 1-2-5 中国能源消费结构

资料来源:中国国家统计局。

国家经济工作会议中提出，新增可再生能源和原料用能不纳入能源消费总量控制。2022年在两会上，李克强总理所作《政府工作报告》提出要推动能耗"双控"向碳排放总量和强度"双控"转变。这些政策将进一步推动终端电气化率水平，增加可再生能源项目的应用（中国清洁发展机制基金，2022）。

1.2.2.1 煤炭和石油消费

中国是全球最大的煤炭消费国和第二大石油消费国，煤炭和石油消费量分别占世界消费总量的53.8%和16.6%。如图1-2-6所示，2021年中国煤炭消费量86.17艾焦耳，同比增长4.9%，近十年来年均增长0.8%（bp Statistical Review of World Energy，2022）。2021年中国石油消费总量为30.60艾焦耳，同比增长6.7%，十年间年均增长4.7%（bp Statistical Review of World Energy，2022），增速大于煤炭消费。从消费行业来看，如图1-2-7所示，中国一半以上的石油消费是应用于工业与交通运输、仓储和邮政业（Natural Resources Defense Council，2019），因此想要控制化石能源消费，工业与交通运输、仓储和邮政业是政策关注的重点。

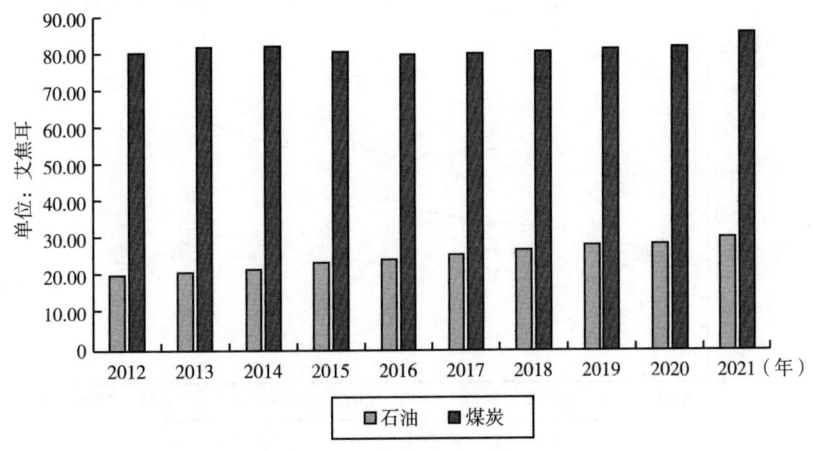

图1-2-6 中国石油和煤炭消费量

资料来源：中国国家统计局。

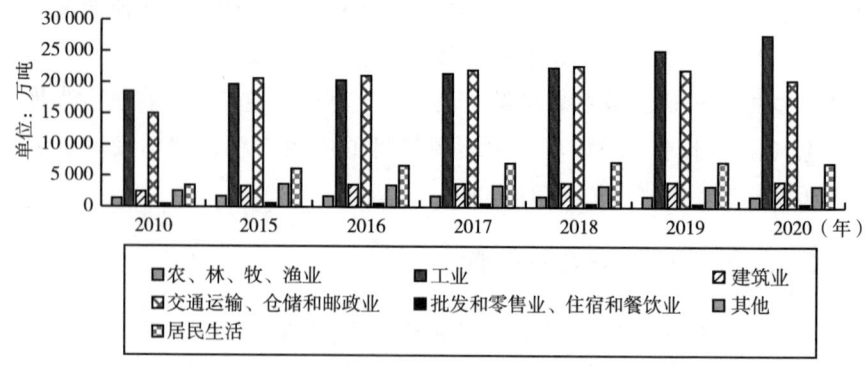

图 1-2-7 中国分部门石油消费量

资料来源：中国国家统计局。

1.2.2.2 天然气消费

天然气是低碳化石能源，是由化石能源向清洁能源过渡的桥梁，也是帮助解决中国绿色转型问题和实现碳中和、碳达峰目标的关键要素。如图 1-2-8 所示，2021 年中国天然气消费量 3 787 亿立方米，同比增长 12.5%，消费需求增长迅猛，全球占比 9.4%，仅居美国和俄罗斯之后。虽然中国天然气产量增长有新突破，但面对国内巨大且快速增长的天然气消费需

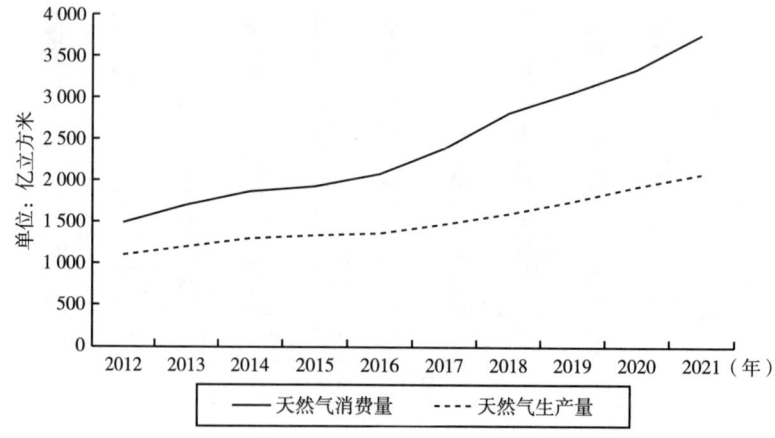

图 1-2-8 中国天然气生产与消费量

资料来源：中国国家统计局。

求,天然气产量依然低于天然气消费量且差额有扩大趋势,因此中国需依靠进口天然气来补足天然气需求缺口。

从天然气消费行业来看,如图1-2-9所示,工业一直是主要用气行业,占天然气消费总量近70%,同比增长14.4%;其次是居民生活与交通运输、仓储和邮政业,分别同比增长11.5%和3.7%。

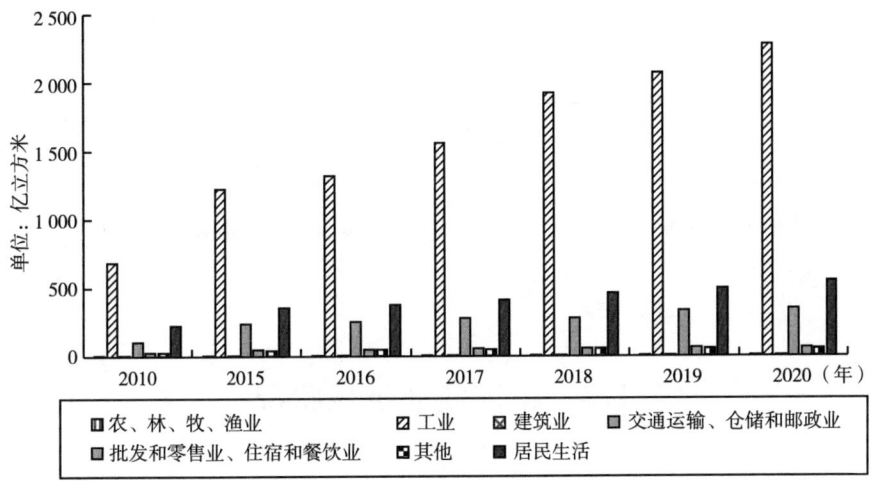

图1-2-9 中国分部门天然气消费量

资料来源:中国国家统计局。

1.2.2.3 一次电力及其他能源消费

近年来,中国能源消费结构向清洁低碳加速转变,水电、核电、新能源发电消费量不断上升,居世界前列。如图1-2-10所示,2021年中国水电消费量为12.25艾焦耳,十年间年均增速6%,占全球总水电消费量的30.4%,占比约为美国的5倍。2021年中国核电消费量为3.68艾焦耳,同比增长11.2%。2021年中国新能源发电消费量为11.32艾焦耳,排名世界第一,占全球新能源发电总消费量的28.4%(bp Statistical Review of World Energy,2022)。

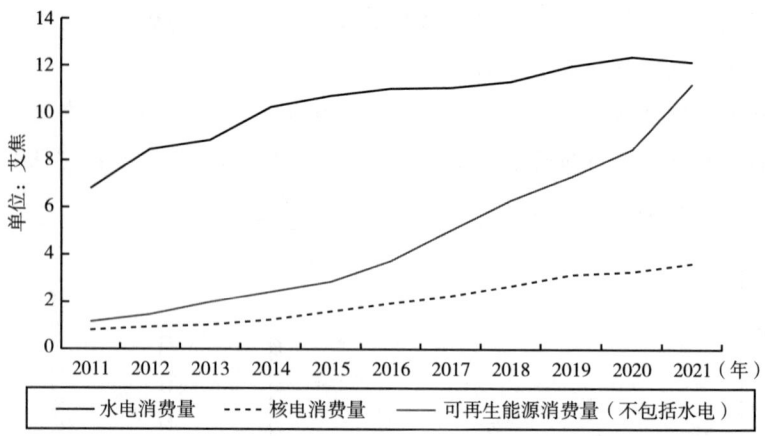

图1-2-10 中国水电、核电与可再生能源(不包括水电)消费量

资料来源：bp。

1.3 中国能源供应状况

1.3.1 能源产量及结构

长期以来，中国人均能源生产总量都低于人均消费总量（如图1-3-1所示）。

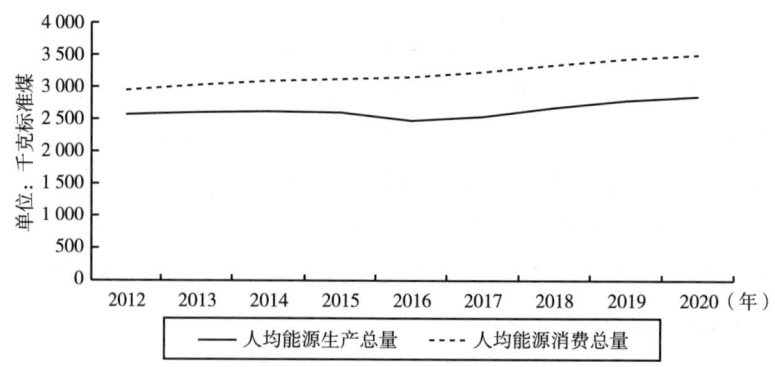

图1-3-1 中国人均能源生产及消费量

资料来源：中国国家统计局。

面对巨大的能源需求以及近年来全球能源危机给能源供应带来的压力，为保障经济社会发展和民生需求，中国政府出台能源增产保供政策，并且已经获得显著成效，能源安全供给能力稳步提升，能源生产结构持续优化（如图1-3-2所示）。

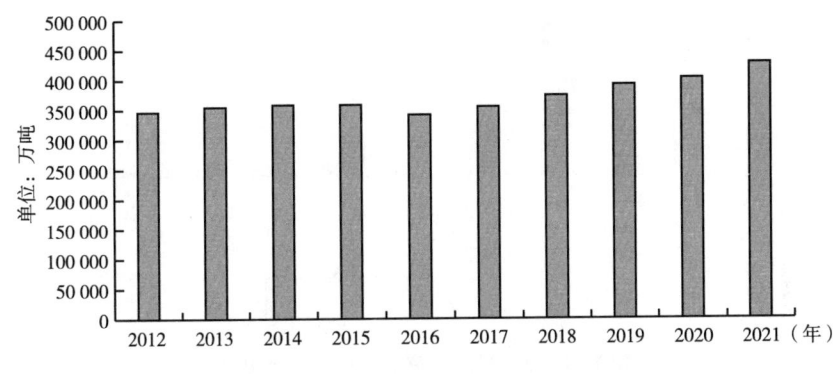

图1-3-2 中国一次能源生产总量

资料来源：中国国家统计局。

近十年来，中国深入推动能源供给革命，加快建设各类能源供应渠道，深化能源供给侧结构性改革并积极开发各类清洁能源，以水电、风电、光伏发电为代表的可再生能源实现跨越式发展，装机规模稳居全球首位（如图1-3-3所示），发电量占比稳步提升，能源结构优化效果逐步显现。

2021年，中国能源生产量达到43.3亿吨标准煤，较去年增长了6.3%，较2012年增长了23.2%。其中，天然气、水电、核电等清洁能源产量的比重持续增加，生产结构不断优化。能源生产总量中，清洁能源生产的比重在2021年达到了26.4%，其中包括天然气、水电、核电等，相比2012年增加了11.1%。2021年，天然气生产占一次能源生产总量的比重达6.1%（中国国家发展改革委环资司，2022），相比2012年提高了2个百分点，一次电力及其他能源比重上升到20.3%，较2012年上升了9.1%，年均增长近1%。与此同时，原煤和原油比重生产均总体呈下降趋势。2021年，原煤比重为67.0%，相比2012年下降了9.2%；2021年，原油比重为6.6%，相比2012年下降了1.9%（如图1-3-4所示）。

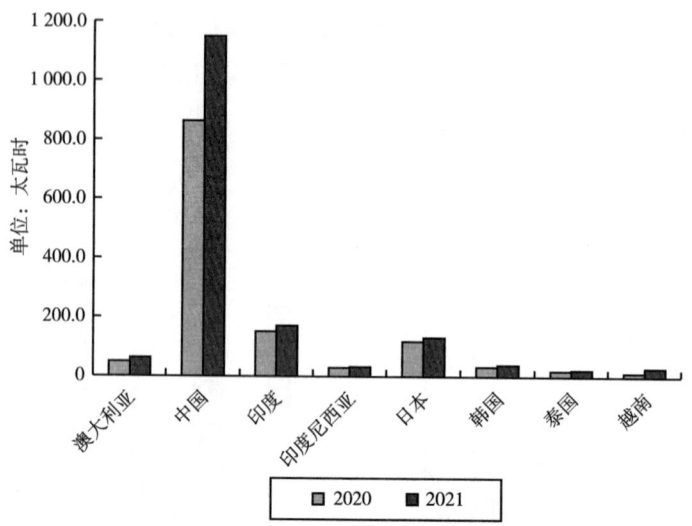

图 1-3-3 相关国家清洁能源生产总量

资料来源：bp。

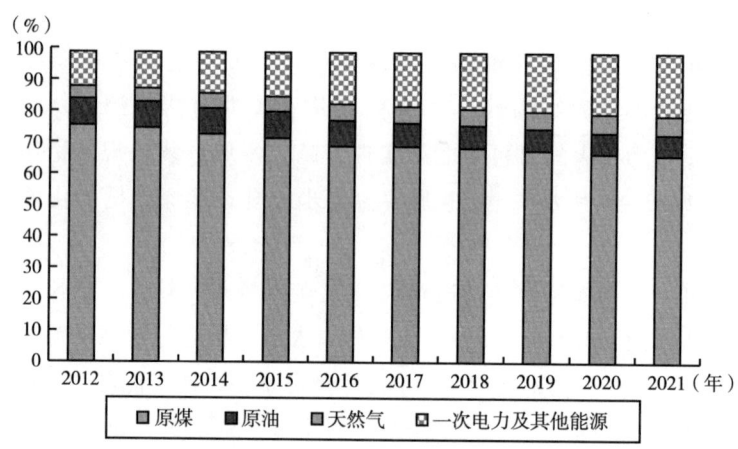

图 1-3-4 中国一次能源生产结构

资料来源：中国国家统计局。

1.3.1.1 原煤生产

中国原煤产量自 2017 年开始呈持续增长趋势，2021 年全国原煤产量达到历史最高水平。如图 1-3-5 所示，2021 年原煤总产量为 41.3 亿吨，同比增长5.7%。其中，规模以上煤炭企业的原煤产量为40.7亿吨，同比增长4.7%。在确保安全生产的前提下，中国煤炭企业积极响应国家增产保供政策，认真落实中国国务院关于做好能源供应保障和大宗商品稳价工作部署，煤炭产业保持高质量发展模式，深入推进煤炭供给侧结构性改革。截至2021年年底，中国煤矿数量减少至4 500处以内，年产量120万吨以上的大型煤矿占85%左右，煤炭生产中心正在向山西、陕西、内蒙古和新疆4个省份的优质煤矿企业加速转移。2021年，晋陕蒙新四省份原煤产量为33.0亿吨，占全国总产量的79.9%。前8家大型煤矿企业原煤产量20.26亿吨，占全国总产量的49.1%，同比提高1.5个百分点（中国煤炭工业协会，2022）。与此同时，中国煤矿安全生产管理不断加强，安全生产水平持续提升。

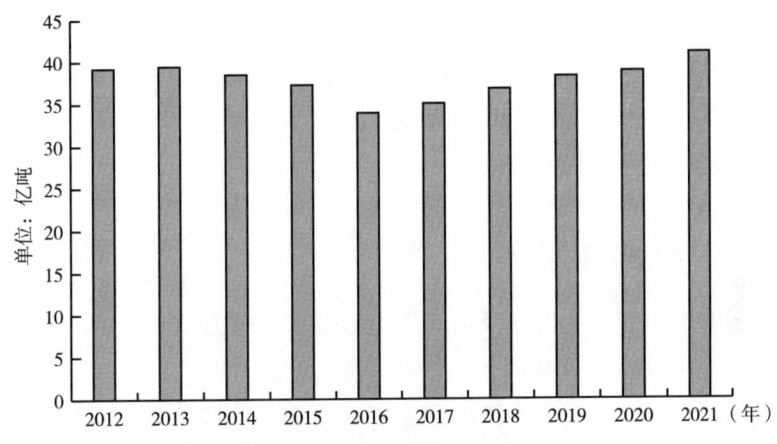

图1-3-5 中国原煤产量

资料来源：中国国家统计局。

1.3.1.2 原油和天然气生产

2021年，中国油气新增探明地质储量均创历史新高，油气企业积极实践油气行业"七年行动计划"，加强供应力度释放优质产能，力保经济民生油气需求。如图1-3-6所示，2021年，中国生产原油19 898万吨，比上年增长2.4%，自2019年以来，中国的原油产量连续三年呈上升趋势；同时，天然气产量达到了2 053亿立方米，同比增长8.2%，连续五年增产超过100亿立方米（中国国家能源局，2021）。2022年2月，俄乌冲突爆发对世界能源形成强烈冲击后，中国油气产业重点发展推动自身原油和天然气稳产增产，加强油气"自给自足"能力，总体来看，原油和天然气生产均保持良好的增长势头。

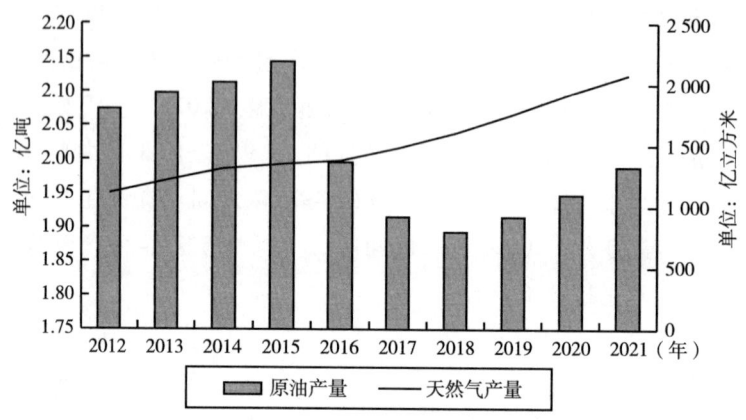

图 1-3-6 中国原油和天然气产量

资料来源：中国国家统计局。

1.3.1.3 电力生产

中国电力生产企业力保经济民生用电需求，努力增强电力安全稳定保障能力，同时可再生能源发电能力进一步提升。目前，中国发电量居世界首位，如图1-3-7所示，2021年全年发电量85 342.5亿千瓦时，占全球发电量的30%，较2020年增长9.7%，电力生产呈较快的增长趋势（中国国家统计局，2022b）。

从电力建设规模和生产能力来看，2021年中国发电装机容量约23.8亿千瓦，同比增长7.9%（如表1-3-1所示）。2021年，非化石能源发电装机容量有了新的突破，首次超过煤电，达到11.2亿千瓦，同比增长13.4%，在发电总装机容量中的占比为47.0%。其中，风电装机容量约3.3亿千瓦，同比增长16.6%；太阳能发电装机容量约3.1亿千瓦，同比增长20.9%；新增水电发电装机容量2 349万千瓦，同比增长79.0%（中国国家能源局，2022c）。此外，中国的水电、风电、光伏、生物质发电装机的规模和在建核电装机规模都位居世界第一。其中，水电和光伏发电均为近年来投产最多。新能源消纳能力持续提高，2021年水电、风电、光伏发电平均利用率分别为97.9%、96.9%、98.0%（中国国家能源局，2022d）。

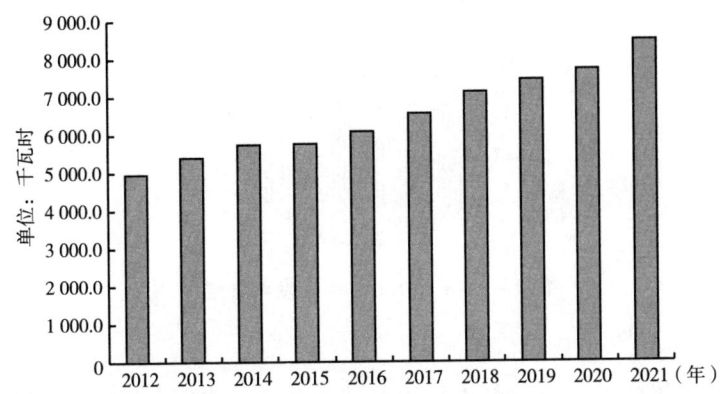

图1-3-7 中国的发电量

资料来源：中国国家统计局。

表1-3-1　　　2021年中国发电装机容量及增速

容量\门类	全国发电装机容量（万千瓦）	同比增长（%）	基建新增发电装机容量（万千瓦）	同比增长（%）
水电	39 092	5.6	2 349	79.0
火电	129 678	4.1	4 628	-18.2
核电	5 326	6.8	/	/
风电	32 848	16.6	4 757	-34.0
太阳能发电	30 656	20.9	5 493	14.0
总计	237 692	7.9	17 629	-7.9

资料来源：中国国家能源局。

就发电量而言，中国目前仍以火力发电为主，煤电发电量为5.03万亿千瓦时，占总发电量比重为62.6%。虽然目前新能源还无法替代传统能源体系，但非化石能源发电占比正在显著增加。2021年，全口径非化石能源发电量2.90万亿千瓦时，增长12个百分点；占全口径总发电量的比重为37.3%，比上年提高0.7%。新能源（风电、太阳能及其他新能源）发电相比2012年增长8.4倍，占全部发电量比重达13.5%，比2012年提高10.8%（如图1-3-8所示）。

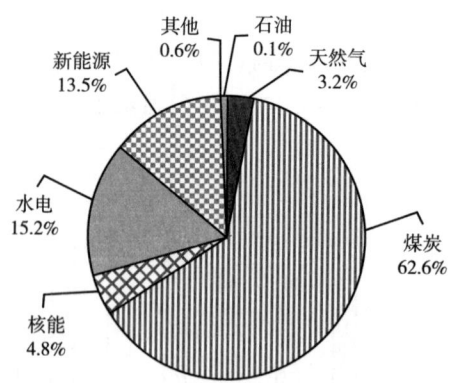

图 1-3-8　2021 年中国发电量结构

资料来源：bp。

值得一提的是，中国在过去 20 年中成为全球水电、核电和风电等新能源发电能力增长的主要驱动力。中国贡献了全球的 2/3 的水电增长。太阳能和风能发电分别占全球新增产能的 36% 和 40% 左右。到 2021 年，核能发电量在七年内增长了 3 倍（Ember，2022）。2021 年，风电、太阳能发电和核电发电量分别增长 29.8%、14.1% 和 11.3%，水电受汛期主要流域降水偏少等因素影响同比下降 2.5%（如图 1-3-9 所示）。

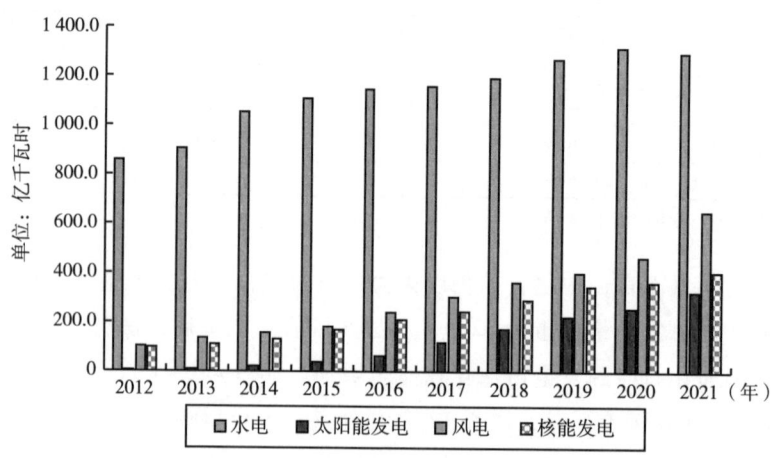

图 1-3-9　中国清洁能源发电量变化

资料来源：中国国家统计局。

1.3.2 能源储备体系发展现状

随着能源需求的刚性增长以及新能源的快速发展，对于能源储备体系建设和储能技术发展的需求越来越高。由于中国能源消费仍以传统能源为主，因此煤炭、石油和天然气储备能力的建设对于提高能源供应弹性、调节市场供需以及稳定能源价格具有重要意义。由于中国油气储备体系建设起步较晚，相比发达国家能源储备能力仍有待进一步提高。

储能建设是一项系统性工程，中国政府政策推动储能系统稳健发展，"十四五"现代能源体系规划（中国国家发展改革委、国家能源局，2022）指出，将研究推进内蒙古鄂尔多斯、陕西榆林、山西晋北、新疆准东、新疆哈密等煤制油气战略基地建设。到2025年，全国的油气管网规模预计将达到约21万公里；此外，全国范围内的集约式储气能力也将达到550亿~600亿立方米，约占天然气消费量的13%。电力储能建设对于推进碳达峰、碳中和的目标实现以及支撑能源结构转型有重要意义。目前，中国储能市场已进入规模化发展阶段。截至2021年，中国新型储能累计装机规模达5.73吉瓦。2021年度新增规模首次突破2吉瓦，同比增长74.5%（能源基金会，2022）。

储能在中国电源侧、电网侧和用户侧等领域皆有应用，为实现电力在电源侧、电网侧和用户侧的稳定运行，国家针对不同领域均出台了相应的发展规划政策，如针对电网侧的《关于加快推动新型储能发展的指导意见》，针对用户侧的《关于进一步深化燃煤发电上网电价市场化改革的通知》等，全面指导储能行业发展。中国"十四五"国家重点研发计划支持多元储能技术体系发展，进一步推动实现全产业链完整布局以及关键技术自主可控的目标。例如，作为目前最具发展潜力的大规模储能技术之一"压缩空气储能技术"已经在中国取得巨大突破，其规模从2013年的一兆瓦扩大为2021年的百兆瓦，中国首个百兆瓦压缩空气储能项目于2021年8月实现并网运行。

1.4 中国能源进出口现状

1.4.1 中国能源进口量及变化

中国在改革开放初期较长一段时间都保持能源净出口的状态，之后随着改革开放不断推进，经济发展水平持续快速提高，对于能源的需求也日益增长，中国逐渐由能源净出口国转变为能源净进口国。依据中国富煤贫油少气的资源禀赋特点，石油和天然气的对外依存度较高，分别为72.0%和44.4%（中国石化报，2022）。中国是目前世界最大的原油进口国。近十年以来，中国致力于推动与各国的能源互利合作，如深化与"一带一路"沿线国家的能源合作，持续推进中亚、俄罗斯、中东、非洲、美洲和亚太五大油气合作区开发建设，能源进口多元化不断增强，进口规模不断扩大，为保障能源供应发挥了积极的作用。然而，近年来由于新冠疫情在全球蔓延，俄乌冲突引发的全球能源市场供需格局变化以及碳中和目标引发的化石能源投资低迷的影响，国际化石能源价格飙升（如图1－4－1所示），中国能源进口成本上涨，能源进口难度和风险都随之增加。

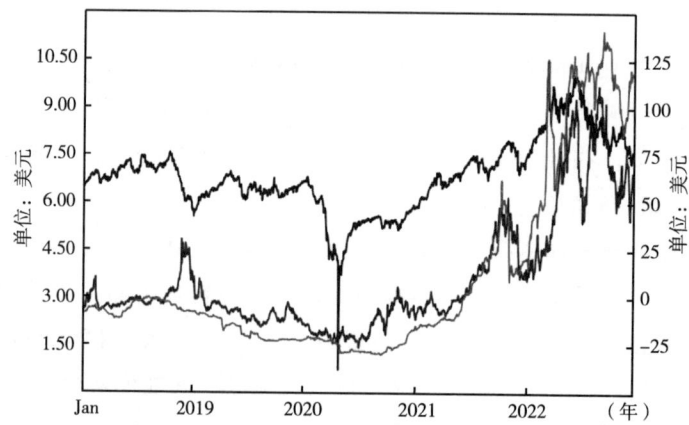

图1－4－1 国际原油（右轴）、天然气（左轴）和煤炭（右轴）价格变化
资料来源：全球经济指标。

总体来看，过去十年中国的能源净进口量持续增长，虽然能源产品的进口量有增有减（如图1-4-2所示），2021年中国的能源净进口总量仍达到了11.2亿吨标准煤，较2012年增长了83.2%，年均增长率为7.0%。

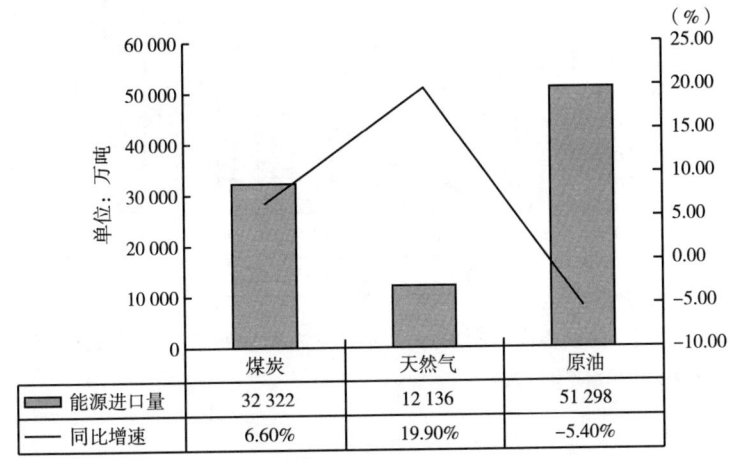

图1-4-2　2021年中国能源分类进口量及增速

资料来源：中国国家统计局。

1.4.1.1　煤炭进口

中国是世界最大的煤炭生产国，同时也是世界最大的煤炭进口国，煤炭进口约占世界煤炭总进口量的20%。但总体而言，依靠中国富煤的资源特征，中国国内煤炭产量仍占中国煤炭供应市场的主要地位，进口煤炭仅占总量的7%左右（中国国家能源局，2022a）。2021年，中国累计进口煤炭约3.23亿吨，同比增长6.6%，自2016年连续六年持续增长，比2012年增长14.9%，年均增长1.6%（如图1-4-3所示）。从进口国来源分布看，中国最大的煤炭进口来源国是印度尼西亚，约占进口总量的50%。第二、第三位分别是俄罗斯（22.3%）和蒙古国（6.9%）。2021年，中国国内煤炭市场供需关系持续紧张，进口煤炭在一定程度上保障了需求高峰期的煤炭供应，同时也抑制了煤炭价格的大幅波动。

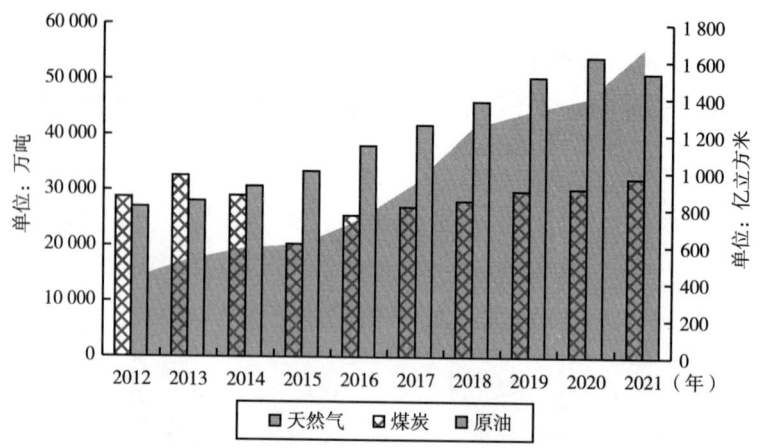

图 1-4-3　中国煤炭（左轴）、天然气（右轴）和原油（左轴）进口量
资料来源：中国国家统计局。

1.4.1.2　天然气进口

近年来，中国天然气需求增长势头强劲，而天然气产量增速仍小于消费增速，天然气进口在一定程度上帮助满足了国内"保供"需求。2021年中国进口天然气12 136万吨，比上年增长19.9%（中国国家统计局，2022a）。其中，管道气进口量为591亿立方米，同比增长22.9%；液化天然气进口量为1 089亿立方米，同比增长18.3%。最大的管道气进口国前三位分别为土库曼斯坦、俄罗斯和乌兹别克斯坦。液化天然气进口来源国呈多元化趋势，2021年中国分别从27个国家进口液化天然气资源，较2020年增加了韩国、菲律宾、西班牙及泰国四个国家（中国石油新闻中心，2022a）。液化天然气进口国前三位分别是澳大利亚、美国和卡塔尔，其中，从美国进口量占比从2020年的4.7%增至2021年的11.3%，从第五位跃居第二大进口来源国。

俄乌冲突和能源危机给全球天然气市场带来新一轮变革。俄罗斯是世界上最大的天然气出口国，而中国在天然气和新能源替代传统煤炭能源的发展需求潜力巨大，两国合作具有互利基础（中国石油新闻中心，2022b）。中国与俄罗斯油气合作具有地理优势，目前，中俄双方正计划修建过境蒙古国至中国的天然气管道——西伯利亚力量2号项目，建成后将进一步促进中俄天然气深度合作。海关数据显示，自2022年2月俄乌冲突之后中国从俄罗斯进口液化天然气呈波动式上升，中俄天然气贸易继续升温（如图1-4-4所示）。

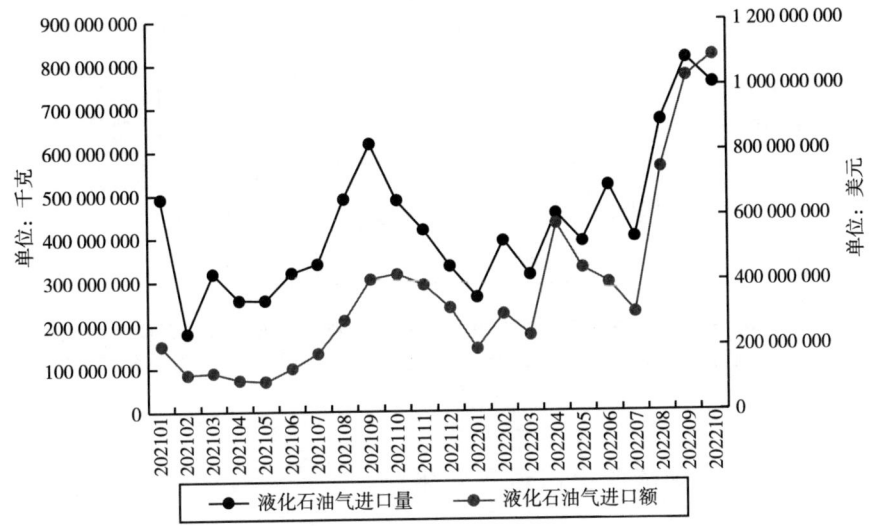

图1-4-4 中国进口俄罗斯液化石油气量（左轴）和进口额（右轴）
资料来源：中华人民共和国海关总署。

1.4.1.3 原油进口

2021年，中国进口原油51 298万吨，同比减少5.4%，原油进口量出现了自2001年以来首次下跌。原油进口量由升转降的原因一方面是国际原油价格上涨，进口成本上升，从而抑制了部分进口需求；另一方面，受疫情影响也使得国内原油需求量下降，导致进口量随之下降。从中国原油进口来源国分布看，中国原油主要进口自沙特阿拉伯、俄罗斯和西非国家地区，占总进口量的43%。从近两年进口数据来看，俄乌冲突对从俄罗斯进口原油有一定的促进作用，俄罗斯原油进口量在俄乌冲突开始后的3个月显著增加（如图1-4-5所示）。

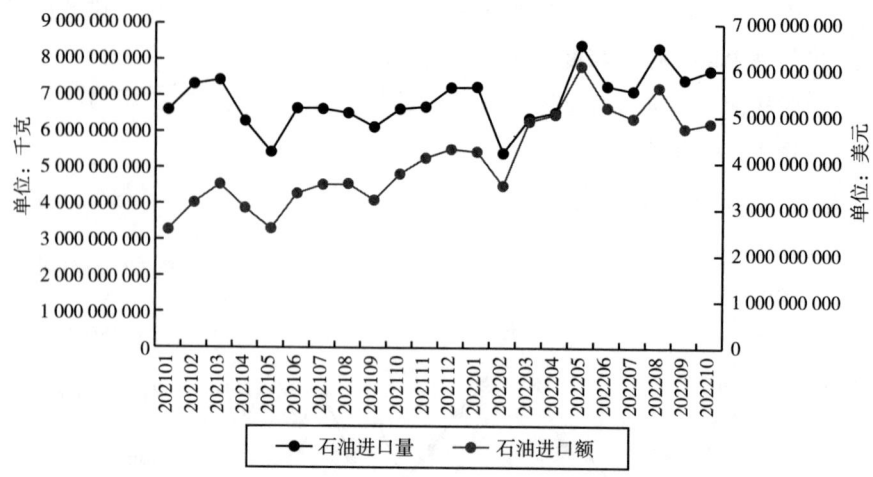

图 1-4-5　中国进口俄罗斯石油量（左轴）和进口额（右轴）

资料来源：中华人民共和国海关总署。

1.4.2　中国能源出口量及变化

1.4.2.1　煤炭出口

中国原煤出口总量整体呈下降趋势，2021 年出口原煤 260 万吨，同比下降 18.4%，相比 2016 年的 879 万吨下降约 70%（如图 1-4-6 所示）。中国焦炭及半焦炭产量大于消费量，部分产品主要用于出口，2021 年中国焦炭及半焦炭出口量大幅提升，为 644 万吨，累计较上年同期增长 84.3%（中华人民共和国海关总署，2022a）。2021 年中国煤炭总出口额约为 28.6 亿美元，主要出口对象是日本、印度及其他亚洲国家。

1.4.2.2　天然气出口

2022 年 2 月俄乌冲突爆发后，欧盟对俄罗斯采取了一系列制裁措施，大幅减少俄罗斯天然气的购买量，一些欧洲国家转向从中国进口液化天然气来解决能源缺口问题。受国际形势影响，中国天然气出口自俄乌冲突后呈上升趋势，2021年中国天然气出口额约为23.8亿美元（中华人民共和国海关总署，2022b），到2022年9月为止，天然气出口额已经超过上年全年水平，达到约26亿美元（如图1-4-7所示）。

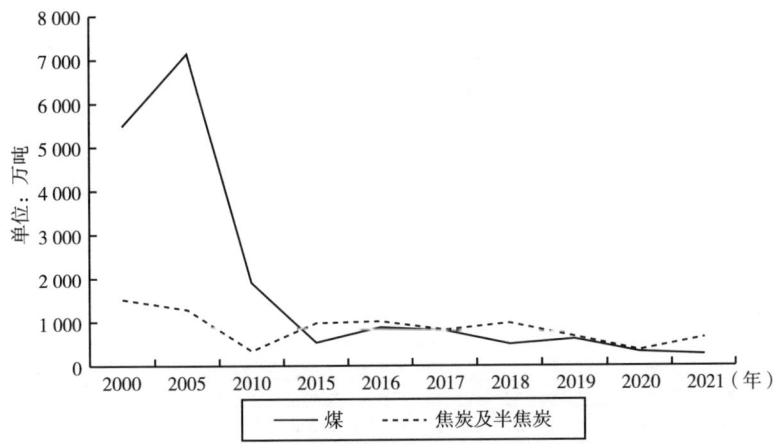

图1-4-6 中国煤和焦炭及半焦炭出口量变化

资料来源：中国国家统计局。

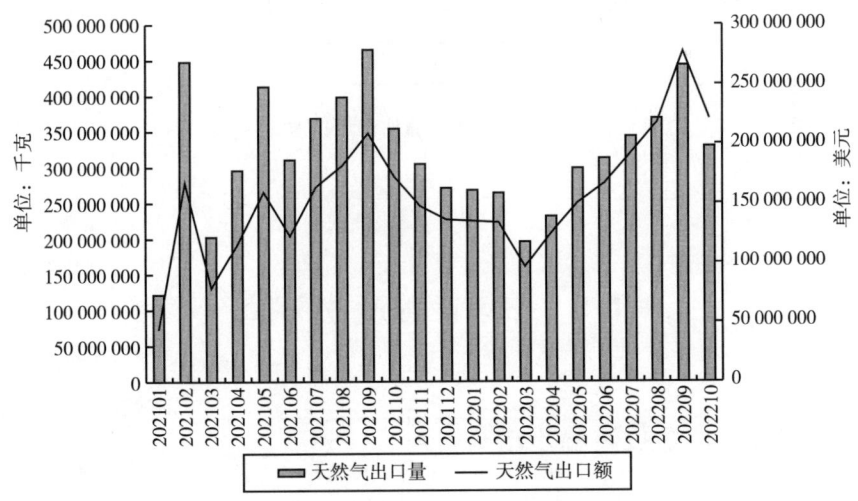

图1-4-7 中国天然气出口量（左轴）和出口额（右轴）

资料来源：中华人民共和国海关总署。

1.4.2.3 石油出口

2021年中国石油累计出口额为360亿美元，2022年1—9月石油出口额已达366亿美元，超过上年全年水平。分品种来看，中国原油最早经历了由净出口国到净进口国的角色转变（如图1-4-8所示），而后从2015—2016年起随着成品油产能提升而需求放缓，中国由成品油净进口国转变为成品油净出口国。近期成品油出口呈下降趋势，2021年1—12月中国出口成品油6 030万吨，较上年同期减少2.4%。2022年截至9月累计出口成品油3 545万吨，累计较上年同期减少27.6%（中华人民共和国海关总署，2022c）。

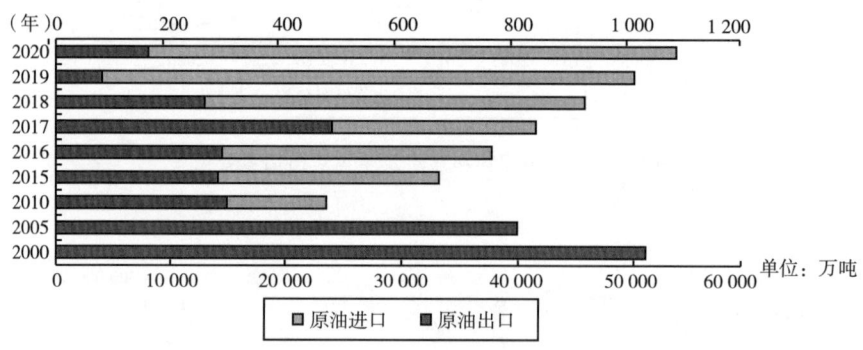

图1-4-8 中国原油进出口对比

资料来源：中国国家统计局。

1.5 中国能源产业现状

1.5.1 能源投资稳步增长

中国目前是全球碳排放量最高的国家，为实现碳达峰、碳中和能源转型目标，能源投资是重要的推动力。中国需要大量增加针对能源行业的投资，用于包括能源供给侧和需求侧设备以及基础设施的建设（如图1-5-1所示),同时支持相关用能部门的技术创新以促进其用能转型升级,主要的部门为交通运输、建筑、能源三个行业。中国能源投资占GDP比重在2016—2020年间平均为2.5%。根据国际能源署预测,中国能源投资总额将在2030年达到约6 400亿美元,比过去五年的平均水平高出10%,2060年达到近9 000亿美元,比近期水平增加近60%(国际能源署可持续发展、技术与展望司能源技术政策处,2022)。在"碳中和"目标背景下,能源行业对于民间资本的需求增加,同时也给私人资金带来了巨大的绿色产业投资机会。

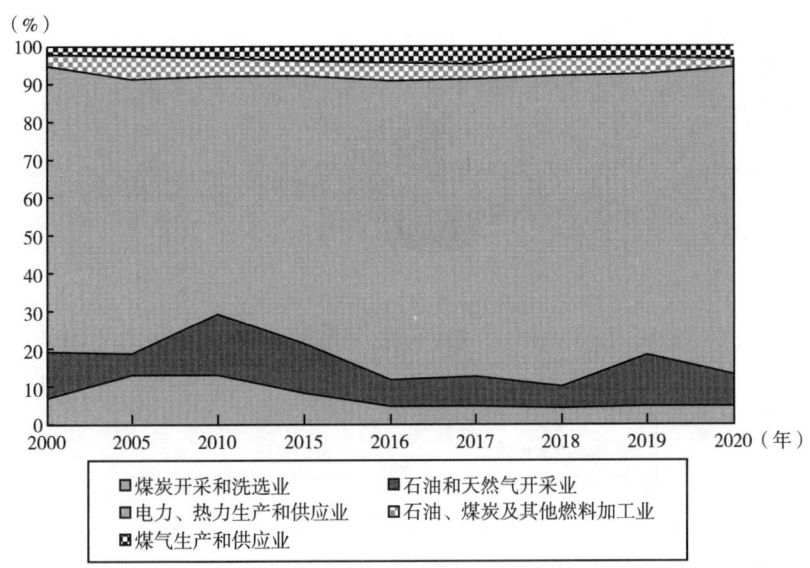

图1-5-1 中国能源工业分行业固定资产投资构成

资料来源:中国国家统计局。

能源供给侧投资重点在于促进能源结构低碳化、清洁化,供给侧投资大部分应用于低碳电力供应和电网(国际能源署,2017)。中国国家能源局统计数据显示,2021年全国电源工程建设投资完成额达5 530亿元,同比增长4.5%(如图1-5-2所示)。其中,核电投资增长最快,同比增长约41.8%,投资完成额为538亿元;火电投资672亿元,较上年增长18.3%;水电投资988亿元,较上年减少7.4%。国家全力推进电网工程建设，助力能源低碳转型。2021 年电网工程建设投资完成额达到 4 951 亿元，同比增长 1.1%。其中，220 千伏及以上变电设备容量新增 24 334 万千伏安，同比增长 9.2%；220 千伏及以上输电线路长度新增 32 220 千米，同比下降 8%（中国国家能源局，2022b）。此外，需求侧终端部门的用能投资额持续上升，推进用能产业电气化转型。其中，对于制造业的投资增长最大，比上年增长 13.5%，采矿业投资同比增长 10.9%，电力、热力、燃气及水生产和供应业投资同比增长 1.1%。

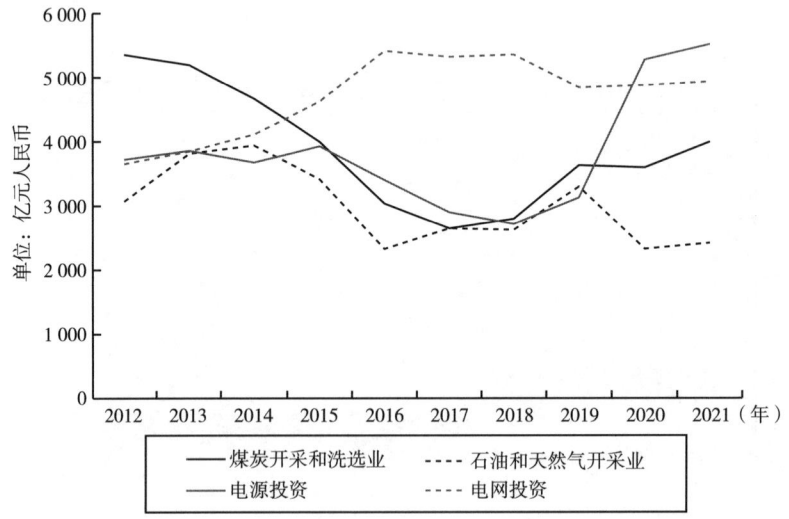

图 1-5-2　中国能源行业固定资产投资（不含农户）

资料来源：中国国家统计局。

2021 年，中国能源转型投资 2 660 亿美元，比上年增加了 60%，占世界能源投资总额的 35.2%，其中风能和太阳能投资增加了 19%（世界经济论坛，2022）。能源科技水平是能源转型发展的关键，是目前中国科技研发投资的重点领域。中国在特高压输电、第三代核电、大型水电、先进燃煤发电、光伏、风电等关键能源技术领域处于世界领先水平。在新能源开发以及生产技术升级（如氢能炼钢、氨燃料船）、传统能源行业低碳转型技术等方面，中国仍需加快能源技术自主创新步伐，预计未来能源投资水平将进一步增长。

1.5.2 能源利用效率逐步提升

提升能源利用效率是延缓能源消费增长压力的关键，也是实现绿色发展的有效途径。尤其是在全球能源危机背景下，提高能源利用效率显得更为紧迫。中国自推行能源革命以来，不断优化能源结构，鼓励相关技术的创新，提升能效，推动能源产业高质量发展。能源强度是实现"双碳"目标过程中的重要指标。根据中国国家统计局数据，如图 1-5-3 所示，2021 年单位中国国内生产总值（GDP）能耗同比下降 2.7%，接近 2021 年政府工作报告提出的 3% 的目标。近十年来，单位 GDP 能耗累计下降了 34.3%，这相当于在这段时间里，中国节约了约 14 亿吨标准煤，能源利用效率得到了大幅提升。自 2012 年以来，中国以能源消费年均 2.8% 的增长支撑了国民经济年均 7% 的增长。这一系列数字反映了中国能源领域取得的重大进展，也为未来的可持续发展奠定了良好的基础。但由于产业结构偏重，和国际水平相比，中国单位 GDP 能耗依然高于世界平均水平，仍有较大的下降空间。

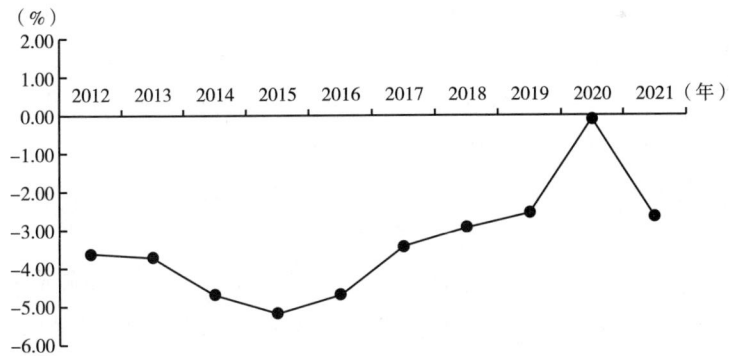

图 1-5-3　中国万元国内生产总值能耗比上年变化率

资料来源：中国国家统计局。

能耗方面，规模以上工业单位增加值能耗累计降低 36.2%，年均下降 4.9%，工业节能效果明显。重点耗能工业企业单位电石综合能耗下降 5.3%，单位合成氨综合能耗与上年持平，吨钢综合能耗下降 0.4%，单位电解铝综合能耗下降2.1%，每千瓦时火力发电标准煤耗下降0.5%。能源强度的下降目标将使中国第二产业比重下降，推动高耗能行业转型升级，并且增大低耗能产业的比重。

1.5.3 碳市场发展状况

碳市场是目前各国应对气候变化的主要经济手段之一，碳市场的成立不仅为减排主体提供了可用于补偿减排成本的经济激励，也为政府机构增加了为推进社会减排所需的资金。全球第一个碳排放权交易市场是欧盟碳市场（EU ETS）。根据国际碳行动伙伴组织（ICAP）统计，截至2022年11月，全球共有26个运行中的碳市场，另外有9个碳市场正在计划实施，14个司法管辖区在考虑建立碳市场。中国自2013年起先后启动北京、上海、天津、重庆、深圳、湖北和广东7个碳排放权交易试点省市，之后于2017年开始建设全国碳排放交易体系（ETS）。2021年7月16日，全国碳市场在上海环境能源交易所的平台上正式上线，这是全球第一个发展中国家碳市场。

中国碳交易所交易产品主要以碳排放配额为主，自愿减排机制（CCER）以及其他碳信用产品作为补充。中国碳配额登记系统设在武汉，企业需要在湖北注册并登记账户，然后在上海进行碳排放权的交易，这两个城市共同承担了全国碳排放权交易体系的关键功能。这是中国第一次从国家层面将温室气体控排责任全面和直接地落实到企业，通过碳市场运行机制增强企业自主减排意识、推进企业绿色低碳转型。

目前，中国碳市场总体运行平稳，价格波动合理，履约完成率较高。中国国家碳市场第一个履约期为2021年整年，碳排放配额累计成交量1.79亿吨，累计成交额76.61亿元，周期内履约完成率为99.5%。中国国家碳市场首个履约期已圆满结束，首批纳入的发电行业重点排放单位共有2 162家，年覆盖二氧化碳排放量约为45亿吨，是全球规模最大的碳市场。2021年年末碳排放收盘价为54.22元/吨，较7月16日首日开盘价上涨13%（中华人民共和国生态环境部，2021）。包括挂牌协议交易（线上）和大宗协议交易（线下）在内，2021年的碳排放配额加权平均价格为每吨 43.85 元。中国碳市场自启动以来，截至 2022 年 7 月 15 日，已经成交 1.94 亿吨的碳排放配额，累计成交额达 84.92 亿元，展现出活跃的交易活动和强劲的市场表现。总体而言，中国碳市场建设成果已经初步显现，运行健康有序，交易价格稳中有升。预计未来随着市场供需更加平衡以及数据质量的提高，全国碳市场内的碳价将逐步提升。

由于中国碳市场建立年限尚短，发展经验相对匮乏，与欧盟碳市场相比存在市场流动性弱、碳价较低、制度建设不全面等问题。中国碳市场目前仍处于发展初期，根据 2021 年交易量测算，配额总量约为 45 亿吨，交易换手率仅约为 3%，还有很大的提升空间（北京理工大学能源与环境政策研究中心，2022）。其次，中国的重点排放单位存在空间上分布不均的问题，山东省和江苏省覆盖的重点排放单位均超过 200 家，远高于其他省份，而海南省覆盖的重点排放单位只有 7 家。另外，中国在碳市场交易制度、监管制度方面还需进一步完善，相关部门需要出台更多有关信息披露的监管政策，保障交易数据的真实性和准确性，确保交易市场有效运行。

展望未来，中国碳市场预期将进一步完善市场机制，使市场主体在交易过程中形成更有效的市场价格，衔接好全国的碳市场和地方试点碳市场的关系；同时引入国际先进的碳交易市场经验，将行业范围扩大，实现碳减排资源的最优配置，力争 2030 年前实现碳达峰，2060 年前实现碳中和。

1.5.4　中国能源产业技术发展状况

世界范围内正在迎来新一轮能源革命，能源技术是重塑世界能源格局的关键因素。中国作为世界第一大能源消费国，一直在积极推进能源转型战略。目前，中国仍以化石能源消费为主，能源技术发展是解决能源转型问题的重要途径。近年来，随着国家不断加强能源技术领域的政策支持，大力推进创新驱动发展战略，中国能源技术创新能力不断提升，部分技术已达到世界领先水平，如风力和光伏发电等。有些领域却仍缺少自主创新技术或存在技术瓶颈问题而有待进一步发展（中国国家发展改革委、中国国家能源局，2016）。

1.5.4.1 可再生能源规模化开发利用技术

中国是世界最大的可再生能源生产国,装机规模超 10 亿千瓦(经济日报,2022)[34],并且拥有成熟的水电、核电、风电和太阳能发电等清洁能源装备制造产业链。其中,太阳能光伏发电、风电等产业全球领先,发电利用率均接近100%,持续保持高利用率水平(中国国家能源局,2022e)[24]。中国国内风电装机 90% 以上采用国产风机,低风速风电技术位居世界前列。光伏发电技术快速迭代,电池转换效率不断刷新世界纪录(新华社,2021)。水电领域也取得了长足进展,拥有全球最大的百万千瓦水轮机组自主设计制造能力。相比之下,生物质能发电技术创新不足,发电规模较小,在生物质的资源利用、转化技术及装备方面仍主要依赖于发达地区(马隆龙等,2019)。

1.5.4.2 非常规油气

中国非常规油气储量丰富,非常规油气开发正处于加速发展时期,以页岩油和页岩气为代表的非常规油气资源已进入工业化发展阶段,规模不断扩大,油砂和煤层气等资源也实现规模有效开发。中国加强地质工程一体化攻关,改善技术工艺,并在鄂尔多斯盆地庆城、准噶尔盆地吉木萨尔建成百万吨级页岩油产区。中国非常规油气产量和占油气供应比例逐年增加(李国欣等,2022)。与此同时,平井优快钻井技术、水平井体积改造技术、复杂山地工厂化作业技术等关键工程技术的攻克,使页岩气单井产量和最终可采储量显著增加。2021 年中国非常规油气产量占油气总产量的 20%(中国石油新闻中心,2022c)[11]。2022 年页岩油产量突破 300 万吨,是 2018 年的 3.8 倍;2022 年页岩气产量达到 240 亿立方米,较 2018 年增加 122%(中国国家能源局,2023)。非常规油气的开发和使用对减少进口依赖、促进能源结构低碳转型凸显重要意义。

由于非常规油气开采难度大、生产成本高,且中国非常规油气的开发时间较短,在技术水平和成本控制方面还有较大的提升空间。比如就技术层面而言,中国在钻采工程技术方面仍存在技术瓶颈,主要依靠模仿国外经验,旋转导向等关键工具仍依赖国外产品(李国欣等,2022)[31]。总体而言，非常规油气已经成为中国重要的战略资源，但仍需通过进一步技术创新突破技术难题以实现大规模商业化开发。

1.5.4.3　碳捕集、利用与封存技术（Carbon Capture, Utilization and Storage）

碳捕集、利用与封存技术（CCUS）是针对碳减排和能源高效利用的重要新兴技术之一，中国正积极推广和部署碳捕集技术，加大建设力度以实现其产业化发展。2012年，中国在胜利油田启动了国内燃煤电厂首个CCUS项目。通过该项目的实施，我国形成了燃煤电厂烟气二氧化碳捕集、驱油及封存一体化工程综合技术和经济评价技术，为未来该领域的研究和应用提供了重要的参考。2021年，为促进CCUS的推广和应用，中国出台了一系列支持碳捕集技术发展的政策。2022年，中国最大的碳捕集利用与封存全产业链示范基地、国内首个百万吨级CCUS项目——"齐鲁石化—胜利油田CCUS项目"正式注气运行（新华网，2022）[36]。目前，CCUS项目已经在中国19个省份开展，主要分布在煤基化工和电力生产较为集中的华北和华东地区。中国二氧化碳地质封存的潜力巨大，陆上盆地的理论封存容量超过3 250亿吨，海洋盆地为770亿吨（国际能源署可持续发展、技术与展望司能源技术政策处，2022）。中国具备大规模捕集利用与封存二氧化碳的工程能力，捕集源覆盖技术类型和二氧化碳封存利用的类型呈现多样化分布（蔡博峰等，2021）。

目前，中国CCUS各项技术均取得了重要成果，工程技术基本实现全流程配套，正从理论技术、现场试验、工业应用等方面加速推进CCUS全产业链发展（中国国家能源局，2023）。但技术成熟度仍有较大差异，且实现商业应用的技术较少，大部分捕集技术仍处于工业示范阶段，燃烧后捕集技术是目前最成熟的捕集技术。输送技术示范项目大都采用罐车输送，规模较小；路上管道输送处于中试阶段；由于海底管道运输成本较高，目前仍处于研究阶段。利用与封存技术大多处于基础研究阶段和中试阶段。地浸采铀技术是目前较为成熟的利用技术，中国是继美国之后第二个掌握此技术的国家，目前这项技术已达商业应用阶段（中国环境报，2016）。强化石油开采技术已处于工业示范阶段，但仍与国外技术水平有较大差距,未能实现商业应用(蔡博峰等,2021)。

CCUS作为全球公认的主要碳减排手段,是中国实现碳中和目标的重要技术路径。目前,中国在碳捕集与封存技术方面已经取得了重大突破,但仍需突破碳捕集、输送、利用、封存等各环节核心技术和关键设备的难题。未来中国还将继续加强相关政策支持和监管力度,着力CCUS技术研发和商业应用,加快建立"技术开发—工程示范—产业化"的二氧化碳利用技术创新体系。

本章小结

能源是经济社会运行的重要组成元素,能源行业是经济发展的重要部门,一直以来,能源行业发展和能源供应受到世界各国高度重视。本章从中国能源资源特点、能源消费和供给、能源进出口贸易、能源产业发展及能源技术创新五个方面介绍了中国能源的发展状况。

中国能源资源总体而言种类多样、储量丰富,主要呈现"富煤、贫油、少气"的资源禀赋特征,并且在空间分布上呈现明显的差异化。

近十年来,中国围绕能源生产及消费革命战略,针对能源行业的政策密集出台。习近平主席在2014年6月中央财经领导小组第六次会议上提出"四个革命、一个合作"的能源安全新战略,指导推动能源消费革命、供给革命、技术革命和体制革命。顺应新时代经济高质量发展要求,中国正在从能源大国向能源强国稳步迈进,能源安全供给能力稳步提升,能源消费结构不断优化。中国在全球能源转型中起着领导作用,在水电、风电、光伏发电、生物质发电等清洁能源产业发展均居世界前列。能源生产和消费方式实现了清洁、低碳、安全、高效的历史性变革,进一步推动实现"双碳"目标,能源产业已步入高质量发展的新征程。

中国在能源进出口贸易方面积极推动多方合作,建立政府间能源合作机制和合作关系,如中俄、中国—中亚、中缅油气管道、巴西美丽山特高压直流输电和巴基斯坦恰希玛核电站等标志性能源项目的建设。同时,面对复杂的国际形势和新冠疫情带来的影响,中国作为能源消费大国和能源进口大国,需要保障国家能源安全稳定,提高能源供应能力,并积极推进能源创新发展。2022年中国《政府工作报告》将能源安全上升至与粮食安全同等重要的战略高度，对保障能源安全、能源高质量发展提出新的挑战与要求。持续提升煤矿企业安全生产能力，加强油气"自给自足"能力，加强新能源发电基础建设以及能源储备能力是中国主要的能源发展重点。

能源投资是实现"碳中和、碳达峰"目标的重要动力。目前中国能源供给侧投资主要集中在低碳电力供应和电网建设方面，能源需求侧投资主要应用于产业电气化转型，其中制造业和采矿业投资增长最多。另外，低碳转型需要大量民间资本支撑，应加快建设绿色金融市场，在带动经济增长的同时推动能源产业绿色转型。

提升能源利用效率是推动能源改革的重要措施。近年来，中国单位国内生产总值（GDP）能耗不断下降，能源利用效率逐年提高，但相较国际水平仍有下降空间。

全国碳排放权交易市场作为中国经济高效实现碳中和目标的重要政策工具，已经取得初步成效。由于起步较晚，相比国际先进碳交易市场仍不够成熟，需要更多政策和法规对其进一步完善，使其充分发挥助力减排推动绿色转型的作用。

能源技术是实现碳中和目标的重要驱动力。在太阳能、风能等可再生能源技术方面，中国已处于世界领先水平。但仍需加强能源领域的技术攻关，深化进一步的能源技术创新，推动非常规油气资源技术和碳捕集、利用与封存等能源技术的商业化应用，加快实现能源绿色转型。

本章数据来源

本章所引用的能源消费数据与经济数据均来自中国国家统计局、中国矿产资源报告、全国矿产资源储量统计表、bp世界能源统计年鉴、中华人民共和国海关总署、Trading Economics。

本章参考文献

[1] 马隆龙，唐志华，汪丛伟，等. 生物质能研究现状及未来发展策略［J］. 中国

科学院院刊，2019，34（4），434－442.

［2］中华人民共和国自然资源部（2021）.2020 年全国矿产资源储量统计表.

［3］中华人民共和国生态环境部（2021）.全国碳市场第一个履约周期顺利结束. https：//www. mee. gov. cn/ywgz/ydqhbh/wsqtkz/202112/t20211231_965906. shtml.

［4］中华人民共和国自然资源部（2022）.中国矿产资源报告.北京：地质出版社.

［5］中华人民共和国海关总署（2022a）.2021 年 12 月出口主要商品量值表（美元值）.http：//cceeccic. org/1870952268. html.

［6］中华人民共和国海关总署（2022b）.2021 年 12 月进出口商品构成表（美元值）.http：//www. customs. gov. cn//customs/302249/zfxxgk/2799825/302274/302277/302276/4127450/index. html.

［7］中华人民共和国海关总署（2022c）.2022 年 9 月全国出口重点商品量值表（美元值）.http：//www. cceeccic. org/393182547. html.

［8］中国石化报（2022）.我国原油进口量和对外依存度 20 年来首降.https：//nyhx. acftu. org/syshxt/202202/t20220221_804341. html.

［9］中国石油新闻中心（2022a）.中国能源进口量涨跌不一.http：//news. cnpc. com. cn/system/2022/02/14/030058634. shtml.

［10］中国石油新闻中心（2022b）.中俄天然气合作空间正在扩大.http：//news. cnpc. com. cn/system/2022/02/21/030059404. shtml.

［11］中国石油新闻中心（2022c）.如何实现非常规油气规模效益开发.http：//news. cnpc. com. cn/system/2022/10/25/030083229. shtml.

［12］中国国家发展改革委、中国国家能源局（2016）.能源生产和消费革命战略. https：//www. ndrc. gov. cn/fggz/zcssfz/zcgh/201704/W020190910670685518802. pdf.

［13］中国国家发展改革委、中国国家能源局（2022）."十四五"现代能源体系规划.http：//www. nea. gov. cn/1310524241_16479412513081n. pdf.

［14］中国国家发展改革委环资司（2022）.十年来单位国内生产总值能耗年均下降 3.3%.https：//www. ndrc. gov. cn/fggz/hjyzy/jnhnx/202210/t20221011_1338504. html?code = &state = 123.

［15］中国国家统计局（2022a）.2021 年 12 月能源生产情况.http：//www. stats. gov. cn/tjsj/zxfb/202201/t20220117_1826406. html.

［16］中国国家统计局（2022b）.中华人民共和国 2021 年国民经济和社会发展统计公报.http：//www. stats. gov. cn/tjsj/zxfb/202202/t20220227_1827960. html.

［17］中国国家统计局（2022c）.能源转型持续推进 节能降耗成效显著——党的

十八大以来经济社会发展成就系列报告之十四. http：//www. stats. gov. cn/xxgk/jd/sjjd2020/202210/t20221008_1888971. html.

［18］中国国家统计局能源统计司（2021）. 中国能源统计年鉴2021. 中国统计出版社.

［19］中国国家能源局（2021）. 国家能源局公布2021年能源成绩单. http：//www. nea. gov. cn/2021－12/24/c_1310391383. htm.

［20］中国国家能源局（2022a）. "十四五"我国能源保障将更安全有力. http：//www. nea. gov. cn/2022－04/22/c_1310569214. htm.

［21］中国国家能源局（2022b）. 国家能源局发布2021年全国电力工业统计数据. http：//www. nea. gov. cn/2022－01/26/c_1310441589. htm.

［22］中国国家能源局（2022c）. 国家能源局发布2021年全国电力工业统计数据. http：//www. nea. gov. cn/2022－01/26/c_1310441589. htm.

［23］中国国家能源局（2022d）. 国家能源局举行新闻发布会 发布2021年可再生能源并网运行情况等并答问. http：//www. gov. cn/xinwen/2022－01/29/content_5671076. htm.

［24］中国国家能源局（2022e）. 能源的饭碗必须端在自己手里. http：//www. nea. gov. cn/2022－01/07/c_1310413762. htm.

［25］中国国家能源局（2023）. 2022年全国油气勘探开发十大标志性成果. http：//www. nea. gov. cn/2023－01/20/c_1310692197. htm.

［26］中国环境报（2016）. 铀矿绿色开采让人耳目一新. https：//nnsa. mee. gov. cn/ywdt/yjzx/201610/t20161011_365326. html.

［27］中国清洁发展机制基金（2022）. 能耗"双控"转向碳排放"双控"将带来哪些变化. https：//www. cdmfund. org/30658. html.

［28］中国煤炭工业协会（2022）. 2021煤炭行业发展年度报告.

［29］北京理工大学能源与环境政策研究中心（2022）. 中国碳市场回顾与展望.

［30］世界经济论坛（2022）. 这些是能源转型投资方面位居前十的国家. https：//cn. weforum. org/agenda/2022/03/zhei－xie－shi－neng－yuan－zhuan－xing－tou－zi－fang－mian－wei－ju－qian－shi－de－guo－jia/.

［31］李国欣，雷征东，董伟宏，等. 中国石油非常规油气开发进展、挑战与展望［J］. 中国石油勘探，2022，27（1），1.

［32］国际能源署. 世界能源展望中国特别报告［M］. 石油工业出版社，2017.

［33］国际能源署可持续发展、技术与展望司能源技术政策处（2022）. 中国能源

体系碳中和路线图.

［34］经济日报（2022）."十四五"可再生能源发展提速. http：//www. gov. cn/zhengce/2022 - 06/08/content_5694539. htm.

［35］能源基金会（2022）. 探索多元储能技术 构建新型电力系统 助力碳达峰碳中和目标. https：//www. efchina. org/News - zh/Program - Updates - zh/programupdate - lceg - 20220826 - zh.

［36］新华网（2022）. 我国首个百万吨级 CCUS 项目全面建成投产. http：//www. nea. gov. cn/2022 - 09/02/c_1310658658. htm.

［37］新华社（2021）. 我国可再生能源开发利用规模稳居世界第一. http：//www. gov. cn/xinwen/2021 - 03/30/content_5596815. htm.

［38］蔡博峰，李琦，张贤.（2021）. 中国二氧化碳捕集利用与封存（CCUS）年度报告（2021）——中国 CCUS 路径研究［J］. 武汉：生态环境部环境规划院，中国科学院武汉岩土力学研究所，中国，2021.

［39］bp 中国（2021）. bp 世界能源统计年鉴 2021（第 70 版）.

［40］bp Statistical Review of World Energy（2022）. bp Statistical Review of World Energy 2022（71st ed.）.

［41］Ember（2022）. 2022 全球电力评论.

［42］Natural Resources Defense Council（2019）. Research on China's Oil Consumption Peak and Cap Plan.

［43］International Energy Agency（2021）. The Role of Critical World Energy Outlook Special Report Minerals in Clean Energy Transitions.

2. 中国能源国际合作传导效应

中国"一带一路"倡议实行后，积极推进"一带一路"沿线国家和地区开展国际能源合作。本章通过 2009 年 7 月 3 日至 2020 年 12 月 10 日期间中证能源指数与被传导对象行业指数收益率间的相关系数、两种形式的协偏差系数、两种形式的协峰度系数、波动率相关系数六个指标在"一带一路"倡议实行之前与之后发生的变化，量化"一带一路"倡议下能源合作政策给三个市场九个行业产生的传导效应。实证结果显示："一带一路"倡议下的国际能源合作政策对各个市场、行业发挥传导效应的途径中，CV、CK_{13}、CK_{31} 比 FR、CS_{12}、CS_{21} 显著。"一带一路"倡议下的国际能源合作政策对中国市场影响最大，其次是亚洲新兴市场，受影响最弱的是欧非中东新兴市场。

2.1 概 述

2.1.1 背景

2013 年，中国提出"一带一路"倡议旨在促进亚洲、欧洲、非洲国家间基础设施合作建设与互联互通，对沿线国家提升能源安全、优化资源配置具有重大意义（Yang, Swe, Chen, Zeng, Shu, Li, Yu, Zhang & Sun, 2021）。"一带一路"倡议提出以来得到多国响应，其覆盖区域占世界总人口的 64%，对世界 GDP 贡献率达到 30%（Huang, 2016），跨境商品服务贸易达到全球总额的 25%（Wei, Luo, Huang & Guo, 2020）。"一带一路"沿线国家有着丰富的能源且越来越重视能源合作（Yang et al., 2021），"一带一路"沿线国家拥有75%的世界总能源储备量（Wei et al., 2020），其中，煤炭产储量占全球总储量的74.69%，天然气储量占全球总储量的53.82%，原油储量占全球总储量的58.54%，石油供应量占全球石油供应总量的55.17%（Li, Lai, Wang & Hsu, 2019）。"一带一路"倡议给其沿线国家搭建合作平台（Hao, Shah, Nawaz, Asad, Iqbal, Zahoor & Maqsoom, 2020），能源合作是"一带一路"倡议的重点合作领域（Duan, Ji, Liu & Fan, 2018；Yuan, Li, Xu, Zhao & Liu, 2019；Shi & Cai 2020；Yang et al., 2021），传统能源合作日益密切（Wu, Y., Wang, Ji & Song, 2020），可再生能源也是"一带一路"沿线国家能源合作的重要领域（Dong & Pan, 2020）。

2.1.2 目的

"一带一路"倡议下的政策对不同国家、地区、行业产生的影响不尽相同（Cheng & Qi, 2021；Chen, Chao, Liu, Tao & Lian, 2021），并对不同国家、地区的经济发展也起到一定的促进作用（Chen, Fan, Zhang & Mo, 2019；Khan, Chenggang, Hussain, Bano & Nawaz, 2020；Rauf, Liu, Amin, Rehman, Li, Ahmad & Victor, 2020）。"一带一路"倡议下的国际能源合作政策影响从中国能源行业传播到其沿线的新兴市场，被称为"传导效应"（Rigobon & Forbes, 1999；Fry, Martin & Tang, 2010）。所以我们旨在探究"一带一路"国际能源合作下，与该政策相关的中国能源行业对中国市场、亚洲新兴市场、欧非中东新兴市场是否存在传导效应。

2.1.3 路径

借鉴Forbes and Rigobon（1999）；Fry et al.（2010）；Fry - McKibbin, Hsiao & Tang（2014）；Hsiao & Chen（2018）的传导效应模型探究"一带一路"倡议下国际能源合作的影响，采用中证能源指数代表与中国"一带一路"倡议下国际能源合作相关的上市公司表现总体情况，采用9个中国上证行业指数、9个MSCI亚洲新兴市场行业指数、9个MSCI欧非中东新兴市场行业指数分别代表中国市场、亚洲新兴市场、欧非中东新兴市场的能源、非必需消费品、必需消费品、金融、工业、原材料、电子通信、公共事业、医疗保健九大行业的发展状况，研究的行业指数时间跨度为 2009 年 7 月 3 日至 2020 年 12 月 10 日。早期的传导效应研究停留在以正态分布为前提的线性相关传导途径上，但是股票收益率在多数情况下是不满足正态分布的，所以学者们（Forbes & Rigobon, 1999；Fry, Martin & Tang, 2010；Fry‐McKibbin, Hsiao & Tang, 2014；Hsiao & Chen, 2018）致力于研究基于更高阶矩相关系数的传导途径。借鉴这几位学者的研究方法，通过对中证能源指数与其他市场行业指数收益率在"一带一路"倡议实行前后的相关系数、两种形式的协偏差系数、两种形式的协峰度系数、波动率相关系数六个指标，从而量化"一带一路"倡议能源合作政策相关能源上市公司股价指数在"一带一路"倡议能源合作政策下对中国市场、亚洲新兴市场、欧非中东新兴市场九大行业的政策传导效应。

2.2　研究方法

Forbes & Rigobon（1999）把"传导效应"定义为在危机时期一个国家的市场波动的影响扩散到其他市场、行业，甚至其他国家的市场、行业的现象，同时，这两位学者还证明了用两个市场间相关系数在危机出现前后的变化来衡量市场的传导效应是有偏误的，并对危机过后的市场间相关系数进行修正，推算出统计值 FR，FR 用于测试在危机前后两个市场的收益率相关系数是否发生变化。在此基础上，Fry, et al.（2010）进一步研究出用于测试通过非线性传导途径实现传导效应的统计值 CS_{12} 与 CS_{21}，CS_{12} 与 CS_{21} 用于测试在危机前后两个市场的收益率与收益波动率相关系数是否发生变化。Fry‐Mckibbin, et al.（2014）进一步完善非线性传导效应测试的方法，研究用于测试两个市场间收益波动率在危机前后是否发生变化的统计值 CV。最后，Fry‐Mckibbin & Hsiao（2018）两位学者发现，在极端事件发生后，基于极值的测试比基于非对称性的测试更容易检验出传导效应的存在，推算出用于测试传导源市场的收益率与被传导市场的偏度系数的相关系数的统计值 CK_{13}，用于测试传导源市场的偏度系数与被传导对象的收益率的统计值 CK_{31}。

这里所采用的测试传导效应的方法是学者们在研究金融危机的过程中发展而来的，Hsiao & Chen（2018）两位学者将其应用于研究中国的核能政策传导效应，因此，运用上述学者们测试传导效应所应用的方法，测试在"一带一路"倡议实行之后，市场间是否存在传导效应。我们把政策实行之前的时间段长度记为 $T_x = 1\,641$，把政策实行之后的时间段长度记为 $T_y = 2\,535$，把政策发布之前行业指数间的相关系数记为 ρ_x，把政策发布之后行业指数间的相关系数记为 ρ_y，把政策发布之后行业指数间的修正相关系数记为 $v_{y|x}$。FR 统计值用于测试"一带一路"倡议能源合作政策相关能源上市公司股价指数与被传导对象 j 的行业指数收益率相关系数在"一带一路"倡议实行前后是否发生显著变化；CS_{12} 统计值用于测试"一带一路"倡议能源合作政策相关能源上市公司股价指数的收益率与被传导对象 j 的行业指数收益波动率相关系数在"一带一路"倡议实行前后是否发生显著变化；CS_{21} 统计值用于测试"一带一路"倡议能源合作政策相关能源上市公司股价指数的收益波动率与被传导对象 j 的行业指数收益率相关系数在"一带一路"倡议实行前后是否发生显著变化；CK_{13} 统计值用于测试"一带一路"倡议能源合作政策相关能源上市公司股价指数的收益率与被传导对象 j 的行业指数收益偏度系数在"一带一路"倡议实行前后是否发生显著变化；CK_{31} 统计值用于测试"一带一路"倡议能源合作政策相关能源上市公司股价指数的收益偏度系数与被传导对象 j 的行业指数收益率在"一带一路"倡议实行前后是否发生显著变化；CV 统计值用于测试"一带一路"倡议能源合作政策相关能源上市公司股价指数与被传导对象 j 的行业指数收益波动率相关系数在"一带一路"倡议实行前后是否发生显著变化。

我们在本章的最后进一步运用 Fry – McKibbin, et al.（2014）的政策敏感指数法来评估每个行业在能源合作政策出台后受到的传导效应的大小。

2.2.1 传导效应测试

2.2.1.1 相关性检验

采用 Fry, et al.（2010）相关性检验的方法，检验在政策实行前后行

业 i 和 j 之间收益率的相关系数 $\hat{\rho}_x$ 和 $\hat{v}_{y|x_i}$ 是否发生显著变化,检验统计值为 FR,计算公式如下所示:

$$FR(i \rightarrow j) = \frac{(\hat{v}_{y|x_i} - \hat{\rho}_x)^2}{Var(\hat{v}_{y|x_i} - \hat{\rho}_x)} \tag{2.1}$$

其中,$\hat{\rho}_x$ 代表政策实施前行业 i 与行业 j 之间收益率的相关系数,$\hat{\rho}_y$ 代表政策实施后行业 i 与行业 j 之间收益率的相关系数。Forbes & Rigobon (1999) 对政策实施后的行业间收益率相关系数 $\hat{\rho}_y$ 进行修正,修正后的相关系数 $\hat{v}_{y|x_i}$ 计算公式如下所示:

$$\hat{v}_{y|x_i} = \frac{\hat{\rho}_y}{\sqrt{1 + \delta(1 - \hat{\rho}_y)}} \tag{2.2}$$

$$\delta = \frac{s_{y,i}^2 - s_{x,i}^2}{s_{x,i}^2} \tag{2.3}$$

其中,$s_{x,i}^2$ 和 $s_{y,i}^2$ 分别表示 i 行业收益率在政策实施前后的方差,δ 表示 i 行业收益率在政策实施前后方差的变化率。公式(2.1)中,相关系数 $\hat{\rho}_x$ 和修正相关系数 $\hat{v}_{y|x_i}$ 之差的方差计算公式如下所示:

$$Var(\hat{v}_{y|x_i} - \hat{\rho}_x) = Var(\hat{v}_{y|x_i}) + Var(\hat{\rho}_x) - 2Cov(Var(\hat{v}_{y|x_i}, \hat{\rho}_x)) \tag{2.4}$$

$$Var(\hat{v}_{y|x_i}) = \frac{(1+\delta)^2}{2[1+\delta(1-\rho_y^2)]^3} \times \left[\frac{(2-\rho_y^2)(1-\rho_y^2)^2}{T_y} + \frac{\rho_y^2(1-\rho_y^2)^2}{T_x}\right] \tag{2.5}$$

$$Var(\hat{\rho}_x) = \frac{(1-\rho_x^2)^2}{T_x} \tag{2.6}$$

$$Cov(\hat{v}_{y|x_i}, \hat{\rho}_x) = \frac{\rho_y \rho_x (1-\rho_y^2)(1-\rho_x^2)(1+\delta)}{2T_x[1+\delta(1-\rho_y^2)]^{\frac{3}{2}}} \tag{2.7}$$

公式中,T_x 和 T_y 分别表示样本所选取的时间序列中,政策实施之前的天数和政策实施之后的天数。通过检验统计值 FR,可以测试政策实施对行业 i 的收益率所产生的影响,是否传导给另一个行业 j,导致行业 j 的收益率发生变化。

2.2.1.2 协偏度系数检验

Fry, et al. (2010) 的协偏度系数检验包括两种形式,第一种形式

CS_{12}：测试在政策实施前行业 i 的收益率与行业 j 的收益波动率的协偏差系数 $\psi_x(r_i, r_j^2)$ 和政策发布后行业 i 的收益率与行业 j 的收益波动率的协偏差系数 $\psi_y(r_i, r_j^2)$ 是否发生显著变化，统计值为 CS_{12}，计算公式如下所示：

$$CS_{12}(i \to j) = \frac{[\hat{\psi}_y(r_i, r_j^2) - \hat{\psi}_x(r_i, r_j^2)]^2}{\frac{(4\hat{v}_{y|x_i}^2 + 2)}{T_y} + \frac{(4\hat{\rho}_x^2 + 2)}{T_x}} \qquad (2.8)$$

第二种形式 CS_{21}：测试在政策发布前行业 i 的收益波动率与行业 j 的收益率的协偏差系数 $\psi_x(r_i^2, r_j)$ 和政策实施后行业 i 的收益波动率与行业 j 的收益率的协偏差系数 $\psi_y(r_i^2, r_j)$ 是否发生显著变化，统计值为 CS_{21}，计算公式如下所示：

$$CS_{21}(i \to j) = \frac{[\hat{\psi}_y(r_i^2, r_j) - \hat{\psi}_x(r_i^2, r_j)]^2}{\frac{(4\hat{v}_{y|x_i}^2 + 2)}{T_y} + \frac{(4\hat{\rho}_x^2 + 2)}{T_x}} \qquad (2.9)$$

在公式（2.8）与公式（2.9）中，协偏差系数具体计算公式如下所示：

$$\hat{\psi}_y(r_i^a, r_j^b) = \frac{1}{T_y} \sum_{t=1}^{T_y} \left(\frac{y_{i,t} - \hat{\mu}_{yi}}{\hat{\sigma}_{yi}}\right)^a \left(\frac{y_{j,t} - \hat{\mu}_{yj}}{\hat{\sigma}_{yj}}\right)^b \qquad (2.10)$$

$$\hat{\psi}_x(r_i^a, r_j^b) = \frac{1}{T_x} \sum_{t=1}^{T_x} \left(\frac{y_{i,t} - \hat{\mu}_{xi}}{\hat{\sigma}_{xi}}\right)^a \left(\frac{y_{j,t} - \hat{\mu}_{xj}}{\hat{\sigma}_{xj}}\right)^b \qquad (2.11)$$

其中，μ_{xi}，μ_{yi}，μ_{xj}，μ_{yj} 分别表示 i 行业在政策实施前后和 j 行业在政策实施前后收益率均值；σ_{xi}，σ_{yi}，σ_{xj}，σ_{yj} 分别表示 i 行业在政策实施前后和 j 行业在政策实施前后的收益率标准差；公式（2.9）中，T_x 和 T_y 分别表示样本所选取的时间序列中，政策实施之前的天数和政策实施之后的天数。通过检验统计值 CS_{12}，可以测试政策实施对行业 i 的收益率所产生的影响是否传导给另一个行业 j，导致行业 j 的收益波动率发生变化。通过检验统计值 CS_{21}，可以测试政策实施对行业 i 的收益波动率所产生的影响是否传导给另一个行业 j，导致行业 j 的收益率发生变化。

2.2.1.3 协峰度系数检验

Fry-Mckibbin & Hisao（2018）两位学者的协偏度系数检验包括两种

形式，第一种形式 CK_{13}：测试在政策实施前行业 i 的收益率与行业 j 的收益偏度系数的协峰度系数 $\psi_x(r_i,r_j^3)$ 和政策实施后行业 i 的收益率与行业 j 的收益偏度系数的协峰度系数 $\psi_y(r_i,r_j^3)$ 是否发生显著变化，统计值为 CK_{13}，计算公式如下所示：

$$CK_{13}(i\to j) = \frac{[\hat{\psi}_y(r_i,r_j^3) - \hat{\psi}_x(r_i,r_j^3)]^2}{\dfrac{(18\hat{v}_{y|x_i}^2+6)}{T_y} + \dfrac{(18\hat{\rho}_x^2+6)}{T_x}} \qquad (2.12)$$

第二种形式 CK_{31}：测试在政策实施前行业 i 的收益偏度系数与行业 j 的收益率的协峰度系数 $\psi_x(r_i^3,r_j)$ 和政策实施后行业 i 的收益偏度系数与行业 j 的收益率的协峰度系数 $\psi_y(r_i^3,r_j)$ 是否发生显著变化，统计值为 CK_{31}，计算公式如下所示：

$$CK_{31}(i\to j) = \frac{[\hat{\psi}_y(r_i^3,r_j) - \hat{\psi}_x(r_i^3,r_j)]^2}{\dfrac{(18\hat{v}_{y|x_i}^2+6)}{T_y} + \dfrac{(18\hat{\rho}_x^2+6)}{T_x}} \qquad (2.13)$$

在公式（2.12）与公式（2.13）中，协峰度系数具体计算公式如下所示：

$$\hat{\psi}_y(r_i^a,r_j^b) = \frac{1}{T_y}\sum_{t=1}^{T_y}\left(\frac{y_{i,t}-\hat{\mu}_{yi}}{\hat{\sigma}_{yi}}\right)^a\left(\frac{y_{j,t}-\hat{\mu}_{yj}}{\hat{\sigma}_{yj}}\right)^b - 3\hat{v}_{y|x_i}^2 \qquad (2.14)$$

$$\hat{\psi}_x(r_i^a,r_j^b) = \frac{1}{T_x}\sum_{t=1}^{T_x}\left(\frac{y_{i,t}-\hat{\mu}_{xi}}{\hat{\sigma}_{xi}}\right)^a\left(\frac{y_{j,t}-\hat{\mu}_{xj}}{\hat{\sigma}_{xj}}\right)^b - 3\hat{\rho}_x^2 \qquad (2.15)$$

其中，μ_{xi}，μ_{yi}，μ_{xj}，μ_{yj} 分别表示 i 行业在政策实施前后和 j 行业在政策实施前后收益率均值；σ_{xi}，σ_{yi}，σ_{xj}，σ_{yj} 分别表示 i 行业在政策实施前后和 j 行业在政策实施前后的收益率标准差；公式（2.13）中，T_x 和分别表示样本所选取的时间序列中，政策实施之前的天数和政策实施之后的天数。通过检验统计值 CK_{13}，可以测试政策实施对行业 i 的收益率所产生的影响是否传导给另一个行业 j，导致行业 j 的收益偏度系数发生变化。通过检验统计值 CK_{31}，可以测试政策发布对行业 i 的收益偏度系数所产生的影响是否传导给另一个行业 j，导致行业 j 的收益率发生变化。

2.2.1.4 协波动性检验

Fry-Mckibbin, et al.（2014）研究出可用于测试在政策发布前后，行

业 i 和行业 j 收益波动率的相关性是否发生显著变化的检验统计值 CV，具体公式如下所示：

$$CV(i \to j) = \frac{[\hat{\psi}_y(r_i^2, r_j^2) - \hat{\psi}_x(r_i^2, r_j^2)]^2}{\dfrac{(4\hat{v}_{y|x_i}^4 + 16\hat{v}_{y|x_i}^2 + 4)}{T_y} + \dfrac{(4\hat{\rho}_x^4 + 16\hat{\rho}_x^2 + 4)}{T_x}} \quad (2.16)$$

其中，ψ_x 和 ψ_y 分别表示在政策实施前后两个行业收益波动率的相关系数，具体公式如下所示：

$$\hat{\psi}_y(r_i^2, r_j^2) = \frac{1}{T_y} \sum_{t=1}^{T_y} \left(\frac{y_{i,t} - \hat{\mu}_{yi}}{\hat{\sigma}_{yi}}\right)^2 \left(\frac{y_{j,t} - \hat{\mu}_{yj}}{\hat{\sigma}_{yj}}\right)^2 - (1 + 2\hat{v}_{y|x_i}^2) \quad (2.17)$$

$$\hat{\psi}_x(r_i^2, r_j^2) = \frac{1}{T_x} \sum_{t=1}^{T_x} \left(\frac{y_{i,t} - \hat{\mu}_{xi}}{\hat{\sigma}_{xi}}\right)^2 \left(\frac{y_{j,t} - \hat{\mu}_{xj}}{\hat{\sigma}_{xj}}\right)^2 - (1 + 2\hat{\rho}_x^2) \quad (2.18)$$

其中，μ_{xi}、μ_{yi}、μ_{xj}、μ_{yj} 分别表示 i 行业在政策发布前后和 j 行业在政策发布前后收益率均值；σ_{xi}、σ_{yi}、σ_{xj}、σ_{yj} 分别表示 i 行业在政策发布前后和 j 行业在政策发布前后的收益率标准差；公式（2.16）中，T_x 和 T_y 分别表示样本所选取的时间序列中，政策发布之前的天数和政策发布之后的天数。通过检验统计值 CV，可以测试政策发布对行业 i 的收益波动率所产生的影响是否传导给另一个行业 j，导致行业 j 的收益波动率发生变化。

2.2.1.5 检验假设

检验统计量 FR 对应的传导效应测试的原假设和备择假设分别是：

H_0：$\rho_X = v_{y|x_i}$

H_1：$\rho_X \neq v_{y|x_i}$

协偏度系数检验 CS_{12}、CS_{21}，协峰度系数检验 CK_{13}、CK_{31} 和波动性检验 CV 的传导效应测试的原假设和备择假设分别是：

$H_0: \hat{\psi}_x(r_i^a, r_j^b) = \hat{\psi}_y(r_i^a, r_j^b)$

$H_1: \hat{\psi}_x(r_i^a, r_j^b) \neq \hat{\psi}_y(r_i^a, r_j^b)$

当 $a=1$，$b=2$ 时，该组假设用于检验 CS_{21} 传导途径是否显著；当 $a=2$，$b=1$ 时，该组假设用于检验 CS_{21} 传导途径是否显著；当 $a=1$，$b=3$ 时，该组假设用于检验 CK_{31} 传导途径是否显著；当 $a=3$，$b=1$ 时，该组假设

用于检验 CK_{31} 传导途径是否显著；当 a = 2，b = 2 时，该组假设用于检验 CV 传导途径是否显著。在以不存在传导效应为原假设的前提下，检验统计量 FR、CS_{12}、CS_{21}、CV 均服从自由度为 1 的卡方分布，即 FR、CS_{12}、CS_{21}、CK_{13}、CK_{31}、$CV \xrightarrow{d} \chi_1^2$。以相关性检验为例，在 95% 的置信水平下，若检验统计值 FR 大于 3.84，则拒绝原假设，认为行业 i 对行业 j 存在以 FR 为传导途径的传导效应，说明行业 i 的收益率受到政策发布的影响，这种影响传导给行业 j，使得行业 j 的收益率也发生变化。

2.2.2 政策敏感指数

Fry – McKibbin, ct al.（2014）的政策敏感指数法可用于定量估计一个行业对某政策的敏感程度。计算每个行业的政策敏感指数的步骤为：第一步，把政策发布之前的行业日收益率作为固定视窗；第二步，以 30 日为一个周期做滚动视窗，比如，把政策发布第一天及其往后 29 天的行业收益率作为第一个视窗，把政策发布之后第二天及其往后 29 天的行业日收益率作为第二个视窗，以此类推形成多个以 30 日为一个周期的滚动视窗；第三步，将每个滚动视窗依次与固定视窗做传导效应测试，通过公式（2.1）、（2.8）、（2.9）、（2.12）计算出每日传导效应的 FR、CS_{12}、CS_{21}、CV 四个检验统计量；第四步，计算行业 j 在第 t 天的指示变量 $I_{(i \to j), j, t}$，计算公式如下所示：

$$I_{(i \to j), j, t} = \begin{cases} 0: \text{当} FR, CS_{12}, CS_{21}, CK_{13}, CK_{31}, CV \text{对应} P \text{值} < 0.05 \text{的个数为 0 时} \\ 1: \text{当} FR, CS_{12}, CS_{21}, CK_{13}, CK_{31}, CV \text{对应} P \text{值} < 0.05 \text{的个数为 1 时} \\ 2: \text{当} FR, CS_{12}, CS_{21}, CK_{13}, CK_{31}, CV \text{对应} P \text{值} < 0.05 \text{的个数为 2 时} \\ 3: \text{当} FR, CS_{12}, CS_{21}, CK_{13}, CK_{31}, CV \text{对应} P \text{值} < 0.05 \text{的个数为 3 时}, i \neq j \\ 4: \text{当} FR, CS_{12}, CS_{21}, CK_{13}, CK_{31}, CV \text{对应} P \text{值} < 0.05 \text{的个数为 4 时} \\ 5: \text{当} FR, CS_{12}, CS_{21}, CK_{13}, CK_{31}, CV \text{对应} P \text{值} < 0.05 \text{的个数为 5 时} \\ 6: \text{当} FR, CS_{12}, CS_{21}, CK_{13}, CK_{31}, CV \text{对应} P \text{值} < 0.05 \text{的个数为 6 时} \end{cases}$$

(2.19)

若行业 j 在第 t 天 FR、CS_{12}、CS_{21}、CK_{13}、CK_{31}、CV 六个检验统计量中，

有两个检验统计量在95%的置信水平下是显著的,则指示变量 $I_{(i \rightarrow j),j,t} = 2$;第五步,计算行业 j 的政策敏感指数 $\mu_{I_{(i \rightarrow j),j,t}}$,公式如下:

$$\mu_{I_{(i \rightarrow j),j,t}} = \frac{100 \times I_{(i \rightarrow j),j,t}}{(T_y - 30)} \tag{2.20}$$

公式中,T_y 表示样本所选取的时间序列中政策发布之后的天数。政策敏感指数有利于研究"一带一路"倡议下能源合作不断发展对行业 j 的影响,也可以观测到行业 j 与每一个具体的能源合作政策之间的联系。

2.3 实证结果分析

2.3.1 数据

2.3.1.1 传导源 i

中证能源指数和三个市场九个行业指数在2009年7月至2020年12月期间的每日收盘价数据来自彭博社,每个指数对应的彭博社代码如表2-3-1所示。中证能源指数结合上海证券交易所和深圳证券交易所两个交易所的 A 股中能源股票价格,用以反映中国能源行业的整体表现(卜文珂、赵蒙恩,2020;苏木亚、郭崇慧,2015;Bour et al.,2017)。中证能源指数成分股包含上证交易所和深证交易所19个能源公司股票,其中9个股票是中证"一带一路"指数、上证"一带一路"指数、国企"一带一路"指数的成分股,其余10个非"一带一路"指数成分股对应的公司中,承接"一带一路"能源项目的公司有4个,所以中证能源指数中有13个成分股与"一带一路"能源项目相关。根据中证指数官网公布的中证能源指数前十个权重股所占的权重,据此推算,"一带一路"相关能源股在中证能源指数中占超过74.34%的比例,详细信息可见附录。这里选用中证能源指数代表"一带一路"倡议下国际能源合作政策相关能源上市公司的发展状况。

表 2-3-1　　　　　行业指数及其对应彭博社代码

市场	行业指数	代码
传导源	中证能源指数	SH000928
中国市场	上证能源指数	SH000032
	中证新能源指数	SH000941
	上证非必要消费品指数	SH000035
	上证必要消费品指数	SH000036
	上证金融指数	SH000038
	上证工业指数	SH000034
	上证原材料指数	SH000033
	上证电子通信指数	SH000039
	上证公共事业指数	SH000041
亚洲新兴市场	MSCI 能源指数	MSMX0EN
	MSCI 非必要消费品指数	MSMX0CD
	MSCI 必要消费品指数	MSMX0CS
	MSCI 金融指数	MSMX0FN
	MSCI 工业指数	MSMX0IN
	MSCI 原材料指数	MSMX0MT
	MSCI 电子通信指数	MSMX0TC
	MSCI 公共事业指数	MSMX0UT
	MSCI 医疗保健指数	MSMX0HC
欧非中东新兴市场	MSCI 能源指数	MSEE0EN
	MSCI 非必要消费品指数	MSEE0CD
	MSCI 必要消费品指数	MSEE0CS
	MSCI 金融指数	MSEE0FN
	MSCI 工业指数	MSEE0IN
	MSCI 原材料指数	MSEE0MT
	MSCI 电子通信指数	MSEE0TC
	MSCI 公共事业指数	MSEE0UT
	MSCI 医疗保健指数	MSEE0HC

2.3.1.2　被传导对象 j

学者们在研究中国的核能政策（Hsiao & Chen, 2018）、太阳能政策（Hsiao et al., 2021）的传导效应过程中，采用上证行业指数代表中国不同行业的发展状况,采用 MSCI 的行业指数代表不同市场各个行业的表现状况。这里也采用 9 个上证行业指数、MSCI 亚洲新兴市场 9 个行业指数、欧非中东新兴市场的 9 个行业指数作为被传导对象。根据 MSCI 官网公布的信息,摩根士丹利公司把全球新兴市场分为三个地区:亚洲新兴市场、欧非中东新兴市场、拉丁美洲新兴市场,表 2-3-2 详细列出与中国"一带一路"关系较为较为紧密的亚洲新兴市场和欧非中东新兴市场囊括的新兴国家。

表 2-3-2 纳入 MSCI 新兴市场指数计算的国家及地区名称

市场	欧非中东新兴市场		亚洲新兴市场	
国家	阿联酋 捷克共和国 沙特阿拉伯 科威特 土耳其 埃及	南非 卡塔尔 匈牙利 俄罗斯 波兰 希腊	中国大陆 菲律宾 印度 泰国 印度尼西亚 中国台湾	韩国 马来西亚 巴基斯坦

资料来源:https://www.msci.com/our-solutions/index/emerging-markets。

根据中国"一带一路"官网公布的"一带一路"合作国家名单,截至 2021 年 1 月 30 日,纳入 MSCI 亚洲新兴市场指数的国家与地区中,除了印度外,其他 6 个国家已同中国签署共建"一带一路"合作文件。中国台湾于 2017 年 1 月 24 日在台北成立"一带一路"经贸促进协会;2019 年 3 月 18 日,首批货物通过"海上丝绸之路"由中国台湾出发送往厦门,再由中欧班列顺利抵达莫斯科,实现了"海、陆丝绸之路"的完美结合。纳入 MSCI 欧非中东新兴市场指数的 12 个国家均已同中国签署共建"一带一路"合作文件。为了验证新兴市场是否受"一带一路"能源合作的影响,这里研究以下 3 个问题:

(a) 中国"一带一路"能源合作对中国市场能源、消费者非必需品、消费者必需品、金融、工业、材料、电子通信、公共事业、医疗保健 9 个行业的政策传导效应;

(b) 中国"一带一路"能源合作对亚洲新兴市场能源、消费者非必需品、消费者必需品、金融、工业、材料、电子通信、公共事业、医疗保健 9 个行业的政策传导效应;

(c) 中国"一带一路"能源合作对欧非中东新兴市场能源、消费者非必需品、消费者必需品、金融、工业、材料、电子通信、公共事业、医疗保健9个行业的政策传导效应。

2.3.1.3 数据预处理

首先，计算三个市场九大行业指数的对数收益率，$x_{i,t}$ 表示 i 指数第 t 日的收盘价，$r_{i,t}$ 表示 i 指数第 t 日的日收益率，计算公式如下所示：

$$r_{i,t} = 100 \times (\ln x_{i,t} - \ln x_{i,t-1}) \tag{2.21}$$

本文数据包括2009年7月3日至2020年12月10日指数每日收盘价，周末及节假日的数据由上一个交易日收盘价代替，时间序列覆盖"一带一路"倡议实行前后两个阶段。填补数据、计算股价收益率由Python完成。

2.3.1.4 "一带一路"倡议生效时间点选取

"一带一路"倡议生效时间点为2014年1月1日，Liu & Xin（2019）两位学者在研究"一带一路"倡议对中国"一带一路"沿线省份的绿色总要素生产力的影响时，也将2014年1月1日定义为"一带一路"倡议生效日。

"一带一路"倡议发展过程中发布的与能源合作相关的政策与新闻事件大部分都发生在2014年开年之后（Liu & Xin, 2019）。比如，2014年12月29日，"丝路基金"正式成立，根据一带一路能源合作网（http://obor.nea.gov.cn/）公布的数据，截至2018年1月，该基金规模已超过60亿美元，先后投资巴基斯坦、俄罗斯、哈萨克斯坦等新兴国家的多个能源合作项目；2017年5月12日，中国国家发展和改革委员会与国家能源局共同发布《推动丝绸之路经济带和21世纪海上丝绸之路能源合作愿景与行动》，这份文件以促进亚洲、欧洲、非洲国家的能源合作为目标，旨在提升区域能源安全性、优化资源配置和促进经济共同增长（Yuan et al., 2019），并强调能源合作的六大领域为贸易畅通、政策协调、投资合作、生产能力合作、基础设施互联互通（Hao et al., 2020）；2019年4月25日，中国与30个国家在第二届"一带一路"国际合作高峰论坛上共同对外发布《"一带一路"能源合作伙伴关系合作原则与务实行动》，加入"一带一路"能源合作伙伴关系的国家秉持着互惠合作的理念，鼓励国家或区域间进行能源合作以解决各国能源问题，实现共同增长和繁荣（Hao et al.，2020）；2019年5月15日，第二次中国—欧盟能源合作平台（ECECP）项目指导委员会会议与"中国—欧盟能源合作平台项目启动会"在北京圆满举行，ECECP正式启动并进入执行阶段，加快中欧的清洁能源转型，促进可再生清洁能源发展是该项目合作的重点（见表2-3-3）。

表2-3-3　　"一带一路"倡议下重点能源合作政策

时间	政策内容
2013.9.7—2013.10.3	"丝绸之路经济带"与"21世纪海上丝绸之路"构想提出
2014.12.29	"丝路基金"正式成立，根据一带一路能源合作网（http：//obor.nea.gov.cn/）公布的数据，截至2018年1月，该基金规模已超过60亿美元，先后投资中巴经济走廊的清洁能源项目、中俄亚马尔液化天然气一体化项目、中国迪拜哈翔清洁燃煤电站项目等一系列重大项目，并出资20亿美元设立了中哈产能合作基金
2015.12.12	亚洲基础设施投资银行成立，根据国家统计局公布的数据显示，截至2008年9月，亚投行成员达到87个，在13个成员国开展了28个基础设施建设项目，贷款总额超过53亿美元
2017.5.12	中国国家发展和改革委员会与国家能源局共同发布《推动丝绸之路经济带和21世纪海上丝绸之路能源合作愿景与行动》，这份文件以促进亚洲、欧洲、非洲国家的能源合作为目标，旨在提升区域能源安全性、优化资源配置和促进经济共同增长（Yuan et al.，2019）
2019.4.25	中国与30个国家在第二届"一带一路"国际合作高峰论坛上共同对外发布《"一带一路"能源合作伙伴关系合作原则与务实行动》，加入"一带一路"能源合作伙伴关系的国家秉持着互惠合作的理念，鼓励国家或区域间进行能源合作以解决各国能源问题，实现共同增长和繁荣（Hao et al.，2020）
2019.5.15	第二次中国—欧盟能源合作平台（ECECP）项目指导委员会会议与"中国—欧盟能源合作平台项目启动会"在北京圆满举行，ECECP正式启动并进入执行阶段，加快中欧的清洁能源转型，促进可再生清洁能源发展是该项目合作的重点

2.3.1.5　传导机制模型

接下来分析中国"一带一路"倡议下能源合作是否通过 FR、CS_{12}、CS_{21}、CK_{13}、CK_{31}、CV 六个传导途径影响市场、行业。Forbes & Rigobon

（1999）在研究股票市场波动的传导效应过程中发现，这种传导效应可以分解为三种机制：第一种机制主要解释影响多个国家经济基本面的全球性冲击；第二种机制主要解释某个国家所特有的并且影响其他国家经济基本面的冲击；第三种机制则主要解释增强两个市场间联动性的冲击。第三种机制是重点研究的传导效应。在研究这种传导效应之前，先根据 FPE（Final Prediction Error）与 AIC（Alike Information Criterion）选择最佳滞后阶数，运用 Eviews 建立矢量自回归（VAR）模型，排除前两种机制给股价波动率联动性带来的影响，VAR 模型的具体形式如下：

$$r_t = \phi(L)r_t + u_t$$
$$r_t = (x_t, y_t)'$$

x_t 表示政策实施之前每日股价收益率，y_t 表示政策实施之后每日股价收益率，$\phi(L)$ 表示滞后项系数矢量。表 2-3-4 列出选择 VAR 模型最佳滞后阶数的 6 个指标值，这里借鉴 Hsiao & Chen（2018）两位学者获取最佳滞后阶数的方法，根据 FPE 和 AIC 确定最佳滞后阶数为 1 阶。

表 2-3-4　　　　　VAR 模型滞后阶数相关指标

Lag	LogL	LR	FPE	AIC	SC	HQ
0	-117 575.9	NA	9.70×10^{-11}	56.40473	56.44728*	56.41978*
1	-116 446.3	2 243.419	8.22×10^{-11}*	56.23900*	57.4727	56.67539
2	-116 027.9	825.4394	9.80×10^{-11}	56.41432	58.8392	57.27206
3	-115 487.1	1 059.429	1.10×10^{-10}	56.531	60.14704	57.81008
4	-115 025.5	898.2746	1.29×10^{-10}	56.6856	61.49281	58.38604
5	-114 629.1	765.9511	1.55×10^{-10}	56.87151	62.86989	58.99329
6	-114 141.7	935.3587	1.79×10^{-10}	57.01375	64.20329	59.55688
7	-113 390.5	1 431.317	1.82×10^{-10}	57.02951	65.41022	59.99398
8	-112 893.5	940.3215*	2.09×10^{-10}	57.16717	66.73905	60.55299

注：* 表示在该标准下的最佳滞后阶数
　　LR：连续修正的 LR 测试统计量（在 5% 的置信水平中）
　　FPE：最终预测误差
　　AIC：赤池信息量准则
　　SC：舒瓦兹信息准则
　　HQ：汉南-奎因准则

2.3.2 政策传导效应研究

2.3.2.1 描述性统计

图 2-3-1 是利用 Python 画出的 28 个行业指数的每日收盘价折线图。由图 2-3-1 可知，9 个上证行业指数与中证行业指数在 2014—2015 年都出现较大幅度上升，2015—2016 年股价回落。中证能源指数与上证能源、工业、原材料、电子通信、公共事业行业指数有较为相似的涨跌趋势。

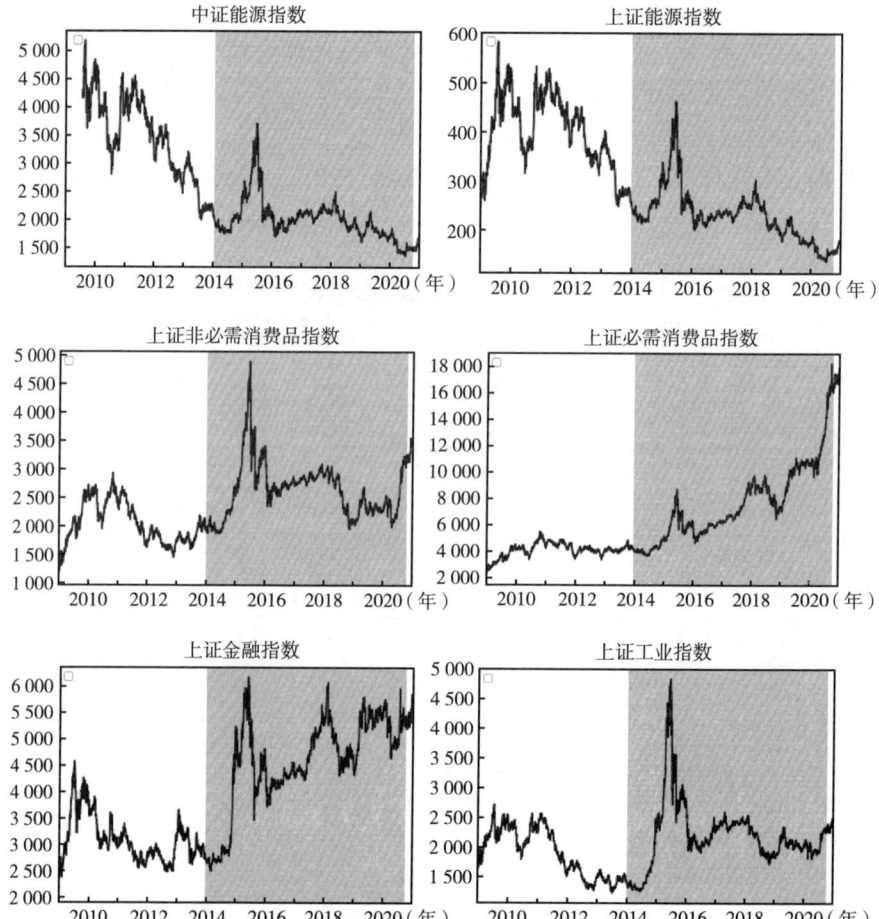

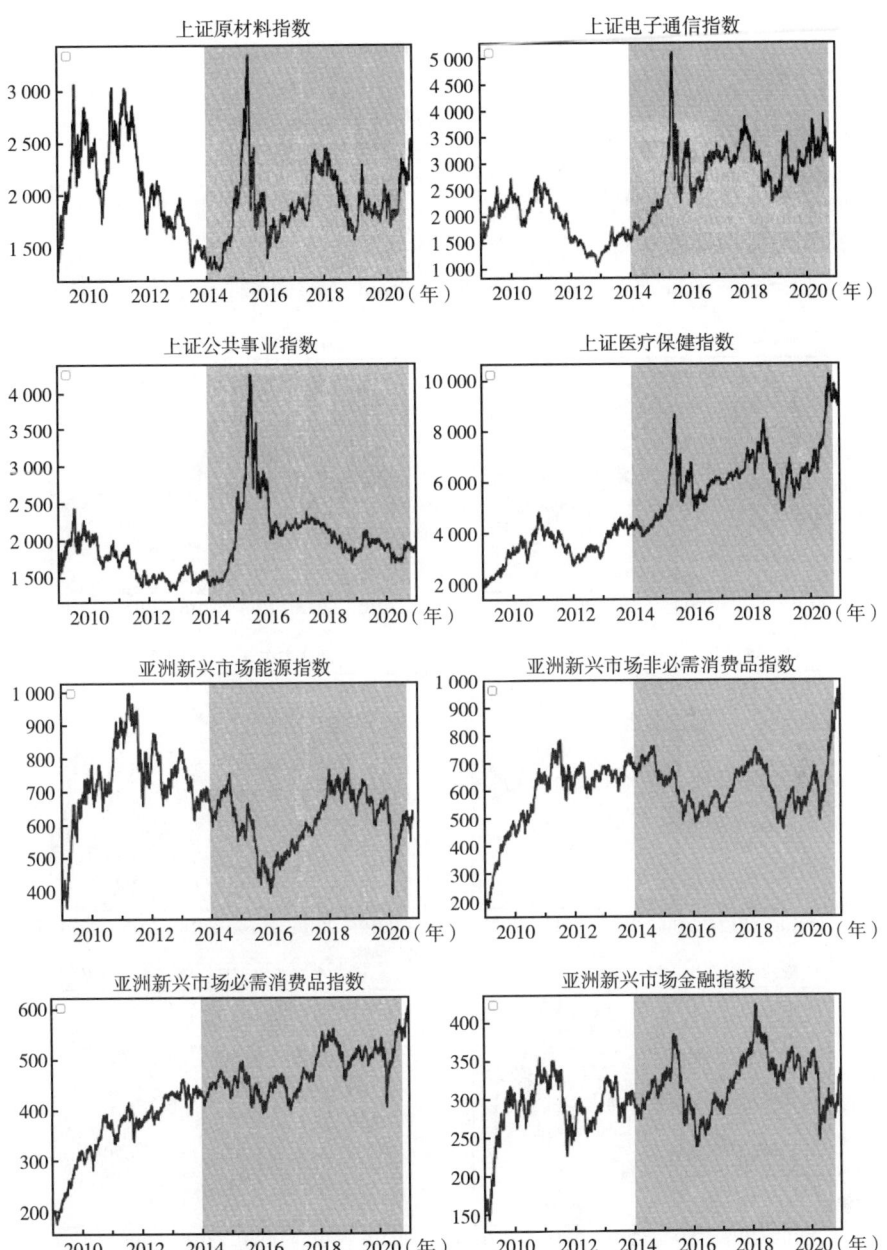

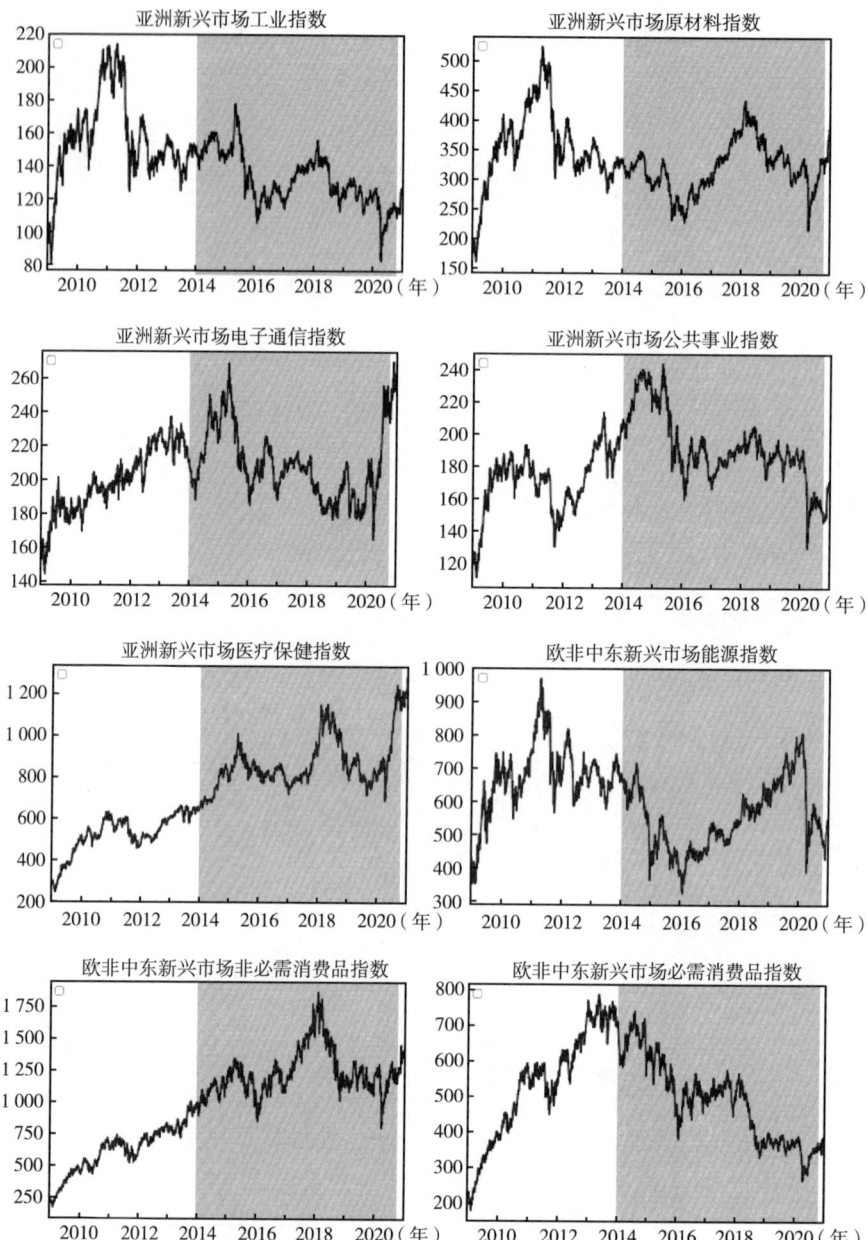

2. 中国能源国际合作传导效应 | 55

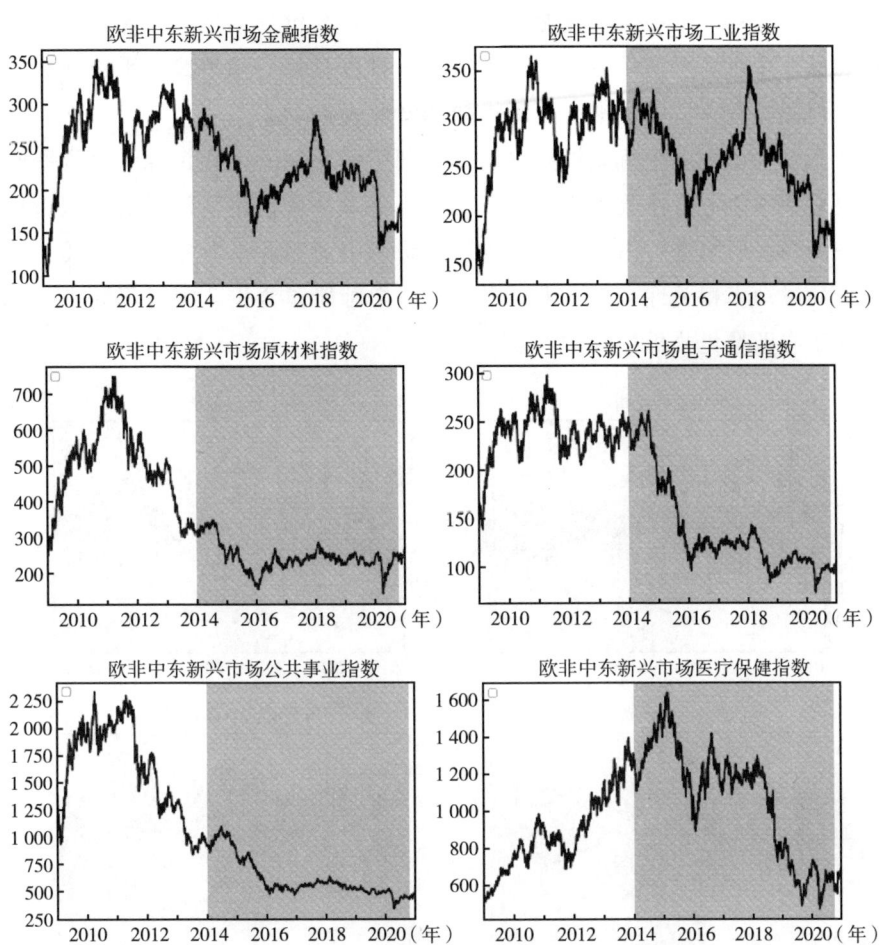

图 2-3-1 2009 年 7 月 3 日至 2020 年 12 月 20 日中证能源指数，中国市场、MSCI 亚洲新兴市场和 MSCI 欧非中东新兴市场的能源、消费非必需品、消费必需品、金融、工业、材料、电子通信、公共事业、医疗保健行业指数每日收盘价折线

注：折线图白色部分时间段为 2009 年 7 月 3 日至 2013 年 12 月 31 日，表示"一带一路"倡议尚未实行的阶段；黄色部分时间段为 2014 年 1 月 1 日至 2020 年 12 月 10 日，表示"一带一路"倡议已实行阶段。

在图 2-3-1 中，中证能源指数的每日收盘价变动情况与亚洲新兴市场、欧非中东新兴市场各个行业指数的每日收盘价变动情况似乎没什么关系，但图 2-3-2 中，中证能源指数的日收益波动率与亚洲新兴市场、欧非中东新兴市场多个行业指数波动率呈现略微相似的变化情况。这说明有必要对中国能源合作政策给中国市场及两个"一带一路"沿线的新兴市场带来的潜在影响进行深入研究，特别是研究中证能源指数与其他市场行业指数的波动率相关性。接下来，本章将对中国能源合作政策对不同市场的传导效应做量化分析。

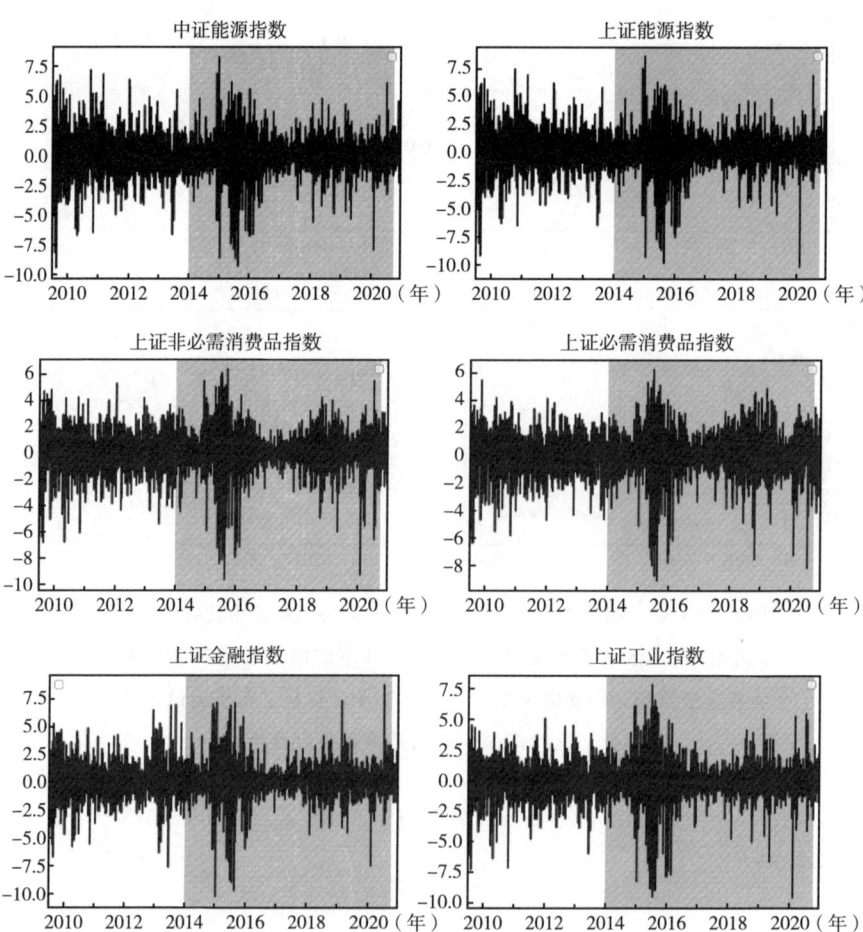

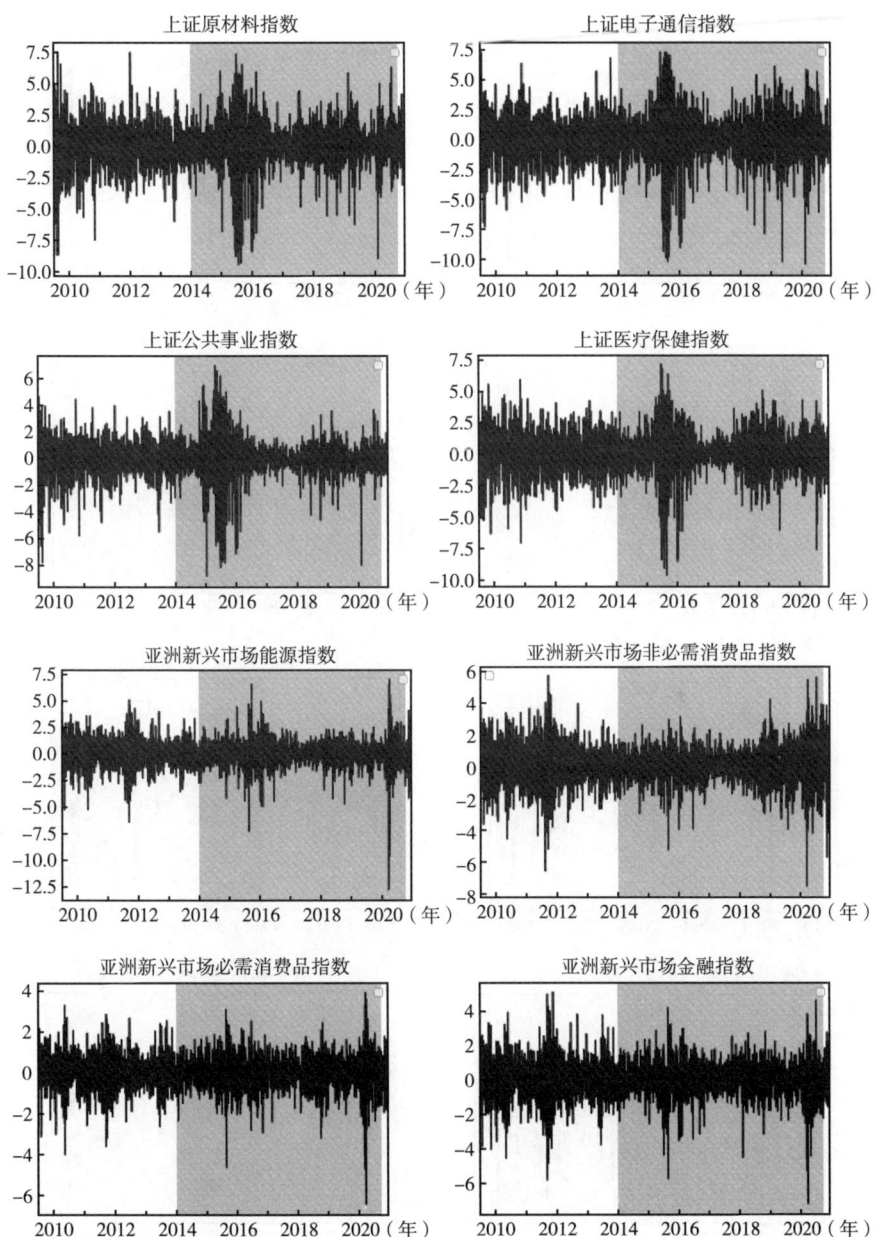

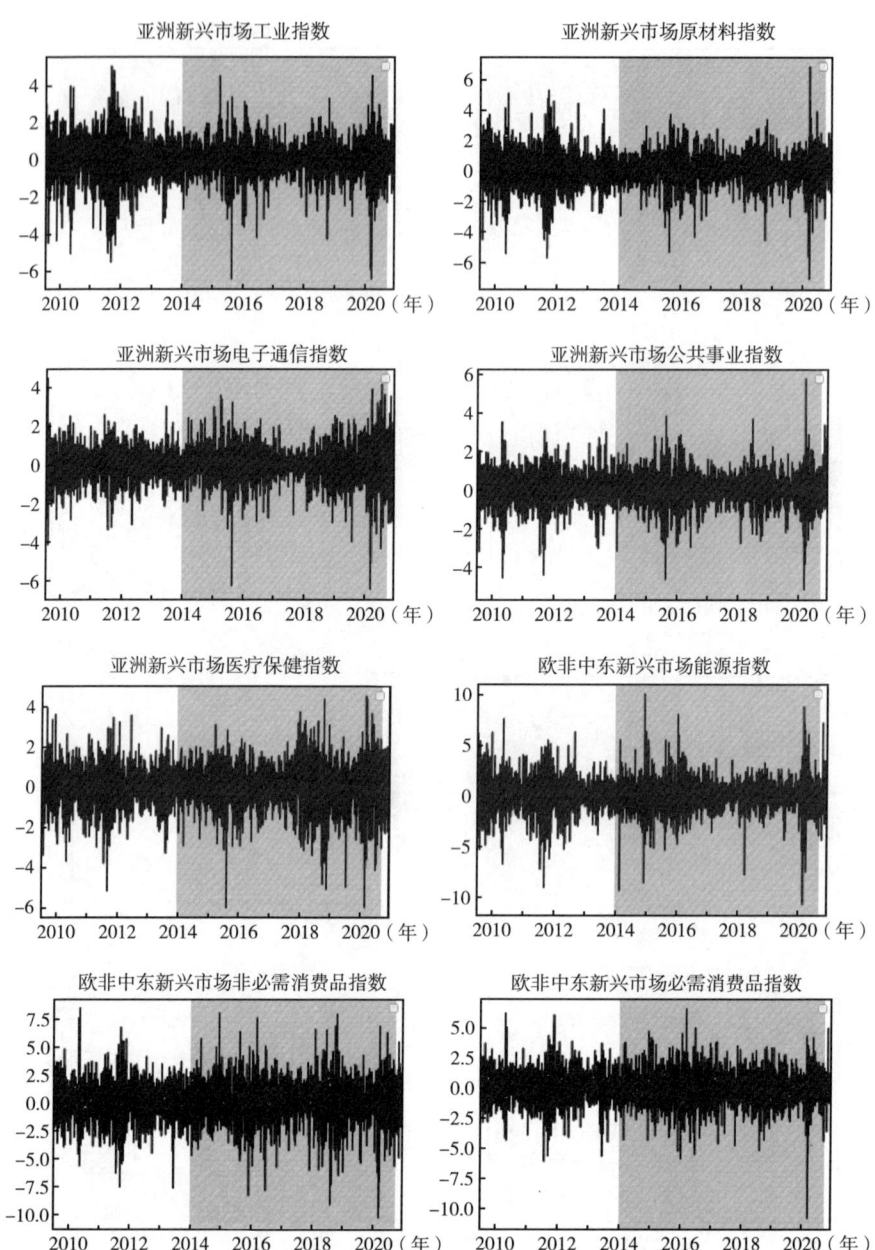

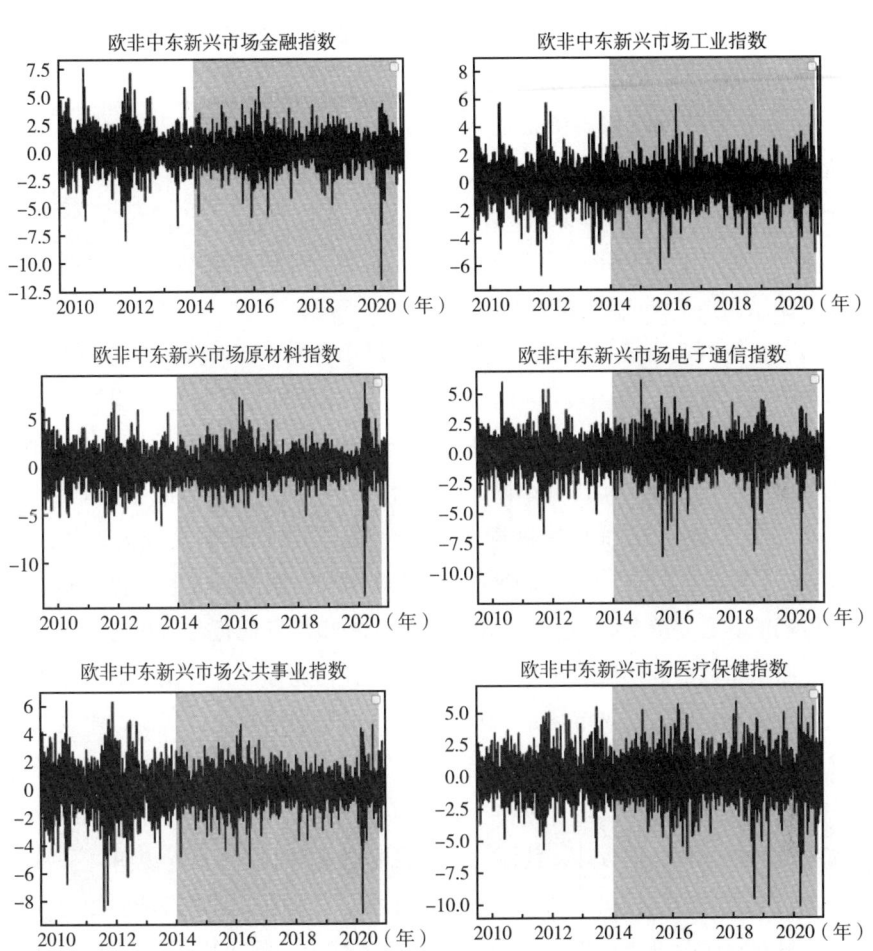

图 2-3-2　2009 年 7 月 3 日至 2020 年 12 月 20 日中证能源指数，中国市场、MSCI 亚洲新兴市场和 MSCI 欧非中东新兴市场的能源、消费非必需品、消费必需品、金融、工业、材料、电子通信、公共事业、医疗保健行业指数收益率折线

注：折线图白色部分时间段为 2009 年 7 月 3 日至 2013 年 12 月 31 日，表示"一带一路"倡议尚未实行阶段；灰色部分时间段为 2014 年 1 月 1 日至 2020 年 12 月 10 日，表示"一带一路"倡议已实行阶段。

图 2-3-2 是利用 Python 画出的 28 个行业指数的每日收益率折线图。可以看出，本文研究的 28 个行业指数的收益率在白色区域的波动幅度与黄

色区域的波动幅度都有所差异，中证能源指数与九个中国上证行业指数有着颇为相似的波动变化情况，其中，与上证能源、工业、原材料三个行业指数波动变化最为相似。中证能源指数在2015—2016年、2020年之后两个阶段出现较大波动，而亚洲新兴市场、欧非中东新兴市场多个行业在这两个时间段也出现较大的波动。

表2-3-5是"一带一路"倡议实行前后各行业股价指数收益率描述性统计，数据结果由Python计算得出。由表2-3-5可知，在"一带一路"倡议实行之后，所有行业指数收益率在均值上变化最小，在峰度系数上变化最大。收益率均值变化虽小，中国市场除了医疗保健行业以外，其他行业均值小幅上涨，但亚洲新兴市场所有行业和欧非中东新兴市场大多数行业（除了原材料、公共事业两个行业外）均出现小幅下跌。对三个市场的九个行业进行对比，在中国市场，金融行业和原材料行业的收益率均值上涨幅度较大，分别由-0.0242上涨至0.0266、由-0.0298上涨至0.0280。亚洲新兴市场和欧非中东新兴市场的非必需消费品均值下降幅度均比所在市场其他行业指数均值下降幅度大。股价指数的波动反映在标准差上，对比各行业标准差变化，中证能源指数标准差变小，亚洲新兴市场除了医疗保健与电子通信行业，其他行业收益率标准差均变大，欧非中东新兴市场除了必需消费品、非必需消费品、电子通信、医疗保健行业外，其他行业收益率标准差变大，而中国市场除了能源、金融和原材料三个行业指数外，其他行业指数标准差均小幅变大，说明"一带一路"倡议实行之后，中国市场、亚洲新兴市场、欧非中东新兴市场的能源、金融、原材料行业股价变化更加稳定。在偏度系数上，除了中国市场的金融行业、欧非中东新兴市场的医疗保健指数在"一带一路"倡议实行前后由正偏转变为负偏，其他行业指数在"一带一路"倡议实行前后均为负偏，但"一带一路"倡议提出之后，除了亚洲新兴市场的公共事业、欧非中东新兴市场的金融行业，其他行业偏度系数减小，说明"一带一路"倡议提出之后，投资者面临极端亏损的可能性有所减小，而潜在的收益有所增大。在峰度系数上，所有行业收益率均大于3，存在尖峰肥尾的现象，说明投资者面临或正或负的极端收益的可能性较大。所有行业指数收益率的JB检验值在99%的置信水平上显著，说明所有行业指数收益率分布均呈非正态分布。线性相关系数主要刻画一般联动性，协峰度系数和协波动率系数主要刻画极端联动性，收益率通常表现出不

对称分布和尖峰肥尾（Hsiao, Ou, Sheng & Wei, 2021），所以，极端联动性比一般联动性更能体现市场间的联动性（McKibbin & Hsiao, 2018）。综合以上描述性统计和前人的理论基础，本书有必要通过检验股票收益率间更高阶矩相关性的变化深入研究"一带一路"能源合作的政策传导效应。

表 2-3-5 "一带一路"倡议实行前后各行业股价指数收益率描述性统计

行业	2014.01.01	平均数	标准差	偏度系数	峰度系数	JB 检验
中证能源指数	之前	-0.0435	1.5695	-0.1457	7.6500	1 473.8068**
	之后	-0.0098	1.3649	-0.9356	12.6735	10 209.7049**
中国市场							
能源	之前	-0.0372	1.5514	-0.1546	7.6618	1 482.0594**
	之后	-0.0153	1.4261	-1.0368	13.7894	12 695.6285**
非必要消费品	之前	0.0008	1.3305	-0.4722	6.2050	757.7965**
	之后	0.0209	1.3657	-1.1609	12.7665	10 599.1612**
必要消费品	之前	0.0131	1.2485	-0.5388	6.165	758.9335**
	之后	0.0552	1.3533	-0.8449	10.3323	5 953.8586**
金融	之前	-0.0242	1.3508	0.0170	8.0159	1 708.4552**
	之后	0.0266	1.3048	-0.2660	13.9035	12 532.2632**
工业	之前	-0.0287	1.2465	-0.5763	7.5676	1 507.1744**
	之后	0.0203	1.4173	-0.8606	13.9026	12 813.0643**
原材料	之前	-0.0298	1.5173	-0.3552	7.5646	1 449.0509**
	之后	0.0208	1.4901	-1.0493	12.5454	10 045.9084**
电子通信	之前	-0.0187	1.4726	-0.3305	6.0915	678.2129**
	之后	0.0254	1.7378	-0.9709	10.2385	5 906.6621**
公共事业	之前	-0.0209	1.1195	-0.7780	8.7171	2 385.1710**
	之后	0.009	1.2149	-1.1101	16.2961	19 112.8919**
医疗保健	之前	0.0372	1.3717	-0.2491	5.81	552.5071**
	之后	0.0303	1.3768	-0.8377	11.0226	7 063.5959**
亚洲新兴市场							
能源	之前	0.0073	1.1757	-0.2302	6.8536	1 022.3742**
	之后	-0.0031	1.1212	-0.7067	19.9419	30 400.3008**
非必要消费品	之前	0.044	1.1672	-0.1975	6.4655	825.6043**
	之后	0.0107	0.9801	-0.409	9.1966	4 107.2741**
必要消费品	之前	0.0370	0.7673	-0.3134	6.6249	918.5614**
	之后	0.0126	0.7192	-0.6000	11.3613	7 502.9944**

续表

行业	2014.01.01	平均数	标准差	偏度系数	峰度系数	JB 检验
亚洲新兴市场						
金融	之前	0.0091	1.0957	-0.1208	7.2071	1 205.4924**
	之后	0.0045	0.8878	-0.6994	10.1655	5 604.7584**
工业	之前	0.0051	1.1689	-0.4681	7.1832	1 247.7466**
	之后	-0.0067	0.8733	-0.7050	11.5293	7 859.2632**
原材料	之前	0.0104	1.1796	-0.1993	6.9439	1 066.5775**
	之后	0.0075	0.9423	-0.4665	12.5708	9 724.2116**
电子通信	之前	0.0098	0.7585	-0.2391	6.4421	819.5577**
	之后	0.0084	0.8696	-0.3655	9.6254	4 671.3092**
公共事业	之前	0.0155	0.8167	-0.5524	7.3814	1 386.5700**
	之后	-0.0083	0.7843	-0.0871	11.039	6 798.3519**
医疗保健	之前	0.0342	0.9058	-0.2548	6.1563	693.5962**
	之后	0.0259	0.9924	-0.3577	7.7716	2 447.0632**
欧非中东新兴市场						
能源	之前	0.0145	1.5280	-0.1796	7.1639	1 185.7339**
	之后	-0.0087	1.4042	-0.3103	12.6918	9 918.1241**
非必要消费品	之前	0.0663	1.5380	-0.2053	6.5870	884.6741**
	之后	0.0138	1.7164	-0.3763	7.6116	2 294.9158**
必要消费品	之前	0.0509	1.2010	-0.1513	6.5403	856.7994**
	之后	-0.0236	1.2738	-0.4812	8.0908	2 821.8182**
金融	之前	0.0248	1.3846	-0.2199	7.3105	1 274.5561**
	之后	-0.017	1.1554	-0.9475	12.1028	9 092.0803**
工业	之前	0.0136	1.1893	-0.2338	6.4477	821.5207**
	之后	-0.0128	1.0839	-0.2256	8.4673	3 163.5373**
原材料	之前	-0.0147	1.4791	-0.1115	6.1077	658.5864**
	之后	-0.0072	1.2885	-0.6078	15.9443	17 777.6433**
电子通信	之前	0.0111	1.1936	-0.2147	6.2841	744.3649**
	之后	-0.0337	1.2065	-1.0263	12.5422	10 019.3882**
公共事业	之前	-0.0379	1.4017	-0.473	7.3482	1 344.6616**
	之后	-0.0243	0.9794	-0.6697	10.9654	6 860.4635**
医疗保健	之前	0.0419	1.2338	0.0083	6.1404	669.0715**
	之后	-0.0254	1.4533	-0.6379	8.6782	3 561.019**

注：** 表示在99%的置信水平上显著。

2.3.2.2 传导效应分析

表 2-3-6 是中国市场、亚洲新兴市场和欧非中东新兴市场的能源、消费者非必需品、消费者必需品、金融、工业、材料、电子通信、公共事业、医疗保健九个行业指数每日收益率与中证能源指数每日收益率的相关系数、两种形式协偏度、两种形式协峰度、波动率相关系数在"一带一路"倡议实行前后的对比，数据结果由 Python 计算得出。由表 2-3-6 可以看出，中证能源指数与三个市场的行业股价收益率相关性在"一带一路"倡议实行前后均为正相关，但倡议实行之后，只有 7 个行业与中证能源行业股价收益率相关性小幅上升，其他行业股价收益率相关性均下降，说明在"一带一路"倡议实行的冲击后，中证能源指数与三个市场的行业指数间收益率相关性已经不再适用于模拟资产与回报的关系。第一种形式的协偏度系数 $Coskewness_{12}$ 用于反映中证能源指数收益率是否影响被传导行业的股价收益波动率，第二种形式的协偏度系数 $Coskewness_{21}$ 用于反映中证能源指数收益波动率是否影响被传导行业的股价收益率。对比"一带一路"倡议实行前后中证能源指数与三个市场九个行业的第一种形式协偏度 $Coskewness_{12}$，中国市场所有行业与中证能源指数在倡议提出后表现出更为强烈的协负偏程度，而欧非中东新兴市场除了医疗保健行业，其他行业指数与中证能源指数在倡议提出后第一种形式的协负偏程度有所减缓，亚洲新兴市场的能源、金融、公共事业、医疗保健四个行业与中证能源指数协负偏程度更严重，其他行业则有所减缓。对比"一带一路"倡议实行前后中证能源指数与三个市场九个行业的第二种形式协偏度，三个市场中，中国市场所有行业指数与中证能源指数收益率均表现出更为强烈的协负偏程度；亚洲新兴市场的非必需消费品、必需消费品、工业、原材料、电子通信行业和欧非中东新兴市场的所有行业指数与中证能源指数收益率第二种形式的协偏度有所减缓；说明"一带一路"倡议实行后，能源合作影响下"一带一路"能源合作相关上市公司与中国市场多个行业股价收益率联动性增强效果最为明显，"一带一路"能源合作相关上市公司股价收益率下跌会导致中国市场、亚洲新兴市场所有行业股价波动率变大；"一带一路"能源合作相关上市公司股价收益波动变大会导致中国市场所有行

表 2-3-6　中证能源指数与三个市场九个行业指数每日收益率的相关系数、两种形式协偏度、两种形式协峰度、波动率相关系数在"一带一路"倡议实行前后的对比

行业	2014 01.01	Correlation	$Coskewness_{12}$	$Coskewness_{21}$	$Cokurtosis_{13}$	$Cokurtosis_{31}$	Covolatility
中国市场							
能源	之前	0.9954	-0.8616	-0.8742	44.6943	45.7159	45.1544
	之后	0.9838	-2.8360	-2.6182	52.9124	46.4504	49.4090
非必要消费品	之前	0.7802	-1.1928	-1.2869	19.4000	29.8081	23.0694
	之后	0.7571	-2.7021	-2.6936	37.3502	36.4940	35.6207
必要消费品	之前	0.6587	-1.0031	-1.0417	13.1846	23.8685	16.7818
	之后	0.6823	-2.0764	-2.2350	28.0476	31.7807	28.4318
金融	之前	0.7688	-0.7770	-1.0009	22.4244	30.4168	24.4210
	之后	0.7042	-1.6412	-2.1000	31.8198	33.0308	31.1007
工业	之前	0.8558	-1.3084	-1.2291	20.1328	31.2960	24.1405
	之后	0.8096	-2.6618	-2.7800	45.6529	39.8163	41.2798
原材料	之前	0.8759	-1.4152	-1.2497	36.9516	39.4950	36.9969
	之后	0.8651	-3.0185	-2.7853	50.2136	42.5600	44.7395
电子通信	之前	0.6642	-1.6510	-1.4817	20.2798	27.7465	22.8269
	之后	0.6651	-3.7562	-3.0495	57.2647	39.1037	45.4208
公共事业	之前	0.7711	-1.3203	-1.2691	15.2956	27.3639	19.5873
	之后	0.8021	-2.3348	-2.4477	31.4018	35.3801	32.1009
医疗保健	之前	0.5332	-0.6764	-0.8229	11.5804	20.1836	14.8264
	之后	0.6187	-2.1184	-2.3276	29.4648	30.6216	28.6115
亚洲新兴市场							
能源	之前	0.4806	-0.5337	-0.7495	7.6341	15.7592	9.8729
	之后	0.4266	-0.6017	-0.8001	10.3629	12.6354	8.8220
非必要消费品	之前	0.3710	-0.3884	-0.5546	5.6844	10.9735	7.9681
	之后	0.2971	-0.2903	-0.4890	3.2685	6.3362	4.8573
必要消费品	之前	0.3706	-0.2463	-0.5297	1.5595	7.6698	3.4627
	之后	0.2860	-0.2150	-0.4660	1.6877	5.3203	2.7615
金融	之前	0.4621	-0.4015	-0.7189	5.7286	12.7082	7.8563
	之后	0.4799	-0.4657	-0.9268	4.5447	11.5107	6.4415
工业	之前	0.4294	-0.7091	-0.9024	6.9283	13.2669	8.7482
	之后	0.4507	-0.4578	-0.8143	4.3474	10.1311	5.9531

续表

行业	2014 01.01	Correlation	Coskewness$_{12}$	Coskewness$_{21}$	Cokurtosis$_{13}$	Cokurtosis$_{31}$	Covolatility
亚洲新兴市场							
原材料	之前	0.4410	-0.5074	-0.7495	6.9577	13.2529	8.9017
	之后	0.3921	-0.4013	-0.6953	4.7103	8.6643	5.7405
电子通信	之前	0.3688	-0.3255	-0.7515	1.3988	7.7223	3.8413
	之后	0.3304	-0.3325	-0.6596	2.9903	7.3056	4.5957
公共事业	之前	0.3784	-0.3979	-0.6577	2.1727	8.6450	4.2093
	之后	0.3740	-0.2160	-0.6758	2.4325	7.9351	3.961
医疗保健	之前	0.3018	-0.2901	-0.6136	2.1321	7.6579	4.3606
	之后	0.2885	-0.4209	-0.6514	3.242	6.5882	5.0194
欧非中东新兴市场							
能源	之前	0.2561	-0.6874	-0.6258	9.9434	11.5221	11.8735
	之后	0.1609	-0.4504	-0.4504	4.7099	4.7099	8.0246
非必要消费品	之前	0.2022	-0.7611	-0.3394	7.1611	7.4810	9.6075
	之后	0.1925	-0.2934	-0.2934	3.6026	3.6026	10.6879
必要消费品	之前	0.2043	-0.5412	-0.4898	3.2312	7.1227	6.1725
	之后	0.1281	-0.2936	-0.2936	2.1649	2.1649	6.1793
金融	之前	0.2256	-0.7953	-0.4406	6.2151	8.6560	8.3936
	之后	0.1768	-0.4167	-0.4167	3.242	3.2420	5.8241
工业	之前	0.1911	-0.5221	-0.4321	2.7986	5.9977	5.674
	之后	0.1682	-0.3833	-0.3833	4.2346	4.2346	5.4377
原材料	之前	0.2709	-0.5821	-0.6550	7.4673	10.6530	10.4816
	之后	0.1705	-0.4239	-0.4239	4.0105	4.0105	6.046
电子通信	之前	0.1964	-0.6022	-0.6125	3.2983	7.3299	6.4786
	之后	0.159	-0.5652	-0.5652	3.9590	3.9590	8.0675
公共事业	之前	0.2358	-1.1045	-0.7949	8.3590	8.9872	9.7768
	之后	0.1725	-0.6042	-0.6042	4.0453	4.0453	3.9120
医疗保健	之前	0.1003	-0.4977	-0.3924	2.1579	2.8860	5.3146
	之后	0.1145	-0.4894	-0.4219	5.6038	2.0293	7.7787

注：Correlation：中国上证能源指数与 j 行业指数日收益率的相关系数；
Coskewness$_{12}$：中国上证能源指数日收益率与 j 行业指数日收益波动率的协偏差系数；
Coskewness$_{21}$：中国上证能源指数日收益波动率与 j 行业指数日收益率的协偏差系数；
Cokurtosis$_{13}$：中国上证能源指数日收益率与 j 行业指数日收益偏度系数的协峰度系数；
Cokurtosis$_{31}$：中国上证能源指数日收益偏度系数与 j 行业指数日收益率的协峰度系数；
Covolatility：中国上证能源指数与 j 行业指数日收益波动率的相关系数。

业、亚洲新兴市场多个行业股价收益率下跌,甚至出现极端负收益。在"一带一路"倡议实行之后,两个形式的协峰度系数比相关系数、两种形式的协偏度系数的变化更为明显,特别是对中国市场所有行业指数与中证能源指数收益率的两种形式的协峰度系数都显著升高了,说明"一带一路"倡议能源合作背景下,若"一带一路"能源合作相关上市公司股价亏损,可能导致中国市场九个行业股价收益率呈更严重的负偏分布;若"一带一路"能源合作相关上市公司股价收益率负偏程度更严重,可能导致中国市场九个行业股价下跌。除了能源、必需消费品、电子通信、公共事业、医疗保健行业,中证能源指数与亚洲新兴市场所有行业指数第二种形式的协峰度系数明显变大。中证能源指数与亚洲新兴市场其他行业指数第一种形式的协峰度系数也明显变大,说明"一带一路"倡议能源合作背景下,若"一带一路"能源合作相关上市公司股价亏损,可能导致亚洲新兴市场九个行业股价收益率呈更严重的负偏分布;若"一带一路"能源合作相关上市公司股价收益率负偏程度加重,也会导致部分亚洲新兴市场行业股价收益率下降幅度加大。对欧非中东新兴市场的所有行业指数第二种形式的协峰度系数都有所下降。波动率传导途径上,在"一带一路"倡议能源国际合作影响下,中证能源指数收益波动率与中国市场所有行业收益波动率相关性大幅增强,说明"一带一路"能源合作相关上市公司股价收益波动率变大会使得中国市场九大行业收益波动率大大提升,风险也大大提升,对亚洲新兴市场的电子通信、医疗保健行业和欧非中东非必需消费品、必需消费品电子通信、医疗保健行业也是如此。

2.3.2.3 传导效应检验

采用中证能源指数代表"一带一路"能源合作相关上市公司股价,以中证能源指数为传导源 i,以中国市场、亚洲新兴市场和欧非中东新兴市场的能源、消费者非必需品、消费者必需品、金融、工业、材料、电子通信、公共事业、医疗保健九个行业指数为被传导对象 j,时间节点为 2014 年 1 月 1 日,事件前时间段为 2009 年 7 月 5 日至 2013 年 12 月 31 日,总共 1 641 个观测值,事件后时间段为 2014 年 1 月 1 日至 2020 年 12 月 10 日,总共 2 535 个观测值。表 2-3-7 是根据公式（2.1）、（2.8）、（2.9）、（2.12）、（2.13）、（2.16），利用 Python 计算得出的实证结果。由表 2-3-7 可知，"一带一路"倡议实行之后，中证能源行业指数对三个市场九个行业均存在传导效应，但对不同行业传导途径与传导效应强弱不尽相同。从市场层面看，中证能源行业指数对中国市场的传导效应最强，其次是对亚洲新兴市场，传导效应最弱的是对欧非中东新兴市场。在中国市场，除了对公共事业和医疗保健两个行业，中证能源行业指数可以通过六个传导途径影响其他行业指数。在亚洲新兴市场，对能源、原材料两个行业传导效应最强，六个传导途径均可实现传导效应，对电子通信行业的传导效应最弱。在欧非中东新兴市场，中国能源行业可通过六个途径影响欧非中东新兴市场公共事业行业指数波动，受影响较小的是非必要消费品和医疗保健行业。医疗保健行业与中国"一带一路"倡议下的能源政策相关性较小，能源支出占中国的医疗保健行业总支出的份额甚微，导致该行业不重视能源利用率，可再生能源在中国医疗保健行业上的发展停滞不前（Wang et al., 2016），而工业的情况则与前者相反，中国工业能源消耗量占总能源消耗量的 70%，该行业高度重视能源利用率（Wang, 2018），与中国能源政策息息相关，因此可能造成传导效应检验中医疗保健行业被传导的效果比工业行业差，公共事业行业受到较大的传导效应，可能由于中国电力企业借着"一带一路"倡议的契机加强对外合作（Yang et al., 2021），国际电力能源的进出口贸易有利于降低成本，从而增加公共事业行业的收入（Ochoa et al., 2009）。从传导途径的角度看，"一带一路"倡议下的能源合作政策对各个市场、行业发挥传导效应的途径中，CV、CK_{13}、CK_{31} 比 FR、CS_{12}、CS_{21} 显著，说明"一带一路"倡议能源国际合作背景下，使得"一带一路"能源合作相关上市公司股价与中国市场、亚洲新兴市场、欧非中东新兴市场的九个行业指数间在极值变化上的相关性增强。结合表 2-3-6，中证能源指数与中国市场九个行业指数的协偏度系数在"一带一路"倡议实施之后显著变大了，说明与中国"一带一路"能源国际合作相关的上市公司面临亏损时，其他行业收益率将处于更严重的负偏状态，这种基于极值的传导效应的存在可能是由于"一带一路"倡议下多项能源合作政策使市场变得不稳定，由于资金限制,投资者继续持有负偏资产(Brunnermeier & Pedersen,2009)。"一带一路"倡议促进了中国与"一带一路"沿线国家的贸易也可能造成这种显著的传导效应,中国与"一带一路"沿线国家 2014 年进出口贸易总额达到巅峰,占过去 15 年进出口贸易总额的 25%,2014 年中国与东南亚国家的进出口贸易总额占中国与"一带一路"沿线国家进出口贸易总额的 45%(Liu & Xin, 2019),在列入 MSCI 亚洲新兴国家指数的 9 个国家与地区中,菲律宾、印度尼西亚、马来西亚、泰国四个国家均属于东南亚联盟的国家;其次,中国"一带一路"倡议加强中国与巴基斯坦的能源合作,中国投资"一带一路"的十个重要电力项目中有八个在巴基斯坦(Hao et al., 2020),而巴基斯坦是 MSCI 亚洲新兴国家之一;因此在本文的传导效应检验中,亚洲新兴国家受到"一带一路"倡议下能源合作政策的影响比欧非中东新兴市场显著。

表 2-3-7　中国能源行业三个市场九个行业传导效应统计值

被传导行业 j	FR	CS_{12}	CS_{21}	CK_{13}	CK_{31}	CV
中国市场						
能源	391.3446**	120.4899**	112.0102**	1 277.6636**	1 044.3126**	1 154.2863**
非必要消费品	37.1109**	99.6096**	111.2404**	1 771.8698**	1 329.3218**	1 638.4626**
必要消费品	3.9389*	71.2395**	98.0037**	1 185.7039**	1 323.7367**	1 365.7486**
金融	70.6538**	63.4602**	94.7443**	1 906.2798**	1 314.0700**	1 801.8843**
工业	98.9425**	61.1125**	113.8644**	1 503.8444**	1 175.5577**	1 411.1574**
原材料	37.8492**	93.6791**	109.6545**	1 006.3813**	1 025.0428**	1 030.0726**
电子通信	8.2802**	57.4081**	93.4710**	1 129.8315**	1 121.2875**	1 198.3587**
公共事业	0.4323	66.6360**	100.6368**	2 044.8998**	1 501.1460**	1 850.2510**
医疗保健	1.9813	120.7642**	137.9992**	2 223.3638**	1 792.6223**	2 237.9721**

续表

被传导行业 j	FR	CS_{12}	CS_{21}	CK_{13}	CK_{31}	CV
亚洲新兴市场						
能源	13.6587**	13.7203**	8.2306**	791.5331**	169.9930**	140.2237**
非必要消费品	11.9410**	0.2530	1.9924	53.1482**	30.8878**	30.7615**
必要消费品	15.5400**	3.8344	2.0540	254.7251**	72.5875**	62.6198**
金融	0.5022	19.4678**	30.7145**	480.3832**	520.4962**	431.0936**
工业	0.2649	4.5702*	11.1854**	396.2811**	271.1350**	325.3436**
原材料	11.0741**	6.9591**	8.6344**	189.1151**	99.6624**	135.2974**
电子通信	5.9117*	0.9494	0.5567	350.2495**	122.0037**	84.5710**
公共事业	2.7251	0.5717	8.5135**	119.6804**	211.0732**	124.1206**
医疗保健	1.5242	13.2827**	5.1017*	81.3462**	59.1725**	64.1130**
欧非中东新兴市场						
能源	17.695**	3.9371*	0.9328	0.8167	13.5278**	6.6383**
非必要消费品	1.3253	0.2010	0.0035	1.8320	6.1349*	15.3136**
必要消费品	10.3326**	7.2003**	1.0376	22.6791**	36.3075**	22.3611**
金融	7.3465**	0.6278	2.7485	129.217**	10.2645**	64.6335**
工业	1.9873	0.9808	1.6788	125.4144**	39.9693**	151.6436**
原材料	18.8839**	0.4824	0.9129	423.4907**	12.7803**	0.8658
电子通信	5.5404*	0.9211	0.7933	288.5298**	4.0060**	236.3708**
公共事业	9.3269**	9.6965**	6.9133**	67.7477**	4.4422*	7.2151**
医疗保健	0.0260	0.3190	0.1837	32.6355**	1.5228	53.3224**

注：FR：根据公式（2.1）计算得出的传导效应相关系数检验统计值；
CS_{12} 和 CS_{21}：根据公式（2.8）、（2.9）计算得出的传导效应协偏差系数检验统计值；
CK_{13} 和 CK_{31}：根据公式（2.12）、（2.13）计算得出的传导效应协峰度系数检验统计值；
CV：根据公式（2.16）计算得出的传导效应协波动系数检验统计值。
** 表示在99%的置信水平上，认为该统计值是显著的，即有99%的把握认为指数 i 对指数 j 存在某种形式的传导效应；* 表示在95%的置信水平上，认为该统计值是显著的，即有95%的把握认为指数 i 对指数 j 存在某种形式的传导效应。

2.3.3 政策传导效应敏感性指数

为了进一步勘测中国"一带一路"倡议下的能源国际合作对中国市场、亚洲新兴市场、欧非中东新兴市场九大行业的传导效应强弱,特别是"一带一路"倡议下丝路基金与亚洲基础设施投资银行的成立、《推动丝绸之路经济带和21世纪海上丝绸之路能源合作愿景与行动》的颁布、"一带一路"能源合作伙伴的成立、中国—欧盟能源合作平台正式启动并进入执行阶段五件中国对外能源合作大事件发生后,股票市场间哪种形式的传导效应最为显著,这里采用 Fry‑McKibbin, et al.(2014)的政策敏感指数法定量估计三个市场九个行业对政策的敏感程度。图2‑3‑3强调了几个本章前两小节尚未注意到的问题。

其一,"一带一路"倡议下能源国际合作政策对各个市场的传导效应每天强弱不一。在中国市场,丝路基金的成立通过 FR 途径给必需消费品、原材料、工业、医疗保健四个行业造成较大冲击,随着五个政策的推进,非必需消费品、金融、工业、电子通信、公共事业受到的冲击有递增趋势;在亚洲新兴市场,随着丝路基金的成立、亚投行的成立、能源合作愿景的颁布三项政策的推进,非必需消费品、工业、原材料、电子通信四个行业受到的冲击逐渐变强;在欧非中东新兴市场,能源和必需消费品行业在丝路基金成立时受到较大冲击,工业和原材料在"中国—欧盟能源合作平台"正式启动并进入执行阶段受到较大冲击,而公共事业则受到能源合作愿景颁布的冲击较为显著。

其二,基于收益率相关性的传导途径(FR)发挥的传导作用应该被重视,虽然第二小节中的测试结果显示,FR 途径发挥的传导作用较弱,但只能说明 FR 途径发挥传导作用的频率较小,难以被勘测,通过滚动窗口的测试方法,由图2‑3‑3可以清晰看到,FR 传导途径(蓝色折线)无论是在中国市场,还是在亚洲新兴市场、欧非中东新兴市场,都发挥着不可小觑的传导作用。

其三,在中国市场,基于波动率的传导途径(CV)发挥的传导作用最为显著,而在亚洲新兴市场、欧非中东新兴市场发挥显著传导作用的则是基于协峰度的传导途径(CK_{13} 和 CK_{31})。

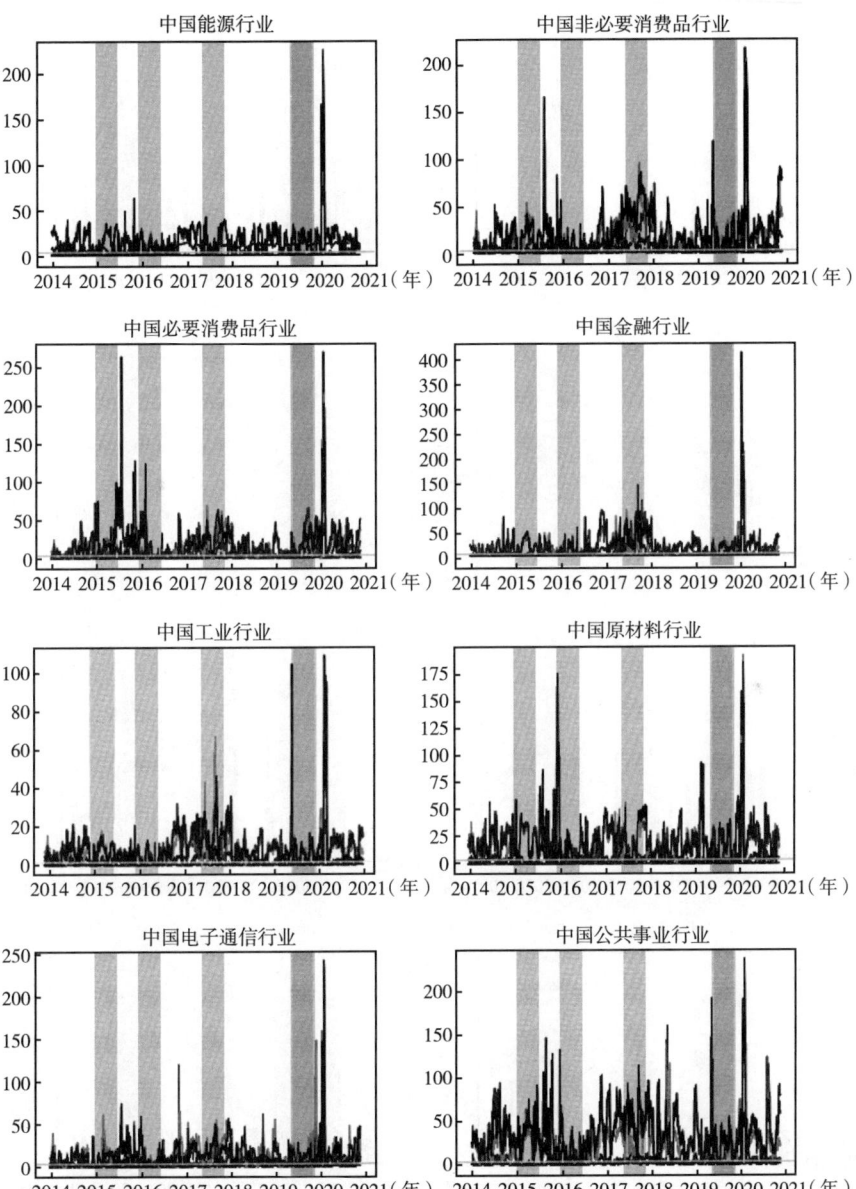

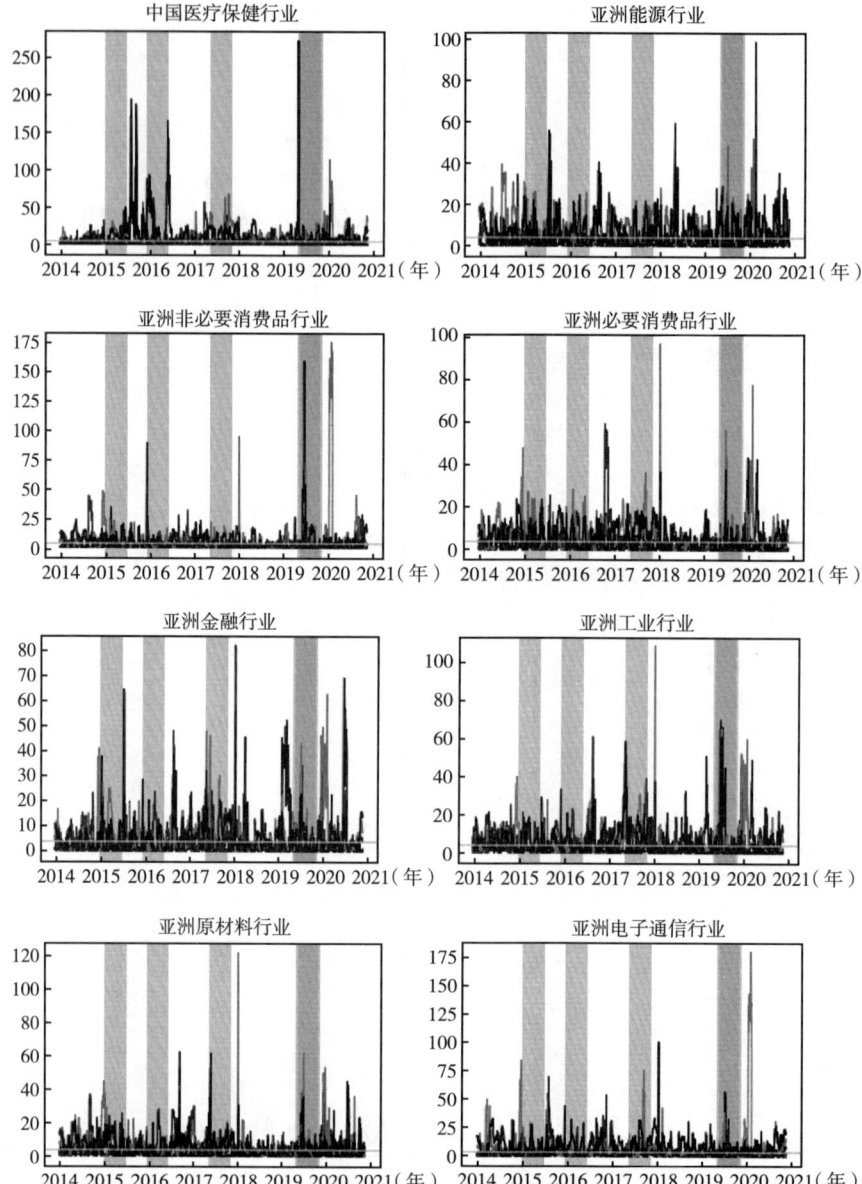

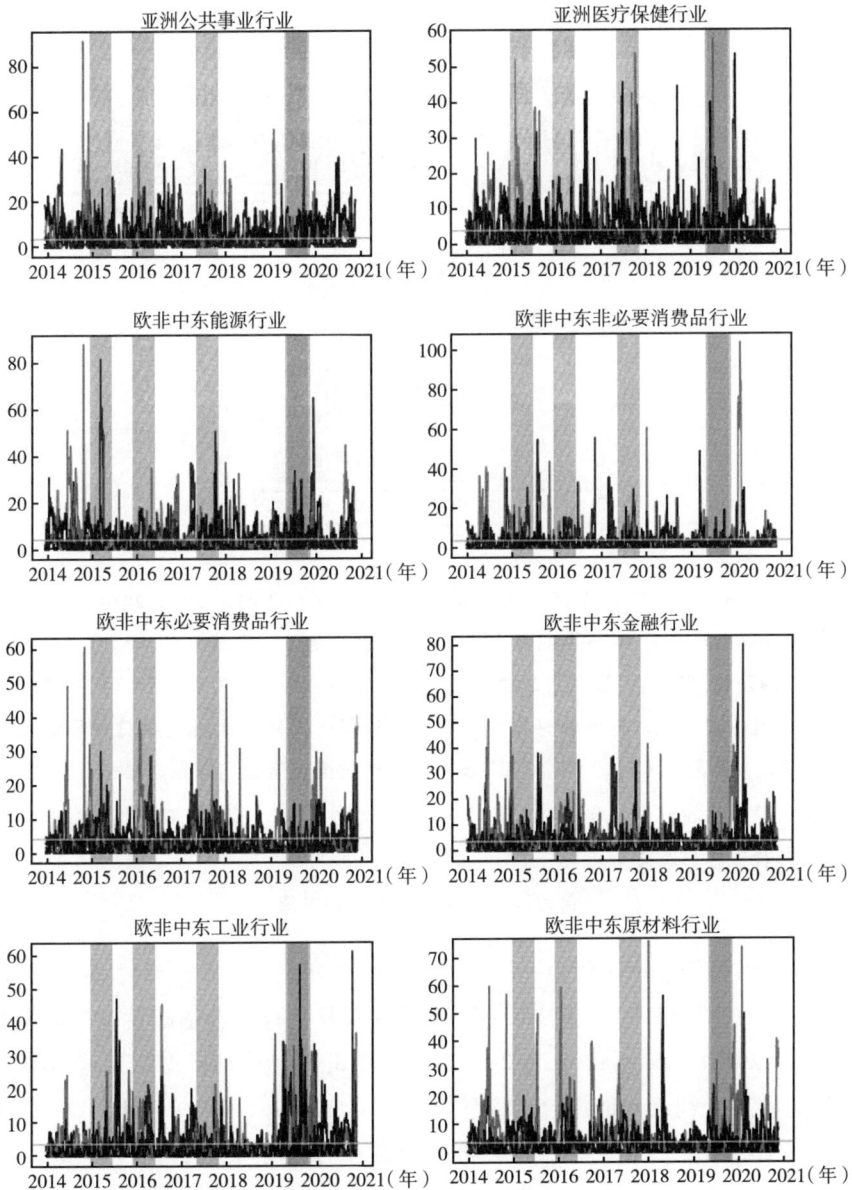

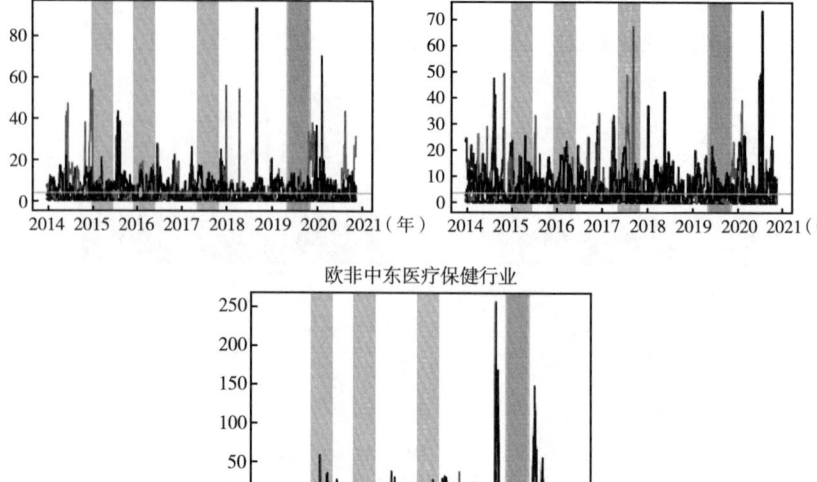

图 2-3-3 以 2009 年 7 月 5 日至 2013 年 12 月 31 日为固定窗口,2014 年 1 月 1 日至 2020 年 12 月 10 日期间每 30 天为一个滚动窗口,根据公式(2.1)、公式(2.8)、公式(2.9)、公式(2.12)、公式(2.13)、公式(2.16)计算出来的能源合作对中国市场、亚洲新兴市场、欧非中东新兴市场九大行业每日传导效应 FR、CS_{12}、CS_{21}、CK_{13}、CK_{31}、CV 统计值的折线图。蓝色、绿色、黑色、红色、橙色、紫色线段分别代表 FR、CS_{12}、CS_{21}、CK_{13}、CK_{31}、CV 的变化情况,黄色水平线代表在显著度为 0.05、

自由度为 1 的卡方检验临界值

四个阴影部分依次代表:2014 年 12 月 29 日至 2015 年 6 月 27 日丝路基金的成立,2015 年 12 月 12 日至 2016 年 6 月 9 日亚洲基础设施投资银行的成立,2017 年 5 月 12 日至 2017 年 11 月 8 日《推动丝绸之路经济带和 21 世纪海上丝绸之路能源合作愿景与行动》的颁布,2019 年 4 月 25 日至 2019 年 10 月 22 日"一带一路"能源合作伙伴关系成立,2019 年 5 月 15 日至 2019 年 11 月 11 日"中国—欧盟能源合作平台"正式启动并进入执行阶段;最后两个事件大部分时间重复,所以在图 2-3-3 中最后一部分粉色阴影颜色较深。

2.4 结论与建议

2.4.1 结论

经过以上详细分析，我们可以得出以下实证结论：

①在"一带一路"倡议下，随着中国对外能源合作的不断扩张，"一带一路"倡议能源合作政策相关能源上市公司股价指数对各个市场、行业发挥传导效应的传导途径中，CV（传导源的收益波动率影响被传导对象的收益波动率）、CK_{13}（传导源的收益率影响被传导对象的收益偏度）、CK_{31}（传导源的收益偏度影响被传导对象的收益率）比 FR（传导源的收益率影响被传导对象的收益率）、CS_{12}（传导源的收益率影响被传导对象的收益波动率）、CS_{21}（传导源的收益波动率影响被传导对象的收益率）显著。这一点与 Huang, et al. (2019) 研究发现中国与"一带一路"沿线国家股票市场存在的极值联动性相吻合。

②"一带一路"倡议下能源国际合作对中国市场传导效应最强，其次是对亚洲新兴市场，最弱的是对欧非中东新兴市场。在中国市场，丝路基金的成立通过 FR 途径给必需消费品、原材料、工业、医疗保健四个行业造成较大冲击，随着五个政策的推进，非必需消费品、金融、工业、电子通信、公共事业受到的冲击有递增趋势；在亚洲新兴市场，随着丝路基金的成立、亚投行的成立、能源合作愿景的颁布三项政策的推进，非必需消费品、工业、原材料、电子通信四个行业受到的冲击逐渐变强；在欧非中东新兴市场，能源和必需消费品行业在丝路基金成立时受到较大冲击，工业和原材料在"中国—欧盟能源合作平台"正式启动并进入执行阶段受到较大冲击，而公共事业则受到能源合作愿景颁布的冲击较为显著。

③根据表 2-4-1 三个市场九个行业的政策敏感指数平均数，"一带一路"倡议下能源国际合作对中国市场和亚洲新兴市场的能源、公共事业、工业传导效应较强，对欧非中东新兴市场的能源、公共事业、电子通信行业传导效应较强，印证了 Fry - McKibbin, et al. (2014) 的发现：联

系密切的行业间更容易出现传导效应。"一带一路"倡议下能源合作促进地区间的能源进出口贸易，这将有利于降低成本从而增加公共事业行业的收入（Ochoa & Ackere, 2009）；"一带一路"倡议促使中国加大对外开放的力度，有效增加了制造业的复杂性，促进了中国的产业升级（Hou, Xiao & Chen, 2018）；公共事业、能源、工业、原材料都是与中国"一带一路"倡议下能源合作政策息息相关的行业，所以受到较大冲击，而受冲击最小的是与能源合作关系最不密切的医疗保健行业。

表 2-4-1　三个市场九个行业政策敏感指数平均数

行业	中国市场	亚洲新兴市场	欧非中东新兴市场
能源	59.9519	35.0621	29.9559
非必要消费品	52.8701	27.5664	16.9337
必要消费品	50.1602	31.3376	20.1775
金融	51.7020	29.0081	24.7564
工业	57.4222	35.2022	18.3086
原材料	54.9259	33.8206	21.8262
电子通信	48.3781	33.5402	25.9778
公共事业	57.8961	36.6707	33.0663
医疗保健	39.9346	26.9457	16.7735

注：表中所有政策敏感指数平均数根据公式（2.19）、公式（2.20）计算得出。

两点不足：

①所运用的模型只能用于判断"一带一路"倡议下能源合作对股票市场是否存在影响，并不能确定该影响是正面影响还是负面影响，后续可以通过 EGARCH 模型对这一问题做进一步研究。

②由于"一带一路"沿线每个新兴国家的行业股价数据参差不齐，所以本文只能对亚洲新兴市场、欧非中东新兴市场两个大市场进行研究，而不能深入探究"一带一路"倡议下能源合作对各个新兴国家不同行业的影响。

2.4.2　建议

根据以上的结论，提出以下几点建议供能源政策制定和国际投资者提供参考：

①"一带一路"倡议在欧非中东新兴市场尚有较大发展空间,中国与欧非中东新兴市场的国家应利用中欧能源合作平台加强能源合作交流。在可再生能源合作方面,各国应发挥在技术、地理位置上的优势,加快可再生能源技术的发展与普及速度,降低各个行业利用可再生能源的成本,吸引更多企业走绿色可持续发展道路。在传统能源合作方面,欧非中东新兴市场国家可借鉴中国与俄罗斯等国家在石油、天然气方面的合作方式,实现能源出口国与进口国优势互补,充分利用中欧能源合作平台与"一带一路"国家加强传统能源合作,提升各国能源安全性,以带动其他行业发展。除此以外,中国及"一带一路"沿线新兴经济体走绿色发展道路,可以从受"一带一路"能源合作政策影响较大的行业入手,如能源、公共事业、工业,让这些行业作为绿色发展先行者带动其他行业也加入绿色发展的队伍中。

②政策制定者可以根据市场、行业的政策敏感度差异,制定更为有效合理的政策以助力目标市场、行业发展,做到有的放矢。例如,丝路基金的成立给中国市场的必需消费品、原材料、工业、医疗保健行业带来较大冲击,政策制定者可以从这些行业中挖掘具有潜力而又缺乏资金实力的项目,灵活调配资金,争取投资效益最大化。

③"一带一路"倡议下能源政策的实施,明显增强了中国"一带一路"能源上市公司股价指数与亚洲新兴市场、欧非中东新兴市场能源、公共事业的联动性,并且随着"一带一路"倡议得到越来越多国家的认可与回应,这种传导效应可能影响越来越多的行业,如工业、原材料、电子通信行业,因此国际投资者应警惕联系密切的市场、行业股价在波动率上的联动性,特别应注意防范尾部风险,避免由于来自能源市场的不利冲击而导致巨额损失。

本章小结

中国开展的国际能源合作项目与政策是否会对合作地区国家市场产生传导效应是一个备受关注的问题。本章利用传导效应测试的相关性检验、协偏度系数检验、协峰度系数检验、协波动性检验方法和相关传导机制模型，通过 2009—2020 年中证能源指数与被传导对象行业指数收益率间的相关系数、两种形式的协偏差系数、两种形式的协峰度系数、波动率相关系数六个指标在"一带一路"倡议施行前后的变化，分析了"一带一路"倡议下中国的国际能源合作政策对中国、亚洲和欧非三个区域新兴市场九个行业产生的传导效应，统计分析检验实证研究结果显示："一带一路"倡议下的国际能源合作政策对各个市场、行业发挥传导效应的途径中，CV、CK_{13}、CK_{31} 比 FR、CS_{12}、CS_{21} 显著。"一带一路"倡议下的国际能源合作政策对中国行业市场影响最大，其次是亚洲新兴市场，受影响最弱的是欧非中东新兴市场。其中，对三个市场九个行业的政策敏感指数平均数分析表明，"一带一路"倡议下的国际能源合作对中国市场和亚洲新兴市场的能源、公共事业、工业传导效应较强，对欧非中东新兴市场的能源、公共事业、电子通信行业传导效应较强，明显增强了中国"一带一路"能源上市公司股价指数与亚洲新兴市场、欧非中东新兴市场能源、公共事业的联动性，印证了联系密切的行业间更容易出现传导效应，能源国际合作将促进地区间的能源进出口贸易，有利于降低成本，从而增加公共事业行业的收入，促使中国加大对外开放的力度和产业升级。

综上所述我们提出的政策与投资建议是：（1）政策制定者可以根据市场、行业的政策敏感度差异制定更为有效合理的政策，助力目标市场与行业的发展。（2）"一带一路"倡议在欧非中东新兴市场尚有较大发展空间，中国可以在现有国际能源合作平台基础上进一步构建开拓新的国际能源合作平台与机制，如中国与葡语国家的能源国际合作与交流。（3）中国与葡语国家开展的国际能源合作可以借鉴"一带一路"能源合作政策的传导效应影响，从能源、公共事业、工业先行入手，让这些行业作为绿色发展先行示范行业带动其他行业发展。（4）"一带一路"倡议下的能源国际合作政策实施增强了国家和地区间相关行业上市公司股价指数的联动性，国际投资者应警惕联系密切的市场、行业股价在波动率上的联动性，特别应注意防范尾部风险，避免来自国家地区间能源市场的不利冲击而导致的巨额投资损失。

本章附录

中证能源指数成分股相关信息

成分券代码	成分券名称	比重%	备注
600028	中国石化	15.00	中证"一带一路"指数成分股、上证"一带一路"成分股、国企一带一路成分股
601088	中国神华	14.64	国企"一带一路"成分股
601225	陕西煤业	14.20	吉国中大石油项目
601857	中国石油	13.14	国企"一带一路"成分股
002353	杰瑞股份	6.48	中证"一带一路"指数成分股
000723	美锦能源	5.03	
002221	东华能源	4.20	
600256	广汇能源	4.03	国企"一带一路"成分股
600188	兖州煤业	3.57	国企"一带一路"成分股
000983	山西焦煤	3.28	特基布利·明德里煤矿项目
600339	中油工程		奇姆肯特炼油厂现代化改造工程、乌兹别克斯坦卡拉库利气田项目、土库曼斯坦萨曼杰佩A区增压站项目、哈萨克斯坦奇姆肯特炼油厂现代化改造项目、阿尔及利亚阿尔及尔炼厂改扩建项目、伊拉克哈法亚油田三期项目、阿布扎比巴布油田综合设施项目、俄罗斯阿穆尔天然气处理厂项目
600348	华阳股份		国企"一带一路"成分股
600871	石化油服		"十二五"期间,与"一带一路"沿线19个国家签订石油工程技术服务合同522个,合同额91亿美元(吴思卫,2017)
600968	海油发展		国企"一带一路"成分股
600985	淮北矿业		
601699	潞安环能		
601808	中海油服		国企"一带一路"成分股
000937	冀中能源		
002128	露天煤业		

资料来源:中证指数官网 http://www.csindex.com.cn/zh-CN/indices/index-detail/000928。

本章参考文献

[1] 卜文珂,赵蒙恩. 碳排放权价格对能源企业股价的影响研究——基于传统能源和新能源企业的对比分析[J]. 价格理论与实践,2020(3),107-110.

[2] 吕江. "一带一路"能源合作(2013—2018)的制度建构:实践创新、现实挑战与中国选择[J]. 中国人口·资源与环境,2019(6),10-19.

[3] 苏木亚,郭崇慧. 全球主要股票市场对我国股市的多渠道协同波动溢出效应——欧债危机背景下基于中证行业指数视角的研究[J]. 管理评论(11),21-32+95.

[4] 吴思卫. 石化油服深耕厚植"一带一路"[J]. 中国石化,2017(5),36-41.

[5] Bouri, E., Chen, et al. Causality between oil prices and the stock market in China: The relevance of the reformed oil product pricing mechanism [J]. International Review of Economics & Finance, 2017, 48, 34-48.

[6] Chen, J., Xie, et al. The fossil energy trade relations among BRICS countries [J]. Energy (Oxford), 2021, 217.

[7] Chen, S., Lu, et al. The Potential of Photovoltaics to Power the Belt and Road Initiative [J]. Joule, 2019, 3(8), 1895-1912.

[8] Chen, Y., Chao, et al. Make friends, not money: How Chinese enterprises select transport infrastructure investment locations along the Belt and Road [J]. Transport Policy, 2021, 101, 119-132.

[9] Chen, Y., Fan, et al. Does the Connectivity of the Belt and Road Initiative Contribute to the Economic Growth of the Belt and Road Countries [J]. Emerging Markets Finance & Trade, 2019, 55(14), 3227-3240.

[10] Cheng, S., Qi, et al. The potential for China's outward foreign direct investment and its determinants: A comparative study of carbon-intensive and non-carbon-intensive sectors along the Belt and Road [J]. Journal of Environmental Management, 2021, 282, 111960.

[11] Dong, F., Pan, et al. Evolution of renewable energy in BRI countries: A combined econometric and decomposition approach [J]. International Journal of Environmental Research and Public Health, 2020, 17(22), 1-18.

[12] DRAKOS, K., KUTAN, et al. Why Do Financial Markets Move Together: An Investigation of Greek and Turkish Markets [J]. Eastern European Economics, 2005, 43 (4), 5 – 26.

[13] Duan, F., Ji, et al. Energy investment risk assessment for nations along China's Belt & Road Initiative [J]. Journal of Cleaner Production, 2018, 170, 535 – 547.

[14] Fry, R., Martin, et al. A new class of tests of contagion with applications [J]. Journal of Business & Economic Statistics, 2010, 28 (3), 423 – 437.

[15] Fry – McKibbin, R., Hsiao, et al. Extremal dependence tests for contagion [J]. Econometric Reviews, 2018, 37 (6), 626 – 649.

[16] Fry – McKibbin, R., Hsiao, et al. Contagion and Global Financial Crises: Lessons from Nine Crisis Episodes [J]. Open Economies Review, 2014, 5 (3), 521 – 570.

[17] Hao, W., Shah, et al. The Impact of Energy Cooperation and the Role of the One Belt and Road Initiative in Revolutionizing the Geopolitics of Energy among Regional Economic Powers: An Analysis of Infrastructure Development and Project Management [J]. Complexity (New York, N. Y.), 2020.

[18] Hou, J., Wang, et al. How to improve the competiveness of natural gas in China with Energy Internet and "The Belt and Road Initiative" [J]. International Journal of Energy Research, 2018, 42 (15), 4562 – 4583.

[19] Hou, J., Xiao, et al. Measuring the benefits of the "one belt, one road" initiative for manufacturing industries in China [J]. Sustainability (Basel, Switzerland), 2018, 10 (12), 4717.

[20] Hsiao, C. Y. L., Ai, et al. The contagious effect of China's energy policy on stock markets: The case of the solar photovoltaic industry [J]. Renewable Energy, 2021, 164, 74 – 86.

[21] Hsiao, C. Y. L., Ou, et al. Measuring contagion effects of nuclear energy policies and events [J]. International Journal of Energy Research, 2021.

[22] Hsiao, C., Chen, et al. The contagious effects on economic development after resuming construction policy for nuclear power plants in Coastal China [J]. Energy (Oxford), 2018, 152, 291 – 302.

[23] Huang, N., Huang, et al. The Dynamic Extreme Co – Movement between Chinese Stock Market and Global Stock Markets [J]. Emerging Markets Finance & Trade, 2019, 55 (14), 3241 – 3257.

[24] Huang, Y. Understanding China's Belt & Road Initiative: Motivation, framework and assessment [J]. China Economic Review, 2016, 40, 314 – 321.

[25] Jackson, M., Lewis, et al. A green expansion: China's role in the global deployment and transfer of solar photovoltaic technology [J]. Energy for Sustainable Development, 2021, 60, 90 – 101.

[26] Khan, A., Chenggang, et al. Natural resources, tourism development, and energy – growth – CO_2 emission nexus: A simultaneity modeling analysis of BRI countries. Resources Policy, 2020, 68, 101751.

[27] Laurance, W., Arrea, et al. Roads to riches or ruin [J]. Science (American Association for the Advancement of Science), 2017, 358 (6362), 442 – 444.

[28] Lei, Y., Lu, et al. SWOT analysis for the development of photovoltaic solar power in Africa in comparison with China [J]. Environmental Impact Assessment Review, 2019, 77, 122 – 127.

[29] Leng, Z., Shuai, et al. Do China's wind energy products have potentials for trade with the "Belt and Road" countries? —A gravity model approach [J]. Energy Policy, 2020, 137, 111172.

[30] Li, C., Lai, et al. The preliminary effectiveness of bilateral trade in China's belt and road initiatives: a structural break approach [J]. Applied Economics, 2019, 51 (35), 3890 – 3905.

[31] Li, H., Li, et al. China's contributions to global green energy and low – carbon development: Empirical evidence under the belt and road framework [J]. Energies (Basel), 2018, 11 (6), 1527.

[32] Lin, B., Bae, et al. China's Belt & Road Initiative nuclear export: Implications for energy cooperation [J]. Energy Policy, 2020, 142, 111519.

[33] Liping, D. Analysis of the relationship between international cooperation and scientific publications in energy R&D in China [J]. Applied Energy, 2011, 88 (12), 4229 – 4238.

[34] Liu, Z., Xin, et al. Has China's Belt and Road Initiative promoted its green total factor productivity? —Evidence from primary provinces along the route [J]. Energy Policy, 2019, 129, 360 – 369.

[35] Lu, Q., Fang, et al. Imbalance and drivers of carbon emissions embodied in trade along the Belt and Road Initiative [J]. Applied Energy, 2020, 280, 1 – 12.

[36] Lu, W., Gao, et al. Volatility Spillovers of Stock Markets between China and the Countries along the Belt and Road [J]. Emerging Markets Finance & Trade, 2019, 55 (14), 3311–3331.

[37] Markus K. Brunnermeier, Lasse Heje Pedersen. Market Liquidity and Funding Liquidity [J]. The Review of Financial Studies, 2009, 22 (6), 2201–2238.

[38] Nasir, M., Naidoo, et al. Implications of oil prices shocks for the major emerging economies: A comparative analysis of BRICS [J]. Energy Economics, 2018, 76, 76–88.

[39] Ochoa, P., van Ackere, et al. Policy changes and the dynamics of capacity expansion in the Swiss electricity market [J]. Energy Policy, 2009, 37 (5), 1983–1998.

[40] Qi, S., Peng, et al. Energy intensity convergence in Belt and Road Initiative (BRI) countries: What role does China–BRI trade play [J]. Journal of Cleaner Production, 2019, 239, 118022.

[41] Qi, S., Peng, et al. Is energy efficiency of Belt and Road Initiative countries catching up or falling behind? Evidence from a panel quantile regression approach [J]. Applied Energy, 2019, 253, 113581.

[42] Rauf, A., Liu, et al. Does sustainable growth, energy consumption and environment challenges matter for Belt and Road Initiative feat? A novel empirical investigation [J]. Journal of Cleaner Production, 2020, 262, 121344.

[43] Roberto Rigobon, Kristin J. Forbes. No Contagion, Only Interdependence: Measuring Stock Market Co-Movements [J]. The Journal of Finance (New York), 1999, 57, 2223–2261.

[44] Salahuddin, M., Gow, et al. Economic growth, energy consumption and CO_2 emissions in Gulf Cooperation Council countries [J]. Energy (Oxford), 2014, 73, 44–58.

[45] Shi, B., Cai, et al. Has China's Oil Investment in Belt and Road Initiative Countries Helped Its Oil Import [J]. Energies (Basel), 2020, 13 (12), 3176.

[46] Wang, Q., Liu, et al. India's renewable energy: New insights from multi-regional input output and structural decomposition analysis [J]. Journal of Cleaner Production, 2021, 283.

[47] Wang, R. Energy efficiency in China's industry sectors: A non-parametric production frontier approach analysis [J]. Journal of Cleaner Production, 2018, 200, 880–889.

[48] Wang, T., Li, et al. Building energy efficiency for public hospitals and healthcare

facilities in China: Barriers and drivers [J]. Energy (Oxford), 2016, 103, 588 - 597.

[49] Wei, Z., Luo, et al. Spillover effects of RMB exchange rate among B&R countries: Before and during COVID - 19 event [J]. Finance Research Letters, 2020, 37, 101782 - 101782.

[50] Wu, H. The Impact of the US Interest Rate Hike on Emerging Market Economies and the Belt and Road Initiative [J]. China & World Economy, 2019, 27 (3), 126 - 142.

[51] Wu, Y., Wang, et al. Renewable energy investment risk assessment for nations along China's Belt & Road Initiative: An ANP - cloud model method [J]. Energy (Oxford), 2020, 190, 116381.

[52] Xiao, J., Zhou, et al. Asymmetric impacts of oil price uncertainty on Chinese stock returns under different market conditions: Evidence from oil volatility index [J]. Energy Economics, 2018, 74, 777 - 786.

[53] Yang, B., Swe, et al. Energy cooperation between Myanmar and China under One Belt One Road: Current state, challenges and perspectives [J]. Energy (Oxford), 2021, 215.

[54] Yang, Z., Abbas, et al. Short - and long - run influence of energy utilization and economic growth on carbon discharge in emerging SREB economies [J]. Renewable Energy, 2021, 165, 43 - 51.

[55] Yu, X. Regional cooperation and energy development in the Greater Mekong Sub - region [J]. Energy Policy, 2003, 31 (12), 1221 - 1234.

[56] Yuan, J., Li, et al. Investment risk assessment of coal - fired power plants in countries along the Belt and Road initiative based on ANP - Entropy - TODIM method [J]. Energy (Oxford), 2019, 176, 623 - 640.

[57] Yu - Ling Hsiao, C., Ai, et al. The contagious effect of China's energy policy on stock markets: The case of the solar photovoltaic industry [J]. Renewable Energy, 2021, 164, 74 - 86.

[58] Zafar, M., Shahbaz, et al. From nonrenewable to renewable energy and its impact on economic growth: The role of research & development expenditures in Asia - Pacific Economic Cooperation countries [J]. Journal of Cleaner Production, 2019, 212, 1166 - 1178.

[59] Zafar, M., Mirza, et al. The nexus of renewable and nonrenewable energy consumption, trade openness, and CO_2 emissions in the framework of EKC: evidence from

emerging economies [J]. Environmental Science and Pollution Research International, 2019, 26 (15), 15162 – 15173.

[60] Zhang, X., Zhu, et al. Multifractal detrended cross – correlations between Chinese stock market and three stock markets in The Belt and Road Initiative [J]. Physica A, 2018, 503, 105 – 115.

[61] Zhou, N., Wu, et al. Evaluation of Chinese natural gas investment along the Belt and Road Initiative using super slacks – based measurement of efficiency method [J]. Resources Policy, 2020, 67, 101668.

3. 葡语国家能源消费与经济增长

全球以葡语为官方语言的国家共有九个,分别是葡萄牙、巴西、安哥拉、莫桑比克、赤道几内亚、几内亚比绍、佛得角、圣多美和普林西比及东帝汶,在此我们将逐一探示这些葡语国家能源消费与经济增长的关联性。

3.1 葡萄牙能源消费与经济增长

3.1.1 葡萄牙能源消费概况

3.1.1.1 主要一次能源消费情况

葡萄牙位于欧洲的伊比利亚半岛西南端,国土面积仅有9.2万平方公里,化石能源匮乏,原油、天然气、煤炭等能源需求主要依赖进口,对外依赖程度很高。葡萄牙于1986年加入欧共体,作为成员国欧共体的扶植基金促进了葡萄牙经济快速增长,而欧盟的发展进一步带动并刺激了葡萄牙对能源消费的需求。EIA 2021年统计数据显示,1980—1986年葡萄牙的能源消费增长较为缓慢,1980年葡萄牙的能源消费总量为0.44千万亿英热,1986年的消费总量也仅为0.57千万亿英热(如图3-1-1所示)。在葡萄牙加入欧共体后,其能源消费量迎来快速增长,2001年的能源消费总量已达到1.08千万亿英热,是1986年消费量的2倍。而在2001年以后葡萄牙能源消费量变化趋于平缓并略有下降,到2018年其总能源消耗量为1.04千万亿英热。

自1980—2018年,葡萄牙的核能以及可再生能源消费量逐年增加,占比不断提高(如图3-1-2所示),主要原因是得到葡萄牙政府可再生能

3. 葡语国家能源消费与经济增长 | 87

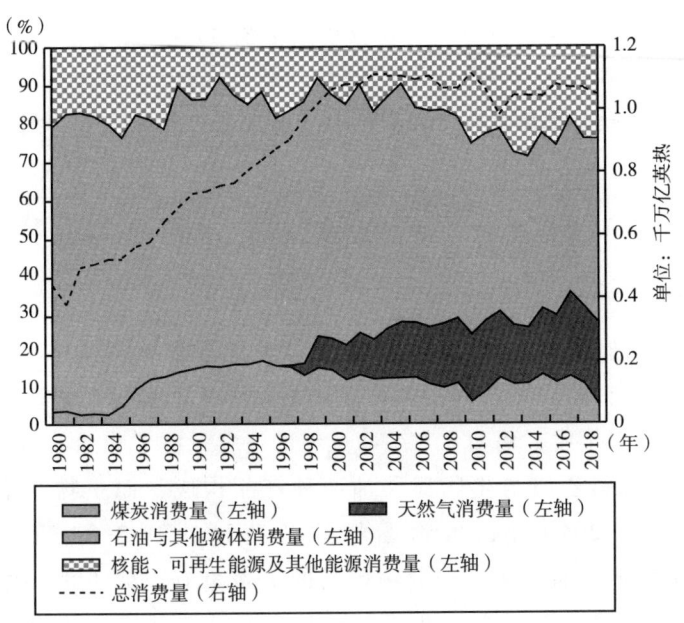

图 3-1-1 葡萄牙主要能源消费情况

资料来源：EIA 数据库。

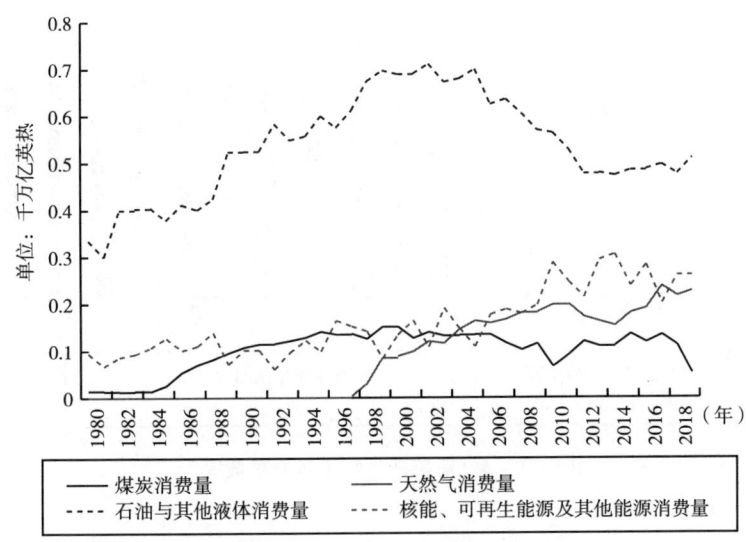

图 3-1-2 葡萄牙能源消费变化趋势

资料来源：EIA 数据库。

源政策的支持,促进了可再生能源的利用和发展。同时天然气的消费也有明显提升,而对石油的消费在 2002 年达到峰值后即开始不断下降,煤炭消费量也不断下降,根据葡萄牙政府的碳中和愿景,未来对煤炭的消费量会进一步下降。

3.1.1.2 其他能源消费情况及趋势

①生物能源

葡萄牙政府积极推动可再生能源,以使能源来源多样化,并减少葡萄牙对进口燃料的严重依赖,生物能源是葡萄牙消费占比最高的可再生能源。在 2005 年后,葡萄牙对生物燃料的消费量有了明显的增长,生物燃料主要由燃料乙醇与生物质柴油两种产品构成,而生物质柴油为主要构成产品。2010 年,生物燃料的消费量达到 7.34 百万桶/天。2010—2018 年,葡萄牙对于生物燃料的消费量有小幅下滑,主要是生物质柴油消费量下降导致;相反,燃料乙醇的消费量占比有一定的提升(如图 3-1-3 所示)。

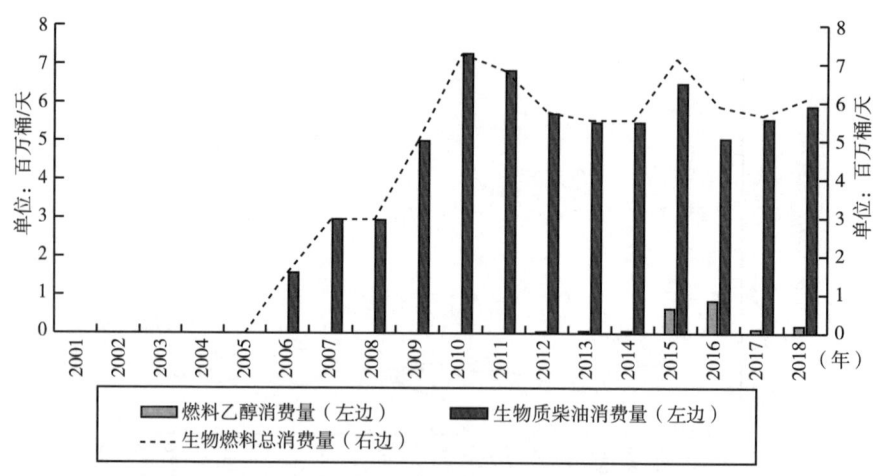

图 3-1-3 葡萄牙生物燃料消费情况

资料来源:IEA 数据库。

②电能

自 1980 年以来,葡萄牙电力消费量在不断增长,从 1980 年的 149 亿千瓦时增长至2010年的502亿千瓦时达到峰值,每年的增幅约为4%。之后从2010年开始,葡萄牙的电力消费量维持在500千瓦时左右波动,没有明显的上升或者下降趋势(如图3-1-4所示)。葡萄牙的电力消费对天气状况很敏感,在冬季最为明显。需求高峰往往发生在12月或1月,2007年12月18日创下了9 110MW的最高单日需求量纪录。由于天气炎热,企业和家庭越来越多地使用冷却设备,7月的电力消费水平也往往很高(国际能源署IEA葡萄牙能源政策报告,2009)。

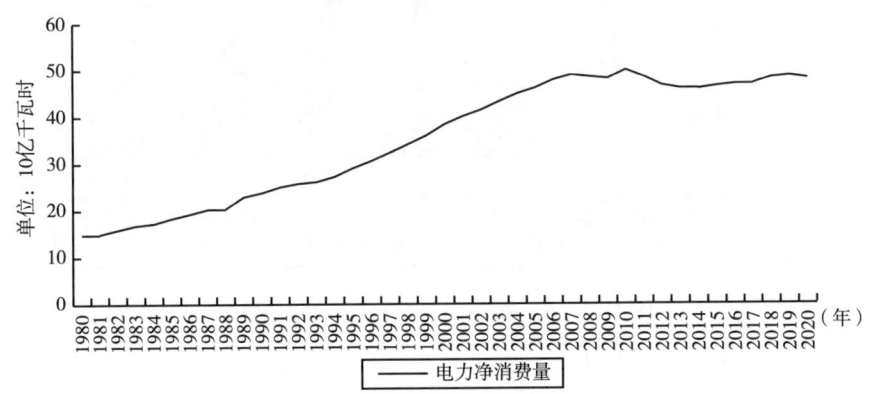

图3-1-4　葡萄牙电力能源消费情况

资料来源:IEA数据库。

3.1.2　葡萄牙能源消费最终路径

3.1.2.1　各行业部门能源消费概况

葡萄牙能源消费主要分布在7个行业领域部门,分别是工业部门、运输部门、居民部门、商业与公共服务部门、非能源使用部门、农业部门和渔业部门(如图3-1-5所示)。其中工业与运输业是最主要的消费部门,二者的消费量之和占总消费量的60%。在2000年之前,工业部门的能源消费量最高,而在2005年时运输部门超过工业部门成为能源消费量最高的行业部门。2008年的世界金融危机导致葡萄牙各行业领域的能源消费量均有所下降,其中工业部门降幅最大,下降了28%。自2012年以来,葡萄牙能源消费总量一直稳定在 70 万万亿焦耳左右，其中，运输部门、商业与公共服务部门的消费量略有增加，居民部门消费量保持不变，工业部门消费需求则持续下降（国际能源署 IEA 葡萄牙能源政策报告，2021）。

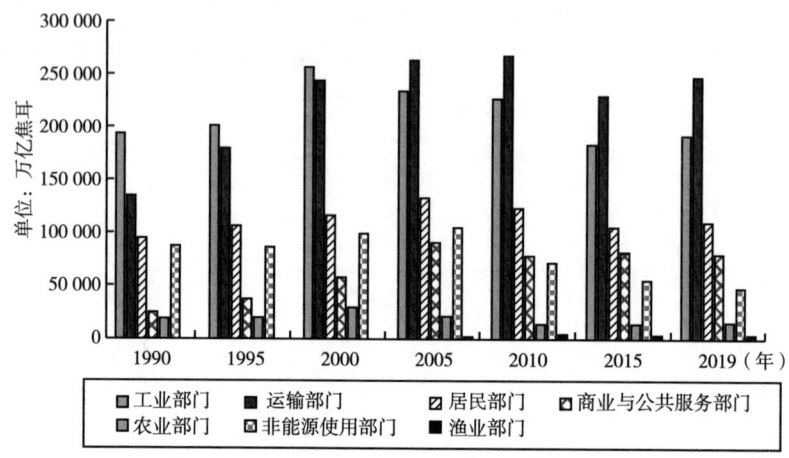

图 3-1-5　葡萄牙行业部门能源消费情况

资料来源：IEA 数据库。

3.1.2.2　工业部门能源消耗情况

根据 IEA2021 年统计数据，葡萄牙工业部门的三大产业（纸与纸制品制造以及印刷业；水泥、陶瓷、玻璃等非金属矿物制造业；化学和石化产业）的能源消费占据了葡萄牙工业能源消费量的 68%。如图 3-1-6 所示，2008—2018 年，非金属矿物产业能耗效率（PJ/USD）提高了 29%，其能源总消费量呈现明显的下降趋势；化工和石化行业能耗效率提高了 27%，其能源消耗量保持平稳波动；纸与纸制品制造及印刷业效率下降了 18%，能源消耗量有轻微提升（国际能源署 IEA 葡萄牙能源政策报告，2021）。

3.1.2.3　不同部门电力消费及人均用电量

葡萄牙人均用电量自 1990 年起至 2010 年有着明显的提升，而 2010 年后保持相对平稳（如图 3-1-7 所示）。对电力的需求主要来自工业、居民、商业与公共服务领域部门，其中工业部门占比最高，2019 年消费量为 60 104 万亿焦耳，约占消费总量的 35%（如图 3-1-8 所示）。近年来，葡萄牙电力消费增长主要为居民和工业部门电力消费需求所带动，同时运输部门的电力消费增长也很明显，主要来自铁路和少量但不断增长的电动汽车。

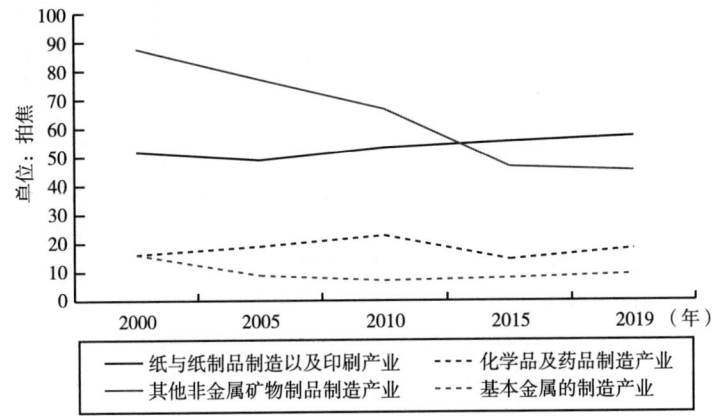

图 3-1-6　葡萄牙工业部门能源消耗情况

资料来源：IEA 数据库。

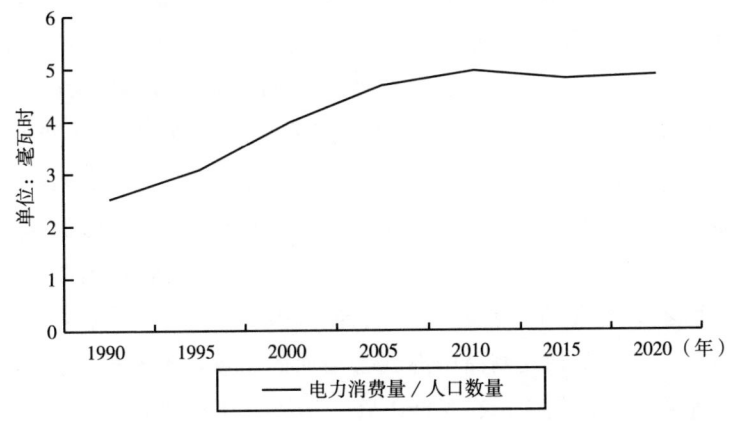

图 3-1-7　葡萄牙人均电力消费量

资料来源：IEA 数据库。

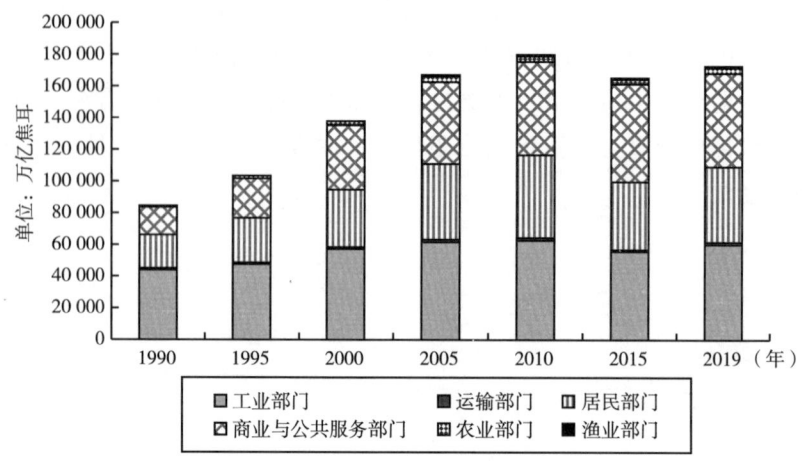

图 3-1-8 葡萄牙不同部门电力消费量

资料来源：IEA 数据库。

3.1.2.4 不同部门原油消费量

石油是葡萄牙最重要的能源来源，其石油消费在 2002 年达到顶峰后经历了缓慢的下降过程，石油在能源总消费需求中的比重也从 2002 年的 63% 下降到了 2019 年的 49%，消费需求下降最初是由 2008 年世界金融危机导致工业和运输业对石油需求大幅下降所造成的。自 2012 年以来，经济活动的增长并未导致葡萄牙石油需求大幅增加，运输部门对石油需求的稳步增长被工业部门对石油需求的持续下降所抵消，2020 年时运输部门对石油消费量的占比高达 68%（如图 3-1-9 所示）。葡萄牙能源政策的重点是大幅减少石油需求，以降低温室气体排放和进口依赖，同时确保石油供应安全和下游石油市场的有效运作（国际能源署 IEA 葡萄牙能源政策报告，2021）。

在葡萄牙消耗的油气制品中燃气与柴油的用量在不断提高，与之相对应的是其他石油制品消耗量在不断下降，2020 年时燃油的消耗量已经可以忽略不计，而燃气与柴油的消耗量占比已经达到 60%（如图 3-1-10 所示）。

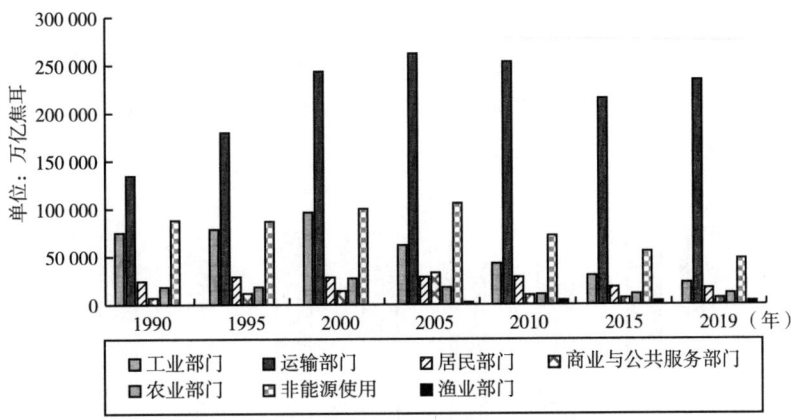

图 3-1-9　葡萄牙不同部门原油产品消费量

资料来源：IEA 数据库。

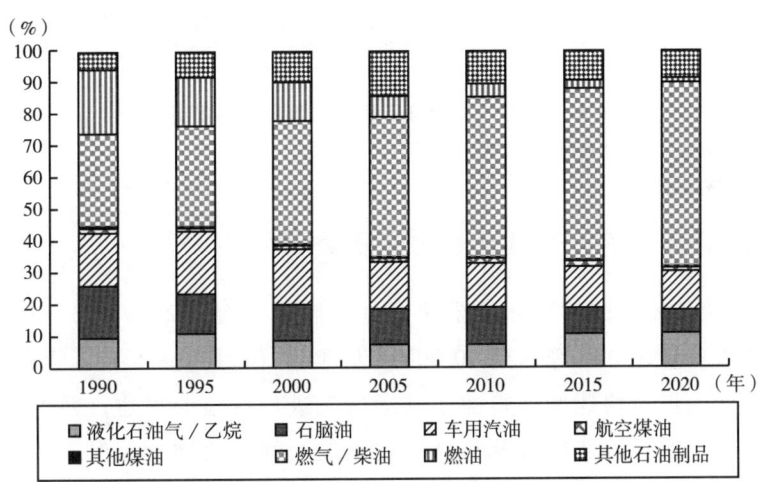

图 3-1-10　葡萄牙不同油气产品消耗量占比

资料来源：IEA 数据库。

3.1.2.5　不同部门煤炭消费量

葡萄牙于 1994 年关闭了最后一座煤矿，葡萄牙对煤炭的需求也在逐年递减。在 2000 年以前，煤炭消费主要是工业、商业与公共服务部门以及居民生活,其中居民生活曾是最大的煤炭消费部门(如图3-1-11所示)。随着葡萄牙脱碳能源政策的推进,葡萄牙开始转向更加清洁的能源消费。2005年时,居民部门的煤炭消费量已经可以忽略不计,葡萄牙每年仅会进口一定数量的煤炭用于工业发电。

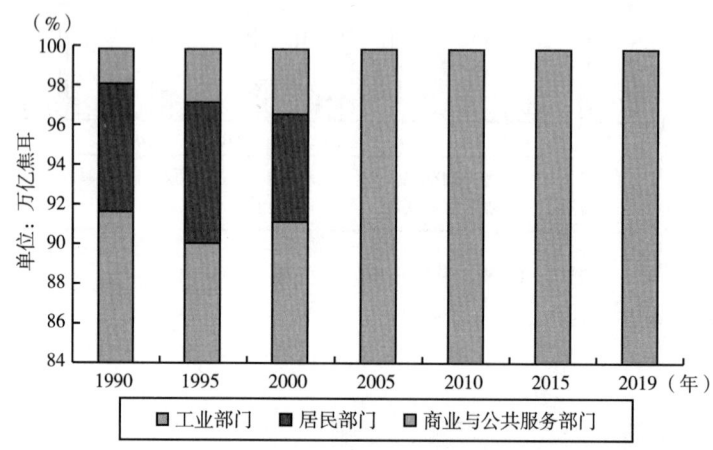

图3-1-11 葡萄牙不同部门煤炭产品消费量

资料来源:IEA 数据库。

3.1.2.6 不同部门天然气消费量

在1997年之前葡萄牙从未使用过天然气,而到2019年时各部门的天然气消费量之和已经达到90 000万亿焦耳(如图3-1-12所示)。葡萄牙天然气消费快速增加得益于其天然气进口设施的兴建,西纳斯液态天然气码头的投入使用以及马格里布天然气管线的铺设都促进了天然气消费市场的发展。工业部门作为最主要的天然气消费部门,从2000年到2019年其消费量在不断增加,2019年时消费量达到了58 315万亿焦耳。而居民部门和商业与公共服务部门的消费占比相对较低,主要原因是在该领域天然气引进得相对较晚,居民对其用于采暖和烹饪的需求较低,2018年只有不到40%的葡萄牙家庭用上天然气。运输部门消费量同样很少,主要用于公共汽车以及部分私家车的能源供给(国际能源署 IEA 葡萄牙能源政策报告,2021)。

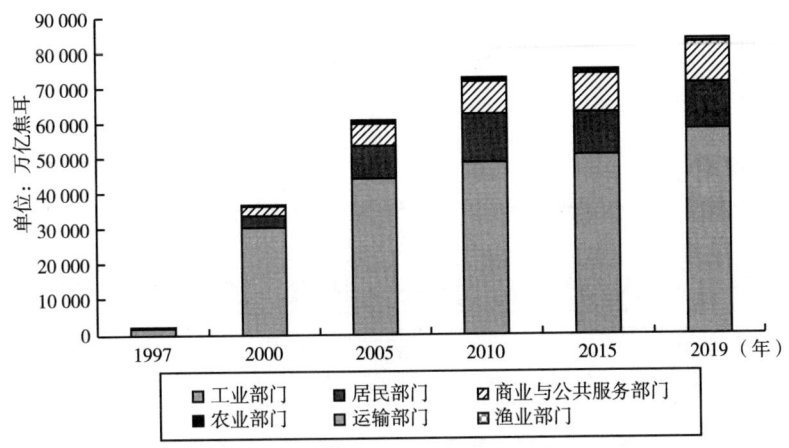

图 3-1-12 葡萄牙不同部门天然气消费量

资料来源：IEA 数据库。

3.1.3 葡萄牙能源消费来源

由于对化石燃料（主要是石油和天然气）的高需求和国内能源资源的缺乏，葡萄牙的能源进口依赖度很高。2019 年葡萄牙能源进口依赖度为 74%。葡萄牙的原油、天然气与煤炭消费均 100% 依靠进口，原油主要从俄罗斯和沙特阿拉伯进口，天然气则来自北非的阿尔及利亚与摩洛哥等国家，煤炭大部分从南非进口。葡萄牙政府通过增加可再生能源特别是电力在能源供应中的份额，在降低能源进口依赖度方面取得了进展。自 2005 年以后，葡萄牙总能源对外依存有了一定程度的降低，NECP 的目标为到 2030 年将能源进口依赖度降低到 65% 以下，而 RNC 的目标为到 2050 年将能源进口依赖度降低到 19% 以下。根据葡萄牙能源产出与消费量差额的粗略测算，葡萄牙能源产出远低于需求量（如图 3-1-13 所示）。

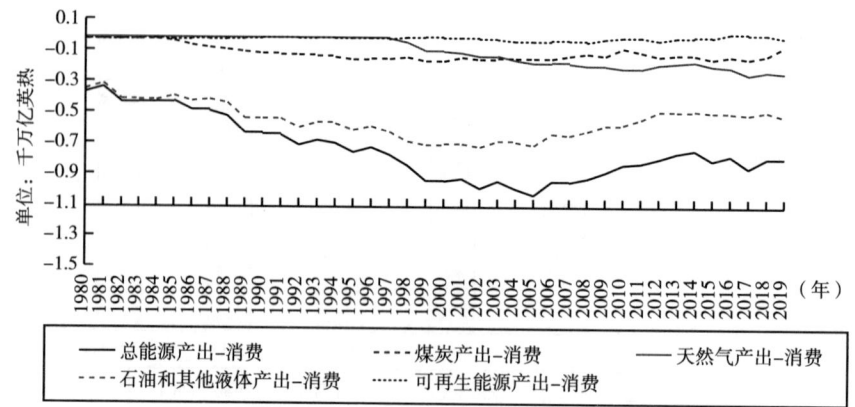

图 3-1-13 葡萄牙每年能源产出与消费差额

资料来源：IEA 数据库。

3.1.4 葡萄牙 GDP 与能源消费关系

3.1.4.1 葡萄牙经济增长情况

世界银行 2022 年数据显示，葡萄牙在 2008 年世界金融危机前 GDP 保持低速平稳增长趋势，年均增长率约为 1%，在 2008 年 GDP 总量达到 2 600 亿美元（如图 3-1-14 所示）。而 2008 年世界金融危机后葡萄牙经济开始出现衰退，2015 年时 GDP 总量仅为 1 500 亿美元，2015 年后葡萄牙经济从长期低迷中逐渐复苏，2021 年时重新回到 2 500 亿美元水平，接近 2008 年世界金融危机之前的 GDP 总量。

3.1.4.2 GDP 与能源消费关系

2008 年之后，葡萄牙经济复苏加速了正在进行的结构性变化，经济增长减少了对能源密集型活动的依赖，显示出经济增长与能源需求脱钩的迹象，2014—2019 年，人均 GDP 最终能源消费总额下降了 8%。2007 年之前，葡萄牙能源总消费量与 GDP 总量变化呈现相似趋势，在 2007 年之后，GDP 的增速放缓甚至开始下降，而能源消费并未保持与 GDP 总量相同的变化趋势（如图 3-1-15 所示）。尤其是石油消费量的减少远高于 GDP 变化

3. 葡语国家能源消费与经济增长 | 97

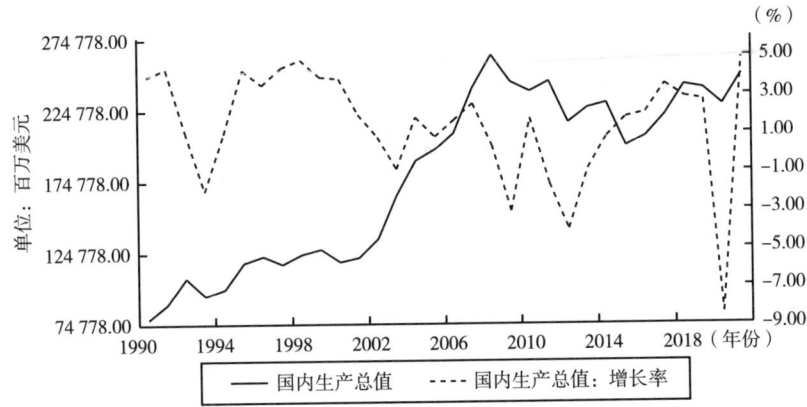

图 3－1－14　葡萄牙 GDP 总量与增长率

资料来源：CEIC 数据库。

的速度，同时可再生能源的消费也保持着波动上升的趋势。总的来说，葡萄牙经济总量 GDP 的变化与能源消费量存在着一定的关系，然而随着近年来政府新能源政策的发展，葡萄牙能源消费变化的情况已经出现了与经济增长趋势不相同的迹象。

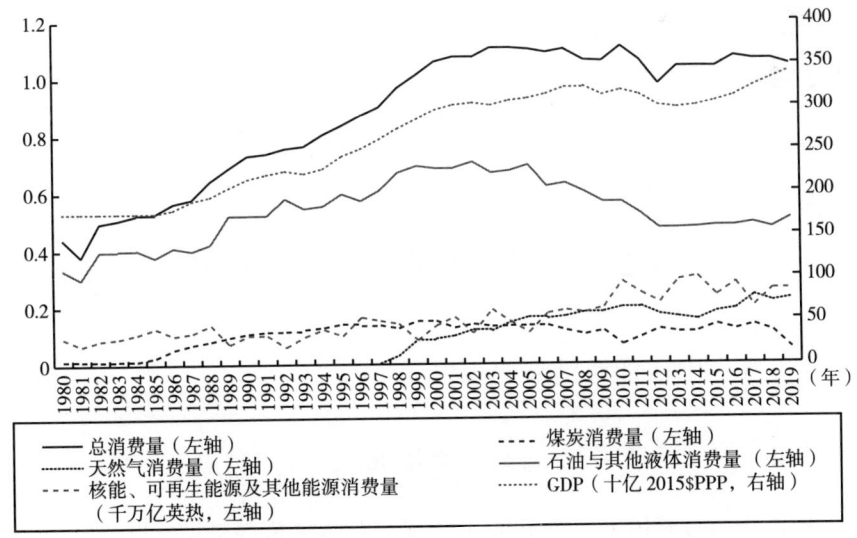

图 3－1－15　葡萄牙经济总量 GDP 与能源消费量的关系

资料来源：EIA、CEIC 数据库。

3.1.5 葡萄牙经济结构与能源消费关系

自1995年至今，第三产业一直是葡萄牙最大的产业，在经济总量中的占比达70%，且近年来还在不断增加。与之相反，第一产业占比呈降低趋势，第一产业是葡萄牙石油消费量最大的部门，随着第一产业占比减少，葡萄牙对石油的消费量也呈现明显下降趋势。而第三产业对天然气与可再生能源的需求量却在不断增加，抵消了石油消费量下降对总能源需求的影响，因此葡萄牙总能源消费量呈现出平稳波动的状况（如图3-1-16所示）。

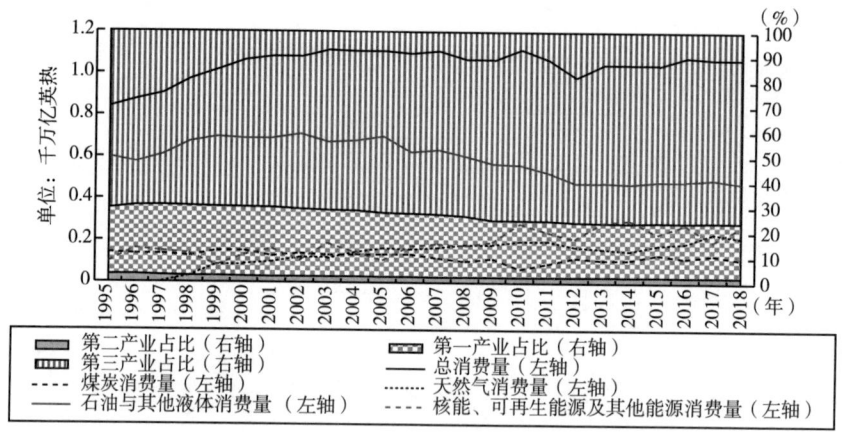

图3-1-16 葡萄牙经济结构与能源消费关系

资料来源：EIA 数据库。

3.2 巴西能源消费与经济增长

3.2.1 巴西能源消费概况

3.2.1.1 主要一次能源消费情况

巴西作为金砖国家，自1990年以来，随着经济强势增长以及中产阶级的蓬勃发展，迎来了能源需求与消费的快速增长（如图3-2-1所示），目前巴西的一次能源消费总额已经是1990年的3倍。石油、可再生能源以及天然气是巴西主要消费能源。其中，石油相关产品消费占巴西能源消费的比例高达50%，是巴西最重要的能源消费产品；其次，巴西拥有丰富的自然生态资源，其可再生能源满足了巴西近45%的一次能源消费需求，可再生能源占能源消费比重也是全球平均水平的3倍；而天然气消费也从1990年不足2%的消费占比增加到如今的接近10%（如图3-2-2所示）。

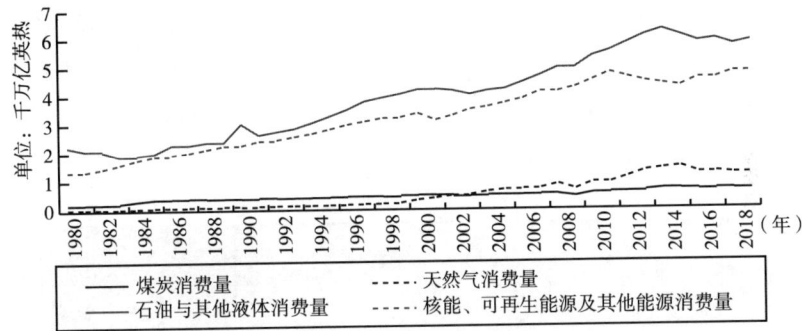

图3-2-1 巴西能源消费变化趋势

资料来源：EIA数据库。

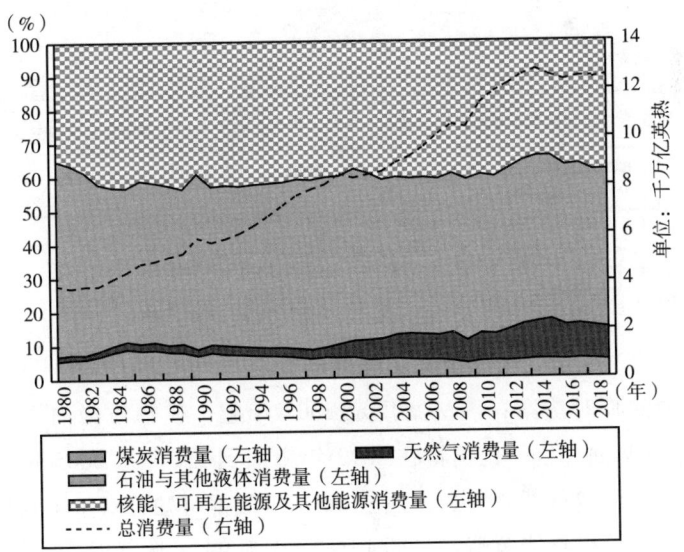

图3-2-2 巴西主要能源消费情况

资料来源：EIA数据库。

3.2.1.2 其他能源消费情况及趋势

①生物能源

由于巴西盛产甘蔗等生物原料,在两次石油危机威胁下,巴西于1975年推出了化石燃料替代方案"国家乙醇燃料计划",开启了生物能源的使用。由于该方案强制乙醇与汽油混合使用,巴西的灵活燃料(乙醇)汽车数量不断攀升。通过图3-2-3可以看出,在巴西的生物能源消费中,2004年前全部由燃料乙醇构成,同时呈现上升趋势,对于燃料乙醇的消费总量从1980年的64百万桶/天上升到2005年的181.9百万桶/天(环球印象投资分析巴西事业部,2021)。

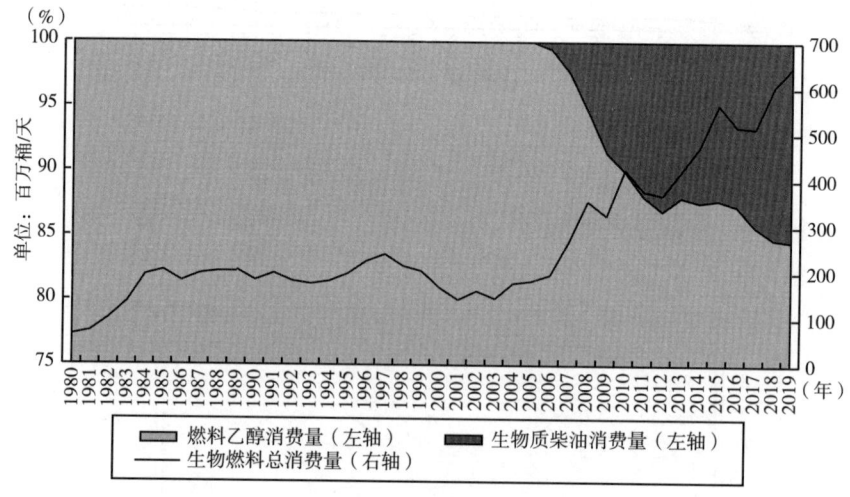

图3-2-3 巴西生物燃料消费情况

资料来源:EIA数据库。

2004年12月起,巴西政府开始推动生物质柴油的使用,公布了发展生物质柴油的临时法案;该法案规定2007年起,矿物质柴油中必须掺加2%的生物质柴油,这一比例将在2012年增加到5%。从2005年起,巴西的生物质柴油消费量开始增加,截至2019年数据可知,对于生物质柴油的消费量约占据总生物能源消费量的15%,达到99.8百万桶/天。巴西的生物能源总消费量从1980年到2019年增幅达到10倍,从64百万桶/天达到目前的 647 百万桶/天，巴西目前为世界第二大生物能源消费国。

巴西生物能源消费增加除了因为巴西拥有丰富的生物原料之外，巴西政府还运用价格手段，通过将乙醇燃料定价低于汽油，使得乙醇拥有价格优势。同时巴西政府积极鼓励使用灵活燃料汽车，购买灵活燃料汽车可以减税，因此巴西的以乙醇为燃料的汽车一度达到汽车总量的 90% 以上。

②电能

如图 3-2-4 所示，巴西的电力能源消费量逐年平稳攀升，国内市场电力需求充足，2020 年电力总消费量达到 5 410 亿千瓦时，由于巴西水电资源丰富，因此电力成为巴西的重要能源之一。根据巴西 2050 年国家能源计划预测，由于经济扩张与增长放缓，2015—2050 年的潜在用电量平均年增长率为 1%，2050 年的总用电需求将会是 2015 年的 3 倍。

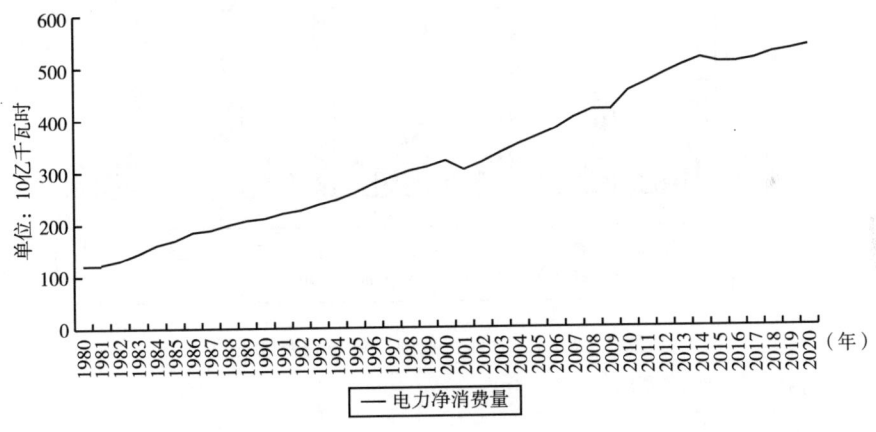

图 3-2-4　巴西电力能源消费情况

资料来源：IEA 数据库。

3.2.2　巴西能源消费最终路径

3.2.2.1　各行业部门能源消费概况

巴西的能源消费主要分为五大门类，即工业、运输、住宅、商业与公共服务以及农业部门，另外还有部分未使用的能源被储存起来计为储备能源。从1990年至2019年，巴西的主要能源消费部门为工业和运输业两大行业部门（如图3-2-5所示），这两个部门能源消费量快速增长的主要原因是巴西在1990年之后工业化进程加快。在2015年后运输业成为能源消费最大的部门，到2019年运输能源消费约占能源总消费量的38%。此外，住宅、商业与公共服务以及农业部门能源消费在过去30年间也存在一定增长。工业部门的能源消费量自2010年后存在下降，且降幅有逐年增大的趋势，其主要原因是2008年金融危机后，巴西经济遭受打击，国内工业生产部门产值下降，导致其能源消耗量也持续下降。自1990年起，每年有约7%的能源未被消耗，该部分能源中大部分被用于战略储备。

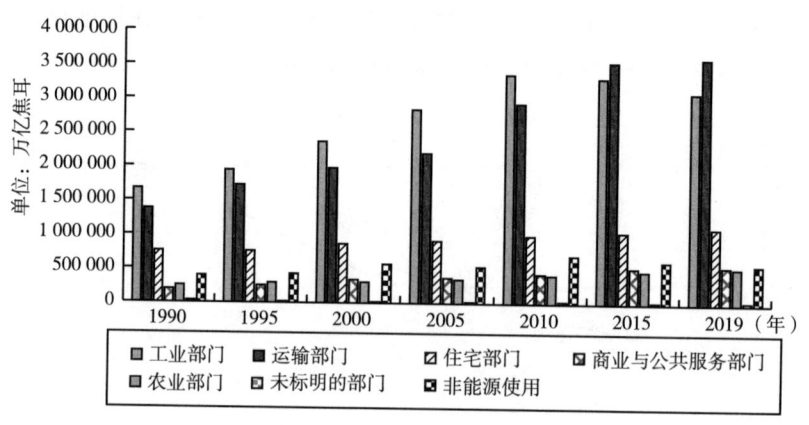

图3-2-5 巴西行业部门能源消费情况

资料来源：IEA 数据库。

3.2.2.2 工业部门能源消耗情况

巴西工业主要有基本金属、纸与纸制品、非金属矿物制品以及化学品与药品四大制造部门。由于拥有丰富的矿产资源，巴西基本金属制造业较为发达，为工业的主要能源消费部门，近年来由于铁矿石等金属原材料供过于求，导致巴西基本金属制造业产能下降，其对能源的消耗量也开始下降，但截至2019年其对能源的消耗量仍约占到整个工业部门能源消费总量的44%（如图3-2-6所示）。巴西热带雨林资源丰富，拥有大量的木材资源,随着全球纸浆及成品纸需求的日益增加,巴西相关纸及纸制品产业持续扩张并成为行业生产大国,该产业对能源的消耗量也在逐年增加并成为能源消耗增幅最大的部门,其能源消耗占到巴西工业部门总能源消耗量的25%。巴西非金属矿物制品以及化学品与药品制造业的能源消耗量就其他工业制造部门而言相对较低,且近年来还呈下降趋势。

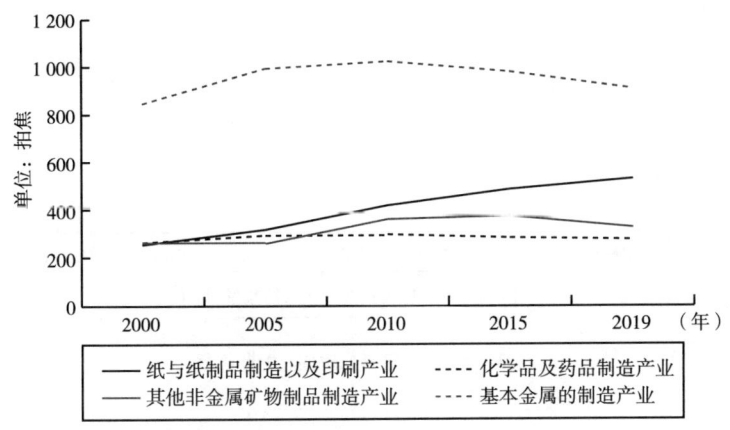

图3-2-6 巴西工业部门能源消耗情况

资料来源:IEA数据库。

3.2.2.3 不同部门电力消费及人均用电量

自20世纪90年代以来,巴西人均用电量有很大提升,由1.5毫瓦时上升到2.5毫瓦时。然而2015年至2020年,人均电力消费量存在一定程度的下降(如图3-2-7所示),第一个原因是巴西的人口在持续增长,到2019年巴西人口增长到2.12亿;第二个原因则是巴西经济情况恶化,居民对电力的需求在逐年下降。

工业作为巴西主要的产业部门,对电力的消费量最高,2019年电力消费量为705 120万亿焦耳,约占电力总消费量的33%(如图3-2-8所示),在2010年后由于巴西经济下行,工业部门的电力消费量同样在下降;其次便是居民和商业与公共服务部门,近年来电力消耗量逐年增大,目前占比超过50%。

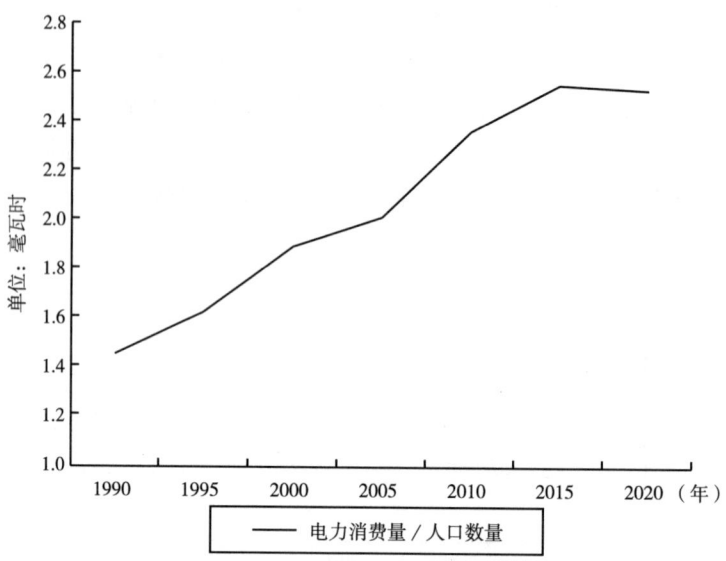

图 3-2-7 巴西人均电力消费量

资料来源：IEA 数据库。

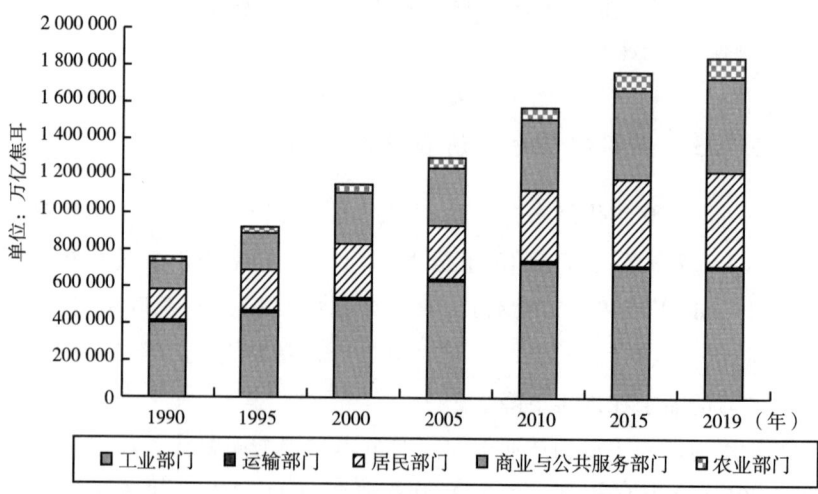

图 3-2-8 巴西不同部门电力消费量

资料来源：IEA 数据库。

3.2.2.4 不同部门原油消费量

巴西是南美地区最大的原油消费国，经济发展与交通需求的增加刺激了巴西国内的原油消费。其中燃气与柴油为消耗量最大的原油产品，约占40%，且比重逐年增加；其次是车用汽油，从1990年的13.6%上升到2020年的22.1%；燃油在1990年时占据原油消耗量的16%，到2020年时仅占3.1%（如图3-2-9所示）。

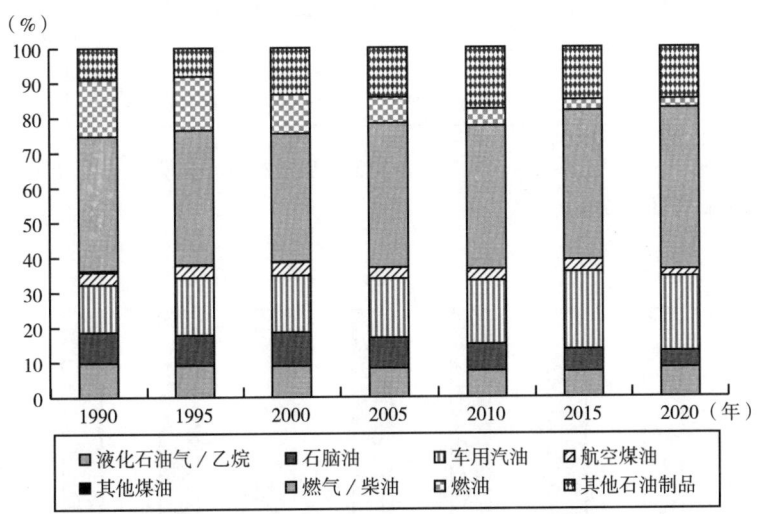

图3-2-9　巴西不同油气产品消耗量占比

资料来源：IEA数据库。

巴西自1990年起，运输部门的原油产品消费量最大，2019年时消费量占比超过60%；其次是非能源使用，每年占比约为13%，非能源使用主要为战略储备原油；工业部门的原油消费量自1990年到2019年小幅提升，占比约为10%（如图3-2-10所示）。

3.2.2.5 不同部门煤炭消费量

巴西的煤炭消费量相对较小，且消费部门单一，主要为工业部门与非能源战略储备（如图3-2-11所示）。

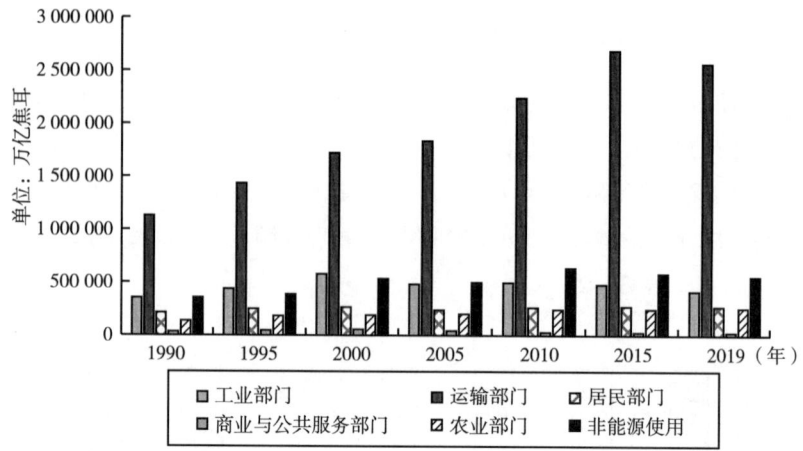

图 3-2-10　巴西不同部门原油产品消费量

资料来源：IEA 数据库。

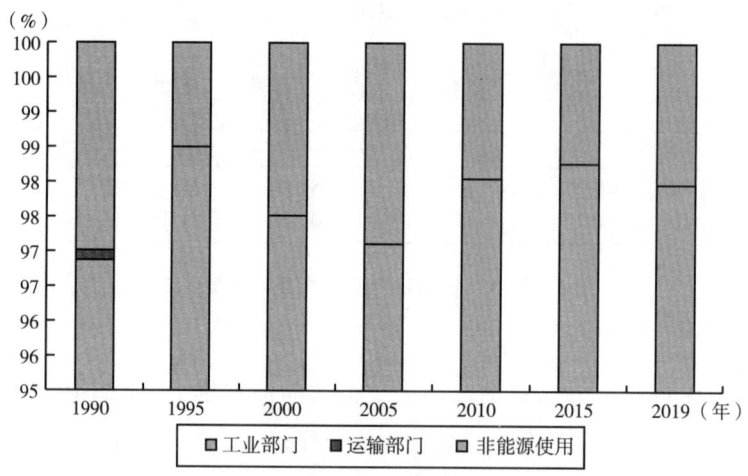

图 3-2-11　巴西不同部门煤炭产品消费量

资料来源：IEA 数据库。

3.2.2.6　不同部门天然气消费量

巴西的天然气消费自 1990 年至 2015 年呈现上升趋势，其中工业部门消费量最大，因为巴西对天然气发电的需求在增加，占比一度超过 70%，

2015年后，占比在逐渐下降，而运输部门对于天然气的需求在逐年增加，从1990年占比忽略不计到2020年的占比达到20%（如图3-2-12所示）。

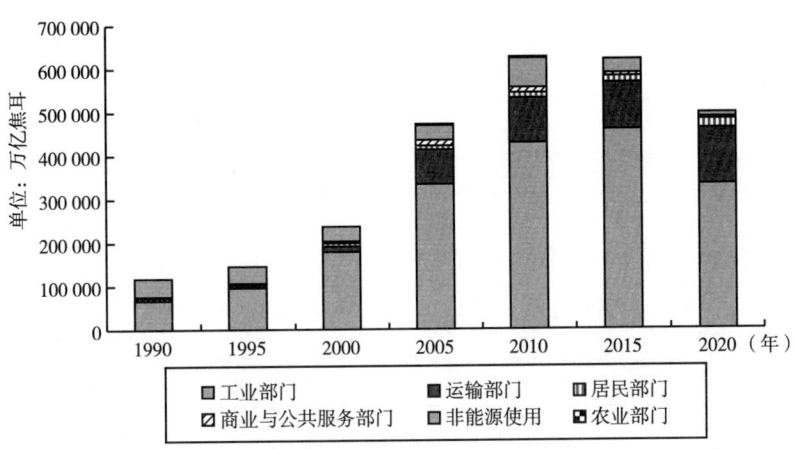

图3-2-12 巴西不同部门天然气消费量

资料来源：IEA数据库。

3.2.3 巴西能源消费来源

通常情况下，我们将一定经济体能源消费量与能源产出量之比称作能源自给率，用以表明一国能源自给状况，比率越低表明自给率越强。在1980—2019年，巴西石油的消费产出比从最高的570%完全无法自给状况下降到2019年的95%，基本实现石油自给；巴西对于煤炭需求的增加量则远高于其产出量，2019年时自给率为700%，基本依赖进口；自2000年以后，巴西对于天然气消费的需求也随着经济的发展而逐年提升，自给率达到170%以上，天然气进口量大增，近半数天然气消费需要依赖进口；其余则是核电与可再生能源消费，巴西作为可再生能源产出大国，核电与可再生能源的自给率都低于100%（如图3-2-13所示）。总的来说，巴西的总能源消费自给率在逐年下降，但目前在满足国内能源消费自给率方面还存在一定的结构性问题。

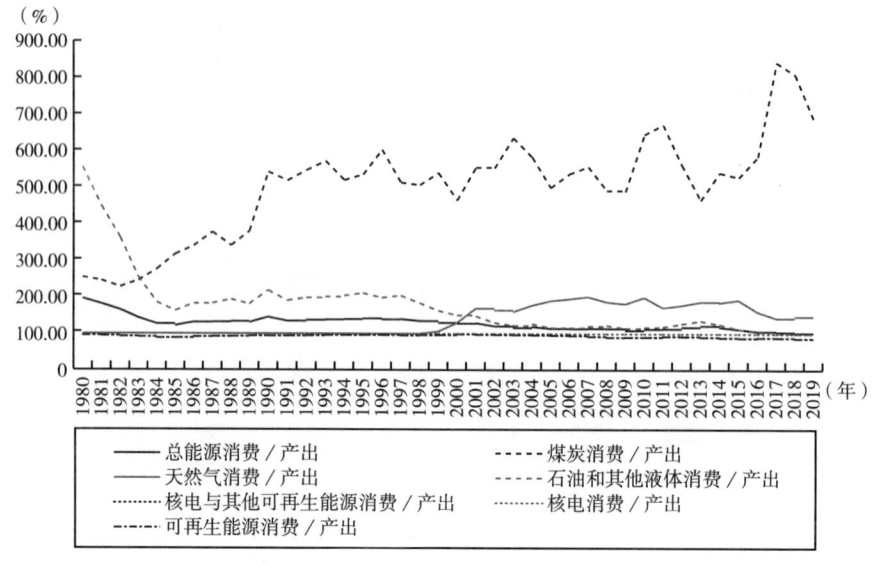

图 3-2-13 巴西能源消费产出比

资料来源：IEA 数据库。

3.2.4 巴西 GDP 与能源消费关系

3.2.4.1 巴西经济增长情况

巴西作为金砖五国之一，经济自 1980 年至 2012 年增速显著，然后巴西在"去工业化"政策实施以来，经济增速连年下降，产业转型升级停滞，导致 GDP 规模下跌（如图 3-2-14 所示）。2012 年时 GDP 总量一度超过 2 万亿美元，2022 年时 GDP 总额不足 1.7 万亿美元。

3.2.4.2 GDP 与能源消费呈现正比关系

将巴西 GDP 以 2015 年购买力平价水平进行换算后，可以看出，2015—2019 年巴西 GDP 总量几乎持平；同时 GDP 与能源消费总量呈现高度线性相关，随着 GDP 的增长，各能源消费量均呈现上升趋势，在 2014 年前后，GDP 总量出现停滞，能源消费量同样呈现相似趋势（如图 3-2-15 所示）。根据经济增速下降的趋势判断，未来巴西能源消费量也将进一步降低。

3. 葡语国家能源消费与经济增长 | 109

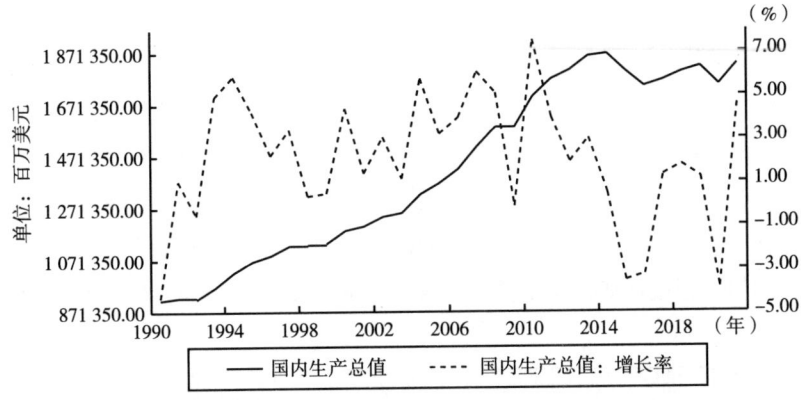

图3－2－14　巴西GDP总量与增长率

资料来源：CEIC数据库。

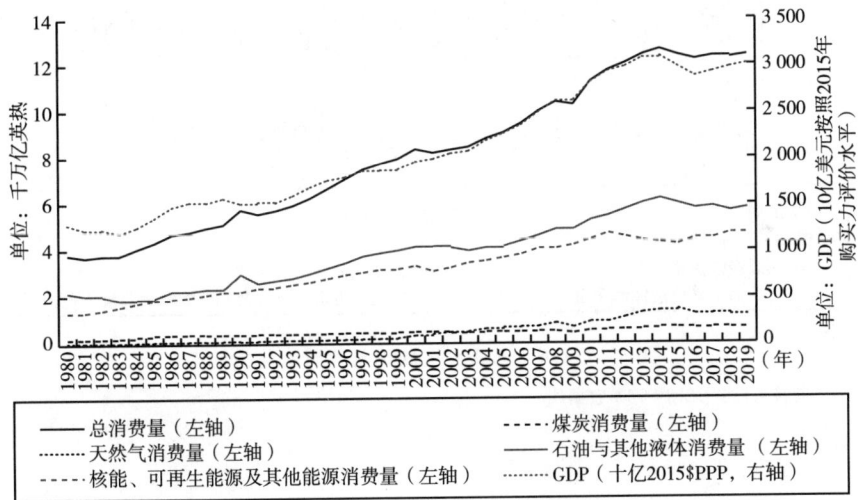

图3－2－15　巴西经济总量GDP与能源消费量的关系

资料来源：CEIC、EIA数据库。

3.2.5　巴西经济结构与能源消费关系

巴西第三产业附加值较高，2018年时达到经济总量的70%，其中的运输业消费的能源居各行业部门之首；而第二产业在经济总量中占比相对较低,但巴西工业部门对能源的消耗量巨大,仅次于运输业部门,工业部门对于各种能源的消耗量均占据各部门高位。因此,随着第二产业在经济总量中的比重从1991年的4.1%上升到2018年的5.9%,巴西国内各种能源的消费量也呈现显著上升,尤其是石油与可再生能源和生物能源。在2015年后,巴西第二产业附加值增速放缓,能源消费量的增加也呈现放缓趋势(如图3-2-16所示)。因此,巴西第二产业作为能源消耗量增长最高的产业,其产业附加值的变化情况会显著影响到巴西能源消费总量的变化。

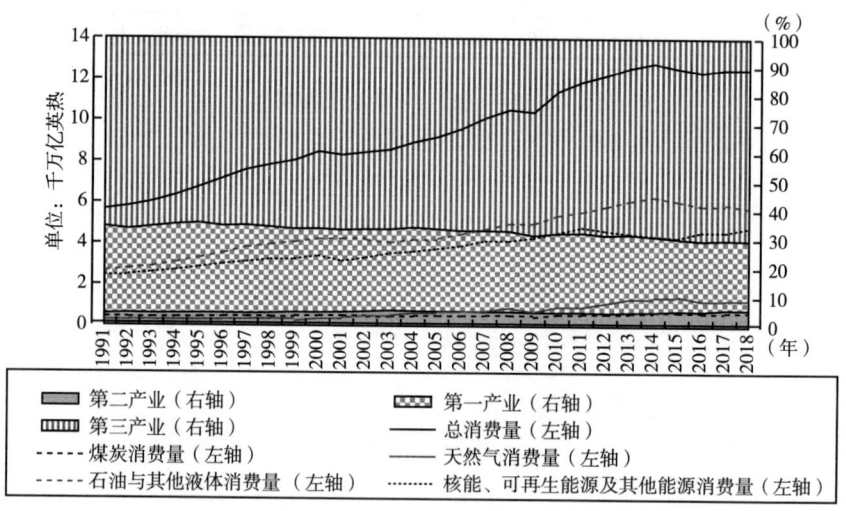

图3-2-16　巴西经济结构与能源消费关系

资料来源：CEIC、EIA 数据库。

3.3　安哥拉能源消费与经济增长

3.3.1　安哥拉能源消费概况

3.3.1.1　主要一次能源消费情况

安哥拉是非洲最大的产油国,同时也是天然气生产国。安哥拉主要消费的一次能源为石油与天然气，石油消费量占比高达70%，安哥拉不生产煤炭，同时也不使用煤炭作为一次能源消费（如图3-3-1所示）。根据世界银行2021年数据估计，大约有52%的安哥拉人生活在极端贫困线以下（美国能源信息管理局EIA安哥拉背景报告，2021），因此大部分人还会使用传统的固体生物质与废物作为能源来源满足取暖与做饭等日常生活的需求，如木材、木炭、作物秸秆等。尤其是在农村地区，那里的电气化程度仅为43%，超过一半的居民无法用上电，远低于城市地区73%的用电水平。

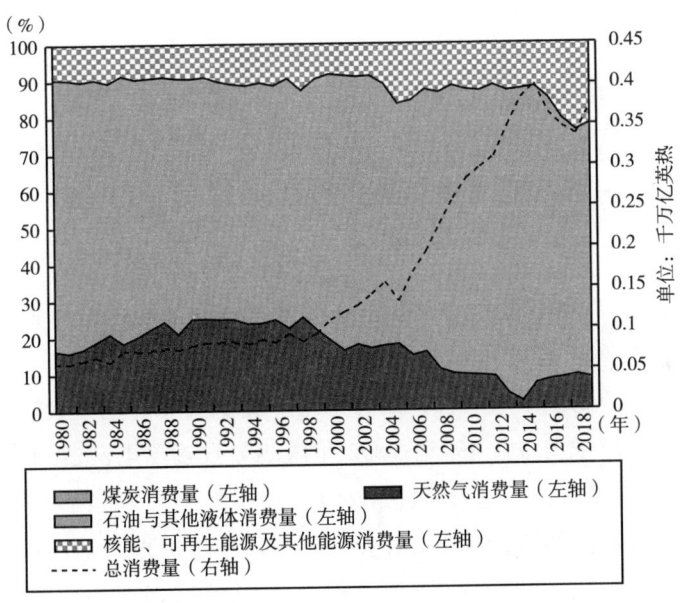

图3-3-1 安哥拉主要能源消费情况

资料来源：EIA数据库。

自1980年至2019年，安哥拉能源消费量一直在波动中稳步提升（如图3-3-2所示）。2002年之前，安哥拉经历了长达30年的内战，这一时期能源消费量提升速度相对缓慢。2002年之后安哥拉内战结束，能源消费量迎来巨大提升，在2002年至2015年，总能源消费量提升超过3倍，从0.13千万亿英热提升至0.40千万亿英热。同时石油消费占比也进一步提高，最高时曾达90%。

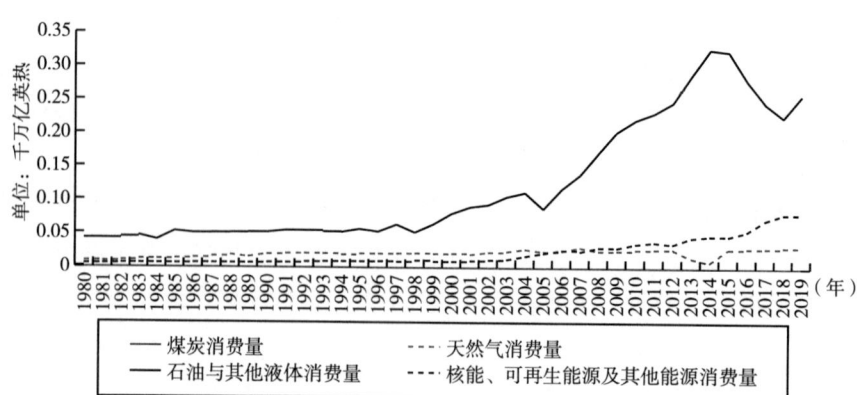

图 3-3-2 安哥拉能源消费变化趋势

资料来源：EIA 数据库。

3.3.1.2 其他能源消费情况及趋势

①电能

世界银行 2018 年安哥拉报告的最新估计显示，只有 43% 的安哥拉人用上了电，较 2010 年水平增加了约 10%。电力消费增长很大一部分来自过去几年安哥拉新建水电项目，然而为用户提供可靠的电力接入仍然是一个重大挑战。由于安哥拉 1975—2002 年内战导致输配电网遭到严重破坏，在 2002 年之前安哥拉的电力消费始终处于较低水平。内战结束后，安哥拉政府着力发展电力部门，在非洲开发银行援助下，对电力部门进行改革并重建配电网络。在 2002—2019 年，电力消费量呈现明显上升趋势，从 14.59 亿千瓦时上升至 118.15 亿千瓦时（如图 3-3-3 所示）。目前，安哥拉的电力消费继续保持快速增加趋势。

②固体生物质能与废物

大约 80% 的安哥拉人依靠生物质来满足他们大部分的能源需求。木质燃料主要用于农村地区，而木炭由于其具有较高的热值和较低的运输重量，在城市周边地区受到青睐。

安哥拉的生物质资源很丰富，长期内战期间这些资源并没有受到损毁。但在内战结束后，由于大量人口涌入城市周边地区，人们对生物质能源的消耗主要来自不可持续的树木砍伐所制造的木炭,许多大城市周围发生了严重的森林砍伐,对安哥拉生物质资源造成了巨大压力。安哥拉生物质资源消费的另一个主要渠道是大量无家可归的人,这些人获得现代能源燃料的机会有限,因此几乎完全依赖传统的生物质资源做饭和取暖,使用低效的技术和设备燃烧木材导致了木材资源的浪费。

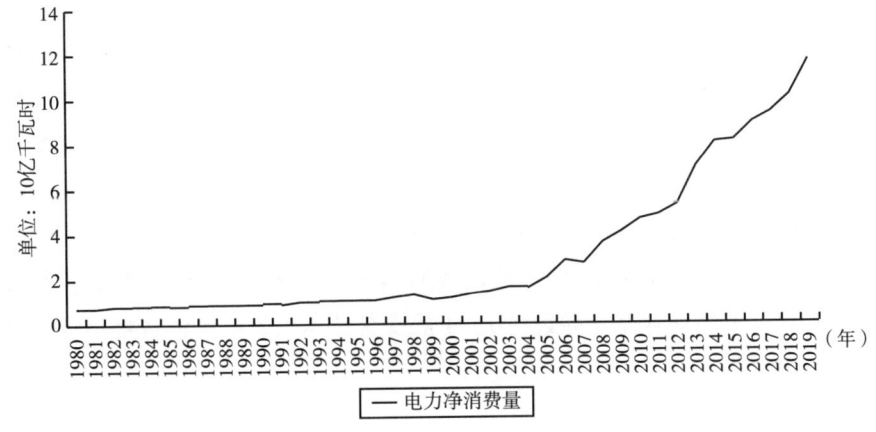

图3-3-3 安哥拉电力能源消费情况

资料来源:IEA数据库。

据联合国粮农组织安哥拉能源策略报告(OECD, IEA, 2006)估计,安哥拉每年的薪材消费约为5 000 000立方米,大部分消耗的薪材不一定全来自森林,通常还包括枯木、树枝、森林以外的树木和清理土地作业的副产品等。联合国粮农组织报告提到安哥拉木炭消费每年约为7 200 000立方米(约750 000吨)。罗安达是安哥拉木炭的主要消费地区,有2/3的人口约260万人生活在城市周边地区。安哥拉政府工作报告中提到该地区的人均木炭消费量为每年100公斤,公认的薪材与木炭的转换率是生产1 000公斤木炭需要9.6立方米的薪材(或生产1吨木炭需要7吨木材)。罗安达地区的木炭是通过周围地区的森林来生产的,每公顷的产量约为20立方米,以平均9米×4米的窑为例,IEA2021年估计每年需要约13万个窑坑来满足罗安达的木炭生产需求,每年生产这么多木炭大约会有13万公顷的森林消失。

3.3.2 安哥拉能源消费最终路径

3.3.2.1 各行业部门能源消费概况

安哥拉工业基础薄弱,最主要的能源消费领域为居民生活消费,居民消费在 2019 年的总能源消费中占比达 57%,消耗量为 255 421 万亿焦耳(如图 3-3-4 所示)。自 1990 年至 2019 年,居民能源消耗量不断增加,这得益于安哥拉经济发展提高了居民能源消费的能力。世界银行 2021 年数据显示,安哥拉燃料价格是世界上最低的,低廉的价格刺激了更多的居民消费。其次是运输部门,自 2005 年之后,安哥拉运输业的能源消费呈现了明显提升。运输业是能源密集型行业,其对于能源价格的变化十分敏感,2014 年后的油价危机影响了安哥拉政府的财政收入,因此 2015 年后安哥拉政府取消了燃油补贴,导致 2015 年后安哥拉运输业能源消费量停止增长并略有小幅降低。

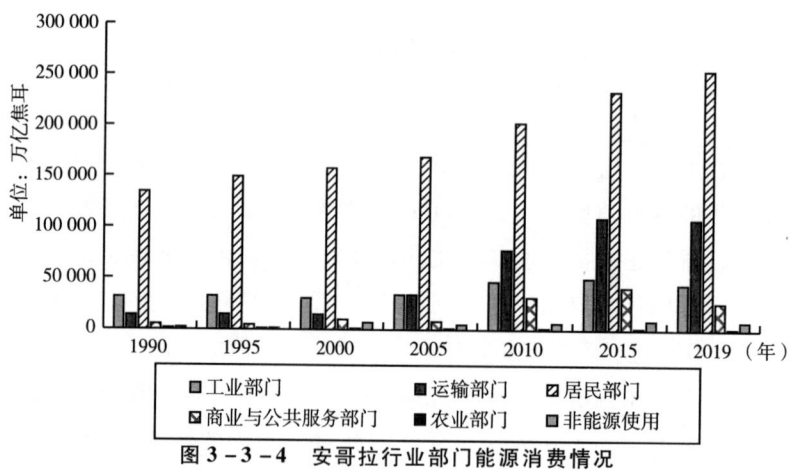

图 3-3-4 安哥拉行业部门能源消费情况

资料来源:IEA 数据库。

3.3.2.2 不同部门电力消费及人均用电量

从 1990 年至 2019 年,安哥拉人均电能消费呈现显著增长趋势,尤其是 2005 年后,平均年增速约为 60%,从 2005 年的人均用电量 0.11 毫瓦时提高至 2019 年的 0.43 毫瓦时，增幅接近 300%（如图 3-3-5 所示）。安哥拉主要的电力消费行业是民用与工业部门，2019 年居民消费量占整个用电量的 66%（如图 3-3-6 所示）。尽管安哥拉总体电力消费以及人均电力消费量都呈上升趋势，但是安哥拉电力消费的普及率仍较低。世界银行最新估计显示（美国能源信息管理局 EIA 安哥拉国家分析摘要，2021），2018 年只有 43% 的安哥拉人用上了电。同时安哥拉电力基础设施多为

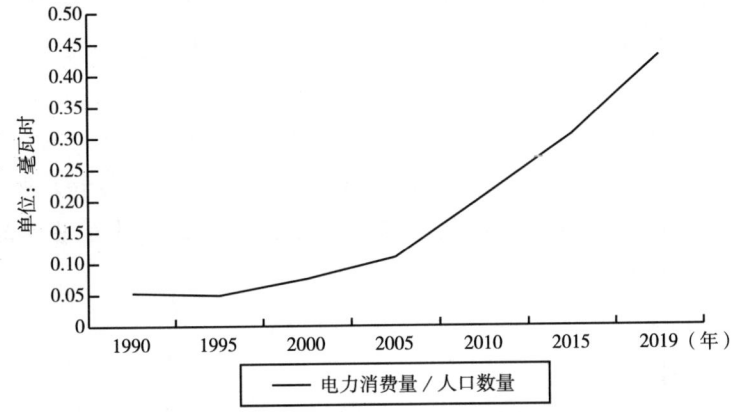

图 3-3-5　安哥拉人均电力消费量

资料来源：IEA 数据库。

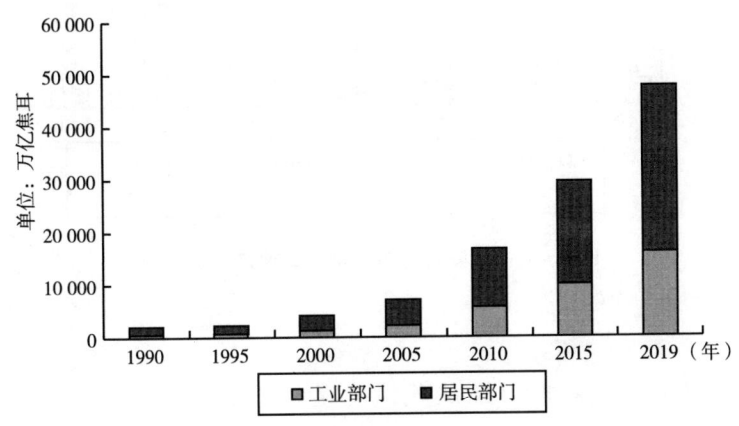

图 3-3-6　安哥拉不同部门电力消费量

资料来源：IEA 数据库。

1975 年前修建，全国电力系统还未实现联网，造成输电配电错配，北方电网产能过剩，中部与南方电网供应紧张，因此，安哥拉电力消费增长仍存在巨大空间。

3.3.2.3　不同部门原油消费量

安哥拉主要石油产品消费部门有运输业、居民消费、商业与公共服务部门以及工业部门。其中，运输业为消费量最高的部门，自 1990 年至 2019 年间消费量提升了约 7 倍（如图 3-3-7 所示）。其次是居民消费，2005 年后居民石油产品消费量显著提高，主要是用于家庭烹饪的液化石油气和车用汽油。工业部门的石油产品消费量较为平稳，主要消费产品为柴油，用于满足发电需求（安哥拉能源政策报告，2006）。由于工业部门对燃气与柴油需求量较大，燃气与柴油也是消耗量最大的石油产品（如图 3-3-8 所示）。

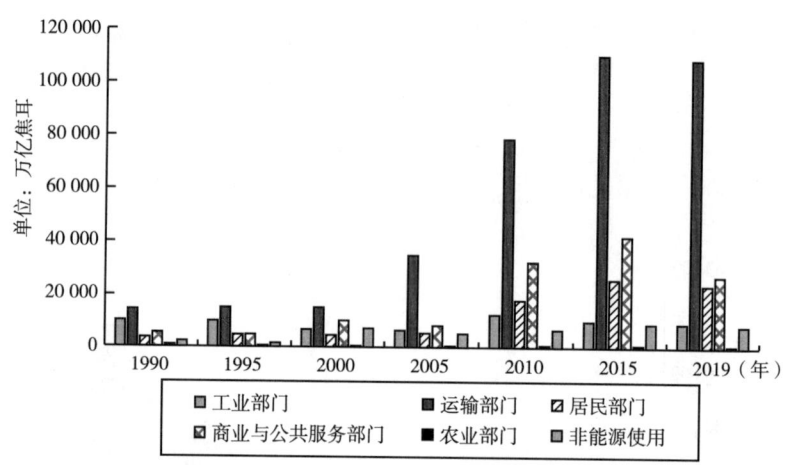

图 3-3-7　安哥拉不同部门石油产品消费量

资料来源：IEA 数据库。

3.3.2.4　不同部门天然气消费量

安哥拉不同部门天然气消费量暂未有详细数据，安哥拉 2006 年能源策略报告显示，安哥拉产出的天然气约有 10% 用于石油行业的自身作业（如平台发电),约20%的天然气用于回注储层以提高采集率,70%—85%用于燃烧热能。2000年,安哥拉燃烧的天然气约占非洲大陆燃烧天然气总量的30%,约占世界燃烧天然气总量的3%。天然气主要用于燃烧而不是消费或者出口的原因是安哥拉没有完善的天然气工业,由于内战到2002年才结束,安哥拉的工业产出较低,工业对天然气的需求不足,同时内战也导致安哥拉天然气基础设施建设水平低下,没有足够的设施支撑居民以及工业部门的日常消费。然而安哥拉天然气储量丰富,未来各部门对天然气的消费需求潜力巨大。

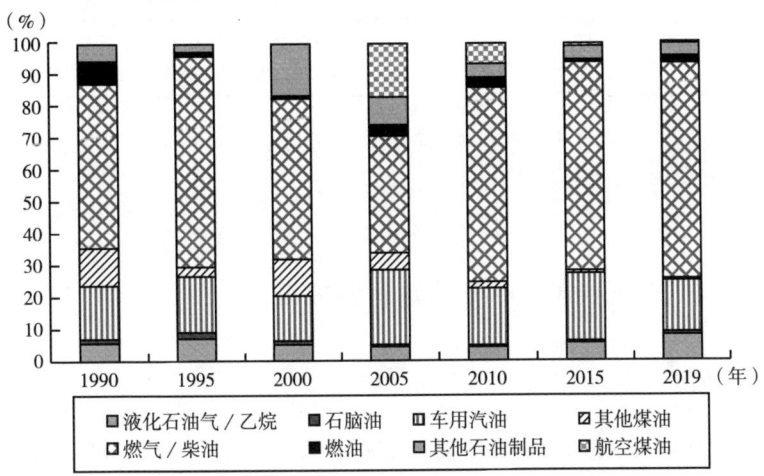

图3-3-8 安哥拉消耗不同油气产品比重

资料来源:IEA数据库。

3.3.3 安哥拉能源消费来源

安哥拉能源消费与产出数据对比显示,安哥拉主要消费能源完全可以被本国产出满足。在2012年之后,随着安哥拉天然气工业发展,安哥拉天然气产量大幅提升,天然气"消费产出比"也有显著下降(如图3-3-9所示)。同时该国还存在大量固体生物质能源,如枯木、树枝、森林外的树木和清理土地作业的副产品等。因此,安哥拉的一次能源产出完全可以满足其对一次能源的需求。

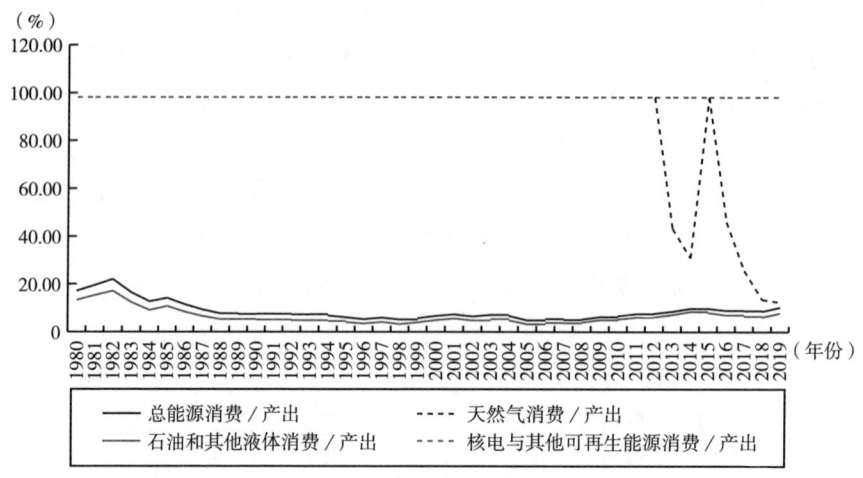

图 3-3-9　安哥拉能源消费产出比

资料来源：EIA 数据库。

3.3.4　安哥拉 GDP 与能源消费关系

3.3.4.1　安哥拉经济增长情况

安哥拉经济总量在 2002 年前一直保持相对较低水平，2002 年内战结束后，随着生产逐步恢复，安哥拉 GDP 迎来了快速提升，2004 年 GDP 增速即高达 11%，2004 年至 2008 年 GDP 平均增长率为 7.3%，此后经济在波动中快速增长直到 2014 年的石油价格危机（如图 3-3-10 所示）。安哥拉的经济严重依赖钻石与石油产业，尤其是石油开采业塑造了安哥拉的经济，石油产值占其国内生产总值的 40% 以上。由于石油行业与其他经济部门的联系较弱，易受到石油价格波动的影响，因此导致安哥拉经济结构单一，缺乏可持续发展动力。从图 3-3-10 中可以看到，两次 GDP 大幅下跌分别发生于 2008 年与 2014 年。2008 年金融危机导致能源价格下跌，中断了安哥拉经济高增长周期；2014 年国际油价下跌导致安哥拉 GDP 再次大幅下跌。石油是不可再生资源，近年来出现油田储量衰减、产量下降的趋势，因此未来安哥拉的经济情势不容乐观。

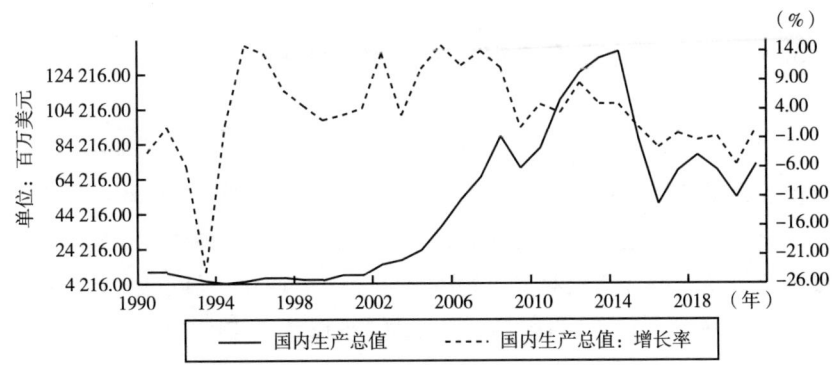

图 3 – 3 – 10　安哥拉 GDP 总量与增长率

资料来源：CEIC 数据库。

3.3.4.2　GDP 与能源消费关系

安哥拉能源消费与 GDP 走势呈现相关性（如图 3 – 3 – 11 所示），2014 年之后，安哥拉经济由于石油价格下降出现下跌，能源消费量也呈现相似的下降趋势，因此 GDP 可以反映出国内能源消费水平与能源消费呈现正相关。

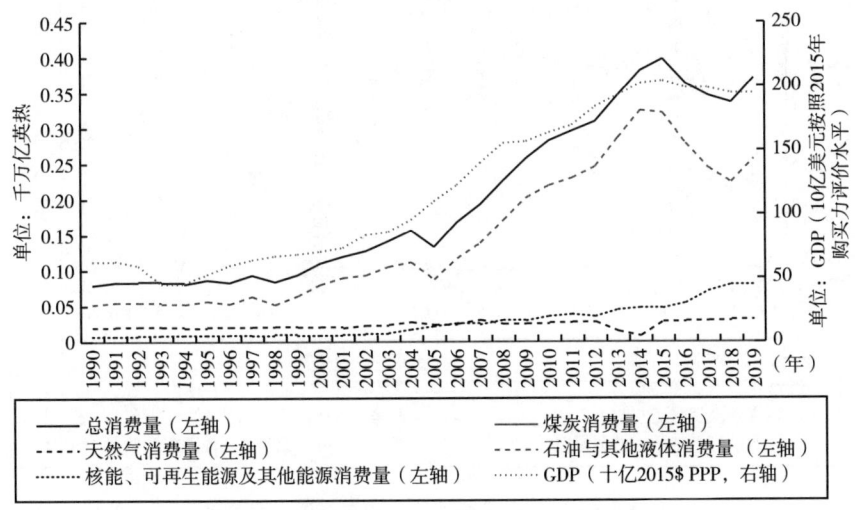

图 3 – 3 – 11　安哥拉经济总量 GDP 与能源消费关系

资料来源：CEIC、EIA 数据库。

3.3.5 安哥拉经济结构与能源消费关系

安哥拉经济以第一产业和第三产业为主,第二产业主要为能源开采业,第三产业为服务性行业,与居民生活关系密切。自 2002 年至 2017 年期间,第一产业与第三产业的产值占比在波动中轻微增长,而能源消费总量则在 2015 年之前呈现持续增长趋势。2015 年后,第三产业产值占比为 40%,第一产业则为 45%,由于本国经济发展停滞,此时总能源消费量与石油消费量均出现下降,第三产业的产值占比增长也接近停滞(如图 3-3-12 所示)。据此可看到安哥拉能源消费水平与本国第三产业发展水平有着正相关关系,而在石油消费量下降的同时核能、可再生能源与其他能源消费有着小幅上升,由此可猜测当安哥拉经济情况不好时,一部分居民的能源消费将从石油制品转向传统的固体生物质能源。

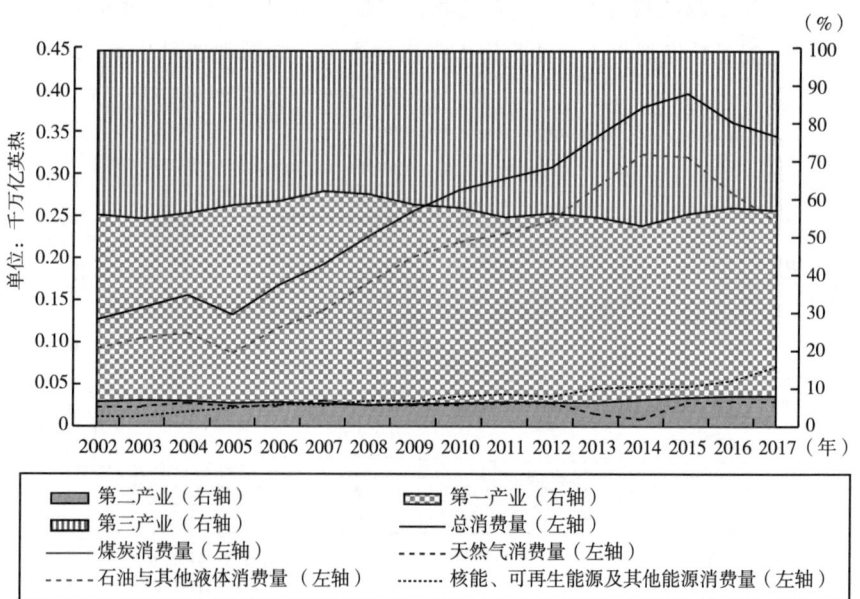

图 3-3-12 安哥拉经济结构与能源消费关系

资料来源:CEIC、EIA 数据库。

3.4 莫桑比克能源消费与经济增长

3.4.1 莫桑比克能源消费概况

3.4.1.1 主要一次能源消费情况

莫桑比克位于非洲南部,是世界上最贫穷的国家之一。莫桑比克消费的能源主要为生物质能源、石油以及天然气。由于莫桑比克超过70%的人口居住在农村,同时莫桑比克拥有丰富的森林资源,森林资源能满足国内能源总需求的85%以上,农村地区甚至可超过95%(能源界,2018),生物质能源主要用于烹饪,许多家庭依然在使用传统的炉灶,因此莫桑比克生物质能源消费比例在1998年至2010年占比高达80%。其次为石油,特别在1984年至1998年内战时期,石油的消费量占比最高为90%。1998年之后,莫桑比克石油消费量继续呈现增加态势,然而其占比却不断下降,2018年时占比约为30%(如图3-4-1所示)。天然气是莫桑比克消费量

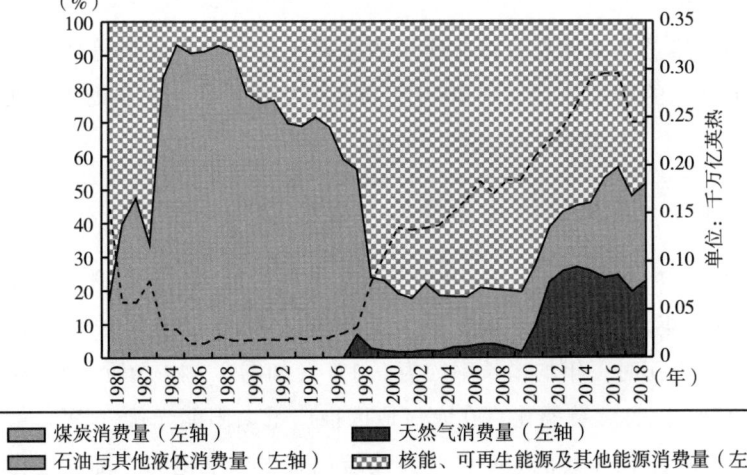

图3-4-1 莫桑比克主要能源消费情况

资料来源:EIA数据库。

排名第三的一次能源，但消费量不断上升（如图3-4-2所示），天然气消费的增加使得莫桑比克的能源消费结构变得多样化，预计到2040年天然气消费将占其一次能源结构的45%。

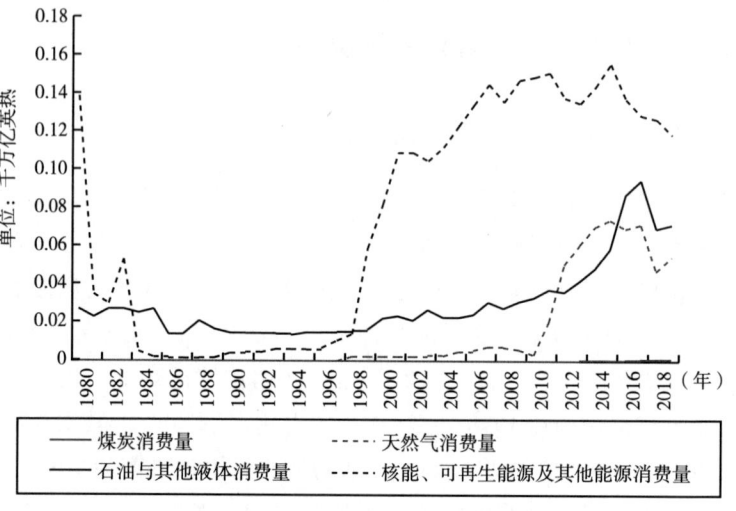

图3-4-2 莫桑比克能源消费变化趋势

资料来源：EIA数据库。

石油仍然是莫桑比克各行业使用的主要燃料，随着做饭等居民日常生活使用天然气的增加，预计到2030年将传统生物质作为燃料的人口比例会下降到87%（IEA Africa energy outlook，2019）。

3.4.1.2 其他能源消费情况及趋势

莫桑比克内战结束后，自1998年开始其电力能源消费呈现明显上升趋势，在2000年之后的20年间，电力消费量从41.6亿千瓦时增加到2019年的127亿千瓦时，年均增长率约为6.4%（如图3-4-3所示）。据国际能源署（IEA）称，莫桑比克在农村地区推广了太阳能光伏（PV）解决方案，有700所学校和其他800栋公共建筑拥有太阳能电力，随着电力供给能力的提升，预计未来电力消费量将进一步增加。

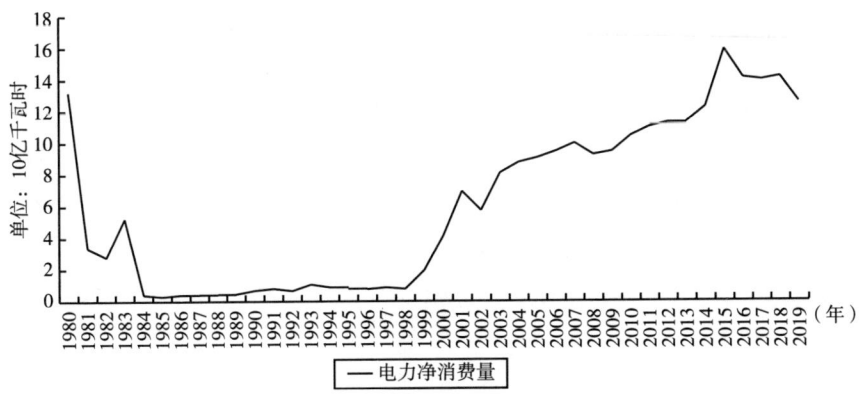

图 3-4-3 莫桑比克电力能源消费情况

资料来源：EIA 数据库。

3.4.2 莫桑比克能源消费最终路径

3.4.2.1 各行业部门能源消费概况

莫桑比克工业基础薄弱，1975 年至 1992 年爆发长达近 20 年的国内战争导致国内基础设施与工业部门发展受阻，其最终能源消费几乎全部为居民消费。随着内战结束，2000 年后莫桑比克获得相对稳定的发展环境，加之国内发现丰富的天然气资源，水电以及煤炭资源也引来外商投资，工业部门在此后的 20 年间得到发展，运输与工业部门的能源消费都呈现快速增长趋势，到 2019 年这两个部门的能源消费量之和约其占总能源消费量的 30%（如图 3-4-4 所示）。目前，莫桑比克能源消费最大的领域仍为居民生活消费。

3.4.2.2 不同部门电力消费及人均用电量

目前，莫桑比克主要电力消费部门为工业部门（如图 3-4-5 所示），然而莫桑比克电力能源消费潜力巨大，年人均电力消费从 2000 年之后有着明显增加，提高了 5 倍（如图 3-4-6 所示）。据世界银行称，2018 年莫桑比克只有 31% 的人口能够获得电力，在城市地区 72% 的莫桑比克人可以获得电力，而在农村却只有 8% 的人口能够获得电力，大多数人口依靠传统生物质和废物作为燃料能源,如采用木材、木炭、畜粪和作物残留物来供暖和烹饪。2018年10月,莫桑比克政府批准了国家电气化战略(ENE),该战略倡议旨在提供普遍的电力供应,并邀请私人运营商进入电力市场。国家《能源基础设施综合总计划》(PDIE)也于2018年10月获得批准,该计划明确了发电和输配电多样化领域的扩展指南,这些政策旨在未来为更多的人口提供电力供应。

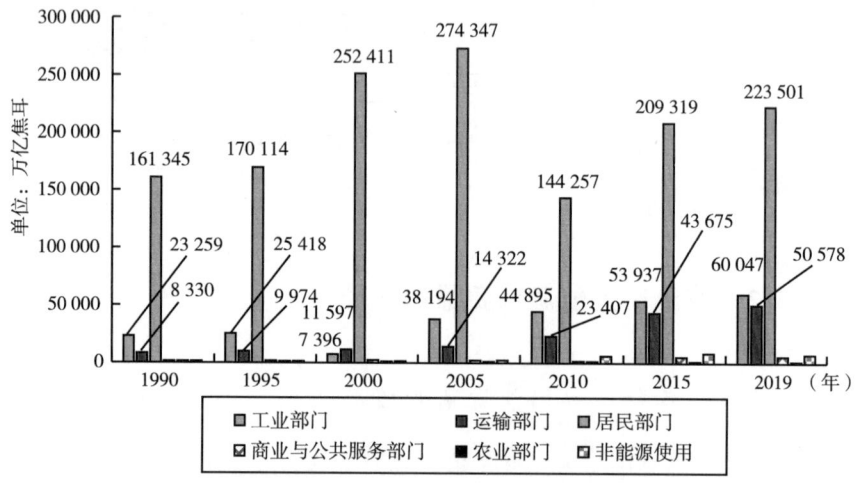

图3-4-4 莫桑比克业部门能源消费情况

资料来源:IEA数据库。

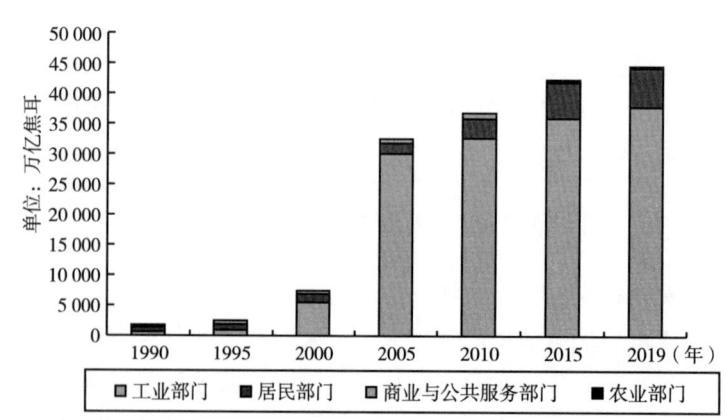

图3-4-5 莫桑比克不同部门电力消费量

资料来源:IEA数据库。

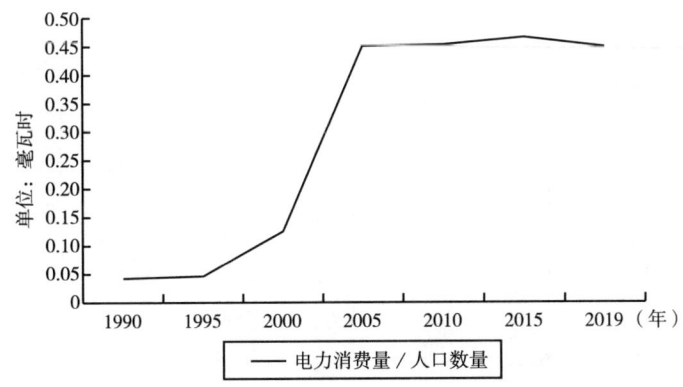

图 3-4-6 莫桑比克人均电力消费量

资料来源：IEA 数据库。

3.4.2.3 不同部门原油消费量

原油是莫桑比克重要的消费能源之一，莫桑比克主要原油消费部门为运输业与工业部门（如图 3-4-7 所示），另外每年还有一部分原油为非能源使用，主要用于国家战略能源储备。莫桑比克主要石油消费产品为燃气与柴油以及车用汽油（如图 3-4-8 所示），这些产品是运输部门重要的燃料来源。

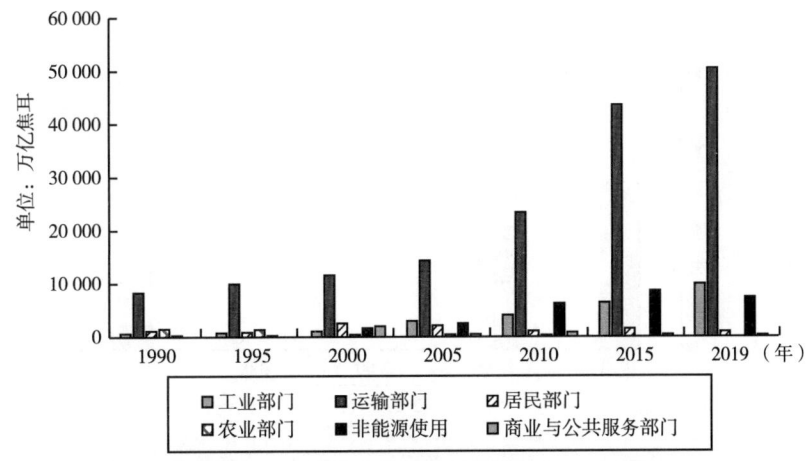

图 3-4-7 莫桑比克不同部门石油产品消费量

资料来源：IEA 数据库。

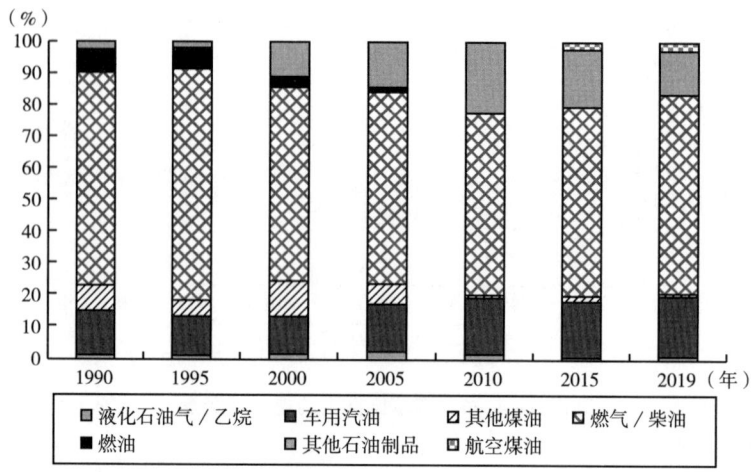

图 3-4-8 莫桑比克消耗不同油气产品比重

资料来源：IEA 数据库。

3.4.2.4 不同部门煤炭消费量

莫桑比克对煤炭的消费量较少，根据有限的数据可以看出，煤炭主要用于工业部门消费（如图 3-4-9 所示）。莫桑比克生产的大部分煤炭是焦煤，也称为冶金煤，主要用于生产钢，其余是热煤，主要用于发电。

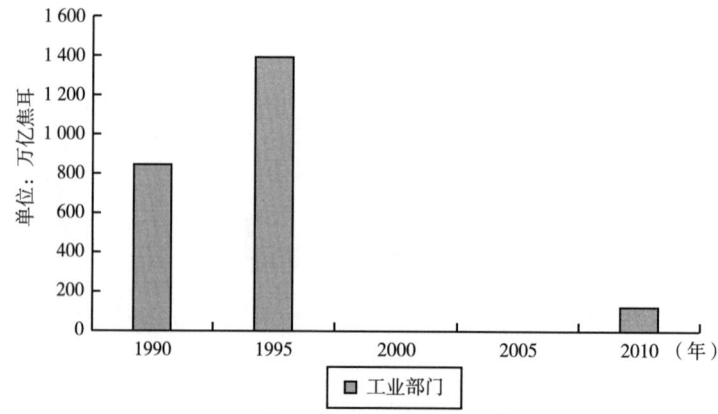

图 3-4-9 莫桑比克不同部门煤炭产品消费量

资料来源：IEA 数据库。

3.4.2.5 不同部门天然气消费量

莫桑比克主要的天然气消费部门为工业部门，目前消费量较低，但呈上升趋势（如图3-4-10所示）。莫桑比克被发现巨大的探明天然气储量，而天然气的发现引发了整体工业天然气需求大幅增加（IEA Africa energy outlook，2019），政府出台相关政策促进以天然气为基础的工业发展。

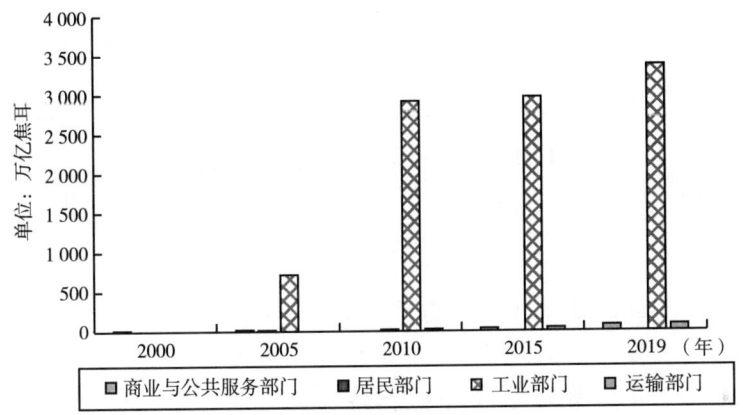

图3-4-10 莫桑比克不同部门天然气消费量

资料来源：IEA数据库。

3.4.3 莫桑比克能源消费来源

根据EIA的莫桑比克能源产出与消费数据之差来粗略测算莫桑比克国内能源自给程度，根据数据可以发现在2003年之前，其主要的四种能源基本都可以实现自给自足，对外依赖度较低（如图3-4-11所示）。而2003年后，随着莫桑比克能源开采业大力发展，其丰富的天然气与煤炭能源产量提升巨大，其产出远远大于消费需求，部分天然气、煤炭产品可以作为出口商品。莫桑比克仅有石油产出小于消费，原因是莫桑比克既不生产任何原油，也没有任何炼油能力，需要依靠进口满足其所有石油产品需求。

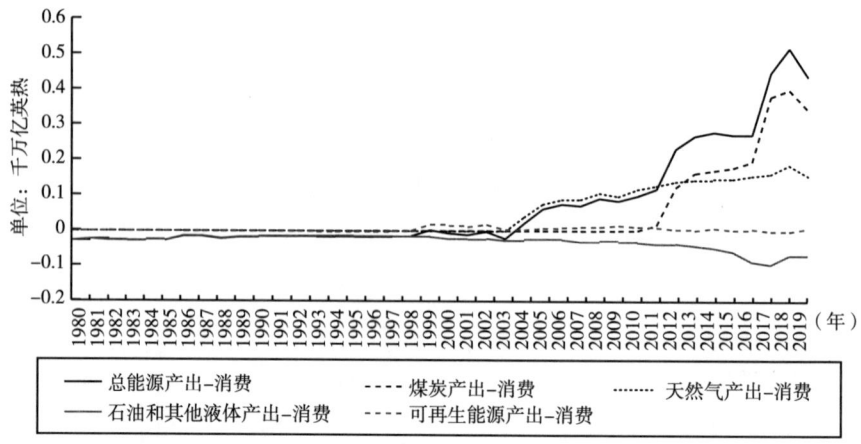

图 3-4-11 莫桑比克每年能源产出与消费差额

资料来源：EIA 数据库。

3.4.4 莫桑比克 GDP 与能源消费关系

3.4.4.1 莫桑比克经济增长情况

莫桑比克在 1992 年内战结束之后至 2014 年，迎来了经济快速增长的 20 年，莫桑比克也被称为世界上经济增速最快的国家之一，GDP 保持着高于 5% 的增长水平（如图 3-4-12 所示）。莫桑比克国内主要以农渔业为主，工业基础薄弱，而近年来经济增长动力主要来自重建工作和基于自然资源项目的广泛外国投资，莫桑比克的工业部门主要为采矿业，年增长率较高，对于 GDP 的贡献占比逐渐增大。同时莫桑比克的餐饮与住宿等第三产业发展迅速，也为经济发展提供了助力。2014 年后经济增速放缓，其原因之一为世界能源价格出现下跌，影响了该国的能源行业收入。

3.4.4.2 GDP 与能源消费关系

莫桑比克 GDP 与能源消费自 2000 年开始就显示存在一定正相关关系，其经济在平稳快速增长，同时国内能源总消费量也呈现相同的增长趋势（如图 3-4-13 所示）。然而 2015 年后各能源消费量开始逐渐保持相对稳定，对能源的需求与 GDP 开始出现不一致的趋势。2017 年后，国内的能源消费量首次出现下跌，然而 GDP 保持着增长态势，二者趋势出现背离，GDP 增长率放缓，能源消费需求减弱也在一定程度上影响了 GDP 的增速。

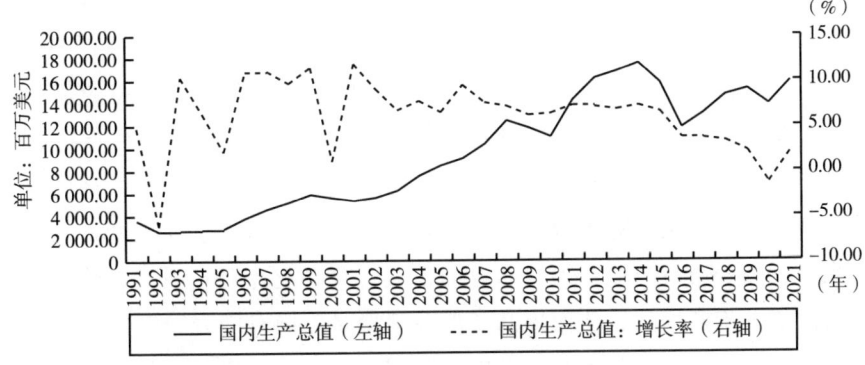

图 3-4-12　莫桑比克 GDP 总量与增长率

资料来源：CEIC 数据库。

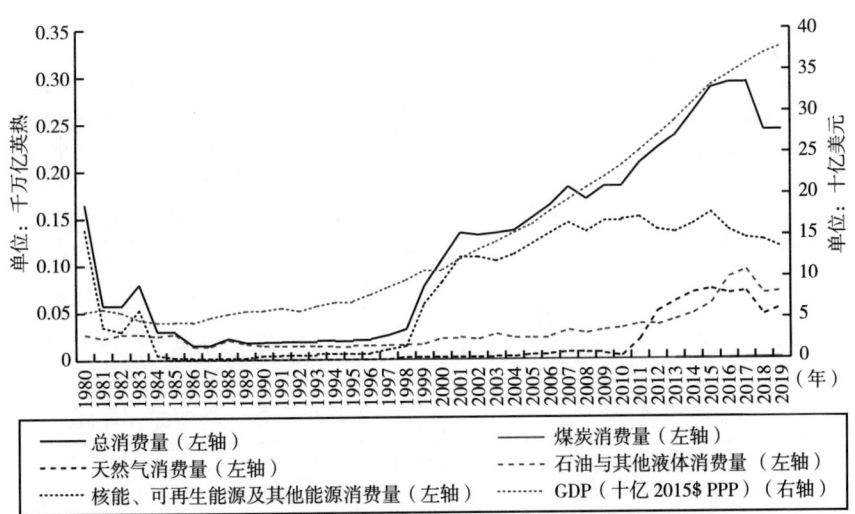

图 3-4-13　莫桑比克经济总量 GDP 与能源消费关系

资料来源：CEIC、EIA 数据库。

3.4.5 莫桑比克经济结构与能源消费关系

莫桑比克经济以第三产业为主，产业比重维持在 50% 的水平，且总量在逐年增大（如图 3-4-14 所示），由于政府对电网以及烹饪设施的改造升级，第三产业对电力与燃气的需求在逐年增加，因而对能源消费产生积极贡献。其次是第一产业，该产业主要为农业与渔业，对能源的需求较低，近年来产业占比呈现不断缩小的趋势。莫桑比克第二产业比重自 2000 年开始呈现不断缩小的趋势，其工业部门主要为天然气开采相关部门以及采矿业，随着莫桑比克工业的发展，其对天然气的需求也在不断增加。总的来说，随着第三产业与第二产业的发展，莫桑比克对石油、天然气以及电力的需求不断增加，从而提升了能源消费量。同时随着第三产业和居民消费配电网普及以及其他基础设施逐渐完备，越来越多的人具备电力以及天然气使用条件，因此归属于其他能源的生物质能源需求呈现下降趋势，天然气、液化石油气与电力作为更优质能源替代了生物质能源的使用。

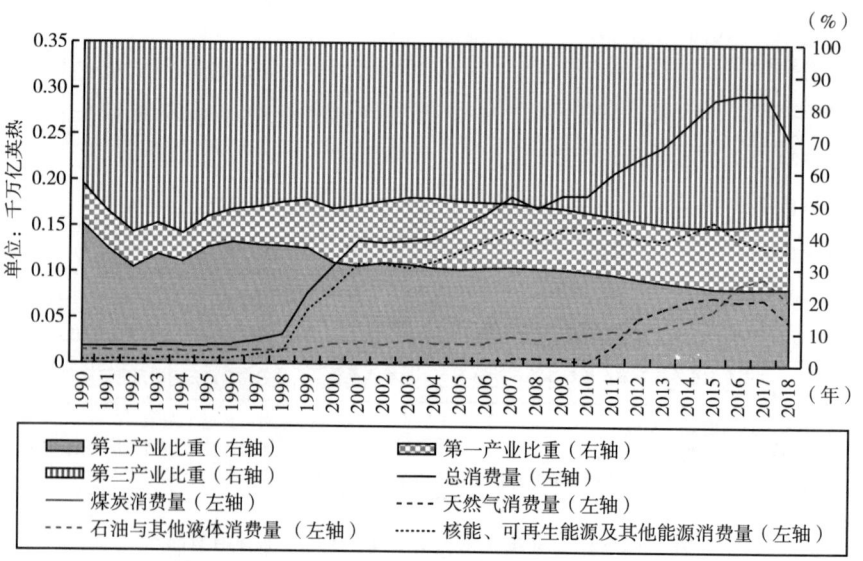

图 3-4-14 莫桑比克经济结构与能源消费关系

资料来源：CEIC、EIA 数据库。

3.5 佛得角能源消费与经济增长

3.5.1 佛得角能源消费概况

3.5.1.1 主要能源消费情况

佛得角共和国是大西洋的一个群岛国家,本国能源缺乏,没有石油、天然气资源,国内资源主要为生物质能源。根据 EIA 数据显示,佛得角主要的消费能源为石油及其相关产品,同时有少量生物质能源,如木炭等。2017 年,佛得角 80% 的能源消费依赖进口化石燃料。佛得角的电力部门主要依靠进口化石燃料进行热力发电,该国的石油能源消费多用于发电。从 1986 年起到 2019 年,佛得角能源消费总体呈上升趋势,其总量从不足 0.002 千万亿英热上升至 0.014 千万亿英热,增幅高达 6 倍(如图 3-5-1 所示)。佛得角本国可再生能源丰富,政府鼓励积极使用可再生能源,如太阳能与风能。

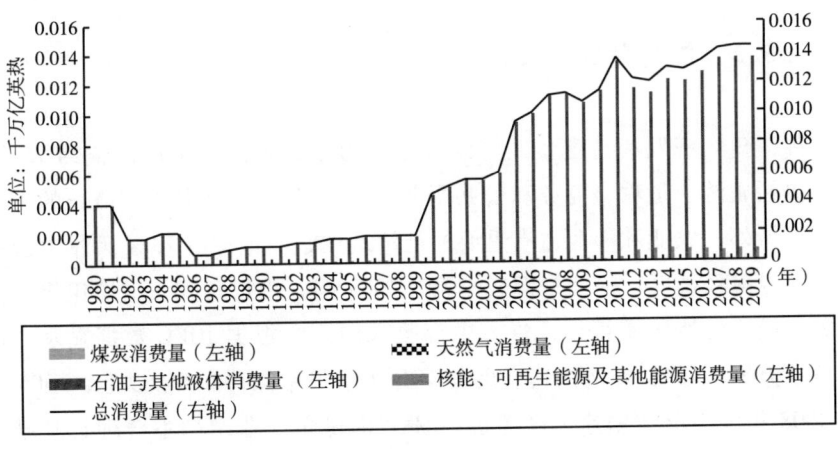

图 3-5-1 佛得角主要能源消费情况

资料来源:EIA 数据库。

3.5.1.2 电力能源消费情况

佛得角电力能源消费总量在1980年至2019年不断提高（如图3-5-2所示），其中2015年与2017年的总用电量增速分别达到12.7%与11.9%，原因在于政府积极推动基础设施建设，不断提高供电量，在2015年已经将公共电网入户率提升至100%，同时可再生能源发电量占比达到50%（王琳，2017）。

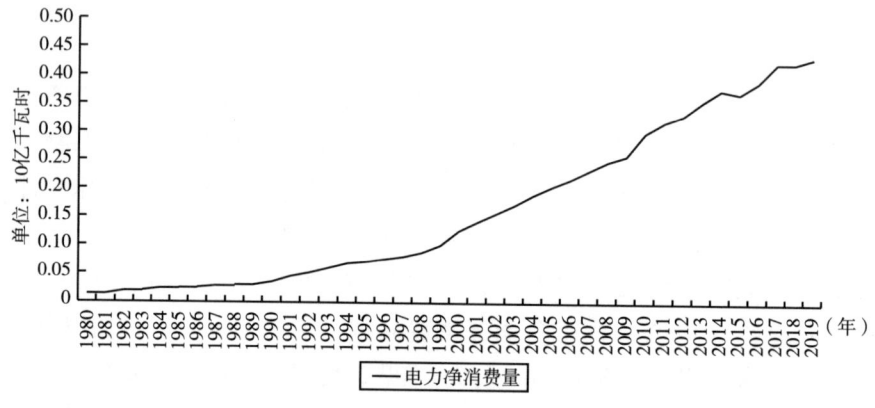

图3-5-2 佛得角电力能源消费情况

资料来源：IEA数据库。

3.5.2 佛得角经济发展状况

佛得角经济发展稳定，经济以服务业为主，占国内生产总值约75%，主要包括旅游、运输、商务和公共服务。其中，旅游业为经济增长的主要来源。另外，农业和渔业占有重要的经济地位，当地拥有73.4万平方公里的海洋专属经济区，渔业资源较丰富。2008年，佛得角加入世贸组织，同时脱离最不发达国家行列，进入中等收入国家。根据ICEC数据显示，佛得角自1980年起，经济快速发展，GDP年增长率保持在5%以上，2005年至2008年，GDP年增速一度超过10%。佛得角产业结构不合理且基础产业薄弱，2008年世界金融危机影响到佛得角旅游业与外商投资，本国支柱产业服务业与渔业易受影响，经济出现下滑，2010年后开始缓慢恢复，但经济总量增长乏力（如图3-5-3所示）。

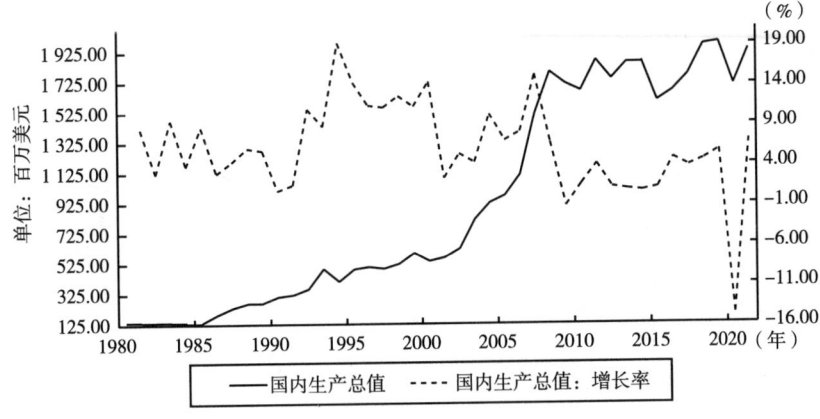

图 3-5-3 佛得角 GDP 总量与增长率

资料来源：CEIC 数据库。

3.6 圣多美和普林西比能源消费与经济增长

3.6.1 圣多美和普林西比能源消费概况

3.6.1.1 主要能源消费情况

圣多美与普林西比共和国是非洲中西侧几内亚湾东南部大西洋岛国，简称圣普，是世界最不发达的国家之一。国家基础设施落后，几乎没有工业部门，仅有饮料、榨油、陶瓷、砖瓦、木材加工、印刷、汽车修理等小工厂。此外，还有 3 座水电站和 3 座柴油电站（商务部，2020）。但圣普拥有丰富的石油与森林资源，其主要消费能源为石油与生物质能，如木炭。自 1980 年至 2019 年，圣普生物质能源消费占比逐渐减少，石油能源消费不断增加，主要原因是圣普获取清洁燃料用于烹饪的人口不断增加，2019 年达到 3.5%，未来潜力巨大（如图 3-6-1 所示）。2000 年至 2019 年，能源消费量从 0.001 千万亿英热上升至 0.0025 千万亿英热（如图 3-6-2 所示）。总的来看，圣普的总能源消费量在不断增长。

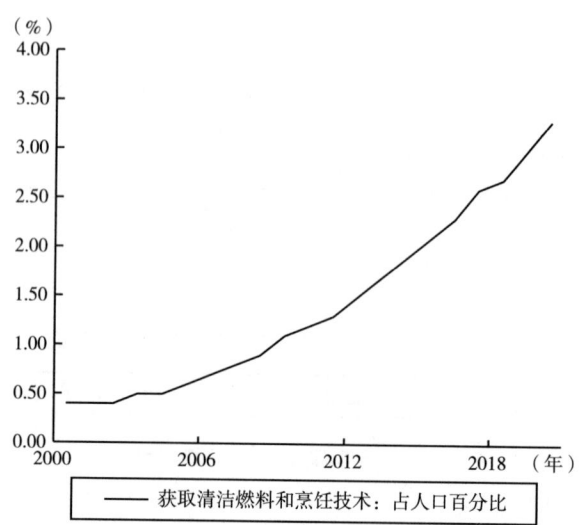

图 3-6-1　圣普获取清洁燃料人口比重

资料来源：CEIC 数据库。

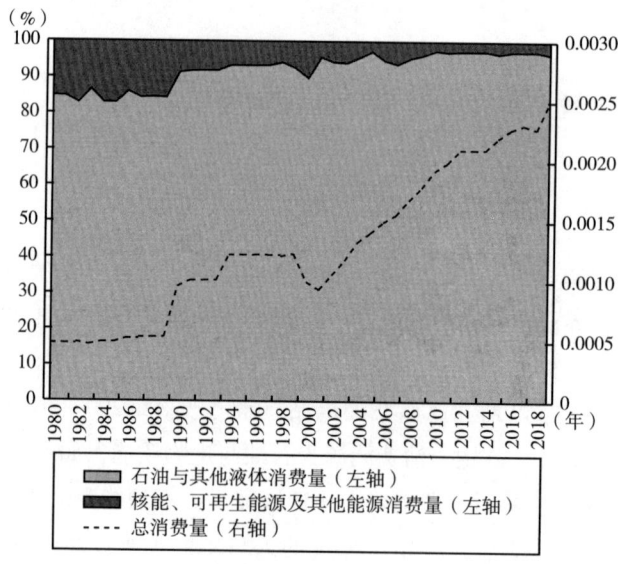

图 3-6-2　圣普主要能源消费情况（千万亿英热）

资料来源：EIA 数据库。

3.6.1.2 电力能源消费情况

圣普的电力能源消费量增长迅速,从1980年的不足1 000万千瓦时上升至2018年的8 000万千瓦时,年均增速高达6%(如图3-6-3所示)。据ICEC数据显示,圣普的电力接入人口也在不断增加,2019年的电力接入人口占比为76.5%(如图3-6-4所示),越来越多的居民从生物质能源消费转向更加清洁的电力能源消费。

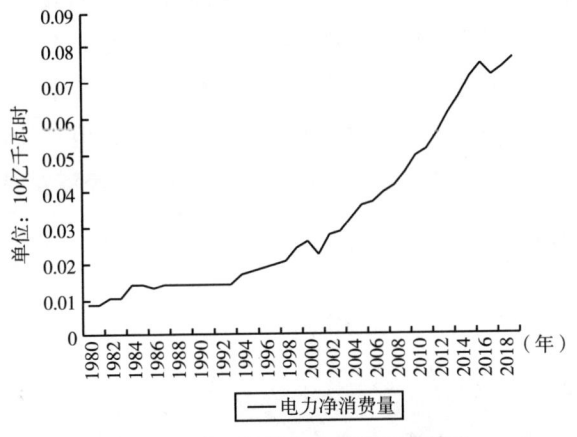

图3-6-3 圣普电力能源消费情况

资料来源:IEA数据库。

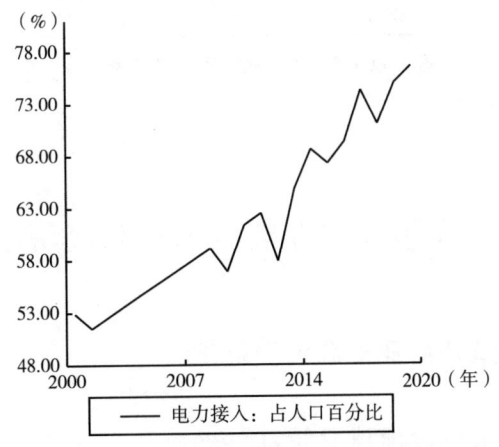

图3-6-4 圣普电力接入人口情况

资料来源:CEIC数据库。

3.6.2 圣普经济发展概况

圣普是以种植可可等经济作物为主的农业国，1985年开始实行经济自由化。1987年实行经济结构调整计划，此后与国际货币基金组织签订减债和经济增长计划。圣普拥有丰富的石油与森林、渔业资源。近年来，圣普政府积极寻求葡萄牙等国及国际货币基金组织援助，同时采取降低关税、改善投资环境和建立自由贸易区等措施吸引外资，重点投资港口、电力等基础设施，积极发展旅游等新兴产业，经济保持一定增长。但由于经济结构单一，基础设施落后，市场有限，国家财政拮据，外来援助和投资不足，2000年以来圣普经济总量GDP虽呈上升趋势，但总体增速波动，近年来增速放缓下降（如图3-6-5所示），估计后续经济发展缺乏后劲。

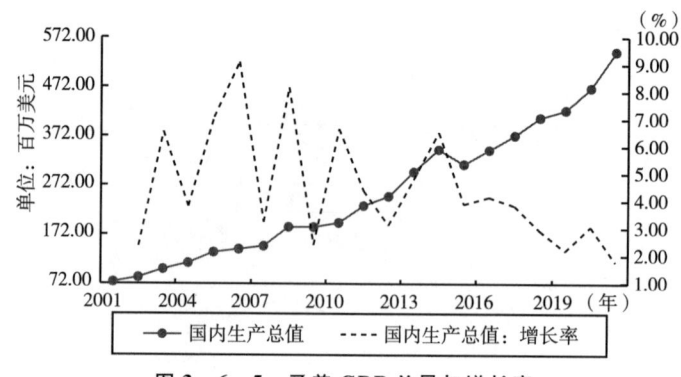

图 3-6-5　圣普GDP总量与增长率

资料来源：CEIC数据库。

3.7　赤道几内亚能源消费与经济增长

3.7.1　赤道几内亚能源消费概况

3.7.1.1　主要能源消费情况

赤道几内亚主要消费能源为石油与天然气，此外还使用少部分生物质能源，多为农村地区日常生活烹饪使用，如木炭等。赤道几内亚虽有大量的石油资源，然而本国不具备炼油能力，因此国内的石油产品消费都来自进口。1996年后赤道几内亚天然气消费能源占比不断攀升，2018年时稳定在50%左右（如图3-7-1所示）。石油与天然气的消费量在2000年后都出现了快速增加趋势，2004年由于国内政变导致消费量一度暴跌，之后则维持在稳步上升态势（如图3-7-2所示）。2014年受全球能源价格下跌经济增长放缓影响，赤道几内亚国内能源消费又出现下跌状况。虽然缺乏准确数据，但可以推测赤道几内亚石油与天然气的主要消费部门为采矿等工业部门。

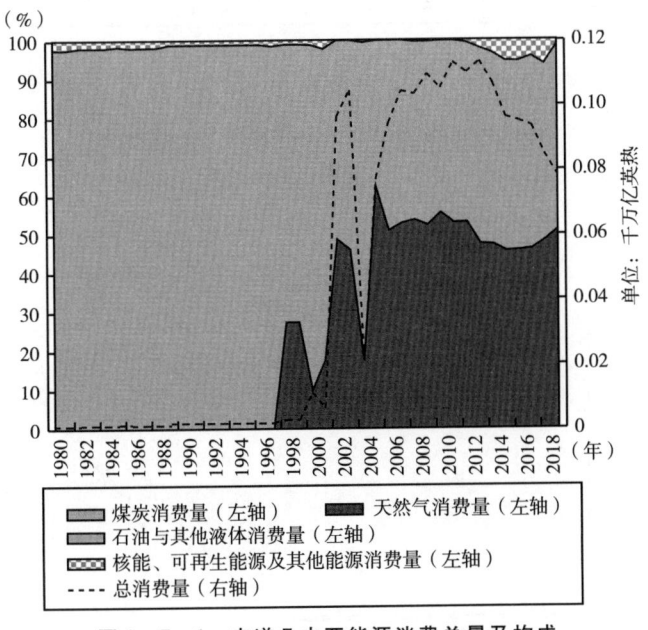

图3-7-1　赤道几内亚能源消费总量及构成

资料来源：EIA数据库。

3.7.1.2　电力能源消费情况

在2000年后，赤道几内亚电力消费情况出现快速增长趋势，2014年时最高达到16亿千瓦时，是2000年总电力消费量的8倍，而2014年后电力消费量出现快速下跌（如图3-7-3所示），推测原因与国内经济衰退

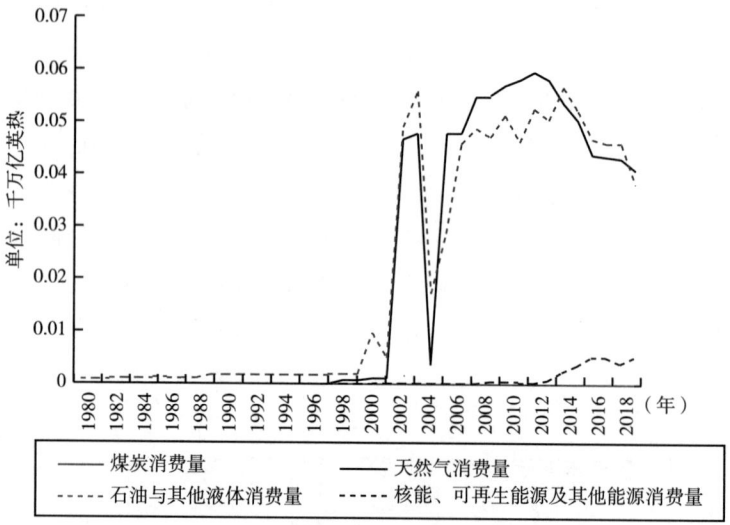

图 3-7-2 赤道几内亚主要能源消费情况

资料来源：IEA 数据库。

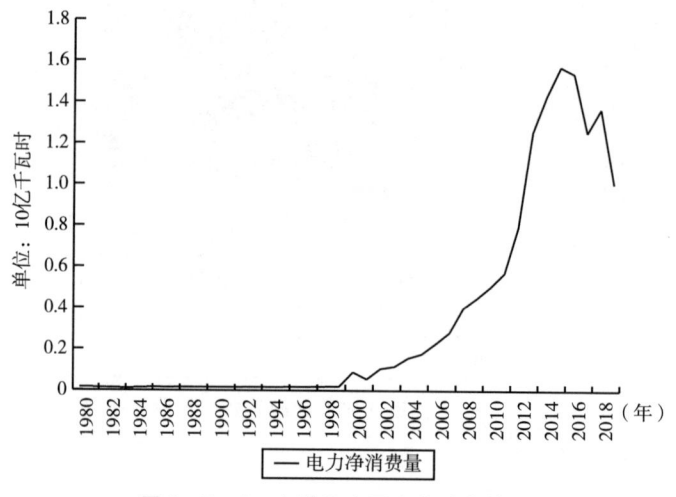

图 3-7-3 赤道几内亚电能消费情况

资料来源：IEA 数据库。

有着一定关联，国内经济下滑导致对电力的需求量减少。虽然赤道几内亚电力消费总量虽然总体不断提升，但由于该国基础设施不足和国家电网管理不善，电力供应可靠性较低，故赤道几内亚目前暂未完全普及电力使用。根据 ICEC 数据显示，目前赤道几内亚电力接入人口占比约为 65%（如图 3-7-4 所示），未来还有很大提升空间，因此电力消费量也有一定提升空间。

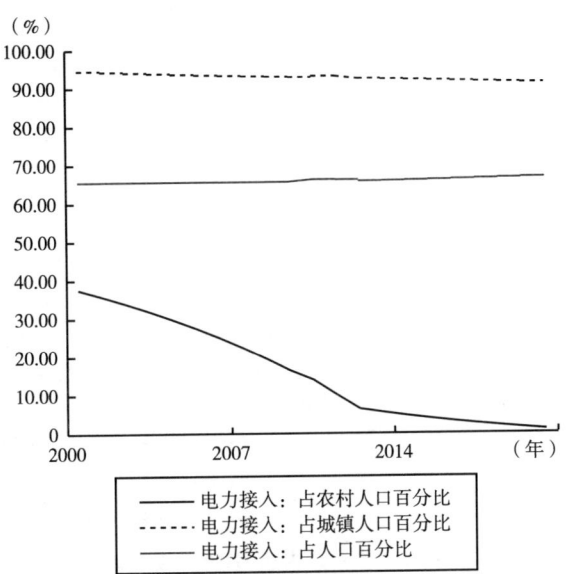

图 3-7-4　赤道几内亚电力接入人口情况

资料来源：CEIC 数据库。

3.7.2　赤道几内亚经济发展情况

赤道几内亚有石油、天然气、磷酸盐、黄金、铝矾土、锌、钻石等资源，已探明原油和天然气储量分别为 11 亿桶和 368 亿立方米，是非洲撒哈拉以南地区第三大产油国，2020 年石油日产量约 10.92 万桶，液化天然气日产量约 1.67 万立方米，石油已成为赤道几内亚经济社会发展的支柱产业。此外，赤道几内亚林渔业资源丰富，森林面积 162.6 万公顷，森林覆盖率 58%，海上专属经济区 31.2 万平方公里，盛产金枪鱼、非洲黄鱼和大虾，年捕捞量 7 万～10 万吨（澳门贸易投资局，2022）。

从 1990 年至 2014 年，赤道几内亚经济进入快速增长时期，GDP 在 2013 年时已经超过 200 亿美元，年均 GDP 增长率保持在 10%。由于赤道几内亚经济对石油贸易依存度很高，石油价格波动对经济的影响巨大，在 2014 年全球能源价格下跌后，赤道几内亚经济陷入衰退，跌至 2007 年水平，2018 年后随着石油价格回暖，赤道几内亚经济情况有所恢复（如图 3－7－5 所示）。

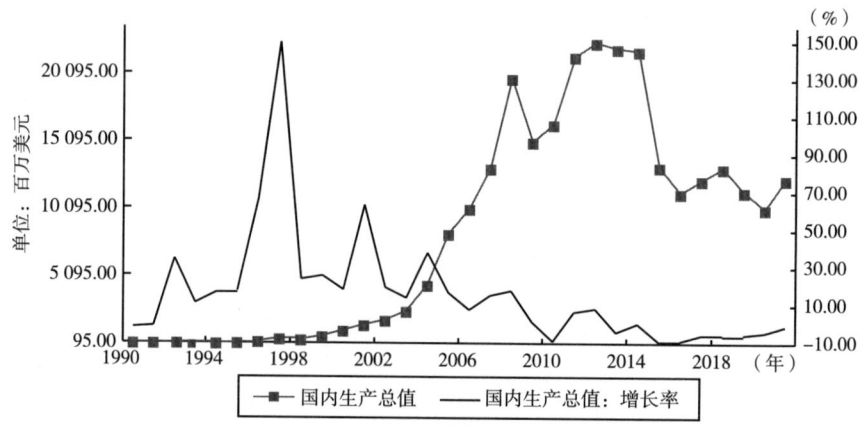

图 3－7－5　赤道几内亚 GDP 总量与增长率

资料来源：CEIC 数据库。

3.8　东帝汶能源消费与经济增长

3.8.1　东帝汶能源消费概况

东帝汶共和国于 2002 年正式脱离印度尼西亚，由于数据缺乏，只能了解到该国主要能源消费为石油。东帝汶共和国成立之后，东帝汶石油消费量不断上升，从 0.002 千万亿英热升攀至 2019 年的 0.007 千万亿英热（如图 3－8－1 所示）。同时该国电力普及率也相对较高，从 2000 年不足 20% 的用电人口上升至 2019 年的 96%，接近全民普及电力使用（如图 3－8－2 所示）。

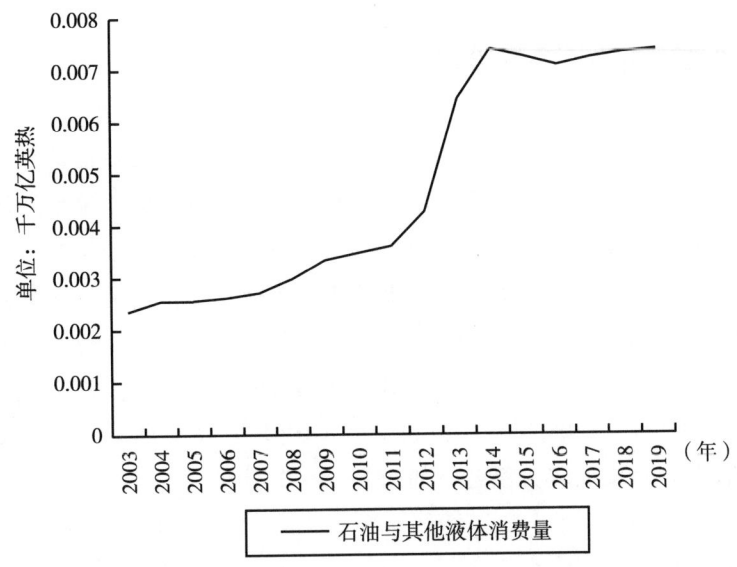

图 3-8-1　东帝汶主要能源消费情况

资料来源：CEIC 数据库。

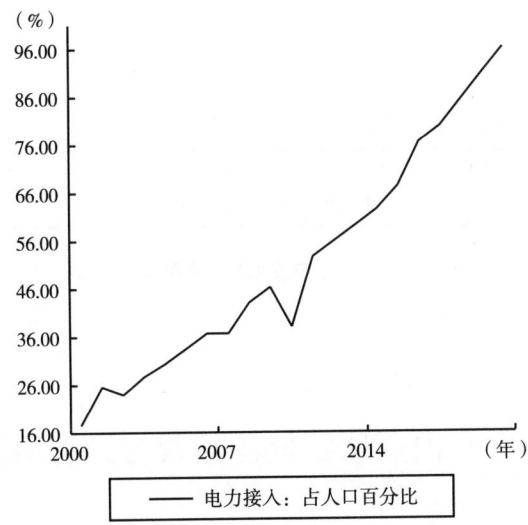

图 3-8-2　东帝汶电力接入人口情况

资料来源：EIA 数据库。

3.8.2 东帝汶经济发展情况

东帝汶经济以农业为主，80%以上的劳动人口从事农业活动，但农业并不发达，粮食不能自给，主要农产品有玉米、稻谷、薯类等，经济作物有咖啡、橡胶、椰子等。东帝汶约10%的劳动人口从事工业生产，包括纺织品、饮用水装瓶、咖啡加工等。服务业是东帝汶经济的另一个重要组成部分（澳门经贸局，2022）。东帝汶拥有丰富的石油资源，经济发展的重要驱动力来自较大的石油收入，从2003年至2021年，东帝汶GDP保持着稳步增长的趋势，2008年金融危机导致GDP增长率有所下降，但整体来看东帝汶的经济发展较为稳健（如图3-8-3所示）。

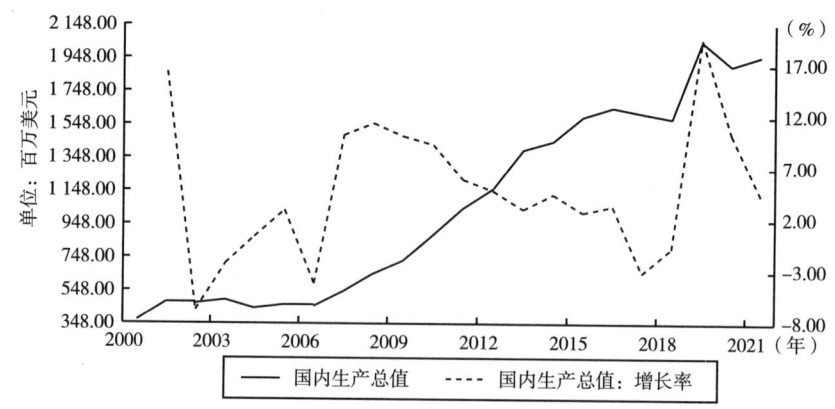

图3-8-3 东帝汶GDP总量与增长率

资料来源：CEIC数据库。

3.9 几内亚比绍能源消费与经济增长

3.9.1 几内亚比绍能源消费概况

几内亚比绍消费的能源主要为石油，自1980年至2019年，能源消费总量呈现缓慢上升的趋势（如图3-9-1所示）。

几内亚比绍电力接入人口比重在不断提升，从2009年仅为11%的占比提升至2020年的31%，城镇电力接入人口占比已经超过50%，由于农村地区电力普及较缓慢，目前占比仅为11%，未来还有巨大提升潜力。总的来看，几内亚比绍电力能源消费总量在不断地提高，自2014年之后，电力消费总量有巨大提升（如图3-9-2、图3-9-3所示）。

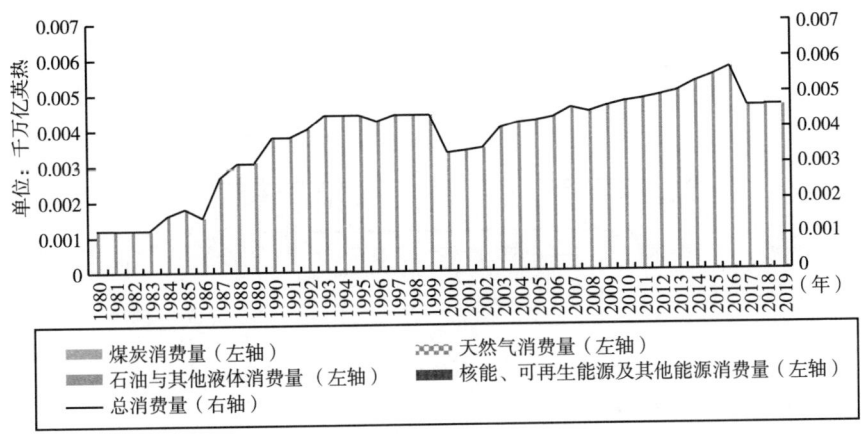

图3-9-1 几内亚比绍主要能源消费情况

资料来源：EIA数据库。

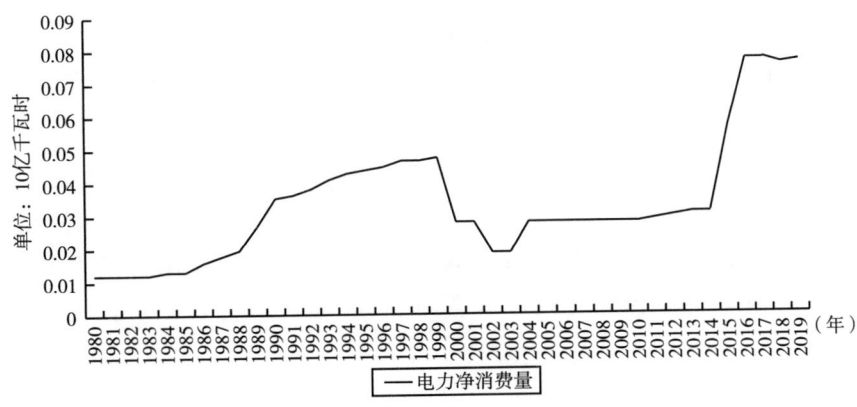

图3-9-2 几内亚比绍电能消费情况

资料来源：IEA数据库。

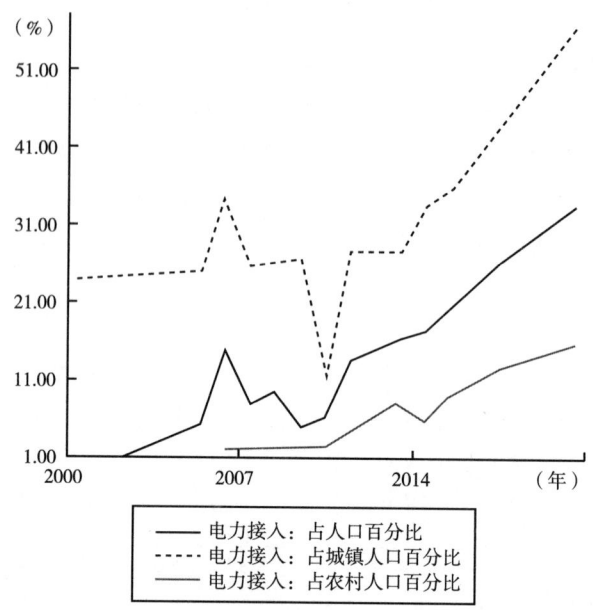

图 3-9-3 几内亚比绍电力接入人口情况

资料来源：CEIC 数据库。

3.9.2 几内亚比绍经济发展状况

几内亚比绍是世界上最不发达的国家之一，该国自然条件尚可，可兼营农牧渔业，全国 80% 的人口以农业为生，国家对外来投资者持欢迎态度，市场准入门槛不高，劳动力充裕，具有成本优势，初级产品廉价，适合发展低端产业。几内亚比绍政府致力于减贫计划，积极推进道路、港口、电力、通信网络、渔业、航空设施建设和旅游业发展（澳门经贸局，2022）。几内亚比绍 GDP 总量呈现稳步上升趋势，GDP 年增速保持在 3% 上下水平（如图 3-9-4 所示）。

3. 葡语国家能源消费与经济增长 145

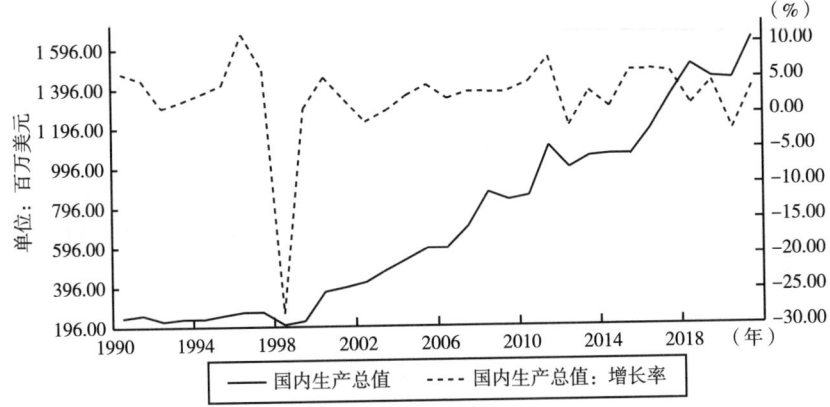

图3-9-4 几内亚比绍GDP总量与增长率

资料来源：CEIC数据库。

本章小结

葡语国家中，葡萄牙作为发达国家，过去能源主要依赖化石能源进口，但随着政府政策鼓励，可再生能源消费量不断提升，国家对石油、天然气依赖程度有所下降，导致其总体能源消费与GDP增长保持相对平稳关系；巴西作为发展中国家，经济的快速发展促进了对能源消费的需求，本国拥有的能源资源可以满足部分本国需求，同时政府也积极推进生物能源应用来适应国家经济发展对能源消费的需求；安哥拉、莫桑比克、佛得角、圣多美与普林西比、赤道几内亚、几内亚比绍、东帝汶作为全球南方国家，普遍存在基础设施落后或政局不稳定等因素从而影响到各国经济发展，导致社会对能源消费需求增长缓慢。而安哥拉、赤道几内亚、东帝汶等国拥有丰富的石油或天然气资源，但由于缺乏相关能源加工处理基础设施产业，导致本国经济发展容易受到国际能源价格波动的影响，丰富的油气资源未能有效促进本国经济社会的可持续发展。

综上所述，葡语国家的经济发展对本国能源消费有一定的促进作用，国内积极的能源政策也会推动本国工业与居民对能源消费需求的增加，同时各国不同的产业结构也会影响到本国对不同种类能源的消费需求。总体而言，国家的经济稳定发展与本国能源消费增长相互促进。

本章数据来源

本章所引用的国家能源消费数据与经济数据均来自 IEA、EIA 以及 ICEC 数据库。

本章参考文献

［1］环球印象投资分析巴西事业部（2021）. 巴西能源现状、不足的措施以及结构的特点分析. http：//www. zcqtz. com/news/264721. html.

［2］能源界（2018）. 莫桑比克能源概况. http：//www. nengyuanjie. net/article/18647. html.

［3］王琳（2017）. 葡语国家发展报告 2015—2016. 佛得角共和国 219 - 227.

［4］中华人民共和国驻圣多美和普林西比民主共和国大使馆经济商务处（2020）. 圣多美和普林西比概况. http：// st. mofcom. gov. cn/article/ddgk/202003/20200302948559. shtml.

［5］澳门贸易投资促进局（2022）. 赤道几内亚简介. https：//www. ipim. gov. mo/zh - hans/market - information/portuguese - speaking - countries/portuguese - speaking - countries - briefing/.

［6］澳门贸易投资促进局（2022）. 东帝汶简介. https：//www. ipim. gov. mo/zh - hans/market - information/portuguese - speaking - countries/portuguese - speaking - countries - briefing/.

［7］澳门贸易投资促进局（2022）. 几内亚比绍简介. https：//www. ipim. gov. mo/zh - hans/market - information/portuguese - speaking - countries/portuguese - speaking - countries - briefing/.

［8］International Energy Agency. Energy Policies of IEA Countries Portugal review［J］. Electricity，2009，107 - 108.

［9］International Energy Agency. Portugal 2021 Energy Policy Review［J］. General energy policy，2021，24.

［10］International Energy Agency. Portugal 2021 Energy Policy Review［J］. Energy efficiency，2021，61 - 62.

[11] International Energy Agency. Portugal 2021 Energy Policy Review [J]. Oil, 2021, 179 – 180.

[12] International Energy Agency. Portugal 2021 Energy Policy Review [J]. Natural gas, 2021, 158.

[13] U. S. Energy information Administration (2021). Background Reference: Angola, 5 – 6.

[14] Organisation for Economic Co – operation and Development (2006). Angola – Towards an Energy Strategy.

[15] U. S. Energy information Administration (2021). Country Analysis Executive Summary: Angola.

[16] Organisation for Economic Co – operation and Development. Angola – Towards an Energy Strategy [J]. Downstream oil, 2006, 119 – 121.

[17] International Energy Agency (2019). Africa energy outlook.

4. 葡语国家能源供给与结构

当前世界能源结构主要体现为一次能源和二次能源。其中，一次能源主要包括原煤、原油、天然气、核能及水能、风能和太阳能等可再生能源，二次能源主要包括电力、焦炭、煤气、蒸汽及各种石油制品等。同时，这些能源也可划分为化石能源与非化石能源，化石能源主要有煤炭、石油和天然气，非化石能源主要是水能、风能、太阳能、地热能、海洋潮汐能和生物质能等可再生能源，其中生物质能主要包括生物柴油和燃烧乙醇。

4.1 葡萄牙能源供给与结构

4.1.1 葡萄牙的一次能源供给结构

4.1.1.1 一次能源供给概览

①概况

葡萄牙化石燃料能源资源匮乏，主要的化石燃料能源煤炭、石油、天然气等非可再生资源基本依赖进口，自主生产的能源以可再生能源为主。

2020年葡萄牙的一次能源总供给量为2012万吨油当量，较上年的2177万吨油当量减少了7.58%。其中，化石燃料能源占据了一次能源总供给70.65%的比重，相较于2019年的74.08%也略有下降。化石燃料能源中石油的供给比重最大，为一次能源总供给的41.91%，天然气所占比重第二，为25.88%，煤炭为2.86%。除了天然气的供给占比同比增长，石油和煤炭的占比都同比减少了，煤炭的占比甚至减少了1倍。而可再生能源和浪费的能源占总能源的比重从25.92%上升到了29.35%。

2020年，欧盟从俄罗斯进口的天然气和石油分别占进口总量的41%和27%（European Statistical System，2022）。俄乌冲突爆发后，欧盟包括葡萄牙的天然气和石油供给面临重大短缺而深陷能源危机之中。2022年5—10月，俄罗斯对欧盟的天然气输送相对于2022年1月减少了80%，虽然葡萄牙的天然气供给中仅有10%来自俄罗斯（IEA，2022a），但是天然气供给减少带来的价格飙升也导致葡萄牙大幅减少对天然气的进口和供给。与此同时，欧盟和葡萄牙也正在采取相应措施以加快能源结构的转型，推动清洁能源技术的发展和可再生能源的使用效率（IEA，2022a）。预计未来葡萄牙对传统化石燃料能源的供给将持续减少，而可再生能源的供给将不断增加。

根据经合组织的1960—2021年葡萄牙一次能源供给量数据，葡萄牙一次能源供给量以2005年为节点主要分为两大阶段（如图4-1-1所示）。在1960—2005年，其一次能源供给量总体呈现稳步上升趋势，1960年时葡萄牙的一次能源供给量仅为298万吨油当量，2005年时葡萄牙实现了碳达峰（Carbon Monitor，2022），其一次能源供给量达到了2 646万吨油当量，增加了近8倍，平均每年递增速度为4.97%；在2005—2021年，其一次能源供给量总体呈现下降趋势，在2005—2014年其供给量从2 646万吨油当量波动减少至2 117万吨油当量，年平均递减速度为1.67%，之后三年的供给量又稍有增加，2017年达到了2 277万吨油当量，但此后不断呈现减少趋势。在2020年和2021年受到全球肺炎疫情影响，能源供给量快速减少，截至2021年，葡萄牙一次能源供给量已减少到1 983.8万吨油当量，比2005年的最高值减少了25%。

②构成

根据国际能源署的1971—2020年葡萄牙各品类一次能源供给占一次能源总供给的比重数据，石油始终是葡萄牙最主要的能源供给来源，可再生能源、天然气、煤炭次之。

在1987年之前，葡萄牙石油供给占比在70%以上，1982年时达到了最高的84.38%，此后其占比呈现波动下降的趋势，在2018年时占比为39.92%，到达到了历史低位（如图4-1-2所示）。截至2020年，葡萄牙的石油供给占一次能源总供给的比重为49.91%，较上年稍有下降。

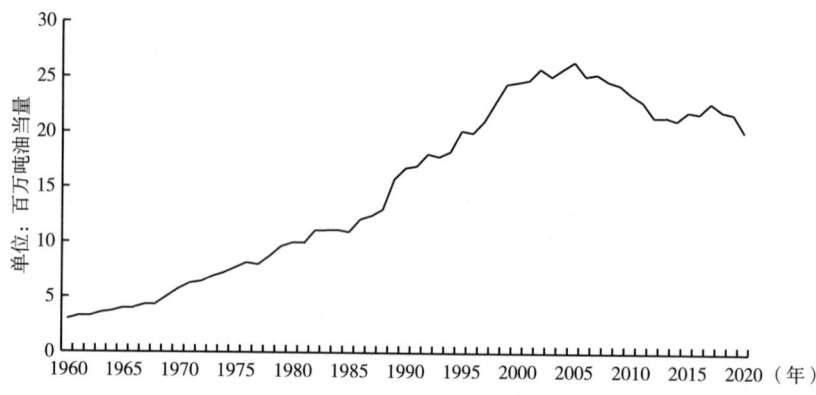

图 4–1–1　葡萄牙一次能源供给量

资料来源：OECD，2022。

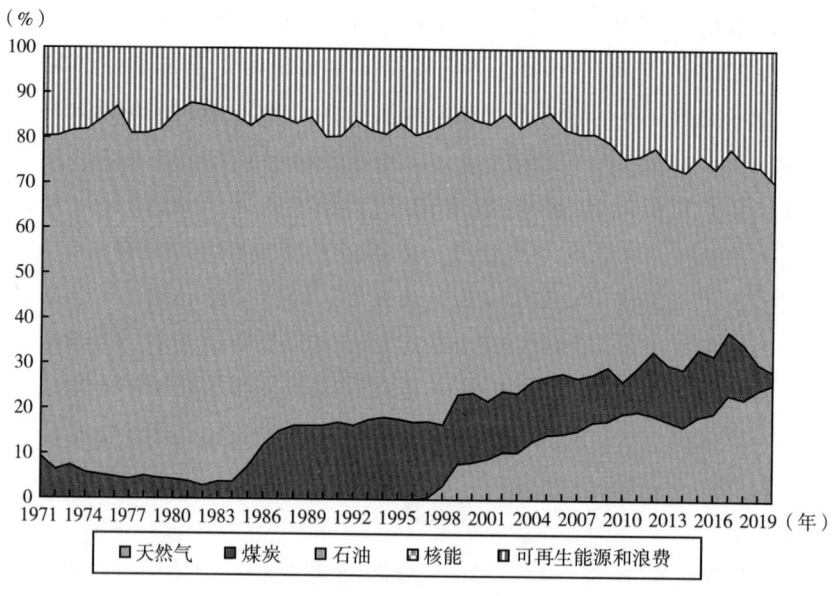

图 4–1–2　葡萄牙各品类一次能源供给占比情况

资料来源：IEA，2021a。

可再生能源是葡萄牙一次能源供给的第二来源，在 1971—2005 年，可再生能源和浪费供给占比在 10%～20% 不断波动，从 2005 年开始，占比开始波动上升，2009 年时其占比超过 20%。截至 2020 年，葡萄牙的可再生能源和浪费供给占一次能源总供给的比重为 29.35%，较上年稍有上升。

葡萄牙从1997年开始进口天然气,此后天然气的供给快速增加,在2005年时超过煤炭,成为葡萄牙的第三大能源供给来源,并且其供给占比仍然在不断上升,与可再生能源的占比逐渐接近。截至2020年,葡萄牙的天然气供给占一次能源总供给的比重为25.88%,较上年稍有上升。

煤炭作为2005年之前的第三大能源供给来源,在1971—1985年,其供给占比不足10%,1986—2018年,除了2010年和2011年时跌破10%,其供给占比在10%~20%波动,但在2019年和2020年其供给占比开始剧烈下降。截至2020年,葡萄牙的煤炭供给占一次能源总供给的比重仅为2.86%。

③渠道

世界银行的1960—2020年葡萄牙能源总供给中的进口占比数据显示,葡萄牙能源对外依存度过高,基本的化石燃料能源如煤炭、石油、天然气供给全部来源于进口。

1960—1976年,葡萄牙进口能源比重从57.57%快速上升至85.77%;1976—2008年,只有1977年、1990年和1991年这三年短暂降到过79%,其余年份都在80%~87%波动;自2009年起葡萄牙进口能源比重下降至80%以下,在2020年时这一数字下降到了70%以下,为69.67%,自主生产的能源份额逐步上升,能源对外依存度呈下降趋势(如图4-1-3所示)。

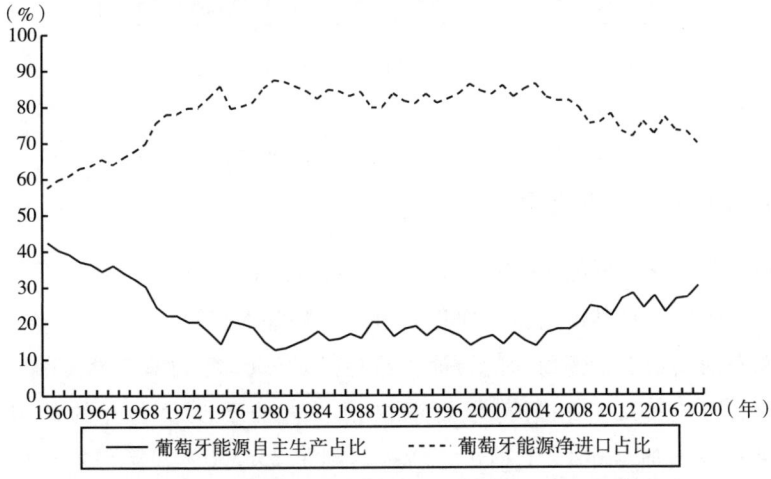

图4-1-3 葡萄牙能源自主生产与净进口占比情况

资料来源:World Bank,2022。

国际能源署的1971—2020年葡萄牙各品类自主生产的一次能源占比数据显示，可再生能源是葡萄牙最主要的自主生产能源。葡萄牙仅在1994年之前少量生产过煤炭，葡萄牙的煤炭产量占一次能源总产量的比重从1971年的10.96%快速下降至1978年的4.25%，随后十年基本在4%~6%波动，至1990年，比重下降至3.4%，随后逐渐下降（如图4-1-4所示），直到1994年葡萄牙停止生产煤炭，此后仅自主生产可再生能源。

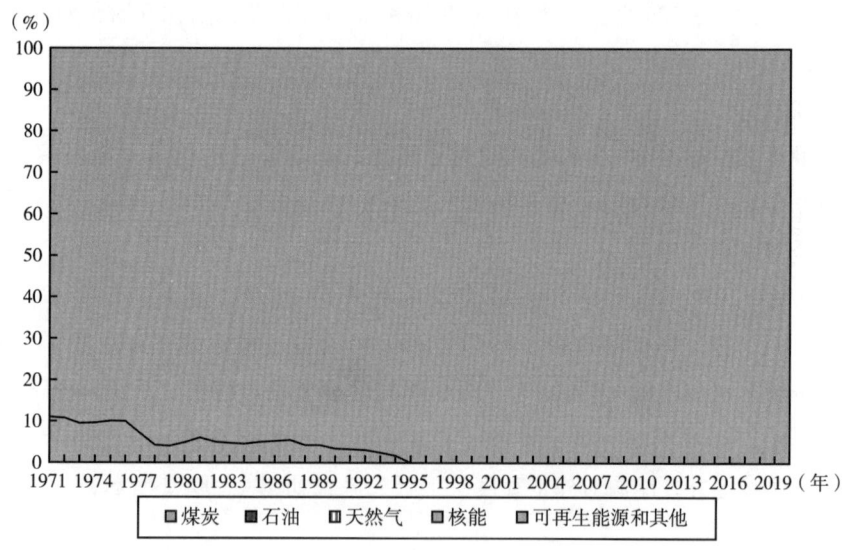

图4-1-4　葡萄牙各品类自主生产能源占比情况

资料来源：IEA，2021a。

4.1.1.2　石油能源供给情况

根据国际能源署的1971—2020年葡萄牙的石油数据，葡萄牙石油供给全部依赖进口，且其供给量与净进口量的走势基本相同。

在石油供给上，葡萄牙的石油供给趋势以2002年为节点分为两个主要阶段。1971—2002年，葡萄牙石油供给一直处于波动上升的趋势，从186.14拍焦增加至661.71拍焦，增幅达到了255.50%，年平均递增速度为4.18%；2002—2020年，葡萄牙的石油供给量不断减少（如图4-1-5所示）。其中2002—2012年，其石油供给量呈现快速下降趋势，特别是

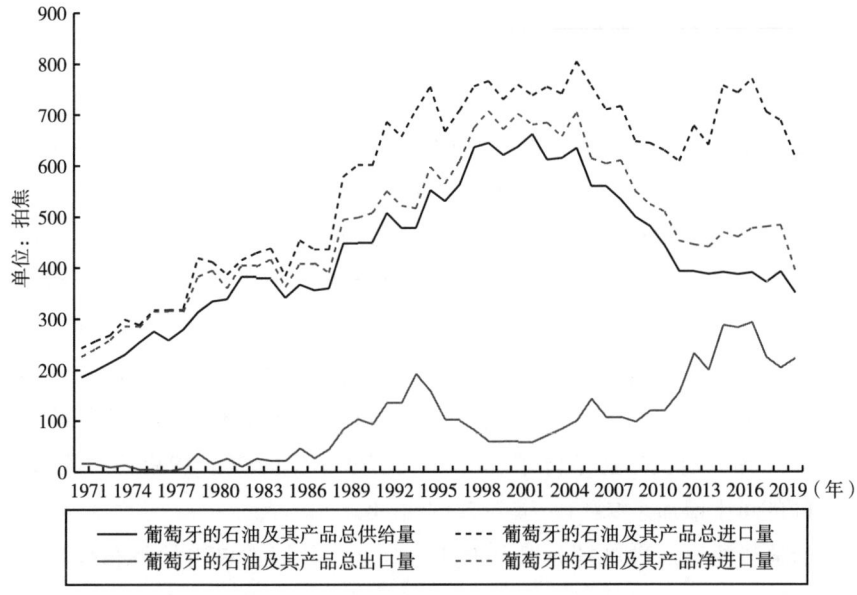

图 4-1-5　葡萄牙石油能源供给情况

资料来源：IEA，2021a。

2007 年经济危机之后，本国的经济活动大幅减少也导致葡萄牙的石油供给量大幅减少（IEA，2021b），至 2012 年石油供给量降至 393.07 拍焦，减幅为 40.60%，年平均递减速度为 5.08%；2012—2018 年，其石油供给量缓慢减少至 371.69 拍焦，降幅为 5.44%。截至 2020 年，葡萄牙的石油供给量为 350.84 拍焦，较上年的 392.52 拍焦减少了 10.62%，较历史高点的 2002 年减少了 46.98%。

由于葡萄牙境内没有石油资源，其石油供给全部受进出口的影响。在葡萄牙的石油进口上，1971—2005 年呈现波动上升趋势，从 243.01 拍焦增加到了 804.50 拍焦，增幅为 231.06%，年平均递增速度为 3.58%；2005—2012 年，葡萄牙的石油进口量与其供给量类似，也呈现快速下降趋势，减少到了 608.96 拍焦，减幅为 24.31%；2012—2020 年，其进口量剧烈波动，至 2017 年波动上升 26.63%，达到 771.10 拍焦，此后又快速减少至 2020 年的 616.81 拍焦，三年间降幅达到了 20%。

葡萄牙境内有两家炼油厂，在 1971—2020 年，葡萄牙也出口了大量在国内加工的石油产品。1971—1987 年，葡萄牙的石油产品出口量波动较小，在 0~50 拍焦浮动，其间最高出口量为 1986 年的 46.45 拍焦，最低出口量低至 1977 年的 1.78 拍焦；1987—1994 年，其石油产品出口量呈现快速上升趋势，从 26.91 拍焦增加至 192.58 拍焦，增幅达到了 615.64%，平均递增速度达到了 32.46%；1994—2013 年，其石油产品出口量总体呈现"W"形走势，1994 年后出口量快速下降至了 2001 年的 57.75 拍焦，后又增加至 2006 年的 142.77 拍焦，之后受到全球经济危机的影响，全球经济活动减少（IEA，2021b），葡萄牙的石油产品出口量减少至 2009 年的 97.44 拍焦，随着全球经济的恢复又增加至 2013 年的 232.82 拍焦；2013—2020 年，出口量也呈现剧烈波动趋势，在 2017 年达到了最高的 293.29 拍焦，后又迅速下降了 30.38% 至 2019 年的 204.19 拍焦，至 2020 年出口量同比增加了 9.13% 至 222.84 拍焦。

葡萄牙的石油进口量远远大于其出口量，其净进口也始终稍大于其总供给，净进口大于总供给的部分基本用于储存。葡萄牙的石油净进口在 1971—2020 年的走势与葡萄牙的石油供给量基本相同，相差幅度均低于 30%。其中 2002 年两者差距最小，仅为 18.62 拍焦，相差幅度低至 2.81%；2018 年两者差距最大，为 109.06 拍焦，相差幅度为 29.34%。截至 2020 年，两者相差 43.12 拍焦，相差幅度为 12.29%。

4.1.1.3 煤炭能源供给情况

根据国际能源署的 1971—2020 年葡萄牙的煤炭数据，与石油供给类似，其煤炭供给基本依靠进口。

葡萄牙的煤炭供给分为四个主要阶段。1971—1984 年为平稳阶段，供给量在 14~25 拍焦波动；1984—1995 年经历了剧烈增加阶段，为满足经济的快速发展，葡萄牙开始大幅增加煤炭的进口，其供给量从 18 拍焦增至 151 拍焦，增幅为 738.89%，平均递增速度达到了 21.33%；在 1995—2017 年，其供给量经历了剧烈震荡阶段，在 2000 年时最高增至 159.32 拍焦，在 2010 年时最低减至 69.40 拍焦；2017 年后葡萄牙的煤炭供给量剧烈减少，葡萄牙为应对全球气候紧急情况，陆续减少煤炭的进口与供给，并于 2021 年 11 月正式关闭了境内最后一座燃煤电厂（澎湃新闻，2022），葡萄牙的煤炭供给量从 2017 年的 135 拍焦减少 82.22% 至 2020 年的 24 拍焦，相较于 2019 年的 52 拍焦减少了 53.85%，较历史高点 2000 年的 159.32 拍焦减少了 84.94%（如图 4-1-6 所示）。

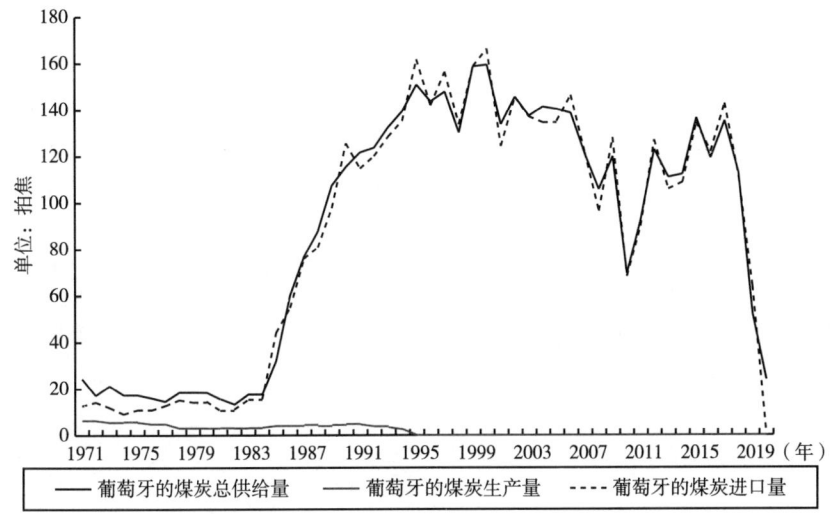

图 4-1-6　葡萄牙煤炭能源供给情况

资料来源：IEA，2021a。

葡萄牙的煤炭供给基本依赖进口，仅在 1994 年之前葡萄牙自主生产过少量煤炭。1971—1978 年，葡萄牙的煤炭自主产量不断减少，从 6.36 拍焦减少至 3.09 拍焦，减幅为 51.42%，平均递减速度为 9.80%；之后几年产量波动较小，至 1984 年，其产量为 3.33 拍焦；1984—1994 年，其煤炭产量经历了较大的震荡，1984—1990 年，产量增加了 44.74% 至 4.82 拍焦，此后不断减少，在 1994 年时产量为 2.52 拍焦，减幅为 47.72%。与葡萄牙的石油进口量和供给量的关系不同，葡萄牙的煤炭进口量与供给量相差不超过 15 拍焦，1971—1984 年，其供给量始终大于进口量，在 1984 年之后两者互有交叉且走势基本拟合。在 2017 年之后，葡萄牙大量减少了煤炭的进口，从 143 拍焦减少至 2020 年的 0.47 拍焦。

4.1.1.4　天然气能源供给情况

根据美国能源信息署的 1997—2020 年葡萄牙的天然气进口数据，葡萄牙的天然气供给量与进口量总体呈现上升趋势。

葡萄牙自 1997 年开始进口天然气，同时也开始了对天然气的供给，其进口量与供给量基本相同。葡萄牙所有的天然气供给均通过 Sines 液化天然气终端和与西班牙连接的两条跨境天然气管道（IEA，2021b）。1997—2011 年葡萄牙天然气进口量从 1.15 亿立方米增加至 51.84 亿立方米，增加了近 44 倍；之后三年其天然气进口量减少 21.49% 至 40.70 亿立方米；2014—2017 年，其天然气进口量呈上升趋势，其中在 2017 年受到干旱影响水力发电量减少，葡萄牙增加天然气进口用以发电弥补用电缺口（IEA，2022b），天然气进口量增加至 65.44 亿立方米，达到历史最高水平；随后三年葡萄牙天然气进口量略有减少但仍维持在 60 亿立方米以上，截至 2020 年，天然气进口量为 60.91 亿立方米，较上年的 62.42 亿立方米减少了 2.42%（如图 4-1-7 所示）。

图 4-1-7　葡萄牙天然气能源供给情况

资料来源：EIA，2022。

4.1.1.5　可再生能源供给情况

①总体情况

根据经合组织 1960—2020 年葡萄牙可再生能源数据，葡萄牙可再生能源供给量总体呈现波动上升趋势，从 97.42 万吨油当量增加至 568.25

万吨油当量,增长了近 5 倍,年平均递增速度为 2.98%。在供给量占比上,葡萄牙的可再生能源供给量占一次能源总供给的比重在 1960—2020 年呈现"W"形趋势:在 1960—1976 年总体呈现迅速下降的趋势,从 1960 年的 32.69% 下降到了 1976 年的 12.81%;1977—2005 年占比一直在 10%~20% 波动,其中 1981 年的占比达到了这 60 年来的最低水平,为 11.81%;2005—2010 年可再生能源供给占比开始大幅上升,从 13.13% 上升到了 23.23%;2011—2020 年占比呈波动上升趋势,至 2020 年占比达到了 28.24%(如图 4-1-8 所示)。虽然目前葡萄牙的可再生能源供给比重仍较小,但随着葡萄牙对环境保护及能源安全的越发重视,葡萄牙的可再生能源供给量及其占一次能源总供给的比重仍将进一步上升。

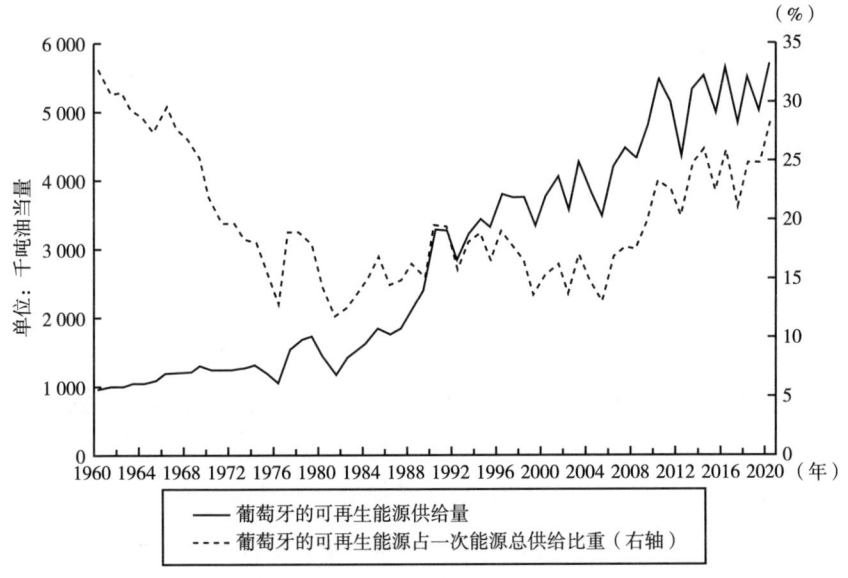

图 4-1-8 葡萄牙可再生能源供给情况

资料来源:OECD,2022。

葡萄牙的可再生能源供给主要来源于自主生产,2009 年葡萄牙才开始进口可再生能源,但进口量远不及葡萄牙可再生能源出口量,因此葡萄牙是可再生能源出口国。其净出口量在 2019 年时达到最高的 12.91 拍焦,占总产量的 5.24%（如图 4-1-9 所示）。截至 2020 年，葡萄牙的可再生能源净出口量为 9.67 拍焦，占其可再生能源总产量的 3.79%。

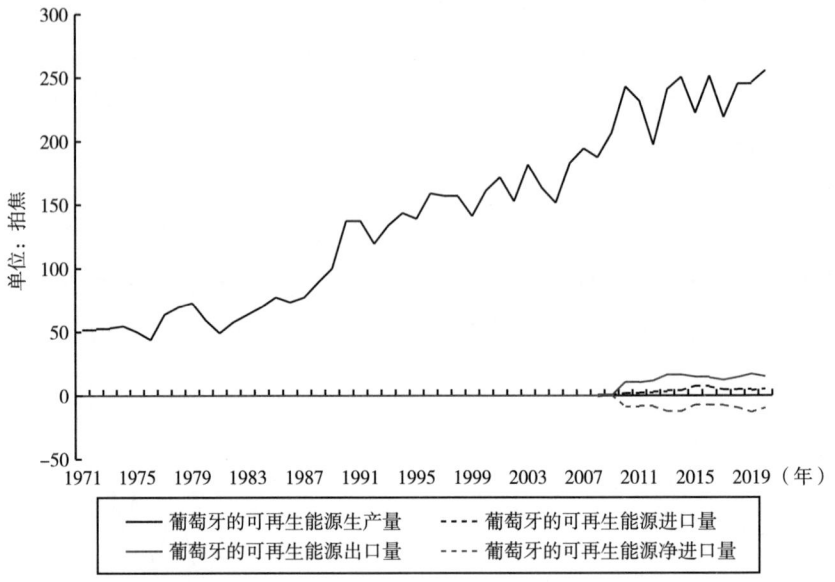

图 4-1-9 葡萄牙可再生能源生产及进出口情况

资料来源：IEA，2021a。

②分类情况

根据英国石油公司的 1965—2021 年葡萄牙各品类可再生能源的供给占比数据，水电和风能是葡萄牙最主要的可再生能源，地热能、生物质能及其他和太阳能次之。

水电在 2011 年之前是主要的可再生能源供给来源，在 1965—2004 年，其供给占可再生能源的比重超过 80%，但 2005 年开始，风能供给大量增加，使水电占比降至 57.49%，至 2012 年被风能超过，但在此后的 2013 年、2014 年和 2016 年水电占比也短暂超越过风能。截至 2021 年，葡萄牙的水电供给占可再生能源总供给的比重为 38.20%，是葡萄牙的第二大可再生能源（如图 4-1-10 所示）。

地热能、生物质能及其他在 2005 年之前始终是可再生能源供给的第二大来源，在 1965—1985 年这 20 年间，其供给占比仅在 1981 年短暂超越过

5%；1986—2021 年，其供给占比基本在 5%~20% 波动，在 2005 年时其供给占比达到高点，也是唯一一次超过 20%，为 20.92%。截至 2021 年其供给占比为 12.06%，是葡萄牙的第三大可再生能源。

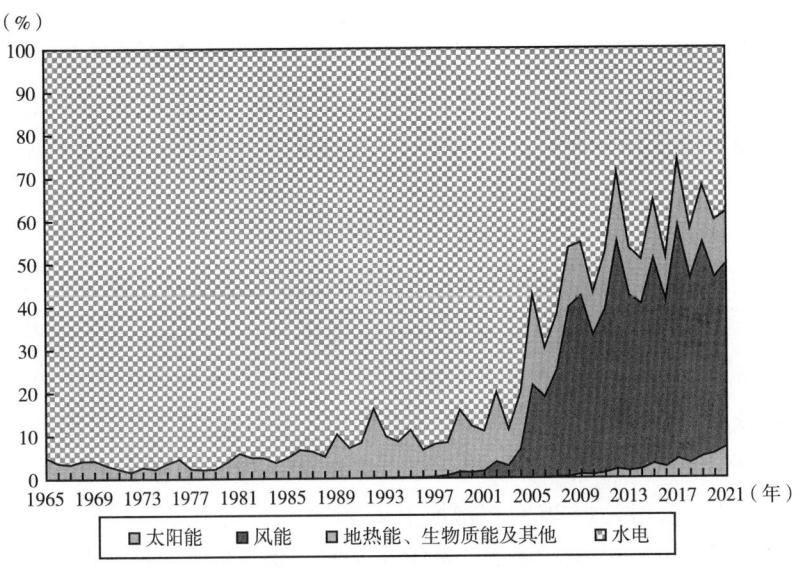

图 4-1-10 葡萄牙各品类可再生能源供给占比情况

资料来源：BritishPetroleum，2022。

1988 年起葡萄牙开始了风能的供给，但在 1999 年之前其占比不超过 1%；1999—2003 年，其供给占比在不超过 1%~4% 的区间波动；从 2003 年开始其供给占比快速上升，在 2005 年时占比达到了 21.54%，成为可再生能源的第二大来源；此后波动增加，至 2012 年时，其供给占比达到了 52.96%，成为可再生能源的第一大来源，此后在 38%~55% 的区间剧烈波动，也短暂被水电超过；从 2017 年开始，风能始终占据葡萄牙能源供给的第一大来源的地位。截至 2021 年，葡萄牙的风能供给占可再生能源总供给的比重为 42.62%。

1965—2021 年太阳能在这四大可再生能源品类中一直处于第四，葡萄牙在 1996 年开始太阳能的供给，至 2011 年其供给占可再生能源的比重才超过 1%，此后波动增长。截至 2021 年，其供给占比达到了 7.12%。

4.1.2 葡萄牙的二次能源供给结构

4.1.2.1 电力能源供给情况

电力能源作为最主要的二次能源也是葡萄牙最主要的能源供给来源，目前葡萄牙的所有家庭都已通电（OECD，2022）。美国能源信息署的1980—2020年葡萄牙的电力数据显示，葡萄牙电力供给来源主要依靠自主生产，两者总体呈现上升趋势。

①整体情况

葡萄牙的电力供给量在1980—2010年总体呈现快速上涨的趋势，从16.78太千瓦时增加至55.32太千瓦时，增幅为229.68%，平均递增速度为4.06%；2010年之后其总供给量在51~55太千瓦时的区间小幅波动，其间最低在2014年时达到51.74太千瓦时，最高在2018年时达到54.36太千瓦时，此后呈现不断减少的趋势，截至2021年，葡萄牙电力总供给量为52.21太千瓦时，较2020年增加了2.86%。

葡萄牙的电力供给的绝大部分是自主生产的，其自主产量总体呈现上升趋势。在1980—2010年，其上涨趋势尤为明显，从14.95太千瓦时增加至52.70太千瓦时，增幅达到了252.51%，平均递增速度为4.29%；在2010—2020年这十年，葡萄牙的电力生产量经历了小幅震荡，在2012年时其产量最低，减至44.31太千瓦时，在2016年时最高，增至57.79太千瓦时，截至2021年，其产量为47.45太千瓦时（如图4-1-11所示）。

葡萄牙2016年之前的电力进口量基本大于出口量，其电力净进口量在2008年时达到最大值，为9.43太千瓦时，只有1999年、2016—2018年这四年的出口量超过了进口量，净进口量最低为2016年的-5.09太千瓦时，截至2021年葡萄牙电力净进口量为4.75太千瓦时。

②电力渠道

根据美国信息能源署的1980—2021年葡萄牙各品类能源发电量占比数据，化石燃料、水电和风能是葡萄牙最主要的三个发电能源，生物质能、太阳能和地热能次之。此外，葡萄牙迄今为止仍未依靠核能、潮汐能和波浪能进行发电。

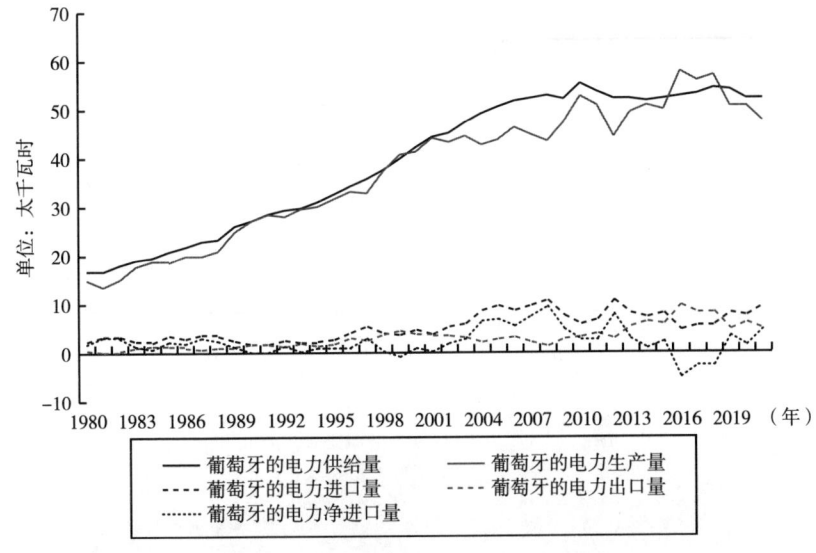

图 4-1-11 葡萄牙电力能源供给情况

资料来源：EIA，2022。

葡萄牙化石燃料的发电量及其占比程度经历了不断震荡，仅在1980年、1984年、1985年和1988年这四年短暂被水电超过，总的来看，其仍然是葡萄牙电力供给最主要的来源，其占比最高在2005年时达到80.59%，从2017年开始其占比开始不断下降，从59.93%跌至2021年的34.98%，达到历史低点（如图4-1-12所示）。

葡萄牙的水力发电在2012年之前基本是第二大电力来源，水电占比在1988年时达到了高点的57.75%，此后至1989年又大幅下降到22.90%，1989—2021年水电所占比重除了1995年达到了44.07%外，其余年份一直在10%~35%的区间震荡。截至2021年水电占比为24.74%，为电力供给的第三大来源。

葡萄牙在1989年开始利用风能发电，2003年之前风力发电占比不足1%，但此后占比迅速上升，在2012年时占比达到22.77%，超过水电成为第二大电力来源，之后几年与水电互有领先，2017年之后其占比始终大于水电，稳坐第二大电力来源宝座，截至2021年葡萄牙风电占比为27.27%。

葡萄牙生物质能发电量占比较为稳定，总体呈现上升趋势，从1980年的2.02%上升至2021年的8.09%，是葡萄牙的第四大电力来源。

葡萄牙在1990年开始利用太阳能发电，但在2014年之前其占比不足1%，近年来其占比不断增加，截至2021年其占比达到4.58%，是葡萄牙的第五大电力来源。

最后是地热能，其发电量占比在1980—2021年均不足0.45%，截至2021年其占比为0.34%，较上年稍有下降。

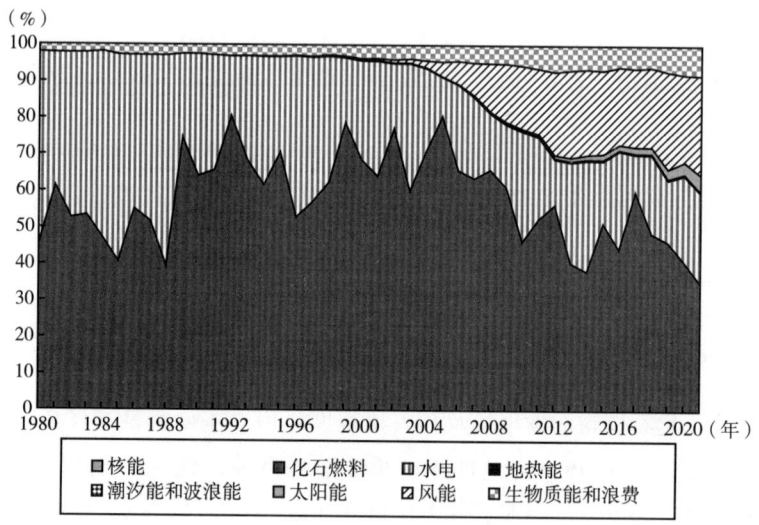

图4-1-12　葡萄牙各品类能源发电量占比情况

资料来源：EIA，2022。

在葡萄牙的电力分配损失上，1980—2020年其分配损失总体呈现上升趋势，从1.87太千瓦时增加至5.27太千瓦时，增幅达到181.82%，平均递增速度为2.62%。但是其损失占总供给的比重始终保持在10%左右，在1988年时其损失占比达到最高的12.10%，在2007年时其损失占比降到最低的6.08%，截至2020年葡萄牙的电力损失占比为10.09%（如图4-1-13所示）。

4.1.2.2　生物燃料能源供给情况

根据美国能源信息署的2006—2019年葡萄牙生物柴油产量数据，葡萄牙从2006年开始生产生物柴油，随后其产量迅速增加，从9 088.95万公吨增加至2011年的36 855.13万公吨,增幅达到305.49%,平均递增速度为32.31%。但在2012年大幅减少,降至28 155.46万公吨,随后至2018年其产量稳步增加至36 340.4万公吨,增幅为29.07%,平均递增速度为4.34%。截至2019年葡萄牙生物柴油产量为35 801.52万公吨,同比减少了1.48%(如图4-1-14所示)。

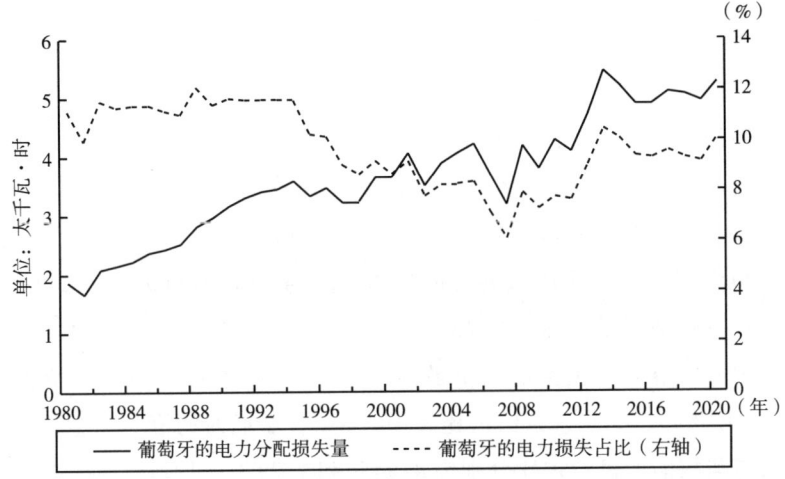

图4-1-13 葡萄牙的电力分配损失情况

资料来源:EIA,2022。

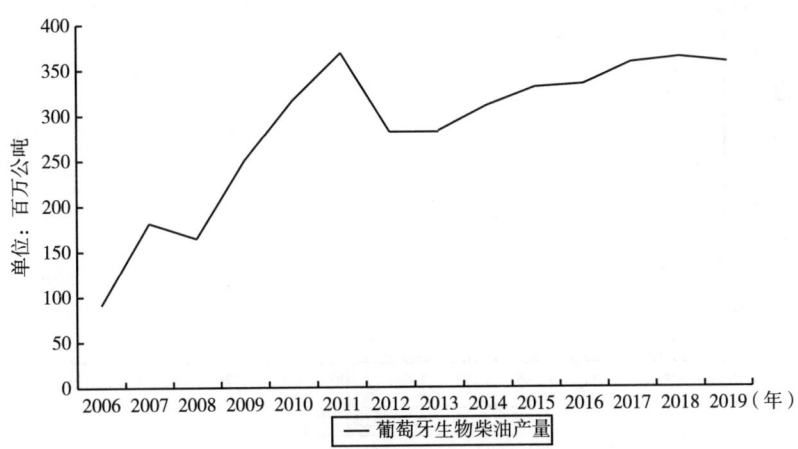

图4-1-14 葡萄牙的生物柴油生产量

资料来源:EIA,2022。

4.2 巴西能源供给与结构

4.2.1 巴西一次能源供给结构

4.2.1.1 一次能源供给概览

①概况

巴西能源资源丰富，是世界第十大能源生产国。截至 2020 年，巴西的已探明石油储量为 134.35 亿桶，已探明天然气储量为 13.03 万亿立方英尺，已探明煤炭储量为 72.71 亿短吨（EIA，2022）。

2020 年巴西的一次能源供给量为 28 623.4 万吨油当量，较 2019 年的 29 272.6 万吨油当量下降了 2.22%（如图 4-2-1 所示）。其中可再生能源供给占一次能源总供给的比重最高，达到了 48.41%；石油供给占比第二，为 34.78%；天然气供给占比为 10.58%，是巴西的第三大能源供给来源；煤炭与核能的供给占比分别为 4.94% 和 1.29%，与其他三类能源供给差距较大。与 2019 年相比，巴西仅有可再生能源的供给占比同比上升了，其余四类能源的占比都同比下降。

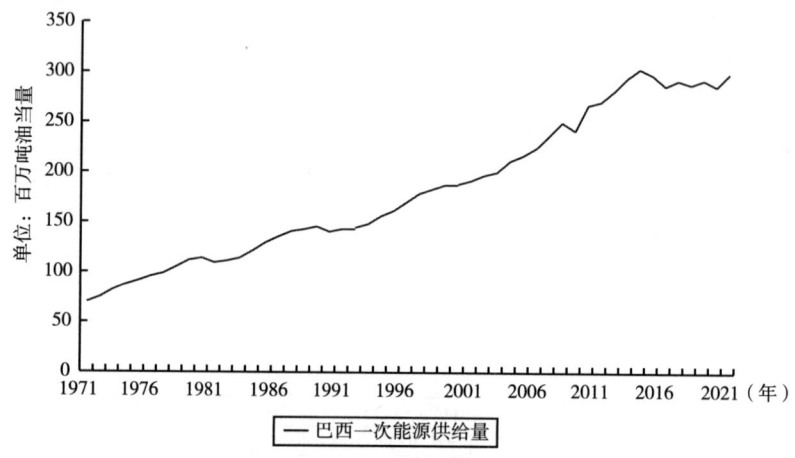

图 4-2-1 巴西一次能源供给情况

资料来源：OECD，2022。

2022年，受美联储加息和俄乌冲突双重因素影响导致全球大宗商品价格上涨，巴西也产生了严重的通货膨胀，截至2022年8月，巴西的利率相对于2021年增加了8%（IEA，2022a）。预计2022年巴西因本国经济低迷将减少国内能源供给，但巴西能源生产和出口量将进一步增加，以弥补因俄罗斯能源出口减少带来的国际能源缺口。

根据经合组织的1971—2021年巴西一次能源供给量数据，1971—2014年巴西一次能源供给量总体呈现稳步上升的趋势，在2014年时其供给量达到历史高点，实现碳达峰（Carbon Monitor，2022），从6 980.3万吨油当量增加至30 379.1万吨油当量，增幅达到335.21%，平均递增速度为3.48%；2014—2021年，其供给量经历了小幅震荡，截至2021年，巴西一次能源供给量为29 922.1万吨油当量，较上年增长了4.54%。

②构成

根据国际能源署的1990—2020年巴西各品类一次能源供给占一次能源总供给比重数据，可再生能源和石油是巴西的主要能源供给来源，两者供给占比在2000年之前都超过了40%，之后也都在40%上下浮动。2015年之前两者互有领先，但2015年之后，巴西可再生能源的比重不断上升，而石油的比重不断下降，两者比重差距越来越大。截至2020年，巴西石油供给占一次能源总供给的比重为34.78%，可再生能源供给占一次能源总供给的比重为48.41%（如图4-2-2所示）。

巴西的天然气供给占比在2002年以6.76%的比重超越了煤炭6.40%的比重，成为巴西的第三大能源供给来源，之后稳步增长，在2012年时超过10%。截至2020年，巴西天然气供给占一次能源总供给的比重为10.58%。

巴西的煤炭供给占比变化幅度较小，基本在4%~8%的区间内波动，在1991年时其比重最高，达到7.85%，在2009年时最低，达到4.61%。截至2020年，巴西煤炭供给占一次能源总供给的比重为4.94%，是巴西的第四大能源供给来源。

巴西的核能供给比重始终未超过2%，在2001年时其比重首次超过1%，之后一直在1%~2%的区间波动，截至2020年，其供给占一次能源总供给的比重为1.29%。

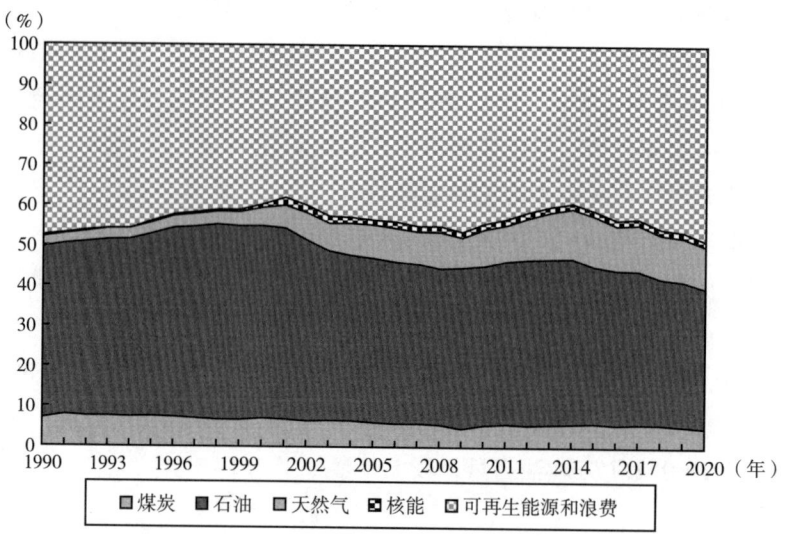

图 4-2-2　巴西各品类一次能源供给占比情况

资料来源：IEA，2021a。

③渠道

根据世界银行的 1971—2020 年巴西能源供给来源比重数据，巴西的能源供给大部分来源于自主生产，其自主生产量占一次能源供给量比重始终在 50% 以上。1971—1975 年巴西能源自主生产占比不断下降，从 70.39% 下降至历史最低的 54.17%，与之相对应的是能源净进口占比达到最高的 45.62%；1975—1985 年巴西自主生产占比快速上升，达到了 79.16%；1985—2001 年其占比基本在 70%~80% 的区间波动，从 2002 年开始其占比超过 80%，2009 年时其占比超过 90%。2017 年之后，巴西的能源出口量超过进口量，净出口量不断增加，其能源供给基本可以依靠自主生产（如图 4-2-3 所示）。

根据美国能源信息署的 1980—2019 年巴西各品类自主生产的一次能源占比数据，与其各品类能源供给占比类似，可再生能源和石油仍是其最主要的自主生产能源。

1997 年之前巴西的可再生能源产量占一次能源总产量的比重基本在 60% 以上，是绝对的第一大自主生产能源，而第二大产量的石油占一次能源总产量的比重不超过 35%（如图 4-2-4 所示）。但此后其可再生能源

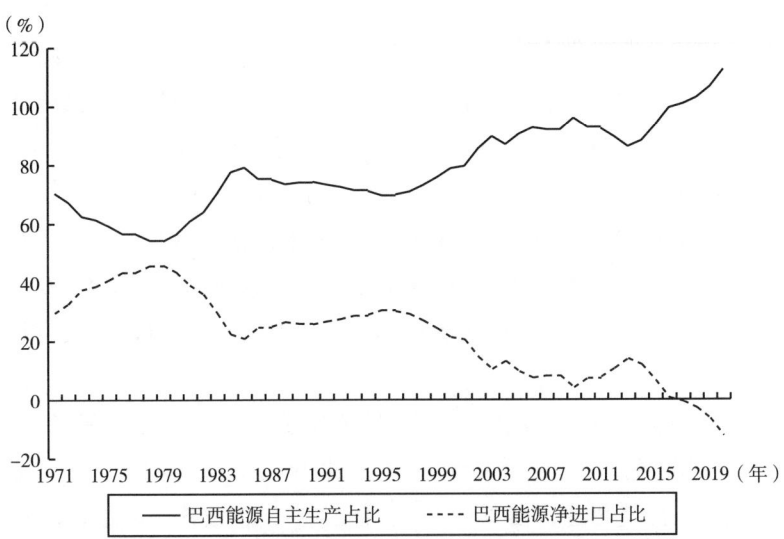

图 4-2-3　巴西能源自主生产与净进口占比情况

资料来源：World Bank，2022。

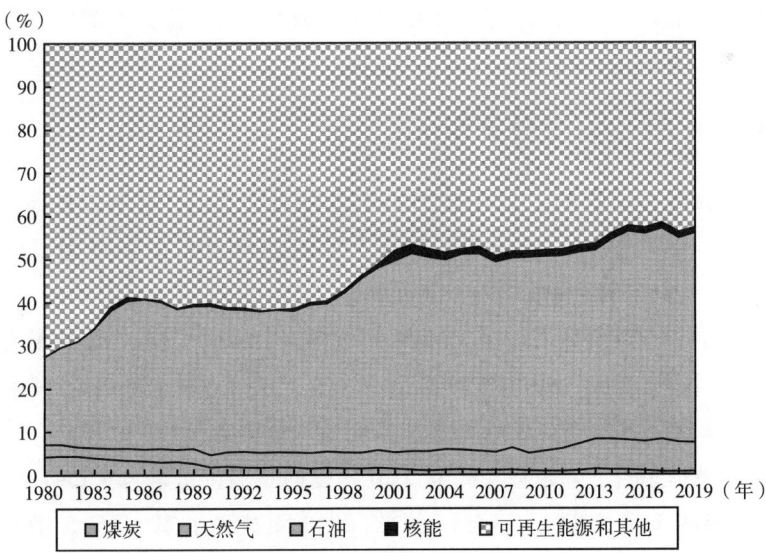

图 4-2-4　巴西各品类自主生产能源占比情况

资料来源：EIA，2022。

产量占比下降，而石油产量占比上升，两者的占比不断趋近，至 2014 年巴西石油产量超越了可再生能源产量，成为第一大自主生产能源。截至 2019 年，巴西的石油产量占一次能源总产量的比重为 48.56%，可再生能源产量占一次能源总产量的比重为 42.81%，两者较上年均有上升。

巴西的天然气产量占一次能源总产量的比重从 1987 年开始以 3.14% 的比重超越煤炭产量占一次能源总产量的比重，成为巴西的第三大自主生产能源，但其占比始终很小，至 2011 年才第一次超越 5%，在 2017 年时达到了最高的 7.51%，截至 2019 年其产量占比达到 6.67%，较上年稍有下降。

巴西的煤炭产量占一次能源总产量的比重总体呈现不断下降的趋势，在 1981 年时达到最高的 4.35% 后其占比开始下降，在 1985 年时降至 2.96%，被天然气超越，在 2001 年时降至 1.4%，被核能超越，2009 年时其占比跌至 1% 以下，截至 2019 年其占比为 0.72%，较上年稍有上升。

巴西的核能产量占一次能源总产量的比重在 2000 年之前一直低于 1%，从 2001 年开始，其产量开始大幅增加，其占比直升至历史最高的 2.30%，之后基本在 1%～2% 的区间内浮动，截至 2019 年其占比为 1.24%，较上年稍有下降，是巴西的第四大自主生产能源。

4.2.1.2 石油能源供给情况

根据国际能源署的 1990—2020 年巴西的石油数据，随着大量油田的发现与开发，巴西的石油产量不断增大，由石油净进口国转变为石油净出口国。

巴西的石油供给量长期在 2 400～5 200 拍焦的区间内波动，其趋势总体分为两个阶段。1990—2014 年总体呈现上升趋势，从 2 466.74 拍焦增加至 5 196.86 拍焦，增幅达到 110.68%，平均递增速度为 3.15%；2014—2020 年其供给量总体呈现下降趋势，截至 2020 年巴西石油供给量为 4 134.73 拍焦，较 2019 年减少了 5.84%，较最高点的 2014 年减少了 20.44%，平均递减速度为 3.74%（如图 4-2-5 所示）。

巴西的石油供给大多来源于自主生产，其石油生产量总体呈现稳步上升趋势，从 1990 年的 1 399.08 拍焦增加至 2020 年的 6 537.69 拍焦，增幅达到了 367.28%，平均递增速度为 5.27%。巴西石油生产量占其石油供给的比重在 1995 年达到最低的 51.18%。之后随着越来越多的盐下油气资源被发现以及外资的进入，资金和设备的短缺问题得到有效解决，巴西的石油开发得到了快速发展（石油百科，2018），巴西的石油及其产品的生产量仍在不断增加。至 2006 年其生产量超过了供给量，在 2006—2014 年其生产量与供给量相近，两者也互有领先，但 2014 年之后其生产量远超其供给量且差距越来越大。

巴西石油进出口在 2015 年之前进口量基本大于出口量，1997 年时净进口量达到最大的 1 730.10 拍焦，之后总体呈现下降趋势，在 2009 年时其出口量短暂超过进口量，净出口量为 95.13 拍焦，之后在 2013 年其净进口量又增加至 681.16 拍焦；但此后其出口量又开始大幅增加，从 2013 年的 1 153.86 拍焦增加至 2020 年的 3 550.94 拍焦，而其进口量在这段时间从 1 835.02 拍焦减少至 1 315.08 拍焦。两者之间的相差幅度不断增大，净出口量不断增加，巴西由石油净进口国转为石油净出口国。截至 2020 年，其净出口量达到 2 235.86 拍焦，较上年的 1467.72 拍焦增加了 52.34%。

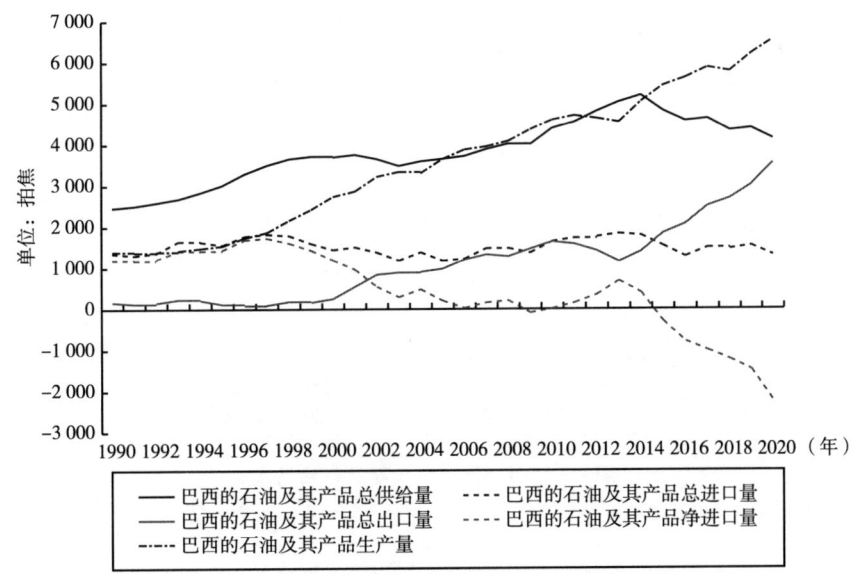

图 4-2-5 巴西石油能源供给情况

资料来源：IEA，2021a。

4.2.1.3 煤炭能源供给情况

根据国际能源署的1980—2020年巴西的煤炭数据，巴西煤炭供给量基本依靠进口，其供给量和进口量均总体呈现上升趋势，而其煤炭产量较为稳定。

巴西的煤炭供给量长期在400~750拍焦的区间波动，其趋势分为两个阶段。1990—2017年巴西的煤炭供给量总体呈现上升趋势，从404.91拍焦增加至740.34拍焦，增幅达到82.84%，平均递增速度为2.26%，但其中也发生了剧烈震荡，2009年时其煤炭供给量同比下降了20.05%，使得供给量从2008年的575.01拍焦减少至459.73拍焦；2017—2020年巴西的煤炭供给量总体呈现下降趋势，截至2020年其煤炭供给量减少至587.62拍焦，较2019年的648.10拍焦同比减少了9.33%，较最高点的2017年减少了20.63%，平均递减速度为7.41%（如图4-2-6所示）。

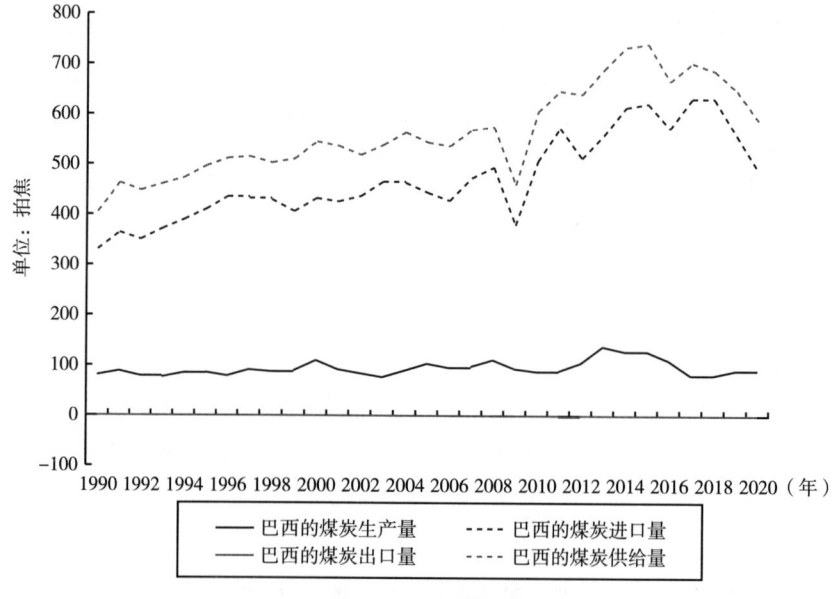

图4-2-6　巴西煤炭能源供给情况

资料来源：IEA，2021a。

巴西的煤炭供给大部分来源于进口，其进口量与供给量的走势基本相当，占据了供给量的80%~90%。主要原因是巴西并未出口煤炭，且其煤炭的生产量很稳定，1990—2020 年巴西煤炭生产量基本在 70～140 拍焦的区间内波动，2013 年其煤炭产量最高达到了 138 拍焦，占据供给量的比重也达到了最大的 20.01%，在 2017 年时煤炭产量占比最低为 11.51%。截至 2020 年，巴西煤炭产量为 87.55 拍焦，占供给量的比重为 14.90%，其煤炭进口量为 487.78 拍焦。

4.2.1.4 天然气能源供给情况

国际能源署的 1980—2020 年巴西的天然气数据显示，巴西天然气供给量多依靠自主生产，两者总体呈上升趋势，其进口量也呈上升趋势，但近些年来三者均开始呈现下降趋势。

根据 1990—2020 年巴西的天然气数据，巴西天然气供给量也主要呈现两个阶段。1990—2014 年，巴西的天然气供给量总体快速增加，从 143.46 拍焦增加至 1 564.55 拍焦，平均递增速度为 10.47%；2014—2020 年巴西的天然气供给量由于本国经济低迷而稍有下降。截至 2020 年，其天然气供给量降至 1 258.44 拍焦，较 2019 年的 1 333.40 拍焦减少了 5.62%，较最高的 2014 年减少了 19.57%，平均递减速度为 3.56%（如图 4-2-7 所示）。

巴西在天然气供给上主要依靠自主生产，在 1999 年之前巴西并未进口天然气，其供给全部依靠自主生产。1999—2007 年巴西天然气自主生产量虽然在不断增加但其占比总体呈现下降趋势，其产量从 254.30 拍焦增加至 405.21 拍焦，增幅达到 59.34%，平均递增速度为 6.00%，但其占总供给的比重下降到了 51.56%；2007—2017 年巴西天然气生产量仍然不断增加，至 2017 年其生产量增至 1 004.44 拍焦，增幅达到 147.88%，平均递增速度为 9.50%，其占比在 2007—2015 年间基本在 50%～60% 区间波动，2016 年和 2017 年其占比快速增加，2017 年时已达到了 71.78%；2017—2020 年巴西天然气生产量总体呈现下降趋势，截至 2020 年其生产量为 904.32 拍焦，较 2019 年的 972.16 拍焦减少了 6.98%，较最高的 2017 年减少了 9.97%，平均递减速度为 3.44%，其供给的比重也都维持在 70% 以上。

1999 年巴西开始进口天然气，至 2014 年巴西天然气进口量总体呈上升趋势，从 14.74 拍焦增加至 712.80 拍焦，平均递增速度为 29.51%。2014 年之后巴西的天然气进口量不断下降，截至 2020 年，其进口量为

354.11拍焦，较2019年的361.24拍焦减少了1.97%，较最高的2014年减少了50.32%，平均递减速度为11.01%。

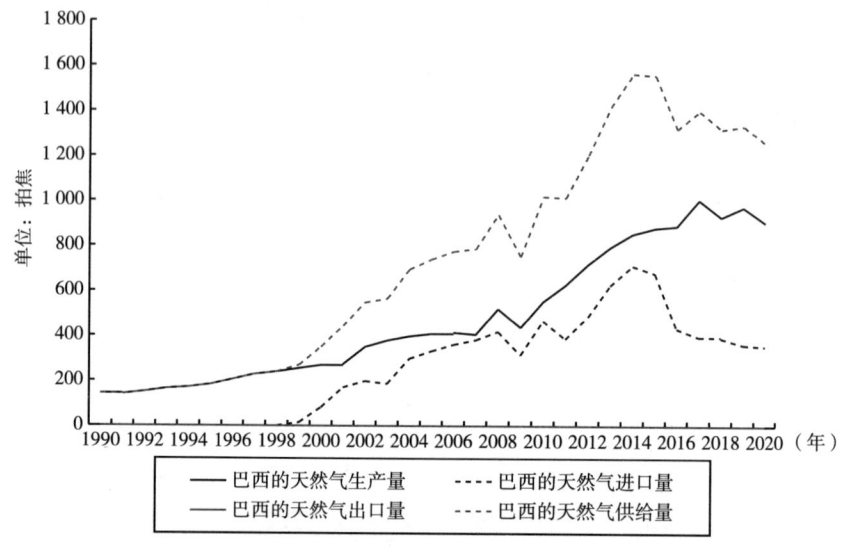

图4-2-7 巴西天然气能源供给情况

资料来源：IEA, 2021a。

4.2.1.5 可再生能源供给情况

①总体情况

根据经合组织的1971—2020年巴西的可再生能源数据，巴西可再生能源供给量总体呈现上升趋势，从39 326.98万吨油当量增加至136 908.29万吨油当量，增幅达到248.13%，平均递增速度为2.58%。虽然其供给量不断上升，但其占一次能源总供给的比重并未保持上升趋势，而是在37%~57%的区间内波动。该比重在1971年时最高，达到了56.34%，在2001年时降至最低的37.19%。截至2020年，巴西的可再生能源占一次能源总供给比重为47.85%（如图4-2-8所示）。

巴西的可再生能源供给主要来源于自主生产，其可再生能源的进出口量均较小。1995年时巴西可再生能源进口量达到了最高的53.71拍焦，其净进口量也达到了最大的43.84拍焦，但仅占其可再生能源总供给的1.51%。从1999年开始巴西的可再生能源出口量大于其进口量，出口量在

2008年时达到了最高的113.22拍焦，占其生产量的2.40%。截至2020年，巴西可再生能源出口量为23.07拍焦，占其可再生能源生产量的0.40%（如图4-2-9所示）。

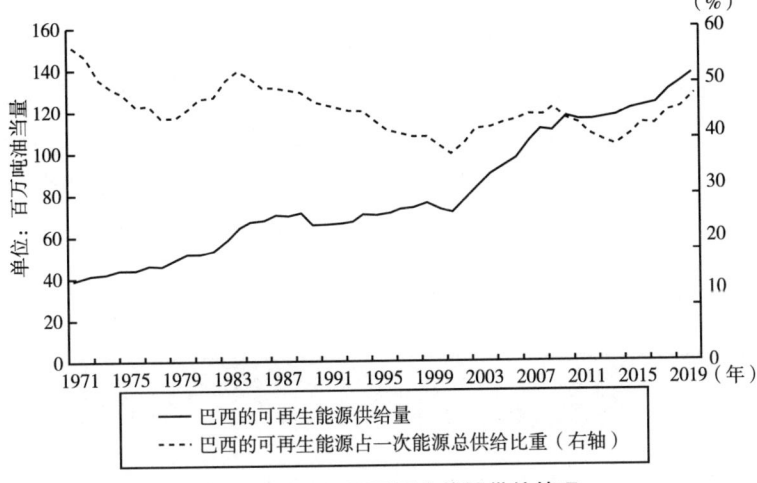

图4-2-8　巴西可再生能源供给情况

资料来源：OECD，2022。

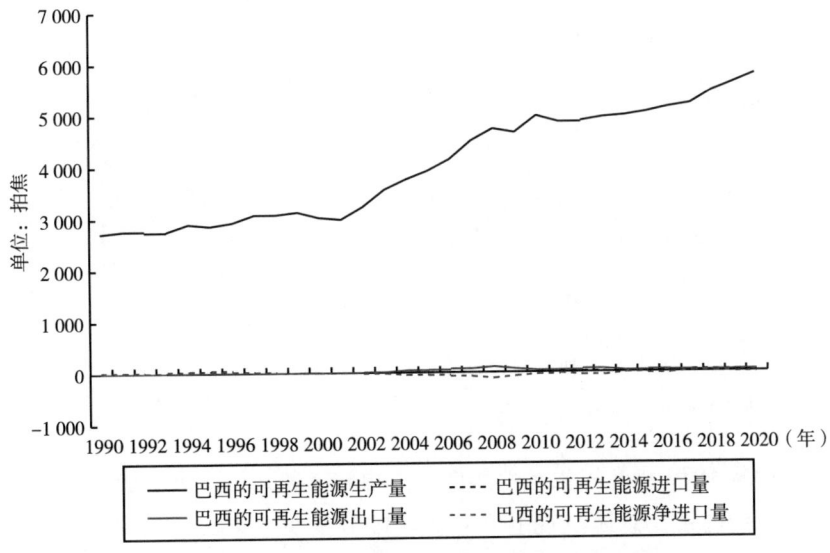

图4-2-9　巴西可再生能源生产及进出口情况

资料来源：IEA，2021a。

②分类情况

根据英国石油公司1965—2021年巴西的各品类可再生能源供给占比数据，水电是巴西最主要的可再生能源，但随着风能和地热能等发电量占比的增加，水电占比呈现下降趋势。

虽然水电产量占可再生能源产量的比重总体呈现下降趋势，但是水电的可再生能源占比始终在70%以上。1970年之前巴西的可再生能源生产全部来源于水电；1970—2012年巴西的水电占比保持在90%以上；2013—2016年巴西的水电占比在80%~90%；2016年后其水电占比降至70%~80%。截至2021年，巴西的水电占可再生能源的比重为71.59%（如图4-2-10所示）。

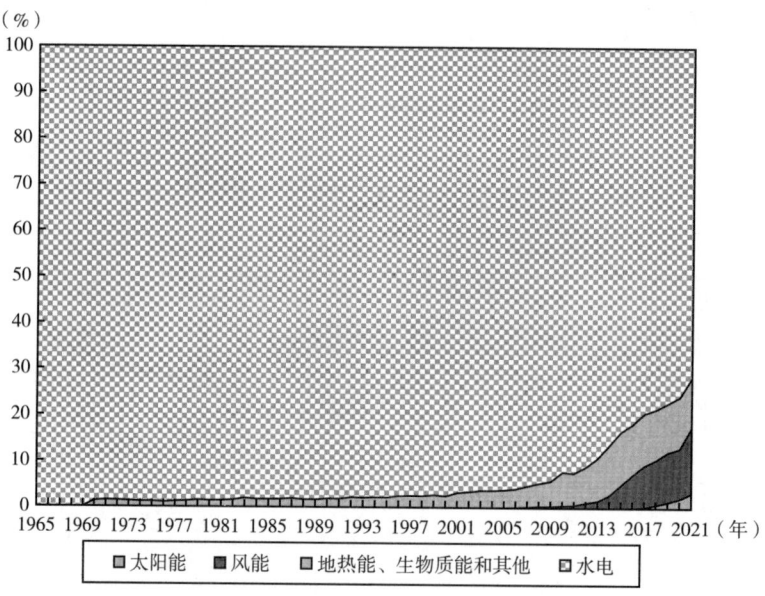

图4-2-10　巴西各品类可再生能源供给占比情况

资料来源：British Petroleum，2022。

巴西从1970年开始生产地热能、生物质能和其他可再生能源，其在可再生能源中的占比总体呈现上升趋势。1970—1991年其占比在1%~2%；1992—2000年其占比升至2%~3%；2000年之后巴西的地热能、生物质能等占比增速加快，至2015年其占比达到最高的11.56%。截至2021年，巴西的地热能、生物质能等占可再生能源的比重为10.84%。

巴西从1996年开始生产风能，至2012年其风能可再生能源占比才超过1%，随后其占比快速增加，截至2021年巴西风能占可再生能源的比重为14.26%，是巴西第二大可再生能源。

2012年巴西开始生产太阳能，至2019年时巴西的太阳能可再生能源占比超过1%，截至2021年巴西太阳能占可再生能源的比重为3.31%。

4.2.1.6 核能供给情况

根据美国能源信息署的1982—2019年巴西的核能生产量数据，巴西的核能生产量主要分为三大阶段。

巴西目前有安哥拉1号、2号两台在役核电机组，分别于1985年和2000年投入商用（北极星核电网，2020）。1982—1996年，巴西的核能生产量在0.05万~3万英热单位的区间内波动；1997—2001年，巴西的核能生产量开始大幅增加，从3.08万英热单位快速增加到14.78万英热单位，增幅达到379.87%，平均每年递增速度为48.01%；2001年之后，其产量开始大幅波动，最低降至2005年的9.53万英热单位，最高增至2012年的15.71万英热单位。截至2019年，巴西的核能生产量为15.70万英热单位，较上年的15.32万英热单位增加了2.48%（如图4-2-11所示）。

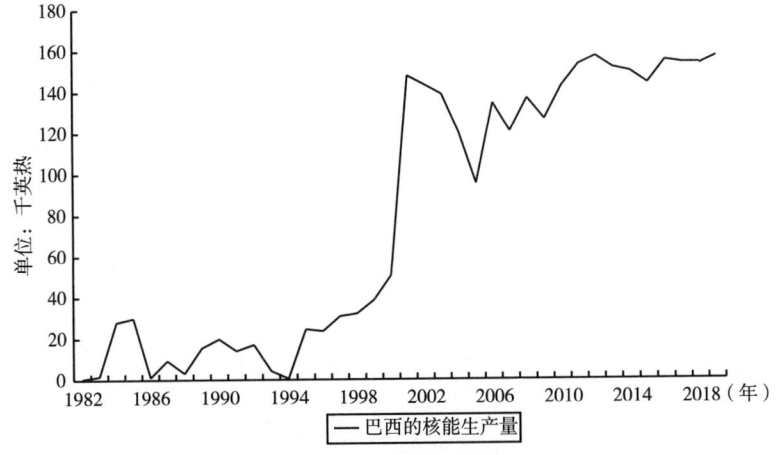

图4-2-11 巴西核能生产量

资料来源：EIA，2022。

4.2.2 巴西二次能源供给结构

4.2.2.1 电力能源供给情况

①整体情况

截至 2020 年，巴西所有的家庭都已通电，较上年的 99.8% 稍有增加（OECD，2022）。根据美国能源信息署的 1980—2020 年巴西的电力数据，巴西的电力供给主要依靠自主生产，两者总体呈现稳步上升趋势，巴西也有少量的电力进口，其走势较为稳定。

巴西的电力供给量在 1980—2020 年间总体呈现上升趋势，从 138.25 太千瓦时增加至 627.87 太千瓦时，增幅达到 354.16%，平均递增速度为 3.86%（如图 4-2-12 所示）。

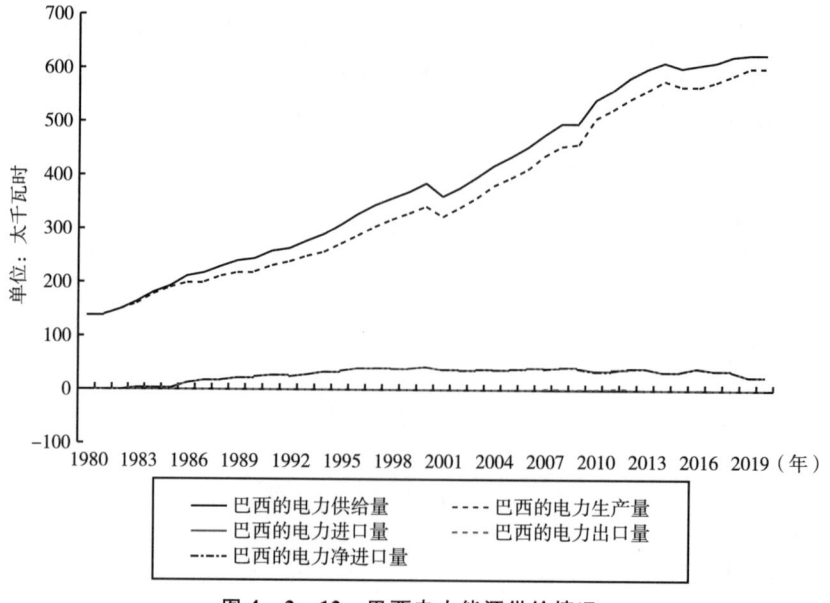

图 4-2-12 巴西电力能源供给情况

资料来源：EIA，2022。

其电力供给主要来源于自主产量，巴西的电力生产量走势与其供给量基本相同，从 1980 年的 138.30 太千瓦时增加至 2020 年的 603.16 太千瓦时，增幅达到了 336.12%，平均递增速度为 3.75%。

在电力进出口上，巴西的电力进口量始终远大于出口量。巴西电力进口量在 1980—2000 年快速增加，从 0.142 太千瓦时增加至 43 太千瓦时，平均递增速度为 15.35%；2000—2016 年巴西电力进口量始终在 33~43 太千瓦时的区间内波动；2016 年之后电力进口量开始大幅减少，截至 2020 年巴西的电力进口量为 25.11 太千瓦时，较上年减少了 0.17%，较 2016 年减少了 41.60%。相较于电力进口，巴西电力出口量很小，仅在 2007 年、2009 年、2010 年和 2011 年这四年的出口量超过 1 太千瓦时，最高为 2011 年的 2.54 太千瓦时，截至 2020 年其电力出口量 0.395 太千瓦时。巴西电力净出口的走势大致与电力进口量相同，最高为 2000 年时的 42.97 太千瓦时，占电力总供给量的 11.15%。其电力净进口量占总供给的最高比重为 1996 年时的 12.26%。截至 2020 年，巴西的电力净进口量占电力总供给比重为 3.94%。

②电力渠道

根据美国能源信息署的 1980—2020 年巴西各品类能源发电量占比数据，水电始终是巴西最大的电力来源，化石燃料、生物质能、风能、核能和太阳能次之。

巴西的水力资源资源丰富，在本国北部的亚马孙河流域修建了大量水电站，不过其水电占总发电量的比重总体呈现下降趋势，1999 年之前，其发电占比在 90% 以上；1999—2009 年水电占比在 80%~90% 的区间内波动；2010 年后水电占比在 2011 年时短暂回升至 81.06%，但在 2013 年时快速下降至 69.20%，此后其始终在 60%~70% 的区间内波动。截至 2020 年巴西水电占比为 64.08%，较上年稍有增加（如图 4-2-13 所示）。

巴西的化石燃料发电量占比可以分为三个阶段。1980—2011 年，巴西化石燃料发电量占比在 4%~13% 的区间内波动，其中 2008 年的化石燃料发电量为 12.09%；2009—2014 年巴西的化石燃料电力占比快速增加，其占比从 9.39% 增加至 23.31%；2014—2020 年，巴西的化石燃料发电量占比又快速下降，至 2020 年其占比降至 13.09%，较上年稍有下降，是巴西的第二大电力来源。

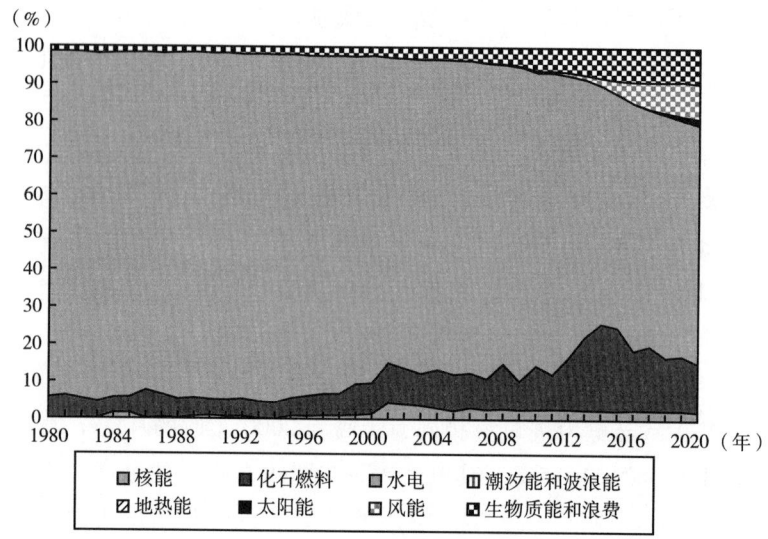

图 4-2-13　巴西各品类能源发电量占比情况

资料来源：EIA，2022。

1980—2020 年巴西的生物质能发电量占比稳步上升，从 1.39% 增加至 9.51%，是巴西的第三大电力来源。

巴西从 1996 年开始利用风能发电，至 2013 年时巴西风电占比超过 1%，之后快速增加，截至 2020 年，巴西风电占比为 9.36%，是巴西的第四大电力来源。

巴西从 1982 年开始利用核能发电，但其电力占比始终在 5% 以下，2001 年时巴西的核电占比达到最高的 4.42%，截至 2020 年，巴西的核电占比为 2.19%，较上年稍有下降。

巴西从 1997 年开始利用太阳能发电，但 2016 年前太阳能发电量占比始终在 0.1% 以下，之后其占比快速增加，截至 2020 年，巴西的太阳能发电占比为 1.76%。

巴西的电力供给以可再生能源为主，特别是水电，受旱季、雨季影响其发电量波动较大，在电力需求与可再生能源装机容量均不断增长的情况下，水电不足以满足未来基荷需求并确保电力供应安全（北极星核电网，2020）。因此，巴西将新增风电装机、光伏发电装机以及新建多座核电站，风电、太阳能发电及核电的占比将进一步上升,而水电占比将继续下降。

巴西在电力分配损失上,1980—2020 年其分配损失量总体呈现上升趋势,从 16.46 太千瓦时增加至 105.73 太千瓦时,增幅达到 542.34%,平均每年递增速度为 4.76%(如图 4-2-14 所示)。巴西的电力损耗占比始终在 10%~18% 的区间内波动,在 1984 年降至最低的 10.65% 后,该占比波动增加至 2000 年的 16.49%,此后每年巴西的电力损失占比均在 15% 以上,在 2019 年时达到最高的 16.87%。截至 2020 年,巴西的电力损失占比为 16.84%,较上年稍有下降。

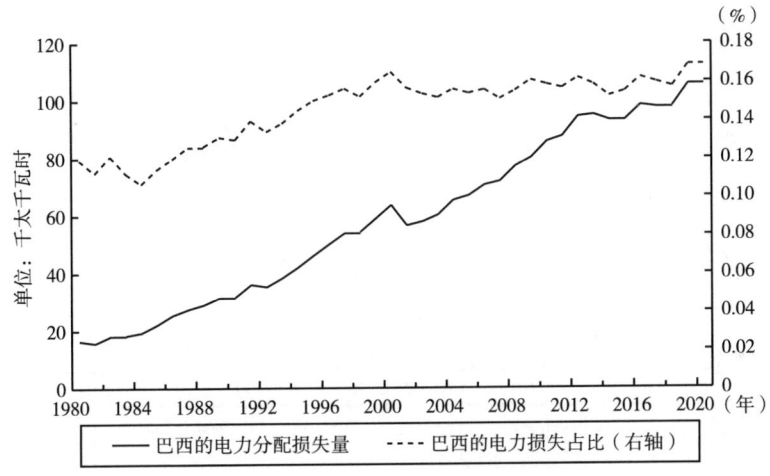

图 4-2-14　巴西电力分配损失情况

资料来源:EIA,2022。

4.2.2.2　生物燃料能源供给情况

根据美国信息能源署的 1980—2019 年巴西生物燃料产量数据,巴西的燃烧乙醇和生物柴油生产量总体呈现上升趋势。

在燃烧乙醇的生产上,巴西是仅次于美国的第二大乙醇生产国。1980—1984 年,巴西的燃烧乙醇生产量从 29.31 亿公吨快速增加至 88.84 亿公吨,增幅达到 203.13%,平均递增速度为 31.95%;1984—2000 年,燃烧乙醇生产量在 84 亿~122 亿公吨的区间内波动,其中在 1997 年时达到最高的 121.94 亿公吨，在 2000 年时达到最低的 84.26 亿公吨；此后其产量快速增加至 2008 年的 213.40 亿公吨，增幅达到了 153.26%，平均递增速度为 12.32%；至 2011 年巴西的燃烧乙醇产量快速减少了 25.46% 至 159.07 亿公吨，平均递减速度为 9.33%；2011—2019 年其产量总体呈现上升趋势，截至 2019 年巴西的燃烧乙醇生产量达到了历史最高的 247.01 亿公吨，较上年的 238.73 亿公吨增加了 3.47%，较 2011 年增加了 55.28%，平均递增速度为 5.66%（如图 4-2-15 所示）。

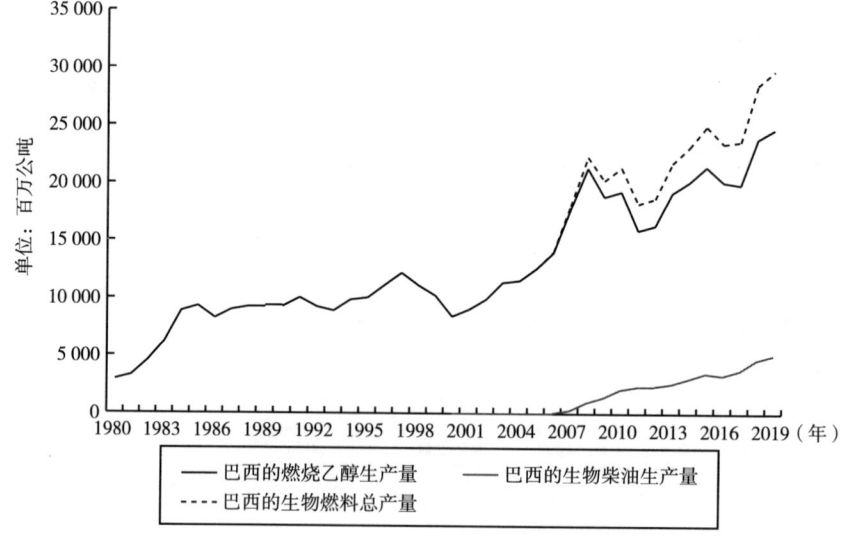

图 4-2-15 巴西生物燃料生产情况

资料来源：EIA，2022。

在生物柴油的生产上，巴西的生物柴油生产相对于燃烧乙醇少了很多。巴西从 2006 年开始生产生物柴油，当时的产量为 5 788.49 万公吨。此后其产量快速增加，截至 2019 年巴西生物柴油生产量达到了 50.75 亿公吨，每年的平均递增速度为 41.07%。

巴西生物燃料总产量的走势与燃烧乙醇生产量的走势大致相同，总体呈现上升趋势。2019 年时，巴西的生物燃料总生产量为 297.76 亿公吨，较上年的 285.54 亿公吨增加了 4.28%，1980—2019 年每年的平均递增速度为 6.12%。

4.3 安哥拉能源供给与结构

4.3.1 安哥拉的一次能源供给结构

4.3.1.1 一次能源供给概览

①概况

根据经合组织的1971—2020年安哥拉一次能源供给量数据,安哥拉一次能源供给量趋势分为两大阶段。1971—2014年供给量总体呈现上升趋势,从385万吨油当量增加至最高的1 739万吨油当量,增幅达到了351.69%,平均递增速度为3.57%,特别是在2002年安哥拉结束了长达27年的内战后,安哥拉的一次能源供给量快速增加;但从2014年年底开始全球石油价格下跌使得安哥拉陷入了经济危机之中(新华丝路,2020),2014—2020年安哥拉的一次能源供给量也随之呈现波动下降的趋势,至2017年其供给量减少至1 306万吨油当量,减幅达到24.90%,在2018年时经历了15.08%的增幅至1 503万吨油当量,但之后又呈现下降趋势。截至2020年,安哥拉一次能源供给量为1 302万吨油量,较上年减少了12.71%,较最高的2014年减少了25.11%,平均递减速度为4.70%(如图4-3-1所示)。

②构成

根据国际能源署的1990—2019年各品类一次能源供给占一次能源总供给比重数据,安哥拉一次能源供给主要由三种形式构成,可再生能源和石油是安哥拉最主要的两大能源,天然气次之。2019年安哥拉的一次能源供给量为1 492万吨油当量,较上年的1 503万吨油当量减少了0.73%。其中可再生能源和浪费的供给占一次能源总供给的比重为49.52%,较上年稍有上升,是安哥拉最大的能源供给来源。化石燃料能源占据了50.48%的比重,较上年的52.02%稍有下降,其中石油供给占一次能源总供给的比重达到了43.36%,石油是安哥拉的第二大能源,天然气占比第三,为7.12%,较上年大幅上升(如图4-3-2所示)。

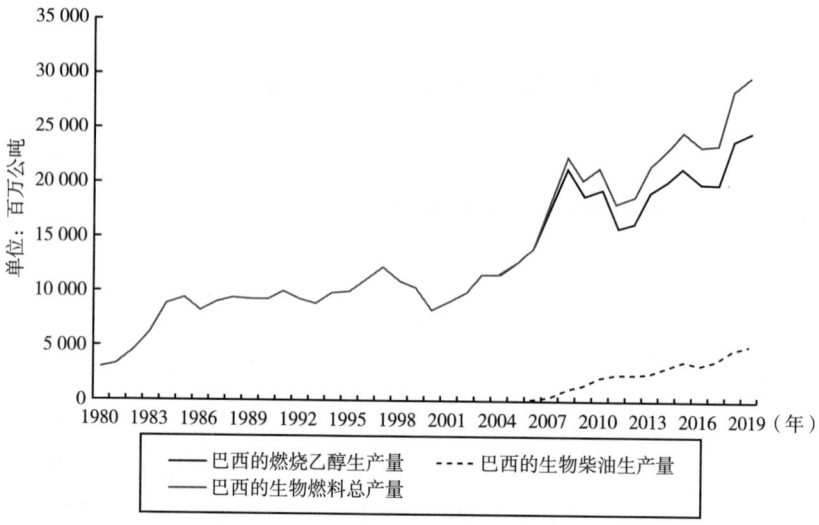

图 4-3-1 安哥拉一次能源供给量

资料来源：OECD，2022。

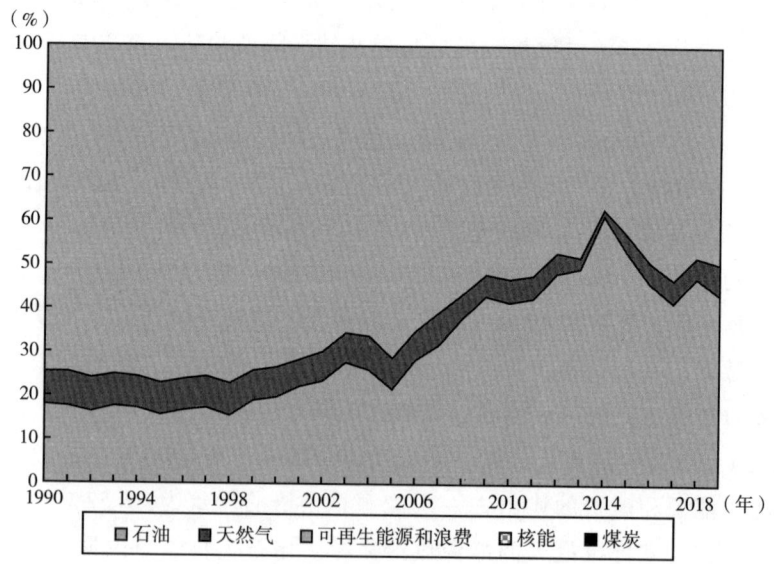

图 4-3-2 安哥拉各品类一次能源供给占比数据

资料来源：IEA，2021a。

安哥拉可再生能源和浪费供给占一次能源总供给的比重总体呈现下降趋势，在2012年之前具有绝对的领先地位，占比始终在50%以上，但之后短暂被石油超过，两者互有领先。2001年之前其比重始终在70%以上，1998年时达到最高的77.05%；2002—2007年，该比重降至60%～70%；2008—2011年，该比重下降至50%～60%；2012年时可再生能源和浪费占比下降至47.02%，并被石油供给占比超越，甚至在2017年降至历史最低点37.08%，之后该比重稍有上升，与石油互有领先。截至2019年，安哥拉可再生能源和浪费的供给占总供给比重达到了49.52%，仍是安哥拉最大的能源品类。

安哥拉的石油供给占一次能源总供给的比重与可再生能源相反，总体呈现上升趋势，2001年之前其比重不足20%，之后逐年增加，在2014年时短暂上升至最高的61.46%，之后稍有下降。至2019年，安哥拉石油供给占一次能源总供给的比重为43.36%，是安哥拉的第二大能源品类。

安哥拉的天然气供给占一次能源总供给的比重较为稳定，始终在8%以下。其中在1991年时达到最高的7.86%，在2014年时达到最低的1.46%。截至2019年，安哥拉的天然气供给占一次能源供给的比重为7.12%，是安哥拉的第三大能源品类。

③渠道

安哥拉的能源资源十分丰富，能源生产量排世界第29位。截至2020年安哥拉已探明石油储量为81.6亿桶，已探明天然气储量为13.53万亿立方英尺，无煤炭储量。

根据美国能源信息署的1980—2019年安哥拉一次能源生产量数据，安哥拉的一次能源生产量主要分为两大阶段。1980—2008年，一次能源生产量从844.43万吨油当量增加至10 211.71万吨油当量，每年平均递增速度为9.31%，特别是在2002年安哥拉内战结束后，安哥拉的一次能源生产量显著增加；2008—2019年，安哥拉的一次能源生产量呈现波动下降的趋势。截至2019年，其一次能源生产量为8 845.60万吨油当量，较上年的9 000.81万吨油当量减少了1.72%，较最高的2008年减少了13.38%，平均递减速度为1.30%（如图4-3-3所示）。

安哥拉作为能源出口大国，其一次能源生产量远大于其国内的能源供给量，生产的大部分能源用以出口。安哥拉的一次能源供给量占生产量的比重在1984年之前超过50%，在1982年之前其比重达到最高的65.07%，但此后该比重快速下降，至2007年该比重降至最低的9.66%，之后稍有上升，截至2019年安哥拉一次能源供给量占生产量比重为16.87%，即安哥拉的能源净出口量占其生产量的比重为83.13%。

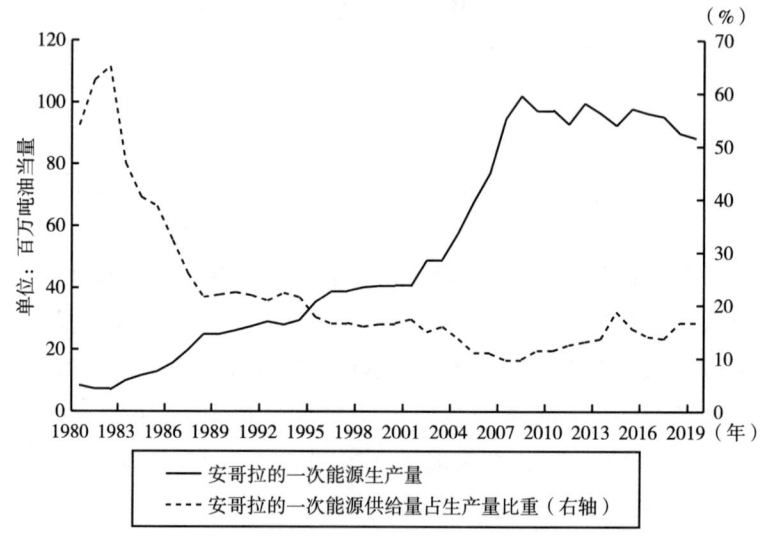

图4－3－3　安哥拉一次能源生产数据

资料来源：EIA, 2022。

根据美国能源信息署的1980—2019年安哥拉各品类自主生产的一次能源占比数据，安哥拉自主生产的能源主要是石油，天然气和可再生能源次之且远小于石油产量。安哥拉没有煤炭和核能生产。

安哥拉自产石油的能源产量占一次能源总产量的比重始终在90%以上，2008年时石油占比达到了最高的98.62%。从2016年开始其占比开始下降，截至2019年安哥拉石油产量占一次能源总产量的比重降至90.53%，这也是安哥拉石油产量占比最低的一年，较上年减少了0.84个百分点（如图4－3－4所示）。

天然气是安哥拉第二大自主生产能源，其占比始终不足10%。1980—1982年安哥拉的天然气占比短暂上升至3.79%；此后直至2015年其占比总体呈现下降趋势，2015年时其占比降至0.74%；2015年之后安哥拉的天然气占比开始大幅上升，至2019年安哥拉天然气产量占一次能源总产量的比重达到了历史最高的7.13%。

可再生能源是安哥拉的第三大自主生产能源，1980—2019年其占比呈现"U"形态势，1982年时其占比为2.27%，此后开始迅速下降，1999年时其占比达到最低的0.56%，之后占比开始呈现上升趋势，截至2019年安哥拉可再生能源产量占一次能源总产量的比重达到了历史最高的2.35%。

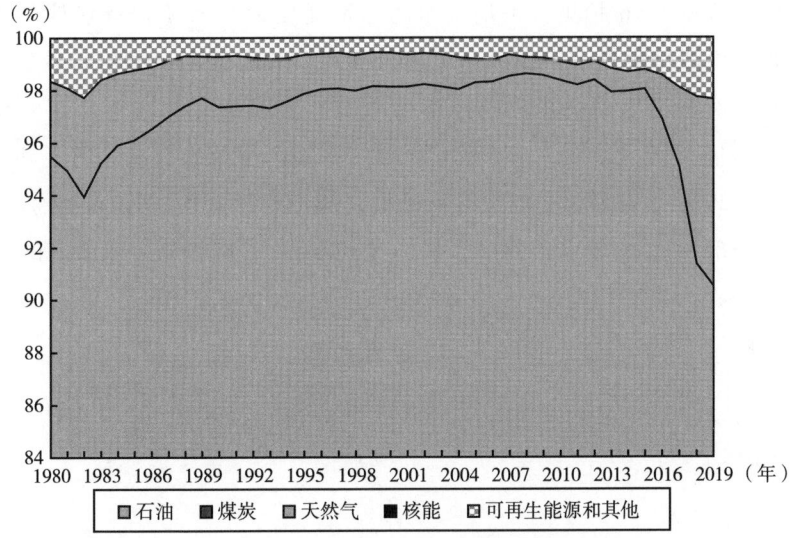

图4-3-4　安哥拉各品类自主生产能源占比数据

资料来源：EIA，2022。

4.3.1.2　石油能源供给情况

安哥拉是仅次于尼日利亚的非洲第二大石油生产国，其经济发展严重依赖石油。根据国际能源署的1990—2020年安哥拉的石油数据，安哥拉石油产量基本用于出口，仅有少量用于本国供给。

2002年安哥拉内战结束时，安哥拉的石油及其产品供给量仅为72.04拍焦，此后安哥拉的经济快速发展，其在本国的石油供给量也不断增加，至 2014 年安哥拉的石油供给量为 447.44 拍焦，较 2002 年增加了近 5 倍，这 12 年间的平均递增速度为 16.44%。但 2014 年年底油价暴跌，安哥拉的经济状况因此受到巨大打击，其石油供给量总体呈现下降趋势，截至 2019 年安哥拉的石油供给量为 270.77 拍焦，较上年的 297.96 拍焦减少了 9.13%。

安哥拉石油生产量和净出口量走势趋同，总体分为两大阶段。1990—2008 年安哥拉的石油生产量快速增加，从 997.07 拍焦增加至历史最高的 3 990.10 拍焦，平均每年增长速度为 8.01%，其净出口量也从 921.72 拍焦增加至 3 803.16 拍焦，平均每年的递增速度为 8.19%，特别是在 2002 年安哥拉内战结束后多个深水油田进入投产，其石油产量和出口量显著增加；2008 年国际金融危机后国际市场原油价格下跌及 2014 年下半年油价暴跌（百度百科，2023a），导致安哥拉的石油产量及出口量经历了两次大幅减少。2020 年安哥拉受疫情影响严重，经济持续低迷，其石油生产量降至 2 498.86 拍焦，较上年的 2 724.63 拍焦减少了 8.29%，较最高的 2008 年减少了 37.37%（如图 4-3-5 所示）。

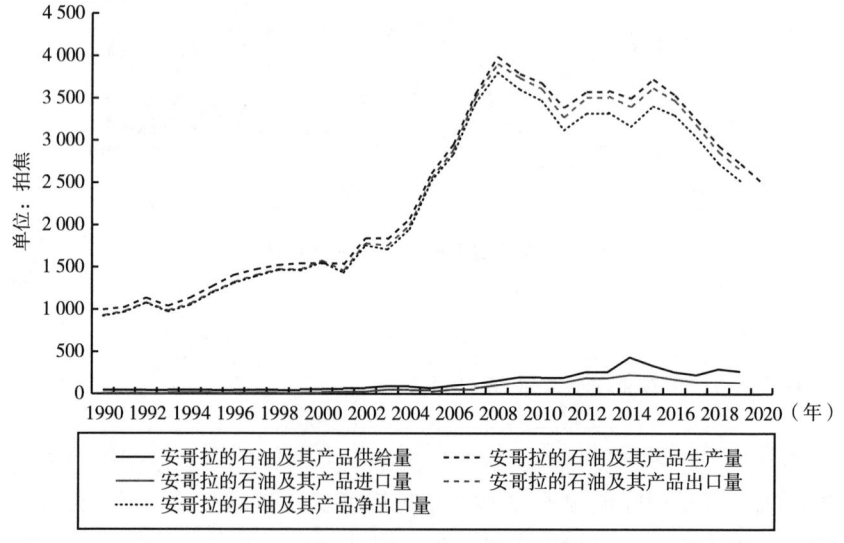

图 4-3-5　安哥拉石油能源供给情况

资料来源：IEA，2021a。

在俄乌冲突造成国际市场石油价格上涨背景下,其国民经济受到积极影响。但是由于技术受限以及投资供应的减少,2022年安哥拉石油生产量和出口量仍会持续下降(IEA,2022a)。

4.3.1.3 天然气能源供给情况

根据国际能源署的1990—2020年安哥拉的天然气数据,安哥拉天然气供给量较为稳定,基本依赖自主生产,2013年后其生产量和出口量大幅增加。

1990—2012年,安哥拉开采出的绝大部分天然气都被直接烧掉或回注油井,且缺少将天然气资源进行商业化处理的基础设施,因此只有很少部分天然气用于供给和出售(石油圈,2016),安哥拉的天然气供给量缓慢增加,从18.47拍焦增加至25.99拍焦,增幅为40.71%,平均每年的递增速度为1.56%;2013年和2014年这两年其供给量经历了较大幅度的减少,供给量分别为14.02拍焦和10.60拍焦;2015—2019年,其供给量回到正常值,且不断增加,截至2019年,安哥拉的天然气供给量达到了44.46拍焦,较上年的29.41拍焦增加了51.17%(如图4-3-6所示)。

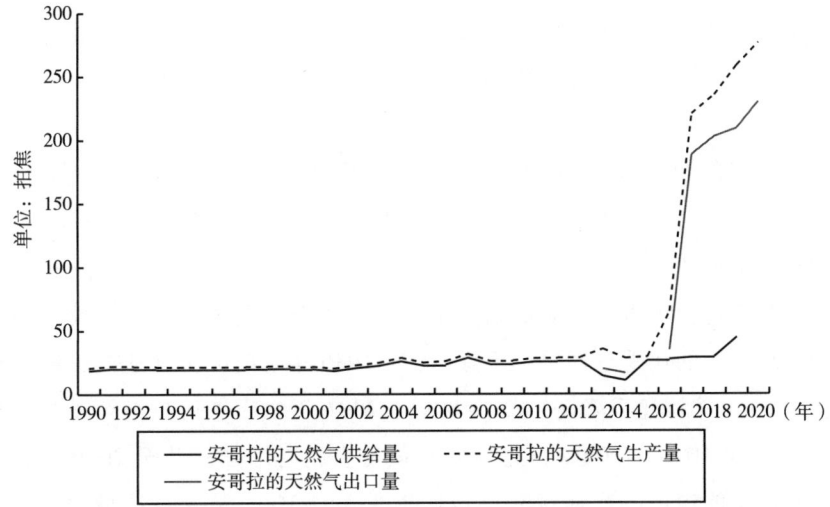

图4-3-6 安哥拉天然气能源供给情况

资料来源:IEA,2021a。

安哥拉的天然气生产量在 2013 年之前仅稍大于供给量，但之后快速增加，其走势分为三大阶段。1990—2001 年其生产量波动幅度较小，仅在 20～22 拍焦的区间内浮动；2001—2012 年其生产量开始缓慢增加，从 20.14 拍焦增加至 28.88 拍焦，增幅为 43.40%，平均每年的递增速度为 3.33%；2013 年安哥拉新建的液化天然气（LNG）处理厂开始投产，但由于技术原因，安哥拉于 2014 年 4 月将该处理厂临时关闭并进行整改，2016 年时该处理厂恢复运行（石油圈，2016），此后安哥拉的天然气生产量剧烈增加，从 2015 年的 29.26 拍焦大幅增加至 2020 年的 276.56 拍焦，这五年间的平均递增速度为 56.71%。

由于 LNG 处理厂的投产，安哥拉从 2013 年开始出口天然气，当时的天然气出口量仅为 19.76 拍焦，在 2016 年该处理厂恢复运行后，安哥拉的天然气出口量大幅增加，其走势与同期的天然气生产量相似。截至 2020 年，其出口量已达到 229.9 拍焦。

4.3.1.4 可再生能源供给情况

①总体情况

根据经合组织和美国能源信息署的 1971—2019 年安哥拉的可再生能源数据，安哥拉可再生能源供给基本依靠进口，其生产量仅占供给量的一小部分。

安哥拉的可再生能源供给量总体呈现稳步上升趋势，从 1971 年的 324.16 万吨油当量增加至 2019 年的 738.95 万吨油当量，增幅达到 127.96%，平均每年增加速度为 1.73%。

尽管安哥拉可再生能源供给量不断增加，但是安哥拉可再生能源占一次能源总供给的比重总体呈现下降趋势。1986 年之前该比重基本在 80% 以上，至 2001 年该比重降至 70%～80%，2001 年之后该比重继续下降，最低降至 2014 年的 37.08%，之后几年该比重稍有增加。截至 2019 年，安哥拉可再生能源占一次能源总供给比重为 59.53%，是安哥拉最主要的一次能源。

安哥拉可再生能源生产量的走势与供给量类似，也总体呈现上升趋势，但是其在 2012 年之前仍不足 100 万吨油当量，之后其产量稳步上升，至 2019 年，安哥拉的可再生能源自主产量增加至 207.53 万吨油当量，较上年的 203.37 万吨油当量增加了 2.05%（如图 4-3-7 所示）。2019 年时安哥拉可再生能源自主产量占其供给量的 28.08%。

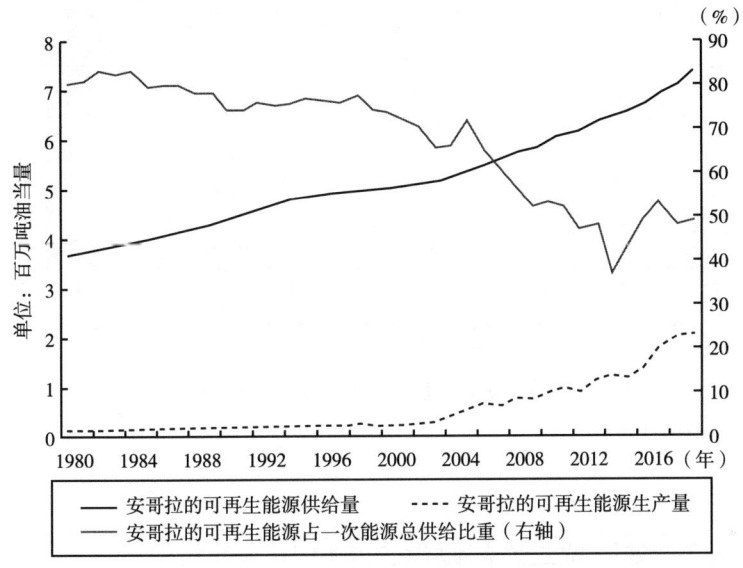

图 4-3-7 安哥拉可再生能源供给情况

资料来源：OECD 和 EIA，2022。

②分类情况

根据国际能源署的 1990—2019 年安哥拉的各品类可再生能源供给占比数据，安哥拉可再生能源供给以生物燃料和水电为主。在生物质能和浪费上，虽然其占比趋势不断下降，从 1990 年的 98.58% 下降至 2019 年的 87.33%，但其占可再生能源供给比重仍然具有绝对的领先地位（如图 4-3-8 所示）。与生物质能的趋势相反，水电的占比不断上升，从 1990 年的 1.42% 上升至 2019 年的 12.66%，未来有望继续上升。

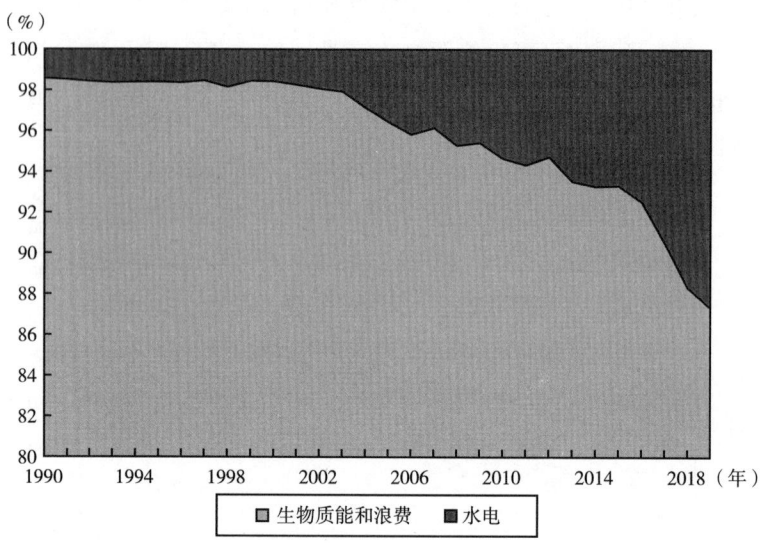

图 4-3-8　安哥拉各品类可再生能源供给占比情况

资料来源：IEA, 2021a。

4.3.2　安哥拉二次能源供给结构

4.3.2.1　电力能源供给情况

①整体情况

截至 2020 年，安哥拉仅有 46.9% 的居民通电，远远低于世界 90.5% 的平均值（OECD, 2022），安哥拉的电力供给还有很大的提升空间。

根据美国能源信息署的 1980—2020 年安哥拉的电力数据，安哥拉电力生产量总体呈现稳步上升趋势。2002 年安哥拉内战结束之前，安哥拉电力设施受到极大破坏，1980—2002 年安哥拉的电力生产量增长缓慢，从 0.91 太千瓦时增加至 1.72 太千瓦时，平均每年递增速度为 2.94%；2002 年之后，在中国的经济援助和安哥拉政府的努力下，电力行业得到了显著提升（石油圈, 2016），从 2002 年的 1.72 太千瓦时增加至 2020 年的 14.39 太千瓦时，平均每年递增速度为 12.53%，较 2019 年的 13.56

太千瓦时增加了6.12%（如图4-3-9所示）。

安哥拉的电力供给全部依靠自给，没有电力出口与进口。安哥拉的电力分配损失量总体缓慢增加，从1980年的0.17太千瓦时增加至2019年的1.74太千瓦时，平均每年递增速度为5.99%。但其电力损失占总生产量的比重并未像损失量一样呈现上升趋势。1980—1996年，安哥拉电力损失占比在16%~23%的区间内波动；之后的十年电力损失占比经历了大幅震荡，最低在1997年达到8.64%，最高在2004年达到26.99%，至2006年其占比又降至12.04%；2006—2019年，其占比变化幅度较小，最低在2008年时降至10.23%，截至2019年安哥拉电力损失占比达到近十年最高的12.84%。

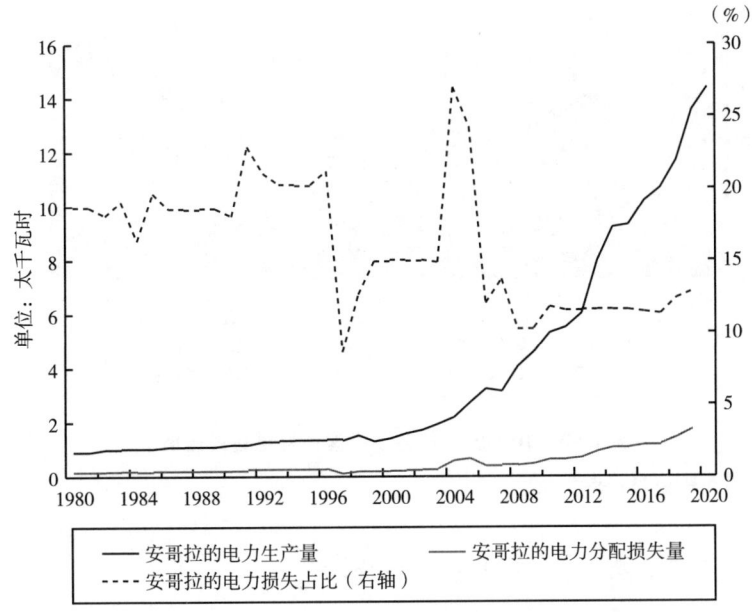

图4-3-9 安哥拉电力能源生产及分配损失情况

资料来源：EIA，2022。

②电力渠道

根据美国能源信息署的1980—2020年安哥拉各品类能源发电量占比数据，水电和化石燃料是安哥拉最主要的发电能源，两者占据了总发电量的

95%以上。安哥拉的水电占比始终在50%以上，基本在60%左右，在2004—2008年其比重显著增加，达到了70%以上，甚至在2006年达到了最高的81.41%，在2015年时水电占比降到过最低的54.11%。截至2020年安哥拉水电占总发电量的比重为70.06%，较上年的66.61%稍有上升（如图4-3-10所示）。

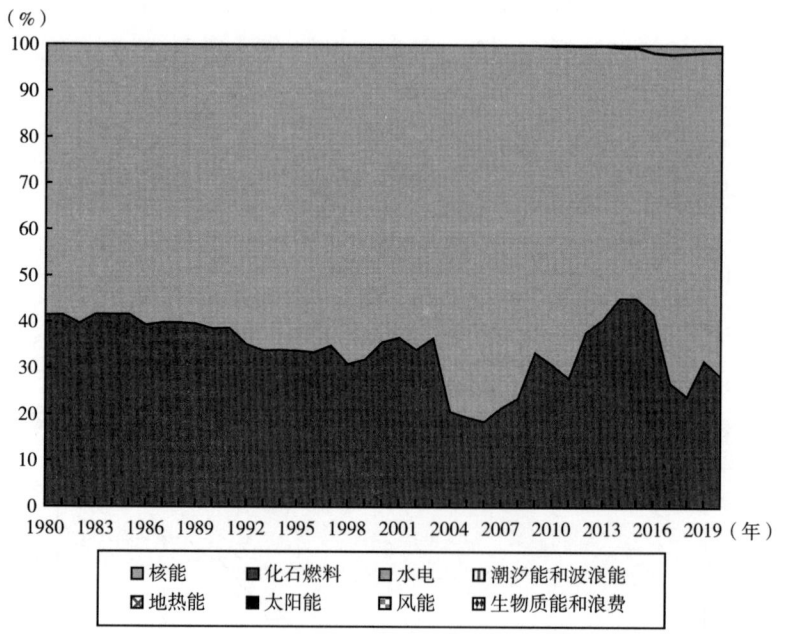

图4-3-10　安哥拉各品类能源发电量占比情况

资料来源：EIA，2022。

4.3.2.2　生物燃料能源供给情况

国际能源署的1990—2020年安哥拉的生物燃料数据显示，安哥拉的生物燃料供给全部依赖进口，其供给量稳步上升，从1990年的180.98拍焦增加至2020年的270.14拍焦，增幅达到49.27%，平均每年递增1.03%（如图4-3-11所示）。

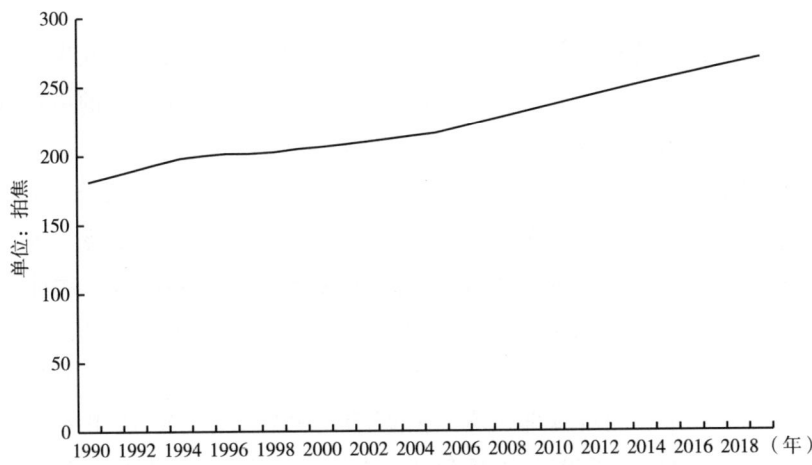

图 4-3-11　安哥拉生物燃料供给量

资料来源：IEA，2021a。

4.4　莫桑比克能源供给与结构

4.4.1　莫桑比克的一次能源供给结构

4.4.1.1　一次能源供给概览

①概况

莫桑比克的能源总产量以 616 万亿英热单位居世界第 63 位。莫桑比克不生产任何石油，也没有炼油能力，其石油供给全部依赖进口。但是莫桑比克拥有丰富的天然气和煤炭资源，截至 2020 年，莫桑比克已探明天然气储量为 100 万亿立方英尺，已探明煤炭储量为 19.75 亿短吨（EIA，2022）。

2019 年莫桑比克的可再生能源和浪费占一次能源总供给的比重最大，为 78.56%，较上年稍有上升。化石燃料能源占比 21.43%，其中石油占比最大，为 14.65%，是莫桑比克的第二大能源供给来源。天然气占比第三，为 6.69%。最后是煤炭，其占比仅为 0.10%。除天然气以外，另外两个化石燃料能源占比都同比下降了。

在俄乌冲突的背景下，莫桑比克作为石油进口国与天然气和煤炭的出口国，预计其石油的进口量和供给量将下降，而天然气和煤炭的出口量将上升，以弥补俄罗斯减少出口带来的世界能源缺口。

根据世界经合组织的 1971—2019 年莫桑比克一次能源供给量数据，莫桑比克一次能源供给主要分为四大阶段。1971—1991 年莫桑比克受连年战争影响，经济基础设施受到严重破坏（环球印象，2020），其一次能源供给量呈现下降趋势，从 694 万吨油当量减少至 578 万吨油当量，减幅为 16.71%，平均递减速度为 0.91%；1992 年莫桑比克结束了长达 16 年的内战，实现了和平，此后莫桑比克政府开始大力发展经济，吸引外资流入（环球印象，2020），1992—2006 年其一次能源供给量稳步增加，从 578 万吨油当量增加至 891 万吨油当量，增幅达到 54.15%，平均递增速度为 2.93%；2007 年莫桑比克受国际金融危机的影响而经济下滑，其一次能源供给量大幅减少至 721 万吨油当量，较 2006 年减少了 19.08%；在国际援助和莫桑比克政府出台的一系列经济刺激政策下，经济恢复的收效显著（环球印象，2020），2011 年时其一次能源供给量随着经济的恢复又快速增加至 915 万吨油当量，较 2010 年增加了 25.17%；2011—2019 年其供给量持续增加，截至 2019 年莫桑比克一次能源供给量达到了 1 109 万吨油当量，较上年的 1 097 万吨油当量增加了 1.09%，较 2011 年增加了 21.20%，平均递增速度为 2.43%（如图 4-4-1 所示）。

②构成

根据国际能源署的莫桑比克 1980—2019 年各品类一次能源供给占一次能源总供给比重数据，可再生能源始终是莫桑比克最主要的一次能源，石油和天然气次之。

2006 年之前，莫桑比克的可再生能源供给和浪费占一次能源总供给的比重为 90% 以上；2007—2014 年其比重降至 80%~90%；2015—2019 年其比重降至 70%~80%。截至 2019 年莫桑比克的可再生能源和浪费占一次能源总供给为 78.56%，较上年的 78.33% 稍有上升（如图 4-4-2 所示）。

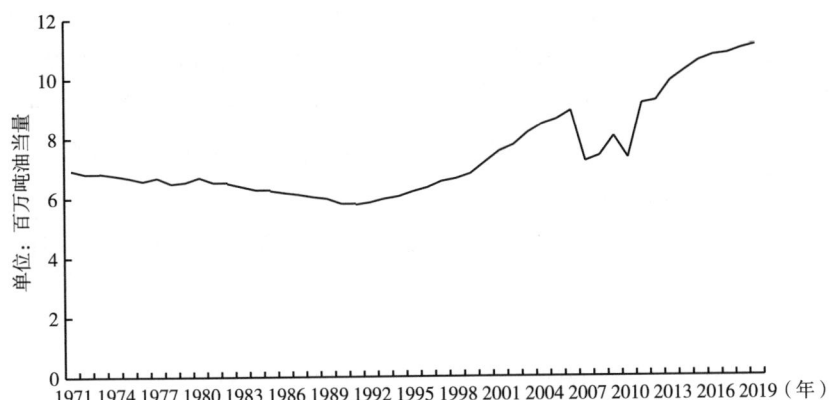

图 4-4-1 莫桑比克一次能源供给量

资料来源：OECD，2022。

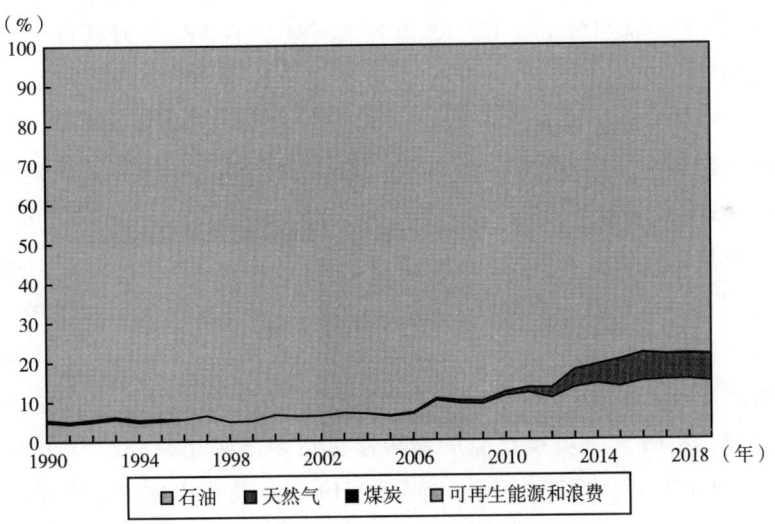

图 4-4-2 莫桑比克各品类一次能源供给占比情况

资料来源：IEA，2021a。

莫桑比克的石油供给占一次能源总供给比重总体呈上升趋势，从1990年的4.98%上升至2018年的15.16%。截至2019年莫桑比克的石油供给占一次能源总供给的比重为14.65%，较上年稍有下降，是莫桑比克的第二大一次能源供给来源。

莫桑比克的天然气供给占一次能源总供给的比重也总体呈现上升趋势，但 2011 年之前其比重始终低于 1%，之后该比重快速上升，2015 年之后该比重超过 6%，2016 年时该比重达到最高的 7.10%。截至 2019 年，莫桑比克的天然气供给占一次能源总供给的比重为 6.69%，是莫桑比克的第三大一次能源供给来源。

莫桑比克的煤炭供给占一次能源总供给的比重始终低于 1%，2019 年时该比重甚至低于 0.1%。

③渠道

根据美国能源信息署的莫桑比克 1980—2019 年一次能源自主产量和净进口量数据，莫桑比克的能源自主产量走势与其净进口量走势基本对称。

1980 年时莫桑比克的一次能源自主产量为 351.01 万吨油当量，但此后至 1998 年其自主产量基本下降至 100 万吨油当量以下，其中在 1983 年时短暂超过 100 万吨油当量达到 132.82 万吨油当量，在 1987 年时其自主产量降至最低的 0.63 万吨油当量；1999—2018 年莫桑比克的能源自主产量开始大幅增加，从 203.11 万吨油当量增加至 2018 年的 1 929.63 万吨油当量，增幅达到 850.09%，平均递增速度为 12.58%。截至 2019 年莫桑比克的能源自主产量下降至 1 553.31 万吨油当量，较上年减少了 19.50%（如图 4-4-3 所示）。

在莫桑比克的能源进出口上，其净进口量总体呈现下降趋势。1981—1997 年其净进口量基本在 600 万吨油当量左右，变化幅度小；1998—2002 年其净进口量降至 400 万~500 万吨油当量的区间内；至 2003 年其净进口量短暂增加至 531.69 万吨油当量，之后直至 2018 年其净进口量总体呈现下降趋势，2018 年时莫桑比克的能源净进口量下降至 -832.63 万吨油当量，较 2003 年减少了 256.60%。截至 2019 年，莫桑比克的能源净进口量为 -444.31 万吨油当量，较上年增加了 46.64%。

美国能源信息署的 1980—2019 年莫桑比克各品类自主生产的一次能源占比数据显示，可再生能源、煤炭和天然气是莫桑比克主要的自主生产能源。

1996 年之前莫桑比克仅生产可再生能源，且在 2003 年之前可再生能源产量占一次能源总产量比重的 80% 以上。2004—2018 年时随着天然气和煤炭占比的增加，可再生能源产量占比总体呈现下降趋势，从 72.61% 下降至 16.53%。其中在 2012 年时其占比下降至 31.22%，被天然气超越，在 2014 年时降至 28.05%，被煤炭超越，此后一直都是莫桑比克的第三大自主生产能源品类。截至 2019 年，莫桑比克的可再生能源产量占一次能源总产量的比重为 20.67%，较上年稍有上升（如图 4-4-4 所示）。

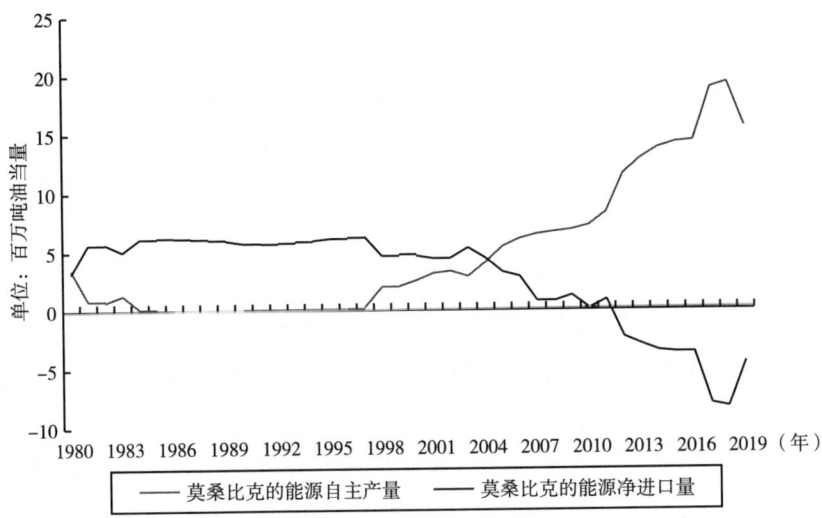

图 4-4-3　莫桑比克能源自主产和进口情况

资料来源：EIA，2022。

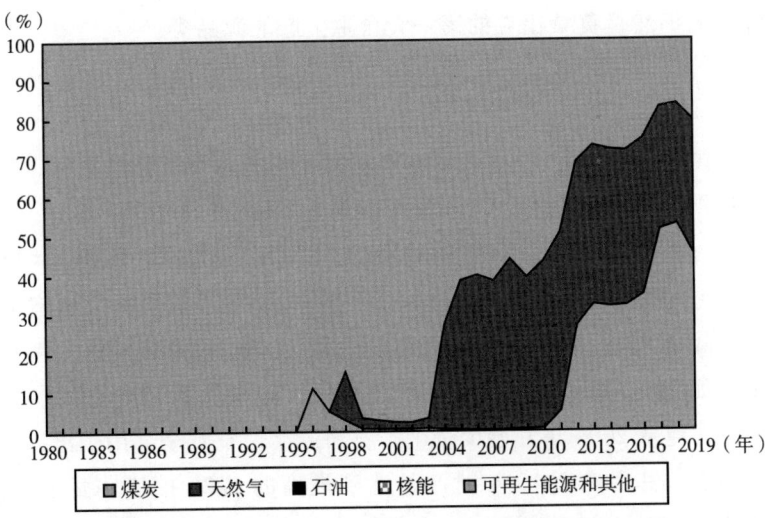

图 4-4-4　莫桑比克各品类自主生产能源占比情况

资料来源：EIA，2022。

莫桑比克从 1998 年开始生产天然气，1998 年其天然气产量占一次能源总产量的比重为 12.39%。但从 1999 年开始，随着莫桑比克的可再生能源产量的大幅增加，其天然气产量占一次能源总产量比重低至 3% 以下，直至 2004 年，莫桑比克的天然气自主产量大幅增加，其占比随之快速增至 26.83%。此后其占比始终在 30% 以上。2011 年时，其占比达到最高的 45.44%，紧接着在 2012 年以 41.69% 的比重超越可再生能源成为莫桑比克的第一大自主生产能源品类。此后其占比总体呈现下降趋势，在 2017 年时以 31.36% 的比重被煤炭超越。截至 2019 年，莫桑比克的天然气产量占一次能源总产量的比重为 34.43%，较上年的 30.70% 稍有上升，是莫桑比克第二大自主生产能源品类。

莫桑比克从 1996 年开始生产煤炭，当年其煤炭产量占一次能源总产量的比重为 11.11%。此后由于莫桑比克的可再生能源快速增加，其煤炭产量占比始终较小，1999 年至 2010 年其占比甚至不足 1%。但在 2012 年时其占比快速上升至 27.08%，此后总体呈现上升趋势。2017 年，莫桑比克的煤炭产量占一次能源总产量比重达到了 51.35%，煤炭成为莫桑比克的第一大自主生产能源品类。2018 年时达到最高的 52.78%。截至 2019 年，莫桑比克的煤炭产量占一次能源总产量的比重为 44.90%，虽较 2018 年稍有下降，但仍然是莫桑比克的第一大自主生产能源品类。

4.4.1.2　石油能源供给情况

根据国际能源署的 1990—2019 年莫桑比克石油及其产品数据，莫桑比克的石油供给基本来源于进口，总体呈现上涨趋势。

莫桑比克的石油供给量因国内经济的快速发展从 1990 年的 12.09 拍焦增加至 2018 年的 70.39 拍焦，增幅达到 482.22%，平均每年递增速度为 4.75%。截至 2019 年莫桑比的石油供给量为 69.36 拍焦，较上年减少了 1.46%（如图 4-4-5 所示）。

莫桑比克从 2004 年开始少量生产石油产品，基本全部用于出口，但均不足 2 拍焦，其中在 2010 年时产量达到最高的 1.26 拍焦。截至 2019 年时，莫桑比克石油生产量达到历史最低产量为 0.31 拍焦，较上年的 0.35 拍焦减少了 11.43%。

莫桑比克作为石油进口国,其进口量远大于出口量,且走势与其供给量大致相同,总体呈现上升趋势。莫桑比克石油净进口量从1990年的13.86拍焦增加至2019年的68.87拍焦,增幅达到396.90%,平均每年递增速度为4.20%。

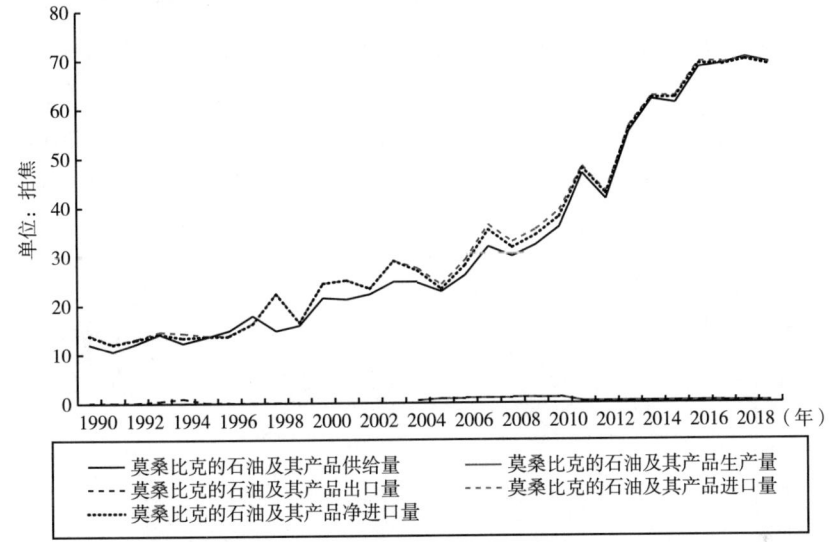

图4-4-5　莫桑比克石油能源供给情况

资料来源:IEA, 2021a。

4.4.1.3　煤炭能源供给情况

根据美国能源信息署的1990—2019年莫桑比克的煤炭数据,莫桑比克是煤炭出口大国,其生产的煤炭多用于出口,仅有少量用于国内供给。

莫桑比克的煤炭供给量始终不足1.6拍焦,在1991年时达到了最高的1.55拍焦。截至2019年,莫桑比克用于本国的煤炭供给量仅为0.47拍焦(如图4-4-6所示)。

莫桑比克从1996年开始生产煤炭,但由于基础设施落后至2007年其产量仍不足1拍焦。随着莫桑比克政府对煤炭勘探和开发的大力支持,来自澳大利亚、巴西、印度等国的企业加入到莫桑比克的煤炭开采项目中(浩特工业,2019),2011—2018年其煤炭生产量大幅增加,从 18.08 拍焦增加至 426.37 拍焦,平均递增速度为 57.07%。2019 年莫桑比克煤炭生产量受暴雨影响减少至 292.01 拍焦(易煤网,2019),较上年减少了 31.51%。

莫桑比克虽然也有少量的煤炭进口,但其每年始终小于 0.5 拍焦。然而,莫桑比克的出口量因其生产量的大幅增加而增加,远远超过其进口量。虽然莫桑比克的煤炭净出口量在 1996—2007 年的仍不足 1 拍焦,但与其生产量类似,此后的 2008—2018 年,其净进口量开始大幅增加,从 1.01 拍焦增加至 397.02 拍焦,平均递增速度为 81.74%。截至 2019 年,莫桑比克的煤炭净出口量因其生产量的减少而减少至 339.78 拍焦,较上年减少了 14.42%。

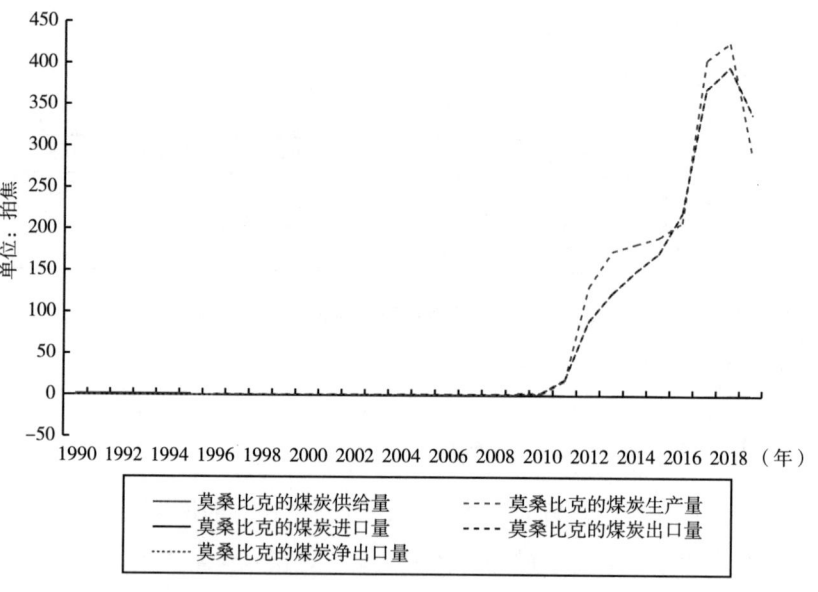

图 4-4-6 莫桑比克煤炭能源供给情况

资料来源:EIA,2022。

4.4.1.4 天然气能源供给情况

根据国际能源署的 1992—2019 年莫桑比克的天然气数据,莫桑比克天然气产量大多用于出口,仅有少量用于本国供给。

莫桑比克的天然气供给量在 2005 年之前不足 1 拍焦，2005 年后逐渐增加，至 2016 年时达到最高的 32.83 拍焦。截至 2019 年莫桑比克天然气供给量为 31.67 拍焦，较上年的 29.59 拍焦增加了 6.57%（如图 4-4-7 所示）。

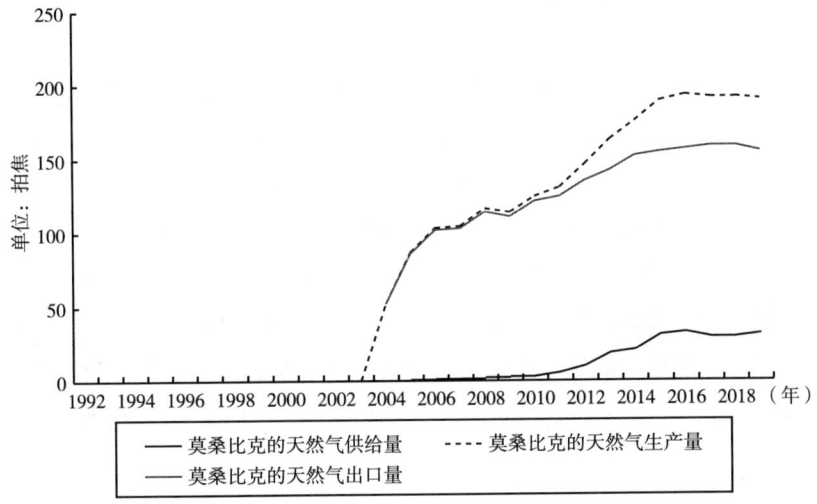

图 4-4-7 莫桑比克天然气能源供给情况

资料来源：IEA，2021a。

莫桑比克的天然气生产量在 2003 年之前甚至不足 0.2 拍焦，此后随着来自美国、意大利等国的企业对莫桑比克的天然气项目进行投产，莫桑比克的天然气产量大幅增加（周天航，2019）。至 2016 年其生产量增加至最高的 193.31 拍焦，2004—2016 年其生产量增幅达到了 269.55%，平均递增速度为 11.51%。但 2016 年后国际大宗商品价格走低，莫桑比克的天然气开发进度也随之放缓（百度百科，2023b），截至 2019 年莫桑比克天然气生产量为 190.41 拍焦，较上年的 191.89 拍焦减少了 0.77%。

莫桑比克从 2004 年开始出口天然气，出口量为 52.19 拍焦，至 2018 年其出口量逐步上升达到了 159.01 拍焦，增幅为 204.68%，平均递增速度为 8.28%。截至 2019 年莫桑比克的天然气出口量为 155.23 拍焦，较上年减少了 2.38%。

4.4.1.5 可再生能源供给情况

①总体情况

根据经合组织和美国能源信息署的1980—2019年莫桑比克的可再生能源数据，莫桑比克的可再生能源供给量多来源于进口，其供给量始终大于自主产量。

莫桑比克的可再生能源供给量走势与其一次能源总供给量类似，1980—1991年莫桑比克可再生能源供给量缓慢下降，从596.28万吨油当量减少至557.80万吨油当量，减幅为6.45%，平均递减速度为0.60%；1991—2006年其供给量总体呈现上升趋势，至2006年时达到了839.51万吨油当量，增幅为50.50%，平均递增速度为2.76%；此后其供给量经历了大幅波动，在2007年时减少了21.15%至661.96万吨油当量，在2013年时达到了最高的894.09万吨油当量。截至2019年，莫桑比克可再生能源供给量为888.13万吨油当量，较上年的815.18万吨油当量增加了8.95%（如图4-4-8所示）。

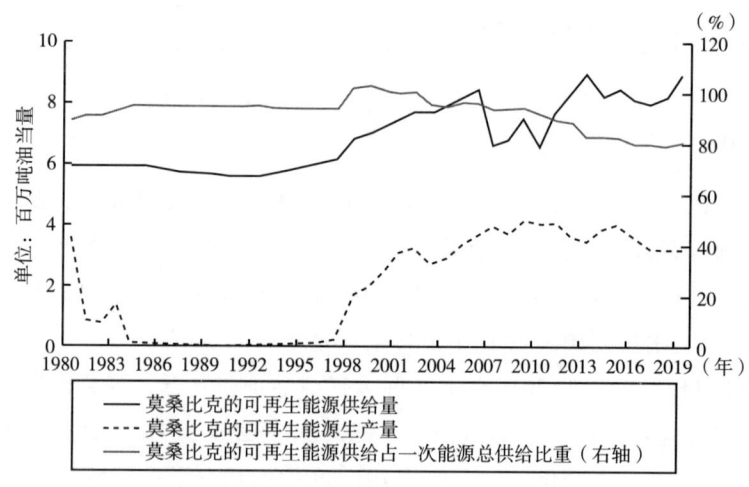

图4-4-8 莫桑比克可再生能源供给情况

资料来源：OCED和EIA，2022。

可再生能源是莫桑比克绝对的第一大能源品类，其占一次能源总供给的比重在1980—2019年基本大于80%，但是相较于2011年之前其比重在90%以上，近些年其比重稍有下降。截至2019年，莫桑比克的可再生能源供给占一次能源总供给的比重为80.08%。

莫桑比克的可再生能源自主产量较其供给量小很多,其生产量始终不足500万吨油当量,甚至在1984—1996年每年的可再生能源自主产量不足15万吨油当量,但此后其产量总体呈现上升趋势,至2009年其产量达到了最高的413.81万吨油当量,占可再生能源供给量的55.40%。截至2019年,莫桑比克的可再生能源生产量为321.05万吨油当量,较上年的318.93万吨油当量增加了0.66%,占可再生能源供给量的36.15%。

②分类情况

国际能源署的1990—2019年莫桑比克的各品类可再生能源供给占比数据显示,莫桑比克的可再生能源供给以生物质能和水电为主,其他可再生能源的供给量较小。

生物质能是莫桑比克最主要的可再生能源,在1996年之前其占比达到了99%以上,后随着水电占比的逐步上升,生物质能的占比在2000年之后下降到90%以下,在2010年时其占比达到了最低的78.59%。截至2019年莫桑比克生物质能和浪费占可再生能源总供给的比重为85.52%,较上年的86.24%稍有下降(如图4-4-9所示)。

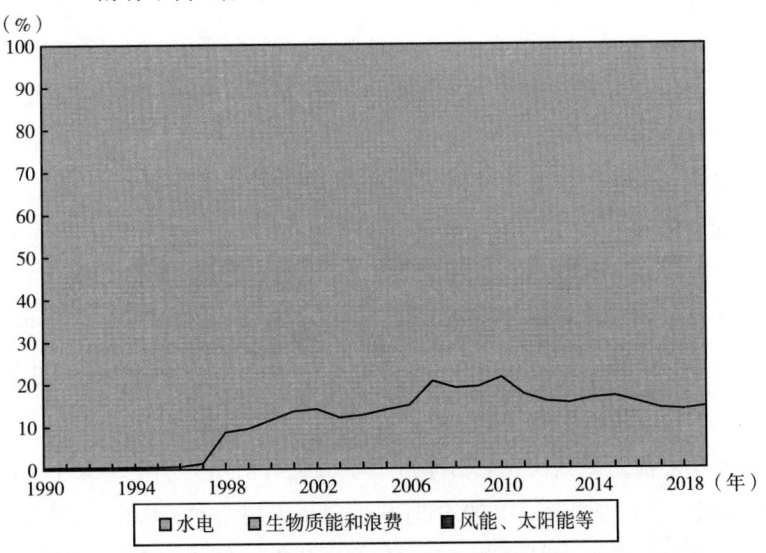

图4-4-9 莫桑比克各品类可再生能源占比情况

资料来源:IEA,2021a。

水电是莫桑比克的第二大可再生能源,其比重在1996年之前不足1%,之后快速增加,2000年时其比重已达到10%以上,在2010年时达到了最高的21.41%,此后其比重一直在10%~20%的区间内波动。截至2019年莫桑比克的水电占可再生能源总供给的比重为14.45%,较上年的13.76%稍有上升。

莫桑比克从2014年开始了对风能、太阳能等其他可再生能源的供给,但其供给量始终较小,其比重甚至不足0.01%。

4.4.2 莫桑比克的二次能源供给结构

4.4.2.1 电力能源供给情况

①整体情况

2020年莫桑比克仅有30.6%的居民用电,较上年的29.7%稍有上升(OECD,2022),用电人口仍有很大的提升空间。根据美国能源信息署的1980—2019年莫桑比克的电力数据,莫桑比克电力供给基本依靠本国生产,其电力出口量稍大于进口量。

1980年时莫桑比克的电力供给量为13.55太千瓦时,但之后快速下降,1984—1992年其供给量甚至不足1太千瓦时;1992年莫桑比克实现和平后,1993—2015年其电力供给量总体呈现上升趋势,至2015年时其供给量达到最高的18.67太千瓦时,这段时间平均每年递增速度为13.34%;2016年以来莫桑比克受国际大宗商品价格走低、本国天然气开发进度放缓等因素影响,主要经济指标持续恶化(百度百科,2023b),其电力供给量也因此总体呈现下降趋势,截至2019年,莫桑比克的电力供给量为15.49太千瓦时,较上年的17.00太千瓦时减少了8.88%,较最高的2015年减少了17.03%(如图4-4-10所示)。

1999年之前,莫桑比克电力净进口量的绝对值始终小于1太千瓦时,其电力供给量与生产量相当。1999年时其生产量大幅增加至7.63太千瓦时,此后其生产量总体呈现上升趋势,至2015年其生产量达到了最高的19.68太千瓦时,之后稍有减少。截至2019年,莫桑比克的电力自主生产量为

17.99 太千瓦时，较上年的 16.83 太千瓦时增加了 6.90%。

莫桑比克电力出口量基本稍大于进口量，两者最大差距为 2002 年的 5.47 太千瓦时。截至 2019 年，莫桑比克的电力净进口量为 -2.50 太千瓦时，较上年的 0.16 太千瓦时稍有减少。

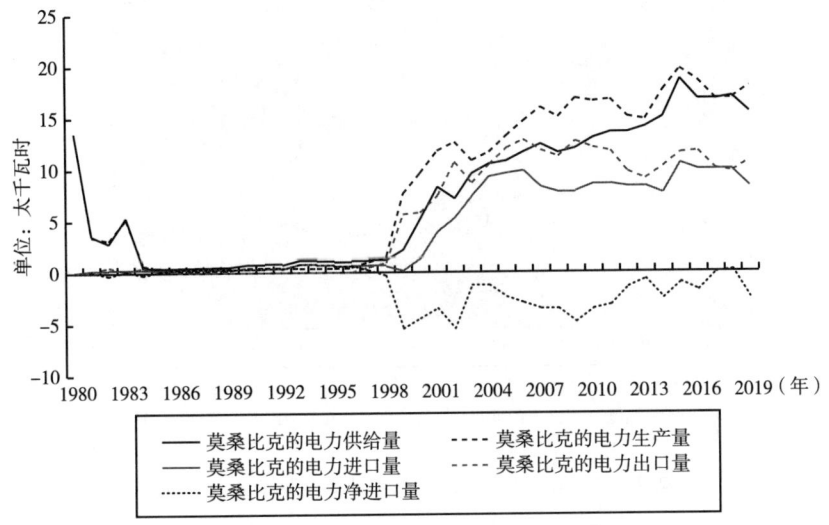

图 4-4-10　莫桑比克电力能源供给情况

资料来源：EIA，2022。

②电力渠道

根据美国能源信息署的 1980—2019 年莫桑比克的各品类能源发电量占比数据，化石燃料和水电是莫桑比克最主要的发电能源。

除了 1985—1989 年被化石燃料超越，其他年份水电均是莫桑比克的第一大发电来源，且在 1980—2019 年有 25 年水电占比超过 90%。截至 2019 年，莫桑比克的水电占总发电量的比重为 78.78%，较上年的 81.86% 稍有下降。化石燃料发电量占比仅在 1985—1989 年这五年间超越了水电，其中在 1987 年时达到了最高的 85.96%，此后快速下降，1994—2014 年其占比甚至不足 10%，但之后的 2016—2019 年，其比重从 12.91% 稳步增加至 20.46%（如图 4-4-11 所示）。

美国能源信息署的 1980—2019 年的莫桑比克电力损失数据显示，

1980—2000年其损失量始终不足1太千瓦时;2000—2019年其损失量总体呈现上升趋势,从0.98太千瓦时增加至2.77太千瓦时,增幅达到182.65%,平均递增速度为5.62%。

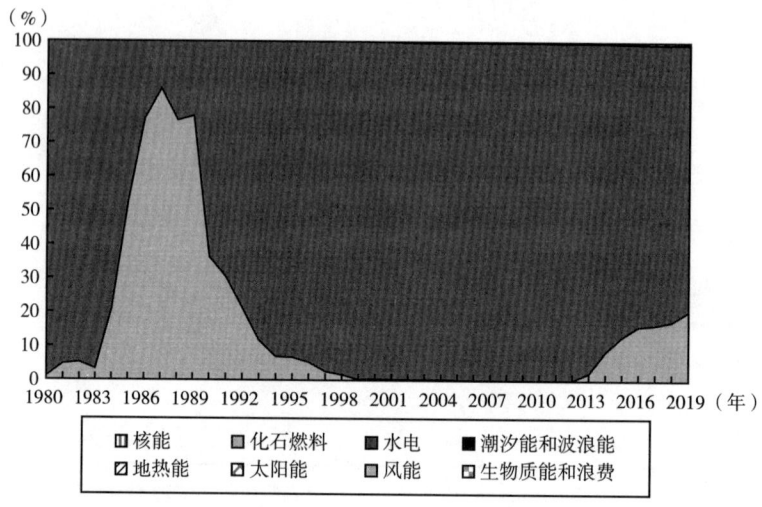

图 4-4-11 莫桑比克各品类能源发电量占比情况

资料来源:EIA,2022。

莫桑比克电力损失占比相较于电力损失量波动幅度较大。在1980—2000年,其电力损失占比剧烈波动,最低在1983年时降至最低的1.00%,在1996年时达到最高的72.98%;2000年之后,莫桑比克的电力损失占比趋于稳定,仅在10%~20%的区间内小幅波动。截至2019年,莫桑比克的电力损失占比为15.39%,较上年的15.82%稍有下降(如图4-4-12所示)。

4.4.2.2 生物燃料能源供给情况

国际能源署的1990—2019年莫桑比克的生物燃料数据显示,其供给量走势与可再生能源和一次能源供给量走势类似。1990—2006年其供给量稳步增加,从228.15拍焦增加至298.30拍焦,增幅达到30.75%,平均递增速度为1.69%;但此后在2007—2011年经历了大幅震荡,在2010年时降至最低的220.01拍焦;2011—2019年时莫桑比克的生物燃料供给量不断增加。截至2019年，其供给量达到318.05拍焦，较上年的313.73拍焦增加了1.38%（如图4-4-13所示）。

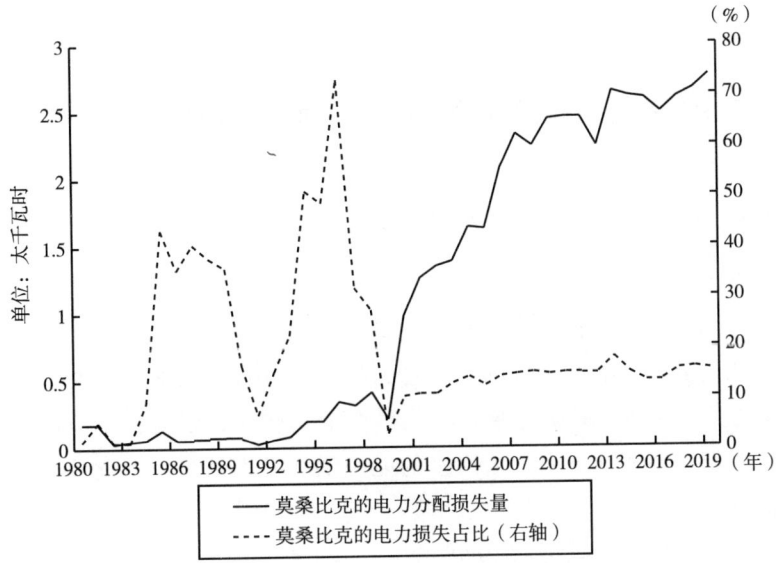

图4-4-12 莫桑比克电力分配损失情况

资料来源：EIA，2022。

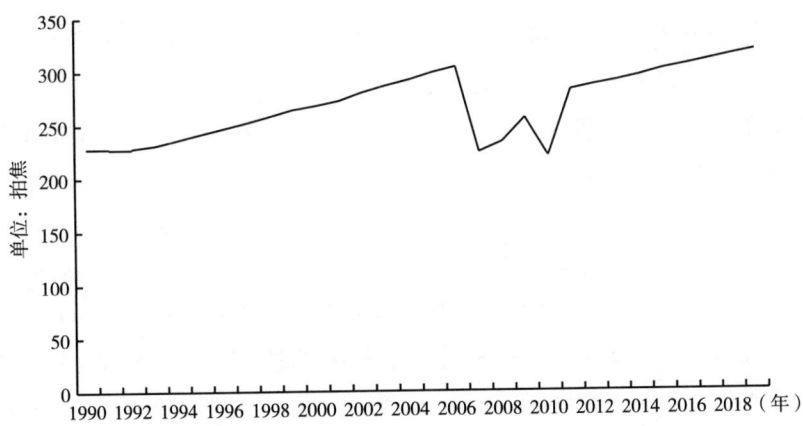

图4-4-13 莫桑比克生物燃料供给量

资料来源：IEA，2021a。

4.5 其他葡语国家能源供给与结构

4.5.1 其他葡语国家的一次能源供给结构

4.5.1.1 一次能源生产概览

①概况

其他葡语国家包括几内亚比绍、佛得角、圣多美和普林西比、东帝汶和赤道几内亚,这五个国家的国土总面积为56 166平方公里,总人口不足600万人。这五个国家在能源供给与生产上均较小,因此在本节中对其进行总体介绍。由于这五个葡语国家的能源供给数据缺失,因此仅介绍其能源生产与结构。

根据美国能源信息署的1980—2019年这五个国家的一次能源生产量数据,赤道几内亚和东帝汶的能源生产量较其他三个国家大,一次能源总产量走势主要受到这两个国家的影响。

1993年之前,这五个国家的一次能源总产量不足10万吨油当量,此后快速增加,至2008年达到了最高的3 362.04万吨油当量,1993—2008年平均每年的递增速度为39.45%。2008年之后总体呈现下降趋势,截至2019年一次能源总产量降至1 846.54万吨油当量,较上年的2 170.34万吨油当量减少了14.92%,2008—2019年平均每年的递减速度为5.30%(如图4-5-1所示)。

一次能源总生产量在1993年之后快速增加的主要原因是赤道几内亚能源生产量快速增加。赤道几内亚的石油和天然气资源丰富,已探明原油和天然气储量分别为11亿桶和1.3万亿立方英尺(EIA,2022)。1993—2008年赤道几内亚的一次能源生产量总体呈现快速增加趋势,从22.67万吨油当量增加至2 248.13万吨油当量,平均递增速度为35.86%;2008—2019年其产量总体呈现下降趋势,平均递减速度为5.18%。截至2019年赤道几内亚的一次能源生产量为1 252.26万吨油当量,较上年的1 545.88万吨油当量减少了18.99%,在五国中产量仍位居第一。

4. 葡语国家能源供给与结构 | 209

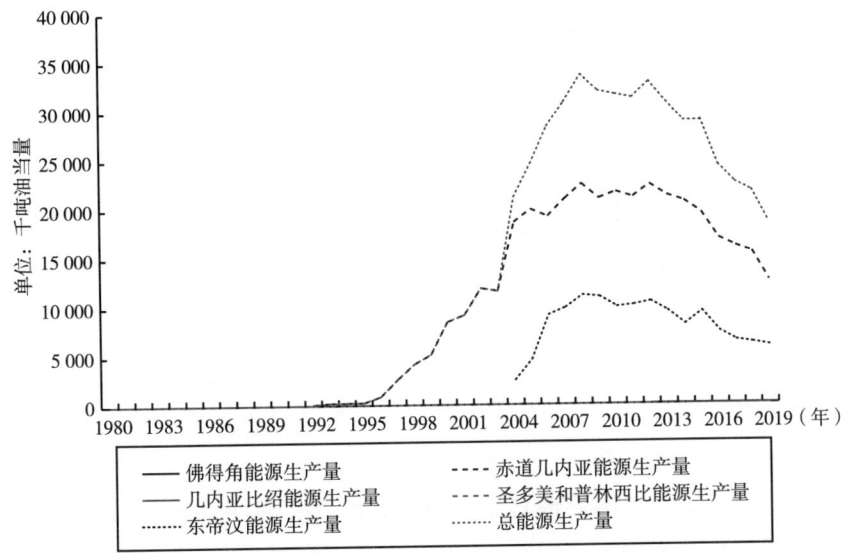

图 4-5-1　其他葡语国家一次能源生产量

资料来源：EIA，2022。

东帝汶于 2002 年正式宣布独立，从 2004 年开始自主生产能源，在这五个国家中的一次能源生产量位居第二。其周边的帝汶海海域石油和天然气资源富集，已探明石油储量约 1.87 亿吨（约 50 亿桶），天然气储量约 7 000 亿立方米（百度百科，2023c）。2004—2008 年东帝汶一次能源生产量快速增加，从 255.18 万吨油当量增加至 1 113.56 万吨油当量，平均递增速度为 44.53%；2008—2019 年其生产量呈现波动下降趋势，年平均递减速度为 5.58%。截至 2019 年东帝汶的一次能源生产量为 592.01 万吨油当量，较上年的 622.22 万吨油当量减少了 4.86%。

佛得角从 1993 年开始自主生产能源，一次能源生产量在五国中位列第三。在 2011 年之前佛得角的一次能源产量不足 2 000 吨油当量，2011 年时快速增加至 6 120.98 吨油当量，至 2014 年达到最高的 2.16 万吨油当量，此后其产量在 1.70 万~2.10 万吨油当量的区间内波动。截至 2019 年，佛得角的一次能源生产量为 2.00 万吨油当量，较上年的 2.04 万吨油当量减少了 1.96%。

圣多美和普林西比的一次能源生产量排名第四，1980—2019 年其每年的一次能源生产量在 1 000~2 600 吨油当量区间内波动，在 2000 年时达到最高的 2 570.61 吨油当量，在 2005 年时达到最低的 1 007.88 吨油当量。截至 2019 年时，圣多美和普林西比的一次能源生产量为 2 244.02 吨油当量，较上年的 1 605.92 吨油当量增加了 28.44%。

最后是几内亚比绍，该国从 2014 年开始自主生产能源，当年的一次能源生产量为 71.89 吨油当量，此后其产量呈现上升趋势。截至 2019 年几内亚比绍的一次能源生产量为 448.75 吨油当量，较上年的 458.83 吨油当量减少了 2.20%，平均递增速度为 44.23%。

②构成渠道

根据美国能源信息署的 1980—2019 年这五个国家的各品类一次能源产量占比数据，这五个国家的自主生产能源主要是可再生能源、石油和天然气，没有煤炭与核能的生产。

1991 年之前，五国能源自主生产全部来源于可再生能源，但在 1991 年时随着石油产量快速上升，可再生能源产量大幅下降至能源产量的 34.35%，1992 年时下降至 3.13%。从 1996 年开始，可再生能源的产量占比基本不到 1%。截至 2019 年，可再生能源的产量占一次能源总产量的比重为 0.40%，较上年稍有下降（如图 4-5-2 所示）。

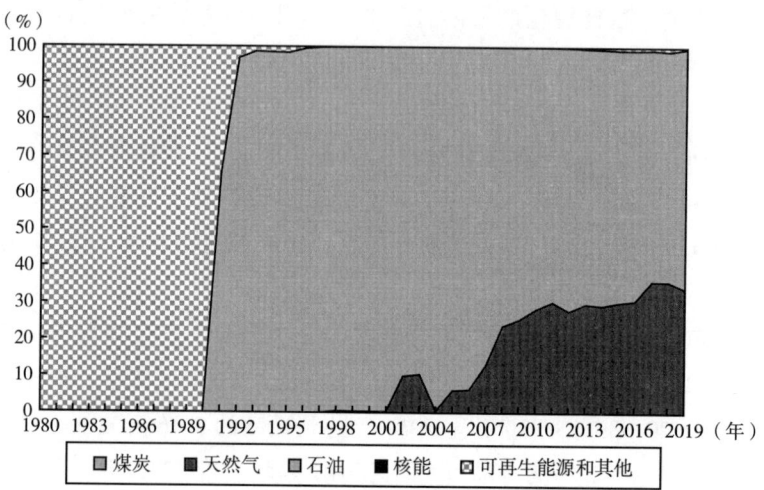

图 4-5-2　其他葡语国家各品类自主生产能源占比情况

资料来源：EIA，2022。

从 1991 年开始，石油产量占比快速从 0 增加至能源产量的 65.64%，之后在 1992—2001 年其占比始终在 98% 以上，但随着天然气产量占比的上升，石油的产量占比总体呈现下降趋势。截至 2019 年五国石油产量占一次能源总产量的比重为 65.67%，较上年稍有上升。

从 1998 年开始，这五个国家有了天然气生产，但在 2002 年之前，天然气产量占比不足 1%，此后总体呈上升趋势。截至 2019 年，天然气产量占一次能源总产量的比重为 33.94%，较上年稍有下降。

4.5.1.2 石油能源生产情况

根据美国能源信息署的 1980—2019 年五国石油生产量和出口量数据，仅有赤道几内亚和东帝汶生产和出口石油。

赤道几内亚从 1991 年开始生产石油，当年产量仅为 10 万桶/日，随后其产量快速增加，至 2005 年达到了最高的 37 547.67 万桶/日，平均递增速度为 80.02%；2005—2019 年赤道几内亚面临国内几大成熟油田的快速自然衰减以及国际油价下跌等问题（新华丝路，2016），其石油产量因此不断下降，截至 2019 年赤道几内亚的石油产量仅为 16 676.71 万桶/日，较上年的 18 498.44 万桶/日减少了 9.85%，平均递减速度为 5.63%（如图 4-5-3 所示）。

赤道几内亚的石油生产大多用于出口，其出口量走势与生产量相似。其石油出口量在 1992—2005 年快速增加，从 250.3 万桶/日增加至 34 746.4 万桶/日；2005—2018 年其石油出口量因为石油产量的下降而总体呈现下降趋势，截至 2018 年赤道几内亚的石油出口量降至 18 447.4 万桶/日，较上年的 20 559.2 万桶/日减少了 10.27%，平均递减速度为 4.75%。

东帝汶从 2004 年开始生产石油，当年日产 5 190.98 万桶，至 2006 年增加到 10 700 万桶/日，增幅达到 106.13%，平均递增速度为 43.57%；2006—2012 年时其石油产量因基础设施条件差难以持续增长，在 8 800 万~10 800 万桶/日区间内波动，其中在 2012 年达到最高的 10 800 万桶/日；2012—2018 年由于技术条件和国际油价下跌等因素，其产量总体呈现下降趋势，至 2018 年其产量下降至 1 500 万桶/日，平均递减速度为 28.04%。截至 2019 年东帝汶的石油生产量为 2 300 万桶/日，较上年增加了 53.33%。

东帝汶在 2004—2011 年的石油出口量较小，其中在 2005 年达到了其间最高的 3 051 万桶/日；2012 年后其出口量快速增加，至 2016 年时达到历史最高的 4 924 万桶/日，之后出口量稍有下降。截至 2018 年东帝汶石油出口量为 3 290.7 万桶/日，较上年的 4 032 万桶/日减少了 18.39%。

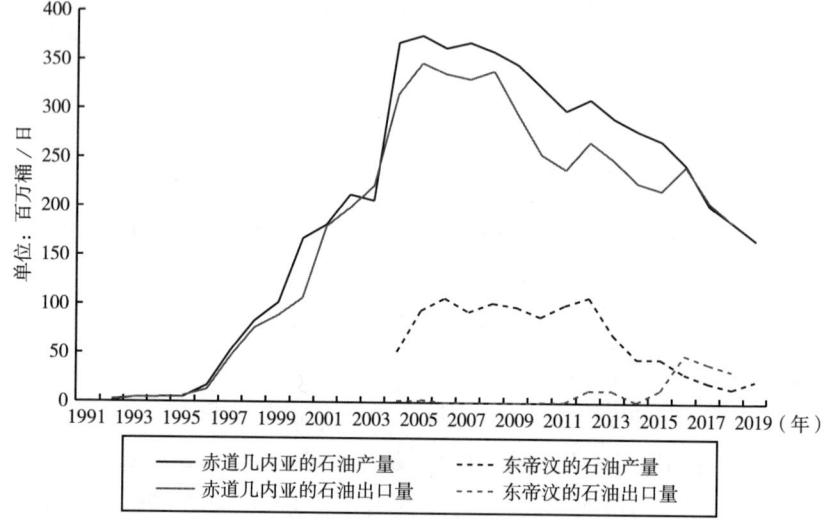

图 4－5－3　其他葡语国家石油生产及进出口情况

资料来源：EIA, 2022。

4.5.1.3　天然气能源供给情况

根据美国能源信息署的 1980—2021 年五国天然气生产量和出口量数据，也仅有赤道几内亚和东帝汶生产和出口天然气。

赤道几内亚从 1993 年开始生产天然气，1993—2013 年其天然气生产量呈现波动上升趋势，从 194.23 亿立方英尺增加至 3 178.35 亿立方英尺，平均递增速度为 15.00%，特别是 2002 年和 2008 年新的天然气项目进入投产，其天然气产量剧烈增加（国际能源网，2022）；2013—2020 年受国际大宗商品价格下降的影响其天然气生产量快速下降，至 2020 年其天然气生产量下降至 1 771.64 亿立方英尺，平均递减速度为 8.01%；截至 2021 年赤道几内亚的天然气生产量为 2 063.85 亿立方英尺，较上年增加了16.49%（如图4-5-4所示）。

赤道几内亚从2007年开始出口天然气，从504.69亿立方英尺增加至2011年的1 857.57立方英尺，平均递增速度为38.58%；2011—2020年其出口量总体呈现下降趋势，至2020年其出口量为1 132.91亿立方英尺，减幅为39.01%，平均递减速度为5.35%；截至2021年赤道几内亚的天然气出口量为1 320.91亿立方英尺，较上年增加16.59%。

东帝汶的天然气生产全部用于出口，东帝汶从2006年开始生产和出口天然气，其产量从1 469.10亿立方英尺增加至2009年的2316.67亿立方英尺，增幅达到57.69%，平均递增速度16.40%；2009—2021年由于基础设施落后，其天然气生产量和出口量难以持续提升，在1 800亿~2 800亿立方英尺区间内波动，其中在2015年时达到最高的2 719.26亿立方英尺，在2019年时达到这段时间内最低的1 802.70亿立方英尺。截至2021年东帝汶的天然气生产量和出口量为2 133.07亿立方英尺，较上年的2 358.72亿立方英尺减少了9.57%。

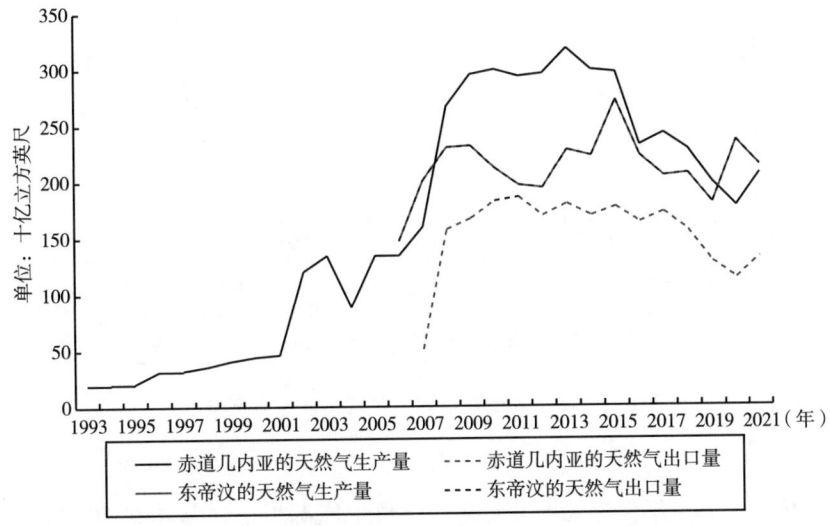

图4-5-4 其他葡语国家天然气生产及进出口情况

资料来源：EIA，2022。

4.5.1.4 可再生能源生产情况

根据美国能源信息署的1980—2019年五国可再生能源数据，五个国家中赤道几内亚和佛得角的可再生能源生产量较大，几内亚比绍与圣多美和普林西比有少量生产，而东帝汶没有生产可再生能源。

五个国家可再生能源总产量走势与赤道几内亚的可再生能源生产量相似。1980—1992年其每年的可再生能源总产量在2 000~2 700吨油当量的区间波动；1992—2007年其生产量从2 606.14吨油当量缓慢增加至1.14万吨油当量；2008年后其总产量快速增加至2015年的23.25万吨油当量，此后其总产量经历了大幅震荡。截至2019年，可再生能源总产量降至7.30万吨油当量，较上年的23.31万吨油当量减少了68.68%（如图4-5-5所示）。

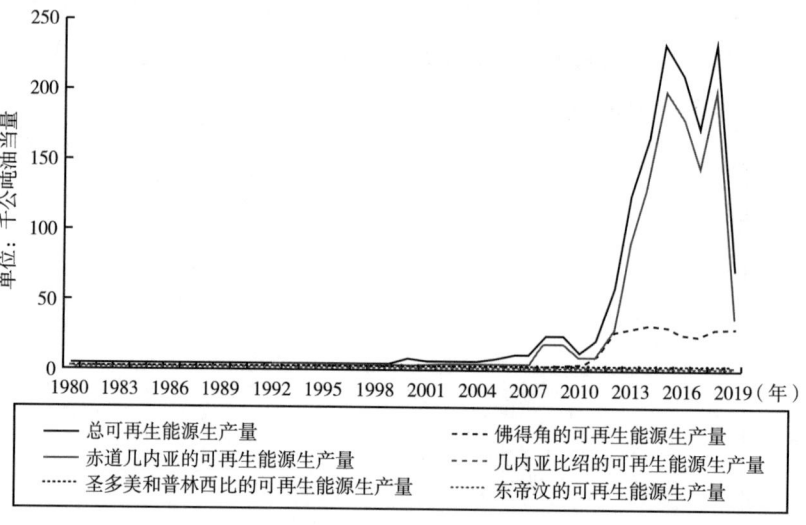

图4-5-5 其他葡语国家可再生能源生产情况

资料来源：EIA，2022。

1980—1996年赤道几内亚每年的可再生能源生产量基本在500吨油当量；1997—1999年其每年的可再生能源生产量在770吨油当量左右；2000—2003年其每年的可再生能源生产量达到了3 600吨油当量左右；2004—2011年其可再生能源生产量在4 000~19 000吨油当量的区间波动；2012年赤道几内亚新建的水电站开始投产（EIA，2022），使其可再生能源生产大幅增加，2012—2015 年其生产量从 2.96 万吨油当量快速增加至 19.92 万吨油当量；2017—2019 年其生产量经历了大幅震荡，2019 年时由于气候极度干旱（联合国新闻，2021），赤道几内亚的水电产量大幅下降，其可再生能源生产量也随之下降至 3.96 万吨油当量，较上年的 19.94 万吨油当量减少了 80.14%。

佛得角从 1993 年开始生产可再生能源，从 519.56 吨油当量增加至 1999 年的 2 061.53 吨油当量，之后至 2010 年其产量在 1 200~2 600 吨油当量的区间内波动；2011—2014 年其产量从 9 034.13 吨油当量快速增加至 31 760.76 吨油当量，平均递增速度为 52.06%；此后其产量在 2.4 万~3.1 万吨油当量的区间内波动。截至 2019 年，佛得角的可再生能源生产量为 2.94 万吨油当量，较上年的 3.06 万吨油当量减少了 3.92%。

圣多美和普林西比在 1980—2019 年的可再生能源生产量在 1 000~3 700 吨油当量的区间波动。截至 2019 年圣多美和普林西比的可再生能源生产量为 3 302.77 吨油当量，较上年的 2 406.20 吨油当量增加了 37.26%。

几内亚比绍从 2014 年开始生产可再生能源，其产量总体呈上升趋势，从 105.87 吨油当量快速增加至 2018 年的 687.49 吨油当量。截至 2019 年，几内亚比绍的可再生能源生产量为 660.48 吨油当量，较上年减少了 3.93%。

4.5.2　其他葡语国家的二次能源供给结构

以下主要介绍其他葡语国家电力供应情况。

4.5.2.1　电力能源供给整体情况

根据美国能源信息署的 1980—2019 年五国电力生产量数据，五个国家中赤道几内亚、佛得角和东帝汶的电力产量较大，在 1991 年之前这五个国家的电力产量很相近，都低于 4 000 万千瓦时，此后逐渐拉开了差距。

五个国家的电力总产量在 1980—1999 年总体呈现缓慢上升趋势，从 5 400 万千瓦时增加至 20 800 万千瓦时，平均递增速度为 7.36%，这段时间的增长主要依靠佛得角；2000—2016 年由于赤道几内亚的电力产量大幅增加，总电力生产量也快速增加，从 29 084 万千瓦时增加至 231 541 万千瓦时，平均递增速度为 13.84%；此后总电力产量经历了大幅震荡，截至 2020 年总电力生产量为 226 420.82 万千瓦时，较上年的 182 731.8 万千瓦时增加了 23.91%（如图 4-5-6 所示）。

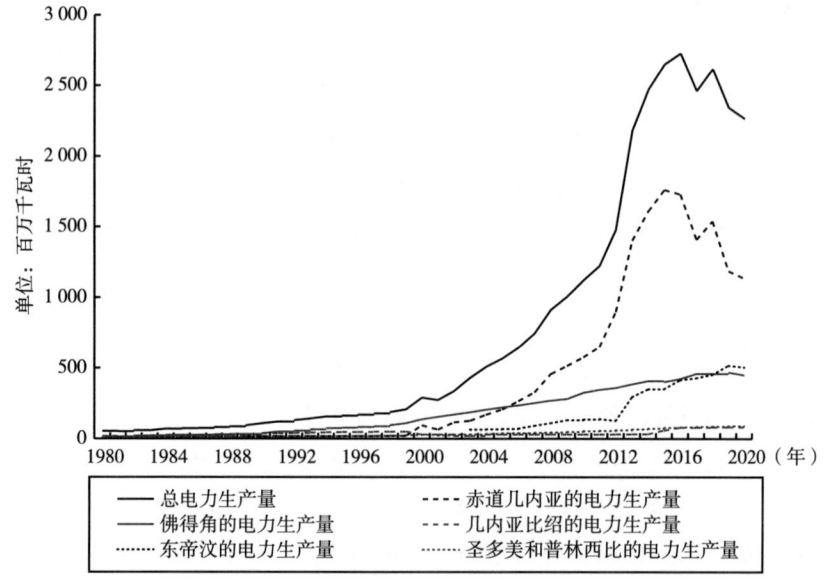

图 4-5-6　其他葡语国家电力能源生产情况

资料来源：EIA，2022。

赤道几内亚的电力生产量在 2000 年之前最高为 2 100 万千瓦时，此后快速增加，从 2000 年的 9 484 万千瓦时增加至 2015 年的 176 265 万千瓦时，平均递增速度为 21.51%，特别是 2012 年赤道几内亚新建的水电站开始投产，其电力生产量显著增加（EIA，2022）；2016—2020 年其电力产量呈现波动下降趋势，至 2020 年赤道几内亚的电力生产量降至 113 426 万千瓦时，较上年的 118 596 万千瓦时减少了 4.36%，这段时间的平均递减速度为 10.03%。

几内亚比绍与圣多美和普林西比的电力生产量相近，在 1980—2020 年两者都呈现缓慢上升趋势。几内亚比绍的电力生产量从 1 300 万千瓦时增加至 8 245.8 万千瓦时，平均递增速度为 4.73%；圣多美和普林西比的电力生产量从900万千瓦时增加至9 510万千瓦时，平均递增速度为6.07%。

东帝汶的电力生产量在2003—2020年总体呈现上升趋势，从6 500万千瓦时增加至50 459.4万千瓦时，平均递增速度为12.81%。截至2020年，其电力生产量排这五个国家的第二位，仅次于赤道几内亚。

4.5.2.2 电力渠道

根据美国能源信息署的1980—2019年五国各品类能源发电量占比数据，化石燃料是这五个国家最主要的发电能源，水电、风能、太阳能次之。同时五国都没有依靠核能、潮汐能和波浪能、地热能和生物质能进行发电。

五国化石燃料发电量占总发电量的比重基本在70%以上，2010年达到最高的96.24%，2018年时达到最低的68.70%。截至2020年，化石燃料发电量占总发电量的比重为90.24%，较上年稍有下降（如图4-5-7所示）。

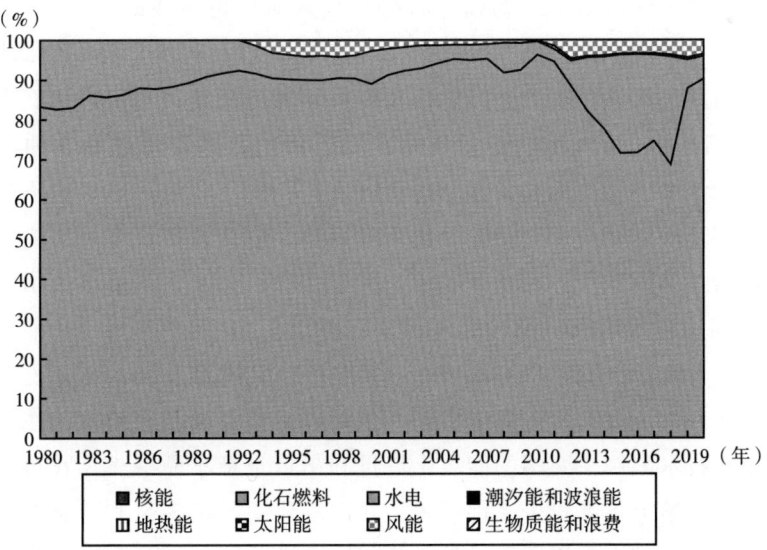

图4-5-7 其他葡语国家各品类能源发电量占比情况

资料来源：EIA，2022。

水电主要来源于赤道几内亚与圣多美和普林西比，其发电量占总发电量的比重在3%~28%的区间内波动，在2011年时达到最低的3.14%，在2018年时达到最高的27.10%。截至2020年，水电发电量占总发电量的比重为5.74%，较上年稍有下降。

风能发电全部来源于佛得角，从1993年开始风能发电占比始终不超过5%。截至2020年，风能发电量占总发电量的比重为3.53%，较上年稍有下降。

太阳能发电来源于佛得角和几内亚比绍，从2010年开始太阳能发电占比始终不足1%。截至2020年太阳能发电量占总发电量的比重为0.49%，较上年稍有下降。

本章小结

葡萄牙在2005年实现碳达峰后，在能源供给上呈现下降趋势，对化石燃料能源的供给占比不断下降，而可再生能源的供给占比不断上升，特别是在俄乌冲突的背景下，葡萄牙将持续投入对可再生能源的开发与利用，这一趋势将持续扩大。巴西在2014年实现碳达峰，随着大型深水油田的开发，巴西的化石燃料能源生产量仍在持续增加，但其在本国对化石燃料的供给正在减少，可再生能源的供给占比不断上升。安哥拉是石油出口大国，近十年来由于技术和操作上的落后，其石油生产量和出口量不断降低（IEA，2022a），能源供给量也呈现下降趋势，但在天然气和可再生能源的生产供给上不断增加。莫桑比克在21世纪以来能源生产量快速增加，至2012年时由能源净进口国转变为能源净出口国，以生产和出口天然气和煤炭为主，在能源供给上也不断增加，其中可再生能源占据了80%左右。赤道几内亚和东帝汶均为能源出口国，主要以出口石油和天然气为主，但近些年由于技术限制，两国的能源生产量和出口量都不断减少，在可再生能源的生产供给上也都较少。佛得角、几内亚比绍与圣多美和普林西比这三个国家的人口较少、资源匮乏且经济落后，仅生产少量的可再生能源。

综上所述，葡语国家在能源供给上越来越关注对可再生能源的开发与利用，对化石燃料能源的供给正不断减少。俄乌冲突爆发带来的能源危机更加凸显了发展清洁能源技术的重要性，未来葡语国家可再生能源的供给将持续增加，这也将为世界达成碳中和目标作出巨大贡献。

本章数据来源

本章所引用的能源数据均来源于经合组织（OECD）、美国能源信息署（EIA）、国际能源署（IEA）、世界银行（World Bank）和英国石油公司（British Petroleum）。

本章参考文献

[1] 北极星核电网，2020. 巴西与美国深化核电合作. https：//news. bjx. com. cn/html/20200220/1045411. shtml.

[2] 石油百科，2018. 巴西："贫油"大国的华丽转身. http：//center. cnpc. com. cn/bk/system/2018/01/05/001674235. shtml.

[3] 石油圈，2016.［2016］EIA 报告：安哥拉油气行业现状分析. http：//www. oilsns. com/article/47507.

[4] 百度百科，2023a. 安哥拉. https：//baike. baidu. com/item/安哥拉/408582－8.

[5] 百度百科，2023b. 莫桑比克. https：//baike. baidu. com/item/莫桑比克/127862－3.

[6] 百度百科，2023c. 东帝汶. https：//baike. baidu. com/item/东帝汶/198252－3.

[7] 国际能源网，2022. 赤道几内亚. https：//www. in－en. com/search. php? q＝赤道几内亚&sub＝搜＋索&sort＝0&time_order＝0.

[8] 环球印象，2020. 莫桑比克对外经济合作现状及特点. http：//www. zcqtz. com/news/234752. html.

[9] 易煤网，2019. 降雨影响淡水河谷莫桑比克煤矿一季度产量同比降 9%. https：//info. yimei180. com/news/article/10070.

[10] 周天航，刘贵洲. 莫桑比克天然气开发渐入佳境［J］. 中国投资，2019，12(24)：52－54.

[11] 联合国新闻，2021. 非洲的气候"明显"在变化：引发日益严重的粮食不安全、贫困和流离失所. https：//news. un. org/zh/story/2021/10/1092992.

[12] 浩特工业，2019. 莫桑比克与煤炭. http：//www. hotmining. cn/News135. html.

［13］新华丝路，2016. 赤道几内亚石油行业简析. https：//www. imsilkroad. com/news/p/28186. html.

［14］新华丝路，2020. 疫情下安哥拉经济衰退 中国企业面临转型. https：//www. imsilkroad. com/news/p/411891. html.

［15］澎湃新闻，2022. 作为首批放弃煤炭的欧盟国家，葡萄牙将在气候峰会上分享经验. https：//www. thepaper. cn/newsDetail_forward_20331966.

［16］British Petroleum，2022. https：//www. bp. com/en/global/corporate/energy – economics/statistical – review – of – world – energy. html.

［17］Carbon Monitor，2022. http：//carbonmonitor. org. cn/.

［18］European Statistical System，2021. EU energy mix and import dependency. https：//ec. europa. eu/eurostat/statistics – explained/index. php？title = EU_energy_mix_and_import_depency&stable = 1#Energy_mix_and_import_dependency.

［19］International Energy Agency，2021a. Available at. https：//www. iea. org/.

［20］International Energy Agency，2021b. Portugal 2021 Energy Policy Review. In English. Available at. https：//iea. blob. core. windows. net/assets/a58d6151 – f75f – 4cd7 – 891e – 6b06540ce01f/Portugal2021EnergyPolicyReview. pdf.

［21］International Energy Agency，2022a. World Energy Outlook 2022. In English. Available at. https：//iea. blob. core. windows. net/assets/830fe099 – 5530 – 48f2 – a7c1 – 11f35d510983/WorldEnergyOutlook2022. pdf.

［22］International Energy Agency，2022b. World Energy Statistics（2022 edition）. In English. Available at. https：//iea. blob. core. windows. net/assets/25266100 – 859c – 4b9c – bd46 – cc4069bd4412/WORLDBES_Documentation. pdf.

［23］Organization for Economic Co – operation and Development，2022a. Available at. https：//data. oecd. org/.

［24］The World Bank，2022. https：//www. worldbank. org/.

［25］U. S. Energy Information Administration，2022. https：//www. eia. gov/.

5. 葡语国家能源行业发展现状

5.1 葡萄牙能源行业发展现状

5.1.1 能源资源及开采利用状况

5.1.1.1 能源资源

①煤

2021年葡萄牙煤炭资源贫乏,探明储存量约为0.04亿吨(如图5-1-1所示),相较于2020年没有增长。与世界各国相比葡萄牙煤的可探明储量处于较低水平,占全世界煤可探明储量的0.002%(截至2021年全世界储煤量约为2 322亿吨)。

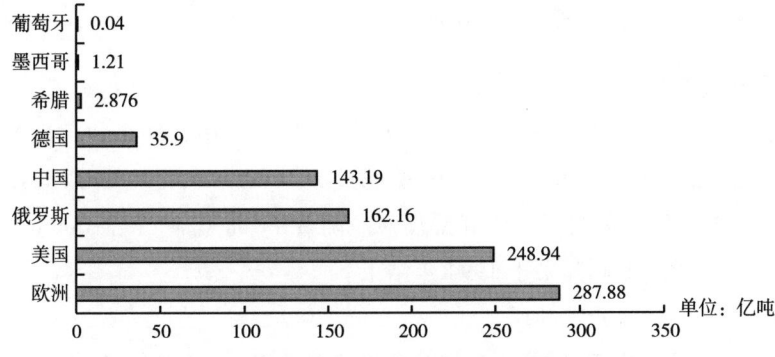

图5-1-1 2021年世界各国煤的可探明储量对比

资料来源:bp世界能源统计年鉴,美国能源信息署(EIA)。

②石油

美国能源信息署（EIA）数据表明，从2000年至2021年葡萄牙石油可探明储量一直为0。从国际能源署（IEA）得知，葡萄牙没有原油开采，原油完全依靠外来进口。目前，葡萄牙的石油总储存能力约为4 350万桶，其中约70%的总储存能力位于Sines（18.65万桶）和Matosinhos（11.57万桶）炼油厂，其余分布在大陆与亚速尔群岛和马德拉群岛的自治岛屿地区。虽然葡萄牙几乎所有的石油都是储存在地面上的储存罐当中，但在锡尼斯有一个丙烷地下储存洞穴，其中储存着少部分石油，容量为50万桶。葡萄牙国家能源局（ENSE）正在研究在盐洞中储存石油产品的可能性。

③天然气

美国能源信息署（EIA）的数据显示，2000年至2021年葡萄牙天然气可探明储量一直为0。葡萄牙没有天然气生产，其天然气供应100%依靠进口。根据国际能源署可知葡萄牙有两个大型天然气储存设施——Carriço UGS设施和Sines终端液化天然气储存设施，共同提供最大技术储存能力约600千兆瓦，总液化天然气存储容量为39万立方米。

④可再生能源

葡萄牙位于伊比利亚半岛西南部，地域不大，山地丘陵地貌北高南低，森林覆盖率为36.15%，西、南濒临大西洋，因此葡萄牙拥有一定的水力、风能、太阳能、生物质能和海洋能等可再生能源资源。

5.1.1.2　能源开采及项目

①煤炭开采

葡萄牙境内的煤炭开采发生在143个矿场。其中，Douro、Rio Maior、Santa Susana和Cabo Mondego煤田规模最大（Ribeiro, J., & Flores, D., 2021）。1795年，葡萄牙开始开采煤炭。随着Pejão煤矿（在Douro煤田）关闭，葡萄牙的煤矿开采于1994年结束。

②可再生能源开发利用

目前，葡萄牙正通过大力发展可再生能源以减少对传统化石燃料的需求，截至2021年，葡萄牙可再生能源占比为30.59%。从2019年开始葡萄牙政府就大力减少对于煤炭的需求，到2021年煤炭的消耗量仅为

2.98 亿千瓦时。可再生能源占比目前较低的主要原因可能是葡萄牙对于天然气的依赖。2000 年至 2021 年葡萄牙天然气的需求呈上升趋势，从一开始的 23 亿千瓦时上涨至 58.6 亿千瓦时。对于占据需求主导地位的石油而言，葡萄牙政府也正适当降低其能源消耗的位置，从 2000 年的 188.7 亿千瓦时下降至了 2021 年的 117 亿千瓦时（如图 5-1-2 所示）。

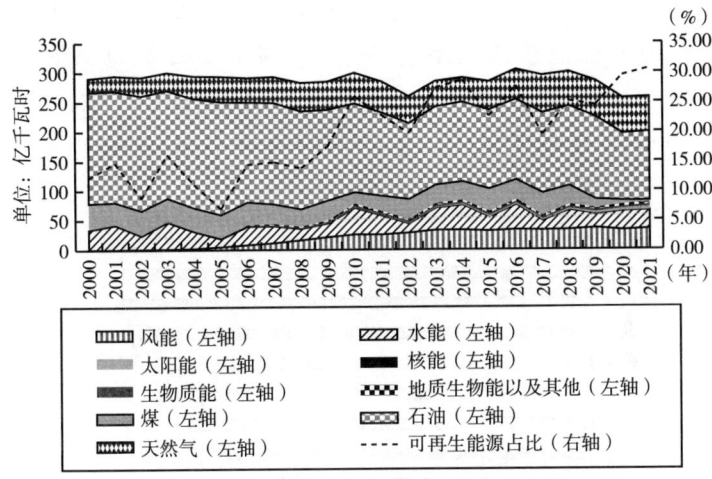

图 5-1-2　葡萄牙不同燃料消耗占比

资料来源：bp 世界能源统计年鉴。

5.1.2　行业指标

5.1.2.1　能源依赖

2000—2019 年，葡萄牙外部能源依赖率基本处于 70%~93% 的区间内。如此之高的外部能源依赖是因为葡萄牙本国缺乏化石能源如煤炭、石油和天然气等资源，且这些化石能源在国内能源总消耗当中占据非常大的比重（DGED，2020a）。如图 5-1-3 所示，在 2020 年，葡萄牙外部能源依赖率到达历史最低水平——65.8%（比 2019 年下降了 8.4%）。其中很大一部分是因为 COVID-19 疫情暴发所导致的经济和社会行为的减少（这一部分使得外部能源依赖率下降了 7.4%）；还有一部分是因为国内可再生能源产量的增加（比 2019 年增加了 2.6%）。

高度依赖进口能源会使得国家经济发展受限，一旦发生国际性事件，如 COVID-19、贸易战争、能源危机等，很有可能会阻碍国家经济发展。Arne & Per（2019）指出，当外部能源依赖率高于 60% 时，这意味着国家会受到国际性事件所带来的不良影响。目前，葡萄牙的外部能源依赖率（65.8%）使得葡萄牙需要时刻关注国际事件所带来的冲击。在欧盟国家中，葡萄牙的外部能源依赖率比欧盟 27 国平均外部能源依赖率高了 7.8%。葡萄牙政府通过制定国家能源气候计划（PNEC）用以应对其所带来的危害（PNEC 规定到 2023 年葡萄牙外部能源依赖率应降至 65%）。

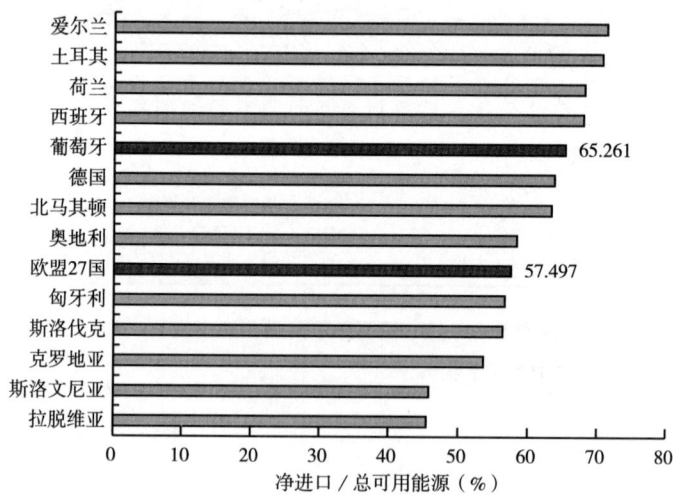

图 5-1-3 2020 年欧盟 27 国能源依赖（节选）

资料来源：欧盟统计局。

5.1.2.2 能源强度

2020 年，DGED（2022b）指出，葡萄牙一次能源的能源强度为 111 吨/百万欧元（与 2019 年相比增加 0.9%），最终的能源强度为 83 吨/百万欧元（与 2019 年相比增加 1.2%），电力的能源强度为 253 吨/百万欧元（与 2019 年相比增加 5.9%）。一次能源的能源强度能有效衡量能源的经济效率，即生产一单位国内生产总值（GDP）所需的能源量。根据欧盟 27 个国家能源强度数据得知，如图 5-1-4 所示，2020 年葡萄牙是能源强度最低的第 14 个国家（125.54 吨/百万欧元），高于欧盟 27 国的平均水平（116.69 吨/百万欧元）。

为了更加精准地衡量一个国家的能源强度，需要考虑该国家的经济结构，即各个部门的能源强度。DGED（2022b）指出，2020 年，葡萄牙工业部门的能源强度为 128 吨/百万欧元（与 2019 年相比增加 3.2%），农业和渔业部门的能源强度为 135 吨/百万欧元（与 2019 年相比增加 12.5%），交通部门的能源强度 27 吨/百万欧元（与 2019 年相比减少 10%），国内部门的能源强度为 25 吨/百万欧元（与 2019 年相比增加 8.7%），而服务业的能源强度为 17 吨/百万欧元（与 2019 年相比减少 5.6%）。Suisui Chen, Hongyan Zhang & Shuhong Wang（2022）指出，高能源强度在一定程度上能推动经济的发展，但一定程度上阻碍了国家绿色转型。所以葡萄牙政府需要在能源调配上进行优化，从而实现降低能源强度的同时也能维持一定程度的经济增长。

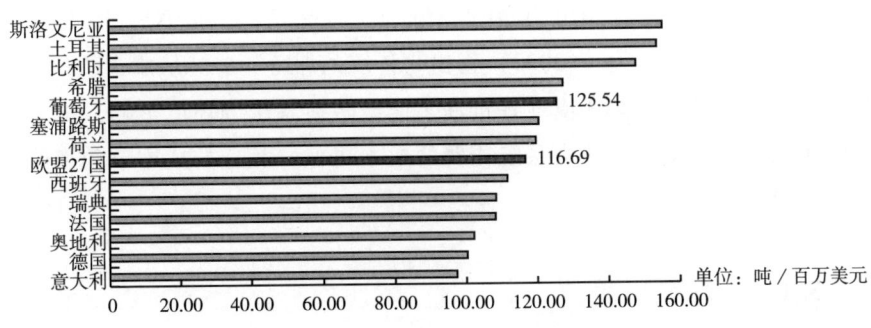

图 5-1-4　2020 年欧盟 27 国能源强度（节选）

资料来源：欧盟统计局。

5.1.2.3　经济效益

居民能源使用情况能很好地反映出能源市场所带来的经济效益（National Institute of Statistics & DGEG, 2022）。2020 年，葡萄牙总共有 81.6% 的住房使用了加热设备。其中 64.8% 的住房使用了电加热器（2010 年为 61.2%），并且这类设备使用的平均数量为每间住房 1.6 套设备（设备的数量只统计了实际使用的设备,而没有统计实际存在的设备)。有24.2%和19.2%的住宅使用了壁炉和冷热两用的空调(2010年为11.1%和7.3%)。三大加热设备中,冷热两用空调的平均设备数最高为每间住房2.0套设备(2010年为每间住房1.8套设备)。仅用于供暖的热泵和用于环境供暖的太阳能热板很少被居民使用(分别占住房的1.1%和0.2%)。

居民使用制冷设备的情况与加热设备的情况有所不同,大约只有32.7%的住房使用了房间冷却设备。其中有58.8%的住房使用风扇(2010年为69.5%),45.4%的住房使用了冷热两用空调(2010年为26.0%),以及7.3%的住房使用只制冷的空调(2010年的7.2%)。

对于住房用水加热,大部分使用热水器,其使用率为67.3%(2010年为78.6%)。平均而言,每间住房只有一件这样的设备。其次是锅炉和储水罐,这两种设备都被16.7%的住房所使用(2010年分别为11.9%和11.2%,顺序相同),储水罐的平均设备数为每间住房1.1套设备。有8.0%的住房使用了太阳能热系统来加热水,相比过去十年其太阳能热系统使用率大幅增长(2010年为1.8%)。Chen, Y., Li, X., Hua, H., Lund, P. D. & Wang, J.(2022)指出与传统的㶲经济学(从成本的角度衡量系统的有效性)及㶲环境(评价许多能源转换系统的环境影响)的优化方法相比,采用太阳能热力系统花费的成本更低,相应的成本节约率降低了>0.02%。

5.1.3 环境排放

5.1.3.1 温室气体排放

①二氧化碳(CO_2)

从碳信息披露项目(Global Carbon Project)得知,葡萄牙二氧化碳排放量从2000年的6.57千万吨一直增长至2005年的6.97千万吨,随后二氧化碳排放量呈现下降趋势(如图5-1-5所示)。2021年葡萄牙二氧化碳排放量降低至4.07千万吨,相比于2005年减少了2.9千万吨的二氧化碳排放。葡萄牙二氧化碳排放量大部分来源于石油产业,一部分来源于煤和天然气产业，极少部分来源于水泥和燃除行业（如图5-1-6所示）。2021年石油产业二氧化碳排放量占总排放量的58.7%，天然气产业的排放量占27.8%。煤排放的二氧化碳气体从2018年开始骤减，2021年煤产业产生的二氧化碳气体仅占了总排放量的2.7%，这很大程度上是因为葡萄牙政府禁止煤的开采与使用。

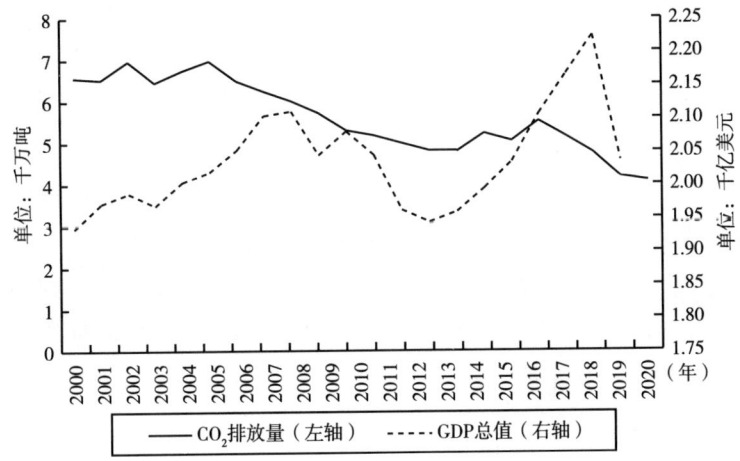

图5-1-5 2000—2021年葡萄牙 CO_2 排放量和 GDP 总值关系

资料来源：碳信息披露项目。

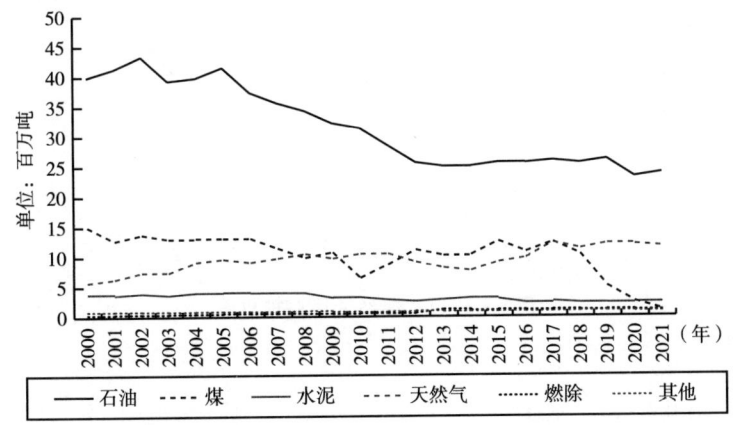

图5-1-6 葡萄牙不同产业二氧化碳排放

资料来源：碳信息披露项目。

目前,世界各国正朝着"经济发展与二氧化碳气体排放脱钩"这一目标而努力,葡萄牙也不例外。根据世界银行(World Bank)的数据,2013 年至 2019 年葡萄牙 GDP 增长处于上升趋势,从 1.94 千亿美元增长至 2.22 千亿美元,与此同时二氧化碳排放量却处于下降趋势,这得益于葡萄牙政府大力支持可再生能源的开发与使用。2020 年 GDP 总值与二氧化碳排放量呈现相同的下降趋势,很大程度上是因为 COVID-19 大流行。

②甲烷(CH_4)

通过气候观察(Climate Watch)的数据得知,葡萄牙 2000—2019 年甲烷气体的排放量总体呈现下降趋势。其中 2004 年甲烷气候排放处于峰值 1.32 千万吨,而 2018 年和 2019 年两年维持甲烷最低排放量 1.135 千万吨(如图 5-1-7 所示)。葡萄牙甲烷排放主要来源于垃圾填埋场和农业生产。2019 年垃圾填埋场排放甲烷 6.07 百万吨,占总气体排放量的 53.5%。2019 年农业生产过程中所产生的甲烷气体为 4.78 百万吨,占总气体排放量的 42.1%(如图 5-1-8 所示)。

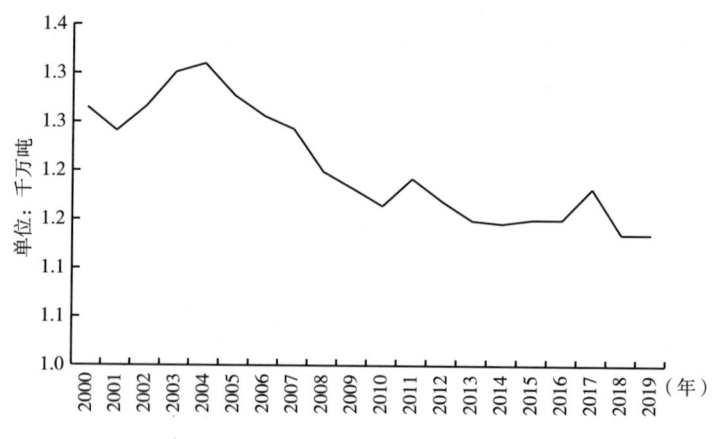

图 5-1-7 葡萄牙甲烷排放量

资料来源:气候观察(Climate Watch)。

③一氧化二氮(N_2O)

从气候观察(Climate Watch)的数据得知,葡萄牙 2000—2019 年一氧化二氮气体排放量基本维持在 3 百万~4 百万吨。在 2002 年一氧化二氮气体排放量达到最高值 4.12 百万吨，而在 2018 年排放量达到最低值 2.97 百万吨，这期间一氧化二氮排放量减少了 28%（如图 5-1-9 所示）。葡萄牙一氧化二氮排放主要来源于农业生产，2019 年农业生产过程中排放一氧化二氮 2.12 百万吨，占总气体排放量的 71%（如图 5-1-10 所示）。

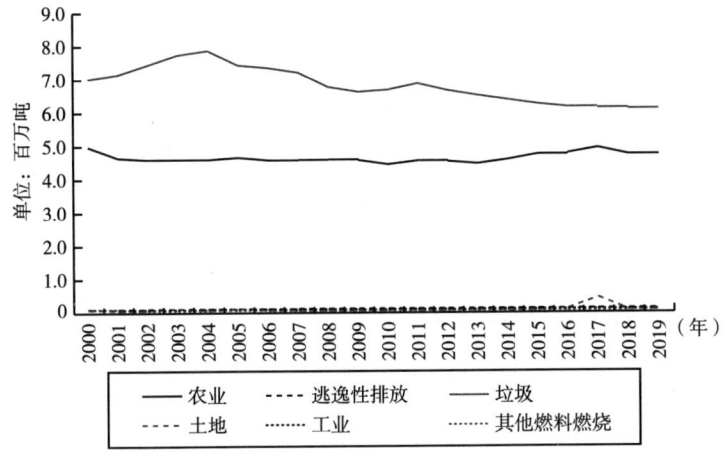

图 5-1-8　葡萄牙不同形式甲烷排放量

资料来源：气候观察（Climate Watch）。

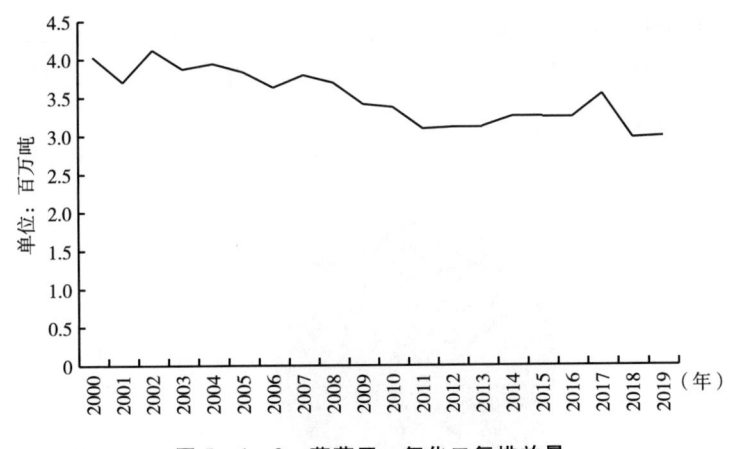

图 5-1-9　葡萄牙一氧化二氮排放量

资料来源：气候观察（Climate Watch）。

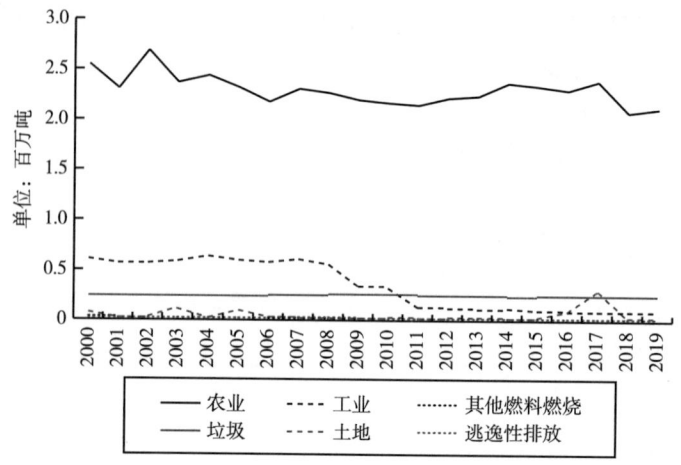

图 5－1－10　葡萄牙不同形式一氧化二氮排放量

资料来源：气候观察（Climate Watch）。

5.1.3.2　污染物排放

①塑料污染

塑料是石化产业的附生产品，塑料如果不能得到妥善处理，如焚烧或者送去垃圾填埋场，将会流向河流和海洋造成污染。Meijer et al.（2021）2019 年葡萄牙无法处理的塑料总量为 3 818 吨，仅占欧洲 27 国总无法处理塑料总量的 1%（如图 5－1－11 所示）（2019 年欧洲 27 国无法处理塑料总量为 266 588 吨）。

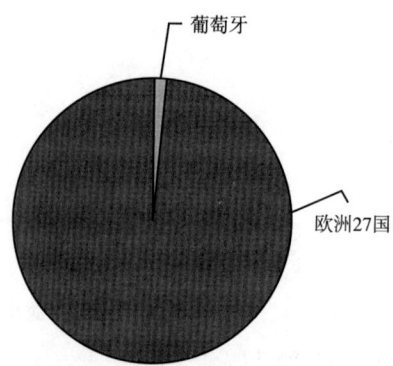

图 5－1－11　2019 年葡萄牙和欧洲 27 国无法处理塑料总量比较

资料来源：Meijer et al.（2021）。

②可吸入颗粒物污染（PM2.5）

各种行业消耗化石燃料都可能产生可吸入物颗粒造成大气污染。根据欧洲环境署（EEA）的数据，近年来葡萄牙 PM2.5 浓度正在逐步下降。2010 年葡萄牙 PM2.5 排放量为 5.15 万吨，2020 年 PM2.5 排放量为 4.62 万吨。十年内葡萄牙共减少了 0.53 万吨的 PM2.5 排放量。葡萄牙住宅、商业和机构以及生产业是 PM2.5 排放的主要来源（共占总排放量的 84%），2020 年住宅、商业和机构的排放量占总排放量的 39.89%，生产业的排放量占总排放量的 44%（如图 5-1-12 所示）。

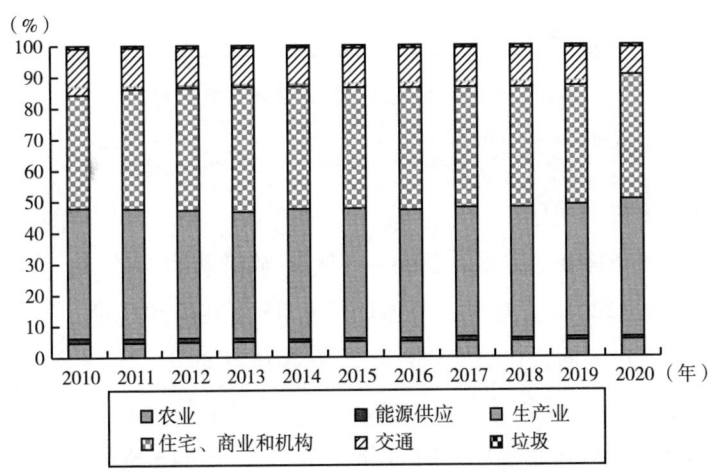

图 5-1-12　葡萄牙不同产业产生的 PM2.5 占比

资料来源：欧洲环境署（EEA）。

③二氧化硫（SO_2）

根据欧洲环境署的数据，葡萄牙 SO_2 排放量从 2010 年的 4.63 万吨降低至 2020 年的 2.72 万吨，共降低了 1.91 万吨的排放量。其中排放量降低幅度最大的行业是能源供应以及生产业，能源供应从 2010 年的 1.24 万吨降至 2020 年的 0.37 万吨；生产业从 2010 年的 3.14 万吨降至 2020 年的 2.16 万吨。同时这两大行业 SO_2 排放量占比也最大，2020 年能源供应排放的 SO_2 占总排放量的 14%，生产业则占比为 79%（如图 5-1-13 所示）。

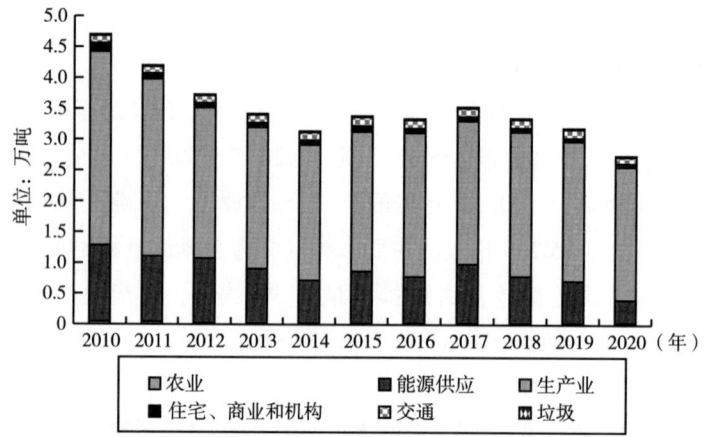

图 5-1-13　葡萄牙不同产业所排放的 SO_2

资料来源：欧洲环境署（EEA）。

④氮氧化物（NO_x）

根据欧洲环境署的数据，葡萄牙 NO_x 排放量从 2010 年的 18.2 万吨降低至 2020 年的 12.17 万吨，一共降低了 6.03 万吨的排放量。其中 NO_x 排放量降低幅度最大的行业是交通行业，从 2010 年的 9.73 万吨降至 2020 年的 5.22 万吨，一共降低了 4.51 万吨，交通行业也是 NO_x 排放占比最大的行业，2020 年排放占总排放量的 45%（如图 5-1-14 所示）。

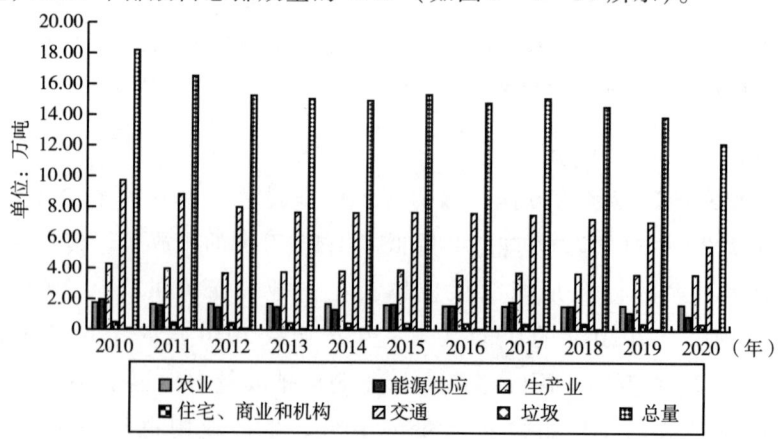

图 5-1-14　葡萄牙不同产业排放的 NO_x

资料来源：欧洲环境署（EEA）。

5.1.4 能源技术

5.1.4.1 传统能源技术

葡萄牙的传统能源技术产业主要是原油精炼，且仅有两家炼油厂，分别是 Sines 和 Matosinhos。两家炼油厂都是由 Galp 公司所运营的。从 IEA（2021a）得知，其中 Sines 炼油厂位于葡萄牙最大的港口和工业综合体，产能为 22 万桶/天（8 110 万桶/年）。由于 Sines 炼油厂优越的沿海地理位置，原油供应及产品出口都有很大的优势。Matosinhos 炼油厂位于西北海岸的一个大型工业基地，是一个采用真空蒸馏的水力脱脂炼油厂，产能为 11 万桶/天（40.5 万桶/年）。由于欧洲监管环境及消费模式的变化，Matosinhos 炼油厂于 2021 年暂定使用。葡萄牙一天约产出 33 万桶的精炼石油，Sines 占其中的 70%。

5.1.4.2 新能源技术

①太阳能技术

葡萄牙大力支持太阳能的发展，筹集了多个有关太阳能技术开发的项目（DGED）。H2CORK 项目使用从软木中获得的生态陶瓷，并通过生态陶瓷吸收太阳能生产氢气。INSHIP 项目整合有关太阳能的国家研究，同时研发了聚光太阳能发电和聚光灯等技术。FCT（合成四面体材料）项目将使用合成四面体材料打造新型太阳能吸收器（如表 5-1-1 所示）。这种吸收器是一种由硫化铜矿物和锑等低毒性元素组成的器械（当前，大多数太阳能电池成分中含有带毒性的稀有元素）。

②海洋能技术

葡萄牙在海洋能方面拥有巨大的潜力，其中波浪能技术的开发较为成熟。破浪能最大的潜力来自西北海岸和中部的大陆。除波浪能外，海洋能还包括潮汐、振幅、盐度梯度、热梯度。但是葡萄牙在振幅、潮汐（在有锥形海岸的地区开发）、热梯度（仅在热带地区）和盐度梯度（在大河口的潜力）方面的资源是微弱的。目前，已经开发出几种技术将这些形式的能源转化为电能,如 Wells 涡轮机发电、Pelamis 地面设备——第一个波浪能"公园"、WaveRoller 技术设备,并且这些技术的部署地点将根据海洋和沿海条件决定。

表 5–1–1　　　　　　葡萄牙可再生能源技术项目概览

可再生能源种类	项目名
太阳能	H2CORK 项目——通过太阳能生产氢气 INSHIP 项目——整合太阳能有关的国家研究并且研发聚光太阳能发电以及聚光灯等技术 FCT 项目——低毒性的新型太阳能吸收器
海洋能	Wells 涡轮机发电 Pelamis 地面设备——第一个波浪能"公园" WaveRoller 技术设备
风能	UPAC、UPP 和小型/微型发电厂 WindFloat(浮动平台技术)

资料来源:葡萄牙能源和地质总局。

③风能技术

(DGED)通过陆上风电场开采的风能是葡萄牙电力系统中可再生电力的主要来源之一,只有在降雨量充沛的年份中才会被水力发电超越。风力发电分布在全国各地,主要分布在布朗库堡、科英布拉、法鲁、瓜尔达、莱里亚、里斯本、维亚纳堡、雷阿尔城和维塞乌等地区。由于最适合使用风力资源的位置已经被工厂占用,为了应对这种情况,葡萄牙建造 UPAC、UPP 和迷你/微型发电厂。在海上风力发电技术上,葡萄牙是浮动平台技术(WindFloat)的先驱。浮动平台是由三根柱子组成的半潜式平台,它能适用于任何类型的风力涡轮机,并且它们是在陆地上建造和组装的,而不是在海上,这样可以降低安装成本。

④森林生物质能技术

Rafael, Tarelho, Monteiro, Sa, Miranda, Borrego & Lopes (2015) 指出葡萄牙森林占国土面积的 35.4%(约 320 万公顷),蕴含着大量的森林生物质能。2020 年,葡萄牙生物质能的产热量约占总产热量的 60%。随着林业生物质混合物的大量使用,用于热电联产的石油使用量有所减少,到

2020年仅占4%。Cardoso, Silva & Eusebio (2019) 指出使用林业生物质混合物进行热电联产有许多优点，包括：提高原料的可用性、稳定的供应量、替代其他难以储存并且拥有高运输成本的原料。

⑤新能源技术装机容量

由于新能源技术的蓬勃发展，自2010年以来，电力生产的总装机容量增长了约18%，大部分增长来源于可再生能源发电厂。可再生能源发电厂的装机容量增长了58%，而非可再生能源发电厂的装机容量下降了21%（DGED，2022c）。风能的装机容量在2021年达到了5.23吉瓦，相比于2010年的3.8吉瓦增长了38.25%。光伏发电的装机容量增长最快，在2021年达到了1.8吉瓦，相比于2010年的0.134吉瓦增长了92%。2021年，地热能装机容量增长较慢，2021年仅有0.029吉瓦（如图5-1-15所示）。

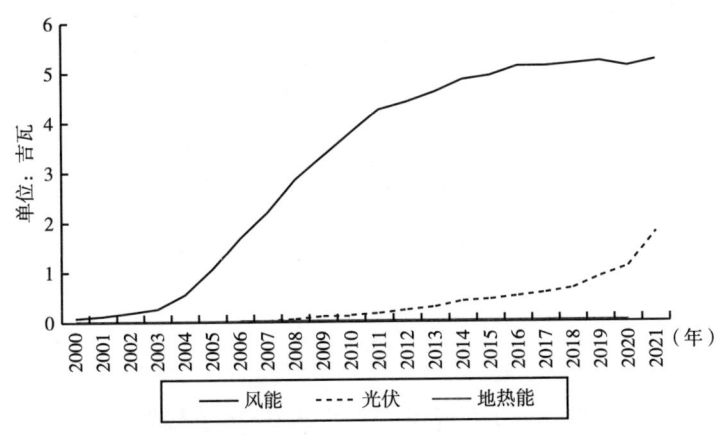

图5-1-15　葡萄牙可再生能源累计装机容量

资料来源：bp世界能源统计年鉴。

为了遏制家庭和企业高昂的能源账单，西班牙和葡萄牙在俄乌冲突爆发之前就联合起来，要求欧盟允许它们绕开统一的电价设定规则。这是因为两国主要使用可再生能源和天然气进行发电，与欧盟电网的联系很少。从2000年至2021年，我们可以很明显地发现葡萄牙运用煤和石油能源的发电量正逐渐减少，取而代之的是天然气以及可再生能源（如

图 5-1-16 所示)。2021 年可再生能源发电量约为 31 亿千瓦时,天然气发电量为 15.8 亿千瓦时,两者占总发电量的 94%(其中石油发电量为 1.46 亿千瓦时、煤发电量发为 1.1 亿千瓦时)。葡萄牙对俄罗斯天然气的依赖也很小,大部分天然气来自美国和尼日利亚,俄罗斯是葡萄牙第三大天然气供应国,只占总进口的 10%,落后于尼日利亚和美国(分别为 49% 和 33%)。当俄乌冲突爆发时,葡萄牙的电价处于较为稳定的状态。

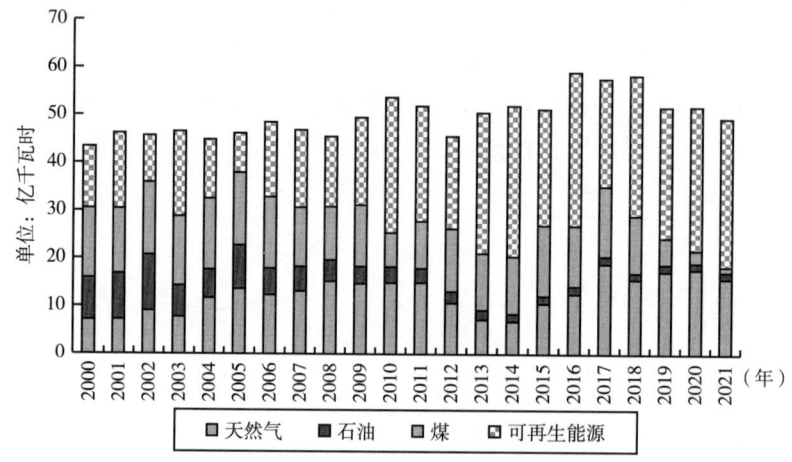

图 5-1-16 葡萄牙不同能源的发电量

资料来源:bp 世界能源统计年鉴。

5.2 巴西能源行业发展现状

5.2.1 能源资源及开采利用状况

巴西为了避免能源危机所带来的风险,专门设立了国家燃料储存系统(SINEC)。导致能源危机的外部因素可能是:能源依赖过高、地缘政治情势不稳、供应商的多样性等。内部因素可能是:国内政局波动、生产供应不稳定、能源储存和基础设施不足、能源的多样性等。因此,在能源供应受到限制或中断的情况下，巴西可以通过国家燃料储存系统维持相应的石油库存以度过危机（Ministry of Mines and Energy，2022）。

5.2.1.1 能源资源

巴西位于南美洲中东部，东临大西洋，海岸线长达 7 400 千米，地域辽阔，资源丰富，化石能源与可再生能源资源丰富。

① 煤

根据 bp 世界统计年鉴，巴西 2021 年煤可探明储量为 6.596 亿吨，位于美洲第二，仅次于美国的 248.941 亿吨，高于加拿大的 6.582 亿吨以及哥伦比亚的 4.554 亿吨（如图 5-2-1 所示）。

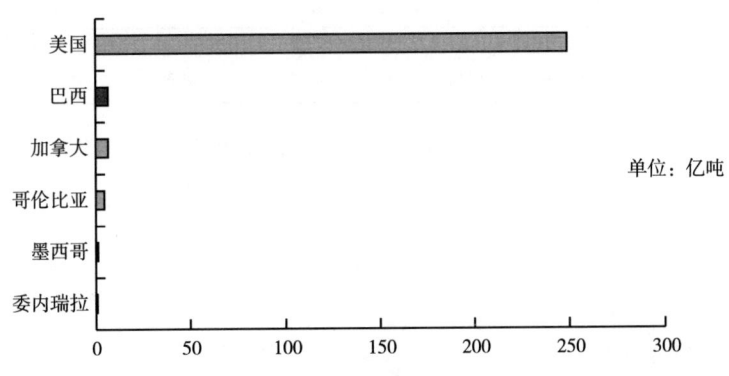

图 5-2-1　2021 年美洲各国煤可探明储量（节选）

资料来源：bp 世界能源统计年鉴。

② 石油

根据 bp 世界能源统计年鉴，巴西石油可探明储量位于美洲第四，仅次于委内瑞拉、加拿大及美国。如图 5-2-2 所示，2020 年委内瑞拉的可探明储量为 41.44 亿吨，加拿大的可探明储量为 22.93 亿吨，美国的可探明储量为 9.83 亿吨，而巴西可探明储量为 1.63 亿吨（2014 年达到最大值 2.21 亿吨）。

③ 天然气

根据 bp 世界能源统计年鉴，2020 年巴西天然气可探明储量位于美洲第五（如图 5-2-3 所示），仅次于美国（12.62 万亿立方米）、委内瑞拉（6.26 万亿立方米）、加拿大（2.35 万亿立方米）、阿根廷（0.39 万亿立方米）。2000年至2014年，巴西天然气可探明储量持续增长并达到最大值（0.48万亿立方米），随后2015年至2020年呈下降趋势（2020年下降至0.35万亿立方米）。

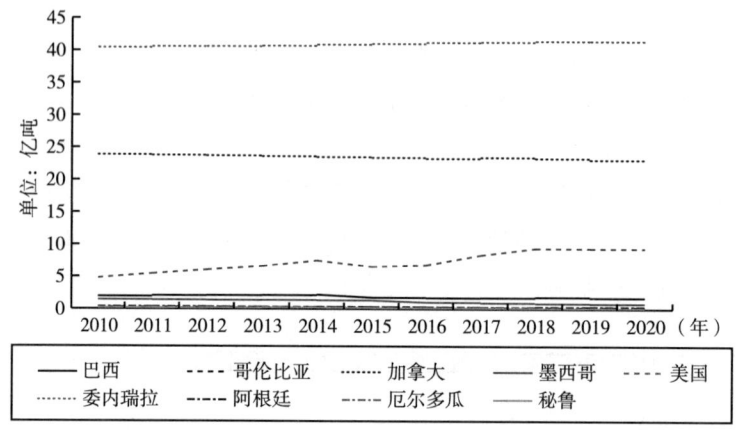

图5-2-2　巴西及美洲其他国家石油可探明储量

资料来源：bp世界能源统计年鉴。

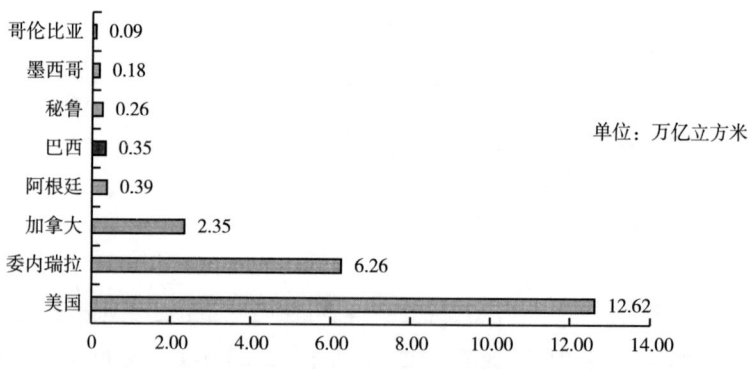

图5-2-3　巴西及美洲其他国家天然气可探明储量

资料来源：bp世界能源统计年鉴。

④可再生能源

广阔的地形地貌和特有的自然地理气候条件使得巴西除了拥有一定的化石能源资源外还拥有丰富的水力、风能、太阳能、海洋能和生物质能等可再生能源资源。

5.2.1.2 能源开采及项目

①煤炭开采

根据 bp 世界能源统计年鉴得知，2000 年至 2013 年，巴西煤炭产量持续增加，并达到最大产值 42.16 太瓦时，随后的几年煤炭产量稍有回落。但从 2019 年开始，巴西的煤炭产量从 25.14 太瓦时增加到了 2021 年的 34.36 太瓦时（如图 5-2-4 所示），这是因为巴西政府宣布将投入 39 亿美元用于煤炭的可持续开发。

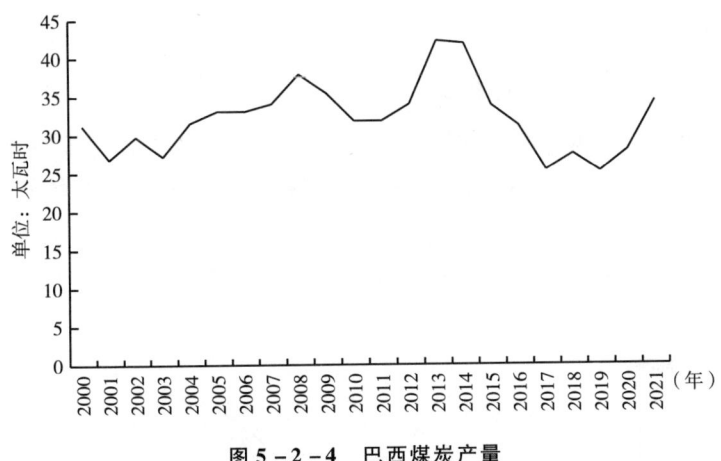

图 5-2-4　巴西煤炭产量

资料来源：bp 世界能源统计年鉴。

根据 Mining Technology 网站，目前巴西有五大矿区：Arroio dos Ratos 是一个位于南里奥格兰德州的露天矿区，所有权归属于 COPELMI，此矿区估计 2021 年产量为 420 万吨煤炭；Recreio 矿区位于南里奥格兰德州，所有权归属于 COPELMI，据估计，该露天矿在 2021 年生产了 220 万吨煤炭；Verdinho 矿区位于圣卡塔琳娜州，所有权归属于 Carbonífera Catarinense，预计 2021 年产量为 200 万吨煤炭；Candiota 矿区也是一个位于南里奥格兰德州的露天矿区，所有权归属于 Companhia Riograndense de Mineracao，据估计此矿区 2021 年生产了 120 万吨煤炭；Seival 矿区位于南里奥格兰德州，所有权归属于 COPELMI，据估计此矿区 2021 年生产了 120 万吨煤炭（如表 5-2-1 所示）。

表 5-2-1　　　　　　　　巴西五大煤炭矿区开采情况

矿区	位置	所有权	产量
Arroio dos Ratos	南里奥格兰德州	COPELMI	420 万吨
Recreio	南里奥格兰德州	COPELMI	220 万吨
Verdinho	圣卡塔琳娜州	Carbonífera Catarinense	200 万吨
Candiota	南里奥格兰德州	Companhia Riograndense de Mineracao	120 万吨
Seival	南里奥格兰德州	COPELMI	120 万吨

资料来源：Mining Technology。

②石油开采

根据 bp 世界能源统计年鉴，巴西石油开采量一直稳步上升，2020 年达到最大值 1 853 太瓦时（如图 5-2-5 所示）。巴西石油产量的大幅增长离不开海上石油开采，目前巴西 96.7% 的石油产量都来自两大海上盆地：坎波斯盆地（Campos Basin）、桑托斯盆地（Santos Basin），产油量最高的是位于桑托斯盆地的图皮（Tupi）油田，其平均日产量为 3.6 万桶。

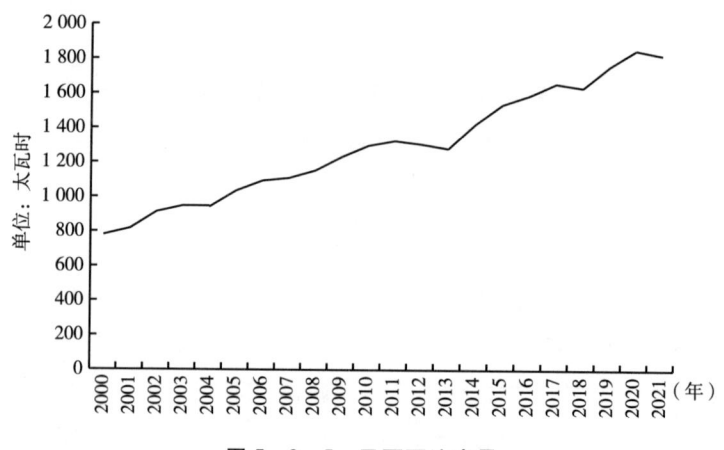

图 5-2-5　巴西石油产量

资料来源：bp 世界能源统计年鉴。

巴西国家石油公司持续了 44 年的垄断，在此期间它巩固了自己作为巴西主要石油和天然气生产商的地位。最初，巴西的石油储量只有 1 680 万桶油当量（boe），但由于近海盆地的勘探成功，加上 20 世纪 70 年代在坎波斯盆地发现石油,使得国家石油公司大力投资于石油勘探和生产,帮助其进入深海和超深水域等地区进行石油开发。随着巴西《石油法》的颁布,联邦政府获得了对石油垄断的权利,但允许其他国有或私营公司(无论是国内还是国外)进行石油勘探和生产活动。从此,联邦与公司之间发展石油活动的关系基础得以确立,尽管巴西石油公司仍然是生产的领导者和大部分资产的所有者,但随着市场的开放,有更多的公司参与到石油勘探和开采活动中。据估计,随着地区分配合同的多元化,其他公司在石油生产中的贡献将在未来几年内增加。

③天然气开采

根据 bp 世界能源统计年鉴,2001—2009 年,巴西天然气开采量缓慢上升,从 78.73 太瓦时上升至 122.76 太瓦时。2009—2016 年,开采量迅速上升至 241.23 太瓦时,开采量增加了 118.47 太瓦时。截至 2021 年,巴西天然气产量为 243.32 太瓦时(如图 5-2-6 所示)。巴西约 80% 的天然气都生产在海上盆地。并且有 76% 的天然气是伴随着石油挖掘开采出来。根据巴西矿业和能源部的研究,巴西有待开发的天然气储量最大的区域分别是坎波斯盆地(Campos Basin)和桑托斯盆地(Santos Basin)。

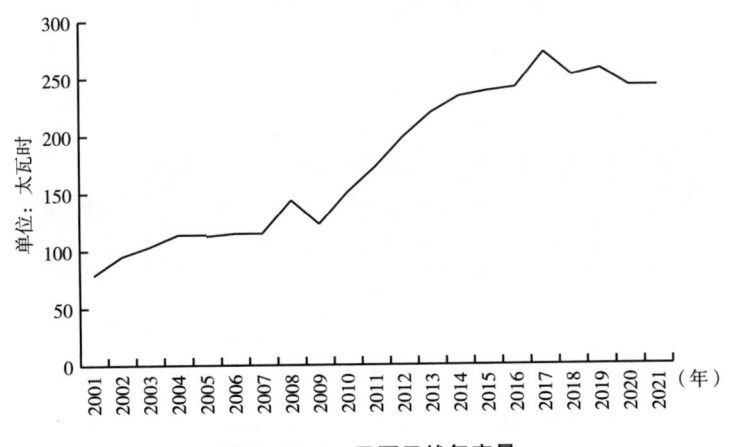

图 5-2-6　巴西天然气产量

资料来源:bp 世界能源统计年鉴。

随着石油和天然气行业的经济复苏,桶装油价格上涨,高于大流行期前的水平。OPEC(2021)显示,在 2022—2031 年,巴西的勘探和开采活动的投资预计将在 4 280 亿美元和 4 740 亿美元之间（这是对巴西整个勘探和开采部门总投资的评估）。根据对 2022—2031 年周期的研究，巴西将成为主要的石油出口国，且净出口量将在 2030 年达到峰值 330 万桶。

④可再生能源开发利用

2000—2021 年，巴西的可再生能源占比一直在 36%~43% 浮动（2001 年占比为 36%，2020 年占比为 43%）。其中水力发电是巴西可再生能源的主要来源，在绝大多数年份当中风能和生物质能占比都不足 1%，太阳能直到 2012 年才开始投入使用。2019 年可再生能源的使用占比超过了石油，并在之后的两年维持了这个趋势（如图 5-2-7 所示）。Ramon Soares Corrêa, Osvaldo Luiz Gonçalves Quelhas, Gustavo Naciff de Andrade, Paulo Roberto de Campos Merschmann, Rosley Anholon, Chrystyane Abreu（2022）研究指出，在大力发展可再生能源的情况下，到 2050 年巴西可再生能源在能源结构中的份额将达到 48%。巴西能源转型计划的实施一定程度上减少了外部石油的依赖性，巴西进口石油的数量从 2013 年的 147 839 千桶下降至 2020 年的 49 129 千桶。

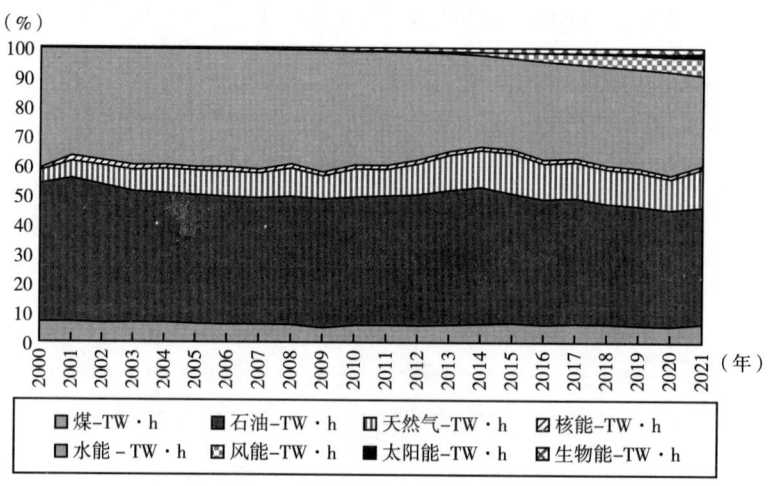

图 5-2-7　巴西一次能源消耗占比

资料来源：bp 世界能源统计年鉴。

5.2.2 行业指标

5.2.2.1 能源依赖

巴西随着盐下石油的大量开采以及国家燃料储存系统的建立,极大程度脱离了外来进口燃料依赖。根据巴西矿业和能源部所公布的数据,巴西能源依赖系数从 2010 年的 7.5% 增长至 2013 年的 14.3%。随后的几年,巴西能源依赖系数呈现下降趋势,到 2019 年能源依赖系数降至的 -4.9%(如表 5-2-2 所示)。

表 5-2-2　　　　　　巴西能源依赖系数

年份	2010	2011	2012	2013	2014	2015	2016	2017	2018	2019
能源依赖系数	7.5%	7.9%	10.6%	14.3%	12.5%	7.4%	2.3%	0.5%	-1.4%	-4.9%

资料来源:巴西矿业和能源部。

5.2.2.2 能源强度

根据国际能源署的数据,2019 年巴西能源强度位于美洲第三,仅次于加拿大的 6.94 兆焦耳/美元和美国的 4.51 兆焦耳/美元。2010—2019 年巴西能源强度处于上升趋势,从 2010 年的 3.85 兆焦耳/美元涨至 2019 年的 3.93 兆焦耳/美元(如图 5-2-8 所示)。

5.2.2.3 经济效益

Dell'Anna, F. (2021) 指出,可再生能源供应电力和热能以及改造建筑物不仅能帮助国家达成新的脱碳目标,同时还能帮助消费者在建筑层面获得额外的共同利益(如改善室内舒适度),更重要的是能帮助整个国家在社会层面获得额外的共同利益(如健康影响、新的就业机会、对气候变化的影响、改善能源安全)。

Mitsidi Projetos、IEI (2019) 指出,巴西的能源效率部门在一年内创造了 528 亿雷亚尔的经济效益,同时带来了 413 000 个工作岗位。在这些

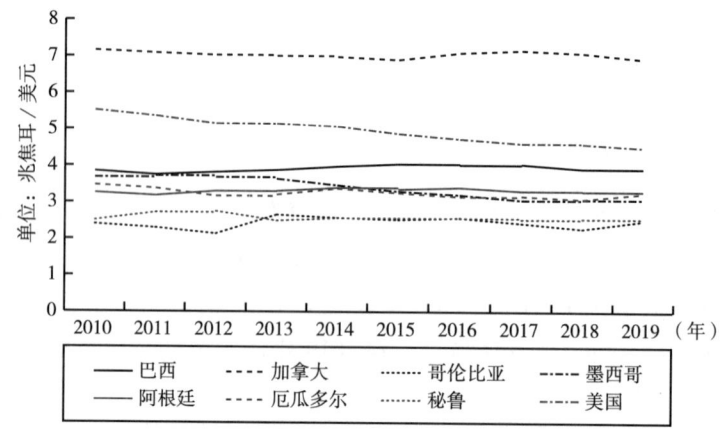

图 5-2-8 美洲各国能源强度

资料来源：国际能源署（IEA）。

工作岗位中，31%是直接产生的（12.8万），57%是间接产生的（23.7万），12%是诱导产生的（4.8万）。在所有的工作岗位中，有14.5万个工作岗位是在能源效率部门产生的（35%）。除了此部门外，受影响最大的经济部门从高到低依次是商业、住房、金融部门，以及信息服务和电信。其中发展可再生能源培训的需求估计为3万~6万名专业人员，相当于可提供约1.1万个工作岗位。然而，发展可再生能源对创造就业的影响远远超出了其项目实际创造的就业。为了实现巴西的可持续发展规划，它需要在2030年有390 000到450 000个直接工作（FTE），其中62 000个是在能源效率活动的规划和执行中接受培训。这意味着，在能源效率活动中合格专业人员的需求可能会在未来12年内增加5到6倍。换句话说，大力发展可再生能源有很大的潜力来创造就业机会。

5.2.3 环境排放

5.2.3.1 温室气体排放

①二氧化碳（CO_2）

2000—2014年，巴西二氧化碳排放量呈上升趋势，达到了558百万吨。随后的七年，二氧化碳排放量总体呈下降趋势，下降至489百万吨。其中，石油产业是二氧化碳排放量最高的产业，2021年占总排放量的60%；天然气占比第二，2021年占总排放量的15.5%；煤炭占比第三，2021年占总排放量的14%。目前，巴西二氧化碳排放量减少了69百万吨，相较于巴黎协定当中所承诺的到2025年减少128.5百万吨二氧化碳排放量还有较大差距（Sobrinho, Lagutov & Baran, 2022）。同时值得注意的是2021年二氧化碳排放量升高了47百万吨，从2020年的442百万吨升高至489百万吨。

目前，巴西经济发展还未完全与二氧化碳排放脱钩，在二氧化碳排放量下降期间内，巴西国内产生总值从2014年的2.46万亿美元下降至2020年的1.61万亿美元（如图5-2-9所示）。

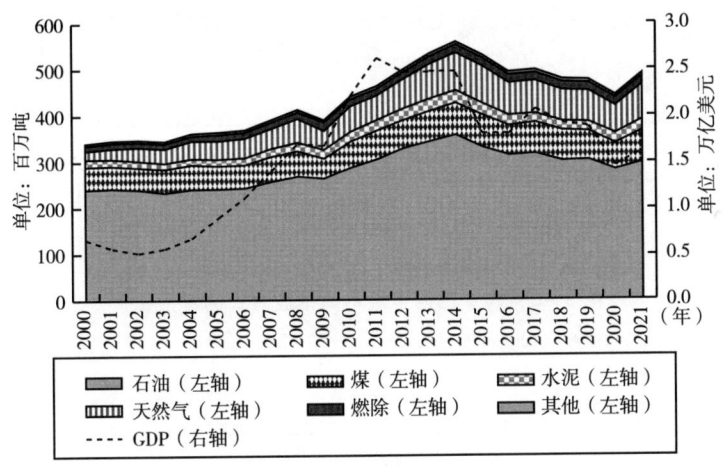

图5-2-9 巴西不同产业二氧化碳排放量与GDP关系

资料来源：bp世界能源统计年鉴。

②甲烷（CH_4）

根据气候观察（Climate Watch）的数据，2000—2019年巴西甲烷排放量从324.7百万吨增长至429.7百万吨，一共增长了32%，其中农业排放量远高于其他行业的排放量。2019年农业排放的甲烷为334.9百万吨，占总甲烷排放量的78%。排放量位居第二的则是垃圾，2019年垃圾排放的甲烷为68.5百万吨，占总甲烷排放量的16%。剩下的逃逸性排放（2019年排放量为20.16百万吨)、土地利用变化和林业(2019年排放量为4.82百万吨)、工业(2019年排放量为0.23百万吨)以及其他燃料(2019年排放量为1.07百万吨)排放共占到总排放量的6%(如图5-2-10所示)。目前,巴西是世界第五大甲烷排放国,仅次于中国、美国、俄罗斯及印度(如图5-2-11所示)。很大程度是巴西扩大耕地面积破坏亚马孙雨林所导致。

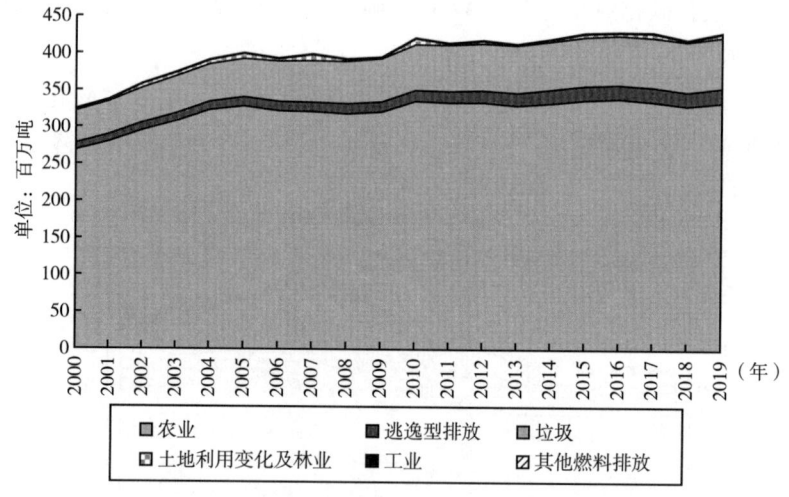

图5-2-10 巴西甲烷不同排放方式的排放量

资料来源:气候观察(Climate Watch)。

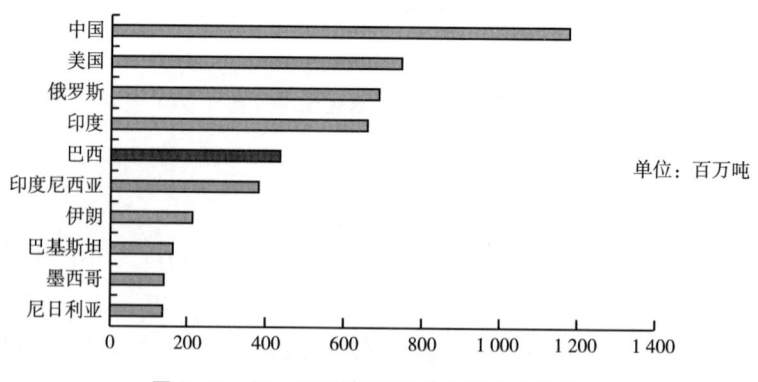

图5-2-11 2019年甲烷排放量前十的国家

资料来源:气候观察(Climate Watch)。

③一氧化二氮（N_2O）

根据气候观察（Climate Watch）的数据可知，2000—2019年巴西一氧化二氮排放量总体呈上升趋势，从119.67百万吨增长至177.63百万吨，一共增长了48%。值得注意的是2007—2009年排放量大幅下降，从160.89百万吨下降至142.64百万吨。巴西一氧化二氮排放量绝大部分是通过农业排放的，2019年农业排放量为169.34百万吨，占总排放量的95%（如图5-2-12所示）。工业排放在2000—2006年是排放量第二的排放方式，但从2007年开始其排放量从7.38百万吨锐减至0.41百万吨。土地利用变化及林业变成了排放量第二的排放方式（2019年排放量为5.24百万吨）。目前，巴西是全球第四大一氧化二氮排放国，仅次于中国、美国及印度（如图5-2-13所示）。

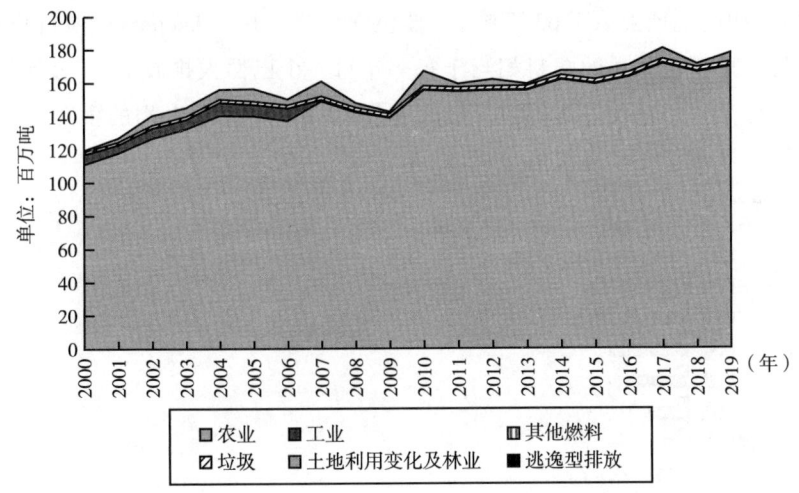

图5-2-12 巴西一氧化二氮不同排放方式的排放量

资料来源：气候观察（Climate Watch）。

5.2.3.2 污染物排放

①塑料污染

根据Meijer et al.（2021）的数据，2019年巴西流入海洋的塑料量为3.78万吨，是世界第六大排放国（如图5-2-14所示），仅次于菲律宾

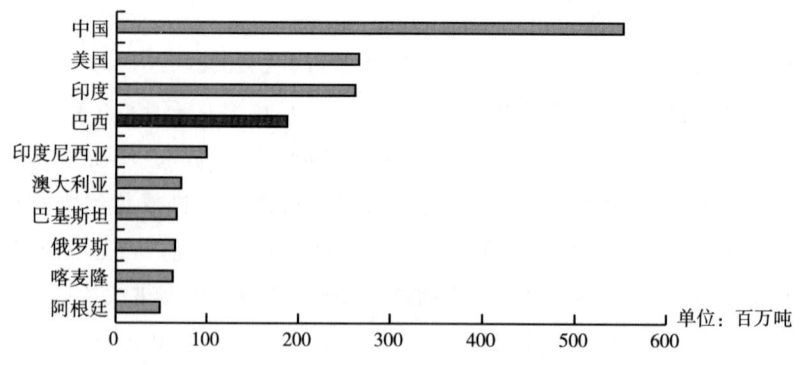

图 5-2-13　2019 年一氧化二氮排放量前十的国家

资料来源：气候观察（Climate Watch）。

(35.64 万吨)、印度 (12.65 万吨)、马来西亚 (7.31 万吨)、中国 (7.03 万吨)、印度尼西亚 (5.63 万吨)。蓝色守护者 (blue keepers) 项目指出，巴西目前排放至海洋的塑料相当于每一年每一个巴西人排放了 16 公斤的塑料进入海洋。塑料大量倾倒海洋极大程度地影响了海洋生物的生存条件和多样性，导致了海洋系统的退化。

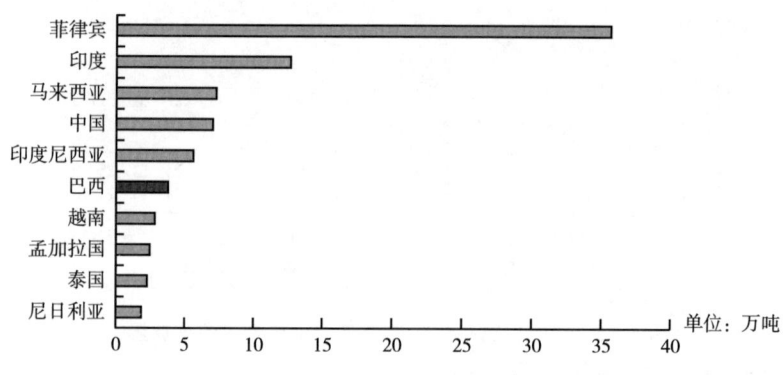

图 5-2-14　2019 年流入海洋塑料量前十的国家

资料来源：Meijer et al.（2021）。

②可吸入颗粒物污染（PM2.5）

根据世界银行和 IQAir 的数据，2010—2022 年巴西 PM2.5 浓度整体呈下降趋势，从 15.9 微克/立方米下降至 12.2 微克/立方米。2017—2018 年，PM2.5 浓度突增，从 12.7 微克/立方米增加到 16.3 微克/立方米（如

图 5－2－15 所示）。Yu, P., Xu, et al. & Guo, Y.（2022）发现，如果巴西政府将 PM2.5 浓度降低至 2.9 微克/立方米，预期能使巴西人均寿命延长 1.09 年。

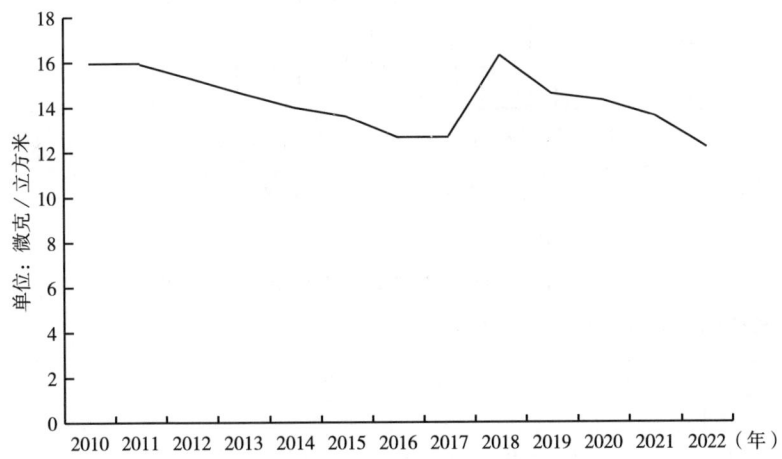

图 5－2－15 巴西的 PM2.5 浓度

资料来源：世界银行（World Bank）& IQAir。

5.2.4 能源技术

5.2.4.1 传统能源技术

①原油精炼

2021 年巴西平均每天能产出 1818 千桶石油，其中平均每天产出桶数最多的是 Replan（434 千桶/天），其次是 Mataripe（377 千桶/天），剩下大部分的炼油厂炼油桶数位于 100~250 千桶/天，只有少部分炼油厂炼油桶数少于 50 千桶/天（如图 5－2－16 所示）。相比 2021 年德国（1 691 千桶/天）、意大利（1 223 千桶/天）、英国（897 千桶/天）平均每天的炼油桶数，巴西都超过这些国家（Ministry of Mines and Energy, 2022b）。巴西的炼油桶数在 2014 年达到顶峰（2 085 千桶/天），随后呈现下降趋势（如图 5－2－17 所示）。

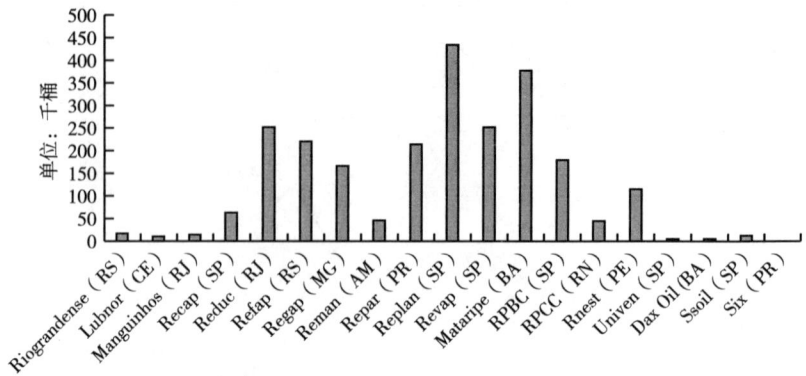

图 5–2–16　2021 年巴西炼油厂平均每天炼油桶数

资料来源：巴西矿业和能源部。

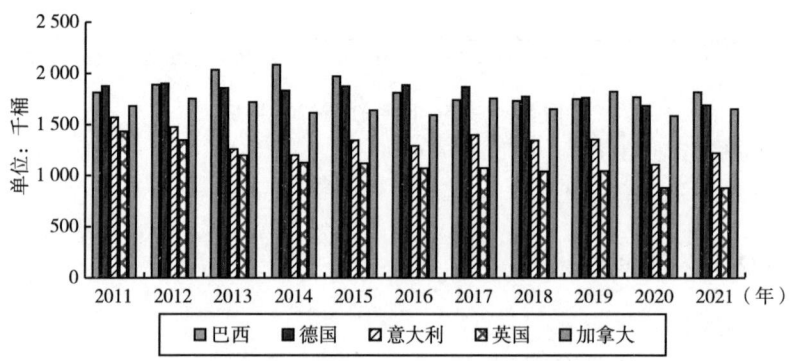

图 5–2–17　不同国家平均每天炼油桶数

资料来源：bp 世界能源统计年鉴。

②开采技术

Ceia, M. & Neto, I. L. （2022）指出，大量盐下石油储存层的发现使得巴西跻身世界十大石油生产国之列。巴西 2012 年盐下石油开采量为 62 488 千桶，2021 年的盐下石油开采量为 784 434 千桶，这期间开采量增长了 12.55 倍（如图 5–2–18 所示）。巴西国家石油公司现阶段正集中精力开发其盐下业务，计划在 2021—2025 年，在勘探领域投资 465 亿美元，其中 70% 的预算将用于盐下油田项目，计划在 2021—2022 年在坎波斯境内（盐下储藏）钻 11 口新井。

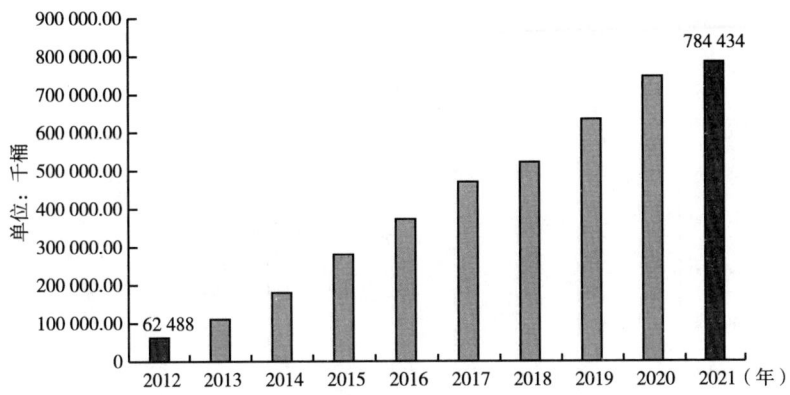

图 5-2-18　巴西盐下石油开采量

资料来源：巴西矿业和能源部。

5.2.4.2　能源转型

巴西现在正全力探索水力发电和以农业为基础的替代能源（如图 5-2-19 所示），目的是减少对外部石油及其衍生品依赖，将巴西打造成低碳密集型经济体。2012—2021 年，巴西石油进口数量明显减少（如图 5-2-20 所示）。

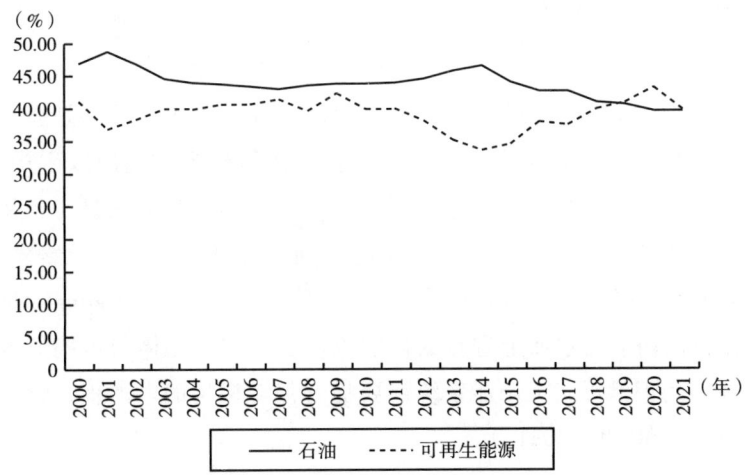

图 5-2-19　巴西石油和可再生能源占比情况

资料来源：bp 世界能源统计年鉴。

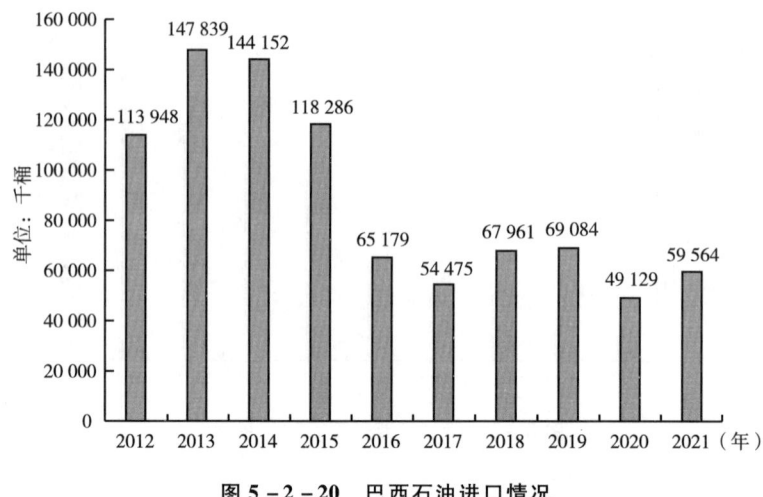

图 5-2-20　巴西石油进口情况

资料来源：巴西矿业和能源部。

当然要注意的一点是能源自给自足虽然减轻了外部风险，但依旧有可能面临能源危机。因为可再生能源的使用是受到多方因素限制的，包括社会和环境方面的限制，特别是不同政府机构之间的限制。

5.2.4.3　新能源技术

①太阳能技术

巴西的聚光太阳能（Concentrated Solar Power，CSP）技术是通过将太阳能转化为热能，然后在热动力循环中将热能转化为电能用以生产电力，目前该技术已经投入使用，发电厂可以运用 CPS 所产生的热量与备用燃料混合发电（如表 5-2-3 所示）。备用燃料通常是化石燃料（天然气），也可以是可再生燃料，如生物质能。漂浮式太阳能系统（Floating solar systems）使得巴西能在水面上进行太阳能发电，其结构大体与传统的太阳能发电厂相似，但漂浮式太阳能系统需要拥有浮动机构的电池板、锚定系统及水下电缆（MCIT，2021a）。

②水能技术

巴西拥有独特的水力涡旋机（Hydrokinetic turbines），由于它是通过河流或者潮汐的动能而非势能进行发电的，所以它能在水位差较小的位置进行发电,其应用场景非常广,在农村和城市均有应用的潜能。同时巴西还建设逆水力发电厂(Reversible hydroelectric plants),该发电厂会从较低水库当中抽水储存能量,在高峰时段,该发电厂可以逆转水流进行发电(MCIT,2021b)。

表 5-2-3　　　　　巴西可再生能源技术项目概览

可再生能源种类	项目
太阳能	聚光太阳能(CSP)技术——产生的热量能与其他传统燃料混合发电
太阳能	悬浮式太阳能系统——运用在水面上
水能	水利涡旋机——运用动能发电,广泛的运用前景
水能	逆水力发电厂——储备能源
风能	风力发电塔——能安装在不同海洋深度
生物质能	生产乙醇
生物质能	生产绿色柴油
生物质能	醇转喷(ATJ)技术——生产航空燃料
生物质能	生产海上运输生物燃料

资料来源:巴西科技、创新和通信部(MCTI)。

③风能技术

巴西的风力发电塔可以安装在海洋当中,并且具备安装在不同海洋深度(浅水 30 米以内、中等深度 30~60 米或深水 60 米以上)的能力。它们与陆上风力发电塔应用相同的技术,但是海洋中的风力发电塔能有效降低每兆瓦装机容量的成本(MCIT,2021c)。

④生物质能技术

巴西掌握了通过水解木质纤维素材料转化为乙醇的技术。同时巴西还能热解、水热液化、气化生物质,从而使得其转化为绿色柴油。除了生产绿色柴油的技术外,醇转喷(Alcohol-to-jet,ATJ)技术可以生产航空生物燃料。相较于航空煤油而言,生物燃料具有显著的环境优势。与此同时,巴西还能将生物质能转化为海上运输的生物燃料(MCIT,2021d)。

⑤新能源技术装机容量

巴西风能的累计装机容量在 2021 年达到了 21.16 吉瓦,相比于 2010 年的 0.927 吉瓦增长了 2 182%。光伏的累计装机容量增长最快,在 2021 年达到了 13.05 吉瓦,相比于 2010 年的 0.00854 吉瓦增长了上万倍(如图 5-2-21

所示)。但巴西目前尚未发展地热能。巴西在2000年至2014年,尚未发展可再生能源,其累计装机容量远低于葡萄牙,但在2015年至2021年通过大力发展可再生能源技术,其累计装机容量远超于葡萄牙。

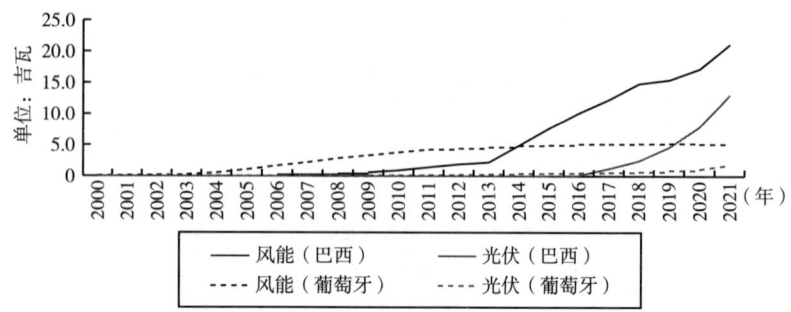

图5-2-21　巴西和葡萄牙风能以及光伏的累计装机容量

资料来源:bp世界能源统计年鉴。

⑥能源潜势

巴西100米塔楼的风能潜势从2012年到2021年一直为350吉瓦,是可再生能源当中潜能最大的能源。相较于100米塔楼的风能潜势,50米塔楼的风能潜势仅仅只有143吉瓦。水能作为较早开发的可再生能源,其潜势于143~135吉瓦区间内波动(如图5-2-22所示)。

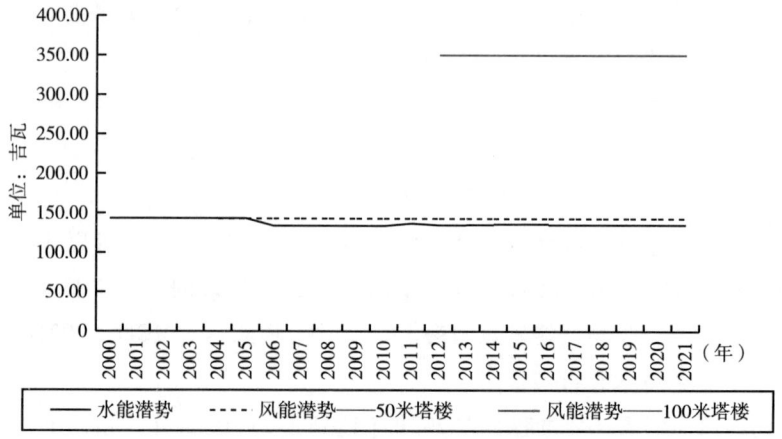

图5-2-22　巴西水能以及风能的能源潜势

资料来源:巴西矿业和能源部。

5.3 安哥拉能源行业发展现状

安哥拉位于非洲西南部,西濒大西洋海岸线 1 650 公里,国土面积为 125 平方公里,境内河流四布,森林覆盖率为 43%,拥有丰富的油气资源和可再生能源。

5.3.1 能源资源及开采利用情况

5.3.1.1 能源资源

①煤

根据美国能源信息署(EIA)的数据,安哥拉没有任何煤的储藏,同时安哥拉也并未使用任何煤炭资源。

②石油

2000—2016 年,安哥拉石油可探明储量呈稳定上升趋势,从 8.14 亿吨上升至 12.98 亿吨。从 2017 年开始,石油可探明储量开始下降,从 12.98 亿吨下降至 2020 年的 10.61 亿吨(如图 5-3-1 所示)。虽然安哥拉的石油可探明储量正在下降,但它依旧是非洲第四大石油储量国。排在前面的分别为利比里亚(2020 年为 65.67 亿吨)、尼日利亚(2020 年为 50.32 亿吨)、阿尔及利亚(2020 年为 16.64 亿吨)。巨大的石油资源给安哥拉带来了巨额的财富,2004—2014 年石油收入占政府总收入的 80% (Fjeldstad, Orre & Paulo, 2020)。

③天然气

安哥拉天然气可探明储量在 2007—2008 年大量增加,从 566.34 亿立方米增加至 2 698.61 亿立方米,增长了 376 倍,如此大的增长倍数很大程度上是因为液态天然气的开采。在 2008—2019 年,尽管安哥拉天然气可探明储量出现许多波动,但还是从 2 698.61 亿立方米增长至 4 222.91 亿立方米(如图 5-3-2 所示)。

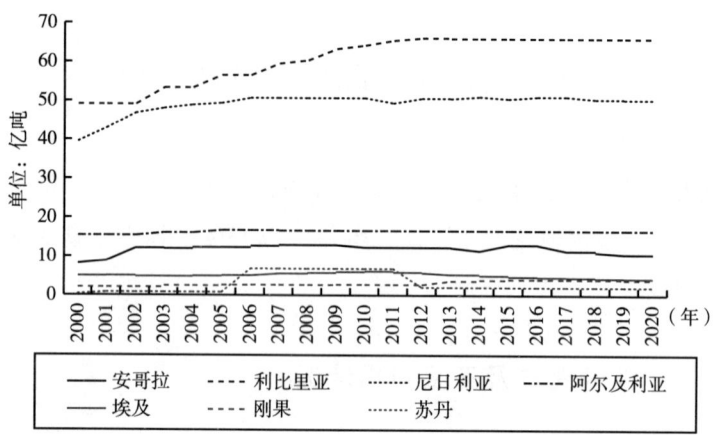

图 5-3-1 安哥拉及其他非洲国家石油可探明储量

资料来源：bp 世界能源统计年鉴。

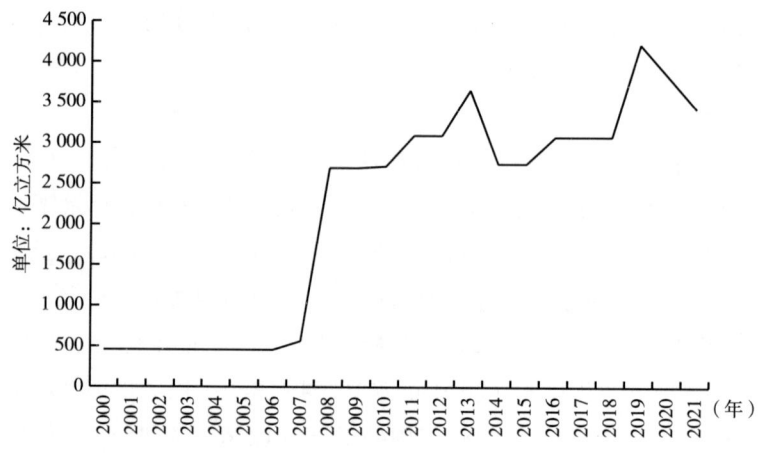

图 5-3-2 安哥拉天然气可探明储量

资料来源：美国能源署（EIA）。

④可再生能源

安哥拉除了拥有一定的油气资源外，特有的自然地理气候条件，也使得其拥有丰富的水力、风能、太阳能、海洋能和生物质能等可再生能源资源。

5.3.1.2 能源开采及项目

①石油开采

安哥拉是非洲第二大石油生产国,仅次于尼日利亚。根据 Further Africa 网站的信息,安哥拉目前的石油开采项目有 Kaombo 项目、PSVM 项目、Platina 项目、CLOV 二期项目。Kaombo 项目是安哥拉最大的超深水油田开采项目,该项目总投入为 160 亿美元,其中包括六个油田(Gengibre、Gindungo、Caril、Canela、Mostarda 和 Luro 油田)的开发和生产。据估计,这些油田的总石油储量约为 6.5 亿桶石油,该油田的石油产量约为 11.5 万桶/天。PSVM 项目是非洲第一个超深水油田开采项目,该项目由 Plutão、Saturno、Vênus 和 Marte 油田组成,每天能够生产 15.7 万桶石油和 2.45 亿立方英尺天然气。Platina 项目是一个深海油田开采项目,预计石油储量为 4 400 万桶,该项目能使安哥拉的最高产量增加 3 万桶/天。CLOV 二期项目是一个深海油田开采项目,该项目包括 Cravo、Lirio、Violeta 和 Orquidea 油田开发和生产,估计储量高达 5 500 万桶油当量。

②天然气开采

LNG(液态天然气)项目是非洲最大的能源项目之一,也是安哥拉第一个液化天然气项目,该项目共投资 120 亿美元,每年可向全球市场输送 520 万吨液化天然气。

③可再生能源开发利用

水电是安哥拉最具竞争力的可再生能源,因为安哥拉小型水电项目的能源成本仅为 20 美元/兆瓦时。这些小型水电站主要集中在 Cuanza、Longa、Queve、Catumbela 和 Cunene 盆地。且据估计约有 18 吉瓦的总潜力。(Ministry of Energy and Water, 2014b)在安哥拉的 100 个小水电地点中,约有 35 个地点适合开发极具能源成本竞争力的项目。截至 2020 年,安哥拉水利发电量为 10.8 太瓦时(如图 5-3-3 所示)。

安哥拉横向太阳辐射每年在 1 370~2 100 千瓦时/平方米,太阳能是安哥拉最多的可再生能源,在全国范围内分布较为均匀。安哥拉目前一共有 367 个太阳能光伏项目(包括潜在的太阳能项目),总发电潜力约为 17.3 吉瓦。

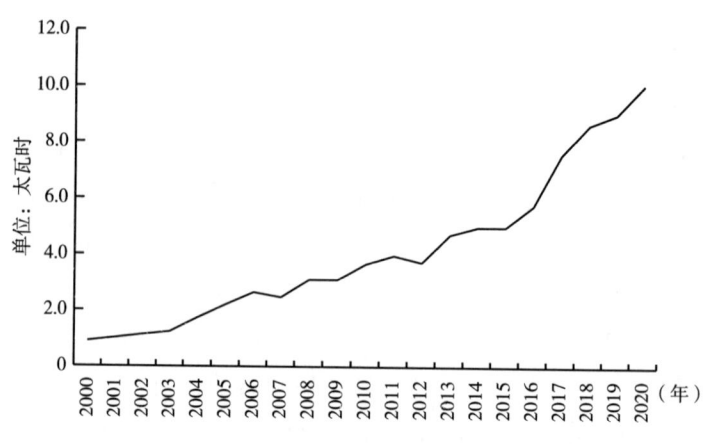

图 5-3-3　安哥拉水利发电量

资料来源：bp 世界能源统计年鉴。

由于安哥拉风力发电平均成本可能在 0.1~0.27 美元/千瓦时之间浮动，使风力发电成为安哥拉具有较强成本竞争力的能源。

安哥拉生物质能项目的总潜力超过 1.5 吉瓦，其能源成本较高，起价为 75 美元/兆瓦时，但开发生物质能项目不仅能为安哥拉创造就业机会，还能解决家庭垃圾等问题。

5.3.2　行业指标

在 2010—2019 年，安哥拉能源强度基本保持在 2.5 兆~3.3 兆焦耳/美元。2014 年能源强度达到最高，为 3.28 兆焦耳/美元，2017 年能源强度位于最低值 2.51 兆焦耳/美元（如图 5-3-4 所示）。相较于非洲其他经济发展比较好的国家，安哥拉的能源综合利用率都高于它们。2019 年，尼日利亚的能源强度为 6.39 兆焦耳/美元，南非的能源强度为 8.03 兆焦耳/美元，埃及的能源强度为 3.41 兆焦耳/美元，而安哥拉的能源强度仅为 2.94 兆焦耳/美元。

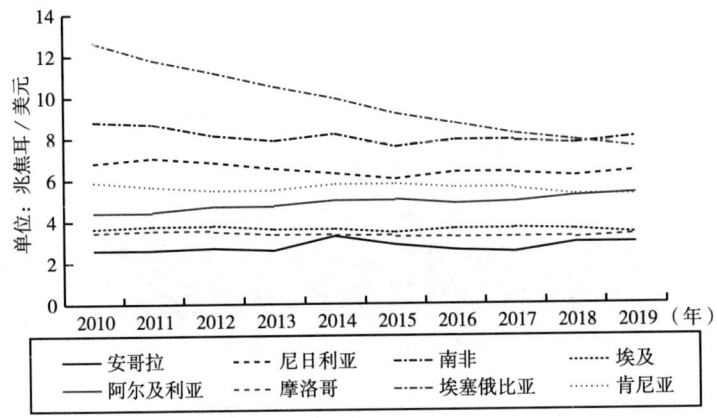

图 5-3-4 非洲各国能源强度

资料来源：国际能源署（IEA）。

5.3.3 环境排放

5.3.3.1 温室气体排放

①二氧化碳（CO_2）

安哥拉二氧化碳排放量在 2000—2010 年呈现上升趋势，从 9.52 百万吨上升至 30.33 百万吨。从 2011 年至 2021 年二氧化碳排放量呈现下降趋势，从 30.33 百万吨下降至 21.36 百万吨。其中石油排放和燃除排放是安哥拉排放二氧化碳最高的方式（如图 5-3-5 所示）。2021 年石油所排放二氧化碳（13.9 百万吨）占总排放量的 65%，燃除所排放二氧化碳（3.38 百万吨）占总排放量的 16%。而天然气排放占总排放量的 13.8%，水泥排放占总排放量的 5%。从整体二氧化碳排放量而言，安哥拉的排放量远远小于巴西（2021 年二氧化碳排放量为 489 百万吨）。

目前，安哥拉还并未出现经济发展与二氧化碳脱钩的迹象。随着 2011—2021 年二氧化碳排放量的下降，安哥拉的 GDP 总值也呈现下降趋势，具体是从 2015 年的 116.19 亿美元下降至 2021 年的 104.12 亿美元。

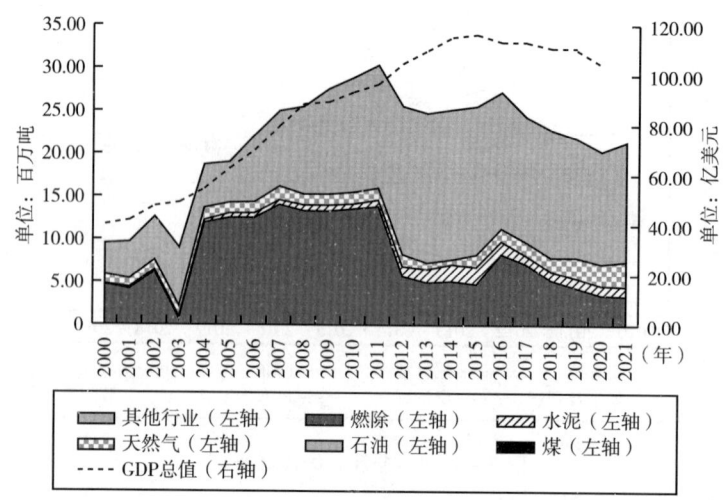

图 5-3-5　安哥拉不同产业二氧化碳排放量与 GDP 关系

资料来源：bp 世界能源统计年鉴。

②甲烷（CH_4）

2000—2019 年，安哥拉甲烷排放量虽然波动幅度不大，但整体还是呈上升趋势，从 35.92 百万吨增长至 39.86 百万吨。其中农业和逃逸性排放是安哥拉甲烷主要的排放形式（如图 5-3-6 所示），2019 年农业排放量为 18.05 百万吨，占总排放量的 45%，逃逸性排放量为 14.14 百万吨，占总排放量为 35%。值得注意的是，工业排放以及其他燃料排放在此期间都为零。

③一氧化二氮（N_2O）

2000—2019 年，安哥拉一氧化二氮排放量总体呈上升趋势，从 1.76 千万吨增长至 2.5 千万吨。其中农业排放、土地利用变化及林业排放是安哥拉一氧化二氮主要的排放形式（如图 5-3-7 所示）。2019 年农业排放量为 1.8 千万吨，占总排放量的 71%，土地利用变化及林业排放量 0.679 千万吨，占总排放量的 27%。值得注意的是，工业排放、逃逸性排放以及其他燃料排放在此期间都为零。

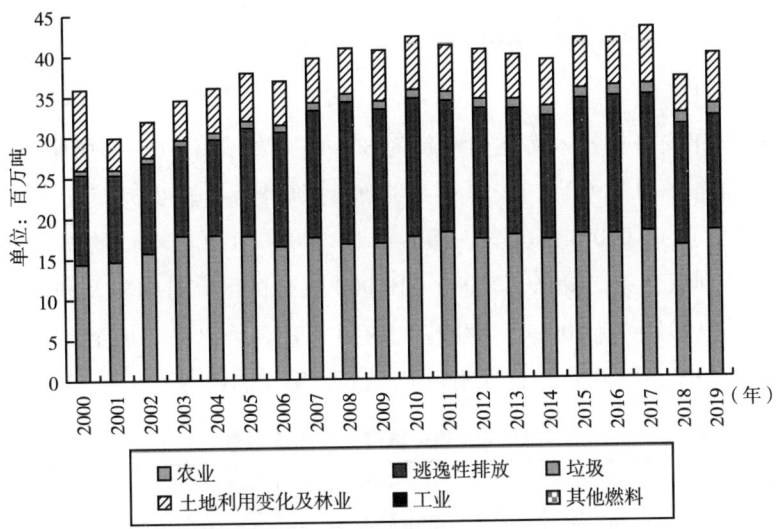

图 5-3-6　安哥拉不同形式甲烷排放量

资料来源：气候观察（Climate Watch）。

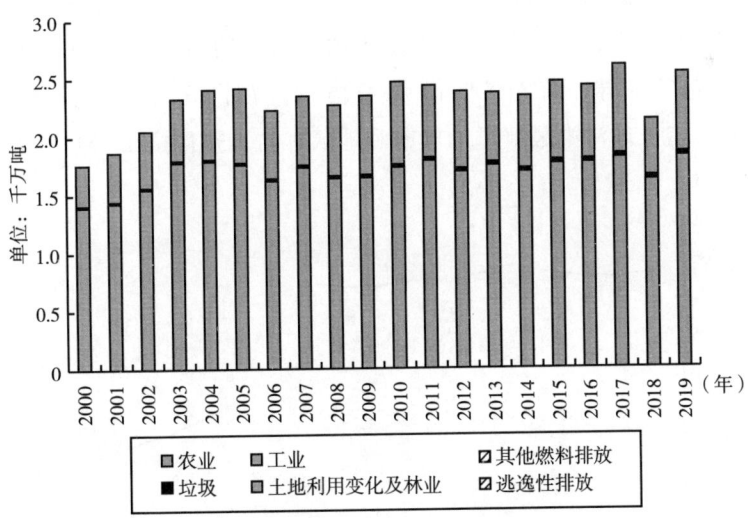

图 5-3-7　安哥拉不同形式一氧化二氮排放量

资料来源：气候观察（Climate Watch）。

5.3.3.2 污染物排放

①塑料污染

2019年安哥拉排入海洋的塑料为860吨（如表5-3-1所示），相较于其他的非洲国家而言，安哥拉所造成的塑料污染较少，属于第五梯队（排放量为0~1 000吨）。第一梯队（10 000~50 000吨）的国家有喀麦隆、奈及利亚，第二梯队（5 000~10 000吨）的国家有阿尔及利亚、坦桑尼亚，第三梯队（2 500~5 000吨）的国家有莫桑比克、加纳等，第四梯队（1 000~2 500吨）的国家有利比里亚、塞拉利昂等。

表5-3-1　　　　2019年非洲各国排入海洋塑料量　　　　单位：吨

国家	喀麦隆	奈及利亚	阿尔及利亚	坦桑尼亚	南非	莫桑比克	加纳	科特迪瓦	利比里亚	塞拉利昂	安哥拉	利比亚
排放量	10 671	18 640	5 774	5 785	4 266	2 544	4 185	4 784	2 638	3 624	860	879

资料来源：Meijer et al. (2021)。

②可吸入颗粒物（PM2.5）

在2010—2022年，安哥拉PM2.5浓度有很明显下降趋势，从原先的33.78微克/立方米下降至8.8微克/立方米（如图5-3-8所示）。根据IQAir2022年全球污染最严重的国家和地区排名，安哥拉在131个国家当中居第102位。

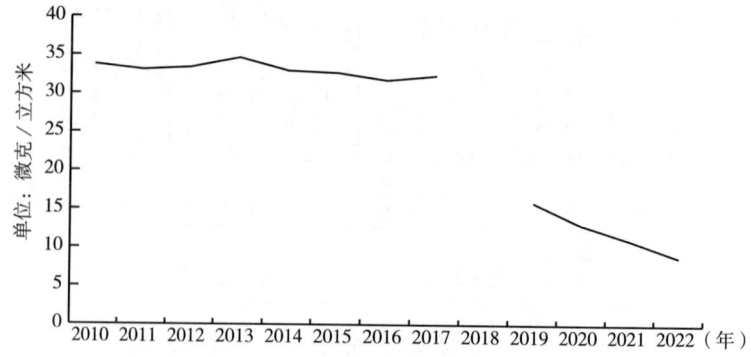

图5-3-8　安哥拉PM2.5的浓度

注：因缺少2018年数据致使曲线不连续。

资料来源：世界银行（World Bank）& IQAir。

5.3.4 能源技术

5.3.4.1 传统能源技术

①原油精炼技术

根据《油气杂志》(OGJ) 的最新估计,安哥拉 2019 年的总炼油能力约为 6.5 万桶/天。Luanda 炼油厂是安哥拉首都罗安达唯一运行的炼油厂,该炼油厂目前正在进行装备升级,升级后的炼油厂将大幅增加石油产量,约为 6.5 万桶/天。洛比托的 Sonaref 炼油厂预计在 2025 年投入运营,炼油能力约为 20 万桶/天。位于扎伊尔的 Soyo 炼油厂由于新冠疫情的影响,预计 2021 年投入使用,炼油能力约为 10 万桶/天。位于卡宾达的 Malongo 炼油厂建设分为三个阶段,第一阶段的初始产能为 3 万桶/天,第二和第三阶段将共同完成,能增加 3 万桶/天的产能(如表 5-3-2 所示)。

表 5-3-2 安哥拉 2020 年炼油厂概览

炼油厂	位置	建设状态	炼油能力
Luanda	罗安达	升级中,预计 2021 年完工	6.5 万桶/天
Sonaref	洛比托	建设中,预计 2025 年完工	20 万桶/天
Soyo	扎伊尔	建设中,预计 2021 年完工	10 万桶/天
Malongo	卡宾达	建设中,预计 2024 年完工	6 万桶/天

资料来源:美国能源信息署(EIA)。

②液化天然气技术

安哥拉液化天然气产量约为气态天然气产量的 5 倍,液化过程是通过将气体温度降低到零下 162 摄氏度来进行的,这将减少约 600 倍的占用体积。目前的技术允许:a. 用大型 LNG 运输船运输到遥远国家的大型再气化终端;b. 用小型 LNG 运输船运输到小型或中型海运终端;c. 装入小型等离子容器或储罐通过陆地、海洋或铁路运输到消费者附近的小型储存和再气化装置(Minister of Energy and Water, 2014a)。

5.3.4.2 新能源技术

①太阳能技术

根据项目使用技术不同,安哥拉使用的太阳能技术被分为四类。第一类是由于项目地点靠近发电厂,这些项目电力入网与更高接收容量的变电厂相连;第二类是电力与项目中压变电厂相连;第三类是柴油支持;第四类则是正在开发的太阳能技术(Ministry of Energy and Water, 2014a)。

②水电技术

安哥拉在20世纪50年代和60年代开始探索水电,当时建造了几个水电站,还有一些小型水电站。预计到2017/2018年,水电装机容量可能达到4吉瓦,届时将占安哥拉总装机容量的70%左右。到2020年安哥拉水利发电量为10.08TW·h(与2010年相比增长了174%)。

③风电技术

安哥拉13个新的具有开发风能潜力的项目装机容量可达3.9吉瓦,其中几个地点靠近变电站和电网,有能力吸收高达604兆瓦的电力(Ministry of Energy and Water, 2014c)。

④生物质能技术

安哥拉的生物质能主要集中在森林残留物、能源作物和农业食品残留物(特别是甘蔗)。森林残留物和制糖过程中产生的残留物,在一些地方产生的电力可以达到170GW(Ministry of Energy and Water, 2014d)。

5.4 莫桑比克能源行业发展现状

5.4.1 能源资源及开采情况

5.4.1.1 能源资源

2008—2021年,莫桑比克煤可探明储量从2.34亿吨增长至19.75亿吨(如图5-4-1所示)。反观石油可探明储量,莫桑比克目前不生产任何原油，也没有任何炼油能力，依靠进口来满足其所有石油产品的需求。而莫桑比克可探明储量最多的传统能源则是天然气，是非洲第三大探明天然气储量国，仅次于尼日利亚和阿尔及利亚。2000—2021 年，莫桑比克天然气可探明储量急速增加，从一开始的 2 万亿立方英尺增至 100 万亿立方英尺（如图 5-4-2 所示）。天然气储量的暴增可能是由于北部海岸附近的深水 Rovuma 盆地发现了大量天然气。

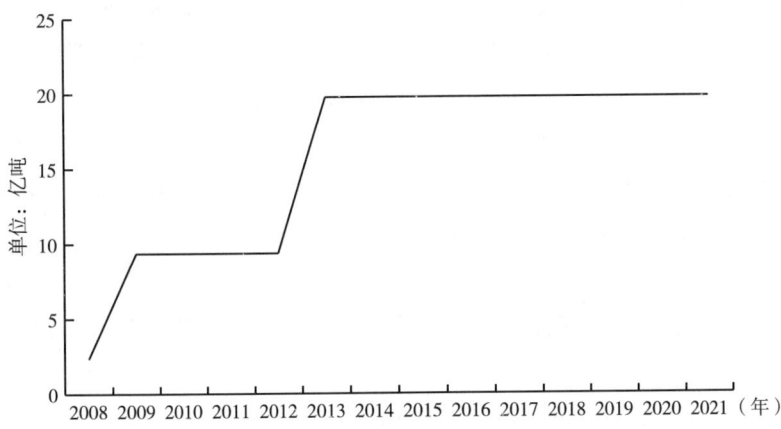

图 5-4-1　莫桑比克煤可探明储量

资料来源：美国能源信息署（EIA）。

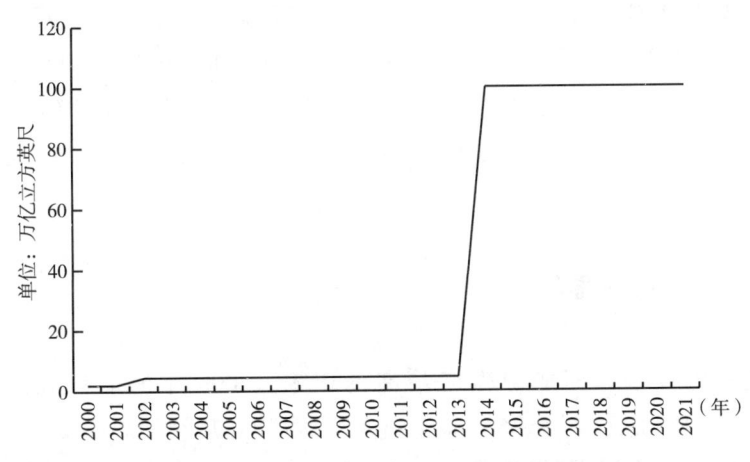

图 5-4-2　莫桑比克天然气可探明储量

资料来源：美国能源信息署（EIA）。

莫桑比克位于非洲东南部东濒印度洋，森林覆盖率超过 50%，除了煤和天然气外，其他可再生能源同样丰富，但可再生能源资源的开发利用程度有限。

5.4.1.2　能源开采及项目

①煤炭开采

莫桑比克生产少量煤炭，但太特省拥有大量未开发的煤炭，由于基础设施有限和价格环境不利，开发这些资源具有挑战性。近年来随着基础设施的不断完善，莫桑比克开始加大对煤炭的开采。Essar Ports（ESSAR）公司于 2017 年与莫桑比克政府签署了一项为期 30 年的特许权协议，ESSAR 公司将在贝拉港开发一个年产能 2 200 万短吨的煤炭码头，该码头不仅能提升煤炭运输总量，还能降低煤炭出口的费用。

②天然气开采

莫桑比克最近大部分天然气勘探都发生在鲁伍马（Rovuma）盆地的 1 区和 4 区。鲁伍马盆地 1 区的可采天然气资源估计为 75 万亿立方英尺，在该区的 Prosperidade 和 Golfinho – Atum 发现的天然气田包括 Atum、Barquentine、Camarao、Golfinho、Lagosta、Orca 和 Windjammer。同时 1 区将建造一个潜在产能为 66 亿立方英尺/天的陆上液化天然气设施，以处理该地区生产的天然气。鲁伍马盆地 4 区天然气可采资源量估计为 85 万亿立方英尺。位于 4 区的 Carol 油田由意大利埃尼公司开发。埃尼公司还在建造一个超深水浮式液化天然气（FLNG）设施，以处理卡罗尔油田生产的天然气，该设施每天可处理高达 4.47 亿立方英尺的天然气。

5.4.2　行业指标

莫桑比克是非洲能源强度最高的国家，2000 年的能源强度高达 26.91 兆焦耳/美元（如图 5 - 4 - 3 所示）。尽管在后续发展中莫桑比克的能源强度快速下降，但还是高出非洲许多国家。2019 年莫桑比克的能源强度为 11.93 兆焦耳/美元，高于南非的 8.03 兆焦耳/美元，也高于津巴布韦的 10.47 兆焦耳/美元。莫桑比克的综合能源利用率相较于安哥拉（2019年能源强度为 2.94 兆焦耳/美元）而言还是较低。

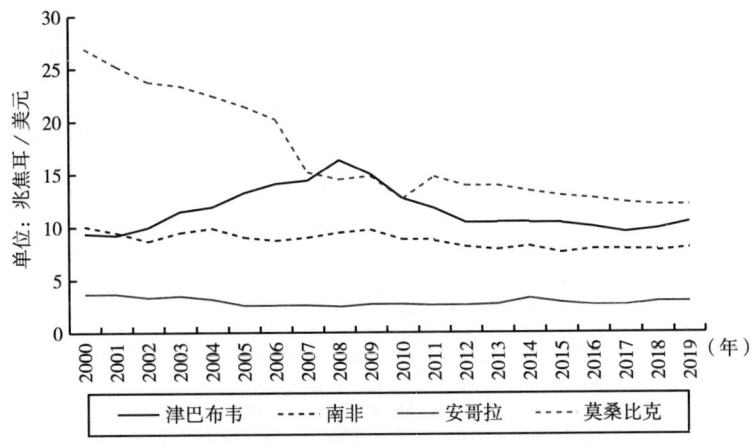

图 5-4-3　莫桑比克和非洲其他国家能源强度

资料来源：国际能源署（IEA）。

5.4.3　环境排放

5.4.3.1　温室气体排放

①二氧化碳（CO_2）

2000—2021 年，莫桑比克二氧化碳排放量首先呈快速增长趋势，从 2000 年的 1.32 百万吨增长至 2016 年的 8.16 百万吨，在 2017—2021 年二氧化碳排放量稍有下降（至 7.07 百万吨），但并无太大波动。短期来看，经济发展与二氧化碳脱钩这一目标对于莫桑比克而言难以实现，当二氧化碳排放量下降的时候，其国内生产总值也放缓了增长速度（如图 5-4-4 所示）。

②甲烷（CH_4）

2000—2019 年，莫桑比克甲烷排放量呈上升趋势，从 9.36 百万吨上涨至 24.83 百万吨，其中农业排放、土地利用变化及林业排放占主要位置。

2019年农业排放量为9.84百万吨，占总排放量的40%，土地利用变化及林业排放量为8.87百万吨，占总排放量的36%（如图5-4-5所示）。

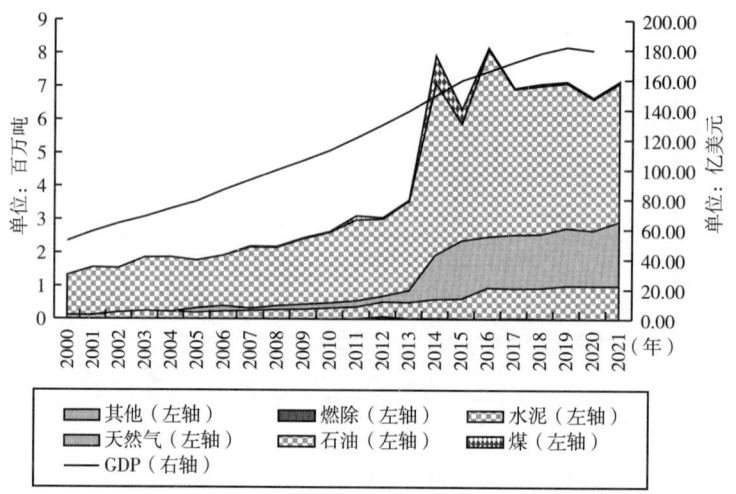

图5-4-4　莫桑比克不同产业二氧化碳排放量与GDP关系

资料来源：bp世界能源统计年鉴。

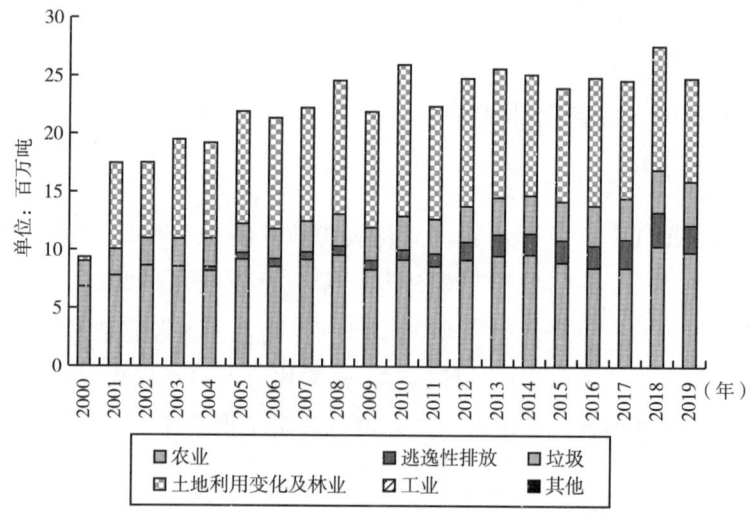

图5-4-5　莫桑比克不同形式甲烷排放量

资料来源：气候观察（Climate Watch）。

③一氧化二氮（N_2O）

2000—2019 年，莫桑比克一氧化二氮排放量呈上升趋势，从 7.37 百万吨上涨至 18.81 百万吨，其中农业排放、土地利用变化及林业排放占主要位置。2019 年农业排放量为 8.81 百万吨，占总排放量的 47%，土地利用变化及林业排放量为 9.65 百万吨，占总排放量的 51%（如图 5-4-6 所示）。

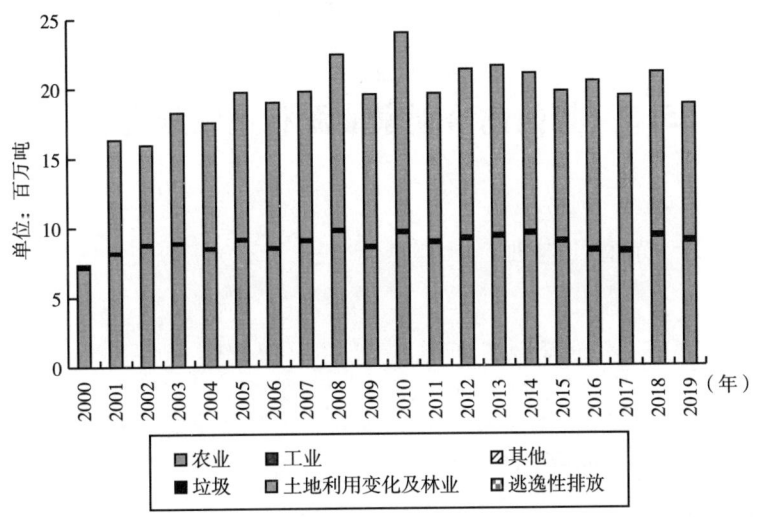

图 5-4-6　莫桑比克不同形式一氧化二氮排放量

资料来源：气候观察（Climate Watch）。

5.4.3.2　污染物排放

莫桑比克 2019 年排放 2544 吨塑料流入海洋，属于非洲排放塑料污染第三梯队的国家。

5.4.4　能源技术

莫桑比克政府致力于在可持续发展背景下，按照联合国规定，在《2030 年议程》框架内，到 2030 年向所有莫桑比克人提供高质量、负担得起和可持续的电力。为此，它启动了"人人享有能源"（"能源 Para Todos") 方案。该计划将使政府能够确保到 2024 年有超过 1 000 万人首次获得电力。这一计划将导致生产力的提高,有助于创收和就业,可以改善人民的生活条件,特别是在农村地区。在新能源和可再生能源发展政策框架内进行的可再生能源潜力调查,确定了莫桑比克可再生能源的巨大多样性,包括风能、水能、生物质能、地热能、海洋能源和太阳能。太阳能被确定为该国最丰富的能源(Ministry of Mineral Resources and Energy)。

5.5 其他葡语国家能源行业发展现状

5.5.1 赤道几内亚

5.5.1.1 能源资源及开采情况

赤道几内亚位于非洲中西部,面临大西洋,海岸线长 482 公里,拥有丰富的油气资源与可再生能源资源。

①石油

目前赤道几内亚的石油可探明储量有 11 亿桶,2016 年石油和其他液体的平均产量为 24.4 万桶/天,低于 2005 年 37.5 万桶/天的峰值产量。由埃克森美孚(ExxonMobil)运营的 Zafiro 油田仍有该国最大的石油产量,是该国最大的出口来源,但其 2016 年的平均产量已从 2004 年的峰值 28 万桶/天下降至 8.2 万桶/天。

赤道几内亚没有任何炼油能力,该国在 2016 年消耗了约 6 000 桶/天的石油产品,所有石油产品都是进口的。政府已宣布计划在 Mbini 新建一座 2 万桶/天的炼油厂,但该项目进展缓慢。

②天然气

如图 5-5-1 所示,截至 2019 年,赤道几内亚已探明天然气储量为 4.9 万亿立方英尺,是天然气净出口国,生产的大部分天然气都以液化天然气的形式出口。2017 年 5 月,Ophir Energy 与 OneLNG 和 GEPetrol 签署了一项协议,共同开发非洲首个深水 FLNG 项目 Fortuna FLNG。

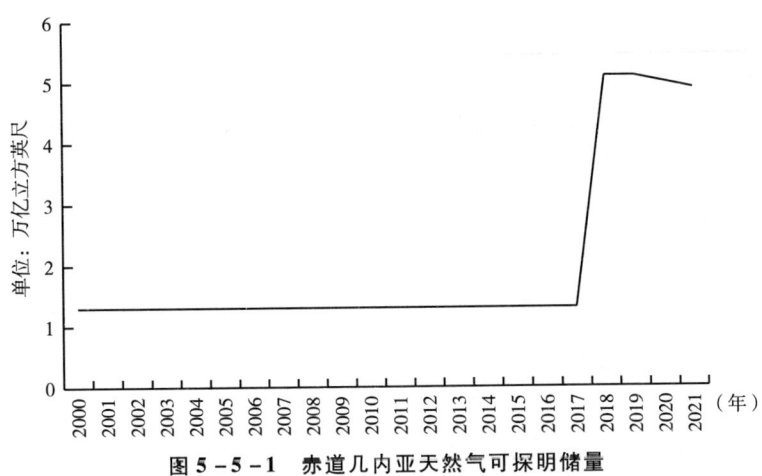

图 5-5-1 赤道几内亚天然气可探明储量

资料来源：美国能源信息署（EIA）。

③可再生能源

赤道几内亚虽然可再生能源资源丰富，但由于资金和技术的制约，可再生能源的开发利用仍然滞后。

5.5.1.2 行业指标

赤道几内亚能源强度在 2010—2017 年呈上涨趋势，从 2.36 兆焦耳/美元上涨至 4.7 兆焦耳/美元。随后 2018 年、2019 年其能源强度稍有回转至 3.01 兆焦耳/美元（如表 5-5-1 所示）。

表 5-5-1　　　　　　　　赤道几内亚能源强度　　　　　（单位：兆焦耳/美元）

年份	2010	2011	2012	2013	2014	2015	2016	2017	2018	2019
能源强度	2.36	2.28	2.71	3.48	3.22	3.27	4.05	4.7	3.72	3.01

资料来源：国际能源署（IEA）。

5.5.1.3 环境排放

2000—2006 年，赤道几内亚温室气体排放量先大幅上升。从 2008 年开始，其温室气体排放量呈下降趋势，从 2008 年的排放量峰值 2.094 千万吨下降至 2019 年的 1.524 千万吨（如图 5-5-2 所示）。其中逃逸性排放和土地利用变化以及林业排放占主要位置。2019 年逃逸性排放量为 5.98 百万吨，占总排放量的 39%，土地利用变化及林业排放量为 3.83 百万吨，占总排放量的 25%（如图 5-5-3 所示）。

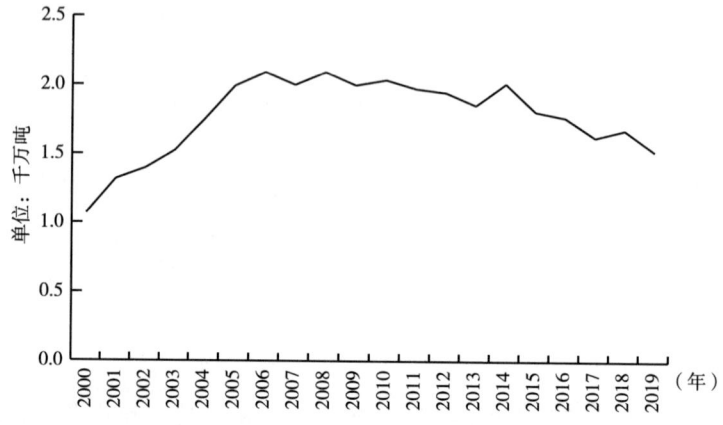

图 5-5-2　赤道几内亚温室气体排放量

资料来源：气候观察（Climate Watch）。

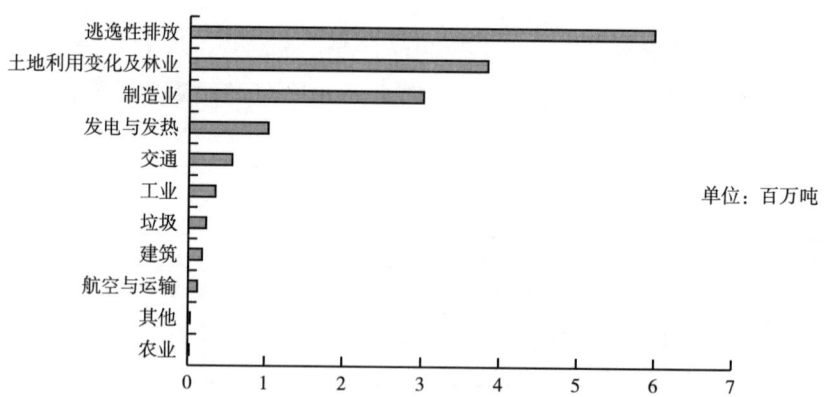

图 5-5-3　2019 年赤道几内亚不同温室气体排放方式排放量

资料来源：气候观察（Climate Watch）。

5.5.2 东帝汶

5.5.2.1 能源资源及开采情况

东帝汶是亚洲马来群岛比邻印度尼西亚的新兴岛国，油气资源丰富，独立后几乎成为世界上最依赖石油发展的国家之一，其石油和天然气出口提供了85%~95%的政府收入，占GDP的70%~80%。Bayu-Undan油田是东帝汶最先开采的油田，该油田位于东帝汶海上联合石油开发区内（东帝汶与澳大利亚共享此油田），该油田预计在2022年左右枯竭，预计总开采量为3亿桶。第二个主要油田是Greater Sunrise油田，其石油储量比Bayu-Undan气田大得多。石油产量在2012年达到峰值，此后迅速下降。目前，东帝汶已经从其仅有的两个石油油田获得了预期收入的3/4以上（Barma, N. H., 2021）。

缘于特殊的地理位置条件，东帝汶也拥有丰富的光、风和海洋能等可再生能源资源，但由于资金和技术原因迄今仍未得到很好的开发和利用。

5.5.2.2 行业指标

2010—2019年，东帝汶的能源强度一直保持较低的状态，从1.38兆焦耳/美元增长至2.13兆焦耳/美元（如表5-5-2所示）。

表5-5-2　　　　　　东帝汶能源强度　　　　　单位：兆焦耳/美元

年份	2010	2011	2012	2013	2014	2015	2016	2017	2018	2019
能源强度	1.38	1.33	1.43	1.63	1.86	1.76	1.97	2.24	2.12	2.13

资料来源：国际能源署（IEA）。

5.5.2.3 环境排放

2000—2019年，东帝汶温室气体排放量先大幅增加，随后稍有降低。

从 2000 年的 1.12 百万吨增长至 2010 年的 7.5 百万吨,随后下降至 2019 年的 6.38 百万吨排放量(如图 5-5-4 所示)。与大多数国家不同的是,东帝汶温室气体主要来源于逃逸性排放以及农业排放。2019 年逃逸性排放量为 4.29 百万吨,占总排放量的 67%,农业排放量为 0.92 百万吨,占总排放量的 14.37%(如图 5-5-5 所示)。

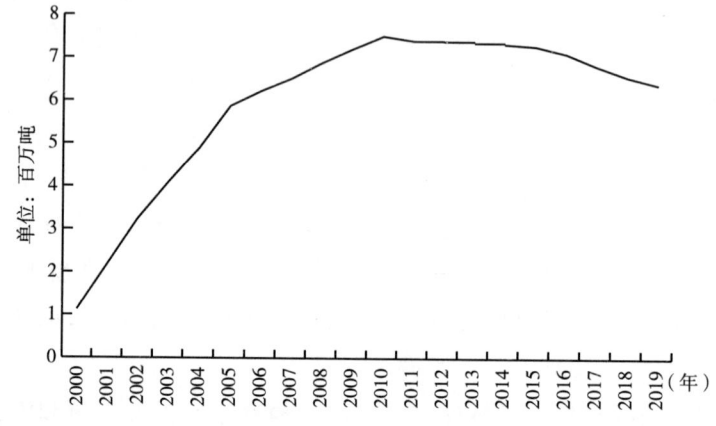

图 5-5-4　东帝汶温室气体排放量

资料来源:气候观察(Climate Watch)。

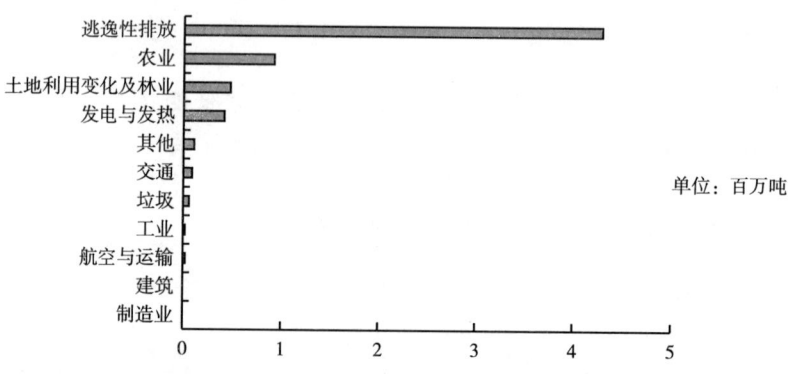

图 5-5-5　东帝汶不同方式温室气体排放量

资料来源:气候观察(Climate Watch)。

5.5.3 圣多美和普林西比

5.5.3.1 能源资源及开采情况

圣多美和普林西比是位于非洲中西侧几内亚湾东南部岛国,在20世纪80年代末和90年代初一直是几内亚湾石油"富矿"中心,当时石油地质学家估计该海湾拥有超过500亿桶石油,约占世界已探明石油储量的5%。强大的石油储量让雪佛龙、埃克森美孚和尼日利亚Dangote等能源股权资源公司向其支付1.23亿美元,以获得石油开采权。法国道达尔、英国bp、美国Kosmos和安哥拉Sonangol等也在圣多美和普林西比开展石油勘探开发业务,目前已进行勘探性钻井。由于一些特别的原因,圣多美和普林西比的石油开采进程一直进展不大,因此长期以来对化石能源的依赖性较大(中华人民共和国外交部、圣多美和普林西比国家概况)。

与其他非洲国家一样,圣多美和普林西比也拥有丰富的风能、太阳能和海洋能等可再生能源,但由于没有资金和技术的支持,圣多美和普林西比的可再生能源也没有得到很好的开发和利用。

5.5.3.2 行业指标

2010—2019年,圣多美和普林西比能源强度稍有下降,从3.98兆焦耳/美元下降至3.47兆焦耳/美元(如表5-5-3所示)。

表5-5-3　　　　圣多美和普林西比能源强度　　　　单位:兆焦耳/美元

年份	2010	2011	2012	2013	2014	2015	2016	2017	2018	2019
能源强度	3.98	3.77	3.95	3.85	3.6	3.62	3.58	3.55	3.49	3.47

资料来源:国际能源署(IEA)。

5.5.3.3 环境排放

2011年圣多美和普林西比温室气体排放大幅增加,从14万吨增长至34万吨。2012年至2019年,温室气体排放略有增加,从36万吨增长至40万吨(如图5-5-6所示)。其中土地利用变化及林业排放占主要位置,2019年排放了22万吨,占总排放量的55%(如图5-5-7所示)。

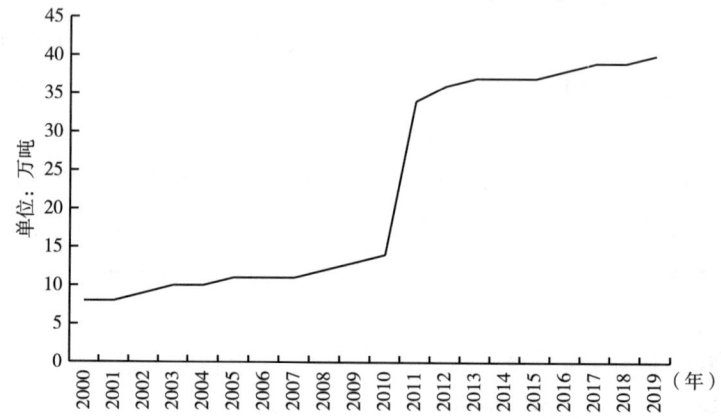

图5-5-6 圣多美和普林西比温室气体排放量

资料来源:气候观察(Climate Watch)。

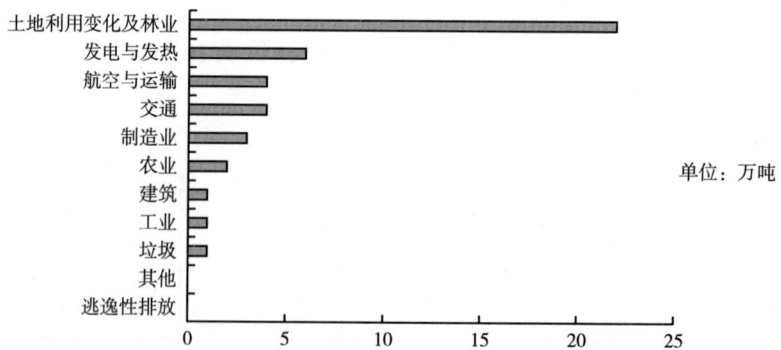

图5-5-7 2019年圣多美和普林西比不同温室气体排放方式排放量

资料来源:气候观察(Climate Watch)。

5.5.3.4 能源技术

由于缺乏化石能源资源，圣多美和普林西比强调在 2030 年应该将可再生能源纳入其能源结构，从而使该国摆脱对进口柴油发电的依赖。联合国工发组织在全球环境基金资助下，与其合作伙伴联合国开发计划署、世界银行和非洲开发银行密切合作，帮助这个小岛国家实施电力领域可再生能源利用和提高能源效率的项目。该项目实施周期为 2019—2023 年，旨在帮助圣多美和普林西比实现其 2030 年愿景，致力于将该国转变为一个气候适应能力强、充满活力的岛屿中心，以开展蓝色经济、金融和旅游业服务。

工发组织的可持续能源专家马丁·卢格迈尔（Martin Lugmayr）说："尽管岛上具有应用可再生能源的巨大潜力，但工发组织项目的起点仍然充满挑战，因为该国在可再生能源方面的经验仅限于过时或无法正常运转的殖民地时期的小型水电站。"圣多美和普林西比基础设施、自然资源和环境部自然资源与能源局的国家项目协调员加布里埃尔·马金戈（Gabriel Makengo）说："目前还没有涵盖整个行业和相关行业的国家能源政策。多重壁垒阻碍了可持续能源产品进入服务市场，其中包括政策和法规、制度能力、知识和意识的缺乏等。"基础设施部部长达布雷乌宣布，圣多美和普林西比能源转型计划于 2030 年达到可再生能源占比 50%。政府已同私人企业签订了 5 项相关协议，涉及生产太阳能 55 兆瓦、生物质能 10 兆瓦、海洋能 1.5 兆瓦。

5.5.4 几内亚比绍

5.5.4.1 能源资源以及开采状况

几内亚比绍是位于非洲西部濒临大西洋的贫困小国，根据美国能源信息署（EIA）的数据，几内亚比绍目前没有任何煤、石油以及天然气的储量，并且该国也仅仅依靠进口石油这一种化石燃料。作为非洲热带国家，几内亚比绍可再生能源资源丰富，森林覆盖率约为 56%，木材蕴藏量达 4 830 万立方米，尤其境内水资源丰富，并拥有丰富的风、光、生物质和海洋能资源，但几内亚比绍的可再生能源仍未得到有效开发和利用。

5.5.4.2　行业指标

①人均能源量

Ianda, T. F. & Padula, A. D.（2020）指出，几内亚比绍的能源严重短缺，绝大多数人口使用柴火来满足能源需求，柴油在国民能源消费中占有重要地位。进口化石燃料及其副产品对几内亚比绍的赤字有很大贡献，2012 年占几内亚比绍进口总额的 20%（6 120 万美元），2014 年达到 30.2%（1.2 亿美元）。2015 年引入进口燃料定价机制后，进口大幅减少，占进口总额的 14.4%（3 682 万美元）。

几内亚比绍是非洲地区人均能源使用量最低的国家之一（2019 年为 721 千瓦时）。从 2000 年开始，相较于其他一些国家，几内亚比绍的人均能源使用量一直处在较低位置（如图 5-5-8、图 5-5-9 所示），即使在被认为是该国主要经济中心的首都比绍，能源短缺也很明显。在首都，只有 40% 的居民用上了电，而在农村地区，这一数字只有 20%。近年来，政府加强了促进该国电力发展的计划，但基础设施的薄弱和能源部门的发展政策构成了经济增长和地方生产基础扩大的主要障碍。

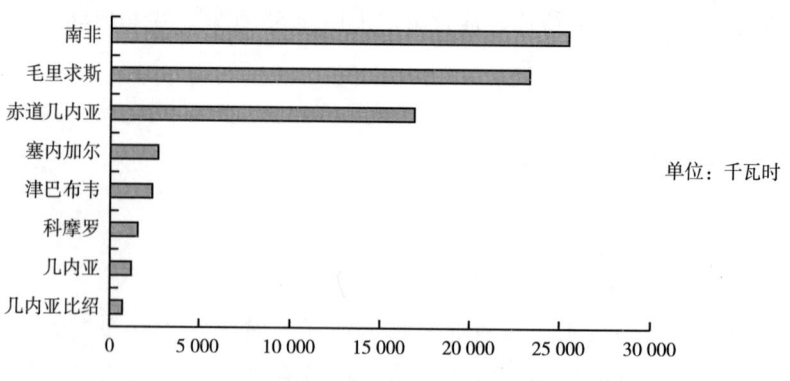

图 5-5-8　2019 年非洲多国人均一次能源使用量对比

资料来源：bp 世界能源统计年鉴。

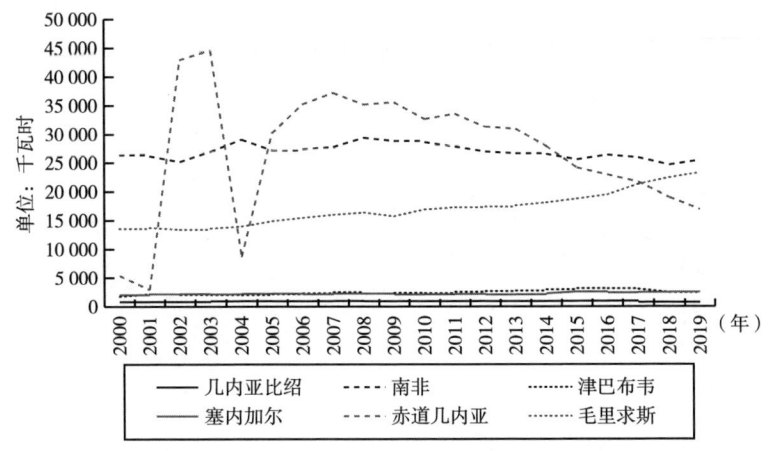

图 5-5-9 非洲多国人均一次能源使用量

资料来源：bp 世界能源统计年鉴。

②能源强度

2010—2019 年，几内亚比绍能源强度稍有下降，从 10.49 兆焦耳/美元下降至 8.59 兆焦耳/美元（如表 5-5-4 所示），但相较于其他非洲葡语国家而言仍处于较高位置。

表 5-5-4　　　　　　　几内亚比绍能源强度　　　　　单位：兆焦耳/美元

年份	2010	2011	2012	2013	2014	2015	2016	2017	2018	2019
能源强度	10.49	9.84	10.14	9.95	10.07	9.69	9.33	8.91	8.93	8.59

资料来源：国际能源署（IEA）。

5.5.4.3　环境排放

2000—2019 年，几内亚比绍温室气体排放量稍有增加，从 3.28 百万吨增至 4.21 百万吨，仅增加了 0.93 百万吨温室气体（如图 5-5-10 所示），相较其他非洲葡语国家而言，其温室气体排放量仅处在靠后位置。农业排放、土地变化及林业排放是几内亚比绍温室气体主要的排放方式。2019 年农业排放量为 1.96 百万吨，占总排放量的 47%，土地变化及林业排放量为 1.63 百万吨,占总排放量的 39%。其他排放方式（工业、交通、垃圾、发电与发热、航空与运输、建筑）排放量较少,只有逃逸性排放和工业排放为零（如图 5-5-11 所示）。

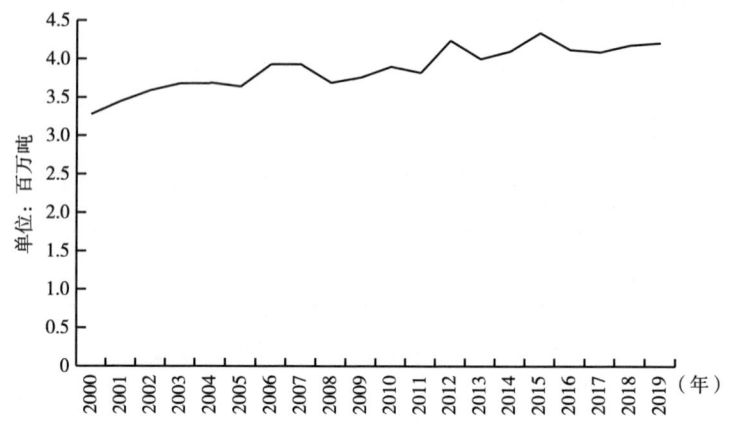

图 5-5-10　几内亚比绍温室气体排放量

资料来源：气候观察（Climate Watch）。

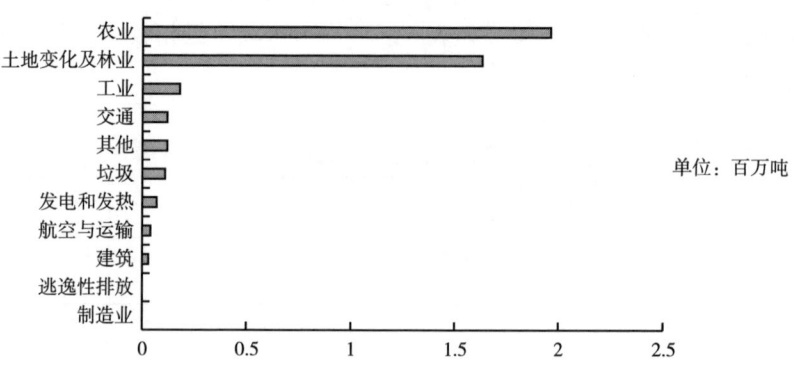

图 5-5-11　2019 年几内亚比绍不同温室气体排放方式排放量

资料来源：气候观察（Climate Watch）。

5.5.4.4　能源技术

几内亚比绍自然条件优越,海岸线绵延 350 公里,水资源丰富（号称非洲"水塔"）,目前水电总装机容量为 774MW,苏阿皮提等 4 个大坝水电站项目可以增加 500 多 GW 的水电产量。Van Loon, A. P., Chattopadhyay,

D. & Bazilian, M. (2020) 指出,几内亚比绍拥有丰富的太阳能资源,每年有3 000 小时的日照,平均太阳辐射为4.5~5.5 千瓦时/(m^2·d)。政府计划扩大可再生能源的电力系统,因为预计到2030 年,对于电力的需求将增加到155 兆瓦,从而远远超过承诺的72 兆瓦。值得注意的是,近几年几内亚比绍开发清洁能源所吸引的国际投资有所下降,从2018 年的4.5 百万美元降至2019 年的0.23 百万美元(如图5-5-12 所示),这可能会影响几内亚比绍新能源技术的开发与使用。

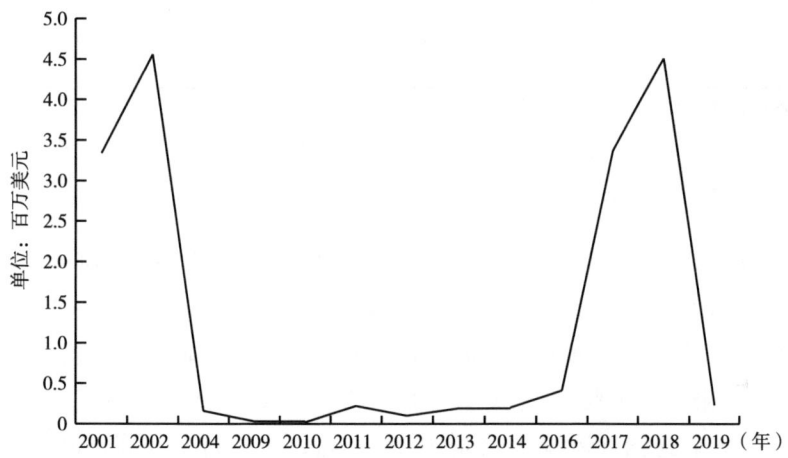

图 5-5-12　几内亚比绍开发清洁能源获得的国际融资
资料来源:国际能源机构。

5.5.5　佛得角

5.5.5.1　能源资源及开采情况

佛得角是位于北大西洋佛得角群岛较为富裕的非洲小国,根据美国能源信息署的数据,佛得角没有任何煤、石油、天然气的能源储藏,其能源状况完全依赖于进口化石燃料,主要是石油及其衍生品。佛得角风能、太阳能和海洋能等可再生能源资源丰富,但缘于资金和技术原因至今仍未得到很好的开发和利用。

5.5.5.2 行业指标

与其他非洲葡语国家不同的是,2010—2019 年,佛得角能源强度稍有下降,从 3.03 兆焦耳/美元下降至 2.6 兆焦耳/美元(如表 5-5-5 所示)。

表 5-5-5　　　　　　　　　佛得角能源强度　　　　　　　单位:兆焦耳/美元

年份	2010	2011	2012	2013	2014	2015	2016	2017	2018	2019
能源强度	3.03	3.21	2.72	2.7	2.65	2.64	2.69	2.74	2.68	2.6

资料来源:国际能源署(IEA)。

5.5.5.3 环境排放

佛得角相比于其他非洲葡语国家温室气体排放量很小,虽然 2000—2019 年佛得角温室气体排放量呈飞速上升,但至 2019 年其排放量仅有 75 万吨(如图 5-5-13 所示)。与其他非洲葡语国家相比,航空与运输、发电与发热以及交通是佛得角最主要的温室气体排放来源。2019 年航空与运输排放量为 42 万吨,占总排放量的 56%,发电

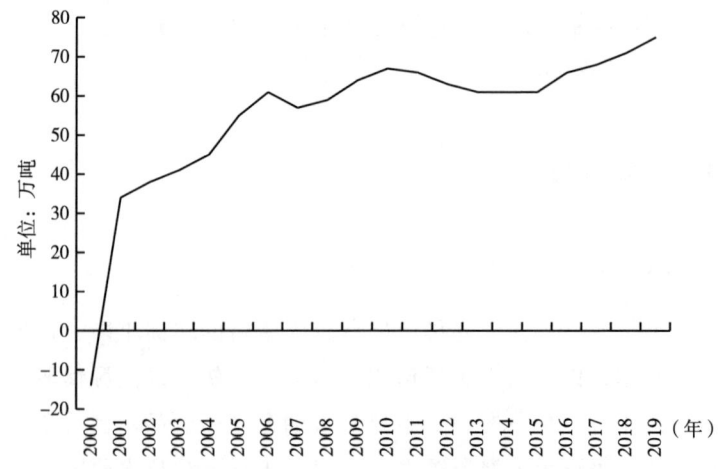

图 5-5-13　佛得角温室气体排放量

资料来源:气候观察(Climate Watch)。

与发热排放量以及交通排放量都为 30 万吨。比较特殊的是佛得角在土地以及林业方面能吸收部分温室气体，吸收量约 6 万吨（如图 5－5－14 所示）。

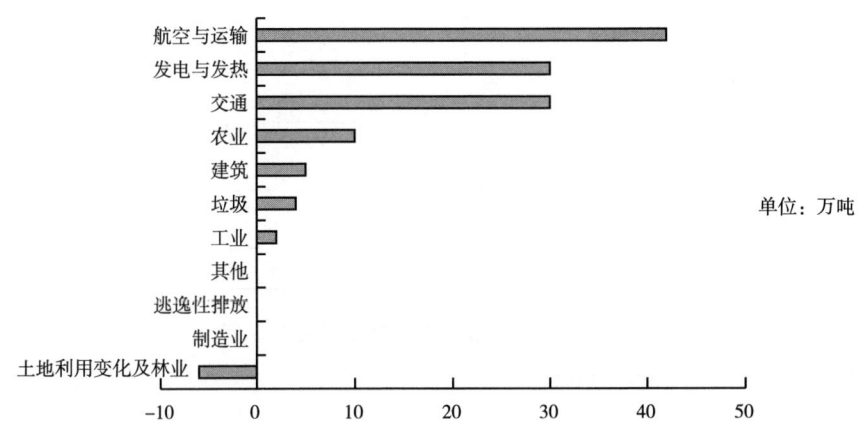

图 5－5－14　2019 年佛得角不同温室气体排放方式排放量

资料来源：气候观察（Climate Watch）。

5.5.5.4　能源技术

Ranaboldo 等人认为，尽管佛得角拥有利用风能和太阳能（将风能和太阳能整合到其能源系统中）进行发电的能力，但发电主要还是依靠石油，特别是在偏远的农村地区。天然气及煤在佛得角并未用于发电。2021 年石油发电量为 0.38 太瓦时，可再生能源发电量为 0.07 太瓦时（如图 5－5－15 所示）。圣米格尔湾光伏电站项目协议的签署对提高佛得角可再生能源生产能力和落实能源转型规划具有促进意义，佛得角政府计划到 2025 年将其可再生能源占比提高至 30%，到 2030 年提升至 50%。圣米格尔湾光伏发电站装机容量为 10 兆瓦，每年可生产约 18 千兆瓦时电量，可避免约 12 500 吨二氧化碳排放，该电站将在 2020 年正式供电。

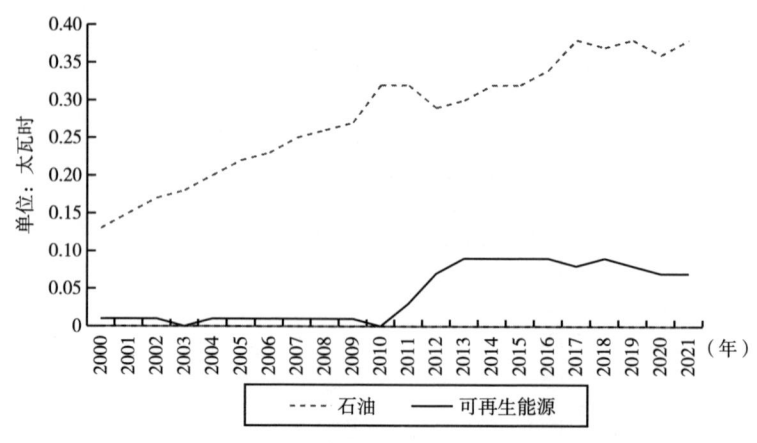

图 5-5-15　佛得角不同能源发电量

资料来源：bp 世界能源统计年鉴。

本章小结

本章从能源资源、行业指标、环境排放和技术四个方面探讨了葡语国家的能源行业现状。在能源资源及行业指标方面，目前大部分葡语国家存在着严重的外来化石燃料依赖。在能源环境排放方面，较发达的葡语国家温室气体排放量都比较高，而一些发展较为落后的葡语国家温室气体排放量较低，主要是经济活动体量差异所致。在能源技术方面，除葡萄牙、巴西外，大部分葡语发展中国家能源自主技术能力都不高甚至低下。为了应对能源依赖以及加速能源转型，所有的葡语国家都致力于发展新能源技术，以此提高可再生能源在能源总量中的占比。当然一些较小的以石油或者天然气出口为主要收入来源的葡语国家，它们因为人口、政治和环境等因素，导致国家经济发展较慢，能源发展重心并没有放在可再生能源上，而主要放在石油和天然气等传统化石能源上。

本章数据来源

欧盟统计局、Global Carbon Project、Statistical Review of World Energy –

bp、巴西统计年鉴、葡萄牙统计年鉴、美国能源信息署（EIA）、气候观察（Climate Watch）、国际能源署（IEA）等。

本章参考文献

［1］中华人民共和国外交部．圣多美和普林西比国家概况．

［2］中国石油（2021）．巴西盐下油田将成未来产量新增长极 http：//center.cnpc.com.cn/bk/system/2021/08/27/030043173.shtml.

［3］中华人民共和国商业部（2019）．佛得角总理：佛可再生能源生产能力将大幅提升 http：//cv.mofcom.gov.cn/article/jmxw/201906/20190602870987.shtml.

［4］中华人民共和国商业部（2022）．圣普计划到2030年可再生能源占比达50% http：//st.mofcom.gov.cn/article/jmxw/202207/20220703336447.shtml.

［5］中华人民共和国商业部（2018）．葡萄牙优势产业 http：//www.mofcom.gov.cn/article/tongjiziliao/sjtj/xyfzgbqk/201810/20181002800329.shtml.

［6］新浪财经（2021）．葡萄牙Galp今年将停止波尔图炼油厂运营 https：//finance.sina.com.cn/money/future/nyzx/2021-01-11/doc-iiznezxt1800553.shtml.

［7］索比光伏网（2021）．巴西的《2050年国家能源计划》：到2050年为止已安装的光伏容量最高可达90吉瓦 https：//news.solarbe.com/202104/28/337957.html.

［8］葡萄牙能源和地质总局（2021）新能源．https：//www.dgeg.gov.pt/pt/areas-setoriais/energia/energias-renovaveis-e-sustentabilidade/energia-eolica-off-shore/implantacao-em-portugal/.

［9］联合国工发组织．https：//www.unido.org/news/xinguanyiqingyingxianghoudeshengduomeihepulinxibijuyoukezaishengnengyuanhenengyuanxiaoludekechixuweilai.

［10］IQAir（2023）．全球污染最严重的国家和地区．https：//www.iqair.cn/cn/world-most-polluted-countries.

［11］AP NEWS（2022）．Spain, Portugal eased energy prices. Can they teach the EU? https：//apnews.com/article/russia-ukraine-europe-spain-portugal-moscow-c3c5ac5c2c8574fd2a9296ee3ba88c08.

［12］Barma, N. H. Do petroleum rents fuel conflict in developing countries? A case study of political instability in Timor-Leste［J］．Energy Research & Social Science，2021，75，102018.

［13］Cardoso, J., Silva, et al. Techno-economic analysis of a biomass gasification power plant dealing with forestry residues blends for electricity production in Portugal [J]. Journal of Cleaner Production, 2019, 212, 741 – 753.

[14] Ceia, M., Missagia, et al. Petrophysical characterization of Lagoa Salgada'stromatolites – A Brazilian pre – salt analog [J]. Journal of Petroleum Science and Engineering, 2022, 218, 111012.

[15] Chen, S., Zhang, et al. Trade openness, economic growth, and energy intensity in China [J]. Technological Forecasting and Social Change, 2022, 179, 121608.

[16] Chen, Y., Li, et al. Exergo – environmental cost optimization of a solar – based cooling and heating system considering equivalent emissions of life – cycle chain [J]. Energy Conversion and Management, 2022, 258, 115534.

[17] Dell'Anna, F., Green jobs and energy efficiency as strategies for economic growth and the reduction of environmental impacts [J]. Energy Policy, 2021, 149, 112031.

[18] DGED&ADENE (2022a). Energy in Numbers – 2022 Edition [J]. Energy Indicators, 44.

[19] DGED&ADENE (2022b). Energy in Numbers – 2022 Edition [J]. Energy Indicators, 46 – 48.

[20] DGED&ADENE (2022c). Energy in Numbers – 2022 Edition [J]. Energy Indicators, 79 – 81.

[21] Directorate – General for Energy and Geology (2019). Roadmap and Action Plan for Hydrogen in Portugal [J]. Introduction, 19.

[22] Fjeldstad, O. H., Orre, et al. The non – oil tax reform in Angola: Escaping from petroleum dependency? [J]. The Extractive Industries and Society, 2020, 7 (4), 1189 – 1199. https://earthjournalism.net/stories/the – average – brazilian – pollutes – the – ocean – with – 16 – kg – of – plasticeachyear #: ~: text = Every% 20Brazilian% 20is% 20responsible% 20for% 20polluting% 20the% 20ocean, tons% 20of% 20plastic% 20is% 20circulating% 20in% 20the% 20ocean.

[23] Ianda, T. F., Padula, et al. Exploring the Brazilian experience to design and simulate the impacts of a biodiesel program for sub – Saharan countries: The case of Guinea – Bissau [J]. Energy Strategy Reviews, 2020, 32, 100547.

[24] IEA (2021). Portugal 2021: Energy Policy Review [J]. Oil, Infrastructure, 190.

[25] IEI Brasil. (2019) POTENTIAL JOBS GENERATED IN THE AREA OF ENERGY

EFFICIENCY IN BRAZIL FROM 2018 TO 2030. CONCLUSIONS AND RECOMMENDATIONS.

[26] Kaijser, A., Högselius, et al. Under the Damocles Sword: Managing Swedish energy dependence in the twentieth century [J]. Energy Policy, 2019, 126, 157 – 164.

[27] Meijer, L. J., Van Emmerik, et al. More than 1000 rivers account for 80% of global riverine plastic emissions into the ocean [J]. Science Advances, 2021, 7 (18), eaaz5803.

[28] Ministry of Energy and Water. Atlas and national strategy: For the new renewable energies [J]. Part II, 2014, 110 – 125.

[29] Ministry of Energy and Water. Atlas and national strategy: For the new renewable energies [J]. Part II, 2014, 126 – 143.

[30] Ministry of Energy and Water. Atlas and national strategy: For the new renewable energies [J]. Part II, 2014, 144 – 159.

[31] Ministry of Energy and Water. Atlas and national strategy: For the new renewable energies [J]. Part II, 2014, 160 – 178.

[32] Ministry of Mineral Resources and Energy. Renewable Energy Auctions [J]. INTRODUCTION, 3 – 4.

[33] Ministry of Mines and Energy. Strategic reserve and operating stocks [J]. Activity report: National fuel storage system, 2022, 12.

[34] Ministry of Mines and Energy. Strategic reserve and operating stocks [J]. Activity report: National fuel storage system, 2022, 14.

[35] Ministry of Science, Technology and Innovations. REPORT ON THE TECHNOLOGY NEEDS ASSESSMENT FOR THE IMPLEMENTATION OF CLIMATE ACTION PLANS IN BRAZIL: MITIGATION [J]. Selected technologies for the energy sector, 2021, 38 – 41.

[36] National Institute of Statistics & DGEG. Survey on Energy Consumption in the Domestic Sector – 2020 [J]. Environment Heating, 2020, 42 – 46.

[37] ORGANIZATION OF THE PETROLEUM EXPORTING COUNTRIES (OPEC) (2021) [J]. World crude oil exports by country, 2020.

[38] Rafael, S., Tarelho, et al. Impact of forest biomass residues to the energy supply chain on regional air quality [J]. Science of The Total Environment, 2015, 505, 640 – 648.

[39] Ramon Soares Corrêa, Osvaldo Luiz Gonçalves Quelhas, Gustavo Naciff de Andrade, et al. Chapter 6 – Renewable energy in Latin America and scenarios to the Brazilian energy matrix by 2050, Handbook of Energy and Environmental Security, 2022, 89 – 108.

Academic Press.

[40] Ribeiro, J. , Flores et al. Occurrence, leaching, and mobility of major and trace elements in a coal mining waste dump: The case of Douro Coalfield, Portugal [J]. Energy Geoscience, 2021, 2 (2), 121 – 128.

[41] Rui Baptista, Isabel Fernandes, Rosário Carvalho, et al. . Potential of CAES technologies in Portugal [J]. Executive Summary, 2021, 4 – 5.

[42] Scarlat, N. , Prussi, et al. Quantification of the carbon intensity of electricity produced and used in Europe [J]. Applied Energy, 2022, 305, 117901.

[43] Sobrinho, V. G. , Lagutov, et al. Green with savvy? Brazil's climate pledge to the Paris Agreement and its transition to the green economy [J]. Energy and Climate Change, 2020, 1, 100015.

[44] Van Loon, A. P. , Chattopadhyay, et al. Atypical variability in TMY – based power systems [J]. Energy for Sustainable Development, 2020, 54, 139 – 147.

[45] Yu, P. , Xu, et al. Loss of life expectancy from PM2. 5 in Brazil: A national study from 2010 to 2018 [J]. Environment International, 2022, 166, 107350.

6. 葡语国家能源行业面临的问题

6.1 葡萄牙能源行业面临的问题

6.1.1 化石能源

6.1.1.1 化石能源需求量大

葡萄牙虽然在转向可再生能源和绿色经济方面取得了一定进展，但它的化石燃料消耗量仍然很高，总能源供应中最大的能源来源是石油和天然气。石油主要用于道路运输，天然气主要应用于电力和工业。风力和水力发电只占总能源供应的一小部分。根据葡萄牙能源和地质总局 2021 年全国能源平衡报告数据，一次能源总消费量 20 817 千吨石油当量（ktep），虽然与 2020 年相比只有轻微上升，但基数仍然较大。2021 年从一次能源的消费来看，石油仍然是主要的一次能源（40.6%），其次是天然气（23.9%）、生物质能（15.7%）、电力（14%）、煤炭（0.9%）和其他（4.9%）。从最终能源消耗 16 148 千吨石油当量（ktep）来看，石油占 44.4%，天然气占 11%，电力占 25.2%，热能占 7.4%，生物质能占 5.4%，其他占 5.6%（DGEG，2021a）。电力占比不到石油和天然气加起来的一半，更何况其中还含有依靠天然气等产生的电力。从历年的数据对比来看，尽管煤炭能源的使用一直在减少，但化石能源总量消耗大，可见葡萄牙对其的依赖（如表 6-1-1 所示）。想要降低对化石能源的需求，除了加大对可再生能源的投入力度外，还应提高化石能源的使用效率，减少消耗。

表 6-1-1　　葡萄牙煤炭、石油及衍生品、天然气消耗量　　单位：千吨石油当量

能源	分类	2016	2017	2018	2019	2020	2021
煤炭	一次能源消耗	2 847 598	3 247 292	2 695 966	1 248 331	565 713	195 578
	最终能源消耗	13 671	11 004	10 175	10 728	9 688	9 967
石油及衍生品	一次能源消耗	9 160 501	9 041 547	8 761 345	9 453 618	8 496 280	8 455 829
	最终能源消耗	7 422 072	7 576 534	7 595 174	7 690 297	6 771 322	7 169 241
天燃气	一次能源消耗	4 340 409	5 437 966	5 044 377	5 303 622	5 204 952	4 937 702
	最终能源消耗	1 553 250	1 672 726	1 700 701	1 700 701	1 672 718	1 771 355

资料来源：DGEG。

6.1.1.2　化石能源匮乏进口依赖度高

葡萄牙是一个化石能源匮乏的国家，国内不生产石油、煤炭和天然气，这些燃料的供应都依靠进口，而这些能源在葡萄牙一次能源总消费中占有非常重要的比重。能源是经济运作的物质基础，也是生产商品和提供所有服务所必需的资源。截至 2020 年，葡萄牙能源外部依存度为 65.8%，是欧盟中第 11 个对第三国能源依赖程度很高的国家，比欧盟 27 国能源依赖平均水平高出约 7.8 个百分点（如图 6-1-1 所示）。据能源和地质总局（DGEG）最新统计的数据，2021 年葡萄牙煤炭主要从澳大利亚和西班牙进口，总进口量 11 692 吨，可见其并不是葡萄牙主要的化石能源。2021 年葡萄牙天然气进口量接近 56 亿立方米，50% 来自尼日利亚，33% 来自美国，10% 来自俄罗斯，5.8% 来自西班牙，还有 1.2% 来自阿尔及利亚（如图 6-1-2 所示）。2021 年葡萄牙石油总进口量 9 374 964 吨，分别来自安哥拉、沙特阿拉伯、阿尔及利亚、阿塞拜疆、巴西、美国、赤道几内亚、尼日利亚、欧洲西北部、刚果共和国、英国。其中安哥拉占 1.4%，沙特阿拉伯占 2.6%，阿尔及利亚占 2.6%，阿塞拜疆占 12.4%，巴西占 38.6%，美国占 10.1%，赤道几内亚 2.8%，尼日利亚 21.8%，欧洲西北部占 1.2%，刚果共和国占 2.7%，英国占 3.8%（DGEG，2022）。可见葡萄牙对能源进口的外部依赖性相当强，而且其能源体系主要依赖原始化石燃料。虽然葡萄牙看似能源来源丰富，实则主要还是来自几个国家的能源供应，容易被扼住能源的咽喉。葡萄牙一方面需要积极对能源进行储

备,另一方面应该控制消耗,开源节流,加强对化石能源的高效利用。实现能源来源真正意义上的多元化,开展多方位能源合作,以弥补经济发展带来的能源需求缺口。

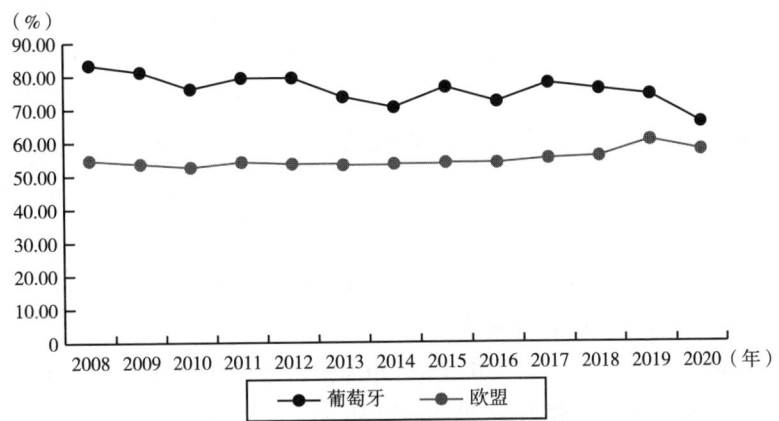

图 6-1-1　葡萄牙与欧盟能源依赖程度

资料来源：DGEG & Statista。

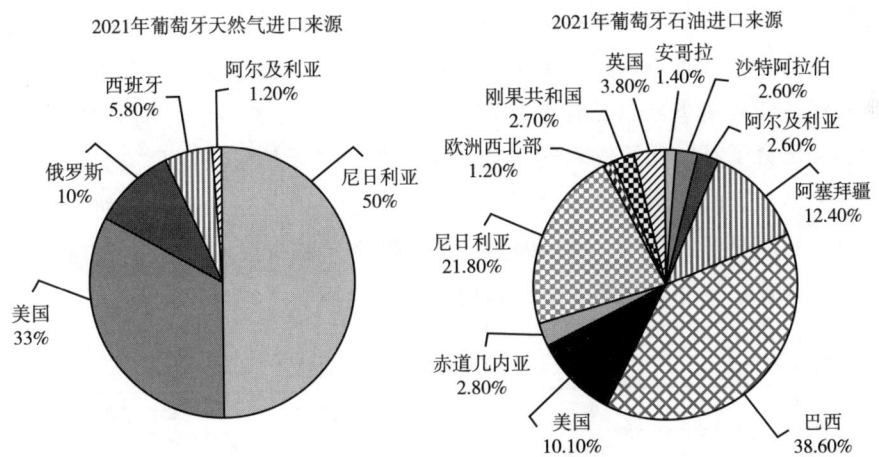

图 6-1-2　葡萄牙天然气和石油进口来源

资料来源：DGEG。

6.1.1.3　化石能源价格相对较高

葡萄牙本身不生产化石能源,来源主要依赖进口,能源价格更容易受到国际能源价格波动的影响。2021年布伦特原油的平均价格达到59.86欧元/桶（70.68美元/桶），比2020年上涨63.7%（DGEG，2021）。截至2021年根据欧盟委员会的统计数据，葡萄牙汽油的平均不含税价格（PMST）为0.675欧元/升（如表6-1-2所示），在欧盟27国中排名第5，比欧盟27国平均价格水平高2.9%。葡萄牙汽油的价格比较高，除了受国际能源价格上涨的影响外，还有一个很重要的原因，就是税的问题。葡萄牙向公众销售的汽油价格由不含税基础价格（PST）+石油能源产品税（ISP）+碳税（CO_2）+道路服务税（CSR）+增值税（IVA）组成。2021年葡萄牙向公众销售的95号汽油平均价格（PMVP）是1.623欧元/升，葡萄牙比欧盟27国1.511欧元/升的平均价格高出7.4%，在欧盟27国中居第6位。而西班牙则排在第15位，仅为1.380欧元/升。这一巨大差异是由于西班牙的相关税收占PMVP的50.6%，远低于欧盟27国56.6%的平均水平。而在葡萄牙税收占PMVP的58.4%（DEGE，2022）。要解决这个问题，一方面是要寻找成本更低的能源，另一方面需要调整税赋，从而降低能源消费价格。在2022年俄乌冲突发生后，葡萄牙天然气和电力价格急剧飙升，加剧了能源市场的严重紧张状况，随着俄乌冲突持续，能源价格紧张局势从现货市场蔓延至整个能源期货市场，能源成本可能在更长时间内保持较高水平。虽然葡萄牙政府批准了加强对燃料采购的补贴政策，后续又出台了补贴化石燃料的发电成本措施，向天然气发电厂支付市场天然气价格与上限天然气价格之间的差价，但是一直依靠政府补贴维持能源价格必然不是长久之计。如果葡萄牙一直没有采取根本性的能源解决措施，能源价格可能在相当长的一段时间内都会面临严峻考验。

表6-1-2　　　　2021年葡萄牙和欧盟油价对比　　　　单位：欧元/升

类别	名称	平均无税价格	销售平均价格
95汽油	葡萄牙	0.675	1.623
	欧盟	0.655	1.511
柴油	葡萄牙	0.664	1.426
	欧盟	0.658	1.358

资料来源：DEGE。

6.1.2 可再生能源

6.1.2.1 地理气候位置限制

葡萄牙位于欧洲伊比利亚半岛西南部,东、北连接西班牙,西、南濒临大西洋(如图6-1-3所示),海岸线长832公里(ERPCRP, 2022)。葡萄牙土地贫瘠,几乎没有传统能源,但由于位置濒临大西洋,拥有绵长的海岸线,海上风能和波浪能资源丰富。内陆地区年平均日照时数长,太阳能丰富。葡萄牙中部和北部冬季多雨,这个国家水电发展历史悠久,100多年来一直使用河流中的水来发电,水电是葡萄牙国内重要的能源(Hidroerg, 2017)。另外,葡萄牙有超过1/3的领土是森林,生物质能是最有潜力的可再生能源之一(Ferreira, 2017)。可再生能源多数情况下受气象条件的限制,全球气候变化将对可再生能源造成一定的影响,然而这类影响的确切性和程度是不确定的。葡萄牙大陆海岸位于大西洋东北部,它以非常活跃的风浪风暴而闻名(Oliveira, 2020)。靠近海岸线用于海上风能和波浪能发电的设备在极端天气条件下会增加损坏的可能性。与可以昼夜运行的化石燃料发电站不同,风能和太阳能等资源具有不确定性,这意味着如果云遮住了太阳或风停了下来,发电量就会下降。在恶劣天气条件下,波浪能的性能会下降,强烈的海浪和风暴可能导致安装在海中的波浪能转换器发生故障。大型水力发电站运转效率受到季节性变化和天气的

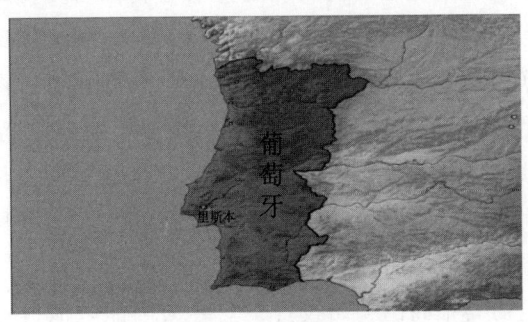

图6-1-3 葡萄牙地理位置图

资料来源:能源地理。

影响，水力提供的可再生能源供应每年都有显著变化，尤其是今年欧洲出现持续高温天气的情况下，葡萄牙更是出现了前所未有的干旱，长时间的高温无雨天气使得多条河流水位下降，水力发电量承忧。

6.1.2.2 可再生能源技术难度大、成本高

葡萄牙海岸线陡峭，在海岸和海上安装电力设备都较为困难。海上风电场是位于公海的大型装置，可将风能转化为电能。安装这些设备需要考虑到方方面面的影响，不能干扰船舶航行，必须远离海岸和海上航线。此外，光产生电能是不够的，还要将电力输送到每家每户，使电力生产和传输对生态系统的干扰最小化，需要设计和规划好用于电能传输的装置和线路。

由于葡萄牙人口大量集中在沿海地区，因此输配电的线路集中在这些地区，而内陆地区的交通线数量和容量则相对减少。葡萄牙风力潜力较大的地区集中在偏远地区，主要集中在内陆（如图6-1-4所示），这就导致了电网可注入风电产量的限制较低。这种状况使得建造大型而昂贵的线路来连接现有电网和新的风电场成为可能（Barata，2007）。正是因为这些原因，安装过程必须一丝不苟，而且必须要有过硬的技术，才可以让海上风电场正常运行，以保证风电清洁能源就可以成功地生产和输送。与陆上风电场相比，海上风电场的实施和维护成本要高得多。

波浪能发电也面临同样的问题。海洋对机器来说是一个不适宜安置的环境，因此成本比在陆地上要高。加之盐水会腐蚀材料，派遣团队进行安装和维修都非常困难昂贵。波浪能装置的总发电效率大都比较低，提高装置各级能量转换结构效率问题亟待需要解决。在海底用于将电力传输回陆地的电缆生产和安装也非常昂贵。例如，葡萄牙亚速尔岛皮科岛海岸线OWC波浪发电试验厂由于技术原因，电力输送间歇时间很长，加之距离大陆较远问题显得更为严重。由于现有基础设施、技术资源和专门人员方面的限制，最终导致试验厂不能正常运营（Falcão，2020）。

太阳能发电需要很高的初始投资，安装太阳能电池板每平方米的造价不菲。太阳能发电还存在技术层面的困难，一是输出功率不稳定，二是转换效率相对较低。另外，与化石燃料和水电相比，储存太阳能的方式效率

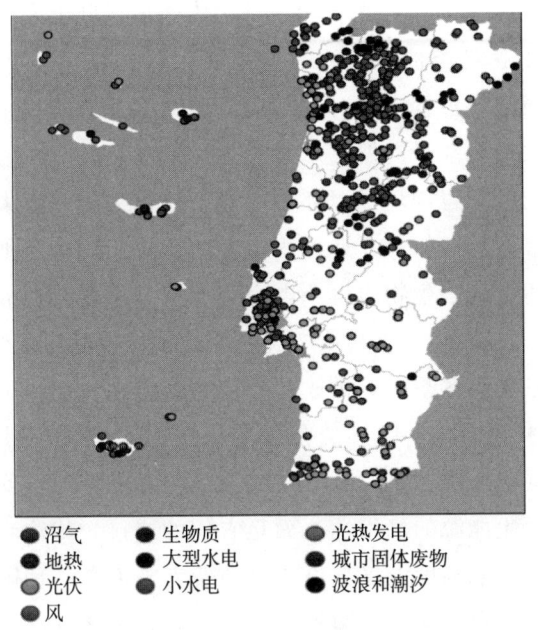

图6-1-4　葡萄牙可再生能源发电分布

资料来源：e2p。

也显得低下。所以葡萄牙要大力发展太阳能还有很长的路要走，既要解决技术和成本问题，还要考虑解决储能问题。

水电在葡萄牙可再生能源中占了很大的比重，但是建造水电大坝成本很高，短期内要更大规模发展水电也显得有难度。

大型生物质能发电系统的效率可与化石燃料系统相媲美，但由于生物质能的含水量高，生物质能发电也需要更高的成本。在葡萄牙主要使用森林生物质，即从森林残余物中获得电力原料，这些残留物来源于纸浆、板材、团块和木材残留物行业。葡萄牙大部分林区地形陡峭，公路网薄弱，提取和运输森林残留物的成本也很高。此外，生物质能热电厂的运行成本高，能源效率低，必须定期进行设备维护的成本也较高（ZERO，2021）。

6.1.2.3　其他问题

葡萄牙当地人们对发展大型太阳能或陆上风力发电项目产生了抵制意

愿（FitchSolutions，2021），主要由以下因素造成。陆上发电厂发出的噪声和灯光可能会干扰鸟类的生活，一些地区人类的正常生活也因此受到影响。海上风电场建设过程中，对其附近海域的渔业影响也可能会很大。安装在海洋中收集海浪能量的发电厂会产生大量噪声，对在沿海地区生活的人们造成噪声污染，也破坏了海洋的美丽。建设大型水库大坝，影响到沿河人口的迁移和土地的扩张，造成水土流失，进而影响当地植被，最终导致生态系统发生变化。生物质生产电力会产生二氧化碳排放，加剧温室气体效应（Loução，2019）。生物质燃烧产生的颗粒物可能会对公共健康产生重大影响，特别是与冬季壁炉排放的颗粒物结合在一起，可能会给吸入者带来严重的呼吸问题。更糟糕的是，生物质或木屑颗粒燃烧的效率非常低，热量无法同时回收，进一步浪费了稀缺的森林资源。葡萄牙面临的巨大挑战不是可再生能源的可用性，而是它们的连接、传输和分配。在一个高电价的国家，依靠高度电气化可能对消费者来说是一种困难的选择，同时依靠政府补贴可再生能源的额外成本也不是长久之计。在葡萄牙与电价相关的高税收负担环境中，需要制定财政和经济政策措施来降低对家庭和非家庭施加的电价权重（Costa，2022），这意味着葡萄牙必须在电网投资成本与公民电力承受能力之间取得平衡。

6.2 巴西能源行业面临的问题

6.2.1 化石能源问题

巴西作为南美第一大产油国、全球第八大产油国和第八大石油消费国，拥有世界上最大的可采超深层石油储量（TRADE）。尽管巴西可以实现石油原油自给，但一直受到本土炼油厂产业结构和技术的限制，巴西石油行业存在的主要问题是技术不发达、生产成本高。巴西仍需要从国外采购石油衍生品，包括沥青、汽油、航空汽油、液化石油气、润滑油、柴油、燃料油、石蜡、航空煤油、照明煤油等，需要将其中进口的一些石油衍生品与本地开采的石油混合后,才能在巴西的炼油厂进行加工(Logcomex,2022)。除原油外,石油燃料油或沥青矿物的进口是2021年巴西第二大进口产品(Fazcomex,2022)。巴西石油衍生品严重依赖进口(如图6-2-1所示),容易受到国际价格波动的影响,尤其是新型冠状病毒大流行和俄乌冲突期间,全球石油行业正处于不稳定时期。所以巴西应该提高本国的炼油技术,争取摆脱对进口石油衍生品的依赖。

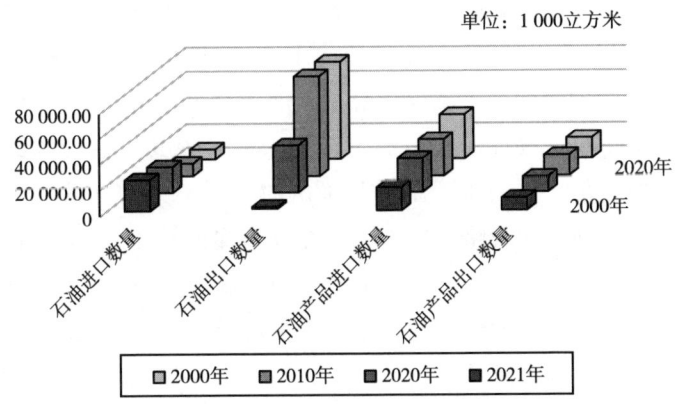

图6-2-1 巴西石油及石油相关产品进出口数量

资料来源:MME(巴西矿业和能源部)。

巴西煤炭开采是该国最大的不可再生能源来源,是巴西能源经济的重要组成部分。巴西的煤矿区位于该国南部,储量分布在巴拉那州(1%)、圣卡塔琳娜州(46%)和南里奥格兰德州(53%)(WIKIPEDIA,2022a)。虽然煤炭开采业为巴西的经济发展提供了动力,但也造成了严重的问题,煤炭行业存在的主要问题是对环境和人类健康威胁严重。恶劣的采矿方法、不当的废物处理、监管不力和缺乏研究导致了严重的环境退化,煤矿开采活动对工人和矿山附近社区居民的健康都有负面影响,包括难闻的气味、财产贬值、庄稼损失、娱乐和休闲用地损失以及与健康相关的费用增加等。巴西政府应该重视煤炭开采活动引起的环境和人类问题,寻求更可持续发展的做法,比如加大在清洁技术方面的投入,要求煤炭企业承担更高程度的社会责任,提供更好的工作条件、更熟练的生产、更健康的环境等(Scarsanella,2022)。

巴西天然气行业存在的主要问题是勘探及运输设施不足。截至2017年年底，巴西天然气探明储量为 369×10^9 立方米，预计可能储量较之前增加2倍（WIKIPEDIA，2022b）。由于巴西的天然气主要集中在海底的盐下层，油气井一般位于距海岸线约300公里的地方，深度在4 000米左右，输气管道的建设成本很高。瓦加斯基金会（FGV）基础设施研究和监管中心的研究员迪奥戈·里斯博纳（Diogo Lisbona）强调，在油田开发决策中，需要考虑天然气运输基础设施的建设问题。巴西依靠国际市场丰富的液化天然气供应来满足热电厂的需求，但这种供应其实非常不稳定（CNN，2022）。在自COVID-19大流行开始并因俄乌冲突而加剧的天然气价格上涨情景中，由于缺乏勘探基础设施，巴西未能实现其自然资源的可用性。由于基础设施不足，巴西不得不将开采出的近一半天然气重新注回油层。天然气回注是一项工业战略，这一操作可以增加油井压力，从而提高石油产量。在缺乏输气基础设施的情况下，这一措施还可以防止放空燃烧对大气造成的污染，但回注的天然气大部分将无法重新回收。巴西不仅要解决建设天然气管道、运输及基础设备问题，还要解决储能的问题。巴西政府似乎已经意识到问题的严重性，近些年来天然气储存开始越来越频繁地出现在巴西新天然气市场的投资计划中，这是作为降低回注可能性的解决方案。

6.2.2 核能问题

巴西拥有世界第六大铀储量，在巴西的八个不同州发现了铀矿床，探明储量为162 000吨，具备了大量生产核能的基本要素（WIKIPEDIA，2022b）。铀资源如此丰富，但巴西目前只有一个核电站（如图6-2-2所示）。巴西没有独立的核电站技术，之前是依靠美国和德国的设备和技术，近些年来更是与日本、中国、俄罗斯、法国签订了系列协议，推动核能合作，可见巴西的核电站高度依赖第三方国家的技术，截至2022年4月统计数据显示，巴西共有两座核反应堆，发电量约占其电力的3%。巴西核电站安哥拉1号机组来自美国西屋电气公司，安哥拉2号机组来自德国西门子公司（WIKIPEDIA，2022c）。安哥拉3号的建设始于1986年，但由于政

图 6-2-2 巴西安哥拉核电站

资料来源：Eletrobras。

府问题等原因仍未完成。目前，安哥拉 3 号处于施工暂停状态，核电站的建设本身就耗时长，并且建造成本高，再加上巴西的核电计划因腐败而受挫。Electronuclear 核电公司提议在东北部和东南部的安格拉附近再建两座核电站。2009 年年底，它开始了初步的选址研究。2013 年年初，有两个地点正在接受评估：一个位于伯南布哥州和巴伊亚州之间的圣弗朗西斯科河上的一座大坝上，装机容量高达 6 600 兆瓦；另一个位于该国东南部的米纳斯吉拉斯州北部，位于安哥拉内陆，装机容量为 4 000 ~ 6 000 兆瓦。然而，资金是一个问题，2012 年 5 月，政府表示，任何新工厂的建设都要到 2020 年之后才会开始（见图 6-2-3）。2015 年 9 月，巴西核电公司 Electronuclear 的前首席执行官被指控收受贿赂。2019 年 4 月，巴西前总统米歇尔·特梅尔被指控在安哥拉 3 号核电站建设项目中腐败（Colin，2017）。尽管巴西所有核电都必须由政府建设，但这一事实居然加剧了腐败，核电受到巴西公共腐败问题的阻碍。由于腐败问题，与其他一些国家相比，巴西核电将更难实施和正确使用。当公众强烈反对、腐败抬高建设价格时，一个国家很难发展和加强核电能力。巴西核电未来还有很长的路要走，既要独立发展核电技术摆脱对第三方国家的技术和设备依赖,也还要解决大型政府项目内部腐败问题,建立有效的防腐机制。

图 6-2-3 巴西的核电站计划与分布

资料来源:世界核协会。

6.2.3 可再生能源问题

巴西能源对水力有着高度依赖,全国分布着大大小小 200 多个水电站。水力发电是巴西生产可再生能源的重要支柱之一(如图 6-2-4 所示),但同时它们也容易受到气候变化的影响,水力发电厂可能更容易受到年降水量和季节性降水变化以及气温升高的影响。在巴西由于大型水库建设受到环境限制,其水力发电通常采用径流式装置。由于径流式水电站开发建设容易、投资小,地形限制也小,所以巴西很多水电站建设都是采用这种开发方式(Viviane,2018)。由于径流式水电站不对河流来水进行调蓄,所以它本身的发电是不稳定的,这就导致水力发电仅在雨季或者水量充足情况下才能满足发电需求,而在旱季需要使用热电厂等其他电厂来满足能源需求。与径流式相比,水库水电对气候变化的敏感性较低,因为它的蓄水能力以及对季节性流量的依赖性较小,但在旱季持续时间长的情况下,流量的变化会影响水库水位,从而也会影响发电能力。此外,水库大坝建设还面临改变河流流量、树木被砍伐、水质变化、河流淤积、蓄洪能力降低、陆地被淹没、领土退化和人口迁移等一系列问题,水力发电开发在环境方面要付出高昂的代价。另外,水电站对河流底栖藻类生境及群落结构有一定影响,如蓝藻的暴发性繁殖是电站水库中水体富营养化的直接后果。巴西是世界上第一个在透析室登记因蓝藻毒素的存在而导致人类死亡的国家(Eduardo,2012)。2021年8月,巴西卡多苏因长期干旱,阿瓜韦梅利亚水电站水库的水量仅剩其容量的12%,大量低水位的水生植物浮现(Chinaqw,2021),远远望去水面一片绿色,因此巴西水库的蓝藻、绿藻暴发问题应该引起重视。

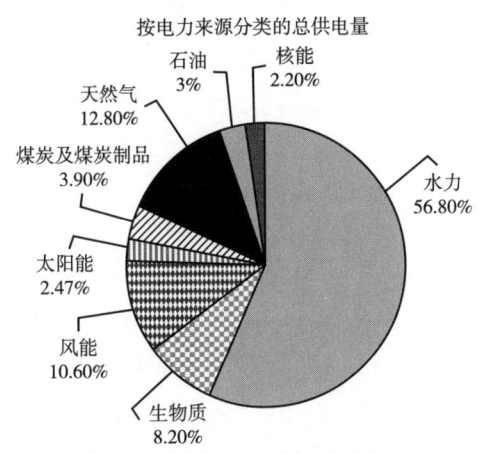

图 6-2-4　2021 年巴西电力来源

资料来源:EPE。

巴西国土的 80% 位于热带地区,50% 以上的国土海拔超过 500 米,终年光照充足,年平均日照时间超过 3 000 小时。根据巴西光伏太阳能协会(Absolar)的数据,2021 年巴西的太阳能装机容量几乎翻了一番,从 2020 年的 7.7 吉瓦增加到 2021 年的 14 吉瓦。大部分太阳能装机容量将用于自用的分布式太阳能发电厂(9.3 吉瓦),而大型太阳能发电厂将占 4.7 吉瓦,即容量的 2.4%。总体而言,巴西太阳能总装机容量将超过燃煤和燃油电厂,甚至超过 14 吉瓦的伊泰普水力发电厂的容量(Enerdata,2022)。

2020年以来,受新冠疫情严重影响,巴西经济衰退,再加上2021年以来光伏设备、材料及海运成本上涨,巴西光伏市场发展受到了一定阻碍,特别是集中式光伏发电项目,部分开发商放缓了推进程度。

巴西生物能源发展主要依靠的是甘蔗乙醇,由于甘蔗乙醇很容易受国际糖价和油价的影响,生物乙醇原料种植易引发环境问题,所以巴西生物能源也面临着可持续性发展的挑战。此外,巴西海洋能源和绿色氢气的利用还暂时停留于实验项目,这是因为巴西目前这两种能源的开发成本高且缺乏技术。

6.3 安哥拉的能源问题

6.3.1 化石能源

安哥拉共和国位于非洲南部的大西洋沿岸,是非洲仅次于尼日利亚的第二大石油生产国(WIKIPEDIA,2022d)。根据《石油与天然气杂志》(OGJ)的最新估计,截至2020年年初,安哥拉已探明原油储量为82亿桶,低于2019年的84亿桶。到了2021年,已探明石油储量为77.83亿桶。安哥拉海岸外的勘探活动仍在继续,还有其他一些具有巨大潜力但尚未勘探的地区,包括安哥拉内陆地区。根据安哥拉国家石油署,天然气和生物燃料(ANPG)估计,到2022年,安哥拉平均年产量为11.47亿桶石油。最近的估计表明,安哥拉的石油产量预计在未来几年将减少,稳步下降到每天100万桶(ASAER,2022)。

安哥拉液体燃料总产量在过去十年都在下降,这是上游开发投资不足的结果。储层的快速枯竭和缺乏提高采收率(EOR)的投资以延长目前生产油田的寿命,也导致了一些油田产量急剧下降(EIA,2021)。安哥拉约75%的石油产量来自海上油田,所生产的原油含硫量低,适合加工轻质精炼石油产品。但是由于缺乏投资和技术,尽管该国是该地区领先的石油生产国,但其80%的精炼石油产品需进口,包括汽油、柴油、航空燃料、石油燃料、沥青和润滑油，目前只有20%的精炼产品来自当地（Privacy Shield，2018）。

安哥拉石油部门继续对投资者和运营商施加许多投资限制和业务壁垒，阻碍了大部分潜在的投资。大多数国际公司甚至是本地公司都发现在安哥拉的石油和天然气行业开展业务特别具有挑战性（TRADE，2022）。受新冠病毒大流行影响经济活动放缓，严重影响了安哥拉为上游勘探和开发吸引投资的计划。在近年国际油价动荡国内生产力下降内忧外患的情况下，安哥拉海上石油生产受到的影响特别严重，投产的产能远低于消耗的产能。

截至2021年，安哥拉已探明拥有13.5万亿立方英尺的天然气储量，安哥拉生产少量的市场天然气（如图6-3-1所示），其生产的大部分天然气是作为石油作业的副产品燃烧或重新注入油田，以提高石油采收率（EIA，2021）。所以安哥拉的天然气缺乏商业化应用，国内消耗低，基本上跟十年前的消耗量持平。安哥拉天然气液化主要应用于出口，但由于对跨境管道的投资缺乏大量资金和技术支持，所以提高产量和出口量难度大。石油输出国组织（OPEC）2022年6月的月度石油报告显示，安哥拉的石油产量从5月的116.2万桶/日增至117.5万桶/日，为非洲最高（OPEC，2022），但投资不足和维护问题依然是增产的阻碍。随着海上石油勘探加速，安哥拉需要解决伴生天然气的问题，才能继续扩大石油开采产量。安

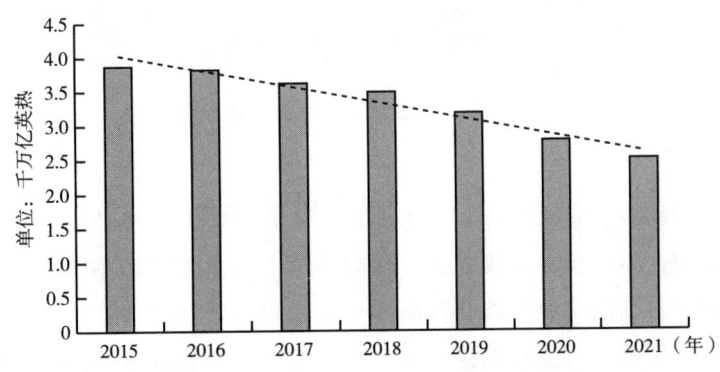

图6-3-1 安哥拉石油及其他液体产量

资料来源：EIA。

哥拉天然气未来发展仍然面临提高液化天然气产能，开发国内天然气商业市场，发展提高原油采收率新技术等问题。

安哥拉经济严重依赖石油，这种依赖是危险的，除了石油储量的枯竭，还会受到国际能源价格和国际市场供应变化的影响，因此安哥拉能源石油行业存在很大的不确定和不稳定性风险。

6.3.2 可再生能源

安哥拉除了有丰富的石油和天然气储量外，还有相当大的水资源潜力、高水平的太阳辐射以及不同来源的风能和生物质资源（如图6-3-2所示）。由于人口与经济的增长，导致电力的供应和需求大幅增加，安哥拉电力部门一直在努力调整和提高它的生产能力。目前安哥拉使用水力、热能和新的可再生能源（如太阳能和风能）三种发电技术进行发电。

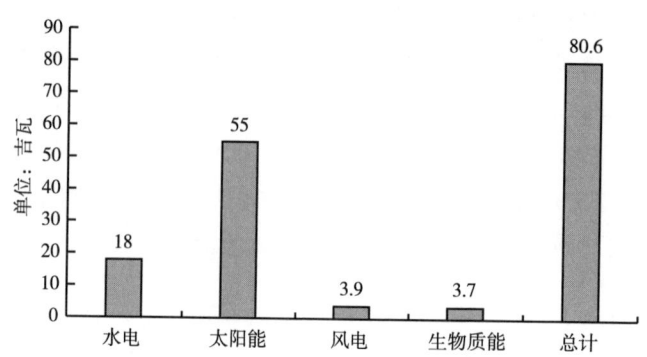

图6-3-2　安哥拉可再生能源潜力

资料来源：ASAER。

由于国家缺乏技术资金和人才设备，安哥拉可再生能源中太阳能与风能目前应用还不广泛。尽管安哥拉政府制定了到2025年该国至少有7.5%的电力将来自新的可再生能源目标，但从总量来看还是非常少。安哥拉现有的主要水坝是在殖民时期建造的，许多水坝由于在战争期间被摧毁或缺乏维护而失效。因此，许多现有大坝的发电量低于其容量，影响了电力的生产（Dombaxe，2011）。

安哥拉的森林资源特别是柴火，在农村和城郊地区家庭维持生计的经济中起着重要作用。在2014年的安哥拉人口普查中，农村人口约为960万，约占总人口的37%（INE，2022），这些人不仅使用木柴和煤炭作为家庭能源，还买卖柴炭增添少许收入。这是因为农村地区对家用柴火无控制消费，再加上与生产木炭有关的消费加剧了该国大部分地区因土壤侵蚀而造成森林砍伐和荒漠化问题，对人民健康和安全造成影响。

根据美国贸易总署2022年8月最新公布的安哥拉国家商业指南数据，目前安哥拉大多数城市的电气化率估计为42.8%，而农村地区不到10%（TRADE，2022）。企业和居民都严重依赖柴油发电机供电。安哥拉宣布减少政府补贴，由此导致的未来几年燃料和电价上涨，预计将创造对替代能源解决方案的需求。

6.4 莫桑比克的能源问题

6.4.1 化石能源问题

根据 EIA 官网最新统计数据，莫桑比克不生产任何原油，也没有任何炼油能力，依赖进口来满足其所有的石油产品需求（EIA，2020）。

莫桑比克被称为最贫穷的国家之一，是在发现天然气后才改变了该国的经济前景，开辟了新的发展道路。据《石油与天然气杂志》报道，莫桑比克拥有100万亿立方英尺的已探明天然气储量，是继尼日利亚和阿尔及利亚之后非洲第三大已探明天然气储量国。虽然拥有丰富的天然气资源，但莫桑比克的石油和天然气基础设施非常不发达，这是该国天然气行业发展的主要障碍之一。虽然液化天然气项目有可能改变莫桑比克的经济，然而安全和腐败问题是令人担忧的因素。天然气项目附近的暴力冲突频发，经常遭受恐怖袭击，导致天然气能源行业不能稳定持续发展（如图6-4-1所示）。冲突的驱动因素很复杂，根源在于贫困和严重不平等所引发的经济和政治不满，包括不平等获得来自天然气和其他资源的机会。2017年，一场伊斯兰叛乱在卡波德尔加多开始蔓延并逐渐恶化。越来越明显的事实显示冲突不是由天然气勘探引起的，但天然气项目的到来加剧了本已脆弱的局势（E3G，2021）。2021 年，武装分子袭击了莫桑比克靠近大型液化天然气（LNG）提取厂的沿海城镇帕尔马，导致数十人丧生、数千人流离失所。虽然两周后军队成功地控制了该镇，但是法国石油和天然气公司道达尔还是取消了其位于阿丰吉半岛帕尔马附近价值 144 亿英镑的液化天然气项目恢复建设计划，并将所有员工撤离现场（Joshua，2021）。莫桑比克大多数天然气项目的开发商需要首先收回他们的初始投资，而政府的收入只有在这之后才开始积累，多数情况下大部分政府收入要在项目开工 15 年后和第一批天然气开始输送十年后才会实现。成本超支和项目延误可能会进一步降低政府收入，从而影响行业资金的积累（E3G，2021）。

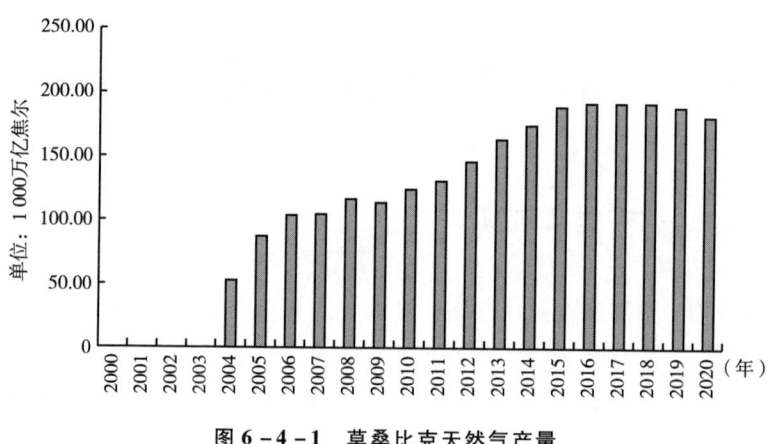

图 6-4-1　莫桑比克天然气产量

资料来源：statista。

煤炭开采是莫桑比克发展最快的产业之一，其中太特省的采煤量最大，该地区被认为是世界上最大的煤炭矿藏地区之一，估计煤炭储量超过 376 亿公吨。该地区建设的煤炭发电厂产生了大量的煤灰，造成严重的环境问题。由于该地区被河流包围，当地社区使用这些河流水源用于家庭、市政、渔业、牲畜饲养和灌溉，而从煤和煤灰中浸出的有害元素可能会给当地生态带来巨大的问题（Marove，2020），使得该地区成为环境最敏感的地区之一。

6.4.2 可再生能源问题

莫桑比克位于印度洋沿岸,该国有13个主要河流流域,水力发电潜力是撒哈拉以南非洲地区最大的(如表6-4-1所示)。在这个国家的能源矩阵中,生产电和热的主要能源来源是水力,此外天然气也有少量贡献。莫桑比克是非洲南部最大的水电生产国,水电是该国电网扩建的主要电力来源,水力发电占莫桑比克一次能源供应总量的9.6%(Cristóvão,2021),几乎所有的产能都来自卡霍拉巴萨水电站(2 075兆瓦),其他由另外的一些小型水坝补充。莫桑比克被认为是受气候变化影响最严重的国家之一,这个国家深受贫困和基础设施匮乏之苦。由于气候变化,该国的降雨模式越来越不可靠,干旱越来越频繁,这对能源部门特别是水电部门产生了负面的影响。水资源是水力发电的基础,当雨季开始得较晚,旱季时间较长,将导致可再生能源生产来源发生短缺,特别是水电和生物质能,莫桑比克水电生产将面临充满挑战的未来(Uamusse,2017)。

表6-4-1　　　　　　　　莫桑比克可再生能源潜力

类别	潜力
水电	莫桑比克是非洲水电潜力最大的国家之一,估计超过12 000兆瓦
太阳能	世界银行的光伏发电潜力图显示莫桑比克的潜力为年总特定光伏发电输出为1 534~1 753千瓦时
风能	莫桑比克的潜在风能容量为4.5吉瓦,其中约25%有可能立即连接到现有电网
生物质能	莫桑比克拥有超过2吉瓦的丰富生物质能潜力

资料来源:energypedia。

按能源来源分列来看,莫桑比克一次能源供应总量中最大的能源来自生物质能。天然森林的木材燃料是家庭能源的主要来源,超过80%的家庭使用木材燃料,包括使用柴火和木炭来做饭。木炭主要用于城市地区相对高收入家庭,木柴主要用于农村地区。大多数家庭使用木材或木炭作为燃料造成了大量树木砍伐和植被退化(Massuque,2021)。因此,有必要为从事生产和销售木炭的家庭创造其他收入来源。只有当当地人用低廉的价格和便捷的方式获取清洁和可持续的能源时，才能减少森林退化的问题。

莫桑比克拥有丰富而未开发的太阳能资源，但国家在太阳能利用方面还缺乏开发能力，设备和组件都需要进口（Kirshner，2015）。莫桑比克有大约9所主要大学，所有大学提供仅108个硕士课程及8个博士课程（RocApply），位于马普托的Eduardo Mondlane大学积极研究RETs，2011年开始了可再生能源硕士课程。教育的落后使得国家非常缺乏可再生能源行业相关的人才，导致进口的设备在维修和维护上都存在困难和滞后问题（Kirshner，2015）。

莫桑比克拥有丰富的温泉，尤其是在北部和中部地区，温度可高达95°C。尽管有这些有趣的特征，并且靠近东非裂谷地带，但不幸的是该国的地热勘探仍处于萌芽状态。20世纪70年代末至80年代期间几乎没有进行过初步研究，相关的科学文献仍然极其有限，这一事实是该国地热开发的严重阻碍（Procesi，2022）。

莫桑比克的地理位置和漫长的海岸线使该国具有良好的风能潜力，但建设海上风力发电厂技术难度大和资金需求量大，风力发电的成本很可能会偏高。另外，由于莫桑比克的电价很低，几乎没有投资者有发展基于电网的太阳能、热能和风能能源的意愿。这意味着即使莫桑比克拥有巨大的可再生能源资源，它也无法从全球正在兴起的可再生能源技术中吸引投资者（Hankins，2009）。

在莫桑比克，除了水力发电，其他可再生资源的技术仍然鲜为人知，获取清洁能源的基础设施十分稀少，为设计、安装和维护可再生能源系统提供的服务不足，促进和管理技术的机制和工具也不存在（Cristóvão，2021）。在资金和技术都极度缺乏的状况下，莫桑比克丰富的资源没有得到充分的开发和利用，一直依赖和寻求其他国家的帮助，可再生能源行业发展被动缓慢，虽然莫桑比克可再生能源发展前景被看好，但未来仍然有很漫长的路要走。

6.5 其他葡语国家能源行业面临的问题

6.5.1 几内亚比绍能源问题

几内亚比绍地处非洲西海岸，该国能源使用量约为每人每年0.3吨油当量（一次能源供应总量），是世界上人均能源使用量最低的国家之一。生物质占几内亚比绍家庭总能源消耗的95%以上，木材是主要燃料，每年需求量超过500 000吨，其次木炭是首都最常用的燃料，使用的生物质总量约为73.8万吨。几内亚比绍没有任何本土的石油、煤炭、天然气资源，所有石油产品完全依赖进口（AFREC，2020）。根据AFREC 2020年能源平衡表显示，几内亚比绍严重依靠进口化石能源热能发电，2018年总发电量为179GW·h，其中化石热能占98%（AFREC，2020），发电成本高。几内亚比绍是一个热带国家，有充足的太阳能；且拥有各种水文盆地，水力发电潜力也相当大；该国地理位置靠海，还拥有可利用波浪和潮汐发电的资源；可以说这个国家的可再生能源是非常丰富的。但由于国家落后，没有足够的人力和物力投入，几内亚比绍可再生能源发展力量薄弱成效甚少，从2014年开始几内亚比绍已开始记录基于可再生能源的电力生产。

6.5.2 东帝汶能源问题

东帝汶位于亚洲东南部的太平洋上，帝汶海石油和天然气资源富集，已探明原油储量2.26亿桶，估值140亿美元，天然气5.13万亿立方英尺，估值400亿美元（EPRCDRTL，2019）。虽然东帝汶是原油净出口国，但该地区没有蒸馏设施，目前的能源消费依赖进口能源，主要用于发电和运输燃料，导致该国年度能源预算费用较高（Gonzaga，2019）。由于国家收入主要依靠出售石油和天然气，过度开采化石能源存在能源快速枯竭的风险，Bayu-Undan海上气田的天然气产量预计将在2022年左右耗尽。近年来世界各地钻探的大多数探井都没有发现值得开发的油气储量，海上油井更不可能发现商业上值得开采的油田。东帝汶的记录也很糟糕，自1970年以来钻了90口探井，只发现了8个具有商业价值的油田。尽管"大日出"是东帝汶唯一未开发的石油和天然气储备油气田，而且储量比其他可能油气田的储量大得多，但由于技术、金融、生态和政治原因，其前景仍然不确定，即使该项目进行下去并产生回报，但它也不会像巴尤乌丹那样利润丰厚。东帝汶一直致力于吸引新公司在其陆上和海上领土进行勘探（Scheiner，2021），但石油公司和其他投资者一直不愿接受这一挑战，他们意识到全球石油经济也发生了变化，随着可再生能源取代化石能源，处于生存能力边缘的项目将变得无利可图（Scheiner，2021）。虽然作为一个热带国家东帝汶具有开发各种可再生能源的潜力，如太阳能、风能、水力和生物能源，但东帝汶在可再生能源方面真正的投入非常有限，目前连它的政府官网也没有专门公布相关资料，只是简单提到一些关于可再生能源的计划。

6.5.3 佛得角能源问题

佛得角是由十个岛屿组成的群岛小国，是一个能源净进口国，没有重要的化石能源资源。佛得角能源部门的主要特点是消耗化石燃料（衍生石油主要进口石油）、生物质（木材）和使用可再生能源，特别是风能和太阳能。从2019年的统计数据来看，石油能源占总能源供给的84%，可再生能源占16%。其中，再生能源85%都是来自生物质能，14%来自风能，1%来自太阳能（IRENA，2021a）。佛得角虽然存在发展海洋能源的潜力，但几乎没有对开发海洋能源的经济、社会和环境进行可行性评估（Surroop，2018）。佛得角目前存在依赖进口化石能源、能源成本高等问题，作为岛国本身生态环境脆弱，可再生能源过度依靠生物质能，长期大量消耗生物质能容易导致生态平衡遭到破坏。

6.5.4 圣多美和普林西比能源问题

圣多美和普林西比是位于非洲中西侧几内亚湾东南部的岛国，距非洲大陆 201 公里。由圣多美、普林西比以及罗拉斯、卡罗索等 14 个小岛组成。1999 年美孚石油公司在圣多美和普林西比近海发现油田，石油探明储量预计 60 亿~100 亿桶，目前尚处于开发起步阶段。圣多美和普林西比森林资源丰富，近年由于破坏性采伐，原始热带雨林覆盖率已下降至 28%（ERPCRDST，2019）。圣多美和普林西比 AFREC 的 2020 年能源平衡表显示，该国一次能源供应总量为 170 ktoe。圣多美和普林西比没有炼油厂，因此包括喷气燃料、汽油和煤油在内的所有石油产品都必须进口（AFREC，2019）。根据 2019 年国际可再生能源机构统计数据，圣多美和普林西比石油占能源供应总量的 64%，可再生能源占 36%，可再生能源几乎 98% 都来自生物质能（IRENA，2022b），生物质（木柴和木炭）大量用于烹饪。圣多美和普林西比整个国家几乎完全依赖进口石油和生物质能，能源来源单一，可再生能源发展严重落后于世界水平。

6.5.5 赤道几内亚能源问题

赤道几内亚位于非洲中西部，西临大西洋，已探明天然气和原油储量分别为 3 000 亿立方米和 56 亿桶。该国林、渔业资源丰富，森林面积 220 万公顷，森林覆盖率 46%，海上专属经济区 31.2 万平方公里。根据 2019 年的统计数据，赤道几内亚能源供给中天然气占到能源总供给的 73%，石油占 21%，可再生能源占 6%。可见该国对化石能源的依赖程度较高，可再生能源发展较滞后，其中可再生能源的 90% 来自生物质能，10% 来自水力资源。该国家缺乏其他可再生资源的投资，近年来石油产量一直下滑，2016 年、2017 年、2018 年、2020 年、2021 年原油日产量分别为 23.5 万桶、17.4 万桶、13.5 万桶、10.9 万桶、10 万桶（MFAPRC，2022）。赤道几内亚位于几内亚湾富油区，油气开采以海上开采为主，能源行业主要是直接进行原油和天然气出口，加工提炼石油衍生品能力低。赤道几内亚目前能源开采技术和油气技术人才极度缺乏，海上油气资源勘探开发难度较大（马璐璐，2018），可再生能源方面的投入又非常少，油气资源终将会面对枯竭的状况，整个国家的能源来源前景都会面临很大的风险和挑战。

本章小结

葡萄牙是化石能源匮乏的国家,所有的石油、天然气能源都依赖进口,能源对外依赖程度高。但是其拥有丰富的太阳能、水能、风能和海洋能资源,加上国家实力雄厚,具备技术和资金,大力投资可再生能源,使得该国可再生能源行业发展走在世界前列。巴西与葡萄牙相反,不仅化石能源非常丰富,可再生资源也十分充足,还有巨大的核电能源发展潜力。这个国家能源行业发展的问题不是资源的问题,而是没有清晰的发展思路和长远可执行的战略和规划,这可能跟巴西政局变动频繁、贪污腐败普遍有关,往往这一届政府制定的政策和方向在下一届政府手中就会被推翻。所以巴西想要利用好所拥有的资源优势,成为能源强国,就要先解决好一些内部的问题。东帝汶是亚洲的一个落后小国家,这个国家建国时间短,长期战乱使得当地基础设施十分差,虽然拥有石油资源,但国内积贫积弱,石油工业尚未得到良好发展,国内许多物资和技术都依靠外国援助,国家的很多基础建设都没完成,一直处于落后状态,目前也没有过多的资金和精力投入到可再生能源发展领域。安哥拉、莫桑比克、圣多美和普林西比及赤道几内亚虽然拥有丰富的石油或天然气资源,但曾经长期是葡萄牙或西班牙的殖民地,过去丰富的化石资源被占用,加上国家贫穷落后,现代化基础薄弱,内部纷争也经常发生,长期内忧外患的情况下,这几个国家没办法专心搞能源发展,能源行业落后于世界的步伐。几内亚比绍和佛得角比起上诉的非洲国家,具有更大的一个劣势——它们连化石能源都不具备,国家没办法通过出口石油或天然气发展经济,纵然有再多的可再生能源潜力,也没有足够的资金投入去进行开发,所以这两个国家能源行业的发展之路仍然很漫长与艰辛。综上所述,在葡语国家中能源行业存在的问题普遍较多,未来还有待更好地去发展解决。

本章数据来源

本章所引用的国家能源数据均来自于 IEA、EIA 以及 statista 数据库。

本章参考文献

[1] 马璐璐. (2018). 赤道几内亚油气资源开发现状及问题研究（硕士学位论文，云南大学）. https：//kns. cnki. net/KCMS/detail/detail. aspx? dbname = CMFD202001&filename = 1018251034. nh.

[2] AFREC (African energy commission) (2019), São Tomé and Príncipe (web page) https：//au – afrec. org/sao – tome – and – principe.

[3] AFREC (African energy commission) (2020), African countries Guinea – Bissau (web page) https：//au – afrec. org/guinea – bissau#.

[4] ASAER (2022), Renewable Energy in Angola – National Status Report https：//asaer. co. ao/v2/2022/04/07/relatorio – nacional – do – ponto – de – situacao – de – energias – renovaveis – em – angola – 2022/.

[5] Barata, F. A., Quadrado, et al. Portugal Wind Energy Situation [J]. Small, 2007, 4515 (5000), 5000.

[6] Chinaqw (2021), Low water level plants in a Brazilian reservoir green the water surface (web page) http：//www. chinaqw. com/hqly/hd2011/2021/08 – 11/50279. shtml.

[7] CNN (2022), Metade do gás natural brasileiro é reinjetada em poços de petróleo, diz ANP, https：//www. cnnbrasil. com. br/business/metade – do – gas – natural – brasileiro – e – reinjetada – em – pocos – de – petroleo – diz – anp/.

[8] Colin (2017), Brazil's Struggles With and Corruption in Nuclear Power http：//large. stanford. edu/courses/2017/ph241/mccall2/.

[9] Costa, M. C., Madaleno, et al. Generalized maximum entropy in electrical energy price modeling for households and non – households in Portugal [J]. Energy Reports, 2022, 8, 448 – 453.

[10] Cristóvão L, Chichango F, Massinga P, et al. The Potential of Renewable Energy in Mozambique：An Overview [J]. Journal of Energy Technologies and Policy, 2021, 11 (2)：30 – 37.

[11] DGEG (Direção Geral de Energia e Geologia, Direção de Serviços de Planeamento Energético e Estatística) (2021a), BALANÇO ENERGETICO NACIONAL https：//www. dgeg. gov. pt/pt/destaques/balanco – energetico – nacional – 2021/.

[12] DGEG (Direção Geral de Energia e Geologia, Direção de Serviços de Planeamento

Energético e Estatística) (2021b), FATURA ENERGÉTICA PORTUGUESA https://www.dgeg.gov.pt/pt/destaques/balanco-energetico-nacional-2021/.

[13] DGEG (Direção Geral de Energia e Geologia, Direção de Serviços de Planeamento Energético e Estatística) (2022), Energia em Números, Edição 2022 https://www.dgeg.gov.pt/pt/estatistica/energia/publicacoes/energia-em-numeros/.

[14] Dombaxe, M. I. M. (2011), Os problemas energéticos em Angola: energias renováveis, a opção inadiável (Doctoral dissertation, Faculdade de Ciências Sociais e Humanas, Universidade Nova de Lisboa).

[15] Eduardo von Sperling. Hydropower in Brazil: Overview of Positive and Negative Environmental Aspects [J]. Energy Procedia, 2012, 18.

[16] E3G (2021), The failure of 'gas for development' – Mozambique case study (web page) https://www.e3g.org/publications/the-failure-of-gas-for-development-mozambique-case-study/.

[17] EIA (2020), INTERNATIONAL MOZAMBIQUE (web page) https://www.eia.gov/international/analysis/country/MOZ.

[18] EIA (2021), Country Analysis Executive Summary: Angola https://www.eia.gov/international/content/analysis/countries_long/Angola/angola_CAXS.pdf.

[19] Enerdata (2022), Brazil reaches 14 GW of solar capacity (web page) https://www.enerdata.net/publications/daily-energy-news/brazil-reaches-14-gw-solar-capacity.html.

[20] EPRCDRTL (Embassy of the People's Republic of China in the Democratic Republic of Timor-Leste) (2019), Timor-leste country profile (web page) http://tl.china-embassy.gov.cn/chn/ddwjj/201811/t20181101_1311049.htm.

[21] ERPCRDST (Embaixada da República Popular da China na República Democrática de São Tomé e Principe) (2019), São tomé e príncipe perfil do país (web page) http://st.china-embassy.gov.cn/spjj/spgk/.

[22] ERPCRP (Embaixada da República Popular da China na República Portuguesa) (2022), Portugal em geral (web page) http://pt.china-embassy.gov.cn/ptygk/202209/t20220905_10762524.htm.

[23] Falcão, A. F., Sarmento, et al. The Pico OWC wave power plant: Its lifetime from conception to closure 1986–2018 [J]. Applied Ocean Research, 2020, 98, 102104.

[24] Fazcomex (2022), Importação no Brasil Conheça os Principais Produtos Importa-

dos (web page) https: //www. fazcomex. com. br/importacao/principais – produtos – importados – brasil/.

[25] Ferreira, S. , Monteiro, et al. Biomass resources in Portugal: Current status and prospects [J]. Renewable and Sustainable Energy Reviews, 2017, 78, 1221 – 1235.

[26] FitchSolutions (2022), Portugal Renewables Report Q1 2022 (web page) https: //store. fitchsolutions. com/renewables/portugal – renewables – report.

[27] Gonzaga Fraga, L. , Carlos F. Teixeira, et al. The potential of renewable energy in Timor – Leste: An assessment for biomass [J]. Energies, 2019, 12 (8), 1441.

[28] Hankins, M. (2009), A renewable energy plan for Mozambique. International Rivers.

[29] Hidroerg (2017), water energy (web page) http: //en. hidroerg. pt/water – energy. html.

[30] IRENA (International Renewable Energy Agency) (2022a), Cabo Verde (web page) https: //www. irena. org/ – /media/Files/IRENA/Agency/Statistics/Statistical _ Profiles/Africa/Cabo%20Verde_Africa_RE_SP. pdf.

[31] IRENA (International Renewable Energy Agency) (2022b), Sao Tome and Principe (web page) https: //www. irena. org/ – /media/Files/IRENA/Agency/Statistics/Statistical _ Profiles/Africa/Sao – Tome – and – Principe _ Africa _ RE _ SP. pdf? rev = acb49855edef47b2 bbdb1d199931c6be.

[32] Joshua (2021), Mozambique's fossil fuel drive is entrenching poverty and conflict (web page) https: //theconversation. com/mozambiques – fossil – fuel – drive – is – entrenching – poverty – and – conflict – 163597.

[33] Kirshner, Joshua. "Mozambique's multifaceted energy access challenge. " Equity and the energy trilemma: delivering sustainable energy access in low – income communities (2015): 58.

[34] Logcomex (2022), Importação de petróleo: por que o Brasil importa o produto? (web page) https: //blog. logcomex. com/importacao – de – petroleo/.

[35] Loução, P. O. , Ribau, et al. Life cycle and decision analysis of electricity production from biomass – Portugal case study [J]. Renewable and Sustainable Energy Reviews, 2019, 108, 452 – 480.

[36] Marove, C. A. , Tangviroon, et al. Leaching of hazardous elements from Mozambican coal and coal ash [J]. Journal of African Earth Sciences, 2020, 168, 103861.

[37] Massuque, J., Matavel, et al. Outlook for the biomass energy sector in Mozambique: Policies and their challenges [J]. Journal of Energy in Southern Africa, 2021, 32 (4), 1–10.

[38] MFAPRC (Ministry of Foreign Affairs of the People's Republic of China) (2022), Country profile of Equatorial Guinea (web page) https://www.fmprc.gov.cn/web/gjhdq_676201/gj_676203/fz_677316/1206_677510/1206x0_677512/.

[39] Oliveira, T. C., Cagnin, et al. Wind-waves in the coast of mainland Portugal induced by post-tropical storms [J]. Ocean Engineering, 2020, 217, 108020.

[40] OPEC (2022), Monthly Oil Market Report 2022 (web page) https://www.opec.org/opec_web/en/publications/6809.htm.

[41] Privacy Shield (2018), Angola-Oil and Gas (web page) https://www.privacyshield.gov/article?id=Angola-Oil-and-Gas.

[42] Procesi, M., Marini, et al. Preliminary fluid geochemical survey in Tete Province and prospective development of geothermics in Mozambique [J]. Geothermal Energy, 2022, 10 (1), 1–27.

[43] RocApply (n.d.) Find your study program and apply to Mozambique Universities (web page) https://www.rocapply.com/study-in-mozambique/.

[44] Scarsanella, J. D. A. (2022). Microrganismos promotores do crescimento vegetal em Paspalum notatum Flügge cultivado em solo construído para reabilitação de áreas degradadas pela mineração de carvão.

[45] Scheiner, C. Timor-Leste economic survey: The end of petroleum income [J]. Asia & the Pacific Policy Studies, 2021, 8 (2), 253–279.

[46] Surroop, D., Raghoo, et al. Renewable energy to improve energy situation in African island states [J]. Renewable and Sustainable Energy Reviews, 2018, 88, 176–183.

[47] TRADE (International Trade Administration U. S. Department of Commerce) (n.d.), Energy Resource Guide-Brazil-Oil and Gas (web page) https://www.trade.gov/energy-resource-guide-brazil-oil-and-gas.

[48] TRADE (2022), Angola-Country Commercial Guide (web page) https://www.trade.gov/country-commercial-guides/angola-oil-and-gas.

[49] Uamusse, M. M., Aljaradin, et al. Climate change observations into hydropower in Mozambique [J]. Energy Procedia, 2017, 138, 592–597.

[50] Viviane de Souza Dias, Marta Pereira da Luz, Gabriela M. Medero, et al. An

Overview of Hydropower Reservoirs in Brazil: Current Situation, Future Perspectives and Impacts of Climate Change [J]. Water, 2018, 10 (5).

[51] WIKIPEDIA (2022a), Coal mining in Brazil (web page) https://en.wikipedia.org/wiki/Coal_mining_in_Brazil.

[52] WIKIPEDIA (2022b), Energy in Brazil (web page) https://en.wikipedia.org/wiki/Energy_in_Brazil#cite_note – wec – 15.

[53] WIKIPEDIA (2022c), Angra Nuclear Power Plant (web page) https://en.wikipedia.org/wiki/Angra_Nuclear_Power_Plant.

[54] WIKIPEDIA (2022d), Energy in Angola (web page) https://en.wikipedia.org/wiki/Energy_in_Angola.

[55] ZERO (Associação Sistema Terrestre Sustentável) (2021), Big biomass in Portugal 2021 https://zero.ong/wp – content/uploads/2021/10/Big_Biomass_in_Portugal.pdf.

7. 葡语国家能源发展政策与规划

7.1 葡萄牙能源发展政策与规划

7.1.1 葡萄牙能源政策背景

为了应对温室气体效应，世界各国于 2016 年 11 月 4 日起正式实施由全世界 178 个缔约方共同签署的应对全球气候变化威胁的《巴黎协定》(*The Paris Agreement*)，并对 2020 年后全球应对气候变化行动作出统一安排。《巴黎协定》的长期目标是相较于前工业化时期，尽可能将温度升幅控制在 2 摄氏度以下，并保证全球平均气温升幅不超过 1.5 摄氏度（UNF-CCC，2015）。

为努力达成此全球性目标，在 2018 年 11 月，作为全球二氧化碳排放量最多的经济体之一的欧盟，首次提出到 2050 年实现碳中和（即净零碳排放，也称气候中和）的战略愿景。在而后的 2019 年 12 月和 2021 年 6 月，欧盟委员会和欧洲理事会分别发布了《欧洲绿色协议》（EC，2019a）和通过了《欧洲气候法》。《欧洲气候法》通过将碳中和目标写进法律来使政治宣言落地，成为实际的法律义务以及投资推动力，这极大程度促进了各个社会部门为碳中和目标付出努力。能源行业减排是欧盟降碳减排的关键（EC，2021），在《推动气候中性经济：欧盟能源系统一体化战略》中详细概述了能源系统脱碳的关键行动，重点集中于传统能源循环利用、可再生能源开发利用、扩展清洁能源使用范围、一体化能源基础设施建设等。科技布局集中于太阳能发电、地热能、先进生物燃料、氢能、潮汐能和波浪能发电技术、超快速充电基础设施研发等一大批清洁能源、安全转型的关键创新技术（EC，2020）。

7.1.2 葡萄牙能源政策目标

葡萄牙是世界上最早制定 2050 年碳中和目标的国家之一，在 RNC2050（Roadmap for Carbon Neutrality 2050）设定了详细的碳中和目标。RNC2050 涵盖了所有部门的指示性轨迹，重点是增加葡萄牙国内可再生能源的使用，同时减少电气化最终能源需求（如图 7-1-1 所示）。RNC2050 计划到 2050 年发电和运输完全脱碳，并设定到 2040 年可再生能源将占最终能源消耗的 71%~72%，并在 2050 年达到 86%~88% 的目标。RNC2050 还设定到 2030 年电力将覆盖总能源需求的 32%~33%，2050 年达到 66%~68% 的目标。葡萄牙从他国主要进口的能源是石油制品，RNC2050 指出，为保障葡萄牙的能源供应安全及减少石油制品使用所造成的污染，到 2050 年将能源进口依赖降低到 19% 以下（Ministry for the Environment and Energy Transition，2019）。

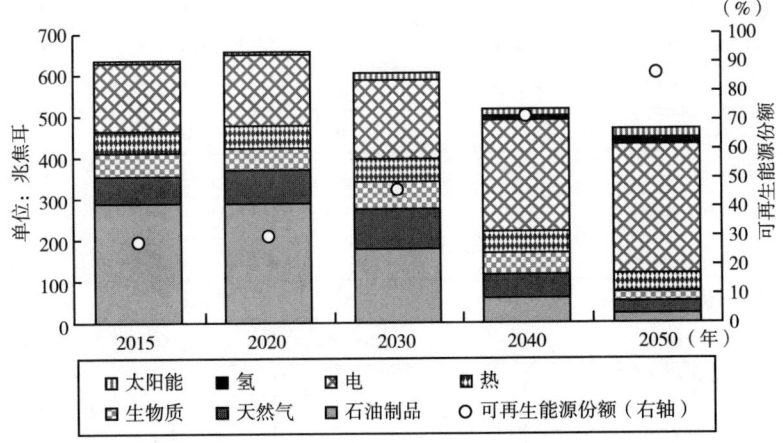

图 7-1-1 2050 年碳中和路线图下葡萄牙最终能源需求的演变

资料来源：Ministry for the Environment and Energy Transition，2019。

7.1.3 葡萄牙能源主要规划

葡萄牙计划主要通过电力供应的脱碳和电气化来实现其可再生能源目标和长期脱碳目标。葡萄牙的能源政策还侧重于减少石油需求,以降低温室气体排放和进口依赖,同时确保石油供应安全和下游石油市场的有效运作。

7.1.3.1 电力供应脱碳

NECP 指出,要实现电力脱碳目标,可再生能源发电的装机容量需要从 2019 年的 14.1 吉瓦增长到 2030 年的 27.4 吉瓦(如表 7-1-1 所示)。预计大部分增长将来自于增长 10 倍的太阳能光伏发电,增长两倍的风能发电(包括一些漂浮式海上风能)和一定程度增长的水力发电(特别是抽水水力发电)(EC,2019b)。

表 7-1-1 可再生能源发电能力 2019 年现状和 2020 年、2025 年、2030 年目标

发电量(GW)	2019 年	2020 年	2025 年	2030 年
水力	4.5	4.3	4.6	4.6
抽水蓄能水电站	2.8	2.7	3.6	3.6
水力:总计	7.3	7	8.2	8.2
陆上风	5.2	5.4	6.7	9.0
海上风:漂浮	0	0.03	0.1	0.3
风力:总计	5.2	5.43	6.8	9.3
太阳能光伏:集中式	0.4	1.5	5.8	7.0
太阳能光伏:分散	0.5	0.5	0.8	2.0
太阳能光伏:总计	0.9	2.0	6.6	9.0
集中太阳能	0	0	0.1	0.3
生物能	0.7	0.4	0.4	0.5
地热能	0.03	0.03	0.03	0.06
波浪能	0.0004	0.001	0.03	0.07
总计	14.1	22.1	22.1	27.4

资料来源:EC,2019b。

RNC2050 中制定的目标是到 2050 年，100% 的电力由葡萄牙国内的可再生能源提供。以下为葡萄牙政府为完成光伏、风能、水电的目标指标而采取的具体措施。

①光伏

2019 年 2 月，葡萄牙政府批准了输电网服务运营商 REN 公司的《2018—2027 年基础设施发展计划》。其中包括两条新的输电线路，用以支持在葡萄牙南部地区的阿连特霍和阿尔加维部署光伏项目，这两个地区拥有欧洲最好的太阳能光伏资源。

在电网容量稀缺且投资商对发电许可有强烈需求的情况下，葡萄牙政府决定采用招标的方式来促进新能源的开发，招标的形式可以在新电网容量投资和发电许可的颁发之间取得较好的平衡。葡萄牙政府将太阳能发电项目视为招标重点，在 2019 年 7 月启动了总计 1.4 吉瓦的 24 个光伏招标项目。此次招标是葡萄牙历史上最大规模的电力招标活动。2020 年 6 月底，葡萄牙政府启动了又一轮光伏招标。

2021 年年底，葡萄牙政府宣布启动浮动太阳能拍卖，7 座大坝的发电能力为 263MW（党侃，龚光明，孙文琦和朱清飞，2021）。

②风电

风电分为海上风电和陆上风电两部分，葡萄牙认为政府在展示浮式海上风力发电的可行性方面发挥了重要作用，并批准了 6 个浮式海上风力发电部署地点。NECP 指出，到 2030 年，海上浮式风力发电能力将达到 0.3GW。葡萄牙的第一个海上浮式风力项目"WindFloat Atlantic"于 2020 年 7 月全面投入使用，该项目由三台总容量为 25 兆瓦的浮动涡轮机组成，通过 20 公里长的海底电缆连接到 Viana do Castelo 变电站。政府关于陆上风力发电的政策主要集中在用现有的风力发电场发电。NECP 还指出，葡萄牙仍有很大的陆上风力发电潜力有待开发，但没有具体说明哪些政策或措施将支持增加陆上风力发电能力，以达成 2030 年 900 万千瓦的目标（FitchSolutions，2022）。

③水电

西班牙能源公司 Iberdrola 为其位于葡萄牙北部 Tâmega 水电站的第一台 220 兆瓦涡轮机供电，该工厂是自 2014 年以来在建的 1 158 兆瓦 Tâmega 综合体的一部分，该综合体包括三个水库——Gouvães、Daivões 和 Alto Tâmega——以及位于葡萄牙北部杜罗河支流 Tâmega 河上的三个水力发电厂。该综合体还包括一个 880 兆瓦的抽水蓄能设施，Iberdrola 称这将使葡萄牙的蓄水能力提高 30%。当 Gouvães 和 Daivões 工厂在 2022 年开始投入运营时，大型 Tâmega giga 电池将有足够的存储容量为 200 万葡萄牙家庭提供一整天的电力，这将有助于实现脱碳和能源独立目标。该设施将在 2024 年全面完工（pv magazine，2022）。

7.1.3.2 电气化

葡萄牙鼓励所有部门增加电能占其所使用总能源的比例，《2030 年国家投资计划》（NIP 2030）设定了到 2030 年的基础设施投资重点，包括为众多支持电气化的项目提供资金，特别是在交通部门。包括 45 亿欧元用于新建里斯本至波尔图的电动高速铁路线路，3 亿欧元用于建设国际电动高速铁路连接，37 亿欧元用于扩建里斯本和波尔图的电动地铁系统，4.5 亿欧元用于促进电动出行，5.9 亿欧元用于公共交通脱碳，4.5 亿欧元用于城市物流脱碳（后两者均主要通过电气化实现）。葡萄牙的交通能源效率措施主要集中在提高道路车辆的效率，道路车辆几乎占所有运输需求的 94%，其道路车辆税收制度旨在鼓励人们购买效率高的车辆，与汽油车和柴油车相比，效率更高的电动汽车是政策重点。RNC2050 指出，到 2030 年 36% 的乘用车将使用电力作为能源，到 2050 年该数值将达到 100%（IEA，2021a）。

为了推动电动汽车的普及，葡萄牙在 2015 年推出了针对纯电动汽车的货币激励措施，公民在购买纯电动汽车后政府会以现金形式进行补贴，插电式混合动力汽车则不在此项奖励之列。2019 年，葡萄牙政府增加了对电动汽车的激励措施，并提供了 300 万欧元的预算支持。国家和地方政府正通过直接购买电动汽车来支持电动汽车的普及，由环境与能源转型部部长和财政部部长共同决定的一项联合法令要求自 2019 年 3 月起生效，政府购买的轻型车辆（包括乘用车）50% 为纯电动汽车。2019 年葡萄牙国家政府为政府车队购买了 600 辆电动汽车，并设定了到 2020 年政府车队应拥有 1 200 辆电动汽车的目标。一些城市，如布拉加和科英布拉已经为他们的公共交通系统购买了电动公交车。2020 年 BEV 激励预算增加到 400 万欧元，奖励仅限于总购买价格低于 62 500 欧元的纯电动汽车。从 2020 年开始，插电式混合动力车必须满足一定的条件（电动里程超过 80 公里，电池容量至少为 0.5 千瓦时/100 公斤，每公里二氧化碳排放量低于 50 克）才能获得减税。2021 年国家为纯电动汽车提供了 400 万欧元的激励，并保持了相同的激励水平和类型。其中纯电动汽车乘用车激励为公民补贴 3 000 欧元，为企业补贴 2 000 欧元。BEV 轻型货车的补贴是 3 000 欧元，两轮 BEV 的补贴是购买价格的 50%，最高 350 欧元，非电动自行车的补贴是购买价格的 10%，最高 100 欧元。对纯电动汽车和其他零排放车辆有优惠的税收待遇，它们不受 ISV 和 IUC 的限制，这些税与所有车辆的二氧化碳排放量成比例，插电式混合动力汽车可获得 75% 的 ISV 减量。电动汽车还有其他的政策优惠，包括在许多城市免费停车。

NECP 指出，葡萄牙政府计划通过资助购买清洁公共汽车，特别是电动和氢燃料公共汽车，来鼓励公共汽车车队的换代（IEA，2021a）。2022 年政府批准购买 193 辆新电动公交车和 136 个清洁公共交通充电站。由环境和气候行动部管理的资源可持续性和效率运营计划（PO SEUR）批准的 32 个项目共动员了 5 090 万欧元的社区资金用于收购这些项目巴士，这些巴士将在里斯本和波尔图大都市以外提供服务（REPÚBLICA PORTUGUESA XXII GOVERNO，2022）。NECP 指出了政府计划在 2025 年或 2030 年实施的几项行动项目，以帮助提高电动汽车的份额。其中包括推广城市微物流电动汽车、推广两轮电动汽车（目前可享受纯电动汽车补贴）、促进公共电动汽车充电网络的发展、推广电动汽车在私人建筑充电、推广电动汽车能量双向流动的智能充电（EC，2019b）。

7.1.3.3 石油

葡萄牙能源政策的另一个重点在于减少石油需求，以降低温室气体排放和进口依赖，同时确保石油供应安全和下游石油市场的有效运作。许多降低石油需求的措施都与其他政策目标相关联，包括提高能源效率和使用可再生能源。葡萄牙国家能源和气候计划（NECP）规定的所有措施的实施都将导致到 2030 年石油需求大幅下降，而 2050 年碳中和路线图

（RNC2050）设定了强有力的碳中和目标，到2050年几乎消除葡萄牙的石油需求。RNC2050指出，石油将继续用于某些难以脱碳的应用，包括运输（重型公路、航空和航运）、工业和军事，但石油的一次能源消耗将从2020年的376拍焦下降到2030年的240拍焦左右，2050年低于57拍焦。

葡萄牙国内运输部门占葡萄牙石油总需求的最大份额（2018年为53.5%），政府已经出台了几项旨在减少运输用油需求的措施，包括电动汽车购买补贴和税收优惠。RNC2050指出，到2030年36%的乘用车出行需求将由电力供应。葡萄牙整体车辆税收制度为更高效的车辆提供了较低的税收。葡萄牙还制定了一项生物燃料混合规定，要求燃料供应商用生物燃料覆盖日益增长的燃料销售份额（2020年按能源含量计算为10%），从而直接降低汽油和柴油的需求。政府支持保持葡萄牙炼油部门的竞争地位，并正在研究炼油厂能源转型的方案。部长会议第163/2017号决议批准的《国家生物炼制推广计划》促进了先进生物燃料的生产、新的生物能源价值链的出现和循环经济的发展（IEA，2021a）。

7.2　巴西能源发展政策与规划

7.2.1　巴西能源政策背景

清洁能源转型计划（CETP）：利用IEA在所有燃料和技术方面的独特能源专业知识来加速全球清洁能源转型，尤其是在主要新兴经济体。CETP活动包括协作分析工作、技术合作、培训和能力建设以及战略对话。CETP旨在更充分地利用国际能源署40多年积累的所有技术专长，以帮助减少全球温室气体（GHG）排放，实现电力普及并大幅减少空气污染。巴西作为CETP计划的重点国家之一，拥有世界上最清洁的能源和电力组合之一，可再生能源（主要是水电）占其发电组合的3/4以上。同时巴西也是拉丁美洲最大的能源参与者，约占该地区能源产量的40%，占该地区最终能源消费总量的近50%。通过正确的政策和投资，未来几十年巴西与能源相关的二氧化碳排放量可能会进一步减少（IEA，2021b）。

7.2.2 巴西能源政策目标

2015年在联合国可持续发展峰会上，时任巴西总统的罗塞夫宣读了《国家自主贡献报告》，列出下阶段减排目标及指标，包括：至2025年巴西温室气体排放量比2005年降低37%，到2030年降低43%；到2030年恢复1 500万公顷被破坏的牧草地；杜绝非法砍伐亚马孙雨林，恢复1 200万公顷热带雨林；整合500万公顷的农牧森林；在能源结构中，可再生能源和可持续生物能源占比分别达45%和18%；除水电外的其他可再生能源（风能、太阳能和生物质能）发电量占比升至23%；提高电力效能近10%（Ministério do Meio Ambiente，2016）。

在2021年联合国气候变化大会上，巴西宣布了到2050年实现净零排放的长期目标和50%的碳减排计划。目前，大型水力发电厂约占巴西国内发电总量的80%，使巴西的电力组合成为世界上最清洁的电力组合之一。水电的持续扩张逐渐受到大部分剩余资源的偏远和环境敏感性限制，所以光伏项目（公用事业规模和分布式）将占未来几年所有新增项目的近70%。对其他发电来源的依赖也会增长，特别是天然气、风能（陆上和海上）和核电。同时巴西是第二代生物燃料（乙醇）的全球领导者，灵活燃料汽车提供了巨大的国内市场。预计2026年的乙醇供应量平均为660kb/d，相较2020年增加90kb/d（IEA，2022）。

7.2.3 巴西能源主要规划

巴西能源规划主要侧重于三个方面：①发展可再生能源供应促进电力及电力供应结构转型；②继续实施长期生物燃料、生物柴油发展策略；③推动天然气的使用，以此平衡较高比例的间歇性可再生能源来保障电力供应。

7.2.3.1 电力供应减碳及结构转型

从巴西电力供应结构看，当前可再生能源比例已高达90%。巴西有发展水能、太阳能和风能的自然资源优势，但水电在巴西可再生能源中累计装机占比最高，约达60%（如图7-2-1所示）。水电的高比重意味着电力供应结构较为单一，这使得水力发电过程如果遭受到不可预计的阻碍，那么巴西的供电系统将遭受巨大的风险。在2021年，巴西就遭受了霜冻和严重旱灾，这使得水电站发电能力骤降。而为了满足填补供电缺口，巴西只能使用成本更高、污染更严重的热电，从而导致电价飙升。相较于其他国家的可再生能源转型，巴西更希望通过发展风电、光伏等非水可再生能源来完善供电系统的结构，降低供电的非系统性风险。近年来，巴西的光伏和风电新增装机容量因为巴西政府对非水可再生能源发展的大力推动而不断增长。

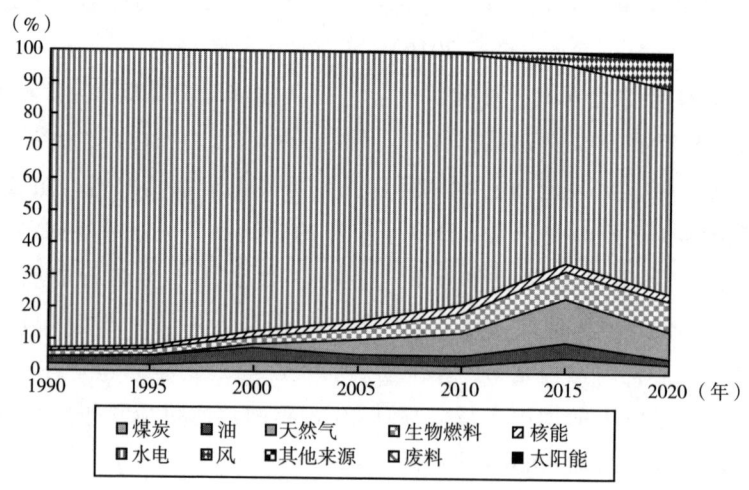

图7-2-1 巴西1990—2020年电力供应来源

资料来源：IEA。

①光伏

巴西2050国家能源计划（NEP 2050）概述了太阳能光伏发电对巴西能源结构的重要性。报告说，太阳能已经成为一种可替代的可再生能源，具有竞争性，可以帮助该国履行减少温室气体的承诺。与风能一样，NEP报告认为，由于其到2050年预期的竞争力增强，太阳能光伏发电将显著扩展。仅考虑集中发电，到2050年巴西太阳能光伏的装机容量应达到27～

90GW，预计到 2050 年太阳能总装机容量将占总能源的 4%～12%。巴西矿业能源部旗下机构 EPE 测算，到 2030 年巴西分布式光伏部署规模将达到 2 300 万～4 200 万千瓦；到 2031 年巴西分布式光伏累计装机规模将达到 3 600 万千瓦（王雪芬，2022）。

巴西政府通过第 16/15 号条约（ICMS 16/2015 协议）对分布式光伏予以政策支持，其中一项对不超过 5 兆瓦的项目开放的净计量制度中，该政策免除了规模不超过 1MW 的光伏系统原应支付的 ICMS 州销售税。巴西在 2020 年 7 月 16 日通过的第 70 号决议取消了包括多种光伏组件、逆变器和太阳能跟踪器在内的商品进口关税。这项由经济部外国商会采取的措施，列出了 101 种免税的太阳能组件以及一些三相逆变器和跟踪器。尽管在拍卖中分配的大型太阳能项目或容量上至 5 兆瓦的分布式发电系统都没有国内含量要求，但在光伏发电厂中如使用"巴西制造"的组件，则可以从国家开发银行 BNDES 和其他政府机构获得资金。

2022 年 1 月 7 日，巴西政府出台新法规，为该国的分布式光伏电价引入新的定价机制。在此框架中，低于 5 000 千瓦的光伏系统在 2045 年之前都将引入净计量电价。据悉，新法规将于 2023 年生效。根据新法规，2045 年前巴西境内装机容量低于 5 000 千瓦的分布式光伏系统都将采用"净计量电价"。巴西太阳能协会执行主席 Rodrigo Sauaia 表示："未来，巴西分布式发电在总发电量中所占比例将越来越高，将逐步超过公用事业规模的光伏系统发电量。"目前，巴西已并网的光伏发电装机总量为 1 300 万千瓦，其中分布式光伏的装机容量已达到 840 万千瓦。新的电价机制将推动巴西分布式光伏项目激增。

②风电

2021—2030 年，巴西风电有望新增装机 2 370 万千瓦，较目前的累计装机规模增长 1 倍有余。到 2050 年风能的装机容量可能达到 110～195 吉瓦，平均发电量为 50～85 吉瓦，这表明它在电力结构中的重要性日益提高，占总装机容量的 22%～33%，平均占总供应电量的 27%～40%。如果考虑到特殊情况，到 2050 年风电的总装机容量甚至可能超过 200 吉瓦，实现 100% 的可再生能源供应。在这些情况下，风电项目可能达到 209 吉瓦。巴西国家开发银行为风电项目提供专项低息贷款。根据巴西国家替代能源激励计划,政府通过向风电场提供高发电价格的长期合同,鼓励可再生能源的开发。巴西从 2009 年开始,举行了一系列专门针对风电项目的招标(MINISTERIO DE MINAS E ENERGIASECRETARIA DE PLANEJAMENTO E DESENVOLVIMENTO ENERGETICO,2020)。

③核电

巴西官方能源机构 EPE 在 2022 年 3 月发布报告称,由于未来几年巴西国内的电力需求将大幅增长,巴西计划依靠核能满足部分电力需求。根据该报告,未来十年巴西电力消费将以年均 3.5% 的速度增长,这将需要在发电和输电领域投资 580 亿美元来建设 4 300 万千瓦的发电产能。EPE 表示,长期以来巴西电力供应主要依靠水电,但近年来天然气、可再生能源发电增长迅速。水电占比从 2010 年的 78% 下降到 2019 年的 63%,加之巴西降雨模式变化,巴西未来将更多地转向非水可再生能源和核电。根据巴西提出的《2050 年国家能源计划》,巴西矿业和能源部 2022 年 1 月已与巴西电力研究中心合作,寻找可以建造新反应堆的地点。巴西电力研究中心表示,巴西在能源结构中增加核电非常重要,可以减少巴西对水电的依赖。目前,安格拉核电站是巴西唯一的核电站,包括两座在运行反应堆,发电量约占巴西总发电量的 3%。核电是巴西实现能源转型的关键和基础,未来 30 年内巴西计划增加 1 000 万千瓦的核电装机容量(MINISTERIO DE MINAS E ENERGIASECRETARIA DE PLANEJAMENTO E DESENVOLVIMEN-TO ENERGETICO,2020)。

7.2.3.2 生物燃料及生物柴油

①一代生物燃料技术

为推动用甘蔗制造出乙醇来作为化石燃料的替代能源以及推进乙醇燃料汽车的研发,巴西于 1975 年正式颁布国家乙醇计划,具体通过统购酒精等特殊政策和资金扶持鼓励使用乙醇燃料。2003 年,一种能将混合任何比例乙醇的汽油视为燃料的汽车——灵活燃料汽车,在巴西被推出。同时,为了减少随尾气排放出的一氧化碳和铅化合物、氮氧化合物等有害物质,巴西政府致力于不断提高市场上汽油中的乙醇比例。到 2015 年 3 月,市场上的汽油被强制要求必须至少混合 27% 的乙醇(王磊,2017)。

②二代生物燃料技术

二代生物燃料指的是将麦秆、木材、甘蔗渣等农林废弃物作为生物燃料的原料的应用模式，发展纤维素乙醇。巴西政府相信二代生物燃料技术能推动后碳时代向氢时代转变的进程，因此巴西政府在政策的制定和资金的吸收上对该技术的攻关、推广给了大力的支持。为更好地实现《巴黎协定》的相关目标，在2016年年底，巴西联合20个国家成立了"生物未来平台"。该平台致力于将生物乙醇作为解决全球交通能源替代问题的有效手段（王磊，2017）。

从2016年12月到2017年2月，巴西先后完成了《国家生物燃料发展规划草案》的制定以及面向社会的意见征询。2017年12月26日，时任总统的特梅尔正式批准通过了这份在保障国家能源安全和推动经济社会发展两方面都有着重要意义的发展规划。按照发展规划，到2030年，巴西全国将有30%的城市投资开发生物燃料并获得不菲收益，预计总产值达到1 500亿雷亚尔（邓国庆，2020）。

③生物柴油

生物柴油技术开发是巴西科技部在2002年为进一步保障国家能源安全以及探索更多样化可替代能源而提出的项目。该项目内容具体包括：推动生物柴油技术的研发；构建巴西生物柴油应用场景；推动生物柴油市场化进程；为制造生物柴油的相关产业链提供资金支持等。2004年，巴西公布了巴西生物柴油生产和使用计划，宣布从2008年1月开始全国统一使用B2柴油（2%生物柴油+98%石化柴油）并逐步提高生物柴油掺混率（IEA，2022）。自2008年以来，生物柴油混合要求已增加到13%（2021年3月）。PNPB在2020年6月16日至6月21日将生物柴油的混合要求降低至10%，目的是缓解COVID-19大流行和潜在供应短缺所带来的一系列问题。混合要求计划每年增加1%，到2028年，该百分比需达到20%（B20）（eia，2021a）。

7.2.3.3 天然气

根据bp能源统计，截至2020年年底，巴西天然气储量位居南美洲第三，巴西天然气剩余探明可采储量为0.3万亿立方米，占世界剩余探明可采储量的 0.2%。2021 年 3 月，巴西通过立法，允许其他国际石油公司使用 Petrobras 拥有的天然气管网，以降低天然气价格，推动天然气在巴西能源市场的份额增长。2021 年 4 月 8 日，巴西总统 Jair Bolsonaro 批准了新天然气法（第 14.134/2021 号法律），为巴西天然气市场的深刻改革奠定了基础。天然气市场改革可以为经济带来巨大利益，并支持其从当前的全球危机中复苏。巴西经济部估计，由于天然气市场改革，未来几年国内天然气价格可能下降 40%。据政府估计，该价格的下降将显著提高占巴西 GDP 1/5 的工业部门的国际竞争力，并使该国的工业 GDP 增长 8.4%。

新天然气市场改革计划有望促进将更高份额的间歇性可再生能源整合到巴西能源系统中。通过提高燃气系统的灵活性和短期交付能力，改革将使燃气发电资产能够提供快速响应的备用容量，以平衡风能和太阳能等间歇性可再生能源，这些能源正迅速成为一种巴西发电结构的重要组成部分。根据巴西 2029 年十年能源扩张计划，到 2030 年，间歇性可再生能源在该国电力结构中的份额预计将达到 20%。燃气发电也可以在提高巴西以水电为主的电力系统的气候适应能力方面发挥重要作用。可再生能源与燃气发电相结合的部署将减少电力部门对碳密集度更高的化石燃料（如煤炭和石油产品）的依赖。到 2029 年，燃煤和燃油发电量预计将下降近 70%（IEA，2021c）。

7.3 安哥拉能源发展政策与规划

7.3.1 安哥拉能源政策背景

2015 年非洲联盟国家元首和政府首脑通过了《2063 年议程》，《2063 年议程》是非洲大陆加速经济和工业发展的包容性和可持续愿景，经济快速增长的同时也要充分实现关键的可持续发展 2030 年发展目标。非洲案例（Africa Case）建立在《2063 年议程》的前提下，这包括获得充足的电力和清洁烹饪，以及大幅减少与污染有关的过早死亡。2018 年近一半的非洲人（6亿人）没有用上电，约80%撒哈拉以南的非洲公司频繁停电，导致经济损失；此外，70%以上的人口（约9亿人）无法获得清洁烹饪；传统生物质使用造成的家庭空气污染每年造成50万人过早死亡。决策者的一项关键任务是解决长期缺乏电力和清洁烹饪以及电力供应不可靠的问题，这些问题阻碍了非洲大陆的发展（IEA，2019a）。

7.3.2 安哥拉能源政策目标

在非洲大陆的能源发展规划下，安哥拉已有的政策制定了与用电率和清洁烹饪相关的目标指标：到2030年用电率应从2018年的44%提升至57%，清洁烹饪使用率应从2018年的50%提升至58%；到2040年用电率和清洁烹饪使用率则需分别提高至65%和66%（如表7-3-1所示）。但最新的非洲案例设定了更高的新目标：到2030年，用电率和清洁烹饪使用率都需提高至100%。安哥拉目前主要依靠水力发电（约占总发电量的65%）和石油（包括柴油）发电，而为了进一步提高用电率，根据非洲案例的规划天然气、相对便宜的水电和光伏会在满足用电率增长上发挥关键作用。另外，得益于政府对液化石油气和天然气的支持政策，进一步推动适应农村条件的准入政策，为农村地区90%的人提供清洁烹饪，安哥拉将成为撒哈拉以南非洲地区清洁烹饪普及率最高的国家之一（IEA，2019a）。

表7-3-1　　　　安哥拉能源政策举措关键指标

			声明的政策		非洲案例		CAAGR2018-40	
	2000	2018	2030	2040	2030	2040	STEPS	AC
GDP（2018亿美元，购买力平价）	72	199	287	404	349	625	3.3%	5.3%
人口（百万）	16	31	45	60	45	60	3.1%	3.1%
有电力接入	12%	44%	57%	65%	100%	100%	1.7%	3.8%
可以进行清洁烹饪	37%	50%	58%	66%	100%	100%	1.3%	3.2%
CO_2排放量（Mt CO_2）	5	17	20	33	27	48	3.1%	4.8%

资料来源：IEA，2019。

安哥拉是撒哈拉以南非洲第二大石油生产国，油气资源丰富，据《bp世界能源统计年鉴2021》，截至2020年年初，安哥拉拥有82亿桶已探明原油储量。在过去十年中，安哥拉液体燃料总产量呈下降趋势，2019年液体燃料总产量约为151万桶/天，低于2010年的192万桶/天。石油产量持续下滑的主要原因是上游开发投资不足。快速的储层枯竭和缺乏提高石油采收率（EOR）的投资来延长当前生产油田的寿命。安哥拉政府一直在寻求通过改变该行业的法律和监管框架来吸引新的投资并开发其碳氢化合物资源（EIA，2021b）。

7.3.3 安哥拉能源主要规划

安哥拉能源规划主要侧重于提升用电率和油气开发。

7.3.3.1 提升用电率

根据《安哥拉水利和能源行动发展计划》（2018—2022）和《安哥拉能源规划2025》可知，安哥拉在2010—2018年在大型水电和燃气电站项目上进行了超前建设，所以短期内安哥拉政府不会有太多相关电力项目的计划。基于环境保护、燃料替代等需求，安哥拉颁布的《安哥拉能源2025战略》和《新可再生能源国家战略》等文件明确指出，未来规划重点主要落在发展新能源发电和改造老旧电厂两方面。新能源方面为了减少对水电的依赖，安哥拉政府主要考虑发展光伏发电、风力发电、生物能发电和小型水电。安哥拉政府拟在2025年前建成800MW的新能源项目，其中主要包括100MW光伏发电、100MW风电、500MW生物能发电和100MW的小水电。在老旧电厂改造上，安哥拉政府拟将一些旧电厂升级改造或将一些重油电厂改为燃气发电厂（吴伟，2020）。

7.3.3.2 油气开发

安哥拉总统洛伦索在2018年5月颁布了多项法令，以吸引投资者开发上游资源。有关边际油田的法令将石油生产税率从20%降至10%，并将边缘油田的定义扩大到包括储量大于3亿桶的深水油田，前提是该项目的内部收益率（IRR）低于15%，边缘油田以前被定义为储量低于3亿桶的油田。安哥拉国家石油、天然气和生物燃料局于2021年1月对下刚果盆地的三个区块和宽扎盆地的六个区块发起一轮上游勘探招标。安哥拉政府为此提供税收减免和其他激励措施，以鼓励当地公司参与投标。安哥拉聘请意大利工程、采购和建筑公司 Maire Tecnimont 的子公司 Kinetics Technology 在2021年升级了安哥拉在罗安达的唯一炼油厂。Kinetics Technology 安装了石脑油加氢处理装置和催化重整装置，这使炼油厂在完工后大幅提高了汽油产量（EIA，2021b）。

7.4 莫桑比克能源发展政策与规划

7.4.1 莫桑比克能源政策背景

在非洲联盟国家元首和政府首脑通过的《2063年议程》和建立在《2063年议程》前提下的非洲案例背景下，非洲大陆加速经济和工业发展的包容性和实现可持续发展2030年发展目标的任务显得极为紧迫。

提升全非洲用电率迫在眉睫，按照现今增长趋势，预计只有少数国家能在2030年实现全面通电，电力普及度的不足将极大抑制生活水平的提高和经济的发展。可再生能源将在非洲的电力供应增长上发挥重要作用，特别是在撒哈拉以南。到2040年按照制定的政策方案，电力需求将增加1倍多，达到1 600太瓦时以上。可再生能源将占新发电量的3/4，而非洲最具发展潜力的可再生能源是光伏。非洲拥有世界上最丰富的太阳能资源，但当前只安装了50吉瓦的太阳能光伏，不到全球装机容量的1%。按照非洲案例的规划，以装机容量计算，太阳能光伏将超过水电和天然气成为非洲最大的电力来源（以发电量计算是第二大电力来源）。此外，非洲风能也将迅速发展。

在撒哈拉以南的非洲，迄今为止天然气只是一种小众燃料，天然气在能源结构中的比例约为5%，该比例是世界上最低的，但这种情况会在未来发生改变。近年来,在东非(莫桑比克和坦桑尼亚)、埃及、西非(塞内加尔和毛里塔尼亚)和南非有一系列重大发现,这些国家在2011—2018年共发现了超过全球40%的天然气。这些燃气资源的发展可以很好地配合非洲推动工业增长和对可靠电力供应的需要。天然气基础设施的开发将是一个重大挑战,可再生能源的快速部署为天然气作为一种灵活、可调度的电力来源提供了发展空间。在电力部门之外,非洲案例中的成功工业化取决于能源的稳定供应,天然气可以很好地在这方面发挥作用。如果没有天然气,在许多情况下替代品将是其他污染更严重的化石燃料。而天然气的使用能否很好地发展起来在很大程度上取决于天然气供应的价格、分销网络发展 [包括小规模液化天然气(LNG)分销]、基础设施可获得的资金以及取代污染燃料的政策力度。在非洲案例的预测中,非洲将成为天然气市场的主要参与者,在非洲能源结构中的份额也将在2040年上升到24%左右(接近目前的全球平均水平)。届时,非洲天然气产量的增长将远远高于需求的增长,莫桑比克和埃及等代表性国家会成为全球液化天然气市场的主要供应国(IEA,2019b)。

7.4.2　莫桑比克能源政策目标

莫桑比克设定了两个主要能源政策目标:一是通过不可再生和可再生能源并行的发电策略,计划到2030年莫桑比克对全国70%人口实现供电覆盖;二是大力开发LNG液化天然气,在保证国内需求的同时对外出口液化天然气,使之成为莫桑比克重要的外汇来源。

7.4.3　莫桑比克能源主要规划

7.4.3.1　提升用电率

提升用电率的本质是增加产电量和完善电力供应结构,莫桑比克总装机容量为2.8吉瓦,水电占总装机容量的77%。而来自天然气、柴油和其他可再生能源的热电仅占643兆瓦。由于严重依赖水电,该国的电力市场特别容易受到干旱气候的影响。为了增加电力供应，传统的电力供应来源——水电和天然气依然在会在未来实现电力普及目标发挥主要作用。除此之外，为了提高电力供应的稳定性，虽然水电仍会是一个重要的电力来源，但它的份额将下降到40%，剩余的电力供应增长点将集中在天然气和煤炭的开发使用、可再生能源（主要是太阳能）的使用（IEA，2019b）。

①传统能源

莫桑比克规划建设的电站项目主要以中大型的水电、大规模的燃气/燃煤电站为主。水电站包括HCB的Cahora Bassa（1 245MW）、MphandaNkuwa（1 500MW）和Lupata（600MW），燃气电站包括Temane（400MW）和CTM（100MW），燃煤电站主要包括ENRC（300MW）、Tete/Moatize（1 200MW）和Ncondezi（300MW），主要集中在泰特省煤矿区（唐洋 & 董亚楠，2019）。

②可再生能源

莫桑比克国家电力公司EDM拟通过可再生能源拍卖计划（PROLER）投资4 000万美元建设新的太阳能和风力发电厂，以尽快实现莫桑比克的电力覆盖目标。莫桑比克国家电力公司将在未来五年内增加600兆瓦电力，包括200兆瓦的可再生能源。扩建项目将与可再生能源项目同时进行，为实现清洁和可持续能源供应贡献20%的电力。截至2022年6月，在PROLER计划下完成的项目包括莫桑比克第一座太阳能发电厂（装机容量40兆瓦，位于赞比西亚莫库巴）和Metoro太阳能发电厂（装机容量41兆瓦，位于德尔加杜角省），索法拉栋多和尼亚萨利欣加太阳能发电厂也将在PROLER计划下建设，另外还将在马普托纳马查建设风力发电厂（中国对外承包工程商会，2022）。

2018年10月，莫桑比克政府批准了国家电气化战略（ENE），旨在支持扩大全国城郊和农村地区的能源供应，利用和扩大现有的国家电网，并在国家电网未覆盖的地区部署太阳能微型电网，通过发展去中心化电力供应和扩大电网覆盖面积来提高电力普及率。Africa Case中提到，对55%的将要新接电网来说，去中心化是成本最低的解决方案；对剩下45%的新接电网来说，最低成本的解决方案是让大部分人口生活在现有和计划中的电网附近。政府已在农村地区推广太阳能光伏解决方案，报告称现在有700所学校和800座其他公共建筑使用太阳能供电。世界银行宣布为莫桑比克提供 2 600 万美元资金,以促进离网电力领域发展并推广住宅太阳能系统(The Republic of Mozambique Ministry of Mineral Resources and Energy,2018)。

7.4.3.2　LNG 液化天然气开发

莫桑比克是一个小型天然气生产国,但在该国北部海岸附近的莫桑比克深水鲁伍马盆地 1 区和 4 区发现了大量天然气矿床(估计储量为 5 万亿立方米),这一发现可能将该国转变为重要的液化天然气(LNG)出口商。莫桑比克目前有三个液化天然气项目正处于研究和工程建设阶段,其中由世界第一大石油公司埃克森美孚进行作业的曼巴 LNG 项目位于莫桑比克 4 区深水气田。根据规划,曼巴 LNG 项目将在陆上建设两列 LNG 厂,在 2019 年已经进行了最终投资决策,将在 2026 年投产;莫桑比克 LNG 项目位于 1 区,项目计划建设两列 $600 \times 10^{4}t$ 的陆上 LNG 厂;作为近几年全球唯一进行最终投资决策的大型浮式液化天然气项目,科洛尔项目于 2022 年投产的 FLNG 产能为 $340 \times 10^{4}t/a$,预计 2023 年达到产能峰值。而科洛尔项目与英国石油公司(bp)早在 2016 年 10 月,即项目落实前已经签订了 LNG 供销协议。按照当前规划,三个 LNG 项目的总产能为 $2\,540 \times 10^{4}t/a$(姚震,2018)。

根据 Africa Case 估计,莫桑比克以天然气储量将使得它在 2040 年成为撒哈拉以南非洲地区最大的天然气生产国,政府计划将大部用于出口,剩下的部分满足国内随着天然气工业扩大和基础设施建设而增加的天然气需求。天然气田的开采、加工和销售被莫桑比克政府视为国民经济增长的重要引擎,同时天然气出口所带来的收入将成为莫桑比克重要的外汇来源(IEA,2019b)。

7.5　几内亚比绍的能源发展政策与规划

几内亚比绍目前面临的挑战是增加能源使用率,同时缓解气候变化影响。该国打算采取具有动态和变革愿景的明确战略,该战略围绕三个主要

7. 葡语国家能源发展政策与规划 | 337

轴心：一是达到至少 80% 的电力供应率，其中大部分将在 2030 年由可再生能源提供（到 2030 年可再生能源在国家电网中的渗透率至少为 50%，在离网系统网络产生的能源中可再生能源的渗透率至少为 80%）；二是到 2030 年该国至少 75% 的人口可以获得安全和现代化的烹饪资源；三是提高能源使用效率（Sustainable energy for all，2017）。

7.5.1 提升可再生能源渗透率

依据实际可行的项目，在 2020—2030 年，确定了以下目标和措施：（a）建造数个总装机容量为 15 兆瓦的太阳能发电厂；（b）利用该国现有的生物质资源，安装数个发电潜力约为 2 兆瓦的生物质发电厂；（c）开发总容量为 2 兆瓦的风力资源；（d）建造 Saltinho 和 Cussilinta 水电站（分别为 13 兆瓦和 14 兆瓦，共计 27 兆瓦），以及从几内亚和塞内加尔的大型水电站（Kaleta 和 Sambangalou）进口约 26 兆瓦的电力（Sustainable energy for all，2017）。

7.5.2 现代化烹饪资源

采用改良炉灶（到 2030 年 35% 的人将使用改良炉灶）；采用液化石油气炉灶（到 2030 年 20% 的人将使用液化石油气炉灶）；采用其他现代燃料（如沼气、太阳能炉等）的炉灶（到 2030 年 20% 的人口将使用这些炉灶）（Sustainable energy for all，2017）。

7.5.3 提高能源使用效率

几内亚比绍寻求在 2020—2030 年实现以下 EE 目标：对于电力系统的能源效率，到 2030 年逐步减少技术电力损失至 10% 的水平，中间阶段到 2025 年降低至 20% 以下。对于公共及家庭照明的能源效益，到 2030 年公共照明消耗至少减少到基线值的 30%，这将通过增加低能耗灯泡（LBC）的使用来实现，假设几内亚比绍所有的家庭都使用低能耗灯泡，并在 2030

年之前彻底停止使用电力消耗强度较高的电器。对于建筑能效，到 2030 年与基线相比，节能 30%，中间到 2025 年减少 20%。对于工业能源效率，到 2030 年与基线情景相比能源节约 30%，中间到 2025 年减少 20%（ECREEE，2017）。

7.6　东帝汶的能源发展政策与规划

东帝汶目前是世界上最不发达的地区之一，经济主要依靠油气出口和外部援助。东帝汶南边的帝汶海上石油和天然气资源富集，迄今发现 44 块油田，探明石油储量约 1.87 亿吨（约 50 亿桶），天然气储量约 7 000 亿立方米。

Timor Resources 与东帝汶政府机构 Autoridade Nacional do Petroleo e Minerais（ANPM）签订两份生产分成合同（PSC），用以收购两个最具潜力的沿海区块 A 和 C，Timor Resources 与合资伙伴 Timor Gap（东帝汶国家石油公司）共同开发该区域。在区块 A 和 C 已经确定了重要的石油潜力，其中许多已被评定为可钻状态。东帝汶目前严重依赖进口成品油，包括汽油、航空燃料、柴油和煤油，东帝汶政府渴望将其成功的海上石油生产活动扩展到陆上，并通过一系列陆上举措来支持这一领域的活动，以促进国内碳氢化合物生产、国内零售分销和出口盈余。Timor Gap 的任务就是实施"Tasi Mane"项目——通过建设和运营炼油厂、石化厂、液化天然气厂和加油站网络来支持陆上碳氢化合物的生产，以确保高质量的燃料分配横跨东帝汶。陆上石油开发被认为是国家重大项目，得到了东帝汶政府的两党支持。该项目的目标是促进东帝汶境内的石油和能源发展，为该国提供石油工业活动的直接经济红利。如果没有这些增值项目，该国财政收入将仅限于现有离岸业务的特许权使用费和税收（Timor Resources，2017）。

7.7　赤道几内亚的能源发展政策与规划

赤道几内亚于 2017 年 5 月 25 日成为欧佩克（OPEC）的第六个非洲成

员国。赤道几内亚的经济严重依赖石油和天然气工业，2015年石油和天然气工业占其国内生产总值（GDP）的60%以上，占财政收入的80%，占出口收入的86%（EIA，2017）。

7.7.1 原油和石油

截至2017年1月，赤道几内亚拥有11亿桶已探明原油储量。考虑到财政状况，赤道几内亚政府一直渴望吸引外国投资者来开发新油田。Bioko石油码头项目是建设一个能储存750万桶原油和石油产品的设施，赤道几内亚政府与沙特阿拉伯能源公司签署了5亿美元的开发和融资协议。该项目位于蓬塔欧罗巴，旨在成为西非最大的储存设施和区域贸易及分销中心，因为其靠近几内亚湾和南部海岸。另外，赤道几内亚没有任何炼油能力，所以虽然赤道几内亚出口原油，但所有石油制品来自进口。为此，赤道几内亚政府已宣布计划在姆比尼开设一家日产2万桶的炼油厂（EIA，2017）。

7.7.2 天然气

截至2017年1月，赤道几内亚拥有1.3万亿立方英尺的已探明天然气储量，是天然气净出口国。赤道几内亚矿业和碳氢化合物部部长于2021年11月发表演讲提到，考虑到生产和充分利用丰富的天然气资源需要更多的投资，赤道几内亚正在修订2006年的碳氢化合物法。这将使赤道几内亚能够吸引更多的国际能源参与者，并激励整个价值链的投资，同时挖掘其海上天然气行业的潜力，并在天然气行业变得越来越有竞争力。其中一个关键因素是Alen Gas项目的持续货币化，该项目包括位于比奥科岛Punta Europa的生产、加工和运输设施网络。该项目由雪佛龙及其合作伙伴（嘉能可、阿特拉斯石油、贡沃尔和GEPetrol）牵头，吸引了4.75亿美元的外国直接投资，Alen Gas代表Gas Mega Hub（GMH）的第一阶段。GMH是一项国家战略，旨在利用该国未开发的天然气资源来帮助使其液化天然气设施保持竞争力。GMH包括与邻国喀麦隆的拟议跨境项目，这将使两国能够从

Yoyo - Yolanda 凝析气田的共享资源中受益，并建立非洲内部的液化天然气产业。赤道几内亚将优先考虑与尼日利亚进行区域天然气交易。位于赤道几内亚的 Ophir Energy 于 2017 年 5 月与 OneLNG 和 GEPetrol 签署协议，开发 Fortuna FLNG 项目，这是非洲第一个深水 FLNG 项目（African Energy Chamber，2021）。

7.8 佛得角的能源发展政策与规划

佛得角的进口石油产品约占其总能源供应的 80%，而不到 20% 来自可再生能源，主要是风能和太阳能。尽管 93% 的人口用上了电，但配电过程电能损失很大，电费成本极高。认识到对可持续、低成本能源的需求，佛得角政府的目标是到 2030 年实现可再生能源 50% 的渗透率并分阶段实施。政府预计佛得角将需要超过 150 兆瓦的新太阳能项目和超过 60 兆瓦的新风电场。除了对可再生能源的坚定政治承诺外，佛得角政府还为该行业的投资提供税收优惠，并制定了电力行业的总体规划，确定了可再生能源项目的开发地点（International Trade Administration，2022）。

2021 年 12 月 8 日，世界银行批准了 350 万美元的国际开发协会信贷和 350 万美元的国际复兴开发银行贷款，用于佛得角可再生能源和改善公用事业绩效项目（REIUP），该项目旨在帮助佛得角提高可再生能源发电能力并减少电力系统损失，最终为民众提供可持续和负担得起的电力服务，并有助于减少二氧化碳排放。REIUP 将实现以下目标：①通过建设小型太阳能光伏电站以及分布式太阳能光伏，增加可再生能源发电量 3.9 兆瓦；②通过电力公司 ELECTRA 的私有化，将电力系统损失从 26% 降低到 18%；③减少温室气体排放量，估计每年减少 9 000 吨二氧化碳当量。该项目将为佛得角人民和经济带来巨大利益，特别是：①全国的电力客户将受益于清洁、可靠和负担得起的电力服务；②由于屋顶太阳能光伏系统和节能设施的供电，医疗中心将更有效地运作；③国家电力公司的撤资将减少佛得角政府面临的公共债务风险、或有负债和财政风险；④太阳能光伏技术的部署将在可再生能源市场创造新的就业机会，包括为妇女创造就业机会，通过有针对性的技能发展计划支持她们获得就业机会。在佛得角首个公平和可持续复苏发展政策融资的支持下，电力部门改革法令的颁布迈出了第一步，这会有利于实施该国 2018—2030 年电力部门总体规划（THE WORLD BANK，2021）。

7.9　圣多美和普林西比的能源发展政策与规划

圣多美和普林西比政府在联合国工业发展组织（UNIDO）的支持下于 2021 年 9 月启动了两项国家行动计划，这两项计划是国家可再生能源行动计划和国家能源效率行动计划，将支持该国可再生能源的发展和高效消费。圣多美和普林西比政府正致力于到 2030 年在其能源结构中实现 50% 的可再生能源率，圣多美和普林西比与联合国工发组织、开发署、世界银行和其他组织开展合作，致力于在该国实施可再生能源项目（DGRNE，2021）。

7.9.1　光伏

圣多美和普林西比目前最先进的可再生能源项目是拥有 2.2 MWp 功率的 Santo Amaro 太阳能光伏电站，于 2022 年年初开始运营。它位于 Santo Amaro 热电厂旁，由全球环境基金（GEF）资助的"促进圣多美和普林西比电力部门可再生能源和能源效率投资的战略方案"项目正在由联合国工业发展组织、自然资源和能源总局（DGRNE）、联合国开发计划署（UNDP）和非洲开发银行（AFDB）等其他国际合作伙伴与政府合作，在 Santo Amaro 执行光伏项目。为配合国家政策，2.2 兆瓦光伏电站将分两期建设：第一阶段由 UNDP 安装 550kWp；第二阶段考虑由非洲开发银行安装 1 640kWp。

此外，在普林西比岛还有两个 4.5MWp 的光伏能源项目（Associação Lusófona de Energias Renováveis，2021）。

7.9.2 水电

位于普林西比岛的 Papagaio 水电站修复项目容量高达 1 兆瓦，目前仍处于研究阶段，预计将于 2024 年开始运营。该工厂的修复计划由非洲开发银行、UNIDO、UNDP 和能源转型计划和机构（ETISP）支持负责。此外，该国还致力于在约格兰德和孟买的自建制度下开发四个总计 14 兆瓦的水电项目（DGRNE，2021）。

7.9.3 生物质

预计 CISAN 将在 Lobata 地区的 Agua Casada 开发 12.5 兆瓦的生物质项目，并已签署能源采购合同。Solo Solar Energy 和 CISAN 等公司正在计划四个 10~15 兆瓦的项目（DGRNE，2021）。

7.9.4 潮汐能

圣多美和普林西比政府还希望利用新兴技术来开发潮汐能这种尚未普及的可再生能源。小岛屿发展中国家可持续能源倡议（SIDS Dock）正在进行一项研究，以了解海洋能源在 SIDS 中的潜力。目前，这项技术仍然非常昂贵，但这种新能源生产工具的效果将会很显著。圣多美和普林西比已表现出对此采取新举措以发展可持续能源部门的极大意愿（DGRNE，2021）。

本章小结

在碳中和成为全球能源发展指导性目标的时代背景下，葡萄牙和巴西的能源政策有着不少相似之处，同时也存在着因国情不同而产生的差异。葡萄牙能源供应稳定，现阶段主要着手于能源使用的"脱碳"，计划通过发展可再生能源实现这一点；同时考虑到保障能源供应的稳定性以及环保问题，葡萄牙也在大力推动全领域的电气化进程，尤其在交通运输领域，希望以此替代化石燃料的使用。与葡萄牙类似，巴西的主要能源目标也在于发展可再生能源来实现"脱碳"，但与葡萄牙不同的是，巴西还需要提升电力供应的稳定性。巴西的供电结构中水电占主导，使得巴西需要在此基础上多元化发展可再生能源，并推动天然气的使用来保证在高可再生能源的供电占比情况下，仍能保证电力的稳定供应；此外，巴西也致力于发展生物燃料和生物柴油来减少碳排放。

对于同处非洲的安哥拉和莫桑比克，两国的能源政策有着基本相同的大方针，即提升用电率和开发油气。两国拥有着丰富的自然资源（尤其是油气资源），但因经济和技术水平落后导致资源开发利用率低，所以采取国际合作的形式协同发展传统化石燃料和可再生能源将成为安哥拉和莫桑比克提升能源供应、增加用电率、促进经济增长的重要手段。

其他规模较小的葡语国家像几内亚比绍、佛得角与圣多美和普林西比的主要能源策略都是发展可再生能源；而拥有着丰富油气资源的东帝汶和赤道几内亚则更希望通过引进外资来开发油气资源，以此提升能源使用率以及增加经济收入。

总的来说，可再生能源的开发利用是葡语国家能源政策的主旋律，其中经济技术发展程度较低的国家可能辅以油气开发来帮助经济增长。

本章参考文献

［1］王雪芬．巴西可再生能源发展大步提速［J］．国际能源参考，2022．

［2］王磊．巴西发展清洁能源的政策与实践［J］．全球科技经济瞭望，2017，32（10），6．

［3］中国对外承包工程商会，2022．莫桑比克拟投资 4 000 万美元开发太阳能和风力发电厂．

［4］邓国庆．走出经济困境，巴西拟优先发展生物燃料［J］．科技日报，2020．

［5］吴伟．安哥拉电力市场现状和远景展望［J］．商品与质量，2020（8），5，55．

［6］姚震．莫桑比克液化天然气产业现状与机遇［J］．中外能源，2018，23（11）．

［7］党侃，龚光明，孙文琦，等．葡萄牙可再生能源政策及招投标情况分析．国际工程与劳务，2021（7），4．

[8] 唐洋,董亚楠. 莫桑比克电力 ipp 项目开发浅析 [J]. 国际工程与劳务, 2019 (2), 3.

[9] African Energy Chamber, 2021. This Is Not the Time to Halt Natural Gas Production in Equatorial Guinea https://energychamber.org/this-is-not-the-time-to-halt-natural-gas-production-in-equatorial-guinea/.

[10] AssociaçãoLusófona de Energias Renováveis, 2021. Projecto de Instalação de um Sistema PV na Central de Santo Amaro https://www.aler-renovaveis.org/pt/comunicacao/noticias/projecto-de-instalacao-do-sistema-pv-na-central-de-santo-amaro/.

[11] DGRNE, 2021. São Tomé e Príncipe: Pequeno estado insular em transição energética https://dgrne.org/pt-pt/taxonomy/term/33.

[12] EC, 2019a. The European Green Deal https://ec.europa.eu/info/strategy/priorities-2019-2024/european-green-deal_en#documents.

[13] EC, 2019b. Assessment of the draft National Energy and Climate Plan of Portugal (NECP) https://energy.ec.europa.eu/system/files/2019-06/pt_swd_en_0.pdf.

[14] EC, 2020. Powering a climate-neutral economy: An EU Strategy for Energy System Integration https://ec.europa.eu/energy/sites/ener/files/energy_system_integration_strategy_.pdf.

[15] EC, 2021. European Climate Law https://climate.ec.europa.eu/eu-action/european-green-deal/european-climate-law_en.

[16] ECREEE, 2017. Plano de Ação Nacional no Sector das Energias Renováveis (PANER) da Guiné-Bissau Periodo 2015-2030. https://www.se4all-africa.org/fileadmin/uploads/se4all/Documents/Country_PANER/Guniea_Bissau_Plano_de_Ac%CC%A7a%CC%83o_Nacional_no_Sector_das_Energias_Renova%CC%81veis.pdf.

[17] EIA, 2017. EQUATORIAL GUINEA ANALYSIS.

[18] EIA, 2021a. Background Reference: Brazil https://www.eia.gov/international/content/analysis/countries_long/Brazil/brazil_background.pdf.

[19] EIA, 2021b. Country Analysis Executive Summary: Angola https://www.eia.gov/international/content/analysis/countries_long/Angola/angola_CAXS.pdf.

[20] FitchSolutions, 2022. Portugal Renewables Report Includes 10-year forecasts to 2030 https://www.eia.gov/international/analysis/country/GNQ.

[21] IEA, 2019a. Angola Energy Outlook, IEA, Paris https://www.iea.org/articles/angola-energy-outlook.

[22] IEA, 2019b. Mozambique Energy Outlook, IEA, Paris https://www.iea.org/articles/mozambique-energy-outlook.

[23] IEA, 2021a. Portugal 2021 Energy Policy Review https://iea.blob.core.windows.net/assets/a58d6151-f75f-4cd7-891e-6b06540ce01f/Portugal2021EnergyPolicy-Review.pdf.

[24] IEA, 2021b. Clean Energy Transitions Programme 2020, IEA, Paris https://www.iea.org/reports/clean-energy-transitions-programme-2020.

[25] IEA, 2021c. Novo Mercado de Gás-The Brazilian gas market enters a new era, IEA, Paris https://www.iea.org/commentaries/novo-mercado-de-gas-the-brazilian-gas-market-enters-a-new-era.

[26] IEA, 2022. Country profile https://www.iea.org/countries/brazil.

[27] International Trade Administration, 2022. Cabo Verde-Renewable Energy.

[28] Ministério do Meio Ambiente. O Plano Nacional de Adaptação à Mudança do Clima 2016 [R]. Brasília, 2016.

[29] MINISTERIO DE MINAS E ENERGIASECRETARIA DE PLANEJAMENTO E DESENVOLVIMENTO ENERGETICO, 2020. PNE2050 (PLANO NACIONAL DE ENERGIA 2050) http://antigo.mme.gov.br/documents/36208/468569/Relat%C3%B3rio+Final+do+PNE+2050/77ed8e9a-17ab-e373-41b4-b871fed588bb.

[30] Ministry for the Environment and Energy Transition, 2019. Roadmap for Carbon Neutrality 2050 (RCN2050) https://unfccc.int/sites/default/files/resource/RCN2050_EN_PT%20Long%20Term%20Strategy.pdf.

[31] Bellini, E., 2022. Iberdrola moves forward with Portugal's largest pumped-hydro storage project https://www.pv-magazine.com/2022/02/08/iberdrola-moves-forward-with-portugals-largest-pumped-hydro-storage-project/.

[32] REPÚBLICA PORTUGUESA XXII GOVERNO, 2022. Apoiada a aquisição de mais 193 autocarros elétricos fora das áreas metropolitanas de Lisboa e do Porto https://www.portugal.gov.pt/download-ficheiros/ficheiro.aspx?v=%3d%3dBQAAAB%2bLCAAAAAAA-BAAzNDIzNAQAq8gktwUAAAA%3d.

[33] Sustainable energy for all, 2017. AGENDA DE AÇAO PARA A ENERGIA SUSTENTÁVELPARA TODOS NA GUINÉ-BISSAU Periodo2015-2030 http://www.se4all.ecreee.org/sites/default/files/agenda_de_acao_para_a_energia_sustentavel_para_todos_na_guine-bissau.pdf.

[34] The Republic of Mozambique Ministry of Mineral Resources and Energy, 2018. INTEGRATED MASTER PLAN 2018 – 2043 https://www.edm.co.mz/en/document/reports/integrated – master – plan – 2018 – 2043.

[35] THE WORLD BANK, 2021. World Bank Supports Sustainable Energy Development in Cabo Verde https://www.worldbank.org/en/news/press – release/2021/12/08/world – bank – supports – sustainable – energy – development – in – cabo – verde.

[36] Timor Resources, 2017. Permits – Blocks A & C (PSC TL OT 1708 and PSC TL OT 1709) https://timorresources.com.au/projects/#_projectoverview.

[37] UNFCCC, 2015. Paris Agreement Chinese https://unfccc.int/sites/default/files/chinese_paris_agreement.pdf.

8. 中国能源政策与葡语国家市场联动性分析

在能源全球化的时代，任何能源生产或消费大国的能源政策举措都可能带来全球性的市场影响，犹如"亚马孙流域的蝴蝶振翅"魔幻般地形成全球气流波动。研究能源生产消费大国能源政策的举措变化产生的对他国市场的影响，有利于彼此进行能源合作的政策利益沟通协调与合作的顺利开展。本章基于特有的数量模型分析方法，针对葡语国家主要的经济体葡萄牙和巴西，就中国能源政策对两国市场的传导效应影响进行研究分析，以期从中得出对开展彼此能源合作有价值的参考意见。

8.1 中国能源政策对葡萄牙市场的传导效应

8.1.1 研究背景

自 2010 年以来，中国政府出于对环境和战略安全的考虑，提出了一系列支持可再生能源发展的法规和战略规划（Li, Patiño‑Echeverri & Zhang, 2019），对能源消费和结构优化提出了战略规划和指导建议（Li & Wang, 2012），这些能源政策的提出对中国能源行业的发展起到了至关重要的作用。中国的能源政策不仅对国内经济行业产生广泛影响，而且通过贸易、经济、政治等因素对国际市场产生了传导效应（Hsiao, Wei, Sheng & Shao, 2021）。自 1994 年以来，欧盟和中国一直进行着能源对话，涵盖了可再生能源、能源效率、能源基础设施、进入彼此市场和互惠投资等领域。通过探究中国能源政策对葡萄牙经济部门的传导效应，分析可能受到影响的行业和部门，并比较不同政策传导效应的强弱，对彼此能源政策完善和开展能源合作具有重要意义。

除了研究中国能源政策对葡萄牙市场波动影响的情况，我们还参考了近十年中对全球金融市场有较强冲击性的事件来进行影响对比分析。近十年中，最典型的全球性冲击事件当属新冠疫情，其次是俄乌冲突。在 COVID－19 大流行的第一个阶段，美国股市的实际波动率与 1929 年的美国股灾、1933 年的大萧条和 1987 年的黑色星期一处于同一水平（Curto & Serrasqueiro, 2021）。而且，已有许多学者研究发现新冠疫情对全球股票市场有明显的传导作用（Pineda, Cortés & Perote, 2022；Yuan, Wang & Jin, 2022；Benkraiem, Garfatta, Lakhal & Zorgati, 2022）。对于俄乌冲突而言，俄罗斯作为石油、天然气产出大国，对全球能源供应有着举足轻重的影响，又因为美国、英国和欧盟对俄罗斯的经济制裁，这一连串由俄乌冲突造成的连锁反应对全球市场也产生了重要的负面影响（Boungou & Yatié, 2022），其中对欧洲市场的影响更为严重（Ahmed, Hasan & Kamal, 2022）。所以，基于以上考虑，我们也将这两个事件纳入分析，用来对比它们和中国能源政策所产生的影响。

我们采用了 CR 统计量、DCC－GARCH 模型和 K－S 检验相结合的方法，就 2010—2022 年中国八个能源政策（涵盖财政、战略规划、监管工具、示范四种类型）分别对葡萄牙消费商品、消费服务、工业、基础材料、公用事业、电信、科技、金融、能源和必需消费品十个行业股票市场的传导效应进行了分析研究，据此判断中国能源政策对葡萄牙相关市场的影响。根据动态相关系数研究结果，中国的战略规划类政策对葡萄牙经济部门的传导效果更明显，而财政类政策的传导效应最不明显。就行业而言，中国的能源政策对葡萄牙消费商品业和必需消费品业的传导较为明显，对基础材料业的传导作用不明显。此外，通过将新冠疫情和俄乌冲突作为冲击事件的比较分析得出，中国能源政策对葡萄牙的市场传导效应比新冠疫情弱，比俄乌冲突强。相信实证结果对于相关政策效应的评估、国际能源领域的经贸合作与投资布局有参考意义。

8.1.2 研究方法

本项研究分别采用了 Forbes & Rigobon（2002）跨市场相关性分析方法（CR 检验）以及 Engle & Sheppard（2001）动态条件相关系数模型（DCC-GARCH）来研究中国八个能源政策对葡萄牙十个经济部门的传导效应。其中，八个能源政策选取的是 2010—2022 年不同类型的能源政策，包括：（1）《关于促进节能服务产业发展增值税营业税和企业所得税政策问题的通知》（2010 年《节能服务产业税收政策》）；（2）《关于印发节能与新能源汽车产业发展规划（2012—2020 年）》（2012 年《新能源汽车产业 2012—2020 年规划》）；（3）《关于促进光伏产业健康发展的若干意见》（2013 年《光伏产业发展意见》）；（4）《关于开展生物质成型燃料锅炉供热示范项目建设的通知》（2014 年《生物质燃料示范通知》）；（5）《可再生能源发展专项资金管理暂行办法》（2015 年《可再生能源专项资金管理》）；（6）《水利部关于推进绿色小水电发展的指导意见》（2016 年《绿色小水电指导意见》）；（7）《清洁能源消纳行动计划（2018—2020 年）》（2018 年《清洁能源 2018—2020 年计划》）；（8）《关于推进电力源网荷储一体化和多能互补发展的指导意见》（2021 年《电力发展意见》）。而葡萄牙的十个经济部门分别是：（1）消费商品业；（2）消费服务业；（3）工业；（4）基础材料业；（5）公用事业；（6）电信业；（7）科技业；（8）金融业；（9）能源行业；（10）必需消费品行业。

这里先探究中国各能源政策对葡萄牙各行业的静态相关性，并通过 CR 统计量检验传导效应是否显著；在此基础上通过 DCC-GARCH 模型的回归结果得到中国各能源政策与葡萄牙各经济部门的动态相关性，并通过柯尔莫哥洛夫-斯米尔诺夫（K-S）检验对比每个政策前后两个市场的相关性是否在统计上有上升的趋势，从而判断是否存在传导效应。对比分析静态和动态下的传导效应情况，本文发现动态条件下的相关性分析可以更加全面地反映股票市场之间随时间变化的动态联系和中国能源政策的传导效应。

8.1.2.1 CR 检验

CR 检验一种检验传导效应的方法，该检验基于条件相关性分析，比较冲击前和冲击后资产收益率的相关系数是否显著增加。该方法被许多学者运用于研究，如 King & Wadhwai（1990）、Forbes & Rigobon（2002），以及 Caporale、Cipollini & Spagnolo（2005）等。参考 Hsiao et al.（2022）所述研究方法，CR 统计量计算方法是

$$CR(i \to j) = \frac{(\rho^*_{post} - \rho_{pre})^2}{var(\rho^*_{post} - \rho_{pre})} \tag{8.1.1}$$

式子中，ρ^*_{post} 是调整后的政策后相关系数；ρ_{pre} 是政策前相关系数，通过 $CR(i \to j)$ 统计量来检验中国能源政策 i 对葡萄牙行业 j 的传导效应。

其中，调整后的政策后相关系数（ρ^*_{post}）是根据 Forbes & Rigobon（2002）进行修正得来的，式子如下：

$$\rho^*_{post} = \frac{\rho_{post}}{\sqrt{1 + \delta(1 - \rho^2_{post})}} \tag{8.1.2}$$

该式子中的 ρ_{post} 为调整前的政策后相关系数；$\delta = \frac{\sigma^2_{i,post} - \sigma^2_{i,pre}}{\sigma^2_{i,pre}}$，表示政策前后中国能源政策 i 的方差变化比例。而公式（8.1.1）中的 CR 统计量的方差由以下过程得到：

$$var(\rho^*_{post} - \rho_{pre}) = var(\rho^*_{post}) + var(\rho_{pre}) - 2cov(\rho^*_{post}, \rho_{pre}) \tag{8.1.3}$$

$$var(\rho^*_{post}) = \frac{1}{2} \frac{(1+\delta)^2}{[1 + \delta(1 - \rho^2_{post})]^3}$$

$$\left[\frac{(2 - \rho^2_{post})(1 - \rho^2_{post})^2}{T_{post}} + \frac{\rho^2_{post}(1 - \rho^2_{post})^2}{T_{pre}} \right] \tag{8.1.4}$$

$$var(\rho_{pre}) = \frac{(1 - \rho^2_{pre})^2}{T_{pre}} \tag{8.1.5}$$

$$cov(\rho^*_{post}, \rho_{pre}) = \frac{1}{2} \frac{1}{T_{pre}} \frac{\rho_{post}\rho_{pre}(1 - \rho^2_{post})(1 - \rho^2_{pre})(1 + \delta)}{\sqrt{[1 + \delta(1 - \rho^2_{post})]^3}} \tag{8.1.6}$$

为了检验政策前和政策后的相关系数的变化是否存在政策传导。检验的原假设 $H_0: \rho^{FR} = \rho^{Pre}$ 表示政策发布后 FR 调整后的相关系数与政策发布

前的相关系数没有显著差异，没有传导效应；备择假设 H_0：$\rho^{FR} \neq \rho^{Pre}$ 表示政策前后的相关系数存在统计上的显著差异，有传导效应。

8.1.2.2 DCC-GARCH 模型

为了研究中国能源政策对葡萄牙各行业所产生的动态条件下的传导效应，使用 DCC-GARCH 模型来进行分析。

自 Engle（1982）提出自回归条件异方差模型（ARCH）分析时间序列的异方差性后，Bollerslev（1986）扩展了 Engle 的工作，并开发了广义自回归异方差模型（GARCH）。ARCH 模型和 GARCH 模型被广泛用于金融时间序列的波动性建模，而 GARCH 模型更为简洁，相对于高阶 ARCH 模型，估计起来更加容易，特别适用于时间序列波动性的分析和预测，对投资者的决策能够起到重要的支撑作用。单变量 GARCH 模型可以用来分析时间序列的波动集聚特征，而多变量 GARCH 模型可以用来分析不同序列间的波动是否相关以及相关的程度，即把原来一个序列拓展为包括多个序列的矩阵，方差序列也随之拓展为方差协方差矩阵。

多元 GARCH 模型经过逐渐发展和完善，从常值条件相关系数模型 CCC（Bollerslev，1990）到 BEKK-GARCH 模型（Engle & Kroner，1995），最终由 Engle & Sheppard（2001）完善成 DCC-GARCH 模型。CCC-GARCH 模型假设各种资产之间的所有条件相关系数都是恒定的，忽略了相关系数的时变特征。而 BEKK-GARCH 模型的基本问题是所要估计的参数数量很大。为了解决这两个模型存在的问题，一方面，DCC-GARCH 模型通过放宽恒定条件相关系数模型的相关系数不随时间变化的假设（Akkoç & Civcir，2019）；另一方面，解决了 BEKK-GARCH 模型中参数数量按指数增加的问题（Do，Powell，Yong & Singh，2019）。因此，使用条件方差协方差 DCC-GARCH 模型具有灵活性的优势。其次，DCC-GARCH 模型估计了标准化残差的相关系数，解决了 Forbes & Rigobon（2001）提出的异方差问题（Chiang et al.，2007）。此外，将 DCC-GARCH 模型运用到金融市场进行实证研究，能够了解同一地区不同股票市场之间或不同地区股票市场之间的波动相关性变化，分析各个金融市场间的价格波动溢出效应和传导效应，作为研究方法，适合研究中国能源股票市场对葡萄牙经济部门的股票市场的传导效应。

DCC-GARCH 模型的整个过程分成两个步骤。第一步,通过估计每个时间序列变量的单变量 GARCH 模型生成条件方差 ($h_{i,t}$)。第二步,使用从第一阶段得到的残差的方差协方差矩阵 (Q_t) 计算动态条件相关系数矩阵 (R_t)。

DCC-GARCH 模型包括均值方程和条件方差方程。

首先,均值方程的形式是:

$$r_t = \gamma_0 + \gamma_1 r_{t-1} + \gamma_2 r_{t-1}^{CN} + \varepsilon_t \tag{8.1.7}$$

其中,$r_t = (r_{1,t}, r_{2,t}, \cdots, r_{n,t})'$,$n = 11$;$\varepsilon_t = (\varepsilon_{1,t}, \varepsilon_{2,t}, \cdots, \varepsilon_{n,t})'$ 且 $\varepsilon_t | \Omega_{t-1} \to N(0, H_t)$。

均值方程中,r_t 表示的是中国上证能源指数的收益率和葡萄牙十个行业的股票指数收益率;r_{t-1} 是这十个股票指数滞后一期的收益率;r_{t-1}^{CN} 是中国上证能源指数滞后一期的收益率;ε_t 为独立同分布的白噪声过程,服从均值为零且方差协方差矩阵为 H_t 的多元正态分布。

接下来,是多变量条件方差方程的形式,也是一个条件方差协方差矩阵:

$$H_t = D_t R_t D_t \tag{8.1.8}$$

具体来说,D_t 是由单变量 GARCH 模型估计的时变标准差组成的 ($n \times n$) 的对角矩阵,其中,$\sqrt{h_{ii,t}}$ 在该矩阵的第 i 对角线上,$\forall i = 1, 2, \cdots, n$;$R_t$ 是 ($n \times n$) 的动态相关系数矩阵。

接下来详细展示 D_t 和 R_t 的部分,以下是矩阵 D_t 的方程,通过单变量 GARCH 模型来估计:

$$h_{i,t} = \alpha_{i0} + \sum_{q=1}^{qi} b_{iq} \varepsilon_{it-q}^2 + \sum_{p=1}^{pi} c_{ip} h_{it-p} \tag{8.1.9}$$

其中,α_{i0} 是常数项;b_{iq} 是 ARCH 效应的参数,表示冲击对条件方差的短期持久性;c_{ip} 表示的是 GARCH 效应的参数,表示冲击对条件方差的长期持久性;p 和 q 定阶了 GARCH(p, q),本文采用的是 GARCH(1, 1)。

以上就是第一步,计算出了条件方差 $h_{i,t}$ 或者说条件标准差 $\sqrt{h_{i,t}}$。而关于 R_t 的方程是由 GARCH 估计得到的标准化残差计算得到,又由于

$\varepsilon_t|\Omega_{t-1} \to N(0, H_t)$ 服从正态分布，所以 $u_t = \dfrac{\varepsilon_{i,t}}{\sqrt{h_{i,t}}}$，因此将第一步计算的 $\sqrt{h_{i,t}}$ 代入第二步中，其演变过程如下：

根据 Engle & Sheppard (2001)，将 R_t 设定为：

$$R_t = Q_t^{*-1} Q_t Q_t^{*-1} \tag{8.1.10}$$

首先是确定其中 Q_t 的方程：

$$Q_t = (1-\alpha-\beta)\overline{Q} + \alpha u_{t-1}u'_{t-1} + \beta Q_{t-1} \tag{8.1.11}$$

$Q_t=(q_{ij,t})$ 是 $(n\times n)$ 的残差 u_t 的条件方差协方差矩阵，$\overline{Q}=E[u_t, u'_t]$ 是 $(n\times n)$ 的残差 u_t 的无条件方差矩阵；α 衡量的是特定冲击下的影响，而 β 衡量的是延迟的动态相关，$\alpha>0$ 且 $\beta>0$，且 $(\alpha+\beta)<1$。

由于 $Q_t=(q_{ij,t})$ 表示的是 u_t 的方差协方差矩阵，一般在对角线上不为 1，所以为了将其变化得到 R_t，根据公式 (8.1.10)，使 Q_t 组成如下的式子：

$$R_t = [diag(Q_t)]^{-\frac{1}{2}} Q_t [diag(Q_t)]^{-\frac{1}{2}} \tag{8.1.12}$$

其中，$[diag(Q_t)]^{-1/2}$ 是个对角矩阵，它的主对角线上的元素是对 Q_t 主对角线上的元素平方根分之一组成，$[diag(Q_t)]^{-1/2} = diag\left(\dfrac{1}{\sqrt{q_{11,t}}},\cdots,\dfrac{1}{\sqrt{q_{nn,t}}}\right)$。

根据公式 (8.1.12)，得到了动态相关系数矩阵——R_t，其主对角线上皆为 1，副对角线上为相关系数为 $\rho_{ij,t}$。$\rho_{ij,t}$ 定义如下：

$$\rho_{ij,t} = \dfrac{q_{ij,t}}{\sqrt{q_{ii,t}q_{jj,t}}}, \forall i,j=1,\cdots,n(i\neq j) \tag{8.1.13}$$

其中，$q_{ij,t}$ 是矩阵 Q_t 第 i 行第 j 列的元素。将公式 (8.1.11) 代入公式 (8.1.13) 中，我们得到：

$$\rho_{ij,t} = \dfrac{(1-\alpha-\beta)\overline{q_{ij}} + \alpha u_{t-1}u'_{t-1} + \beta q_{ij,t-1}}{\sqrt{(1-\alpha-\beta)\overline{q_{ii}} + \alpha u_{t-1}u'_{t-1} + \beta q_{ii,t-1}}\sqrt{(1-\alpha-\beta)\overline{q_{jj}} + \alpha u_{t-1}u'_{t-1} + \beta q_{jj,t-1}}} \tag{8.1.14}$$

参数的估计采用 Engle（2002）所介绍的，DCC 模型可以通过使用两阶段的方法来估计使对数似然函数最大化。使 θ 表示 D_t 的参数，$\emptyset$ 表示 R_t 的参数，那么对数似然函数表现形式是：

$$L(\theta,\emptyset) = \left\{ -\frac{1}{2}\sum_{t=1}^{T}\left[nlog(2\pi) + log|D_t|^2 + \varepsilon_t' D_t^{-1}\varepsilon_t \right] \right\} + \left[-\frac{1}{2}\sum_{t=1}^{T}(log|R_t| + u_t' R_t^{-1} u_t - u_t' u_t) \right] \quad (8.1.15)$$

其中，T 指的是观测值的数量；n 指的是方程的数量。将公式（8.1.15）拆分成方差的对数似然函数公式（8.1.16）和相关函数（2.11）：$L(\theta,\emptyset) = L(\theta) + L(\emptyset)$，如下所示：

$$L(\theta) = \left\{ -\frac{1}{2}\sum_{t=1}^{T}\left[nlog(2\pi) + log|D_t|^2 + \varepsilon_t' D_t^{-1}\varepsilon_t \right] \right\} \quad (8.1.16)$$

$$L(\emptyset) = \left[-\frac{1}{2}\sum_{t=1}^{T}(log|R_t| + u_t' R_t^{-1} u_t - u_t' u_t) \right] \quad (8.1.17)$$

$L(\theta)$ 表示的是波动率，是单个 GARCH 似然函数的总和，对数似然函数可以在 $L(\theta)$ 中对 D_t 中的参数进行最大化。鉴于第一阶段的估计参数，第二阶段的时变相关性也能通过对数似然函数的部分，即 $L(\emptyset)$，来实现最大化。

8.1.2.3 K-S 检验

尽管 DCC-GARCH 模型提供了波动性跨市场传播的重要证据，但还需要借助 K-S 检验来检验政策或者冲击前后的相关系数是否有显著增加的统计学现象。根据传导定义，只有在冲击后跨市场协同波动显著增加时，才会产生传导（Forbes & Rigobon, 2002）。

K-S 假设检验基于累积分布函数，主要是用来检验一组样本是否来自于某个概率分布（此时使用的是一个样本的 K-S 检验），或者是比较两组样本的分布是否相同（适用于两个样本的 K-S 检验）（Smirnov, 1939; Kolmogorov, 1933）。根据本文能源政策，将样本分为政策前和政策后两个子样本，因此本文采用两个样本的 K-S 检验。其统计学评估的方法为：

$$D^+ = \max_{x}[F(x) - G(x)] \quad (8.1.18)$$

$$D^- = \min_x [F(x) - G(x)] \tag{8.1.19}$$

$$D = \max(|D^+|, |D^-|) \tag{8.1.20}$$

其中，$F(x)$ 和 $G(x)$ 分别是基于第一个和第二个子样本的经验分布函数。K-S 检验的统计量为 D，指的是两样本的最大间隔距离，如公式 (8.1.20)。根据 Smirnov（1939）所述，可以通过评估渐进极限分布得到该统计量的 p 值，如下式所示：

$$\lim_{m,n\to\infty} Pr\left\{\sqrt{\frac{mn}{(m+n)}} D_{m,n} \le z\right\} = 1 - 2\sum_{i=1}^{\infty}(-1)^{i-1} e^{-2i^2 z^2} \tag{8.1.21}$$

其中，m 为第一个子样本的样本量，n 为第二个子样本的样本量，z 为统计量的实际值。

8.1.3 数据与描述性统计

8.1.3.1 数据

在实证研究中，调查了中国 2010—2022 年发布的能源政策对葡萄牙十个主要经济部门的传导效应的影响，这十个经济部门分别是消费商品业（Consumer Goods）、消费服务业（Consumer Services）、工业（Industry）、基础材料业（Materials）、公用事业（Utilities）、电信业（Telecom）、科技业（Technology）、金融业（Finance）、能源行业（Energy）以及必需消费品行业（Staples）。为此，从彭博数据库中收集的数据包括：上证能源指数（SH000032 Index）、PSI 消费品价格回报指数（PTCGP Index）、PSI 消费服务价格回报指数（PTCSP Index）、PSI 工业品价格回报指数（PTINP Index）、PSI 基础材料价格回报指数（PTBMP Index）、泛欧交易所里斯本 PSI 公用事业指数（PSIUTL Index）、PSI 电信价格回报指数（PTTLP Index）、PSI 技术价格回报指数（PTTEP Index）、PSI 金融产品价格回报指数（PTFIP Index）、MSCI 葡萄牙能源指数（MXPT0EN Index）和 MSCI 葡萄牙必需消费品指数（MXPT0CS Index）。所选的每日股票价格指数均为当天的收盘价，其货币单位统一为美元，以便避免货币汇率波动的影响。所选的样本日期是从 2010 年 1 月 4 日至 2022 年 11 月 23 日，并且剔除了周末，时间跨度超过了十年，涉及的时间范围涵盖了八项中国能源政策时间以及COVID-19和俄乌冲突两个全球性冲击事件。此外，对于样本中空缺的数据，采用上一期数据进行填充。

8.1.3.2 政策和全球性事件冲击

中国近十年一直在促进能源行业发展方式的转变，努力构建安全、稳定、经济、绿色的现代能源产业体系，同时加快能源结构的优化（中国国家能源局，2011）。作为建设生态文明的重要内容，中国也相继出台了一系列政策法律促进绿色低碳能源的发展。水电、风电、太阳能和核能等低碳环保能源都在此期间取得一系列不错的成绩。为此，这里选取了这段时间内的八项政策进行分析。同时，也选取了两起对全球股票市场产生巨大冲击的事件——新冠疫情和俄乌冲突，一同进行了对照分析。由这些政策冲击和全球事件冲击使全样本一共被分为二十个子样本①时期。选的八个政策和两个危机的具体时间如表8-1-1所示。

表8-1-1　中国能源政策以及新冠疫情和俄乌冲突时间序列

政策冲击前			政策冲击后			政策/冲击类型
开始时间	结束时间	观测值	开始时间	结束时间	观测值	
政策1：2010年《节能服务产业税收政策》						
2010.1.4	2010.12.29	259	2010.12.30	2011.5.4	90	财政类
政策2：2012年《新能源汽车产业2012—2020年规划》						
2011.5.5	2012.6.27	300	2012.6.28	2012.10.31	90	战略规划类
政策3：2013年《光伏产业发展意见》						
2012.11.1	2013.7.3	175	2013.7.4	2013.11.6	90	监管工具类
政策4：2014年《生物质燃料示范通知》						
2013.11.7	2014.6.17	159	2014.6.18	2014.10.21	90	示范类
政策5：2015年《可再生能源专项资金管理》						
2014.10.22	2015.4.1	116	2015.4.2	2015.8.5	90	财政类

---

① 8个政策和2个危机一共十个冲击，每个冲击分成了两个子样本，十个冲击将分成二十个子样本。

续表

政策冲击前			政策冲击后			政策/冲击类型
开始时间	结束时间	观测值	开始时间	结束时间	观测值	
政策6：2016年《绿色小水电指导意见》						
2015.8.6	2016.12.20	359	2016.12.21	2017.4.25	90	监管工具类
政策7：2018年《清洁能源2018—2020年计划》						
2017.4.26	2018.10.29	394	2018.10.30	2019.3.4	90	战略规划类
危机1：新冠疫情						
2019.3.5	2020.3.10	266	2020.3.11	2020.7.14	90	全球冲击
政策8：2021年《电力发展意见》						
2020.7.15	2021.2.24	161	2021.2.25	2021.6.30	90	监管工具类
危机2：俄乌冲突						
2021.7.1	2022.2.14	163	2022.2.15	2022.6.21	90	全球冲击

表8-1-1详细展示了八个能源政策和两个市场冲击发生前和发生后的日期，并且列举了每个时间段的观测值，同时还说明了每个政策的类型。在表8-1-1中，政策类型被分为四类，分别是财政类、战略规划类、监管工具类和示范类。其中，财政类政策主要是指依托财政手段促进低碳能源发展的政策，如通过减少税收或是发放补贴等方式；战略规划类政策一般是指制定长期目标并且付诸实施的计划，通常对低碳能源的未来发展进行长期部署或规划；监管工具类政策是指对能源发展具有监管作用的政策，具体是政府提出的能源行业发展规范、指导意见等政策，相关部门可依据这些政策对能源发展进行监管；示范类政策是指与能源发展相关的示范区建设等。表8-1-2将按照对政策类型的分类，对每个能源政策内容进行简单叙述。

表8-1-2　　　　　　　　能源政策的内容描述

政策名称	内容
财政类	
1. 2010年《节能服务产业税收政策》	由中国财政部和中国国家税务总局于2010年12月30日发布，主要提出对符合条件的节能服务公司实施合同能源管理项目，暂免征收营业税、增值税以及分情况减免企业所得税

续表

政策名称	内容
财政类	
2. 2015年《可再生能源专项资金管理》	由中国财政部于2015年4月2日发布,用于规范和加强可再生能源发展专项资金管理,提高资金使用效益。可再生能源发展专项资金实行专款专用,专项管理,明晰了资金的适用范围
战略规划类	
1. 2012年《新能源汽车产业2012—2020年规划》	由中国国务院于2012年6月28日印发,规划对新能源汽车行业的发展制定了长期的量化目标:产业化方面,到2015年,新能源汽车累计产销量力争达到50万辆;到2020年,纯电动汽车等新能源汽车生产能力达200万辆、累计产销量超过500万辆。同时,对节能新能源汽车的技术水平和市场规模作出要求,其产业发展要与国际同步
2. 2018年《清洁能源2018—2020年计划》	由中国国家发展改革委与中国国家能源局于2018年10月30日联合印发,其明确提出到2020年基本解决中国清洁能源消纳问题:确保全国平均风电利用率达到国际先进水平(力争达到95%左右),弃风率控制在合理水平(力争控制在5%左右);光伏发电利用率高于95%,弃光率低于5%;全国水能利用率95%以上
监管工具类	
1. 2013年《光伏产业发展意见》	由中国国务院于2013年7月15日发布,要求积极开拓光伏发电市场、有序推进光伏电站建设、巩固和拓展国际市场。建设100个分布式光伏发电规模化应用示范区、1 000个光伏发电应用示范小镇及示范村
2. 2016年《绿色小水电指导意见》	由中国水利部于2016年12月21日公布,要求到2020年,建立绿色小水电标准体系和管理制度,初步形成绿色小水电发展的激励政策,创建一批绿色小水电示范电站。到2030年,全行业形成绿色发展格局
3. 2021年《电力发展意见》	在实现碳达标碳中和目标的背景下,由中国国家发展改革委与中国国家能源局于2021年2月25日提出该项指导意见,推进多能互补,提升可再生能源消纳水平,促进风光(储)、风光水(储)、风光火(储)一体化
示范类	
1. 2014年《生物质燃料示范通知》	由中国国家能源局与中国环境保护部于2014年6月18日联合发布,其示范建设目标是建设120个生物质成型燃料锅炉供热示范项目,打造低碳的新型可再生能源热力产业,能新增产值80亿元;替代化石能源供热120万吨标煤,生物质成型燃料锅炉民用供热面积超过600万平方米,工业供热超过1 800蒸吨/小时,减少CO_2排放超过500万吨、SO_2排放超过5万吨

8.1.3.3 描述性统计

按照传统方法，每个股票指数的原始价格经过取对数、一阶差分后乘以 100，得到处理后的数据——指数收益率。

以第二项能源政策（2012 年《新能源汽车产业 2012—2020 年规划》）为例，表 8-1-3 列出了中国能源指数和葡萄牙十个行业指数收益率在该政策发布前、后的描述性统计。

表 8-1-3　　　　指数收益率描述性统计分析

（2011 年 5 月 5 日 至 2012 年 10 月 31 日）

政策与行业	观测值	均值	标准差	偏度	峰度
第一部分：政策前					
中国能源指数	300	-0.092	1.581	0.175	4.654
消费商品业	300	-0.048	1.824	0.749	6.513
消费服务业	300	-0.07	2.055	-0.072	3.872
工业	300	-0.151	1.686	-0.128	4.553
基础材料业	300	-0.145	1.944	-0.133	4.181
公用事业	300	-0.168	1.944	-0.256	3.595
电信业	300	-0.31	2.145	-0.388	4.683
科技业	300	-0.236	2.553	0.126	13.488
金融业	300	-0.488	3.152	-0.008	4.691
能源行业	299	-0.194	2.693	-0.162	4.423
必需消费品业	299	-0.013	2.272	-0.012	4.124
第二部分：政策后					
中国能源指数	90	-0.047	1.522	0.356	4.68
消费商品业	90	0.042	1.352	0.03	3.352
消费服务业	90	0.06	1.936	-0.394	5.054
工业	90	-0.011	1.753	-0.053	5.624
基础材料业	90	0.182	1.51	0.531	4.743

续表

政策与行业	观测值	均值	标准差	偏度	峰度
第二部分：政策后					
公用事业	90	0.239	2.058	0.185	4.427
电信业	90	0.177	2.223	0.382	4.764
科技业	90	0.04	3.878	-0.574	14.052
金融业	90	0.387	2.93	1.779	12.403
能源行业	90	0.335	2.129	0.064	3.515
必需消费品业	90	0.02	1.872	0.114	4.022

首先，整个子样本期的观测值为390天，政策发布前的样本数据是2011年5月5日至2012年6月27日，共有300个观测值，政策发布后的样本数据是2012年6月28日至2012年10月31日，共有90个观测值。随后，通过比较政策发布前、后两个时期的平均收益率，从表8-1-3的第一部分，我们观察到政策前所有指数的平均收益率皆为负，而在政策实行后（即表8-1-3的第二部分），指数平均收益率只有中国能源指数和葡萄牙工业指数为负，其他行业指数均变为正值且普遍较高。其次，各行业指数报酬率的标准差不尽相同，表明不同市场的波动情况并不一致，特别是科技业和金融业的标准差相对更大。至于不对称性，即使有一些指数接近零，但是所有序列都呈现一定程度的不对称性。然而，值得注意的是，表8-1-3中的峰度检验中出现了峰度值较高的情况，这表明对这些市场来说，指数收益率可能不是正态分布。

同时，为了直观地观察每个市场指数的时间趋势，图8-1-1和图8-1-2分别绘制了2010—2022年中国能源指数和十个葡萄牙行业指数的全样本价格的时间序列图和收益率时间序列图。图8-1-1中所有样本指数都呈现不平稳波动趋势。而根据图8-1-2的收益率趋势图，我们能观察到几乎所有行业的股票收益波动性呈现出平稳状态，而且都呈现出随时间变化的特点，体现出波动性聚集的特征，这为进一步的DCC-GARCH模型分析提供了支持。

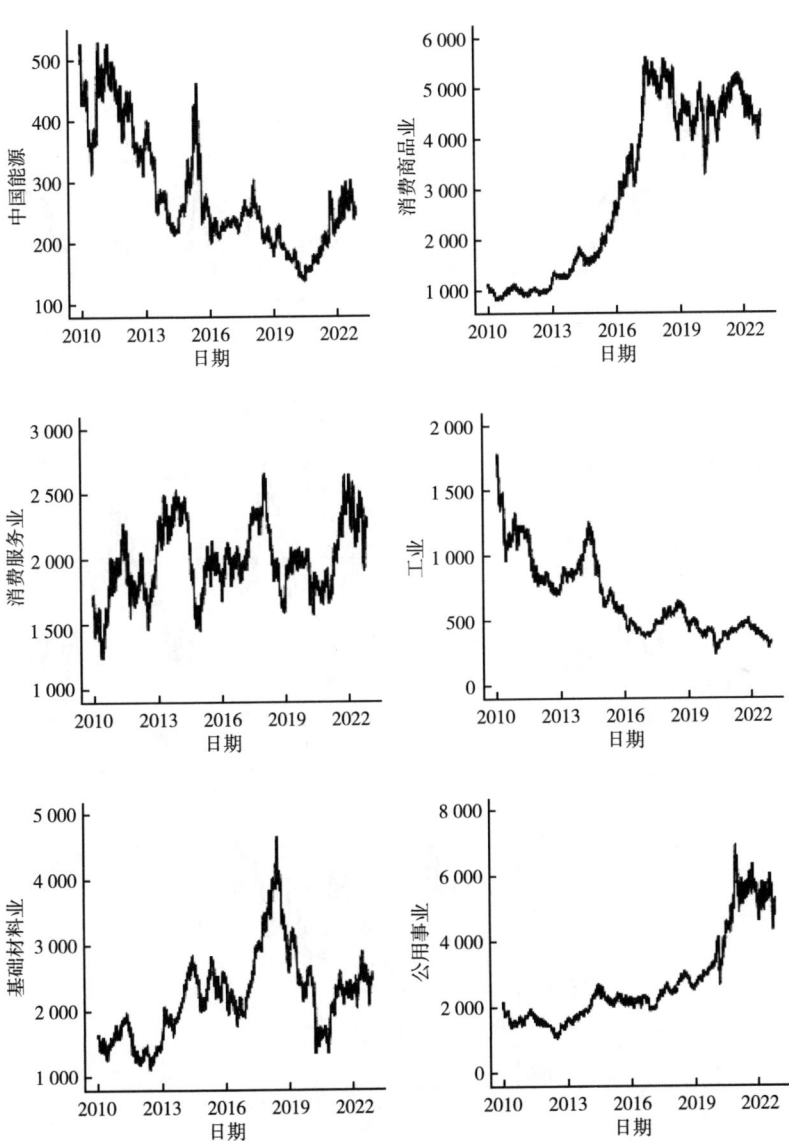

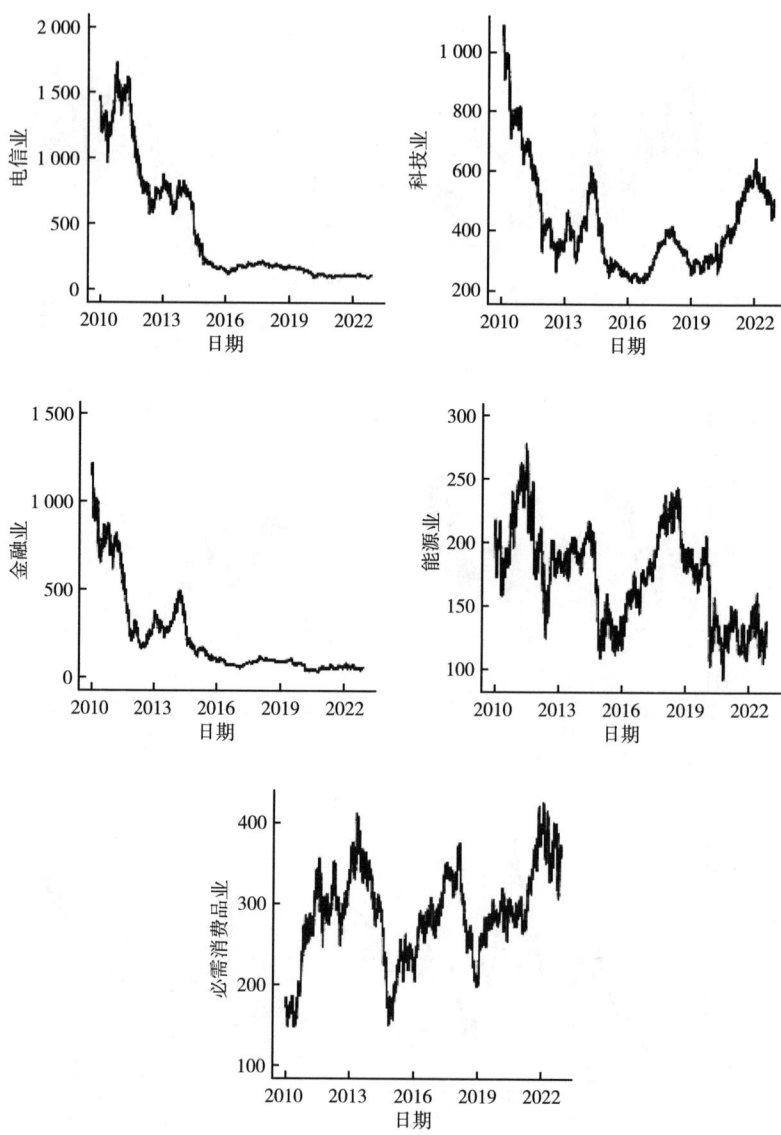

图 8-1-1　11 个市场价格指数全样本时间序列

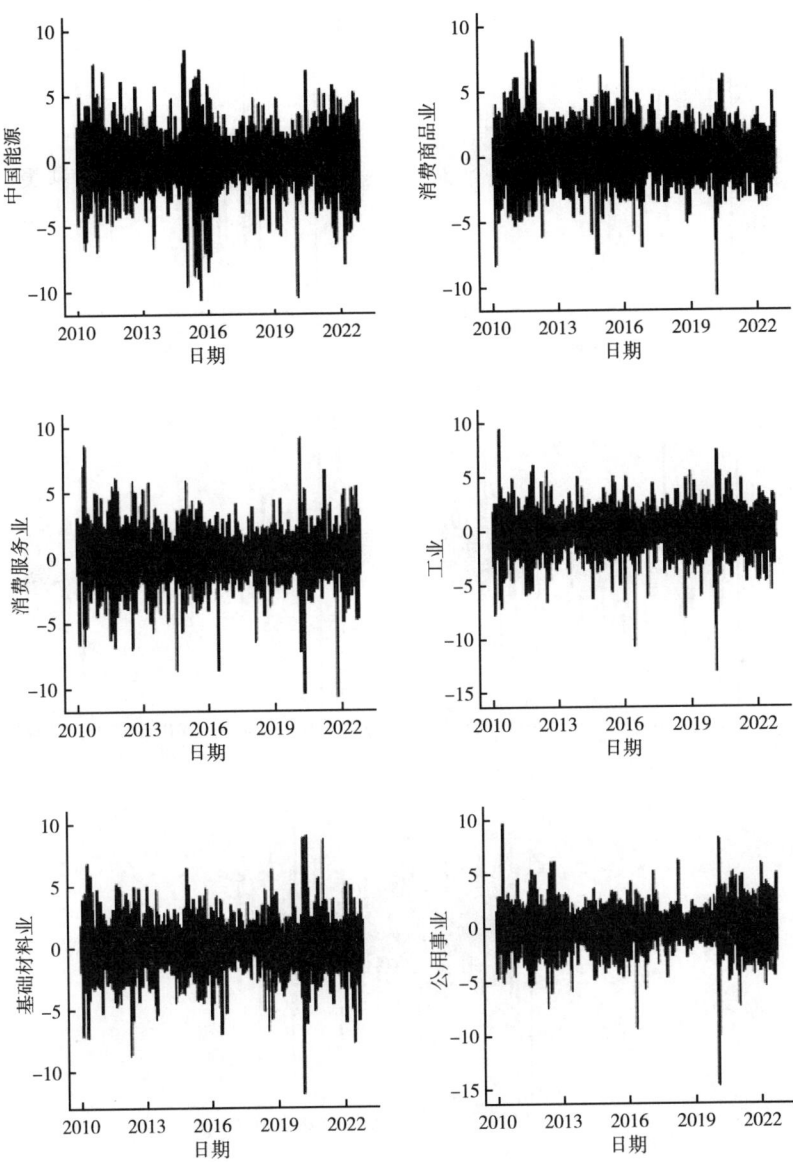

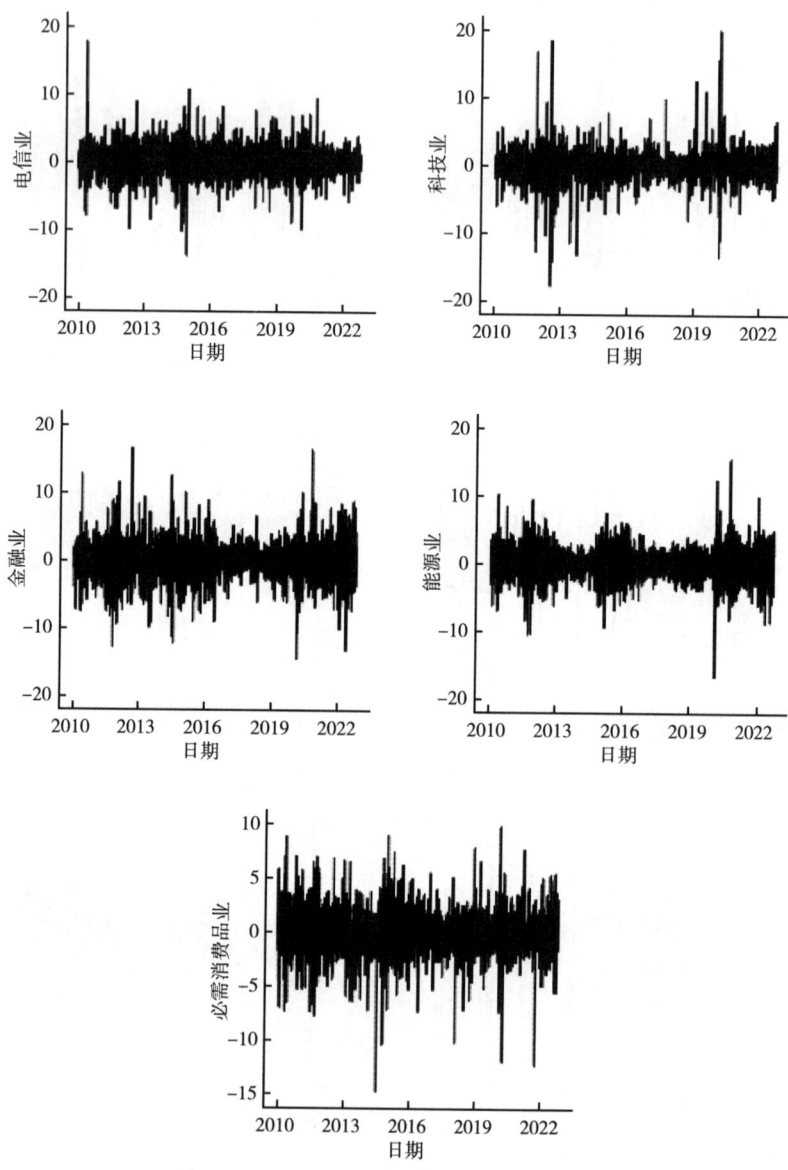

图 8-1-2 11个市场指数收益率全样本时间序列

8.1.4 实证结果与分析

8.1.4.1 传导效应的静态分析

相关性分析已被广泛用于衡量传导效应,因此,先通过对传导效应的静态相关性来验证传导效应。首先使用皮尔森相关系数的方法得到冲击前后的跨市场相关系数,同时,为解决异方差问题,使用 Forbes & Rigobon (2002) 的方法将政策后的相关系数进行调整,得到调整后的相关系数。

①平稳性检验

在实证之前,我们先使用增广迪基-富勒(ADF)检验来检查时间序列数据的平稳性。ADF 检验,也就是单位根检验,用来判断该序列是否存在单位根。如果序列平稳,就不存在单位根,反之,序列不平稳,即存在单位根。ADF 检验的原假设为该序列存在单位根。表 8-1-4 报告了单位根检验的结果。从结果上看统计量检验都远小于 -3.43,说明所有指数收益率都在 1% 的显著性水平下显著,也说明这些数据都是平稳序列。

表 8-1-4　　　　　　　ADF 单位根平稳性检验

经济部门	统计量检验	P 值
中国能源	-56.610	0.000***
消费商品业	-63.493	0.000***
消费服务业	-56.293	0.000***
工业	-52.494	0.000***
基础材料业	-54.968	0.000***
公用事业	-54.118	0.000***
电信业	-59.173	0.000***
科技业	-60.935	0.000***
金融业	-52.976	0.000***
能源行业	-54.828	0.000***
必需消费品业	-56.611	0.000***

注:对于每个市场指数的收益率,我们将 ADF 模型指定为 $\Delta y_t = \mu + \sum_{i=1}^{p-1} \gamma_i \Delta y_{t-i} + \delta y_{t-1} + \varepsilon_t$,$\varepsilon_t \sim N(0, \sigma^2)$。ADF 统计量检验假设 $H_0: \delta = 0; H_1: \delta < 0$。ADF 检验的 1% 临界值为 -3.43。带 *** 说明在 1% 显著性水平上显著。

②VAR 滞后阶数选择

在使用向量自回归（VAR）模型之前，还需要根据信息准则确定 VAR 模型中变量的滞后阶数。根据表 8－1－5，我们能够判断模型的最优滞后阶数，滞后阶数越大，自由度越小。滞后阶数一般根据赤池信息准则（AIC）判断，要求 AIC 的值越小越好。从表 8－1－5 中观察得到，AIC 取值在滞后一期时显著，因此，VAR 模型滞后期选为滞后一期。

表 8－1－5　　　　　VAR 模型滞后阶数检验

lag	LL	LR	df	p	FPE	AIC	HQIC	SBIC
0	－64 607.5	1 436.05	38.486	38.4935*	38.5063*			
1	－64 412.9	389.28	121	0	1 374.43*	38.4424*	38.529	38.683
2	－64 329.4	167	121	0.004	1 405.47	38.465	38.63	38.926
3	－64 248.1	162.6	121	0.007	1 439.11	38.488	38.732	39.17
4	－64 164.8	166.52*	121	0.004	1 471.84	38.511	38.834	39.413

注：lag 表示的是滞后阶数；LL 和 LR 表示的是统计量；df 表示的是自由度，p 值表示的是对应滞后阶数下模型的显著性，FRE、AIC、HQIC、SBIC 代表的是四种信息准则，其中值越小越好。带 * 说明在该信息准则下的最优滞后阶数，也是该信息准则下滞后期中取值最小的数。

③CR 检验

然后，使用 VAR 模型来控制市场基本面，即本身存在的跨市场联系（Forbes & Rigobon，2002）。之后再根据之前所述的研究方法，计算相关系数并构建 CR 统计量。

表 8－1－6 列出了十个葡萄牙经济部门受到八个能源政策和两个危机冲击前后的静态相关系数以及 CR 统计量的实证结果。从统计结果来看，中国能源政策对葡萄牙行业整体的传导效应并不显著。具体来说，财政类政策（2010 年《节能服务产业税收政策》、2015 年《可再生能源专项资金管理》）和示范类政策（2014 年《生物质燃料示范通知》）对所有葡萄牙的经济部门都没有显著的传导效应。而监管类政策中，2013 年《光伏产业发展意见》对葡萄牙行业也没有传导作用，但是 2016 年《绿色小水电指导意见》和 2021 年《电力发展意见》两个政策分别对葡萄牙的必需消费品业和电信业起到传导作用。此外，战略规划类政策中，2012 年《新能源汽车产业 2012—2020 年规划》政策对葡萄牙两个行业（工业和电信业）

产生了显著的影响，而另一个战略类政策 2018 年《清洁能源 2018—2020 年计划》对葡萄牙各行业没有传导效应。可以说，监管工具类和战略类政策比起财政类和示范类政策更能对葡萄牙经济部门产生传导影响。其中，在战略规划类政策中，新能源汽车产业的长期规划对葡萄牙市场产生的传导效应更为明显。而且，根据静态相关系数的分析，中国能源政策对电信业的影响次数最多，其次是工业和必需消费品业。

表 8-1-6　政策和危机前后跨市场静态相关系数 CR 检验

政策与行业	ρ_{pre}	ρ_{post}	ρ_{post}^*	CR 统计量
财政类能源政策				
2010 年《节能服务产业税收政策》				
中国-消费商品业	0.07	-0.03	-0.032	0.607
中国-消费服务业	0.173	0.091	0.100	0.323
中国-工业	0.224	0.106	0.116	0.718
中国-基础材料业	0.142	0.199	0.217	0.367
中国-公用事业	0.179	0.173	0.189	0.006
中国-电信业	0.147	0.008	0.008	1.125
中国-科技业	0.186	-0.067	-0.074	3.993
中国-金融业	0.116	0.068	0.074	0.105
中国-能源行业	0.203	0.104	0.114	0.479
中国-必需消费品业	0.160	0.084	0.092	0.276
2015 年《可再生能源专项资金管理》				
中国-消费商品业	-0.134	-0.271	-0.182	0.183
中国-消费服务业	-0.151	-0.047	-0.031	1.106
中国-工业	-0.053	0.004	0.003	0.235
中国-基础材料业	0.024	-0.099	-0.066	0.598
中国-公用事业	0.001	-0.042	-0.028	0.063
中国-电信业	-0.043	-0.171	-0.114	0.371
中国-科技业	0.010	0.100	0.066	0.236
中国-金融业	-0.085	-0.004	-0.002	0.512
中国-能源行业	0.033	0.077	0.051	0.023
中国-必需消费品业	-0.199	-0.031	-0.02	2.512

续表

政策与行业	ρ_{pre}	ρ_{post}	ρ_{post}^{*}	CR 统计量
战略规划类能源政策				
2012 年《新能源汽车产业 2012—2020 年规划》				
中国 - 消费商品业	0.042	0.229	0.230	2.674
中国 - 消费服务业	0.158	0.208	0.209	0.201
中国 - 工业	0.158	0.522	0.525	16.28 *
中国 - 基础材料业	0.145	0.118	0.119	0.046
中国 - 公用事业	0.095	0.269	0.271	2.437
中国 - 电信业	0.089	0.092	0.093	0.001 *
中国 - 科技业	0.115	0.074	0.075	0.110
中国 - 金融业	0.121	0.219	0.221	0.764
中国 - 能源行业	0.171	0.253	0.255	0.555
中国 - 必需消费品业	0.163	0.271	0.274	0.984
2018 年《清洁能源 2018—2020 年计划》				
中国 - 消费商品业	0.096	0.111	0.134	0.078
中国 - 消费服务业	0.185	0.135	0.163	0.028
中国 - 工业	0.172	0.302	0.358	2.510
中国 - 基础材料业	0.078	0.258	0.307	3.465
中国 - 公用事业	0.113	0.214	0.256	1.268
中国 - 电信业	0.015	0.083	0.100	0.401
中国 - 科技业	0.049	0.125	0.150	0.577
中国 - 金融业	0.150	0.177	0.213	0.235
中国 - 能源行业	0.319	0.257	0.306	0.011
中国 - 必需消费品业	0.139	0.107	0.129	0.006
监管工具类能源政策				
2013 年《光伏产业发展意见》				
中国 - 消费商品业	0.099	- 0.075	- 0.071	1.884
中国 - 消费服务业	0.200	- 0.039	- 0.037	3.687
中国 - 工业	0.155	- 0.062	- 0.058	2.959
中国 - 基础材料业	0.208	0.020	0.019	2.370
中国 - 公用事业	0.291	- 0.004	- 0.004	5.936

续表

政策与行业	ρ_{pre}	ρ_{post}	ρ_{post}^{*}	CR 统计量
中国 – 电信业	0.175	0.121	0.115	0.243
中国 – 科技业	0.157	0.117	0.110	0.146
中国 – 金融业	0.291	0.038	0.036	4.455
中国 – 能源行业	0.231	0.220	0.208	0.037
中国 – 必需消费品业	0.153	-0.007	-0.007	1.653
2016 年《绿色小水电指导意见》				
中国 – 消费商品业	0.039	0.082	0.204	0.411
中国 – 消费服务业	0.092	0.129	0.312	0.872
中国 – 工业	0.122	-0.044	-0.112	0.759
中国 – 基础材料业	0.123	0.043	0.107	0.004
中国 – 公用事业	0.080	0.146	0.350	1.418
中国 – 电信业	-0.019	-0.015	-0.039	0.006
中国 – 科技业	0.128	-0.030	-0.076	0.573
中国 – 金融业	0.040	-0.167	-0.396	4.081
中国 – 能源行业	0.138	0.050	0.126	0.002
中国 – 必需消费品业	0.084	0.218	0.492	4.809*
2021 年《电力发展意见》				
中国 – 消费商品业	0.028	0.174	0.142	0.976
中国 – 消费服务业	0.136	0.213	0.174	0.114
中国 – 工业	0.184	0.378	0.314	1.483
中国 – 基础材料业	0.260	0.225	0.184	0.477
中国 – 公用事业	0.029	-0.039	-0.032	0.277
中国 – 电信业	-0.044	0.267	0.219	5.338*
中国 – 科技业	0.232	0.201	0.164	0.381
中国 – 金融业	0.134	0.320	0.264	1.383
中国 – 能源行业	0.143	0.299	0.246	0.864
中国 – 必需消费品业	0.131	0.189	0.154	0.040
示范类能源政策				
2014 年《生物质燃料示范通知》				
中国 – 消费商品业	-0.001	0.039	0.052	0.105

续表

政策与行业	ρ_{pre}	ρ_{post}	ρ_{post}^{*}	CR 统计量
中国 – 消费服务业	0.019	-0.047	-0.063	0.263
中国 – 工业	-0.056	0.117	0.156	1.799
中国 – 基础材料业	0.098	0.097	0.129	0.039
中国 – 公用事业	-0.035	0.093	0.125	1.005
中国 – 电信业	-0.037	0.013	0.018	0.114
中国 – 科技业	0.041	-0.071	-0.095	0.714
中国 – 金融业	-0.01	0.086	0.114	0.605
中国 – 能源行业	0.039	-0.003	-0.004	0.069
中国 – 必需消费品业	0.071	-0.076	-0.102	1.170

全球性冲击事件

新冠疫情

政策与行业	ρ_{pre}	ρ_{post}	ρ_{post}^{*}	CR 统计量
中国 – 消费商品业	0.173	0.075	0.065	1.004
中国 – 消费服务业	0.237	0.203	0.176	0.331
中国 – 工业	0.202	0.368	0.324	1.501
中国 – 基础材料业	0.235	0.402	0.356	1.556
中国 – 公用事业	0.122	0.270	0.236	1.185
中国 – 电信业	0.057	0.263	0.230	2.692
中国 – 科技业	0.088	0.274	0.239	2.073
中国 – 金融业	0.179	0.336	0.295	1.310
中国 – 能源行业	0.248	0.324	0.284	0.131
中国 – 必需消费品业	0.193	0.171	0.149	0.172

俄乌冲突

政策与行业	ρ_{pre}	ρ_{post}	ρ_{post}^{*}	CR 统计量
中国 – 消费商品业	-0.118	0.194	0.192	5.987*
中国 – 消费服务业	-0.035	0.005	0.005	0.091
中国 – 工业	0.108	0.126	0.125	0.017
中国 – 基础材料业	0.081	0.078	0.077	0.001
中国 – 公用事业	-0.096	-0.066	-0.065	0.057

续表

政策与行业	ρ_{pre}	ρ_{post}	ρ_{post}^*	CR 统计量
中国-电信业	0.026	-0.077	-0.076	0.617
中国-科技业	0.112	-0.003	-0.003	0.779
中国-金融业	0.156	0.068	0.067	0.474
中国-能源行业	0.102	0.288	0.285	2.256
中国-必需消费品业	-0.041	-0.010	-0.010	0.055

注：CR 统计量：$CR(i \rightarrow j) = \frac{(\rho_{post}^* - \rho_{pre})^2}{var(\rho_{post}^* - \rho_{pre})}$。第一列 ρ_{pre} 为政策前静态相关系数；第二列 ρ_{post} 为政策后静态相关系数；第三列 ρ_{post}^* 为调整后的政策后静态相关系数；第四列为调整后的 CR 统计量。该检验原假设为冲击前后两个时期的相关系数没有显著差异，即没有发生传导，拒绝原假设则是冲击后的相关系数高于冲击前的相关系数，有传导效应，此处是政策前相关系数与政策后相关系数进行对比。该 CR 检验在 10% 水平下拒绝原假设，要求 t 统计值小于 0.004 或者大于 3.841，并且调整后的政策后相关系数要高于政策前相关系数。* 表示在 10% 的显著性水平上显著。

此外，还对比分析了新冠疫情和俄乌冲突对葡萄牙股票市场的冲击，从表 8-1-6 可以看出，新冠疫情对葡萄牙经济部门没有影响，而俄乌冲突对消费商品业产生了传导效应。

对比分析中国能源政策和全球性冲击事件对葡萄牙经济部门的传导性，2012 年《新能源汽车产业 2012—2020 年规划》比新冠疫情和俄乌冲突的影响更强；而 2016 年《绿色小水电指导意见》、2021 年《电力发展意见》和俄乌冲突都只对一个行业有传导；剩下的能源政策则和新冠疫情对葡萄牙各行业没传导。

8.1.4.2 传导效应的动态分析

① ARCH 效应检验

首先，对各行业指数的收益率进行 ARCH 效应检验。在确认 ARCH 效应的条件下，再进一步运用 DCC-GARCH 模型进行分析。我们根据拟采用的 GARCH 模型中的均值方程进行回归并提取残差，然后使用 LM 检验判断是否存在 ARCH 效应。实证结果如表 8-1-7 所示。由最后一列 p 值可以得出，检验结果表明每项收益率序列都存在着显著的 ARCH 效应，即存在条件异方差。因此，需要建立 GARCH 模型来处理条件异方差。

表 8-1-7　　　　　　　　　　ARCH 效应检验

经济部门	lags（p）	Chi2	df	Prob > Chi2
消费商品业	1	10.938	1	0.001***
消费服务业	1	127.547	1	0.000***
工业	1	8.829	1	0.003***
基础材料业	1	5.951	1	0.015**
公用事业	1	86.132	1	0.000***
电信业	1	63.613	1	0.000***
科技业	1	72.035	1	0.000***
金融业	1	32.906	1	0.000***
能源行业	1	31.293	1	0.000***
必需消费品业	1	175.342	1	0.000***

注：第一列 lags（p）为滞后期，第二列 Chi2 为卡方分布，第三列 df 为自由度，最后一列为 p 值，判断是否拒绝原假设。ARCH-LM 模型的原假设为 ARCH 模型里所有回归系数是否存在，如果拒绝原假设说明具有 ARCH 效应。*** 表示在 1% 的显著性水平下显著，** 表示在 5% 的显著性水平下显著。

②DCC-GARCH 模型回归结果

静态的相关性分析未能揭示行业指数随时间变化的特征，因此，无法反映市场的动态相关情况。所以，本节继续采用 DCC-GARCH 模型来研究指数报酬率的时变特征。由于 11 个指数收益率序列均存在条件异方差性，所以采用 GARCH 模型对收益率的波动性进行拟合，分别得到 11 个指数的单变量 GARCH（1,1）模型估计结果，且残差序列不存在 ARCH 效应，然后估计 DCC 模型的动态相关系数。得到的实证结果如表 8-1-8 所示。

表 8-1-8　　　　　　　DCC-GARCH 模型回归结果

经济部门	均值方程			方差方程			持久性水准
	r_0	r_1	r_2	a	b	c	
中国能源	-0.007 (-0.274)	0.030* (1.665)		0.049*** (4.755)	0.058*** (8.402)	0.928*** (110.978)	0.986
消费商品业	0.067*** (2.727)	-0.101*** (-6.137)	0.033** (2.265)	0.021*** (3.153)	0.021*** (6.243)	0.970*** (187.629)	0.991

续表

经济部门	均值方程			方差方程			持久性水准
	r_0	r_1	r_2	a	b	c	
消费服务业	0.035 (1.533)	-0.018* (-1.742)	-0.010 (-0.711)	0.032*** (5.517)	0.025*** (8.919)	0.962*** (201.064)	0.987
工业	0.008 (0.361)	0.004 (0.280)	-0.002 (-0.174)	0.127*** (6.053)	0.050*** (7.808)	0.888*** (60.864)	0.938
基础材料业	0.059** (2.475)	-0.014 (-1.006)	-0.002 (-0.136)	0.081*** (2.839)	0.045*** (4.660)	0.918*** (43.021)	0.963
公用事业	0.071*** (3.262)	-0.002 (-0.139)	-0.004 (-0.267)	0.038*** (4.896)	0.047*** (8.793)	0.933*** (112.973)	0.980
电信业	-0.033 (-1.164)	-0.073*** (-4.523)	-0.002 (-0.095)	0.207*** (5.536)	0.085*** (8.088)	0.856*** (46.750)	0.941
科技业	0.005 (0.184)	-0.040** (-2.174)	0.012 (0.783)	0.195*** (6.639)	0.071*** (7.839)	0.877*** (61.263)	0.948
金融业	-0.004 (-0.129)	0.017 (1.229)	-0.009 (-0.435)	0.117*** (5.732)	0.075*** (10.469)	0.902*** (99.087)	0.977
能源业	0.046* (1.677)	-0.012 (-0.799)	0.001 (0.071)	0.028*** (4.403)	0.043*** (9.199)	0.949*** (172.957)	0.992
必需消费品业	0.042 (1.544)	-0.022* (-1.926)	-0.013 (-0.821)	0.048*** (4.676)	0.023*** (7.569)	0.963*** (172.080)	0.986

注：括号内的数值是根据 Bollerslev & Wooldridge (1992) 计算的 t 统计量。***、**、* 分别表示在 1%、5%、10% 的统计显著性，其临界分别为 2.58、1.96 和 1.65。

DCC - GARCH 实证结果如表 8 - 1 - 8 所示。首先，关于 DCC - GARCH 模型的均值方程，第一列（γ_0）为常数项，第二列（γ_1）为葡萄牙各行业滞后一期对本行业当期的影响，有五个行业显著且都为负，分别是消费商品业、消费服务业、电信业、科技业和必需消费品业，其中消费商品业和电信业在 1% 的显著性水平下显著。而均值方程的第三列（γ_2）为中国能源指数的滞后一期对葡萄牙各行业当期的影响，中国能源股票收益率滞后一期只对葡萄牙消费商品业有显著的影响，而且，除了对葡萄牙消费商品业、能源业和科技业有正向影响之外，其余葡萄牙经济部门都受到了中国能源指数收益率的负面影响。其次，在 DCC – GARCH 模型的方差方程结果中，第二列 b 表示 ARCH 项系数，第三列 c 表示 GARCH 项系数，所有行业的 ARCH 项和 GARCH 项的系数都显著且均为正，这与 GARCH（1，1）模型的假设一致，证明模型的选择是恰当的。而且，ARCH 项系数低于 GARCH 项系数，这也证明市场波动率显著的时间依赖性（Arouri, Lahiani & Nguyen, 2013）。此外，对于最后一列，方差的持久性水平，为方差方程中系数之和，即 $b+c$，其结果显示在所有情况下系数之和都接近 1，这也证明了波动性的高度持久性。

接下来，我们通过 DCC – GARCH 模型提取出了中国能源指数收益率分别与葡萄牙主要的十个行业的动态相关性，并做出了如图 8 – 1 – 3 所示的结果。通过图 8 – 1 – 3 动态相关系数图，我们注意到几个结论。首先，中国能源指数与葡萄牙各行业的相关性具有时变性，即随时间变化的特征。其次，两者相关性的波动区间比较大，区间范围大都在 5 个单位以内，且有正有负，说明中国能源指数与葡萄牙这十个经济部门的相关性极具波动性。最后，中国能源指数收益率与葡萄牙这十个行业整体呈现这样的趋势：在 2010—2015 年，相关性整体呈正相关且在 0～0.02 之间波动，然后到 2015 年年底，除了科技业，中国能源指数与葡萄牙剩下的九个行业的动态相关性有显著降低的趋势，之后相关性又回升至 0～0.2 的范围内波动。

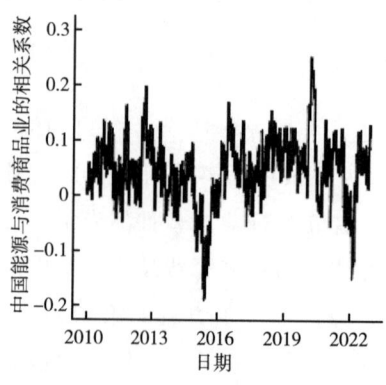
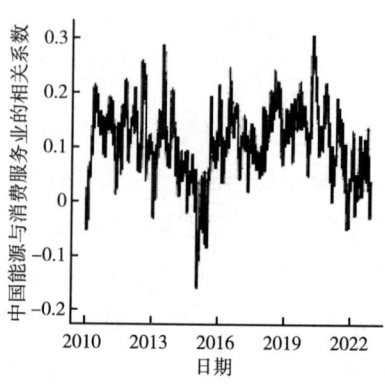

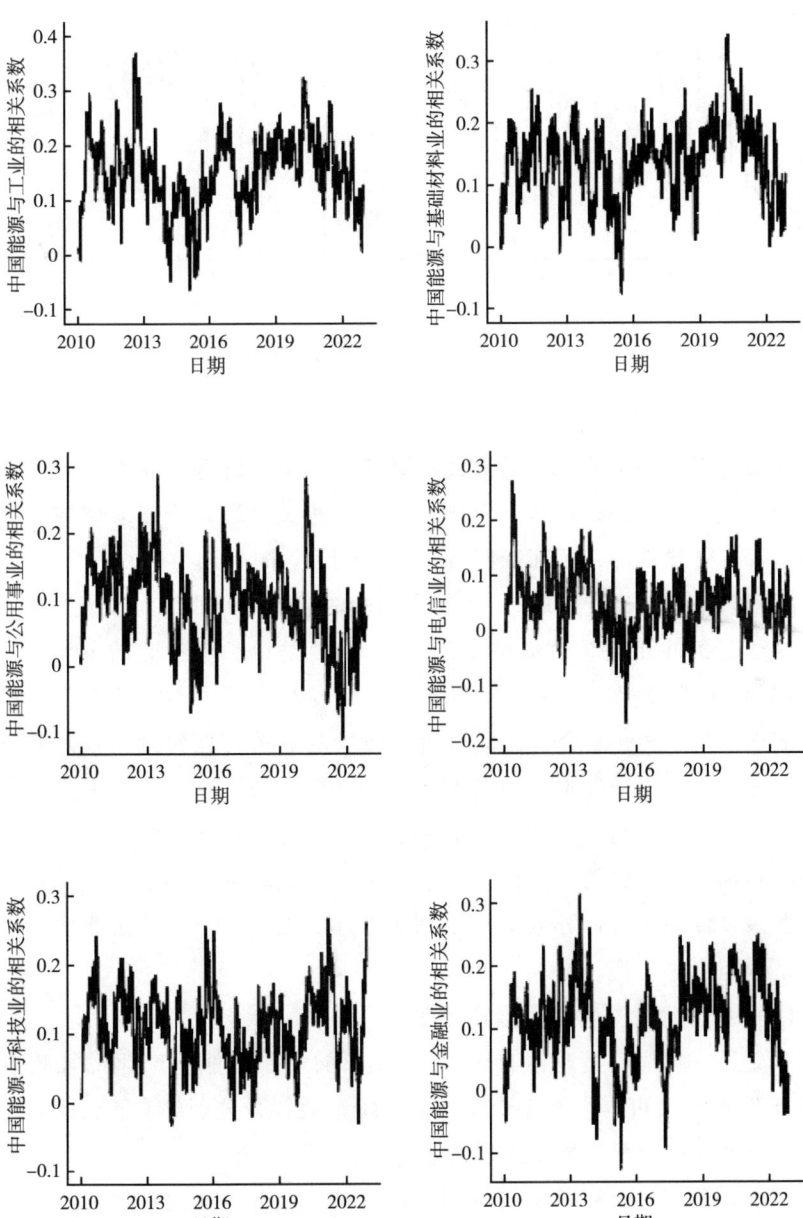

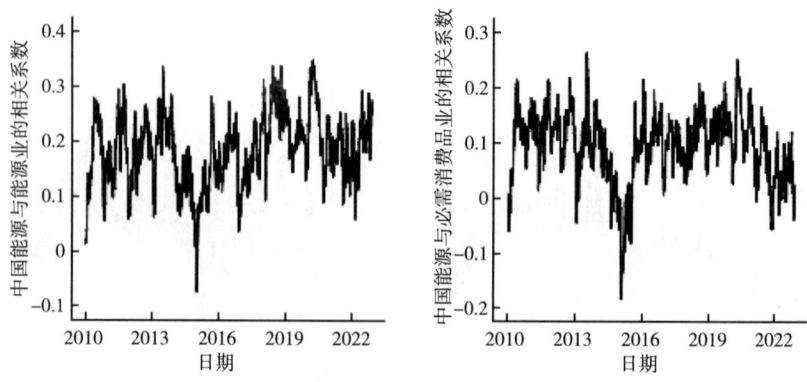

图 8-1-3 DCC-GARCH 动态相关系数

③K-S 检验实证结果

上面计算了中国能源市场指数和葡萄牙十个经济部门股票市场之间的动态相关性。为了在统计学上判断政策前后相关系数是否显著增加,即该政策是否有传导效应,下面我们通过 K-S 检验来验证。

下列表格中,P 值(1)是第一个检验的 p 值,原假设为政策发布后子样本的动态条件相关系数值更小;P 值(2)是第二个检验的 p 值,与 P 值(1)的原假设相反,它的原假设是政策发布前子样本的动态条件相关系数值更小。P 值(联合)是联合假设检验的 p 值,原假设为政策发布前和政策发布后两组子样本的动态条件相关系数的分布一致。最大差值为联合假设检验的统计结果,用于计算 P 值(联合)。在本文中,拒绝第一个假设检验和联合检验的原假设,不拒绝第二个检验的原假设,即说明该政策或者该事件冲击有传导效应。下列表格中,都采用 5% 的显著性水平来判断是否拒绝原假设。

(a)基于财政类政策的传导证据

本文采用的财政类政策有 2010 年发布的《节能服务产业税收政策》、2015 年发布的《可再生能源专项资金管理》政策,分别对节能企业减免税收和对能够促进可再生能源发展的企业进行补贴。

观察表 8-1-9 和表 8-1-10,在《节能服务产业税收政策》的冲击下,消费服务业和必需消费品业在统计上受到中国能源指数的传导效应影响。而对于《可再生能源专项资金管理》政策,科技业、能源行业以及必需消费品业受到了该政策的传导性影响。两个财政类的政策都对必需消费品业有显著传导。

表8-1-9 《节能服务产业税收政策》对葡萄牙主要经济部门的传导效应

2010年《节能服务产业税收政策》					
经济部门	P值（1）	P值（2）	P值（联合）	最大差值	是否有传导效应
中国-消费商品业	0.077*	0.028**	0.057*	0.164	否
中国-消费服务业	0.001***	0.374	0.002***	0.227	有
中国-工业	0.009***	0.004***	0.008***	0.203	否
中国-基础材料业	0.000***	0.004***	0.000***	0.420	否
中国-公用事业	0.028**	0.024**	0.048**	0.167	否
中国-电信业	0.095*	0.000***	0.000***	0.317	否
中国-科技业	0.950	0.000***	0.000***	0.485	否
中国-金融业	0.000***	0.014**	0.000***	0.301	否
中国-能源行业	0.033**	0.000***	0.000***	0.388	否
中国-必需消费品业	0.000***	0.336	0.000***	0.305	有

注：*、**、***分别表明是在10%、5%、1%的显著性水平下显著。

表8-1-10 《可再生能源专项资金管理》政策对葡萄牙主要经济部门的传导效应

2015年《可再生能源专项资金管理》					
经济部门	P值（1）	P值（2）	P值（联合）	最大差值	是否有传导效应
中国-消费商品业	1.000	0.000***	0.000***	0.700	否
中国-消费服务业	0.032**	0.639	0.063*	0.185	否
中国-工业	0.691	0.000***	0.000***	0.386	否
中国-基础材料业	1.000	0.000***	0.000***	0.674	否
中国-公用事业	0.471	0.000***	0.000***	0.622	否
中国-电信业	1.000	0.000***	0.000***	0.518	否
中国-科技业	0.000***	1.000	0.000***	0.597	有
中国-金融业	1.000	0.000***	0.000***	0.507	否
中国-能源行业	0.000***	1.000	0.000***	0.824	有
中国-必需消费品业	0.000***	1.000	0.000***	0.370	有

注：*、**、***分别表明是在10%、5%、1%的显著性水平下显著。

(b) 基于战略规划类政策的传导证据

战略规划类政策选取的是 2012 年制定的《新能源汽车产业 2012—2020 年规划》和 2018 年制定的《清洁能源 2018—2020 年计划》，分别对新能源汽车和清洁能源做出长期的规划。

从表 8-1-11 和表 8-1-12 中可以看出，《新能源汽车产业 2012—2020 年规划》发布后，对葡萄牙消费商品业、消费服务业、工业、公用事业、金融业、能源业以及必需消费品业一共七个行业有显著的传导效应的影响，而《清洁能源 2018—2020 年计划》对消费商品业、工业、公用事业、电信业、科技业、金融业一共六个经济部门有着显著的传导效应。其中，两个战略规划类政策都同时对葡萄牙的消费商品业、工业、公用事业、金融业产生显著的影响。由此可见，战略规划类政策对葡萄牙大多数经济部门的传导效应明显。考虑到战略规划政策布局的时间长，影响更为深远，因此，在全球股票市场上，更能够对葡萄牙的经济市场形成政策冲击，传导作用十分明显。

表 8-1-11 《新能源汽车产业 2012—2020 年规划》政策对葡萄牙主要经济部门的传导效应

经济部门	2012 年《新能源汽车产业 2012—2020 年规划》				
	P 值（1）	P 值（2）	P 值（联合）	最大差值	是否有传导效应
中国-消费商品业	0.000 ***	1.000	0.000 ***	0.764	有
中国-消费服务业	0.000 ***	0.574	0.000 ***	0.382	有
中国-工业	0.000 ***	1.000	0.000 ***	0.848	有
中国-基础材料业	0.857	0.000 ***	0.000 ***	0.249	否
中国-公用事业	0.000 ***	1.000	0.000 ***	0.430	有
中国-电信业	1.000	0.000 ***	0.000 ***	0.356	否
中国-科技业	1.000	0.000 ***	0.000 ***	0.433	否
中国-金融业	0.000 ***	0.998	0.000 ***	0.406	有
中国-能源行业	0.000 ***	0.540	0.000 ***	0.377	有
中国-必需消费品业	0.000 ***	0.992	0.000 ***	0.461	有

注：*** 表明是在 1% 的显著性水平下显著。

表 8-1-12 《清洁能源 2018—2020 年计划》对葡萄牙主要经济部门的传导效应

经济部门	2018 年《清洁能源 2018—2020 年计划》				
	P 值（1）	P 值（2）	P 值（联合）	最大差值	是否有传导效应
中国-消费商品业	0.000***	0.737	0.000***	0.267	有
中国-消费服务业	0.019**	0.000***	0.000***	0.260	否
中国-工业	0.000***	1.000	0.000***	0.515	有
中国-基础材料业	0.157	0.030**	0.059*	0.155	否
中国-公用事业	0.000***	1.000	0.000***	0.570	有
中国-电信业	0.000***	1.000	0.000***	0.570	有
中国-科技业	0.000***	0.711	0.000***	0.280	有
中国-金融业	0.000***	0.358	0.000***	0.416	有
中国-能源行业	0.000***	0.042**	0.000***	0.365	否
中国-必需消费品业	0.737	0.010**	0.020**	0.178	否

注：*、**、*** 分别表明是在 10%、5%、1% 的显著性水平下显著。

（c）基于监管工具类政策的传导证据

监管工具类的政策为促进低碳能源发展提供了支持，也有利于相关部门对电力发展中的低碳能源进行管理和监督，这种类型的中国能源政策本文选取了：(1) 2013 年发布的《光伏产业发展意见》；(2) 2016 年提出的《绿色小水电指导意见》；(3) 2021 年提出的《电力发展意见》。这些政策对不同能源产业在不同年份提出了不同的要求和指导意见。

从表 8-1-13、表 8-1-14 和表 8-1-15 三个监管工具类政策对葡萄牙十个行业的影响分析来看，2013 年提出的关于光伏产业的指导政策发布后，对葡萄牙电信业、能源业和必需消费品业都有传导作用。类似地，2016 年对于绿色小水电产业的指导意见也对葡萄牙四个行业产生了显著的传导作用，分别是消费商品业、公用事业、电信业和必需消费品业。而 2021 年中国政府提出的对电力行业的指导意见对五个葡萄牙行业有传导，分别是消费商品业、工业、电信业、科技业和能源业。从中我们可以观察出，三个监管类的能源政策都对电信业显著传导。

表 8-1-13　《光伏产业发展意见》对葡萄牙主要经济部门的传导效应

2013 年《光伏产业发展意见》

经济部门	P 值（1）	P 值（2）	P 值（联合）	最大差值	是否有传导效应
中国-消费商品业	1.000	0.000***	0.000***	0.637	否
中国-消费服务业	0.031**	0.358	0.062*	0.171	有
中国-工业	0.412	0.000***	0.000***	0.710	否
中国-基础材料业	0.003***	0.000***	0.000***	0.358	否
中国-公用事业	0.519	0.000***	0.000***	0.500	否
中国-电信业	0.003***	0.985	0.005***	0.223	有
中国-科技业	0.462	0.000***	0.000***	0.372	否
中国-金融业	0.230	0.004***	0.009***	0.214	否
中国-能源行业	0.000***	0.940	0.000***	0.581	有
中国-必需消费品业	0.005***	0.113	0.009***	0.213	否

注：*、**、*** 分别表明是在 10%、5%、1% 的显著性水平下显著。

表 8-1-14　《绿色小水电指导意见》对葡萄牙主要经济部门的传导效应

2016 年《绿色小水电指导意见》

经济部门	P 值（1）	P 值（2）	P 值（联合）	最大差值	是否有传导效应
中国-消费商品业	0.000***	0.751	0.001***	0.231	有
中国-消费服务业	0.009***	0.000***	0.000***	0.254	否
中国-工业	0.778	0.000***	0.000***	0.351	否
中国-基础材料业	0.016**	0.000***	0.000***	0.292	否
中国-公用事业	0.000***	0.054*	0.000***	0.334	有
中国-电信业	0.000***	0.275	0.000***	0.294	有
中国-科技业	0.914	0.000***	0.000***	0.310	否
中国-金融业	1.000	0.000***	0.000***	0.452	否
中国-能源行业	0.982	0.000***	0.000***	0.579	否
中国-必需消费品业	0.015**	0.094*	0.029**	0.171	有

注：*、**、*** 分别表明是在 10%、5%、1% 的显著性水平下显著。

表 8-1-15 《电力发展意见》对葡萄牙主要经济部门的传导效应

2021 年《电力发展意见》

经济部门	P值（1）	P值（2）	P值（联合）	最大差值	是否有传导效应
中国-消费商品业	0.000***	0.895	0.000***	0.505	有
中国-消费服务业	0.931	0.000***	0.000***	0.360	否
中国-工业	0.000***	1.000	0.000***	0.333	有
中国-基础材料业	0.236	0.000***	0.000***	0.445	否
中国-公用事业	0.961	0.000***	0.000***	0.736	否
中国-电信业	0.000***	1.000	0.000***	0.891	有
中国-科技业	0.000***	0.524	0.000***	0.591	有
中国-金融业	0.000***	0.000***	0.000***	0.437	否
中国-能源行业	0.000***	0.265	0.000***	0.282	有
中国-必需消费品业	0.961	0.000***	0.000***	0.356	否

注：*** 表明是在1%的显著性水平下显著。

(d) 基于示范类政策的传导证据

示范类的能源政策选取了2014年由中国国家能源局和环境保护部联合发布的《生物质燃料示范通知》，主要是关于可再生能源产业的示范建设。从表8-1-16可以得到实证结果，该示范类政策分别对葡萄牙的消费商品业、工业、基础材料业和公用事业有显著传导作用。

表 8-1-16 《生物质燃料示范通知》对葡萄牙主要经济部门的传导效应

2014 年《生物质燃料示范通知》

经济部门	P值（1）	P值（2）	P值（联合）	最大差值	是否有传导效应
中国-消费商品业	0.000***	1.000	0.000***	0.282	有
中国-消费服务业	1.000	0.000***	0.000***	0.403	否
中国-工业	0.000***	1.000	0.000***	0.569	有
中国-基础材料业	0.000***	0.890	0.000***	0.414	有
中国-公用事业	0.000***	1.000	0.000***	0.415	有
中国-电信业	1.000	0.000***	0.000***	0.334	否
中国-科技业	0.001***	0.001***	0.001***	0.257	否
中国-金融业	0.000***	0.010**	0.000***	0.478	否
中国-能源行业	0.302	0.018**	0.037**	0.186	否
中国-必需消费品业	1.000	0.000***	0.000***	0.712	否

注：**、*** 分别表明是在5%、1%的显著性水平下显著。

(e) 基于全球性危机的传导证据

选取对全球股票市场有较大冲击的危机事件——新冠疫情和俄乌冲突，评估其传导效应。2020年3月，新冠疫情的暴发和传播造成了历史上最剧烈的股市崩盘之一——美国三大股指两次熔断，道琼斯工业平均指数暴跌6 400点，跌幅是继2008年金融危机爆发以来对股票市场冲击最严重的一次，与此同时，全球多个国家的股市也都发生了熔断，是一次全球性的股市暴跌（Mazur, Dang & Vega, 2021）。而俄乌冲突虽然是俄罗斯和乌克兰两国的战争，但由于美国、欧洲和其他国家对俄罗斯实施的经济制裁，以及欧洲对俄罗斯的能源依赖，这一事件也对全球经济也造成了重大冲击（Izzeldin, Muradoglu, Pappas, Petropoulou & Sivaprasad, 2023）。本研究选取这两个冲击事件，以观察对葡萄牙经济部门的传导效应，并与中国八个能源政策的传导效应进行对比分析。

根据表8-1-17的实证结果可以看到，新冠疫情对葡萄牙所有行业都有十分显著的传导性，该结果与Baek, Mohanty & Glambosky（2020）的研究一致，新冠疫情的发生确实使所有行业的总体风险都在增加，对股市的影响显著。而根据表8-1-18观察俄乌冲突对葡萄牙经济部门的传导作用就相对不明显，仅对公用事业具有传导效应。这可能是因为公用事业板块包括了电力、天然气和自来水公司。而在俄乌冲突爆发伊始，为反对欧洲多国的经济制裁，俄罗斯对欧洲多国减少天然气供应，致使俄乌冲突对葡萄牙的公用事业有明显的传导作用。

表8-1-17　新冠疫情对葡萄牙主要经济部门的传导效应

2020年新冠疫情					
经济部门	P值（1）	P值（2）	P值（联合）	最大差值	是否有传导效应
中国-消费商品业	0.000***	0.733	0.000***	0.570	有
中国-消费服务业	0.000***	1.000	0.000***	0.580	有
中国-工业	0.000***	1.000	0.000***	0.840	有
中国-基础材料业	0.000***	1.000	0.000***	0.955	有
中国-公用事业	0.000***	1.000	0.000***	0.903	有

续表

2020 年新冠疫情					
经济部门	P值（1）	P值（2）	P值（联合）	最大差值	是否有传导效应
中国-电信业	0.000***	1.000	0.000***	0.870	有
中国-科技业	0.000***	1.000	0.000***	0.915	有
中国-金融业	0.000***	0.998	0.000***	0.752	有
中国-能源行业	0.000***	1.000	0.000***	0.813	有
中国-必需消费品业	0.000***	1.000	0.000***	0.529	有

注：*** 表明是在1%的显著性水平下显著。

表8-1-18　俄乌冲突对葡萄牙主要经济部门的传导效应

2022 年俄乌冲突					
经济部门	P值（1）	P值（2）	P值（联合）	最大差值	是否有传导效应
中国-消费商品业	0.000***	0.009***	0.000***	0.309	否
中国-消费服务业	0.478	0.047**	0.094*	0.162	否
中国-工业	0.594	0.002***	0.005***	0.229	否
中国-基础材料业	1.000	0.000***	0.000***	0.508	否
中国-公用事业	0.000***	0.590	0.000***	0.386	有
中国-电信业	1.000	0.000***	0.000***	0.297	否
中国-科技业	0.980	0.000***	0.000***	0.382	否
中国-金融业	1.000	0.000***	0.000***	0.499	否
中国-能源行业	0.006***	0.021**	0.013**	0.209	否
中国-必需消费品业	0.310	0.040**	0.079*	0.167	否

注：*、**、***分别表明是在10%、5%、1%的显著性水平下显著。

(f) 中国能源政策之间传导效应对比以及与全球性危机传导效应的对比分析

首先对比的是中国能源政策对葡萄牙经济部门的传导效应。在本文所选的所有能源政策中，消费商品业、必需消费品业受到最多能源政策（五个政策）的传导影响。可能的原因是中葡贸易往来中的消费商品占比较大

（中国外交部，2023）。其中，中国出口葡萄牙的产品中占有比较优势的"动植物油、脂和蜡""食品和活动物""非食用原料（不包括燃料）"和"饮料及烟草"以及葡萄牙出口中国的产品中占有比较优势的"非食用原料（不包括燃料）""饮料及烟草"都主要为消费产品或者必需消费品（顾学明、林广志、许英明、陈思敏、于会春，2020）。除此之外，在传导效应中，公用事业、能源业、工业和电信业所受的影响次之，受到了四个能源政策的影响。这可能是因为工业（包括电气设备和机械等）、公用事业（包括电力、燃气和水务公司等）和能源业都与能源行业本身有很大关系，更容易受到能源政策的影响（Lee, Yang & Huang, 2012）。而且，中国对葡萄牙的投资主要涉及这三个行业，具体项目如中国北控水务集团收购了葡萄牙供水污水处理企业、中国三峡集团收购了葡萄牙电力公司新能源股权、中国国家电网公司并购了葡萄牙能源网公司等（中国商务部国际贸易经济合作研究院等，2021），体现出中国能源政策对这些行业影响的重要性。而对于电信业显著受中国能源政策传导的原因则可能是因为能源效率正成为数据通信领域的关键问题，对于十分依赖电力的电信业总体上会消耗大量的能源（Roy, 2008；Ahmed, Naeem & Iqbal, 2017）。早在2003年，华为技术公司也已进入了葡萄牙电信市场（中国商务部国际贸易经济合作研究院等，2021），因此对葡萄牙电信业产生了影响。此外，基础材料行业受到的能源政策影响最小，只有示范类政策产生了传导。该结果与 CR 检验得到的结论稍有出入，在 CR 检验中，中国能源对电信业的影响最大，其次是对工业及必需消费品业。但其中受中国能源政策传导的主要行业仍然未发生太大变化。

此外，相比较其他类型的能源政策，战略类能源政策工具对葡萄牙的经济行业的传导影响最大，包括2012年《新能源汽车产业 2012—2020 年规划》和2018年《清洁能源 2018—2020 年计划》。其次是监管类能源政策和示范类能源政策，对葡萄牙的 3~4 个行业起到传导作用。在监管类政策工具中，《电力发展意见》政策能对葡萄牙 4 个经济部门有传导影响。而财政类政策对葡萄牙行业的影响最小。该结论与 CR 检验结论大致类似，尤其是2012年《新能源汽车产业 2012—2020 年规划》，作为战略规划类政策在静态分析和动态分析中，都体现出对葡萄牙市场最为显著的传导影响。一方面，这是因为在中国与葡萄牙的双向贸易中，"机械及运输设备"占最大比例，其中，"陆用车辆"在"机械及运输设备"小类中占比最大，达 68%（顾学明等，2020），因此，新能源汽车产业的规划政策通过汽车贸易传导至葡萄牙，对其产生很大的冲击；另一方面，中国的长期能源战略规划也对能源效率和环境绩效取得了巨大成绩（Li & Wang, 2012）。

其次，对于中国能源政策与全球性危机的传导对比中，在 DC – GARCH 模型和 K – S 检验相结合的实证结果下，新冠疫情对葡萄牙经济行业的冲击无疑还是最大的。其次是中国能源政策对葡萄牙十个行业的传导影响。最后，俄乌冲突对葡萄牙股票市场冲击最弱。该对比得出的结论与 CR 检验不同，在 CR 检验结果中，中国部分能源政策表现比新冠疫情传导性更强，这可能是因为静态的相关性模型没有办法捕捉到疫情期间股票市场剧烈动荡，而动态相关系数能够捕捉到市场不断出现的动态因素（Chiang, 2007），即疫情对股市的剧烈冲击。

8.1.5　结论

8.1.5.1　总结与结论

现有文献中，传导效应的分析已经被广泛应用于金融股票市场的分析。但近年来，传导效应的研究也逐渐被推广到能源市场上。新颁布的能源政策作为一种市场冲击，不仅对本国股票市场具有传导效应（Hsiao et al., 2022），也通过跨市场传播对其他国家的股票市场起到传导作用（Hsiao et al., 2021）。虽然已经有学者研究了中国能源政策对其他国家的经济部门传导的影响，比如对美国、日本、德国，然而文献中却没有中国能源政策对葡萄牙经济部门的传导效应研究。随着中国与葡语国家经贸合作的进一步深化，有必要了解中国相关产业政策对于葡萄牙经济部门的影响。这对于政策评估、促进双方在相关领域进一步展开合作有着重要作用。为填补这一研究空白，我们选取了中国八个能源政策对葡萄牙十个行业股票指数的传导效应进行分析。其中，中国八个能源政策分别是：2010 年《节能服务产业税收政策》、2012 年《新能源汽车产业 2012—2020 年规划》、2013年《光伏产业发展意见》、2014年《生物质燃料示范通知》、2015年《可再生能源专项资金管理》、2016年《绿色小水电指导意见》、2018年《清洁能源2018—2020年计划》和2021年《电力发展意见》。葡萄牙十个行业股票指数分别是：消费商品业、消费服务业、工业、基础材料业、公用事业、电信业、科技业、金融业、能源业和必需消费品业。并且为对比中国能源政策对葡萄牙股票市场的传导效应，还加入了新冠疫情和俄乌冲突两个全球性冲击事件作为了对比。

为研究传导效应，我们分别采用CR检验和DCC-GARCH模型得到不同能源政策前后中国能源市场与葡萄牙经济部门的跨市场静态相关系数和动态相关系数，然后将DCC-GARCH模型回归结果中的动态相关系数与K-S检验相结合，分别通过CR统计量和K-S检验判断政策后相关系数是否显著上升，即是否有传导效应的发生。

这里的实证研究结果首先通过静态的相关系数分析中国能源政策对葡萄牙经济部门的影响，但传导效应并不明显。然而，我们采用了动态相关系数分析后，得到的实证结果有所不同。总结起来，我们得到以下三个结论：

（a）中国能源政策对消费商品业和必需消费品业的传导作用最强，随后是工业、公用事业、电信业和能源业，然后是科技业，对消费服务业和金融业传导作用较弱，对基础材料业传导性最弱。对这些行业传导显著的主要原因还是中国与葡萄牙在这些领域开展了大量商贸往来以及中国对葡萄牙的资金投入主要涉及这些行业领域。K-S检验与CR检验结果在传导较为显著的行业上保持一致。

（b）中国能源政策中，对葡萄牙经济部门传导影响最大的是战略类政策，分别是2012年发布的《新能源汽车产业2012—2020年规划》和2018年发布的《清洁能源2018—2020年计划》。其次是监管工具类和示范类政策，分别是2013年《光伏产业发展意见》、2016年《绿色小水电指导意见》和2021年《电力发展意见》以及示范类2014年《生物质燃料示范通知》。对葡萄牙行业最不具备传导效应的政策是财政类政策，包括2010年指定的《节能服务产业税收政策》和2015年指定的《可再生能源专项资金管理》。战略规划类、监管类和示范类政策对葡萄牙行业都能在一定程度上起到显著的传导效应,是因为这些政策都对可再生能源的发展起到了积极的促进作用并取得显著成果。

(c) 中国能源行业对葡萄牙股票市场的传导效应的影响程度比新冠疫情影响程度低,但比俄乌冲突对葡萄牙的影响要强。

除了实证结果以外,我们还对比了 CR 检验与 DCC‐GARCH 模型和 K‐S 检验结果的不同。CR 检验只能捕捉到静态下的股票市场的传导效应,而 DCC‐GARCH 模型能观测到市场上不断出现的动态因素,这一点在新冠疫情传导效应中更为明显。

8.1.5.2 建议

基于以上结论,这里的实证结果可以为政策制定者提供一些启示和建议。

首先,中国与葡萄牙的经贸和投资往来可以更加多样化。目前,中国对葡萄牙的投资虽然分散在不同的经济领域,但主要集中在能源相关领域,而贸易往来主要以消费商品和电机设备为主。随着 2016 年葡萄牙成为第一个与中国正式确立"蓝色伙伴关系"的国家,到 2018 年两国发表了关于进一步加强全面战略伙伴关系的联合声明(中国商务部国际贸易经济合作研究院等,2020),中国与葡萄牙的贸易和投资往来更趋向多样化。在原有的合作基础上,中葡两国可以在银行业与电子支付、铁路行业、地球和海洋观测、空间技术、纳米与先进材料、能源、生命科学、生物工程学等领域加深合作。同时,虽然在过去十年,两国对外经贸合作的地位逐渐上升,但是经贸合作金额并不太大,未来两国合作发展的潜力还具有很大上升空间。双方应致力于扩大双边贸易、加强投资合作,可以通过继续发挥澳门在中葡经贸论坛的重要作用,借助澳门平台,促进中国与葡萄牙以及葡语国家的多边合作。

其次,能源政策的发布和实施是一个具有阶段性特征的过程,需要动态调整和不断发展。政策制定者需要依托能源不同时期的发展阶段,既要适应国家可再生能源发展战略和节能目标,也要匹配不同时期下市场发展的需求。

我们就能源政策的分类分别提出以下建议：

第一，战略规划类能源政策对能源行业的长期发展发挥关键作用，其跨市场影响显著传导至葡萄牙，对于葡萄牙的股票市场具有广泛影响，这对于中国和葡萄牙能源合作伙伴的建立具有重要意义。因此，能源政策可以进一步对可再生能源具体领域作出长期的规划和设定要达成的目标，除了在新能源汽车产业，对于风能发电、太阳能发电、生物质能发电和水能发电等产业领域也可以制定对应的长期战略规划。

第二，可再生能源监管需要体现政策与市场的协调性。可再生能源监管应妥善处理强制性监管和市场驱动监管的相互作用。中国监管类能源政策以政府驱动为主，但缺乏持续的市场驱动，无法为能源发展提供长期的市场需求，从而对能源的可持续发展提供支撑。因此，可以制定能源有关的市场竞争规则，合理使能源相关产业形成市场驱动，发挥市场调节机制，减少行政干预，从而加大有效的监管力度。

第三，考虑到示范方案对城市绿色经济增长的带动作用，政策制定者可以大力推动可再生能源示范方案的实施。但是对试点项目提供资金支持、人才保障的同时，也要保障其他行业的稳定发展，使资金合理分配。

第四，中国需要改革能源财政类政策。具体操作方法可以有以下三点：（1）避免专项补贴过多，从市场角度实现可再生能源发展目标；（2）补贴规模应与经济发展情况相适应，不应用财政资金来填补可再生能源补贴的资金缺口；（3）建立逐年减少补贴制度，提高有限的补贴资金的绩效。

8.2　中国能源政策对巴西市场的传导效应

本节通过中国能源政策对巴西股票市场产生的传导效应来分析对巴西各行业市场的影响。研究选择了2010—2021年中国政府发布的能源相关政策作为背景，采用中国能源指数和巴西十三个行业股票指数的收益率来衡量各部门的市场表现。研究结合使用Forbes & Rigobon调整后的相关系数和DCC-GARCH模型分别进行了静态联动性和动态相关性分析，就中国能源政策对巴西经济部门所产生的传导性作出了评估。通过比较不同类型能源政策的传导能力，研究发现中国能源政策对巴西股票市场存在传导效应。其中，法律法规类和示范试点类能源政策的传导效应最显著，财政补贴比税收优惠更具传导力。在所选择的行业中，最容易受到中国能源政策传导的是巴西的能源和材料行业。

8.2.1 研究方法

根据 Forbes & Rigobon（2002）的定义，危机发生后两个市场的相关性如果显著增加，则可以证明存在传导效应。Fry – McKibbin & Hsiao, 2018; Hsiao & Chen, 2018; Hsiao, Sheng, Fu & Wei（2022）。认为，政策传导是指新闻事件的发布导致市场动荡，冲击迅速从一个市场蔓延到邻近的市场、部门或国家，如果政策发布后的市场相关性统计量相对于政策前产生显著变化，则认为有政策传导发生。

因此，对传导效应的研究分为两步：第一步，计算政策发布或疫情暴发前和政策发布或疫情暴发后的市场收益率的相关系数；第二步，检验相关系数是否显著增加。

研究将运用两种方法：第一，使用 Forbes & Rigobon 调整后的相关系数（简称：FR 调整后的相关系数）检验相关系数的差异性；第二，通过 Kolmogorov – Smirnov 检验（K – S 检验）基于 GARCH 模型的动态条件相关系数。

8.2.1.1 调整后的相关系数检验

①Forbes & Rigobon 调整后的相关系数

Forbes & Rigobon（2002）指出，市场波动的增加影响了跨市场相关系数的估计。由于异方差，存在相关系数估计的偏误，因此，对冲击发生后的 Pearson 简单的相关系数进行了异方差的调整，即 FR 相关系数：

$$\rho_{CN,i}^{FR} = \frac{\rho_{CN,i}}{\sqrt{1 + \delta(1 - \rho_{CN,i}^2)}} \tag{8.2.1}$$

其中，i 和 j 分别为中国能源市场和巴西行业市场，

$$\rho_{CN,i} = \frac{cov(CN, i)}{\sigma_{CN}\sigma_i} \tag{8.2.2}$$

$\rho_{CN,i}$ 为 Pearson 相关系数，

$$\delta = \frac{\sigma_{CN}^{Post}}{\sigma_{CN}^{Pre}} - 1 \qquad (8.2.3)$$

δ 衡量市场波动的增加，Pre 和 Post 分别代表政策发布（疫情暴发）前和政策发布（疫情暴发）后时期。

为了计算 σ，根据 Forbes & Rigobon（2002）构建 VAR 模型，并提取 ε_t：

$$r_t = A_0 + A(L)r_t + \varepsilon_t \qquad (8.2.4)$$

其中，

$$r_t = \begin{bmatrix} r_t^{CN} \\ r_{1,t} \\ \vdots \\ r_{i,t} \end{bmatrix} \qquad (8.2.5)$$

r_t^{CN} 为中国能源市场股票收益率，$r_{1,t}\cdots r_{i,t}$ 分别为巴西十三个行业市场的股票收益率，

$$A(L) = A_1 L - A_2 L^2 \cdots - A_p L^p \qquad (8.2.6)$$

$A(L)$ 为滞后算子，p 阶自回归。

②相关系数差异性检验

根据（Forbes & Rigobon, 2002；Fry, Martin & Tang, 2010；Hsiao et al.,2022；Hsiao, Yang, Zheng & Chiu, 2023；King & Wadhwani, 1990）对传导效应的分析，进行相关系数的差异性检验。

检验的原假设 $H_0: \rho^{FR} = \rho^{Pre}$ 表示政策发布（疫情暴发）后 FR 调整后的相关系数与政策发布（疫情暴发）前的相关系数没有显著差异，不存在传导效应；备择假设 $H_1: \rho^{FR} \neq \rho^{Pre}$ 表示两个时期的相关系数存在统计上的显著差异，存在传导效应。

构造检验统计量 CR：

$$CR = \frac{(\rho^{FR} - \rho^{Pre})^2}{Var(\rho^{FR} - \rho^{Pre})} = \frac{(\rho^{FR} - \rho^{Pre})^2}{Var(\rho^{FR}) + Var(\rho^{Pre}) - Cov(\rho^{FR}, \rho^{Pre})}$$

$$(8.2.7)$$

其中，

$$Var(\rho^{FR}) = \frac{(1+\delta)^2}{2[1+\delta(1-\rho^{Post2})]^3} \times$$

$$\left\{ \frac{(2-\rho^{Post2})(1-\rho^{Post2})^2}{N_{Post}} + \frac{[\rho^{Post2}(1-\rho^{Post2})]^2}{N_{Pre}} \right\} \quad (8.2.8)$$

$$Var(\rho^{Pre}) = \frac{(1-\rho^{Pre2})^2}{N_{Pre}} \quad (8.2.9)$$

$$Cov(\rho^{FR}, \rho^{Pre}) = \frac{\rho^{Post}\rho^{Pre}(1-\rho^{Post2})(1-\rho^{Pre2})(1+\delta)}{2N_{Pre}\sqrt{[1+\delta(1-\rho^{Post2})]^3}} \quad (8.2.10)$$

统计量 CR 服从自由度为 1 的卡方分布，即 $CR \sim \chi^2(1)$。相关系数差异性检验采用双侧检验，在 10% 的概率水平下，临界值为 0.004 和 3.841；在 5% 的概率水平下，临界值为 5.024 和 0.001；在 1% 的概率水平下，临界值为 0.000 和 7.879。

8.2.1.2 动态条件相关系数检验

①动态条件相关系数 – 广义自回归条件异方差模型

Engle（2002）提出了用于估计动态相关性的多元动态条件相关系数 – 广义自回归条件异方差模型（简称：DCC – GARCH 模型），通过对 GARCH 模型的估计中获取的标准化残差来对动态条件相关系数进行估计，在考虑异方差的同时可以反映出相关性随时间的动态变化。

均值方程的形式为：

$$r_t = \gamma_0 + \gamma_1 r_{t-1} + \gamma_2 r_{t-1}^{CN} + \varepsilon_t \quad (8.2.11)$$

方差方程的形式为：

$$h_{ii,t} = \beta_0 + \beta_1 h_{ii,t-1} + \beta_2 \varepsilon_{i,t-1}^2 \quad (8.2.12)$$

ε_t 的方差 – 协方差矩阵为：

$$H_t = D_t R_t D_t \quad (8.2.13)$$

D_t 为单变量 GARCH 模型估计的条件标准偏差 $\sqrt{h_{ii,t}}$ 的对角矩阵：

$$D_t = \begin{bmatrix} \sqrt{h_{CNCN,t}} & 0 & 0 \\ 0 & \ddots & 0 \\ 0 & 0 & \sqrt{h_{ii,t}} \end{bmatrix} \quad (8.2.14)$$

R_t 为对称的动态相关系数矩阵：

$$R_t = \begin{bmatrix} 1 & \cdots & \rho_{CNi,t} \\ \vdots & \ddots & \vdots \\ \rho_{iCN,t} & \cdots & 1 \end{bmatrix} \tag{8.2.15}$$

$$R_t = [diag(Q_t)]^{-\frac{1}{2}} Q_t [diag(Q_t)]^{-\frac{1}{2}} \tag{8.2.16}$$

Q_t 为标准化残差 $u_{i,t} = \varepsilon_{it}/\sqrt{h_{i,t}}$ 的条件协方差矩阵：

$$Q_t = \begin{bmatrix} q_{CNCN,t} & \cdots & q_{CNi,t} \\ \vdots & \ddots & \vdots \\ q_{iCN,t} & \cdots & q_{ii,t} \end{bmatrix} \tag{8.2.17}$$

动态条件相关系数为：

$$\rho_{CNi,t} = \frac{q_{CNi,t}}{\sqrt{q_{CNCN,t} q_{ii,t}}} \tag{8.2.18}$$

②Kolmogorov – Smirnov 检验

双样本 K – S 分布一致性检验（Justel, Peña & Zamar, 1997; Reschenhofer, 1997）用于检验政策发布（新冠疫情暴发）前和政策发布（新冠疫情暴发）后两组子样本的动态条件相关系数的分布是否一致，其中包括了三个假设检验。第一个假设检验，原假设为政策发布（新冠疫情暴发）后子样本的动态条件相关系数值更小；第二个假设检验，政策发布（新冠疫情暴发）前子样本的动态条件相关系数值更小；联合假设检验，原假设为政策发布（新冠疫情暴发）前和政策发布（新冠疫情暴发）后两组子样本的动态条件相关系数的分布一致。如果同时拒绝第一个检验原假设和联合检验原假设，说明动态条件相关系数在政策发布（新冠疫情暴发）后显著增加，即存在传导效应。

8.2.2 研究对象

8.2.2.1 研究样本

为了分析中国能源政策对巴西股票市场的传导效应，我们采用 2009 年

1月5日至2022年11月23日所有交易日的中国的能源市场与巴西十三个行业市场的单日股票价格指数，包括中国能源（上证能源行业指数）、巴西金融（巴西金融指数）、巴西房地产（巴西交易所房地产指数）、巴西公用事业（巴西证交所公用事业指数）、巴西电信服务（MSCI巴西电信服务指数）、巴西能源（MSCI巴西能源指数）、巴西电力（巴西电力指数）、巴西工业（MSCI巴西工业指数）、巴西材料（MSCI巴西材料指数）、巴西基础材料（巴西证交所基础材料指数）、巴西必需消费品（MSCI巴西必需消费品指数）、巴西非必需消费品（MSCI巴西非必需消费品指数）、巴西消费（巴西交易所消费指数）和巴西信息技术（MSCI巴西信息技术指数）的单日股票价格指数①。

所有的股票价格指数均来源于Bloomberg数据库，使用的是以美元作为货币单位的当日收盘价格。在因无法获取当天数据而出现缺失值时（如国家法定节假日），采用前一个交易日的收盘价格进行填充处理，以保证样本的连续性。

为了计算股票指数的收益率，按照常规方法（Wen，Wei & Huang，2012）取原始（价格）数据自然对数的一阶差分，并且以百分比的形式表示。

8.2.2.2 政策事件

为了更好地研究中国能源政策对巴西股票市场传导效应，结合现有的研究（程啸天，2011；Hu, Guo, Zheng, Liu & Yu, 2022；Liao, 2016；Saidur, Islam, Rahim & Solangi, 2010；Zhou, Levine & Price, 2010），我们对近年来中国实施的能源政策进行梳理，可以将其大致归为以下五类：（1）战略规划类；（2）财政税收类；（3）法律法规类；（4）示范试点类；

---

① 数据来源于Bloomberg：上证能源行业指数（SH000032 Index）、巴西金融指数（IFNCBV Index）、巴西交易所房地产指数（IMOBBV Index）、巴西证交所公用事业指数（BZUTIL Index）、MSCI巴西电信服务指数（MXBR0TC Index）、MSCI巴西能源指数（MXBR0EN Index）、巴西电力指数（IBOVIEE Index）、MSCI巴西工业指数（MXBR0IN Index）、MSCI巴西材料指数（MXBR0MT Index）、巴西证交所基础材料指数（IMAT Index）、MSCI巴西必需消费品指数（MXBR0CS Index）、MSCI巴西非必需消费品指数（MXBR0CD Index）、巴西交易所消费指数（ICONBV Index）、MSCI巴西资讯技术指数（MXBR0IT Index）。

(5) 市场管理类。为侧重于研究不同类型的能源政策，我们选取了不同时间段内所实施的不同类型的九个与能源相关的政策，如表 8－2－1 所示，按照政策发布的时间排序。本文在必要时将使用序号指代政策，例如，"政策1"即指《关于促进节能服务产业发展增值税营业税和企业所得税政策问题的通知》，以此类推。

表 8－2－1　　　　　　　　中国的能源政策

序号	政策发布日期	政策全称	政策发布单位	政策类型
1	2010 年 12 月 30 日	《关于促进节能服务产业发展增值税营业税和企业所得税政策问题的通知》	中国财政部 中国国家税务总局	(2) 财政税收
2	2012 年 5 月 25 日	《关于申报新能源示范城市和产业园区的通知》	中国国家能源局	(4) 示范试点
3	2013 年 8 月 1 日	《关于分布式光伏发电实行按照电量补贴政策等有关问题的通知》	中国财政部	(2) 财政税收
4	2014 年 12 月 10 日	《碳排放权交易管理暂行办法》	中国国家发展改革委	(5) 市场管理
5	2015 年 9 月 23 日	《关于组织太阳能热发电示范项目建设的通知》	中国国家能源局	(4) 示范试点
6	2017 年 2 月 3 日	《关于试行可再生能源绿色电力证书核发及自愿认购交易制度的通知》	中国国家发展改革委 中国财政部 中国国家能源局	(5) 市场管理
7	2017 年 12 月 30 日	《中华人民共和国环境保护税法实施条例》	中国国务院	(3) 法律法规
8	2020 年 12 月 21 日	《新时代的中国能源发展》白皮书	中国国务院	(1) 战略规划
9	2021 年 10 月 26 日	《2030 年前碳达峰行动方案》	中国国务院	(1) 战略规划

①战略规划类能源政策

Hu et al.（2022）指出，"综合规划政策（CPP）主要指导可再生能源产业在一定时期内的发展方向、目的和关键目标，是中国可再生能源发展的重要指南。"在 Liao（2016）的研究中，对"目标规划（Goal planning）"采用了程啸天（2011）的定义，即"基于风电发展需要，对要达成的目标及远景作总体描述和勾画。"Zhou et al.（2010）列举了《节能中长期专项规划》《中华人民共和国国民经济和社会发展第十一个五年规划纲要》《国务院关于加强节能工作的决定》《国务院关于印发节能减排综合性工作方案的通知》等一系列的"全面政策（Comprehensive policies）"。因此，可以认为，战略规划类能源政策是基于能源发展需要，明确能源产业在一定时期内的发展方向，对要达成的目标提供总体的指南（程啸天，2011；Hu et al.，2022；Liao，2016；Zhou et al.，2010）。

这里选择了两个战略规划类政策作为研究对象：

一是中国国务院于2020年12月21日发布的《新时代的中国能源发展》白皮书（以下简称：《能源发展》白皮书）。据白皮书前言原文，"为介绍新时代中国能源发展成就，全面阐述中国推进能源革命的主要政策和重大举措，特发布本白皮书"（中国国务院新闻办公室，2020）。

二是中国国务院于2021年10月26日发布的《2030年前碳达峰行动方案》（以下简称：《碳达峰行动》）。方案明确了"碳达峰行动"的总体要求、主要目标、重点任务、国际合作、政策保障和组织实施（中国国务院〔国务院〕，2021）。

②财政税收类能源政策

财政税收类政策主要是针对特定纳税人的税收优惠与减免（Song，Wang & Zhang，2020；Zhou，Li & Gong，2022）以及以支持、援助或财政援助形式，从政府或国家流向个人或公司的财政补贴（Iskandarova, Dembek, Fraaije, Matthews, Stasik, Wittmayer & Sovacool, 2021；Steenblik, 2007）。

研究选择了以下两个财政税收类能源政策。

一是由中国财政部和国家税务总局于2010年12月30日发布的《关于促进节能服务产业发展增值税营业税和企业所得税政策问题的通知》（以下简称：《节能服务产业税收》）。通知的主要内容为，对符合条件的情况暂免征收营业税、增值税以及企业所得税的减免、应纳税额扣除和其他税务处理等（中国财政部〔财政部〕、中国国家税务总局〔国家税务总局〕，2010）。

二是由中国财政部于2013年8月1日发布的《关于分布式光伏发电实行按照电量补贴政策等有关问题的通知》（以下简称：《分布式光伏发电补贴》）。通知共涉及两方面内容，分别是"分布式光伏发电项目按电量补贴实施办法"和"改进光伏电站、大型风力发电等补贴资金管理"（中国财政部〔财政部〕，2013）。

③法律法规类能源政策

Liu & Feng（2023）认为，"立法是一个国家环境法治概念的体现，这总是需要高度的监督。一方面，立法可以指导和规范具有监管属性的政策的制定和应用。另一方面，将政策内容加载立法可以使抽象的环境政策合法化，使国家环境保护概念正式化并规定义务。"

在此类法律政策中，选择了 2017 年 12 月 30 日颁布的《中华人民共和国环境保护税法实施条例》（以下简称：《环境保护税法》）作为研究对象（中国国务院〔国务院〕，2017）。

④示范试点类能源政策

作为技术生命周期中商业化前的阶段标准工具（Liu, Sun, Li & Zhai, 2020），示范试点类政策通过选择具有代表性的项目作为试点，并制定政策和措施，鼓励提高其独立创新水平和能力（Liu, Fan & Yang, 2022），从而起到示范带动作用。

对于示范试点类政策，选择了以下两个政策用于研究：

一是 2012 年 5 月 25 日中国国家能源局发布的《关于申报新能源示范城市和产业园区的通知》（以下简称：《新能源示范城市》）。通知中提到"新能源示范城市建设的主要内容是：促进各类可再生能源及技术在城市推广应用，重点推进太阳能热利用和分布式太阳能光伏发电系统、分布式风力发电、生物质清洁燃料利用、城市生活垃圾能源化利用、地热能及地表水和空气能量利用、新能源动力交通等。促进适应新能源利用的技术进步，建立适应城市新能源发展的管理体系和政策机制等"（中国国家能源局〔国家能源局〕，2012）。

二是 2015 年 9 月 23 日中国国家能源局发布的《关于组织太阳能热发电示范项目建设的通知》（以下简称：《太阳能热发电示范专案》）。通知提出"示范目标：一是扩大太阳能热发电产业规模。通过示范项目建设，形成国内光热设备制造产业链，支持的示范项目应达到商业应用规模，单机容量不低于 5 万千瓦。二是培育系统集成商"（中国国家能源局〔国家能源局〕，2015）。

⑤市场管理类能源政策

市场管理类能源政策指的是政府制定适当的政策来维持市场秩序并优化资源分配（Hu et al., 2022）。

研究选择了以下两个市场管理类能源政策为代表：

一是 2014 年 12 月 10 日由中国国家发展改革委发布的《碳排放权交易管理暂行办法》（以下简称：《碳排放权交易》），旨在推动建立全国碳排放权交易市场（中国国家发展和改革委员会〔国家发展改革委〕，2014）。

二是 2017 年 2 月 3 日由中国国家发展改革委、财政部和国家能源局发布的《关于试行可再生能源绿色电力证书核发及自愿认购交易制度的通知》（以下简称：《绿色电力证书交易》）。在通知的附件《绿色电力证书核发及自愿认购规则（试行）》第三章第十二条中规定，"证书自愿认购采用认购平台挂牌出售形式，出售方可按相关规定挂牌出售持有证书，认购方可自由购买挂牌出售的证书"（中国家发展和改革委员会〔国家发展改革委〕、中国财政部〔财政部〕、中国国家能源局〔国家能源局〕，2017）。

⑥新冠疫情事件冲击

除了不同类型的能源政策之外，在样本中，还包括全球公共卫生突发事件——新冠疫情暴发，对金融市场和经济活动产生了严重影响（Benkraiem, Garfatta, Lakhal & Zorgati, 2022）。

2020 年 1 月 23 日，中国武汉市新型冠状病毒感染的肺炎疫情防控指挥部发布了《武汉市新型冠状病毒感染的肺炎疫情防控指挥部通告（第 1 号）》，通告中明确"自 2020 年 1 月 23 日 10 时起，全市城市公交、地铁、轮渡、长途客运暂停运营；无特殊原因，市民不要离开武汉，机场、火车站离汉通道暂时关闭"（武汉市新型冠状病毒感染的肺炎疫情防控指挥部〔武汉新冠疫情防控指挥部〕，2020）。因此，这里将 2020 年 1 月 23 日作为新冠疫情暴发的时间节点。

8.2.2.3 样本划分

按照每个政策时间发布或暴发的时间，分别把样本划分成政策发布前（新冠疫情暴发前）和政策发布后（新冠疫情暴发后）两个时期的子样本。选取政策发布（新冠疫情暴发）后（包括政策发布当天）的 90 个交易日作为政策发布后（新冠疫情暴发后）样本，之前的交易日作为政策发布前（新冠疫情暴发前）样本。具体日期划分如表8-2-2所示。

表8-2-2　　　　　　　　政策事件前后样本划分

政策	时期	开始日期	结束日期	样本量
《节能服务产业税收》	发布前	2009年1月5日	2010年12月29日	517
	发布后	2010年12月30日	2011年5月4日	90
《新能源示范城市》	发布前	2011年5月5日	2012年5月24日	275
	发布后	2012年5月25日	2012年9月27日	90
《分布式光伏发电补贴》	发布前	2012年9月28日	2013年7月31日	218
	发布后	2013年8月1日	2013年12月4日	90
《碳排放权交易》	发布前	2013年12月5日	2014年12月9日	263
	发布后	2014年12月10日	2015年6月16日	90
《太阳能热发电示范专案》	发布前	2015年6月17日	2015年9月22日	69
	发布后	2015年9月23日	2016年1月26日	90
《绿色电力证书交易》	发布前	2016年1月27日	2017年2月2日	266
	发布后	2017年2月3日	2017年6月8日	90
《环境保护税法》	发布前	2017年6月9日	2018年12月29日	145
	发布后	2018年1月1日	2018年5月4日	90
新冠疫情	暴发前	2018年5月7日	2020年1月22日	447
	暴发后	2020年1月23日	2020年5月27日	90
《能源发展》白皮书	发布前	2020年5月28日	2020年12月18日	146
	发布后	2020年12月21日	2021年4月23日	90
《碳达峰行动》	发布前	2021年4月26日	2021年10月25日	130
	发布后	2021年10月26日	2022年2月28日	90

8.2.3　实证结果

8.2.3.1　描述性统计与平稳性检验

①描述性统计

表8-2-3为全样本的描述性统计，包括股票指数的原始价格和收益

率数据。在每个股票市场中,价格的均值差异较大,收益率的均值接近于0,其中巴西的房地产、电信服务、能源、非必需消费品和信息技术市场的平均收益率为负值,其他市场为正值;所有的收益率偏度均小于0,分布出现相同方向的偏移;峰度均大于3,表明市场发生剧烈波动的概率相对较高。

表 8-2-3　　　　　　　　全样本描述性统计

因数 行业 变数	价格					收益率				
	样本量	均值	标准偏差	偏度	峰度	样本量	均值	标准偏差	偏度	峰度
中国能源	3 623	288.932	100.246	0.723	2.430	3 622	0.001	1.828	-0.395	6.676
巴西金融	3 623	2 022.788	477.336	0.223	3.616	3 622	0.020	2.311	-0.375	9.172
巴西房地产	3 623	284.538	142.399	0.827	2.475	3 622	-0.005	2.591	-0.635	11.345
巴西公用事业	3 623	1 327.904	342.681	-0.064	2.616	3 622	0.028	1.951	-0.811	11.111
巴西电信服务	3 623	66.543	37.426	0.674	2.094	3 622	-0.029	1.978	-0.340	6.698
巴西能源	3 623	611.013	371.805	1.112	3.086	3 622	-0.025	2.958	-0.931	15.088
巴西电力	3 623	1 3151.093	3 140.141	-0.192	2.620	3 622	0.021	1.813	-0.862	11.449
巴西工业	3 623	141.640	28.399	-0.331	2.344	3 622	0.013	2.122	-1.006	15.924
巴西材料	3 623	1 033.683	484.378	0.758	2.888	3 622	0.000	2.424	-0.256	8.580
巴西基础材料	3 623	848.310	293.222	0.187	2.279	3 622	0.017	2.233	-0.442	8.558
巴西必需消费品	3 623	740.491	203.218	0.034	2.247	3 622	0.006	1.797	-0.832	13.186
巴西非必需消费品	3 623	57.805	20.795	0.461	2.949	3 622	-0.022	2.575	-0.493	9.345
巴西消费	3 623	911.755	196.721	-0.673	3.564	3 622	0.016	1.972	-0.992	14.431
巴西信息技术	3 623	72.931	41.354	-0.291	1.940	3 622	-0.055	2.702	-0.095	11.124

图 8-2-1 与图 8-2-2 分别绘制了价格与收益率的时间序列图,更加直观地展现出在样本期间内的变动情况。

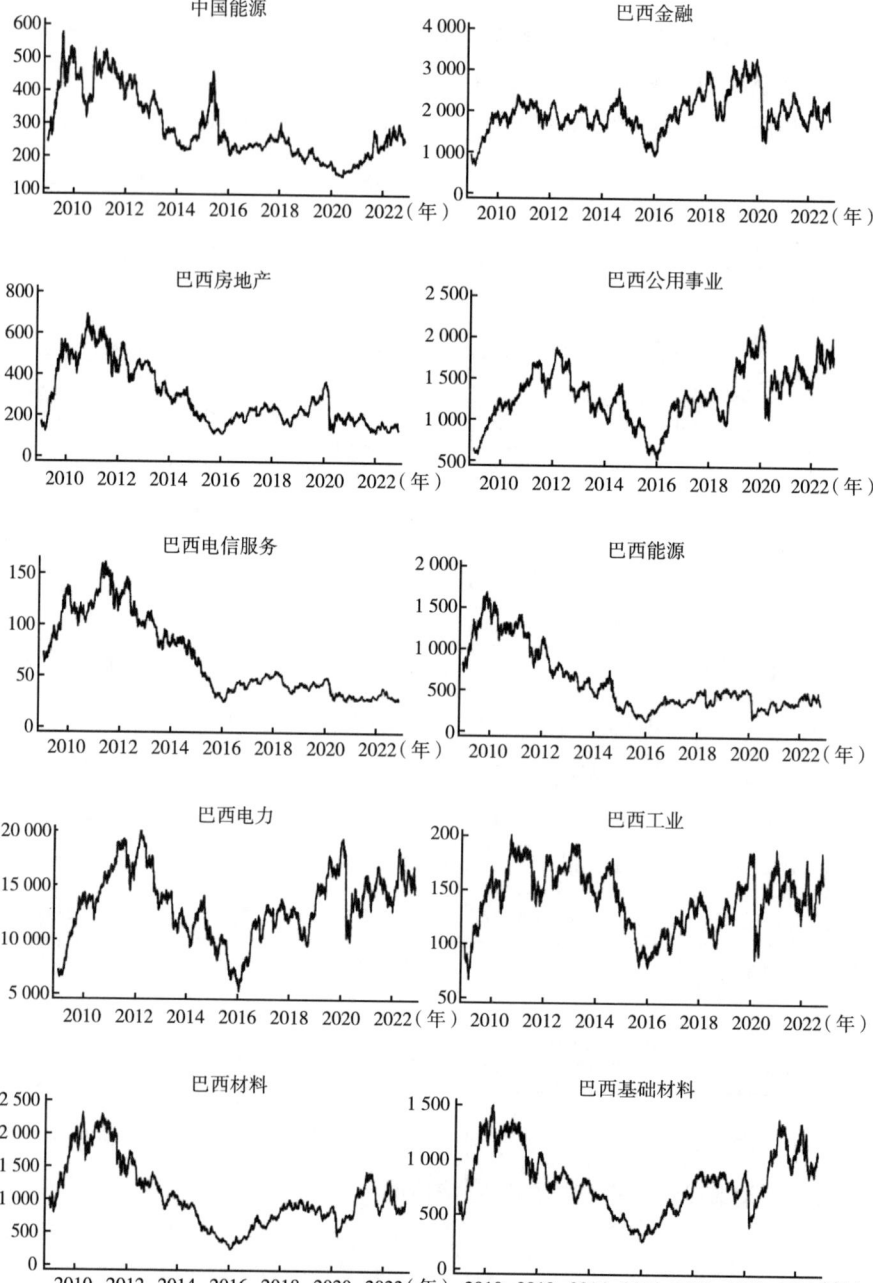

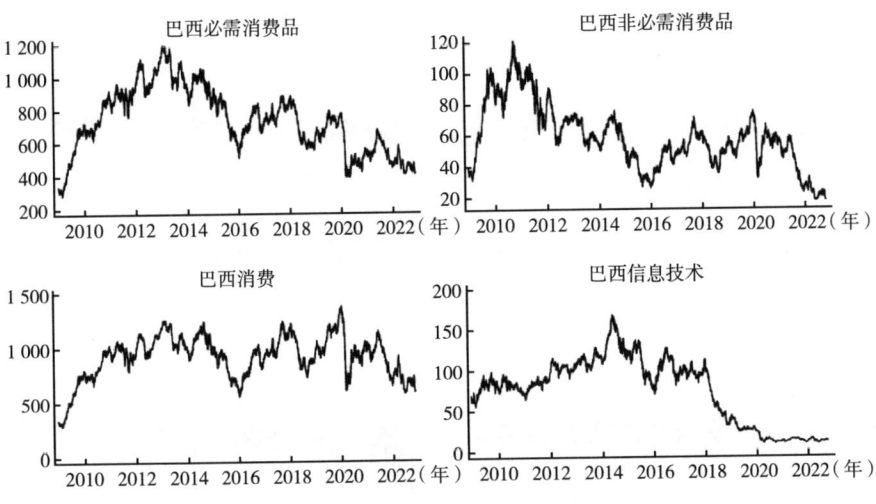

图 8-2-1 股票价格时间序列

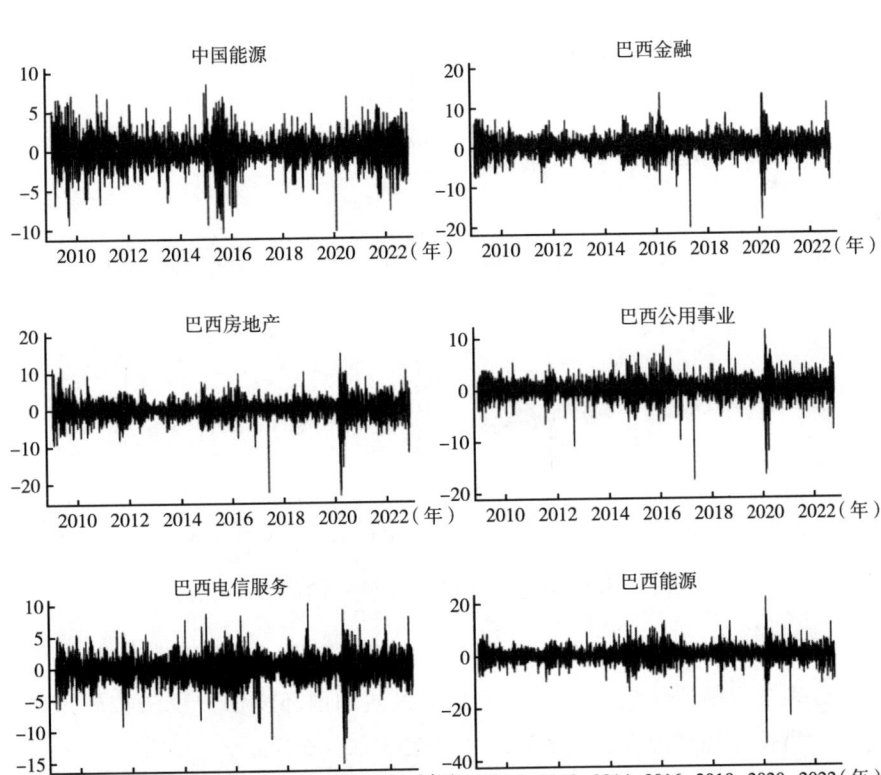

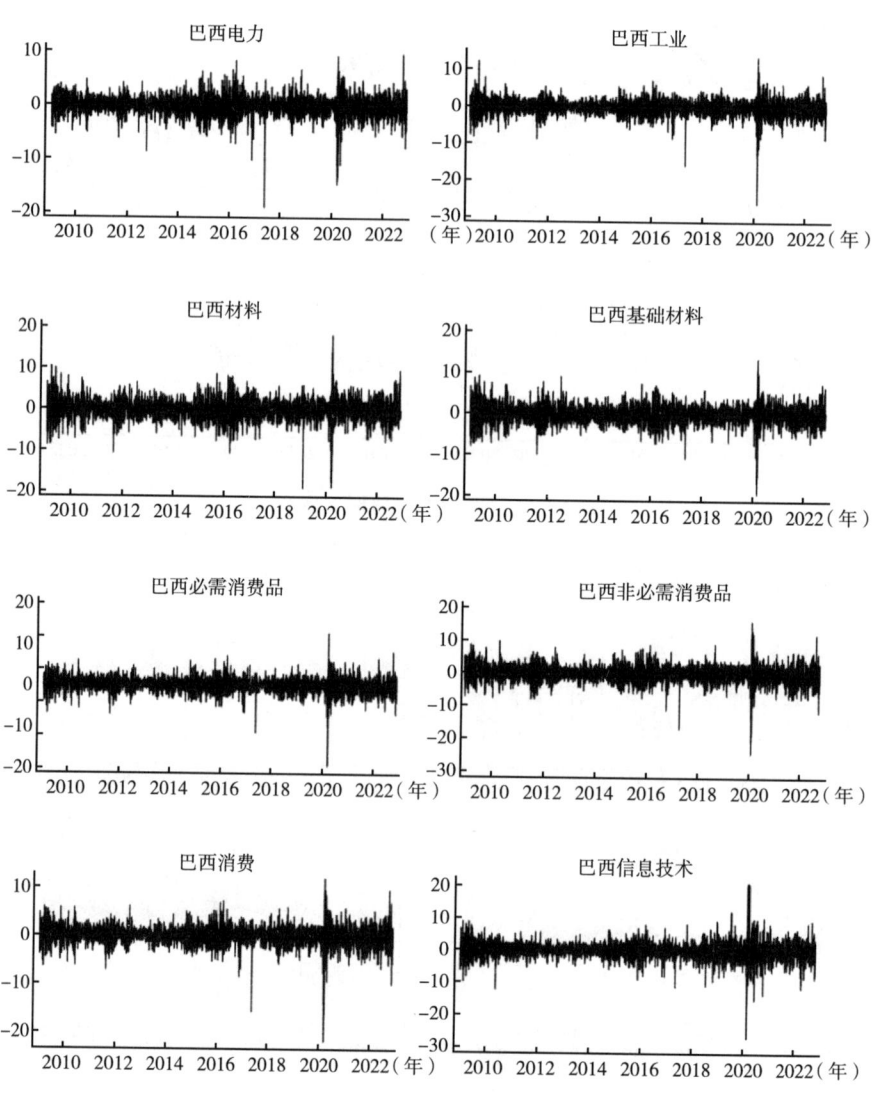

图 8-2-2 股票收益率时间序列

为了比较股票价格和收益率在政策前后的变化,对政策发布前后的子样本分别进行描述性统计。以《中华人民共和国环境保护税法实施条例》为例,描述性统计内容如表 8-2-4 和表 8-2-5 所示。

表8-2-4 《中华人民共和国环境保护税法实施条例》发布前子样本描述性统计

参数 行业 变数	价格					收益率				
	样本量	均值	标准偏差	偏度	峰度	样本量	均值	标准偏差	偏度	峰度
中国能源	146	248.067	9.367	-0.146	3.220	146	0.074	1.017	0.070	4.783
巴西金融	146	2 381.822	184.226	-0.514	2.556	146	0.111	1.355	0.016	3.611
巴西房地产	146	227.050	16.725	-0.170	2.578	146	0.092	1.444	-0.043	3.185
巴西公用事业	146	1 252.209	66.496	-0.221	2.518	146	0.074	1.180	0.076	3.800
巴西电信服务	146	47.173	2.875	-0.741	2.575	146	0.078	1.088	-0.132	3.544
巴西能源	146	367.622	30.163	-0.345	1.943	146	0.105	1.589	-0.404	5.894
巴西电力	146	12 460.449	714.175	-0.034	1.887	146	0.039	1.112	-0.035	3.659
巴西工业	146	129.563	9.561	-0.713	2.683	146	0.140	1.381	0.141	3.702
巴西材料	146	684.095	62.850	-0.727	2.605	146	0.216	1.569	-0.066	2.953
巴西基础材料	146	677.668	68.975	-0.798	2.335	146	0.195	1.445	-0.283	3.382
巴西必需消费品	146	807.547	51.198	-0.395	2.428	146	0.070	1.031	0.100	3.544
巴西非必需消费品	146	57.895	6.443	-0.112	2.355	146	0.149	1.697	0.068	3.381
巴西消费	146	1 078.863	93.586	-0.398	2.303	146	0.122	1.230	-0.161	3.312
巴西信息技术	146	94.273	5.149	0.948	4.240	146	0.012	1.666	0.525	7.813

表8-2-5 《中华人民共和国环境保护税法实施条例》发布后子样本描述性统计

参数 行业 变数	价格					收益率				
	样本量	均值	标准偏差	偏度	峰度	样本量	均值	标准偏差	偏度	峰度
中国能源	90	260.970	16.563	0.491	2.378	90	-0.067	1.579	-0.402	4.928
巴西金融	90	2 812.140	157.844	-0.394	2.182	90	0.024	1.887	0.457	4.261
巴西房地产	90	227.645	14.513	-0.593	2.637	90	-0.197	1.577	0.398	3.490
巴西公用事业	90	1 326.084	47.754	0.162	1.763	90	0.025	1.464	0.523	4.238
巴西电信服务	90	50.853	1.720	0.100	2.339	90	-0.016	1.637	0.632	3.513
巴西能源	90	472.027	28.803	-0.794	3.128	90	0.178	2.165	0.135	2.852
巴西电力	90	12 491.771	301.586	-0.201	2.061	90	0.021	1.282	0.954	4.935
巴西工业	90	138.703	5.301	0.048	2.235	90	-0.087	1.546	0.656	3.364
巴西材料	90	883.604	35.626	-0.031	2.748	90	0.206	1.819	0.330	3.668

续表

参数 行业 \ 变数	价格					收益率				
	样本量	均值	标准偏差	偏度	峰度	样本量	均值	标准偏差	偏度	峰度
巴西基础材料	90	877.053	42.442	-0.857	3.365	90	0.243	1.677	0.555	4.029
巴西必需消费品	90	833.474	35.048	-0.683	2.885	90	-0.130	1.321	0.060	4.231
巴西非必需消费品	90	55.810	3.560	0.003	1.912	90	-0.202	1.789	0.306	2.974
巴西消费	90	1 117.916	53.295	-0.422	2.453	90	-0.153	1.431	0.542	4.825
巴西信息技术	90	90.563	12.779	-0.281	1.973	90	-0.403	2.147	-0.351	3.362

从价格来看，在政策发布后，除了巴西的非必需消费品和信息技术市场，其他市场的股票价格指数均值均有上升。中国能源市场和巴西信息技术市场的标准偏差增大，其余市场的标准偏差减小。

从收益率来看，在政策发布后，只有巴西能源市场和基础材料市场的平均收益率没有下降。此外，九个股票市场的平均收益率由正转为负，其中包括中国能源市场。所有股票市场收益率的标准偏差均高于政策发布前，表明政策发布后的市场波动增加。大多数股票市场的收益率偏度都有不同程度的增加。值得注意的是，在政策发布前后，均出现了峰度较高的情况，但政策发布后更为明显。

②平稳性检验

研究将使用收益率数据进行实证分析，为保证数据的平稳性，对样本进行 ADF 单位根检验，结果如表 8-2-6 所示，所有变量序列都在 1% 的显著性水平下拒绝了样本序列存在单位根的原假设，验证了数据的平稳性。

表 8-2-6　　　　　　　收益率数据平稳性检验

行业 \ 变数	ADF 值	P 值
中国能源	-58.664	0.000***
巴西金融	-60.438	0.000***
巴西房地产	-58.768	0.000***

续表

行业 变数	ADF 值	P 值
巴西公用事业	-60.118	0.000***
巴西电信服务	-61.188	0.000***
巴西能源	-61.688	0.000***
巴西电力	-59.556	0.000***
巴西工业	-62.464	0.000***
巴西材料	-60.086	0.000***
巴西基础材料	-59.868	0.000***
巴西必需消费品	-61.756	0.000***
巴西非必需消费品	-60.056	0.000***
巴西消费	-61.549	0.000***
巴西信息技术	-61.234	0.000***

注：*** 表示在1%显著性水平下显著。

8.2.3.2 传导效应的静态分析

本节使用第三章第一节所介绍的调整后的相关系数分析中国能源政策对巴西股票市场的传导效应。

表 8-2-7 进行了 VAR 模型最优滞后期的选择，HQIC 显示滞后一期为最优选择，考虑模型的简洁性，选择 VAR（1）模型，滞后 1 期。VAR 模型为：

$$r_t = A_0 + A_1 r_{t-1} + \varepsilon_t \tag{8.2.19}$$

表 8-2-7　　VAR 模型最优滞后期

滞后期 准则	LL	LR	df	p	FPE	AIC	HQIC	SBIC
0	-79 101	54.806	43.734	43.743	43.758*			
1	-78 600	1 063.700	196.000	0.000	45.520	43.548	43.677*	43.908
2	-78 400	412.800	196.000	0.000	45.260*	43.543*	43.790	44.238
3	-78 200	360.930	196.000	0.000	45.651	43.551	43.919	44.582
4	-78 000	319.700*	196.000	0.000	46.573	43.571	44.058	44.937

注：* 表示在10%显著性水平下显著。

通过 VAR 模型的回归，提取残差矩阵 ε_t，表 8-2-8 至表 8-2-15 分别对每个政策发布（新冠疫情暴发）前后的两个子样本计算 Pearson 相关系数和 FR 调整后的相关系数，并进行相关系数差异性检验，计算统计量 C，共报告了 130 组结果（十个政策事件和十三个巴西行业）。

从未调整的 Pearson 相关系数来看，与政策发布（新冠疫情暴发）前相比，结果中共有 58 组相关系数在政策发布（新冠疫情暴发）后有所提高。对相关系数进行 FR 调整后，结果差异不大，共有 54 组政策事件发生后调整后的相关系数比发生前的相关系数高。在表 8-2-14 中，《绿色电力证书交易》的发布前后，巴西工业、材料、基础材料行业与中国能源指数的 Pearson 相关系数并未提高，但是调整后的相关系数有所增加。根据相关系数差异性检验的统计量 C 显示，共有 10 组 FR 调整后的相关系数在政策发布（新冠疫情暴发）后显著提高。在接下来的分析中，重点关注 FR 调整后的相关系数。

表 8-2-8 和表 8-2-9 报告了战略规划类两个政策的影响。所有的证据都表明《能源发展》白皮书的发布前后相关系数没有增加，证明不存在传导效应。《碳达峰行动》发布后，共有九个巴西行业股票与中国能源股票的相关系数增加，但是均没有通过显著性检验。

表 8-2-8　《新时代的中国能源发展》白皮书政策发布前后相关系数

行业 \ 相关系数	政策发布前相关系数	政策发布后相关系数	政策发布后（调整后的）相关系数	统计量 CR
中国能源 - 巴西金融	0.175	-0.034	-0.031	2.667
中国能源 - 巴西房地产	0.115	0.034	0.032	0.437
中国能源 - 巴西公用事业	0.114	0.036	0.033	0.409
中国能源 - 巴西电信服务	0.209	-0.015	-0.014	3.163
中国能源 - 巴西能源	0.219	-0.168	-0.155	9.088***
中国能源 - 巴西电力	0.120	0.032	0.030	0.513
中国能源 - 巴西工业	0.139	0.057	0.053	0.470
中国能源 - 巴西材料	0.304	0.109	0.101	2.814
中国能源 - 巴西基础材料	0.267	0.126	0.117	1.519

续表

行业 \ 相关系数	政策发布前相关系数	政策发布后相关系数	政策发布后（调整后的）相关系数	统计量 CR
中国能源－巴西必需消费品	0.129	0.017	0.016	0.804
中国能源－巴西非必需消费品	0.178	0.053	0.049	1.055
中国能源－巴西消费	0.124	0.023	0.021	0.653
中国能源－巴西信息技术	0.093	0.056	0.052	0.108

注：*** 表示在1%显著性水平下显著。

表8－2－9 《2030年前碳达峰行动方案》政策发布前后相关系数

行业 \ 相关系数	政策发布前相关系数	政策发布后相关系数	政策发布后（调整后的）相关系数	统计量 CR
中国能源－巴西金融	0.007	－0.005	－0.006	0.007
中国能源－巴西房地产	0.030	－0.030	－0.038	0.184
中国能源－巴西公用事业	－0.013	－0.047	－0.058	0.084
中国能源－巴西电信服务	0.096	0.132	0.164	0.195
中国能源－巴西能源	0.080	0.062	0.078	0.000**
中国能源－巴西电力	－0.005	－0.047	－0.059	0.118
中国能源－巴西工业	0.014	0.054	0.067	0.114
中国能源－巴西材料	0.169	0.276	0.338	1.451
中国能源－巴西基础材料	0.097	0.227	0.280	1.549
中国能源－巴西必需消费品	0.000	－0.083	－0.103	0.433
中国能源－巴西非必需消费品	0.021	0.033	0.042	0.017
中国能源－巴西消费	－0.009	－0.026	－0.033	0.023
中国能源－巴西信息技术	0.047	－0.104	－0.130	1.280

注：** 表示在5%显著性水平下显著。

表8－2－10和表8－2－11报告了财政税收两个政策的影响。《节能服务产业税收》的发布，没有造成中国能源市场与巴西任一行业市场相关性的增加，说明传导没有发生。在《分布式光伏发电补贴》发布后，巴西材料、基础材料和信息技术行业与中国能源行业的相关系数增加。

表 8-2-10 《关于促进节能服务产业发展增值税营业税和企业所得税政策问题的通知》政策发布前后相关系数

行业 相关系数	政策发布前相关系数	政策发布后相关系数	政策发布后（调整后的）相关系数	统计量 CR
中国能源-巴西金融	0.200	0.100	0.125	0.306
中国能源-巴西房地产	0.226	0.081	0.102	0.830
中国能源-巴西公用事业	0.171	0.079	0.099	0.273
中国能源-巴西电信服务	0.182	0.045	0.056	0.837
中国能源-巴西能源	0.218	0.150	0.186	0.056
中国能源-巴西电力	0.187	0.093	0.115	0.274
中国能源-巴西工业	0.187	0.090	0.112	0.302
中国能源-巴西材料	0.250	0.160	0.199	0.154
中国能源-巴西基础材料	0.250	0.044	0.055	2.007
中国能源-巴西必需消费品	0.194	0.024	0.030	1.403
中国能源-巴西非必需消费品	0.216	0.104	0.130	0.408
中国能源-巴西消费	0.208	0.071	0.089	0.754
中国能源-巴西信息技术	0.087	-0.001	-0.002	0.408

表 8-2-11 《关于分布式光伏发电实行按照电量补贴政策等有关问题的通知》政策发布前后相关系数

行业 相关系数	政策发布前相关系数	政策发布后相关系数	政策发布后（调整后的）相关系数	统计量 CR
中国能源-巴西金融	0.194	0.024	0.027	1.471
中国能源-巴西房地产	0.147	0.012	0.013	0.932
中国能源-巴西公用事业	0.144	-0.026	-0.030	1.575
中国能源-巴西电信服务	0.069	0.043	0.050	0.019
中国能源-巴西能源	0.203	0.074	0.085	0.742
中国能源-巴西电力	0.112	0.006	0.006	0.582
中国能源-巴西工业	0.134	0.068	0.078	0.164
中国能源-巴西材料	0.242	0.260	0.297	0.194
中国能源-巴西基础材料	0.191	0.197	0.226	0.071

续表

行业 \ 相关系数	政策发布前相关系数	政策发布后相关系数	政策发布后（调整后的）相关系数	统计量 CR
中国能源－巴西必需消费品	0.119	0.033	0.038	0.342
中国能源－巴西非必需消费品	0.102	0.023	0.026	0.297
中国能源－巴西消费	0.166	0.015	0.017	1.168
中国能源－巴西信息技术	-0.010	-0.021	-0.024	0.010

表 8-2-12 报告了示范试点两个政策的影响。《新能源示范城市》的发布，证明对房地产市场存在传导效应。《太阳能热发电示范项目》的发布，对巴西公用事业、电力和工业市场存在传导效应，并且提高了中国能源市场与巴西所有行业市场的相关性。

表 8-2-12　《关于组织太阳能热发电示范项目建设的通知》政策发布前后相关系数

行业 \ 相关系数	政策发布前相关系数	政策发布后相关系数	政策发布后（调整后的）相关系数	统计量 CR
中国能源－巴西金融	0.123	0.301	0.437	3.411
中国能源－巴西房地产	0.164	0.254	0.375	1.443
中国能源－巴西公用事业	0.115	0.327	0.471	4.599*
中国能源－巴西电信服务	0.112	0.184	0.277	0.775
中国能源－巴西能源	0.269	0.234	0.347	0.201
中国能源－巴西电力	0.117	0.332	0.477	4.786*
中国能源－巴西工业	0.074	0.327	0.471	5.649**
中国能源－巴西材料	0.281	0.230	0.343	0.127
中国能源－巴西基础材料	0.284	0.329	0.473	1.435
中国能源－巴西必需消费品	0.157	0.274	0.402	2.024
中国能源－巴西非必需消费品	0.153	0.199	0.298	0.620
中国能源－巴西消费	0.214	0.298	0.434	1.756
中国能源－巴西信息技术	0.215	0.236	0.351	0.593

注：*、**分别表示在10%、5%显著性水平下显著。

表 8-2-13 和表 8-2-14 报告了市场管理类两个政策的影响。没有证据可以证明《碳排放权交易》的发布对巴西股票市场产生了传导。结果证明,《绿色电力证书交易》的发布后,巴西公用事业、电信服务、电力、工业、材料和基础材料与中国能源市场的 FR 调整后的相关系数有所增加。

表 8-2-13 《碳排放权交易管理暂行办法》政策发布前后相关系数

行业 相关系数	政策发布前相关系数	政策发布后相关系数	政策发布后（调整后的）相关系数	统计量 CR
中国能源-巴西金融	0.051	-0.007	-0.004	0.517
中国能源-巴西房地产	0.100	0.056	0.029	0.871
中国能源-巴西公用事业	0.095	0.090	0.048	0.389
中国能源-巴西电信服务	0.031	0.025	0.013	0.054
中国能源-巴西能源	0.060	-0.031	-0.016	0.987
中国能源-巴西电力	0.098	0.074	0.039	0.611
中国能源-巴西工业	0.062	-0.018	-0.009	0.872
中国能源-巴西材料	0.149	0.075	0.039	2.118
中国能源-巴西基础材料	0.114	0.056	0.029	1.260
中国能源-巴西必需消费品	0.084	-0.022	-0.011	1.567
中国能源-巴西非必需消费品	0.052	-0.055	-0.029	1.116
中国能源-巴西消费	0.059	-0.035	-0.019	1.038
中国能源-巴西信息技术	0.036	-0.066	-0.035	0.867

表 8-2-14 《关于试行可再生能源绿色电力证书核发及自愿认购交易制度的通知》政策发布前后相关系数

行业 相关系数	政策发布前相关系数	政策发布后相关系数	政策发布后（调整后的）相关系数	统计量 CR
中国能源-巴西金融	0.050	-0.016	-0.026	0.177
中国能源-巴西房地产	0.039	0.004	0.007	0.030
中国能源-巴西公用事业	0.022	0.055	0.089	0.140
中国能源-巴西电信服务	0.056	0.089	0.143	0.245

续表

行业 \ 相关系数	政策发布前相关系数	政策发布后相关系数	政策发布后（调整后的）相关系数	统计量 CR
中国能源－巴西能源	0.131	0.062	0.100	0.032
中国能源－巴西电力	0.033	0.050	0.082	0.072
中国能源－巴西工业	0.060	0.057	0.092	0.032
中国能源－巴西材料	0.249	0.222	0.347	0.405
中国能源－巴西基础材料	0.223	0.198	0.311	0.301
中国能源－巴西必需消费品	0.114	0.045	0.073	0.053
中国能源－巴西非必需消费品	0.072	0.023	0.036	0.038
中国能源－巴西消费	0.108	0.031	0.050	0.105
中国能源－巴西信息技术	0.111	-0.013	-0.021	0.528

表 8-2-15 报告了新冠疫情的影响。可以明显看出，在新冠疫情的冲击下，中国能源市场对巴西股票市场存在传导效应，相关系数均有提高。其中，对金融、公用事业、电力、非必需消费品和消费部门的影响最为显著。

表 8-2-15　　　　新冠疫情暴发前后相关系数

行业 \ 相关系数	政策发布前相关系数	政策发布后相关系数	政策发布后（调整后的）相关系数	统计量 CR
中国能源－巴西金融	0.046	0.293	0.218	3.915*
中国能源－巴西房地产	0.015	0.242	0.180	3.482
中国能源－巴西公用事业	0.007	0.243	0.181	3.867*
中国能源－巴西电信服务	0.045	0.214	0.158	1.631
中国能源－巴西能源	0.122	0.327	0.246	2.063
中国能源－巴西电力	0.020	0.269	0.200	4.194*
中国能源－巴西工业	0.076	0.297	0.222	2.799
中国能源－巴西材料	0.258	0.360	0.272	0.025
中国能源－巴西基础材料	0.224	0.324	0.243	0.049

续表

行业 \ 相关系数	政策发布前相关系数	政策发布后相关系数	政策发布后（调整后的）相关系数	统计量CR
中国能源-巴西必需消费品	0.057	0.288	0.215	3.260
中国能源-巴西非必需消费品	0.035	0.305	0.228	4.895*
中国能源-巴西消费	0.031	0.278	0.207	4.012*
中国能源-巴西信息技术	0.041	0.184	0.136	1.129

注：*表示在10%显著性水平下显著。

表8-2-16汇总了传导效应静态分析的结果。分析发现，在所有的政策中，中国示范试点类、法律法规类能源政策的发布对巴西股票市场存在传导效应，而战略规划类、财政税收类和市场管理类的政策没有传导影响。相比之下，新冠疫情的暴发对巴西股票市场的传导效应更为显著。总体来看，巴西行业市场会受到中国能源政策的影响，但是相同的政策发布对不同行业传导的程度不同，相同的行业对不同类型的能源政策的反应也不相同，这与（Bassi, Yudken & Ruth, 2009; Wohlgemuth, 2008）的发现一致。

表8-2-16 中国能源政策对巴西股票市场的传导效应静态分析结果

行业 \ 影响因素	战略规划		财政税收		法律法规	示范试点		市场管理		新冠疫情
	政策8	政策9	政策1	政策3	政策7	政策2	政策5	政策4	政策6	
巴西金融	否	否	否	否	传导	否	否	否	否	传导
巴西房地产	否	否	否	否	否	传导	否	否	否	否
巴西公用事业	否	否	否	否	否	否	否	传导	否	传导
巴西电信服务	否	否	否	否	否	否	否	否	否	否
巴西能源	否	否	否	否	否	否	否	否	否	否
巴西电力	否	否	否	否	否	否	否	传导	否	传导
巴西工业	否	否	否	否	否	否	传导	否	否	否
巴西材料	否	否	否	否	否	否	否	否	否	否
巴西基础材料	否	否	否	否	否	否	否	否	否	否

续表

行业 \ 影响因素	战略规划		财政税收	法律法规	示范试点		市场管理		新冠疫情
	政策8	政策9	政策1	政策7	政策2	政策5	政策4	政策6	
巴西必需消费品	否	否	否	否	否	否	否	否	否
巴西非必需消费品	否	否	否	否	否	否	否	否	传导
巴西消费	否	否	否	否	否	否	否	否	传导
巴西信息技术	否	否	否	否	否	否	否	否	否

8.2.3.3 传导效应的动态分析

①ARCH 效应检验

本节中，首先对各行业指数的收益率进行 ARCH 效应检验。表 8-2-17 显示，在 1% 的显著性水平下，否定了不存在 ARCH(1) 效应的原假设，说明大部分行业指数的收益率存在 ARCH 效应。由于残差序列的 LM 检验表明存在 ARCH 效应，因此使用 GARCH 模型来估计不同市场的条件波动性。

表 8-2-17　　ARCH 效应 LM 检验

行业指数	P 值
中国能源	0.000 ***
巴西金融	0.000 ***
巴西房地产	0.000 ***
巴西公用事业	0.000 ***
巴西电信服务	0.383
巴西能源	0.000 ***
巴西电力	0.0070 ***
巴西工业	0.000 ***
巴西材料	0.000 ***
巴西基础材料	0.000 ***
巴西必需消费品	0.000 ***
巴西非必需消费品	0.159
巴西消费	0.000 ***
巴西信息技术	0.592

注：*** 表示在 1% 显著性水平下显著。

②GARCH 模型估计

为了提取动态条件相关系数，首先对 GARCH 模型进行估计。表 8-2-18 展示了方程（3-11）和（3-12）的回归结果。

表 8-2-18　　　　DCC-GARCH 模型参数估计

行业＼参数	均值方程			方差方程			持续性
	γ_0	γ_1	γ_2	β_0	β_1	β_2	$(\beta_1+\beta_2)$
中国能源	0.008 (0.337)		0.029 (1.636)	0.045*** (4.855)	0.057*** (8.657)	0.932*** (123.089)	0.989
巴西金融	0.129*** (4.518)	-0.032*** (-3.813)	0.025 (1.501)	0.105*** (8.567)	0.037*** (14.086)	0.939*** (208.542)	0.976
巴西房地产	0.099*** (3.294)	-0.005 (-0.570)	0.004 (0.238)	0.098*** (7.726)	0.042*** (13.682)	0.940*** (201.657)	0.982
巴西公用事业	0.123*** (5.052)	-0.007 (-0.830)	0.012 (0.822)	0.089*** (8.102)	0.040*** (12.773)	0.934*** (168.968)	0.974
巴西电信服务	0.057** (2.095)	-0.007 (-0.611)	0.014 (0.903)	0.078*** (6.128)	0.038*** (9.972)	0.940*** (155.599)	0.978
巴西能源	0.094*** (2.590)	-0.019* (-1.671)	0.021 (1.007)	0.238*** (7.466)	0.058*** (10.984)	0.908*** (111.364)	0.966
巴西电力	0.110*** (4.825)	0.007 (0.777)	0.015 (1.155)	0.072*** (8.606)	0.039*** (13.395)	0.937*** (191.921)	0.976
巴西工业	0.112*** (4.329)	-0.044*** (-4.603)	0.019 (1.256)	0.053*** (6.432)	0.036*** (12.798)	0.949*** (226.506)	0.985
巴西材料	0.088*** (2.684)	-0.039*** (-3.744)	0.071*** (3.730)	0.136*** (7.398)	0.031*** (11.785)	0.940*** (172.644)	0.971
巴西基础材料	0.103*** (3.515)	-0.032*** (-3.305)	0.053*** (3.146)	0.111*** (7.310)	0.032*** (11.581)	0.939*** (163.743)	0.971
巴西必需消费品	0.092*** (3.946)	-0.036*** (-3.979)	0.008 (0.595)	0.051*** (6.643)	0.033*** (11.952)	0.949*** (202.846)	0.982

续表

行业 \ 参数	均值方程			方差方程			持续性
	γ_0	γ_1	γ_2	β_0	β_1	β_2	$(\beta_1+\beta_2)$
巴西非必需消费品	0.107*** (3.456)	-0.038*** (-4.307)	0.024 (1.309)	0.085*** (6.757)	0.036*** (13.561)	0.948*** (222.228)	0.984
巴西消费	0.116*** (4.906)	-0.051*** (-7.074)	0.013 (0.922)	0.056*** (9.032)	0.033*** (17.200)	0.949*** (291.684)	0.982
巴西信息技术	0.085*** (2.616)	0.003 (0.213)	0.001 (0.074)	0.059*** (4.187)	0.050*** (7.584)	0.942*** (120.953)	0.992

注：*、**、*** 分别表示在10%、5%、1%显著性水平下显著。

均值方程中，γ_0 为常数项，$\gamma_1 r_{t-1}$ 为1阶自回归，$\gamma_2 r_{t-1}^{CN}$ 为滞后一期的中国能源股票市场收益率。中国能源市场、巴西电力和信息技术市场对 AR(1) 项的参数估计为正值，其余市场收益率 AR(1) 项系数为负值。同时，中国能源市场以及巴西房地产、公用事业、电信服务、电力、信息技术市场的 AR(1) 项系数估计不显著。巴西材料和基础材料市场收益率受到了中国能源市场滞后一期的显著影响。方差方程中，β_0 为常数项，$\beta_1 h_{ii,t-1}$ 为 ARCH 项，$\beta_2 \varepsilon_{i,t-1}^2$ 为 GARCH 项。所有 GARCH 和 ARCH 系数均为正值，且在1%的显著性水平下具有统计意义。对方差方程持续性 $(\beta_1+\beta_2)$ 的计算显示，结果最高为0.992，最低为0.971，全部都趋近于1，说明波动性呈现出高度的持续性。

③动态条件相关系数

根据 DCC-GARCH 模型的估计结果，计算出市场收益率波动的相关系数，其中重点关注变量中国能源即中国能源市场与巴西股票市场的相关性，结果如图8-2-3所示。

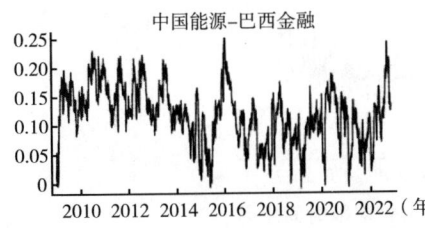
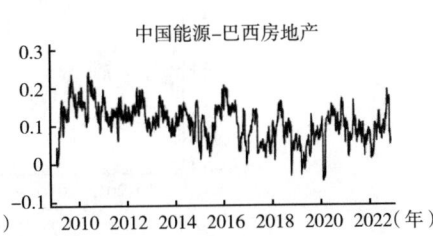

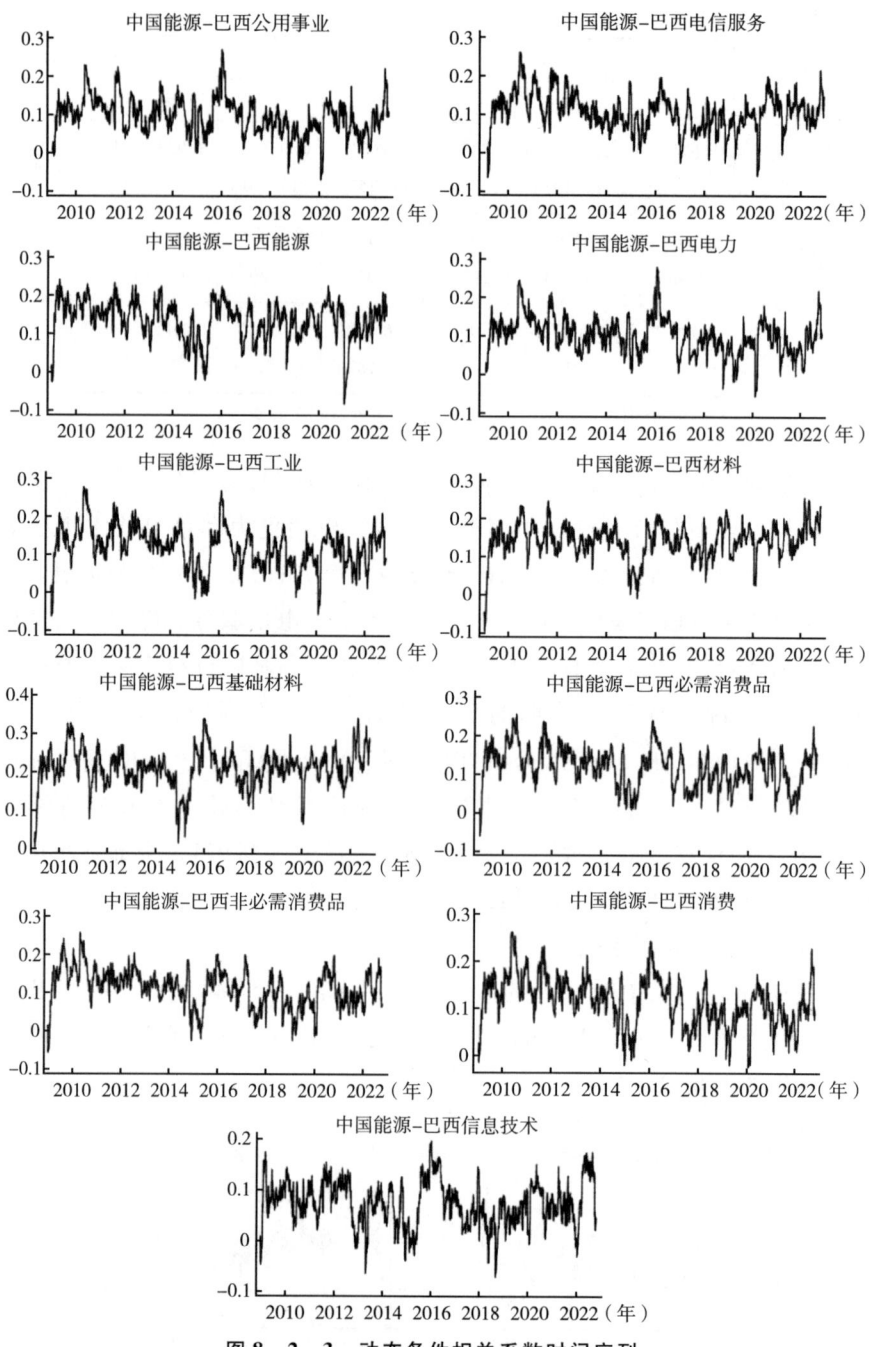

图 8-2-3 动态条件相关系数时间序列

表 8-2-19 至表 8-2-28 分别展示了在九个能源政策和新冠疫情的冲击下，中国能源行业指数收益率与巴西十三个行业股票收益率波动的动态条件相关系数 K-S 检验的结果。

表 8-2-19 和表 8-2-20 报告了战略规划类两个政策的影响。结果表明，《能源发展》白皮书对巴西的股票市场没有出现任何行业的政策传导。《碳达峰行动》对巴西的能源、工业和材料这三个行业市场产生了政策传导。

表 8-2-19 《新时代的中国能源发展》白皮书政策发布前后动态相关系数分布 K-S 检验

行业 参数	P值(1)	P值(2)	P值(联合)	最大差值
中国能源-巴西金融	1.000	0.000***	0.000***	0.571
中国能源-巴西房地产	1.000	0.000***	0.000***	0.633
中国能源-巴西公用事业	1.000	0.000***	0.000***	0.404
中国能源-巴西电信服务	1.000	0.000***	0.000***	0.606
中国能源-巴西能源	1.000	0.000***	0.000***	0.544
中国能源-巴西电力	1.000	0.000***	0.000***	0.486
中国能源-巴西工业	1.000	0.000***	0.000***	0.556
中国能源-巴西材料	0.993	0.000***	0.000***	0.537
中国能源-巴西基础材料	0.909	0.000***	0.000***	0.393
中国能源-巴西必需消费品	1.000	0.000***	0.000***	0.504
中国能源-巴西非必需消费品	1.000	0.000***	0.000***	0.835
中国能源-巴西消费	1.000	0.000***	0.000***	0.727
中国能源-巴西信息技术	0.184	0.000***	0.000***	0.538

注：*** 表示在 1% 显著性水平下显著。

表 8-2-20 《2030 年前碳达峰行动方案》政策发布前后动态相关系数分布 K-S 检验

行业 参数	P值(1)	P值(2)	P值(联合)	最大差值
中国能源-巴西金融	0.994	0.003***	0.006***	0.233
中国能源-巴西房地产	1.000	0.000***	0.000***	0.501

续表

行业 \ 参数	P值(1)	P值(2)	P值(联合)	最大差值
中国能源 - 巴西公用事业	0.975	0.028 **	0.057 *	0.183
中国能源 - 巴西电信服务	0.826	0.028 **	0.056 *	0.183
中国能源 - 巴西能源	0.010 **	0.635	0.019 **	0.209
中国能源 - 巴西电力	0.994	0.002 ***	0.004 ***	0.240
中国能源 - 巴西工业	0.001 ***	0.949	0.001 ***	0.266
中国能源 - 巴西材料	0.000 ***	0.017 **	0.000 ***	0.315
中国能源 - 巴西基础材料	0.975	0.002 ***	0.003 ***	0.244
中国能源 - 巴西必需消费品	1.000	0.000 ***	0.000 ***	0.783
中国能源 - 巴西非必需消费品	0.184	0.879	0.367	0.126
中国能源 - 巴西消费	0.994	0.000 ***	0.000 ***	0.416
中国能源 - 巴西信息技术	1.000	0.000 ***	0.000 ***	0.381

注：*、**、*** 分别表示在10%、5%、1%显著性水平下显著。

表 8-2-21 和表 8-2-22 报告了财政税收两个政策的影响。《节能服务产业税收》的发布，仅在巴西的材料市场中出现传导。《分布式光伏发电补贴》对巴西的公用事业、能源、电力、材料、基础材料和信息技术市场产生的传导。

表 8-2-21　《关于促进节能服务产业发展增值税营业税和企业所得税政策问题的通知》政策发布前后动态相关系数分布 K-S 检验

行业 \ 参数	P值(1)	P值(2)	P值(联合)	最大差值
中国能源 - 巴西金融	0.133	0.265	0.265	0.115
中国能源 - 巴西房地产	0.312	0.000 ***	0.000 ***	0.394
中国能源 - 巴西公用事业	0.102	0.001 ***	0.001 ***	0.219
中国能源 - 巴西电信服务	0.144	0.009 ***	0.017 **	0.176
中国能源 - 巴西能源	0.433	0.000 ***	0.000 ***	0.489
中国能源 - 巴西电力	0.251	0.000 ***	0.000 ***	0.238

续表

行业 \ 参数	P值(1)	P值(2)	P值(联合)	最大差值
中国能源-巴西工业	0.296	0.000***	0.000***	0.510
中国能源-巴西材料	0.008***	0.265	0.017**	0.177
中国能源-巴西基础材料	0.051*	0.088*	0.101	0.140
中国能源-巴西必需消费品	0.698	0.000***	0.000***	0.347
中国能源-巴西非必需消费品	0.081*	0.000***	0.000***	0.355
中国能源-巴西消费	0.534	0.001***	0.003***	0.207
中国能源-巴西信息技术	0.049**	0.070*	0.098*	0.140

注：*、**、***分别表示在10%、5%、1%显著性水平下显著。

表8-2-22 《关于分布式光伏发电实行按照电量补贴政策等有关问题的通知》政策发布前后动态相关系数分布K-S检验

行业 \ 参数	P值(1)	P值(2)	P值(联合)	最大差值
中国能源-巴西金融	0.787	0.129	0.257	0.127
中国能源-巴西房地产	1.000	0.000***	0.000***	0.321
中国能源-巴西公用事业	0.000***	0.216	0.000***	0.256
中国能源-巴西电信服务	1.000	0.000***	0.000***	0.508
中国能源-巴西能源	0.007***	0.065*	0.015**	0.196
中国能源-巴西电力	0.000***	0.613	0.000***	0.330
中国能源-巴西工业	1.000	0.000***	0.000***	0.602
中国能源-巴西材料	0.000***	1.000	0.000***	0.677
中国能源-巴西基础材料	0.000***	1.000	0.000***	0.644
中国能源-巴西必需消费品	0.400	0.001***	0.002***	0.232
中国能源-巴西非必需消费品	1.000	0.000***	0.000***	0.408
中国能源-巴西消费	0.361	0.000***	0.000***	0.332
中国能源-巴西信息技术	0.000***	1.000	0.000***	0.560

注：*、**、***分别表示在10%、5%、1%显著性水平下显著。

表 8-2-23 报告了法律法规类政策的影响。结果显示,《中华人民共和国环境保护税法实施条例》的颁布对巴西所有行业股票市场都存在传导效应。图 8-2-4 中,实线为发布前的子样本,虚线为发布后的子样本,可以明显看出,在法律颁布后,动态条件相关系数分布出现了向右偏移。

表 8-2-23 《中华人民共和国环境保护税法实施条例》政策发布前后动态相关系数分布 K-S 检验

行业 \ 参数	P值(1)	P值(2)	P值(联合)	最大差值
中国能源-巴西金融	0.000 ***	1.000	0.000 ***	0.841
中国能源-巴西房地产	0.000 ***	0.986	0.000 ***	0.828
中国能源-巴西公用事业	0.000 ***	0.709	0.000 ***	0.437
中国能源-巴西电信服务	0.000 ***	0.884	0.000 ***	0.654
中国能源-巴西能源	0.000 ***	0.986	0.000 ***	0.475
中国能源-巴西电力	0.000 ***	0.974	0.000 ***	0.653
中国能源-巴西工业	0.000 ***	1.000	0.000 ***	0.780
中国能源-巴西材料	0.001 ***	0.138	0.001 ***	0.256
中国能源-巴西基础材料	0.000 ***	0.946	0.000 ***	0.469
中国能源-巴西必需消费品	0.000 ***	0.900	0.000 ***	0.869
中国能源-巴西非必需消费品	0.000 ***	0.998	0.000 ***	0.906
中国能源-巴西消费	0.000 ***	0.992	0.000 ***	0.856
中国能源-巴西信息技术	0.000 ***	0.854	0.000 ***	0.507

注:*** 表示在 1% 显著性水平下显著。

表 8-2-24 和表 8-2-25 报告了示范试点两个政策的影响。《新能源示范城市》的发布对巴西的大部分行业市场都产生了政策传导,包括金融、房地产、能源、工业、材料、基础材料、非必需消费品和信息技术市场。《太阳能热发电示范项目》对巴西股票市场的传导效应非常显著,巴西所有部门与中国能源市场的相关系数均显著增加。

表 8-2-24 《关于申报新能源示范城市和产业园区的通知》
政策发布前后动态相关系数分布 K-S 检验

行业 参数	P 值(1)	P 值(2)	P 值(联合)	最大差值
中国能源 - 巴西金融	0.000 ***	1.000	0.000 ***	0.474
中国能源 - 巴西房地产	0.000 ***	0.998	0.000 ***	0.559
中国能源 - 巴西公用事业	0.102	0.000 ***	0.000 ***	0.391
中国能源 - 巴西电信服务	0.000 ***	0.000 ***	0.000 ***	0.377
中国能源 - 巴西能源	0.000 ***	0.956	0.000 ***	0.268
中国能源 - 巴西电力	0.996	0.000 ***	0.000 ***	0.388
中国能源 - 巴西工业	0.000 ***	0.433	0.000 ***	0.413
中国能源 - 巴西材料	0.000 ***	0.015 **	0.000 ***	0.376
中国能源 - 巴西基础材料	0.000 ***	0.916	0.000 ***	0.483
中国能源 - 巴西必需消费品	0.000 ***	0.000 ***	0.000 ***	0.351
中国能源 - 巴西非必需消费品	0.000 ***	1.000	0.000 ***	0.421
中国能源 - 巴西消费	0.004 ***	0.000 ***	0.000 ***	0.254
中国能源 - 巴西信息技术	0.000 ***	0.187	0.001 ***	0.240

注：**、*** 分别表示在 5%、1% 显著性水平下显著。

表 8-2-25 《关于组织太阳能热发电示范项目建设的通知》
政策发布前后动态相关系数分布 K-S 检验

行业 参数	P 值(1)	P 值(2)	P 值(联合)	最大差值
中国能源 - 巴西金融	0.000 ***	1.000	0.000 ***	0.760
中国能源 - 巴西房地产	0.000 ***	1.000	0.000 ***	0.700
中国能源 - 巴西公用事业	0.000 ***	1.000	0.000 ***	0.706
中国能源 - 巴西电信服务	0.000 ***	1.000	0.000 ***	0.656
中国能源 - 巴西能源	0.000 ***	0.826	0.000 ***	0.652
中国能源 - 巴西电力	0.000 ***	1.000	0.000 ***	0.700
中国能源 - 巴西工业	0.000 ***	1.000	0.000 ***	0.714
中国能源 - 巴西材料	0.000 ***	0.378	0.000 ***	0.479
中国能源 - 巴西基础材料	0.000 ***	1.000	0.000 ***	0.456

续表

行业 \ 参数	P值(1)	P值(2)	P值(联合)	最大差值
中国能源-巴西必需消费品	0.000***	1.000	0.000***	0.532
中国能源-巴西非必需消费品	0.000***	1.000	0.000***	0.644
中国能源-巴西消费	0.000***	1.000	0.000***	0.633
中国能源-巴西信息技术	0.000***	1.000	0.000***	0.700

注：*** 表示在1%显著性水平下显著。

表8-2-26和表8-2-27报告了市场管理两个政策的影响。通过检验结果可以确认，《碳排放权交易》的发布没有造成传导效应。《绿色电力证书交易》的发布仅对巴西的非必需消费品市场有政策传导效应。

表8-2-26　《碳排放权交易管理暂行办法》政策发布
前后动态相关系数分布 K-S 检验

行业 \ 参数	P值（1）	P值（2）	P值（联合）	最大差值
中国能源-巴西金融	1.000	0.000***	0.000***	0.608
中国能源-巴西房地产	1.000	0.000***	0.000***	0.555
中国能源-巴西公用事业	1.000	0.000***	0.000***	0.410
中国能源-巴西电信服务	1.000	0.000***	0.000***	0.421
中国能源-巴西能源	1.000	0.000***	0.000***	0.566
中国能源-巴西电力	1.000	0.000***	0.000***	0.457
中国能源-巴西工业	1.000	0.000***	0.000***	0.720
中国能源-巴西材料	1.000	0.000***	0.000***	0.989
中国能源-巴西基础材料	1.000	0.000***	0.000***	0.985
中国能源-巴西必需消费品	1.000	0.000***	0.000***	0.746
中国能源-巴西非必需消费品	1.000	0.000***	0.000***	0.891
中国能源-巴西消费	1.000	0.000***	0.000***	0.849
中国能源-巴西信息技术	1.000	0.000***	0.000***	0.728

注：*** 表示在1%显著性水平下显著。

表 8-2-27 《关于试行可再生能源绿色电力证书核发及自愿
认购交易制度的通知》政策发布前后动态相关
系数分布 K-S 检验

行业 \ 参数	P值(1)	P值(2)	P值(联合)	最大差值
中国能源-巴西金融	0.024**	0.000***	0.000***	0.273
中国能源-巴西房地产	0.003***	0.000***	0.000***	0.330
中国能源-巴西公用事业	0.080*	0.157	0.159	0.137
中国能源-巴西电信服务	0.018**	0.022**	0.037**	0.172
中国能源-巴西能源	0.081*	0.002***	0.004***	0.214
中国能源-巴西电力	0.505	0.000***	0.000***	0.517
中国能源-巴西工业	0.000***	0.001***	0.000***	0.303
中国能源-巴西材料	0.132	0.366	0.264	0.123
中国能源-巴西基础材料	0.119	0.001***	0.003***	0.221
中国能源-巴西必需消费品	0.912	0.000***	0.000***	0.353
中国能源-巴西非必需消费品	0.000***	0.028**	0.000***	0.273
中国能源-巴西消费	0.923	0.000***	0.000***	0.274
中国能源-巴西信息技术	1.000	0.000***	0.000***	0.598

注：*、**、*** 分别表示在 10%、5%、1% 显著性水平下显著。

表 8-2-28 报告了新冠疫情的影响。疫情的暴发导致中国能源市场与巴西股票市场的相关性都发生了变化，但是，只有在巴西的金融、能源和信息技术市场中才能确认传导效应的存在，Benkraiem et al.（2022）的研究也提供了新冠疫情暴发导致从中国股市向巴西股市传导的证据。

表 8-2-28 新冠疫情暴发前后动态相关系数分布 K-S 检验

行业 \ 参数	P值(1)	P值(2)	P值(联合)	最大差值
中国能源-巴西金融	0.000***	0.011**	0.000***	0.453
中国能源-巴西房地产	0.000***	0.000***	0.000***	0.411

续表

行业＼参数	P值(1)	P值(2)	P值(联合)	最大差值
中国能源－巴西公用事业	0.000***	0.000***	0.000***	0.524
中国能源－巴西电信服务	0.000***	0.001***	0.000***	0.297
中国能源－巴西能源	0.000***	0.942	0.000***	0.429
中国能源－巴西电力	0.000***	0.001***	0.000***	0.538
中国能源－巴西工业	0.000***	0.000***	0.000***	0.355
中国能源－巴西材料	1.000	0.000***	0.000***	0.453
中国能源－巴西基础材料	1.000	0.000***	0.000***	0.418
中国能源－巴西必需消费品	0.000***	0.004***	0.000***	0.488
中国能源－巴西非必需消费品	0.000***	0.001***	0.000***	0.386
中国能源－巴西消费	0.000***	0.000***	0.000***	0.486
中国能源－巴西信息技术	0.000***	0.523	0.000***	0.678

注：***表示在1%显著性水平下显著。

表8-2-29汇总了传导效应动态分析的结果。对比所有政策事件冲击发现，《中华人民共和国环境保护税法实施条例》即法律法规类政策和示范试点类的《关于组织太阳能热发电示范项目建设的通知》对巴西股票市场的传导效应最为显著。其次，产生了较大影响的是示范试点类的《关于申报新能源示范城市和产业园区的通知》和财政税收类的《关于分布式光伏发电实行按照电量补贴政策等有关问题的通知》。同时，战略规划类的《2023年碳达峰行动方案》与新冠疫情的冲击也影响到了巴西的股票市场，但是仅对少数行业产生了传导。而财政税收类的《关于促进节能服务产业发展增值税营业税和企业所得税政策问题的通知》和市场管理类的《关于试行可再生能源绿色电力证书核发及自愿认购交易制度的通知》对巴西股票市场的传导效应非常小。最后，战略政策类的《新时代的中国能源发展》白皮书和市场管理类的《碳排放权交易管理暂行办法》没有任何的政策传导。

表8-2-29　中国能源政策对巴西股票市场的传导效应动态分析结果

影响因素 行业	战略规划		财政税收		法律法规	示范试点		市场管理		新冠疫情
	政策8	政策9	政策1	政策3	政策7	政策2	政策5	政策4	政策6	
巴西金融	否	否	否	否	传导	传导	传导	否	否	传导
巴西房地产	否	否	否	否	传导	传导	传导	否	否	否
巴西公用事业	否	否	否	传导	传导	否	传导	否	否	否
巴西电信服务	否	否	否	否	否	否	否	否	否	否
巴西能源	否	传导	否	否	否	否	否	否	否	传导
巴西电力	否	否	否	否	否	否	否	否	否	否
巴西工业	否	传导	否	否	否	否	否	否	否	否
巴西材料	否	传导	传导	否	否	否	否	否	否	否
巴西基础材料	否	否	否	否	否	否	否	否	否	否
巴西必需消费品	否	否	否	否	否	否	否	否	否	否
巴西非必需消费品	否	否	否	否	否	否	否	否	传导	否
巴西消费	否	否	否	否	否	否	否	否	否	否
巴西信息技术	否	否	否	传导	否	否	传导	否	否	传导

综上所述，法律法规类和示范试点类政策对行业部门的表现发挥着重要的作用，这一发现与之前的静态相关性分析结果一致。立法比行政命令更加有力，可以规范其他政策的执行，在监管框架中发挥着不可替代的作用（Liu & Feng，2023）。中国在巴西的投资项目包括了特高压直流输电、燃气电站等（李仁方，2020），中国能源示范试点项目为巴西带来先进的技术与经验，并且大型能源项目的建设可以为当地创造间接的就业机会，例如在项目建设区域内提供商品和服务（De Faria, Davis, Severnini & Jaramillo, 2017; Kabir, Sultana & Khan, 2022）。而战略规划类和市场管理类政策对巴西股票市场的影响不大。Hsiao, Ai, Wei & Sheng (2021) 的研究也发现，政策支持（"十一五""十二五"和"十三五"规划）存在传导效应，但是"中长期发展规划"没有出现跨国和跨部门的政策传导，佐证了本文对《新时代的中国能源发展》白皮书和《2030前碳达峰行动方案》两个长期战略规划的研究结果。在财政税收类政策中，财政补贴比税收优惠更加有力，补贴比税收对企业有更积极的激励作用（Chang,

Long, Yang, Zhang, Xue & Liu, 2022), 这与 Hsiao, Yang Zheng & Chiu (2023) 的发现一致。

如图 8-2-4 所示, 在巴西所有的行业市场中, 能源和材料行业受到政策事件传导的影响最大, 由于中国企业在巴西的投资主要集中在能源与基础建设领域 (李仁方, 2020), 这也进一步影响到基建中大量使用的原材料需求; 其次是信息技术市场, 再者为金融、工业、基础材料和非必需消费品市场; 接下来是房地产、公用事业、电力部门; 而政策事件的冲击对巴西电信服务、必需消费品和消费市场的影响较小。

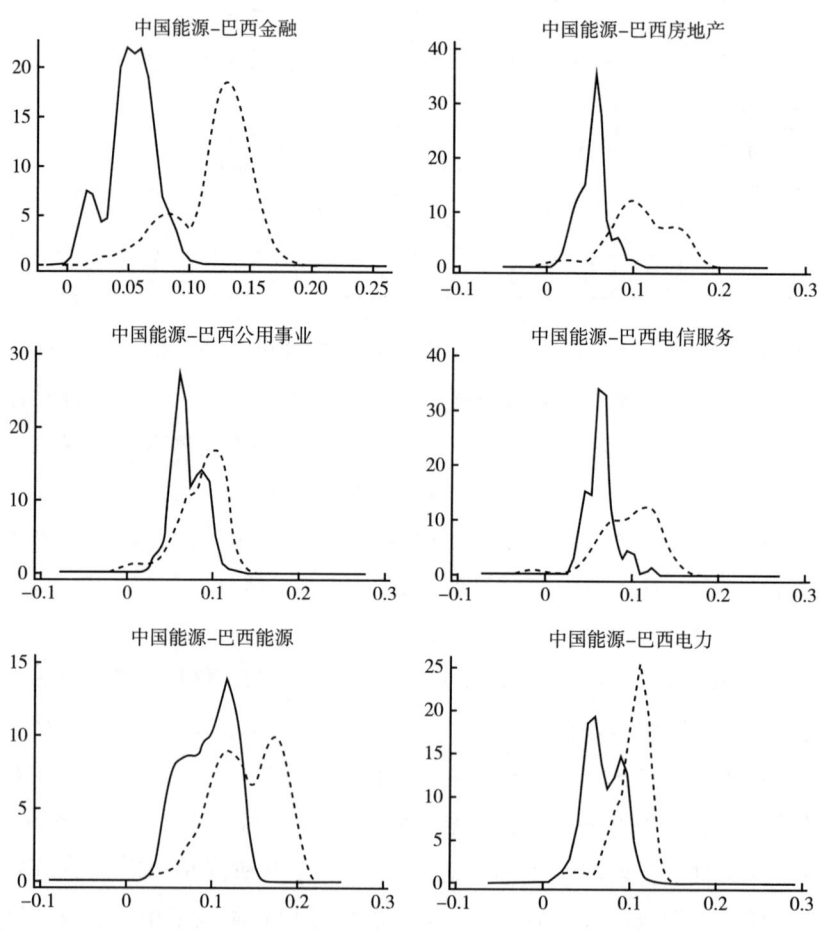

8. 中国能源政策与葡语国家市场联动性分析 | 427

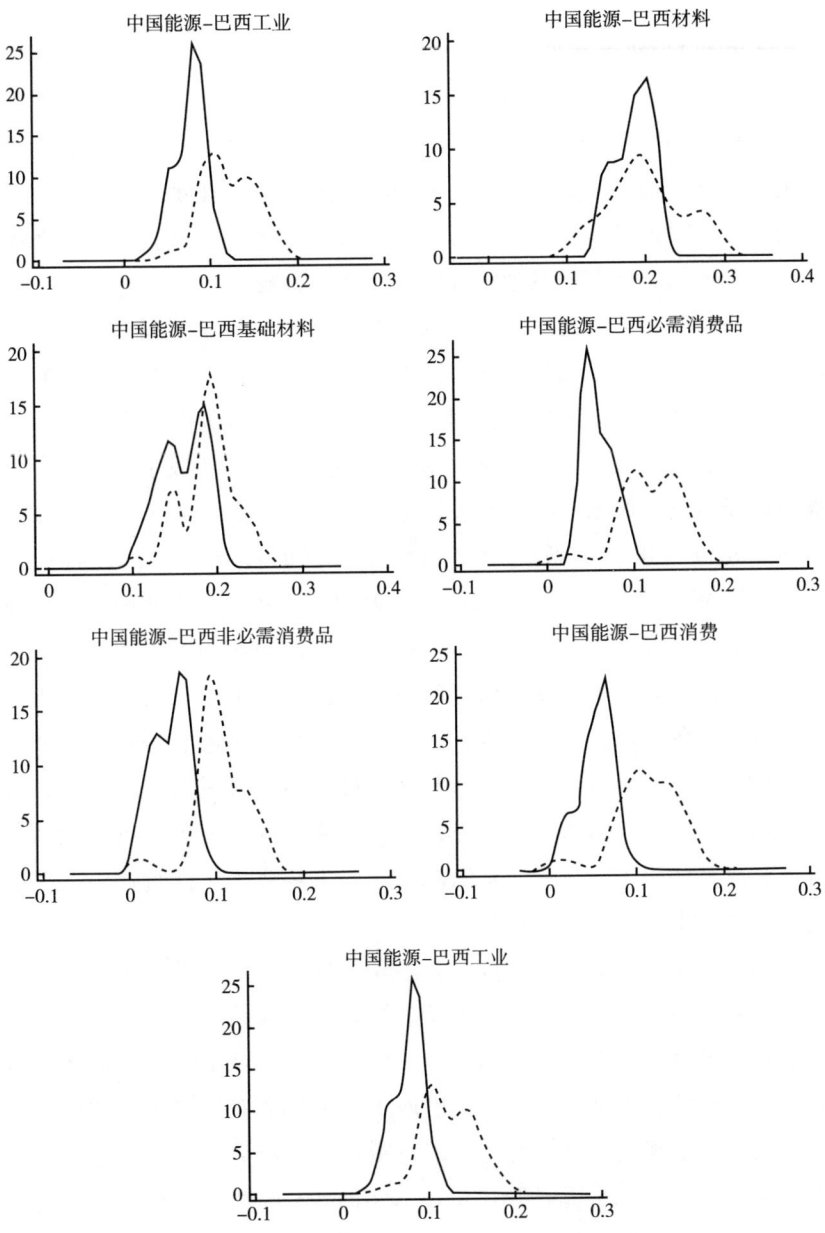

图 8-2-4 动态条件相关系数核密度分布

8.2.4 结论与建议

能源在经济发展中发挥着重要且不可替代的作用,中国是能源消费大国,近年来推进能源全面、协调、可持续发展,推动能源革命,制定了一系列与能源相关的政策。由于能源与经济发展的密切关系,能源政策不仅作用于能源部门,还会对其他的经济部门产生影响。

巴西作为拉丁美洲地区大国、葡语国家之一,与中国同属金砖国家成员国,是中国重要的全面战略伙伴,在经济金融、商品贸易、服务贸易等方面与中国建立了密切的联系。因此,中国的能源政策冲击引起的市场波动也可能会通过双方密切的经贸往来从而影响到巴西的股票市场,导致中国能源市场与巴西股票市场的相关性增加,即出现传导效应。

为了分析中国能源政策对巴西股票市场的传导效应,我们选择了2010—2021年中国政府发布的与能源相关的九个政策作为研究对象,并且将政策归为五个大类,分别是战略规划类、财政税收类、法律法规类、示范试点类和市场管理类,使用中国能源指数和巴西十三个行业股票指数的收益率来衡量各部门的市场表现,包括巴西市场的金融、房地产、公用事业、电信、能源、电力、工业、材料、基础材料、必需消费品、非必需消费品、消费和信息技术行业。另外,在研究期间内出现了新冠疫情暴发事件。已有研究证明了新冠疫情暴发对于股票市场产生了严重冲击,因此本研究也将这一事件也纳入分析中。

根据对传导的定义,本章重点关注政策事件发生后巴西行业股票市场与中国能源市场指数的相关性是否显著提高。以政策发布和疫情暴发为时间节点划分出每个政策事件前后两个子样本,通过对比政策发布(疫情暴发)前后中国能源股票市场指数与巴西十三个行业股票市场指数的收益率波动相关系数是否发生显著变化,来判断是否有传导效应的产生。研究共分为两部分:第一部分是使用 Forbes & Rigobon 调整后的相关系数进行静态联动性分析;第二部分是基于 DCC-GARCH 模型的动态条件相关系数来进行动态联动性分析。

结合静态分析和动态分析结果,可以得出以下结论。第一,中国能源政策对巴西股票市场存在传导效应，但是不同的能源政策对巴西股票市场的影响程度不同，巴西不同部门对中国的能源政策的反应也不尽相同。第二，法律法规类和示范试点类能源政策对巴西股票市场的传导效应非常显著，而战略规划类和市场管理类政策的影响不大，甚至对巴西市场没有出现传导。第三，财政税收类政策中，财政补贴比税收优惠更具传导能力。第四，新冠疫情暴发对中国能源市场冲击产生了对巴西市场的传导，但只存在于部分行业。第五，巴西能源和材料行业更容易接受到中国能源政策的传导，在电信服务、必需消费品和消费市场传导效应较弱。

根据研究得出的结论，我们提出以下建议。第一，巴西股票市场投资者，尤其是能源和材料行业，可以关注中国能源政策的发布，并重点留意法律法规的颁布以及之后可能出现的传导效应；同时认识到不同行业市场可能存在异质性，注意分散风险，做好金融资产投资组合的管理工作。第二，在中国发布相关能源政策时，巴西有关部门的关联企业可对市场动向进行追踪，实时做好风险评估和可能的应对措施，以及时作出生产管理方面的调整。第三，为促进双边经贸往来，政策制定者可以适时调整财政税收政策中的财政补贴与税收优惠，起到市场激励作用。第四，制定示范试点类政策时，可以选择合适的规模范围，从而产生合理的市场传导效应。第五，政策制定者与投资者应清楚地认识到随着全球一体化程度越来越高，投资者不仅要关注本国的股票市场和政策消息发布，也要密切关注经贸往来频繁的他国合作伙伴的经济形势和相关产业政策，特别是具有紧密联系的相近行业。第六，政策制定者可与国际合作伙伴进一步协调合作，加强政策沟通，在制定本国能源政策的同时，考虑到国际合作的可能性，实现产业政策的传导，从而为国际双边经贸、投资等方面起到积极的推动作用。

本章小结

通过中国能源政策对葡语国家主要经济体葡萄牙和巴西市场传导效应的分析，我们可以看到，中国各种能源政策的制定出台对这些国家的证券股票市场在不同行业领域和程度上可能存在一定的传导效应，从而也对这些国家的相关行业市场产生一定的联动性影响。因此，国别在制定重要行业领域的政策时，除了从本国行业发展的需求出发外，也应考虑到政策出台可能产生的外溢效应对其他经济体市场带来的波动影响，尽可能传递合理有益输送而规避形成负面波动效应，尤其在能源领域更要避免可能给国际市场稳定带来不良反应导致争议的不利事项发生，这将更有利于建立和发展良好的国际经贸关系，促进多双边国际能源互利合作。

本章参考文献

［1］中国水利部（2016）．关于推进绿色小水电发展的指导意见．

［2］中国外交部（2023）．中国同葡萄牙的关系．

［3］中国财政部（2015）．关于印发《可再生能源发展专项资金管理暂行办法》的通知．

［4］中国财政部、中国国家税务总局（2010）．关于促进节能服务产业发展增值税 营业税和企业所得税政策问题的通知．

［5］中国国务院（2012）．关于印发节能与新能源汽车产业发展规划（2012—2020年）的通知．

［6］中国国务院（2013）．关于促进光伏产业健康发展的若干意见．

［7］中国国家发展改革委、中国国家能源局（2018）．关于印发《清洁能源消纳行动计划（2018—2020年）》的通知．

［8］中国国家发展改革委、中国国家能源局（2021）．关于推进电力源网荷储一体化和多能互补发展的指导意见．

［9］中国国家能源局（2011）．国家能源局：2010年能源经济形势及2011年展望．

［10］中国国家能源局、中国环境保护部（2014）．关于开展生物质成型燃料锅炉供热示范项目建设的通知．

［11］顾学明、林广志、许英明、陈思敏、于会春（2020）．《中葡经贸合作蓝皮书：中国与葡语国家经贸合作发展报告（2018—2019）》．

［12］中国商务部国际贸易经济合作研究院、中国驻葡萄牙大使馆经济商务处、中国商务部对外投资和经济合作司（2021）．对外投资合作国别（地区）指南——葡萄牙（2021年版）．

［13］中国财政部（2013）．关于分布式光伏发电实行按照电量补贴政策等有关问

题的通知. http://www.nea.gov.cn/2013-08/01/c_132593262.htm.

[14] 中国财政部、中国国家税务总局（2010）. 关于促进节能服务产业发展增值税营业税和企业所得税政策问题的通知. http://www.chinatax.gov.cn/chinatax/n810341/n810765/n812156/201102/c1187375/content.html.

[15] 中国国家发展和改革委员会（2014）. 碳排放权交易管理暂行办法. http://www.gov.cn/gongbao/content/2015/content_2818456.htm.

[16] 中国国家发展和改革委员会、中国财政部、中国国家能源局（2017）. 关于试行可再生能源绿色电力证书核发及自愿认购交易制度的通知. https://www.ndrc.gov.cn/xxgk/zcfb/tz/201702/t20170203_962895_ext.html.

[17] 中国国家能源局（2012）. 关于申报新能源示范城市和产业园区的通知. http://zfxxgk.nea.gov.cn/auto87/201207/t20120702_1493.htm.

[18] 中国国家能源局（2015）. 关于组织太阳能热发电示范项目建设的通知. http://zfxxgk.nea.gov.cn/auto87/201509/t20150930_1968.htm.

[19] 中国国务院（2017）. 中华人民共和国环境保护税法实施条例. http://www.chinatax.gov.cn/n810341/n810755/c3002759/content.html.

[20] 中国国务院（2021）. 关于印发 2030 年前碳达峰行动方案的通知. http://www.gov.cn/zhengce/content/2021-10/26/content_5644984.htm.

[21] 中国国务院新闻办公室（2020）. 《新时代的中国能源发展》白皮书. http://www.gov.cn/zhengce/2020-12/21/content_5571916.htm.

[22] 李仁方（2020）. 稳步向前：2019 年中国与巴西经贸合作评析. 载于程晶（主编），巴西发展报告（2020）（195-223 页）. 北京：社会科学文献出版社.

[23] 武汉市新型冠状病毒感染的肺炎疫情防控指挥部（2020）. 武汉市新型冠状病毒感染的肺炎疫情防控指挥部通告（第 1 号）. http://www.gov.cn/xinwen/2020-01/23/content_5471751.htm.

[24] 程啸天（2011）. 政策工具视角下的中国风电产业政策文本内容分析. 硕士论文，浙江大学.

[25] Ahmed, F., Naeem, et al. ICT and renewable energy: a way forward to the next generation telecom base stations [J]. Telecommunication Systems, 2017, 64 (1), 43-56.

[26] Ahmed, S., Hasan, et al. Russia-Ukraine crisis: The effects on the European stock market [J]. European Financial Management, 2022.

[27] Akkoç, U., Civcir, et al. Dynamic linkages between strategic commodities and stock market in Turkey: Evidence from SVAR-DCC-GARCH model [J]. Resources Poli-

cy, 2019, 62, 231 – 239.

[28] Arouri, M. E., Lahiani, et al. Equity market comovements and financial contagion: a study Latin America y United States [J]. Bankers, Markets & Investors, 2013, 125, 17 – 29.

[29] Baek, S., Mohanty, et al. COVID – 19 and stock market volatility: An industry level analysis [J]. Finance Research Letters, 2020, 37, 101748.

[30] Benkraiem, R., Garfatta, et al. Financial contagion intensity during the COVID – 19 outbreak: A copula approach [J]. International Review of Financial Analysis, 2022, 81, 102136.

[31] Bollerslev, T.. Generalized autoregressive conditional heteroskedasticity [J]. Journal of Econometrics, 1986, 31 (3), 307 – 327.

[32] Bollerslev, T.. Modelling the Coherence in Short – Run Nominal Exchange Rates: A Multivariate Generalized Arch Model [J]. The Review of Economics and Statistics, 1990, 72 (3), 498.

[33] Boungou, W., Yatié, et al. The impact of the Ukraine – Russia war on world stock market returns [J]. Economics Letters, 2022, 215, 110516.

[34] Caporale, G. M., Cipollini, et al. Testing for contagion: a conditional correlation analysis [J]. Journal of Empirical Finance, 2005, 12 (3), 476 – 489.

[35] Chiang, T. C., Jeon, et al. Dynamic correlation analysis of financial contagion: Evidence from Asian markets [J]. Journal of International Money and Finance, 2007, 26 (7), 1206 – 1228.

[36] Curto, J. D., Serrasqueiro, et al. The impact of COVID – 19 on S&P500 sector indices and FATANG stocks volatility: An expanded APARCH model [J]. Finance Research Letters, 2021, 46, 102247.

[37] Do, A., Powell, et al. Time – varying asymmetric volatility spillover between global markets and China's A, B and H – shares using EGARCH and DCC – EGARCH models [J]. The North American Journal of Economics and Finance, 2019, 54, 101096.

[38] Engle, R. F.. Autoregressive Conditional Heteroscedasticity with Estimates of the Variance of United Kingdom Inflation [J]. Econometrica, 1982, 50 (4), 987.

[39] Engle, R. F.. Dynamic Conditional Correlation [J]. Journal of Business & Economic Statistics, 2002, 20 (3), 339 – 350.

[40] Engle, R. F., Kroner, et al. Multivariate Simultaneous Generalized ARCH [J].

Econometric Theory, 1995, 11 (1), 122 – 150.

[41] Engle, R. F., Sheppard, et al. Theoretical and Empirical properties of Dynamic Conditional Correlation Multivariate GARCH [J]. Social Science Research Network, 2001.

[42] Forbes, K., Rigobon, et al. Measuring Contagion: Conceptual and Empirical Issues [J]. Springer EBooks, 2001, 43 – 66.

[43] Hsiao, C. Y., Sheng, et al. Evaluation of contagious effects of China's wind power industrial policies [J]. Energy, 2022, 238, 121760.

[44] Hsiao, C. Y., Wei, et al. A joint test of policy contagion with application to the solar sector [J]. Renewable & Sustainable Energy Reviews, 2021, 141, 110762.

[45] Izzeldin, M., Muradoglu, et al. The impact of the Russian – Ukrainian war on global financial markets [J]. International Review of Financial Analysis, 2023, 87, 102598.

[46] King, M. A., Wadhwani, et al. Transmission of Volatility between Stock Markets [J]. Review of Financial Studies, 1990, 3 (1), 5 – 33.

[47] Kolmogorov, A. N.. Sulla determinazione empirica di una legge di distribuzione [J]. Giornale Dell' Instituto Italiano Degli Attuari, 1993, 4, 89 – 91.

[48] Lee, B., Yang, et al. Oil price movements and stock markets revisited: A case of sector stock price indexes in the G – 7 countries [J]. Energy Economics, 2012, 34 (5), 1284 – 1300.

[49] Li, J., Wang, et al. Energy and climate policy in China's twelfth five – year plan: A paradigm shift [J]. Energy Policy, 2012, 41, 519 – 528.

[50] Li, M., Patiño – Echeverri, et al. Policies to promote energy efficiency and air emissions reductions in China's electric power generation sector during the 11th and 12th five – year plan periods: Achievements, remaining challenges, and opportunities [J]. Energy Policy, 2019, 125, 429 – 444.

[51] Mazur, M., Dang, et al. COVID – 19 and the march 2020 stock market crash. Evidence from S&P1500 [J]. Finance Research Letters, 2021, 38, 101690.

[52] Pineda, J., Cortés, et al. Financial contagion drivers during recent global crises [J]. Economic Modelling, 2022, 117, 106067.

[53] Reinhart, C., Calvo, et al. Capital Flows to Latin America: Is There Evidence of Contagion Effects? [J]. Peterson Institute Press: Chapters, 1996, 151 – 171.

[54] Roy, S.. Energy logic: A road map to reducing energy consumption in telecommunications networks [J]. International Telecommunications Energy Conference, 2008.

［55］Smirnov, N. V.. Estimate of deviation between empirical distribution functions in two independent samples［J］. Bulletin Moscow University, 1939, 2（2）, 3 – 16.

［56］Wang, C., Zhang, et al. Employment impacts of CDM projects in China's power sector［J］. Energy Policy, 2013, 59, 481 – 491.

［57］Yuan, Y., Wang, et al. Pandemic – driven financial contagion and investor behavior: Evidence from the COVID – 19［J］. International Review of Financial Analysis, 2022, 83, 102315.

［58］Bassi, A. M., Yudken, et al. Climate policy impacts on the competitiveness of energy – intensive manufacturing sectors［J］. Energy Policy, 2009, 37（8）, 3052 – 3060.

［59］Benkraiem, R., Garfatta, et al. Financial contagion intensity during the COVID – 19 outbreak: A copula approach［J］. International Review of Financial Analysis, 2022, 81, 102136.

［60］Chang, K., Long, et al. Effects of subsidy and tax rebate policies on green firm research and development efficiency in China［J］. Energy, 2022, 258, 124793.

［61］De Faria, F. A., Davis, et al. The local socio – economic impacts of large hydropower plant development in a developing country［J］. Energy Economics, 2017, 67, 533 – 544.

［62］Engle, R.. Dynamic conditional correlation: A simple class of multivariate generalized autoregressive conditional heteroskedasticity models［J］. Journal of Business & Economic Statistics, 2002, 20（3）, 339 – 350.

［63］Forbes, K. J., Rigobon, et al. No contagion, only interdependence: measuring stock market comovements［J］. The journal of Finance, 2002, 57（5）, 2223 – 2261.

［64］Fry, R., Martin, et al. A new class of tests of contagion with applications［J］. Journal of Business & Economic Statistics, 2010, 28（3）, 423 – 437.

［65］Fry – McKibbin, R., Hsiao, et al. Extremal dependence tests for contagion［J］. Econometric Reviews, 2018, 37（6）, 626 – 649.

［66］Hsiao, C. Y. L., Ai, et al. The contagious effect of China's energy policy on stock markets: The case of the solar photovoltaic industry［J］. Renewable Energy, 2021, 164, 74 – 86.

［67］Hsiao, C. Y. L., Chen, et al. The contagious effects on economic development after resuming construction policy for nuclear power plants in Coastal China［J］. Energy, 2018, 152, 291 – 302.

［68］Hsiao, C. Y. L., Sheng, et al. Evaluation of contagious effects of China's wind power industrial policies［J］. Energy, 2022, 238, 121760.

［69］Hsiao, C. Y. L., Wei, et al. A joint test of policy contagion with application to the solar sector［J］. Renewable and Sustainable Energy Reviews, 2021, 141, 110762.

［70］Hsiao, C. Y. L., Yang, et al. Evaluations of policy contagion for new energy vehicle industry in China［J］. Energy Policy, 2023, 173, 113402.

［71］Hu, X., Guo, et al. Which types of policies better promote the development of renewable energy? Evidence from China's provincial data［J］. Renewable Energy, 2022, 198, 1373–1382.

［72］Iskandarova, M., Dembek, et al. Who finances renewable energy in Europe? Examining temporality, authority and contestation in solar and wind subsidies in Poland, the Netherlands and the United Kingdom［J］. Energy Strategy Reviews, 2021, 38, 100730.

［73］Justel, A., Peña, et al. A multivariate Kolmogorov–Smirnov test of goodness of fit［J］. Statistics & probability letters, 1997, 35 (3), 251–259.

［74］Kabir, Z., Sultana, et al. Environmental, social, and economic impacts of renewable energy sources［J］. In Renewable Energy and Sustainability, 2022, 57–85. Elsevier.

［75］King, M. A., Wadhwani, et al. Transmission of volatility between stock markets. The Review of Financial Studies, 1990, 3 (1), 5–33.

［76］Liao, Z., The evolution of wind energy policies in China (1995–2014): An analysis based on policy instruments［J］. Renewable and Sustainable Energy Reviews, 2016, 56, 464–472.

［77］Liu, Y., Feng, et al. Promoting renewable energy through national energy legislation［J］. Energy Economics, 2023, 106504.

［78］Liu, F., Fan, et al. Environmental benefits of innovation policy: China's national independent innovation demonstration zone policy and haze control［J］. Journal of Environmental Management, 2022, 317, 115465.

［79］Liu, X., Sun, et al. The effects of demonstration projects on electric vehicle diffusion: An empirical study in China［J］. Energy Policy, 2020, 139, 111322.

［80］Reschenhofer, E. Generalization of the Kolmogorov–Smirnov test［J］. Computational statistics & data analysis, 1997, 24 (4), 433–441.

［81］Song, M., Wang, et al. Could environmental regulation and R&D tax incentives affect green product innovation? [J]. Journal of Cleaner Production, 2020, 258, 120849.

[82] Steenblik, R. A subsidy primer, global subsidies initiative of the international institute for sustainable development [J]. IISD. Geneva, Switzerland. Abrufbar unter: https://www.iisd.org/gsi/sites/default/files/primer.pdf. Letzter Zugriff am, 20, 2016.

[83] Wen, X., Wei, et al. Measuring contagion between energy market and stock market during financial crisis: A copula approach [J]. Energy economics, 2012, 34 (5), 1435 – 1446.

[84] Wohlgemuth, N. Evaluation of renewable energy policies in an integrated economic – energy – environment model [J]. Forest Policy and Economics, 2008, 10 (3), 128 – 139.

[85] Zhou, Q., Li, et al. The effect of tax incentives on energy intensity: Evidence from China's VAT reform [J]. Energy Economics, 2022, 108, 105887.

[86] Zhou, N., Levine, et al. Overview of current energy – efficiency policies in China [J]. Energy policy, 2010, 38 (11), 6439 – 6452.

9. 中国与葡语国家能源合作现状

9.1 中国与葡语国家的经贸合作

20世纪90年代以来,经济全球化已逐渐成为国际经济发展的主流,1996年以发展中国家为主的葡萄牙语国家共同体在里斯本成立。该组织凭借独特和传统的文化关系将葡萄牙、巴西、安哥拉、莫桑比克、佛得角、圣多美和普林西比、赤道几内亚、东帝汶和几内亚比绍这九个国家联合起来,在相互理解、相互尊重的基础上进行了一定程度的政治协商以及经济、文化等不同领域的合作。逐渐地,葡语国家共同体凭借自身资源以及地理构架优势成为世界格局中重要的一群,吸引了众多国家的投资与合作项目。葡语国家的资源禀赋与地理市场优势符合中国的"一带一路"发展战略,中国的全球发展战略也为双方的经贸合作发展提供了坚实的基础。

9.1.1 中国与葡语国家经贸合作背景

中国与葡语国家经贸合作是大势所趋,合作是在基于双方战略性、全局性、相似性、互补性以及广泛性的考虑下发生的(魏丹,2014)。中国和大部分葡语国家拥有类似的历史变故,在国际化的进程中也没有显现出相互的战略冲突。中国与葡语国家在国际事务中都出现类似诉求,也可从彼此的发展进程中相互借鉴学习,认识到现在发展的不足以及提供未来发展的启示。经贸合作最重要的原因之一是互利互惠,葡语国家位于欧洲、亚洲、拉丁美洲以及非洲并各自处于不同的发展阶段,由于合作的地理跨越性和成员的多样性，中国与葡语国家的合作能起到"以点带面"的作用，成为中国在面向其他国家寻求合作时的立足点。中国与葡语国家的出口商品存在异质性，故贸易存在较强的互补性（丁浩和丁来涛，2017），葡语国家在资源密集型产品贸易中具有比较优势，中国的主要优势在于技术和资金方面。商务部国际贸易经济合作研究院、澳门科技大学社会与文化研究所与社会科学文献出版社出版的《中葡经贸合作蓝皮书：中国与葡语国家经贸合作发展报告（2018—2019）》中提到，葡语国家对华的主要出口商品为初级产品，如木材、石油、铜矿等，是中国相对较少、较昂贵的天然资源，而葡语国家需要技术和资金来开发自身丰富的资源以促进经济发展（人民网，2020）。因此，互利共赢、优势互补是中国与葡语国家牢固合作伙伴关系的根基本质。中国与葡语国家的合作是多领域的，包括政治、经济、科技、教育和文化等领域，其中能源的商品贸易、技术投资合作必将成为双方经贸合作的新领域，合作项目也一定能在某种程度上增进各自人民的福祉。

9.1.2 中国与葡语国家经贸合作特点

中国与葡语国家的能源合作是整个中国与葡语国家经贸合作的一部分，中国与葡语国家的经贸合作一直呈现持续、稳定的特点。根据《中葡经贸合作蓝皮书：中国与葡语国家经贸合作发展报告（2018—2019）》记载，自2001年中国加入WTO以来，中国对葡语国家的出口一直保持着稳健、高速的增长，增速约为23倍之多，特别是对于葡语国家中的非洲国家，中国的出口增速已达到了上百倍。种种数据表明，中国与葡语国家的经贸合作频繁且交易金额迅速扩大（人民网，2020）。

9.1.3 "中葡论坛"

2003年"中葡论坛"［中国—葡语国家经贸合作论坛（澳门）］成立，随着在2017年3月和2022年4月圣多美和普林西比以及赤道几内亚加入，"中葡论坛"最终全面落成。"中葡论坛"为中国与葡语国家间的联系提供了一个新机制，完善了经济交流与合作平台。另外，在《中葡经贸合作蓝皮书：中国与葡语国家经贸合作发展报告（2018—2019）》中指出，随着中国"粤港澳大湾区"概念的提出以及把澳门打造成中葡合作平台设想的落实，为促使中国与葡语国家多方面、多领域的经济活动交往和产业合作发展提供了良好的机遇（人民网，2020）。

自 2003 年以来，每届"中葡论坛部长级会议"都积极推出政策红利，为把澳门建设成中国与葡语国家商贸合作服务平台赋能，相关政策优化了战略结构并提供了高质量的合作方式，不断为中葡合作带来新的可能性。粤港澳大湾区的建设与协同发展使澳门作为湾区城市助推了中国与葡语国家的合作发展，促成了湾区城市、中国其他省市企业进入澳门乃至葡语国家开展各种投资贸易活动。由此在澳门建设全球科技创新、金融以及贸易中心平台也为中葡合作奠定了坚实信心和基础。通过澳门"中葡平台"功能，推广人民币在葡语国家的使用，可有效降低中国与葡语国家因金融体制差异及经济政策不同而导致的金融风险，为未来中葡合作的金融融资和经济合作提供便利，为大湾区"走出去，引进来"提供平台，坚实中国粤港澳大湾区与葡语国家合作伙伴关系，使中葡双方逐渐达成完善、稳定、多元的合作关系。

9.2　中国与葡萄牙的能源合作

9.2.1　中葡经贸合作概况

葡萄牙是中国在欧盟的传统友好国家和全面战略伙伴，其独特的地理位置成为中国连接陆上丝绸之路和海上丝绸之路的重要枢纽，因此中葡开展"一带一路"合作具有得天独厚的优势。

中国大量的投资和项目指标反映了中葡紧密合作的伙伴关系，2020 年中国对葡萄牙直接投资达 2.15 亿欧元，并运用于金融、水务、建材等多个领域（中国商务部国际贸易经济合作研究院和驻外使领馆经商机构，

2022)。两国的贸易数据也说明两国紧密的合作伙伴关系,葡萄牙对中国的出口额和进口额呈逐年上升趋势,其中从中国进口额一直高于对中国出口额,净进口额于 2021 年达到峰值(如图 9-2-1 所示),其中对中进口占其总进口额 60% 左右并呈逐年上升趋势(如表 9-2-1 所示)。

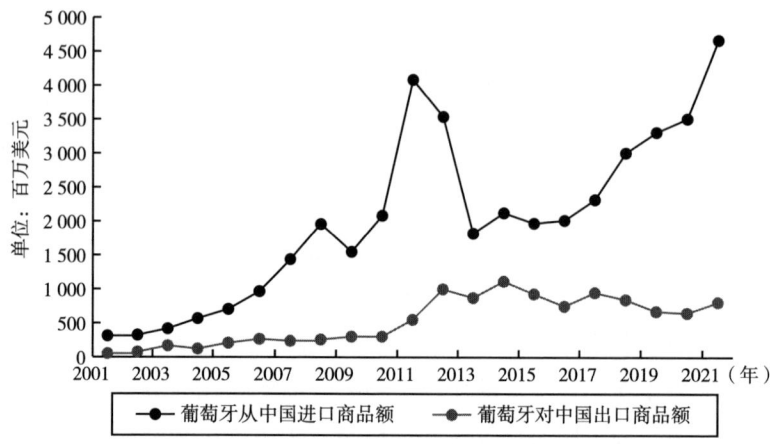

图 9-2-1　葡萄牙与中国进出口商品额变化趋势

资料来源:全球经济指标官网。

表 9-2-1　　　　　　　葡萄牙对中国进出口概况

年份	对中出口占总出口比例	对中进口占总进口比例	净出口 (千美元)	出口额 (千美元)	进口额 (千美元)
2020	33.35%	61.09%	-2 856 525.93	649 017.77	3 505 543.7
2019	34.31%	61.08%	-2 632 375.43	673 894.33	3 306 269.76
2018	33.84%	60.22%	-2 156 977.35	845 854.06	3 002 831.41
2017	30.75%	58.92%	-1 367 879.01	950 227.44	2 318 106.45
2016	31.59%	58.56%	-1 264 496.54	748 403.65	2 012 900.19

资料来源:世界银行数据库。

9.2.2　中葡能源合作发展

在传统合作基础上,中葡两国结合各自国家发展战略,以葡萄牙提供能源技术、中国创造经济收益的新型合作方式,逐渐转向绿色经济、新能源开发等新兴产业领域的合作。根据葡萄牙能源产业调研报告（中国驻葡萄牙使馆经商参赞处，2006），葡萄牙的化石能源和天然气资源极其匮乏，多从俄罗斯、沙特阿拉伯等国家进口。因此，为了削弱能源进口依赖性，葡萄牙政府积极改变能源战略发展方向，利用自然资源的优势积极推广开发水能、风能、太阳能等电力能源。多年积累的宝贵经验和专业知识使葡萄牙新能源产业技术处于世界领先水平，引起了外国投资者强烈的能源合作渴求。中国在经济迅速发展的同时却被过度依赖传统能源而新能源开发不足等能源难题所困扰，需要一个成熟有效的清洁能源市场作为规范学习的榜样。因此，中葡两国合作对中国能源发展的重要性不言而喻，中国的资金投资同时也会为葡萄牙带来可观的经济收益。

中葡间的能源合作方兴未艾且卓有成效。2012年，中国国家电网公司与葡萄牙国家能源网公司以及国有工业控股公司签订合同，中方以约5.1亿美元的价格收购葡方国家能源网公司25%的股份（新华社，2012）。收购后中方积极协助葡方规划、运转、治理电网，促进葡方地区经济收益。此次活动是中方首次成功收购欧洲国家级电网公司，不仅为将来与葡萄牙输电和天然气业务合作创造了机遇，而且是中国进入工业化国家能源市场的战略举措。2015年，中国国家电网公司、中国长江三峡公司等能源央企与葡电公司签订了合作协议，进一步扩大了电力产业合作，合作成果显著。葡电公司推动了三峡欧洲工程研究中心的建设，而中国三峡公司又为葡萄牙公司带来了60多亿欧元的投资额，创造了不小的经济效益。此外，该公司先后中标了巴西、波兰、意大利、英国等国的水电、风电项目，不断拓展第三方市场合作空间，为彼此的能源产业打开了世界的大门（中国国家电网公司，2015）。中葡共同合作的光伏发电项目——阿尔科廷电站项目于2019年正式开工建设，并在2021年10月竣工。据官方预测，电站投入运营后可满足20万家庭住户的年用电量需求，并减少30多万吨的温室气体排放。该项目有效地帮助了葡萄牙减排行动和可再生能源目标的实现。葡萄牙环境和气候事务部部长若昂·费尔南德斯也曾大力赞扬中葡光伏发电合作项目，并肯定了阿尔科廷电站对增强国民福祉的深远意义（人民日报，2021）[2]。

根据全球经济指标官网数据，中葡两国的能源设备贸易以葡萄牙向中国进口为主。2021年葡萄牙从中国进口商品中，与电气相关的设备（电气、电子设备以及核反应堆、锅炉）占比60%左右（如图9-2-2所示），而葡萄牙对中国出口商品份额中多为材料、原料，其中能源相关产品的占比略小（如图9-2-3所示）。

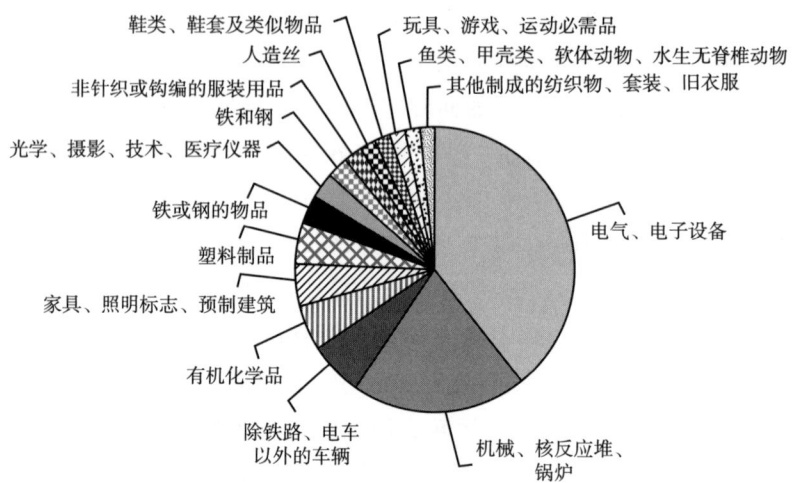

图9-2-2　2021年葡萄牙从中国进口商品类别占比

资料来源：全球经济指标官网。

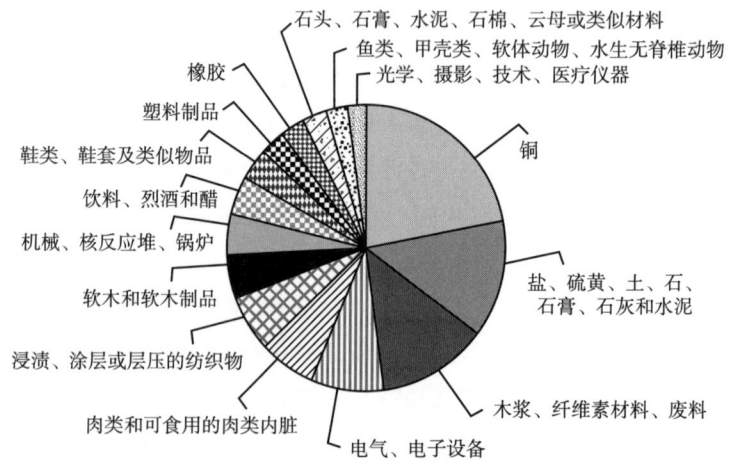

图9-2-3　2021年葡萄牙对中国出口商品类别占比

资料来源：全球经济指标官网。

9.2.3 中葡能源合作意义及展望

葡萄牙对接了中国的"一带一路"和欧洲提出的"互联互通平台"。自中国与葡萄牙建交以来,两国在经贸和能源合作方面互惠互利,中国的经济和能源发展被推向了更高的创新水平,葡萄牙也收获了乐观的经济利益。努力稳固中葡友好合作关系,是中国向其他欧洲国家吸引投资和寻找合作伙伴的战略性举措,这一"跳板"将中国的产能合作引领到更广阔的欧洲市场,带来更多的合作机遇。

展望未来,中葡两国应继续推动在"一带一路"框架内的各领域务实合作,持续推进政策交流、贸易顺畅、资金融通以实现互利共赢。在两国电能成熟的合作基础上,中国应主动发掘新能源市场的多元合作潜力,在两国电能合作的基础上,积极学习葡萄牙领先的水力、风能等清洁能源技术,以转变传统能源为主的能源消费结构,建设可持续发展能源的经济社会。2030 年太阳能光伏能源供应被预测成为全球主要能源供应载体之一,这是中国与葡萄牙能源合作的契机。2022 年葡萄牙新增太阳能装机容量 890 兆瓦,截至年底,葡萄牙的累计太阳能发电量达到 2.59 兆瓦,超过了该国自 2013 年以来所有其他可再生能源的增长(pv magazine,2022)。2021 年年底,中国光伏发电并网装机容量达到 3.06 亿千瓦,再次稳居全球首位(中国国家能源局,2022)。中国和葡萄牙的光伏产业正经历快速增长,如果两国合作,有可能为使用光伏能源带来更大的进步。在促进能源可持续实践的共同目标下,中国和葡萄牙之间的伙伴关系可能导致光伏能源领域的重大突破,使两国甚至整个世界受益。

9.3 中国与巴西的能源合作

9.3.1 中巴经贸合作概况

长期以来,中巴两国都主动加深两国间的战略合作伙伴关系,积极开展一系列农业发展、金融互助、基础建设等各方面的联合项目。

巴西对中国的进出口额一直呈逐年上升趋势,两者间的国际贸易以巴西对中国出口为主(如图 9-3-1 所示),且 2021 年中国占据了巴西贸易进口贸易额的首位(如图 9-3-2 所示)。虽巴西对中国的出口商品额与进口商品额的差距逐渐增大,但两个数字指标逐年增加,反映了两国间经贸活动日显频繁和重要。

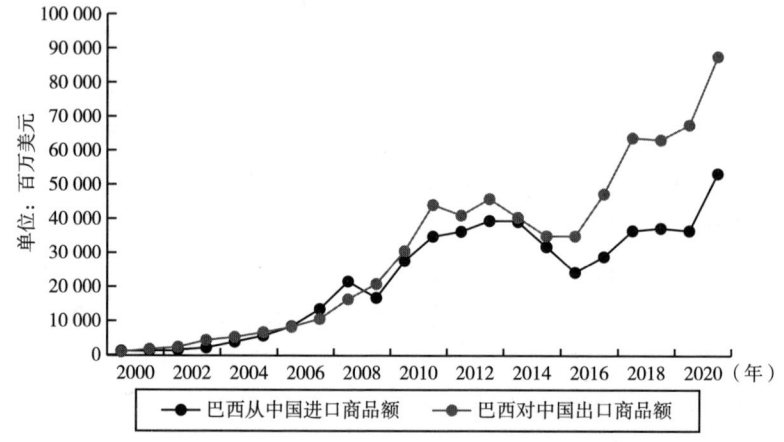

图 9-3-1 巴西与中国进出口商品额变化趋势

资料来源:全球经济指标官网。

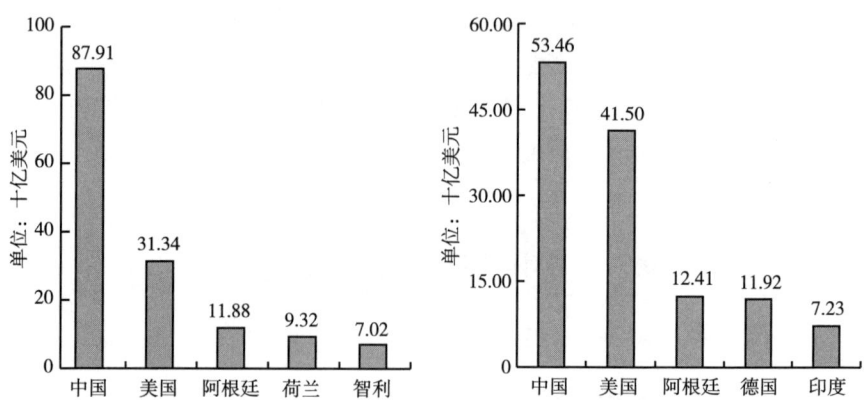

图 9-3-2 2021 年巴西出口额前五国(左)和进口额前五国(右)

资料来源:全球经济指标官网。

9.3.2 中巴能源合作发展

随着新能源市场的发展，中巴间绿色能源合作项目逐渐增多。两国多次通过官方文件强调，两国间坚定不移的友好交流和贸易合作关系。2015年，中巴政府共同发布了一份关于气候变化的联合声明，其中承诺双方会加强在气候政策方面的双边务实合作，特别是在可再生能源、森林碳汇、能源效率以及顺应低碳城市化等方面的协作，以协助彼此达成减排指标和可持续发展目标（中华人民共和国外交部，2015）。2020年，中国国家电投巴西公司和巴西电力研究中心签署了一份综合智慧能源项目谅解备忘录，旨在携手打造能源一体化的生态体系。备忘的签署不仅将深化两国在能源领域的知识共享和技术交流，同时也有助于拓宽两国科技发展和合作的范围（新华网，2020）。

在双边政策的号召下，中国和巴西各取所长，通过技术转让、知识交流等渠道开展各种能源合作项目，增强了两国缓解能源和气候问题的实力。2009年，Coppe/UFRJ（拉丁美洲大型工程研究中心）和清华大学共同建立了中巴气候变化与能源技术创新中心，通过派遣高技术精英和专业人才进行学术交流，共同为各自国家制定更高效的能源发展方针和战略措施（许嫣然，2019）。巴西作为第一个实现生物燃料可持续利用的国家，在乙醇和生物柴油生产技术方面举世瞩目，通过与中国分享相关技术专利权，推动了两国共同开发生物燃料的进程（王磊，2017）。中国风能和太阳能生产方面的创新闻名全球，BBC曾称中国的光伏发电能力世界第一（BBC，2018），相关技术在很大程度上也帮助巴西提高了太阳能利用率。此外，在中华人民共和国商务部和中国对外承包工程商会联合编写的《中国对外承包工程发展报告 2019—2020》也总结了中国企业对巴西在能源方面的种种帮助，如承建火电厂、特高压输电线路、天然气管道、港口疏浚等，其中最著名的项目便是巴西"电力高速公路"的形成（中华人民共和国商务部和中国对外承包工程商会，2020）。2014年，中国国家电网公司与巴西国家电力公司联营体成功中标巴西美丽山水电站（巴西第二大水电站）特高压直流送出项目，以协助巴西政府解决电力生产和电力消费的地理分割问题（新华社，2014）。作为中国第一个海外中标的特高压直流输电工程，它也是中国特高压技术、设备和服务"走出去"的重要标志。值得一提的是，中企山东电建一公司所辖248公里线路提前90天完成全部导线展放工作，创造了南美洲第一条高压直流输电线路导线展放最高效率记录，也向世界证明了中国的能源技术。2021年，中国—巴西可再生能源与气候变化和碳中和青年科学家论坛成功举办，青年科学家就电力行业脱碳、碳定价、碳中和等议题进行了讨论分析，为两国清洁能源领域的发展方向和相关实施方针出谋划策（中华人民共和国科学技术部，2021）。

根据全球经济指标官网的数据绘制的2021年巴西对中国进出口商品类别的详情图，两国关于能源设备的贸易以巴西从中国进口为主（如图9-3-3所示），其中电气设备、核反应堆等占进口商品半数以上，而巴西向中国的出口多为矿石、谷物以及木材等基础原料商品（如图9-3-4所示）。

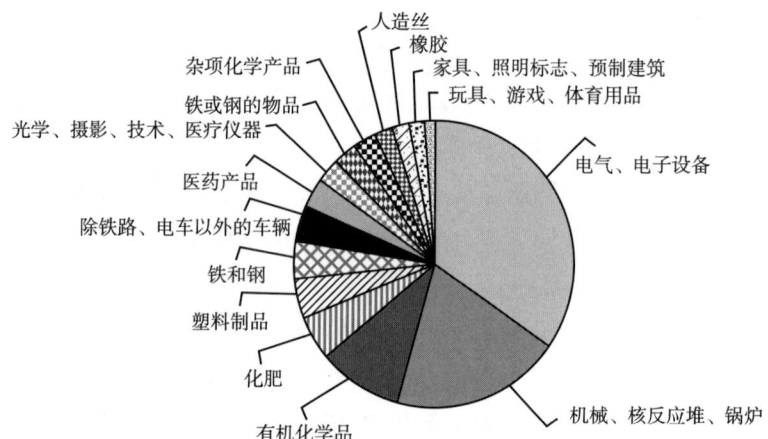

图9-3-3　2021年巴西从中国进口商品类别占比

资料来源：全球经济指标官网。

9.3.3　中巴能源合作意义及展望

中国和巴西的经贸合作影响深远，一方面，两国相似的能源目标允许彼此学习与借鉴；另一方面，中巴良好稳定的经贸关系势必也会增进中国在拉美地区的影响力。根据中国海关总署官网所发布的进出口商品主要国

9. 中国与葡语国家能源合作现状 | 447

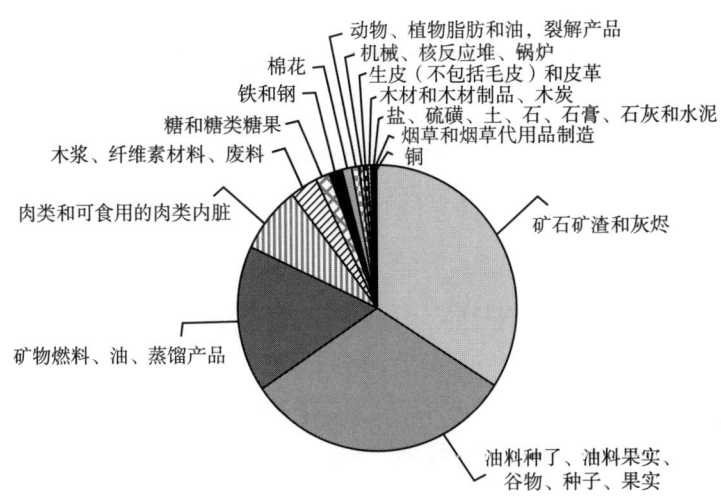

图9-3-4　2021年巴西对中国出口商品类别占比

资料来源：全球经济指标官网。

别总值，中国与巴西的贸易总额在中国与拉丁美洲贸易总额中占比约为37%（如表9-3-1所示），这表明中巴合作会成为中拉双边关系强大的推动力，中国与巴西成熟顺利的能源合作也会映衬出中拉合作互利共赢的良好未来预期。

表9-3-1　中国对巴西进出口商品总值及其在中拉贸易中的占比

出口最终目的国	进出口总额（亿元人民币）		累计比去年同期 ±%			中巴贸易在中拉总进出口额中占比
	9月	1~9月	进出口	出口	进口	以每年9月为基准
巴西（2022年）	1 095.0	8 740.1	7.8%	27.1%	-70.0%	36.4%
巴西（2021年）	1 019.7	8 128.7	32.8%	51.2%	26.1%	37.9%
巴西（2020年）	833.1	6 067.3	6.7%	-3.9%	11.2%	39.6%
巴西（2019年）	672.30	5 681.7	6.9%	3.4%	8.4%	34.9%

资料来源：中国海关总署官网。

目前，中巴双方正积极增强能源合作的便利性。一方面，中国政府逐渐拓宽了中国企业对巴西能源产业的投资渠道，许多中国金融机构的巴西分部同时为合作提供了强有力的金融支持和融资服务。另一方面，巴西对外资企业或合资企业的宽容政策以及为外商所提供国民待遇（中国商务部国际贸易经济合作研究院和驻外使领馆经商机构，2022）。在此形势下，中国和巴西会在可再生能源开发利用等领域继续开展更加紧密、良好、多元的合作，收获双方彼此多层次的收益。

9.4 中国与安哥拉的能源合作

9.4.1 中安经贸合作概况

中国和安哥拉是密不可分的贸易合作伙伴，中国驻安哥拉大使高克祥就曾形容中国是安哥拉值得信赖的好朋友，中安间大量的国际贸易额可以证明两国往来密切。中国和安哥拉间的贸易以安哥拉对中国出口为主（如图9-4-1所示），2021年中国已成为安哥拉对外出口总额的首位国家，出口总额占比超60%（如图9-4-2所示），这说明中国在安哥拉国际贸易中的重要地位。

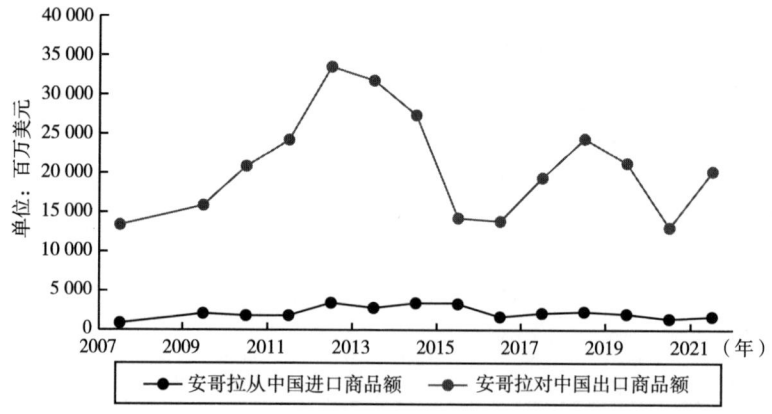

图9-4-1 安哥拉与中国进出口商品额变化趋势

资料来源：全球经济指标官网。

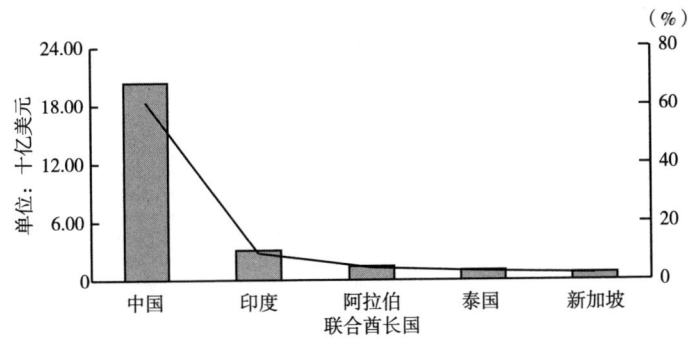

图 9-4-2　2021 年安哥拉出口额前五国别及占安哥拉总出口额比例
资料来源：全球经济指标官网。

9.4.2　中安能源合作发展

安哥拉处于连接非洲南、中、西部地区的枢纽位置，油气资源丰富，常年位于非洲最大产油国前列，并且石油出口收入占安哥拉外汇收入的 90% 以上（汪巍，2020）。因此，国际石油交易对安哥拉的能源经济发展举足轻重。

中国和安哥拉在能源方面的合作亦以石油贸易为主，中安两国间石油贸易频繁（如表 9-4-1 所示）。安哥拉对中国的石油出口量从 2003 年开始就显著增多，甚至比其他亚洲国家高出几十倍（Vines, Wong, Weimer & Campos, 2009）。一方面是因为中国自给石油供给难以满足国内迅速增长的石油资源需求，因此低价高质的安哥拉石油资源成为中国解决能源供给短缺的考虑渠道（Vines et al., 2009）。另一方面是因为两国石油都为低硫的原油，因此从安哥拉进口的原油可以很好地适应中国炼油厂中的炼油设备和技术，以实现最大幅度的原油利用。如今，安哥拉是中国主要的石油供应国，两国的石油交易对彼此的能源产业和经济发展意义重大。

表9-4-1　中国对安哥拉燃料/燃油进口相关统计数据

年份	贸易方式	贸易商品	进口额（千美元）	在对安商品进口总额中的占比
2020	进口	燃料/燃油	14 686 950	99.52%
2019	进口	燃料/燃油	23 785 794	99.78%
2018	进口	燃料/燃油	25 755 302	99.72%
2017	进口	燃料/燃油	20 541 590	99.24%
2016	进口	燃料/燃油	13 927 145	99.72%

资料来源：世界银行数据库。

9.4.3　中安能源合作模式——"安哥拉模式"

中安石油贸易模式以"安哥拉模式"为代表，其主要特点是"资源—贷款—基础设施建设—产能合作"一体化开发。详细操作为安哥拉用石油资源置换中方金融机构贷款，以投资其国内基础设施建设，而中国公司承建基础设施和开展产能合作。该模式起源于2002年安哥拉内战结束，战后发展资源严重匮乏，安哥拉政府难以在短期恢复原先的基础设施。因此，依靠石油资源吸引外资去弥补资金缺口似乎成为安哥拉政府的权宜之计。与此同时，中国政府和企业在"走出去"号召下，充分利用在安哥拉投资的机会，给予身陷困境的安哥拉以金融支持，"安哥拉模式"也因此应运而生。2004年安哥拉就以石油资源从中国进出口银行换取约20亿美元的贷款，用于当地公共设施的完善和修建（汪巍，2020）。同年，安哥拉国家天然气公司和中国石油天然气集团公司成立了合资集团，专注于安哥拉石油和天然气的生产以及其他国家（比如委内瑞拉）的石油、基础建设投资（Ferreira，2008）。安哥拉总统若泽·爱德华多·多斯桑托斯积极肯定了两国实事求是的合作态度和互惠互利的伙伴关系。

"安哥拉模式"基于双方互利共赢、共同发展的基本原则。安哥拉虽然石油资源丰富，但探勘、开采的资金和技术缺失成为安哥拉经济繁荣和能源发展的巨大障碍。西方石油公司在安哥拉坚持只采油、不炼油的政策以此维系安哥拉经济对西方经济体和欧美石油公司的依赖性，迫使安哥拉在自身资源丰富的情况下依然需要花费大量资金进口成品油（汪巍，2020）。中国采取友好互利的合作态度和协作方针，是决定中安坚实战略伙伴关系的根本原因。中国石油企业拥有雄厚的资金、大量专业人才和先进的技术设备，炼油产能优势为安哥拉政府炼油困境提供了思路。在"安哥拉模式"的牵引下，安哥拉通过学习专业技术，对自身的经济及产能发展寓意深远。

9.4.4　中安能源合作意义及展望

中国与安哥拉的能源合作以多方面的创新成果印证了中非互利共赢、共同发展的景象。中安能源合作推动了中企走出国门获得海外资源，延长中国企业在世界范围内的产业链，增强了它们的国际竞争力，并向安哥拉等资源丰富但欠发达国家提供了全面和多层次的发展援助，协助他们找到一条以资源开发带动国民经济发展的道路。事实证明，中安两国发展友好合作关系符合两国和两国人民的根本利益，具有强大的生命力和广阔的发展空间。

目前，中安两国高层积极洽谈开通经商通道，以便于能源领域的合作和投资。2022年3月，安哥拉总统若昂·洛伦索正式批准了《安哥拉共和国和中华人民共和国对所得消除双重征税和防止逃避税的协定》，这一文件的确立对两国能源领域的经济合作、贸易投资、技术交流等方面十分重要（中国驻安哥拉共和国大使馆经济商务处，2022）。因此，可以估计中国和安哥拉可能会在能源领域以更新、更多元的合作机制为两国人民谋来福祉。

9.5　中国与莫桑比克的能源合作

9.5.1　中莫经贸合作概况

莫桑比克是中国在南部非洲最重要、援助规模最大的合作国家，中莫战略合作伙伴关系深厚，两国一直积极开展经济、农业、能源等各方面的合作。中国对莫桑比克的经济发展发挥了重大作用（中国商务部国际贸易经济合作研究院和驻外使领馆经商机构，2022），从1982年至今中莫两国联合发表的双边经贸合作的相关协定（如表9-5-1所示），展示了中莫两国的合作项目、战略目标以及协作机制，落实了两国各领域的合作畅想，表明了中莫持续合作的决心。

表9-5-1　莫桑比克与中国签署的双边经贸协定

年份	文件名称
2019	《中华人民共和国和莫桑比克共和国关于共同推进"一带一路"建设的合作规划》
2018	《中华人民共和国政府和莫桑比克共和国政府关于共同推进丝绸之路经济带和21世纪海上丝绸之路建设的谅解备忘录》
2016	《中华人民共和国和莫桑比克共和国关于建立全面战略合作伙伴关系的联合声明》
2001	《中华人民共和国政府和莫桑比克共和国政府关于鼓励促进和相互保护投资协定》
1982	《中华人民共和国和莫桑比克共和国贸易协定》

资料来源：中华人民共和国外交部。

多年来莫桑比克对中国进口额和出口额都存在上升趋势，但莫桑比克对中国进口额远高于对华出口额（如图9-5-1所示）。表9-5-2展示了更为详细的国际贸易数据，可以得知，莫桑比克从中国进口的产品占本国总进口产品的65%左右，因此可以预估中国与莫桑比克的贸易和能源合作对莫桑比克十分重要。

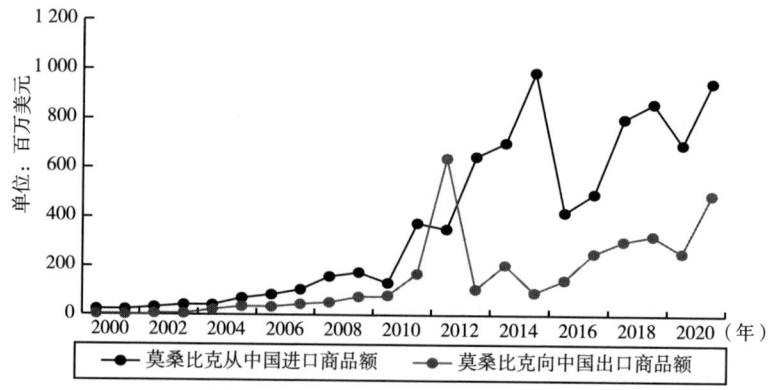

图9-5-1　莫桑比克与中国进出口商品额变化趋势

资料来源：全球经济指标官网。

表 9-5-2　　　　　　　　莫桑比克对中国进出口概况

年份	对中出口占总出口比例	对中进口占总进口比例	净出口（千美元）	出口额（千美元）	进口额（千美元）
2020	7.91%	65.60%	-439 404.93	255 169.32	694 574.25
2019	6.63%	68.61%	-537 715.77	323 798.74	861 514.51
2018	6.06%	66.68%	-497 568.98	301 889.30	799 458.27
2017	4.27%	64.30%	-240 747.09	252 607.86	493 354.95
2016	7.08%	62.04%	-275 181.86	142 713.55	417 895.40

资料来源：世界银行数据库。

9.5.2　中莫能源合作发展

中莫开展了一系列能源合作项，旨在深化莫桑比克与气候变化全球行动对接的目标（邹昊飞、王一童、韩勇、杜贞利与谭潇，2017）。在矿产方面，莫桑比克拥有丰富的矿产资源，其中稀有金属、石墨和煤炭更是世界级储量。目前，莫桑比克国家地质矿产局与中方自然资源部已签署框架合作协议，双方将共同助力在煤矿、铁矿、铜金矿、石灰石矿等领域的合作。油气方面，中国石油积极参与莫桑比克国内油气勘探、生产等项目，促进在莫桑比克的气田领域合作，利用中国石油现有人才培训机构和设施，为莫桑比克带来相关的技术指导和管理经验。2016 年 5 月，中国石油集团董事长王宜林与莫桑比克国家石油公司董事长奥玛尔·密达在北京共同签署的《中国石油天然气集团公司与莫桑比克国家石油公司合作框架协议》，将双方合作想法落入实际。协议表明双方将全面推动在油气勘探开发生产、天然气加工和销售领域的合作（中国国务院国有资产监督管理委员会，2016）。2022 年 11 月，中国石油参与的莫桑比克 4 区科洛尔浮式液化天然气（FLNG）项目首次实现外运，项目的成功开展帮助莫桑比克正式成为液化天然气生产国，标志着中国石油超深海大型天然气探勘技术已经处于全球领先水平（中国石油新闻中心，2022）。在水电、风电以及太阳能等清洁能源领域，中国以开发莫桑比克赞比西河、林波波河等河流水电资源为重点，以新能源开发与传统煤电能源开发相结合等方式，深化中莫间的绿色能源项目合作（中国商务部国际贸易经济合作研究院和驻外使领馆经商机构，2022）。

据对外投资合作国别（地区）指南莫桑比克版中记载，截至2019年3月，中莫双方现有能源产能合作项目已达12个，包括太特省煤电项目、南北天然气管道项目、太特电厂、钢厂和工业园项目等能源项目（商务部国际贸易经济合作研究院和驻外使领馆经商机构，2022）。

根据全球经济指标官网的海关数据，2020年莫桑比克从中国进口商品种类的约40%与能源行业相关（如图9-5-2所示），如核反应堆、电气设备，而中国从莫桑比克进口商品多为矿石、油料种子、谷物等（如图9-5-3所示）。

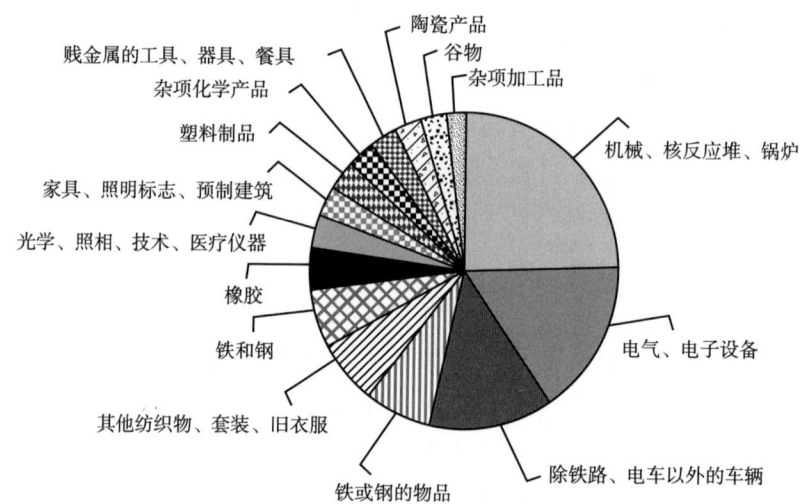

图9-5-2　2020年莫桑比克从中国进口商品类别占比

资料来源：全球经济指标官网。

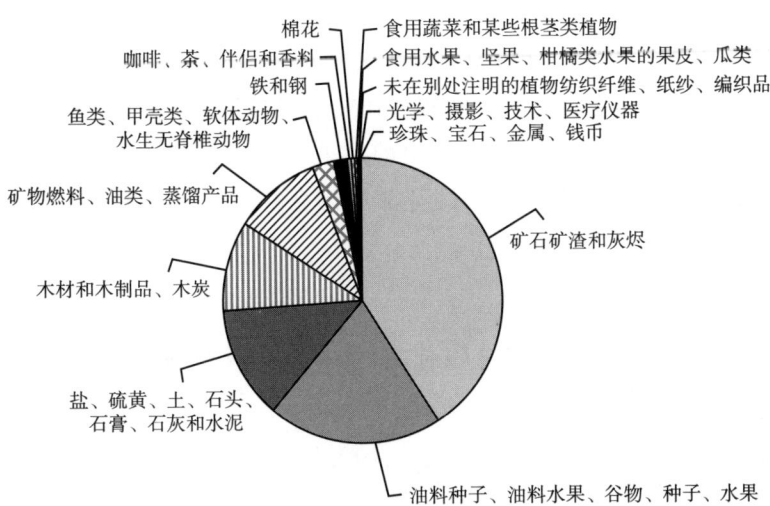

图 9-5-3 2020 年莫桑比克对中国出口商品类别占比

资料来源：全球经济指标官网。

9.5.3 中莫能源合作意义及展望

中莫两国经济具有高度互补性，在产能对接、资源开发等领域均有广阔的合作前景。莫桑比克处于"工业化"发展初期，正努力提升其在国际产业链上的位置，不仅要从国际产能需求上获取优势，更需要将持有的丰富资源转化为经济发展的动力（邹昊飞等，2017）。而中国逐渐进入"工业化"成熟期，即拥有能源方面的经验和技术以及较为充足的产能和资金。因此，中莫两国的能源合作似乎是大势所趋，两国各取所长，实现中国在技术、资金方面的优势与莫桑比克在区位、资源方面的优势充分结合，实现双方双赢合作、共同可持续发展的目标。

莫桑比克自然资源丰富，经济发展潜力巨大，中莫两国合作可有效优化各自资源配置，降低不必要的成本和浪费，让清洁能源技术和市场发展切实可行。中莫可在资源合作中推动交流活动机制化，建设高质量能源合作示范项目，加强人员交流和技术创新合作，推动中莫能源合作向清洁、低碳转型，共同发展绿色经济，打造绿色发展模式。

中莫合作也会影响中非合作论坛的开展，对中非未来的经济合作和贸易关系影响重大。中国驻莫桑比克大使馆刘晓光经商参赞曾在《加强战略规划对接推动中莫经贸合作转型升级》中称，中莫两国的经贸合作是全面落实中非合作论坛中的"八大行为"以及创建中非关系全新发展蓝图的重要举措（中国驻莫桑比克共和国大使馆经济商务处，2021）。

9.6 中国与佛得角的能源合作

9.6.1 中佛经贸合作概况

佛得角资源匮乏，生产生活物资高度依赖进口，存在巨大的贸易逆差。中国与佛得角的经贸合作多以佛得角进口中国商品为主，且佛得角对中国进口商品总额逐年上升（如图9-6-1所示）。

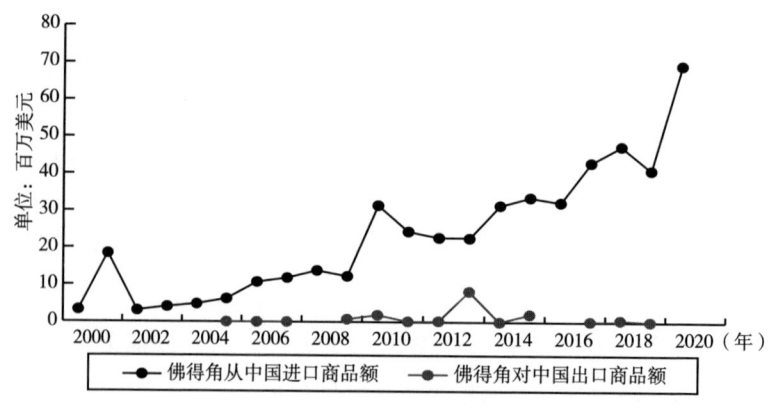

图9-6-1 佛得角与中国进出口商品额变化趋势

资料来源：全球经济指标官网。

佛得角对中国进口商品占比极大，约占到该国进口商品总额的45%（如表9-6-1所示），中国是佛得角重要的国际贸易伙伴之一。

表 9－6－1　　　　　　　佛得角对中国商品进出口概况

年份	对中出口占总出口比例	对中进口占总进口比例	进出口净额（千美元）	出口额（千美元）	进口额（千美元）
2020	无数据	45.73%	无数据	无数据	69 074.93
2019	1.72%	45.50%	－40 752.80	67.69	40 820.49
2018	1.72%	44.54%	－46 783.78	470.03	47 253.81
2017	1.85%	45.42%	－42 705.34	140.53	42 845.87
2016	无数据	43.30%	无数据	无数据	32 164.57

资料来源：世界银行数据库。

9.6.2　中佛能源合作发展

佛得角太阳能等自然能源丰富，但因为缺少技术还没有完全开发，中佛的能源合作多以中国援助的方式进行。2012年3月，驻佛得角使馆经商参赞李永军与佛得角外交部政治事务与合作司长费尔南多·费雷拉大使共同签署中国援助佛得角太阳能示范项目施工合同。中国将援建两座15千瓦太阳能光伏发电站以满足佛政府的日常市政供电消耗，并为佛得角政府大楼等重要公共建筑安装太阳能照明系统（中国驻佛得角使馆经商处，2012）。近年来，中国向佛得角进口精炼铜，多用于发电、输电等方面（澳门贸易投资促进局，2021）。

根据最近的海关数据，中佛两国的能源设备贸易也同样没有完全开展。2021年中国向佛得角出口商品多为机器、工具和零件（如图9－6－2所示），其中约25%是能源相关设备（如核反应堆、电气设备）。

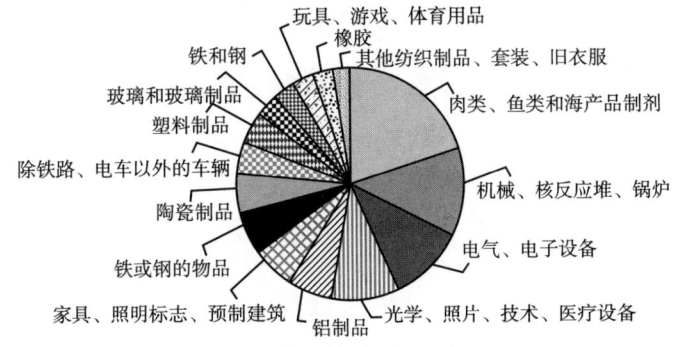

图9－6－2　2021年佛得角从中国进口商品类别占比

资料来源：全球经济指标官网。

9.6.3 中佛能源合作展望

中佛双方虽处于尚不开阔的新能源合作状态，但未来合作趋势却逐渐明朗。对外投资合作国别（地区）指南中提到中国与佛得角间的合作劣势（中国商务部国际贸易经济合作研究院和驻外使领馆经商机构，2022）。由于中佛两国地理位置相隔甚远以及受佛得角市场饱和度等因素影响，两国间经贸活动受限于现汇结算的小额贸易。但中国驻佛得角大使馆经商参赞黄登平指出，佛得角所拥有的海洋资源以及风能、太阳能等可再生能源为两国的能源合作提供了发展前景（中国商务部国际贸易经济合作研究院和驻外使领馆经商机构，2022）。

近年来，中佛两国高层在新能源合作领域密切往来深入交流，预示着未来两国或许会推出绿色能源合作项目。2017年，中国外交部王毅部长访问佛得角表示，中方会通过中非合作论坛以及中葡经贸合作论坛积极与佛方进行互惠互利的合作，帮助佛得角发挥区位和海洋资源自身优势，实现可持续发展的自主性。2022年，黄登平参赞拜访佛得角工贸能源总局长埃武拉，双方共同探讨中佛新能源合作机会。黄登平参赞向佛方阐明了中国在新能源领域的成熟经验和技术优势，而埃武拉局长介绍了佛得角现阶段的新能源发展计划与转型项目方案（中国驻佛得角共和国大使馆经济商务处，2022）。

9.7　中国与圣多美和普林西比的能源合作

9.7.1　中圣普经贸合作概况

2016年12月20日，圣多美和普林西比宣布与中国台湾"断交后"，中国与圣多美和普林西比的外交关系逐渐恢复。同月26日，中国外交部部长王毅与圣多美和普林西比外交和海外侨民部部长乌尔比诺·博特略分别代表各自政府，在北京签署了《中华人民共和国与圣多美和普林西比民主共和国关于恢复外交关系的联合公报》，两国大使级外交关系立即恢复（中华人民共和国外交部，2022）。

贸易数据显示，复交后圣多美和普林西比从中国进口额逐渐增多，而却极少向中国出口商品（如图9-7-1所示）。中国向圣多美和普林西比出口商品占圣多美和普林西比总进口比例已超30%（如表9-7-1所示），体现了中国在圣普国际贸易中的重要性。

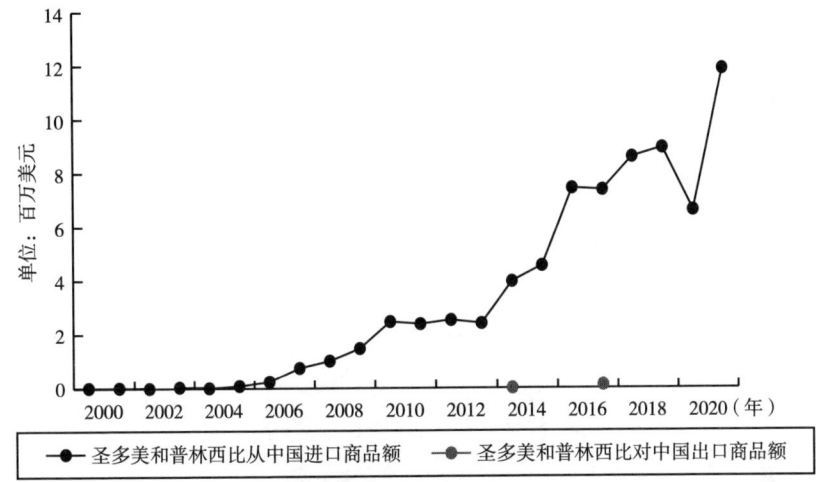

图9-7-1　圣多美和普林西比与中国商品进出口额变化趋势

资料来源：全球经济指标官网。

表9-7-1　圣多美和普林西比对中国进口商品额概况

年份	从中国进口额占总进口比例	从中国进口商品额（千美元）
2020	35.17%	6 652.83
2019	35.10%	8 979.19
2018	31.46%	8 638.58
2017	29.35%	7 413.84
2016	25.81%	7 476.52

资料来源：世界银行数据库。

9.7.2 中圣普能源合作发展

中圣普复交后,中方在能源方面积极援助圣普方,共同携手渡过能源难关。圣多美和普林西比几乎没有大规模生产石油、天然气及煤炭的能力,因此农村炊事用能主要是燃烧效率低的木柴。2018年11月,中国向圣多美和普林西比派出农业专家推广清洁能源,为其村庄修建沼气池以解决燃烧能源低效用的问题(中国与非洲,2019)。

此外,根据海关数据,圣多美和普林西比从中国进口的商品中部分与电能相关(如图9-7-2所示)。2020年圣多美和普林西比从中国进口商品中能源相关设备(电气、电子设备、核反应堆等)占比约为30%。

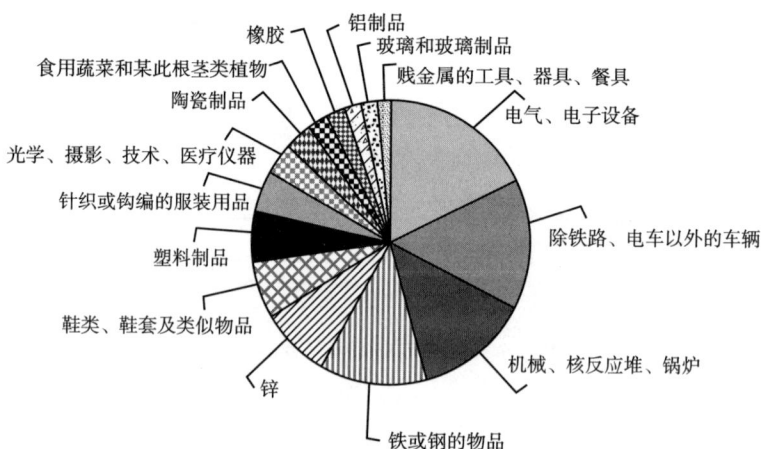

图9-7-2 2020年圣多美和普林西比从中国进口商品类别占比
资料来源:全球经济指标官网。

9.7.3 中圣普能源合作前景展望

到目前为止,中国与圣多美和普林西比的能源合作项目几乎没有,可能因为两国恢复建交关系才六年,各方面、各领域的最佳贸易合作形式还在寻找,但双方都坚定未来合作空间是广阔的。

圣多美和普林西比位于几内亚湾沿岸，领域内蕴藏着铜、石油、天然气、黄金等多种资源，四通八达的区位特点使其具有成为自由贸易区的地域优势，对外合作优势十分独特。中圣普双方若能合理运用资源地理优势，抓住合作机遇发掘发展潜力，必定会为两国带来实实在在的经贸利益。两国复交后高层谈话逐渐频繁，2018 年年初中国国务委员兼外交部部长王毅访问了圣多美和普林西比，在之后的中非论坛上特罗瓦达总理进行了第三次访华。展望未来，中国与圣多美和普林西比的经贸活动和能源产能合作也许会在不久的将来以更多渠道、更多元的形式进行。

9.8 中国与赤道几内亚的能源合作

9.8.1 中赤几经贸合作

中国和赤道几内亚关系发展顺利，一直保持着平等互信、合作共赢的伙伴关系。根据全球经济指标官网数据，中国与赤道几内亚的国际贸易以赤道几内亚对中国出口为主（如图 9-8-1 所示），中国已经成为赤道几内亚第一大出口目的地和第二大进口来源地（驻赤道几内亚共和国大使馆经济商务处，2022）。因此，中国与赤道几内亚紧密的经济贸易关系预示着中国与赤道几内亚的能源合作对赤道几内亚的发展同样意义重大。

9.8.2 中赤几能源合作发展

中国和赤道几内亚在油气、电气、燃气等方面均有合作项目。赤道几内亚是一个位于非洲最大的产油区几内亚湾的小型开放型富油国，是撒哈拉以南非洲第三大产油国，也是中国在非洲地区进口原油来源地之一。然而，赤道几内亚的油气田开采和销售基本上仅由外国石油企业经营，其自身没有石油钻采设备以及相关开采能力。2006 年 2 月，中国海洋石油有限公司宣布，其下属非洲有限公司与赤道几内亚能矿部、国家石油公司

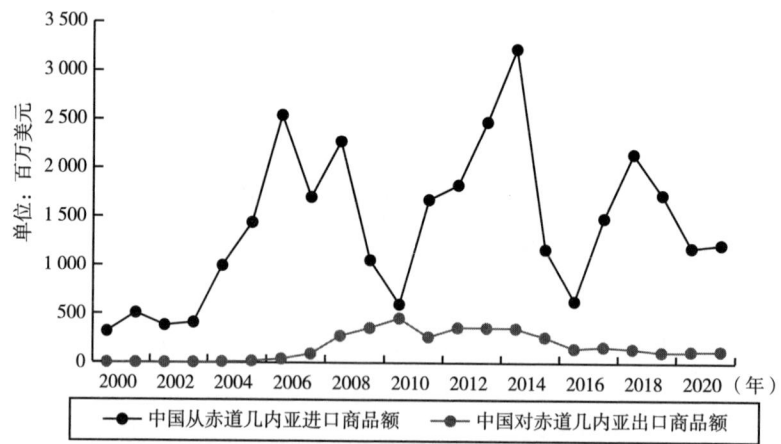

图 9-8-1 赤道几内亚与中国进出口商品额变化趋势

资料来源：全球经济指标官网。

（GEPetrol）签订赤道几内亚 S 区块的产品分成合同。根据合同，中海油将担任技术执行者，协助赤道几内亚发挥得天独厚的石油地质条件开展石油钻井等工作（中国海洋石油有限公司，2006）。

2018 年 10 月，中国水电六局非洲分公司中标赤道几内亚工业与能源部签发的吉布洛水电站运维三期项目（中国电建，2018）。吉布洛水电站装机总容量为 120MW，是赤道几内亚目前最大的水电站，当初也由中国水电六局承建。自水电站投产发电以来，累计发电量 24.1 亿度，发挥了巨大的经济效益和社会效应，赤道几内亚工业能源部部长也高度赞扬中国电建在赤道几内亚能源领域作出的巨大贡献（中国电建，2017）。

2022 年 11 月，赤道几内亚马拉博燃机项目完成 72+24 小时试运行并移交生产（中国电建，2022）。在此过程中，中国电建积极克服突发疫情、高压电缆海运时损坏、发电机受潮等问题，最终通过种种考验完美竣工，并且所有系统均得到美方管理人和能源部签字验收并获得高度认可。

根据最新的海关数据，2021 年赤几出口额同比增长 59.5%，主要为燃料与矿物油出口与往年相比增长 53.5%（中国驻赤道几内亚共和国大使馆经济商务处，2022）。此外，中国从赤道几内亚进口商品类别中矿物燃料、油类、蒸馏产品占比高达约 90%（如图 9-8-2 所示），这说明中国极大地需要对赤道几内亚的能源进口。

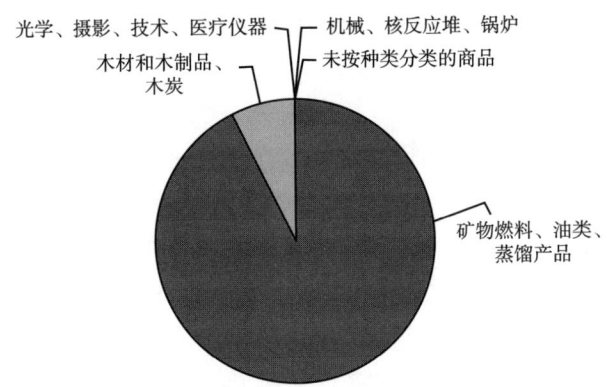

图 9-8-2　2021 年中国从赤道几内亚进口商品类别占比
资料来源：全球经济指标官网。

9.8.3　中赤几能源合作意义和展望

中国和赤道几内亚一直保持着牢固的能源合作关系，两国的能源合作项目不仅解决了赤道几内亚石油挖掘、电力供应、燃气运输等方面的问题，同时也让中国发展了能源技术和经济效益，符合两国共同发展利益。

目前，赤道几内亚依然需要依靠油气能源来维持国家的资源需求和发展。2022 年赤道几内亚矿产与石化部部长在"工业振兴、未来燃料和能源转型"主题研讨会上强调，应继续开发油气以保证能源安全而不是急迫追求能源转型（中国驻赤道几内亚共和国大使馆经济商务处，2022）。中国是世界上最大的石油消费国，也需要在能源转型的同时依靠传统能源维持社会发展。正因为两国能源发展情况的相似点，通过共同合作以制定符合民众需求的绿色能源计划，降低对化石燃料的依赖并同时最大限度地减少碳足迹，为两国实现可持续的绿色能源未来提供了绝佳机会。

9.9　中国与东帝汶的能源合作

9.9.1　中东经贸合作概况

中国一直与东帝汶保持着密切的伙伴关系并在其困难时给予了支持。中国是首个承认东帝汶独立的国家，也是首个与东帝汶建立外交关系的国家（中华人民共和国驻驻东帝汶民主共和国大使馆，2022）。如表9-9-1所示，2014—2019年，中国与东帝汶开展了一系列重要的建交活动，体现了中国与东帝汶两国一直秉承踏实合作的态度，积极进行广泛的合作。

表9-9-1　　中国与东帝汶的重要建交活动

年份	会议要点
2014	国家主席习近平表示中国和东帝汶要扩大双边贸易和投资规模，加强基础设施建设、互联互通、能源以及经济特区等领域合作
2015	国家主席习近平表示两国要加强经贸、农业以及石油化工等多领域合作
2017	东帝汶等国家与中国签署了政府间"一带一路"合作谅解备忘录
2019	东帝汶正式加入我国"一带一路"能源合作

资料来源：中华人民共和国外交部。

在政府政策和官方文件支持下，中东两国在多领域踊跃开展经贸合作并且硕果累累。2017年，中国在东帝汶正式注册的大中型国有企业有20余家，还有大量国内民营企业在东帝汶开展工程、房地产、贸易、农业开发等业务（中国商务部国际贸易经济合作研究院和驻外使领馆经商机构，2022）。

根据世界银行数据，两国多以中国对东帝汶的出口为主且逐渐上升（如图9-9-1所示）。2021年中东双边贸易额已高达3.73亿美元，同比增长94.1%，中国首次成为东帝汶第一大贸易伙伴（中华人民共和国外交部，2022）。

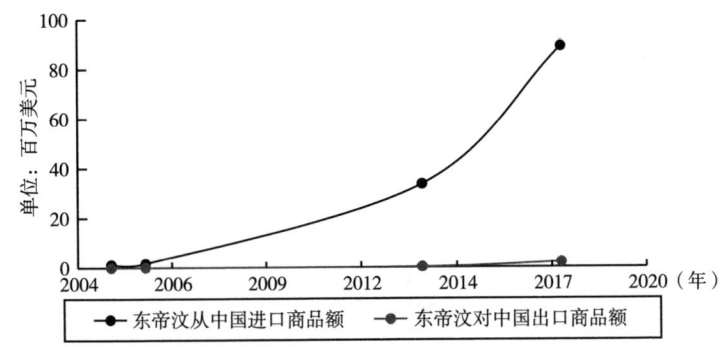

图 9-9-1　东帝汶与中国进出口商品额变化趋势
资料来源：全球经济指标官网。

9.9.2　中东能源合作发展

在兴起的能源领域中，中东两国加强务实合作，实地改善东帝汶的能源结构，为经济社会发展提供稳定、可持续的能源保障，为绿色经济作出贡献。

在电气方面，中国对电力短缺的东帝汶施以援手。2014 年，中国核工业第二二建设有限公司与东帝汶政府首次合作项目东帝汶国家电网电站工程正式竣工。该项目极大程度地缓解了东帝汶缺电的困境，有力促进当地经济发展和社会稳定（中核二二，2014）[19]。

2017 年，东帝汶苏艾石油城项目在中国寰球工程有限公司举行了签约仪式，正式宣布东帝汶比亚索液化天然气项目启动。东帝汶总理沙纳纳·古斯芒吐露中方的合作有利于推动东帝汶油气资源开发，同时也表示该项目为各方合作共赢打造了良好开端，奠定了未来多模式的合作基础（"一带一路"能源合作网，2020）。2021 年，GLORY STAR 号油轮装载的 1.38 万吨柴油在东帝汶 BETANO 港完成卸货，成功完成对东帝汶唯一国有石油公司的供油任务。这是中国企业与东帝汶的首船油气交易，是双方在油气领域的合作突破，同时也为未来的上下游业务创造了合作机遇（中国石油新闻中心，2021）。

根据最新海关交易数据，2017年东帝汶从中国进口的电力供应设备（核反应堆、电机等）依旧处于总进口商品的首位，占总出口商品的35%左右（如图9-9-2所示）。

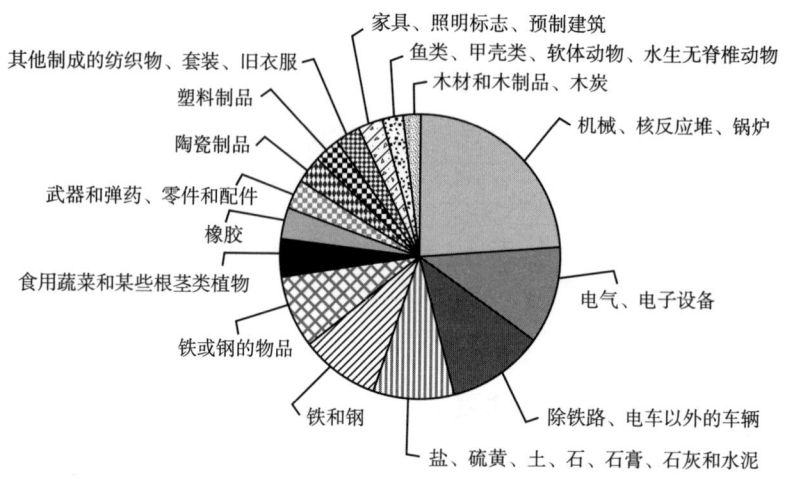

图9-9-2　2017年东帝汶从中国进口商品类别占比

资料来源：全球经济指标官网。

9.9.3　中东能源合作意义及展望

由于东帝汶的经济发展水平有限，中东能源两方合作以中国投资为主（中国商务部国际贸易经济合作研究院和驻外使领馆经商机构，2022）。中东两国的能源合作不仅因为中方能源需求和东方经济需求的不谋而合，也因为中国愿同非洲国家一起夯实"一带一路"，帮助欠发达国家共同发展经济，推动全球气候治理。

东帝汶现依然处于严重依赖石油收入的单一经济结构状态，在全球致力于绿色低碳和传统能源转型的背景下，东帝汶的能源市场和经济收入面临挑战。由此，中方企业未来应抓住商机、扩大合作领域、稳固合作模式、增多合作项目，中国政府也应尽快和东帝汶签署产能合作协议等，以促进两国在"一带一路"倡议框架下进一步加强能源合作，实现互惠互利。

9.10 中国与几内亚比绍的能源合作

9.10.1 中几比经贸合作概况

几内亚比绍是中国的友好邻邦，两国间经贸合作关系初始于 20 世纪 70 年代。援助是两国经贸合作的主要形式（中国商务部国际贸易经济合作研究院和驻外使领馆经商机构，2022）。中国资助几内亚比绍建设了众多基础设施，如议会大厦、司法大楼、政府办公处及沿海公路等地（中国驻几内亚比绍大使馆，2021）。其次，中国为实现几内亚比绍粮食稳定性，对培养几内亚比绍农业人才、改进业务和技术管理水平作出了积极贡献。自中国农业技术专家组入驻几内亚比绍后，引进了 30 多个水稻品种并举行了多次农户培训和知识传播讲会，极大程度地帮助了几比政府推行以水稻为主的多样化种植策略（中国驻几内亚比绍大使馆，2021）。另外，中国举办了针对几内亚比绍的综合技术援助项目和医疗卫生项目，鼓励中国医疗人才援助传染病泛滥、医疗物资短缺的几比地区。

根据海关数据，两国间的贸易商品以中国对几内亚比绍以出口商品为主且呈逐年上升趋势，而中国从几内亚比绍进口的商品总额始终不高（如图 9-10-1 所示）。

9.10.2 中几比能源合作发展

几内亚比绍是联合国公布的最不发达的国家之一，长期的殖民统治和政局动荡使几比经济发展缓慢，资源满足不了基本需求，尤其在能源使用方面。图 9-10-2 描述了中葡国家城市用电人口与城市总人口的比值 (a) 以及乡村用电人口与乡村总人口的比值 (b)。图 9-10-2 中清楚地显示相比于其他葡语国家共同体和中国的情况，几内亚比绍不论城市人口还是乡村人口的电力供应都十分不足，位列末位。中国对几内亚比绍的电

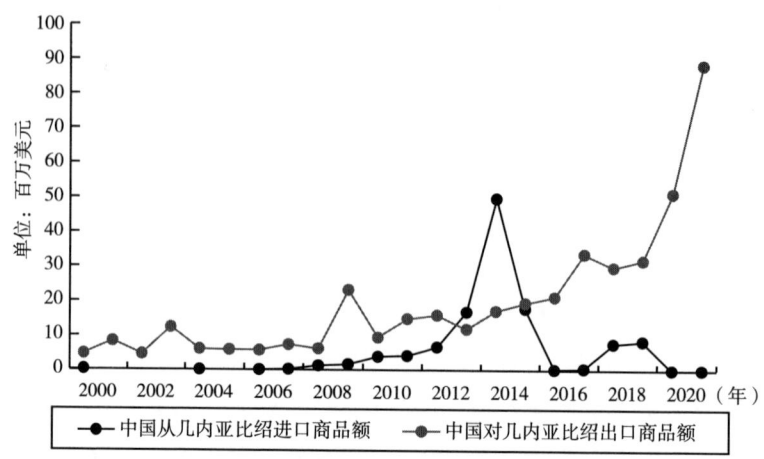

图 9-10-1　几内亚比绍与中国进出口商品额变化趋势

资料来源：全球经济指标官网。

力困境积极伸出援手，2020 年 3 月 2 日，中国电建在多哥首都洛美签署了几内亚比绍 20MW 太阳能现汇项目合同，施工内容为在距离几内亚比绍首都 8 公里处的加尔德特，厂区建设一座 20 兆瓦光伏电站（中国电力建设集团国际项目，2020）。该项目为中国电建在几内亚比绍实施的第一个项目，将提供清洁绿色的可再生能源，以有效缓解几内亚比绍的长期电力供应短缺状况。

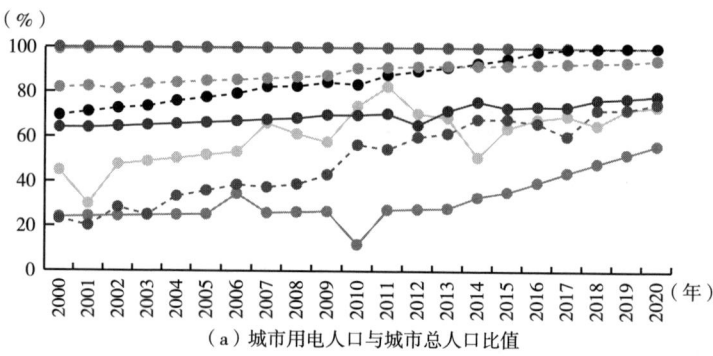

(a) 城市用电人口与城市总人口比值

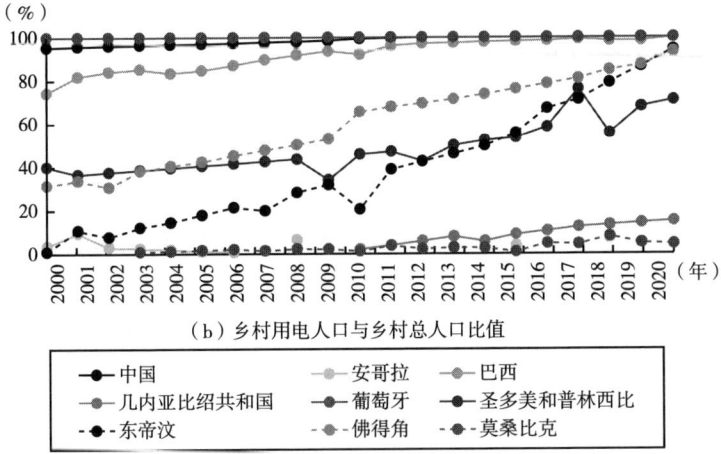

(b) 乡村用电人口与乡村总人口比值

图 9-10-2　中葡语国家地区用电人口与地区总人口比值

资料来源：世界银行数据库。

另外，根据2021年海关数据，几内亚比绍从中国进口商品类别中，有关能源产业的设备和资源占比很小（如图9-10-3所示）。

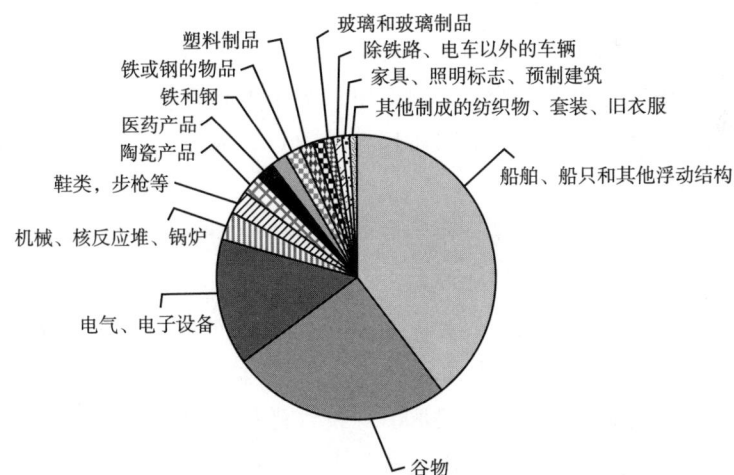

图 9-10-3　2021 年几内亚比绍从中国进口商品类别占比

资料来源：全球经济指标官网。

9.10.3 中几比能源合作展望

几内亚比绍水资源、矿物资源丰富，但却缺少相关技术去进行能源开发以发展能源产业。中国可以帮助几内亚比绍增进太阳能、风能和水电等可再生能源使用技术，开发清洁能源项目，促进双方能源合作，帮助其能源结构早日实现多样化，以应对能源和经济需求，中几比间的能源合作前景可期。

本章小结

随着全球化贸易的普及，中国逐渐与世界众多国家开展了经贸合作，保持友好贸易伙伴关系，其中包括以发展中国家为代表的葡语国家共同体。中国与葡语国家优势互补、互惠互利的关系促使双方贸易频繁且交易投资金额巨大。此外，"中葡论坛"成为中国与葡语国家共同体的助推剂，是中葡合作的重要平台。

在经贸交易层面上，葡萄牙、莫桑比克对中国的进出口额都呈上升趋势，且以从中国进口商品为主，佛得角、圣多美和普林西比、东帝汶、几内亚比绍也多从中国进口，但对中国很少出口，而巴西、安哥拉、赤道几内亚对中国出口较多。

中国与葡语国家的贸易合作为彼此能源领域的合作创造了基础。中国与葡萄牙能源合作多以清洁能源为主，如光伏发电项目，不仅推动彼此碳减排行为、实现可再生能源目标，也坚实了各国对接"一带一路"、提升"互联互通"水平的能力。中国与巴西由于两国在能源领域的技术优势不同，巴西具有生物柴油和乙醇提取冶炼技术优势，中国的风能、太阳能技术发展超前，两国积极进行技术交流与人才交换，以促进两国能源产业的共同发展。中巴合作是中国与拉丁美洲合作的跳板，成功的中巴能源合作为中国开辟了在拉丁美洲的新能源市场。"安哥拉模式"是中国与安哥拉合作的经典模式，中国的资金贷款帮助安哥拉度过了内战后的萧条时期，同时也获得了安哥拉天然的优质石油资源。此外，安哥拉也通过引进中国的先进设备和成熟技术发展了石油产业，逐渐掌握了运用独特天然能源的优势。更重要的是，中安间的合作验证了中非合作的可行性和重要意义。对于莫桑比克，中国也一直积极地强调两国间的合作伙伴关系并开展了基于矿产、油气、水电等多种能源的合作，其能源合作项目不仅优化了两国间的资源配置，也对中非论坛协作的落实起到了积极影响。然而，中国和佛得角、圣多美和普林西比在能源方面的合作尚未完全发掘出潜在的机遇，不过中方与佛方、圣普方近年来积极进行高层对话，有望在不久的将来在新能源领域彼此合作互惠互利。中国与赤道几内亚两国在石油、电力、燃气等能源领域形成了成熟的合作项目，两国各取所需、彼此受益。中国和东帝汶在新能源领域合作情况良好，包括在电能、石油等方面的合作项目。最后，基于几内亚比绍的国情，中国多以援助手段与之在新能源市场上共同探索，缓解了几内亚电力供给短缺的难题。

总的来说，中国与葡语国家共同体的经贸合作已取得一定程度上的成功，这不仅对于合作双方意义非凡，也对两国未来发展铺垫了道路。展望未来，中国政府和企业将积极与葡语国家保持良好的战略合作关系，在能源以及其他领域有更多元的合作形式、更稳定的合作机制以及更有效的创新结果。

本章数据来源

本章所引用的国家能源消费数据与经济数据均来自中国海关总署、世界银行数据库、全球经济指标官网，且引用的能源相关官方文件均来自中华人民共和国外交部。

本章参考文献

[1] "一带一路"能源合作网（2020）. 伙伴关系成员国 - 东帝汶. https：//obor. nea. gov. cn/pictureDetails. html？id = 2626.

[2] 人民日报（2021 年 11 月 18 日）. 加强绿色合作 共促绿色发展. http：//www. scio. gov. cn/m/31773/35507/35510/35524/Document/1716426/1716426. htm.

［3］人民网（2020）.《中国与葡语国家经贸合作发展报告（2018—2019）》——中国与葡语国家经贸合作日趋多元发展前景广阔. http：//world. people. com. cn/n1/2020/0515/c1002 - 31710527. html.

［4］丁浩和丁来涛. 中国与葡语国家商品贸易的竞争与互补性研究［J］. 国际商务研究，2017，38（4），10.

［5］中华人民共和国外交部（2015）. 中华人民共和国政府和巴西联邦共和国政府联合声明（全文）. https：//www. fmprc. gov. cn/web/gjhdq_676201/gj_676203/nmz_680924/1206_680974/1207_680986/201505/t20150520_9367933. shtml.

［6］中华人民共和国外交部（2022）. 中国同圣多美和普林西比的关系. https：//www. fmprc. gov. cn/web/gjhdq_676201/gj_676203/fz_677316/1206_678452/sbgx_678456/.

［7］中华人民共和国外交部（2022）. 中国同东帝汶关系. https：//www. fmprc. gov. cn/web/gjhdq_676201/gj_676203/yz_676205/1206_676428/sbgx_676432/.

［8］中华人民共和国驻东帝汶民主共和国大使馆（2022）. 大国外交丨亚洲最"年轻"的国家和中国有哪些友好交往的故事？http：//tl. china - embassy. gov. cn/sgdt/202205/t20220515_10686251. htm.

［9］中华人民共和国科学技术部（2021）. 中国—巴西可再生能源与气候变化和碳中和青年科学家论坛成功举办. https：//www. most. gov. cn/kjbgz/202110/t20211029_177543. html.

［10］中华人民共和国商务部和中国对外承包工程商会（2020）. 中国对外承包工程发展报告2019 - 2020. http：//images. mofcom. gov. cn/fec/202012/20201201171840137. pdf.

［11］中国与非洲（2019）. 推广沼气池 中国农业专家为圣多美和普林西比带来清洁能源. http：//www. chinatoday. com. cn/chinafrica/201904/t20190411_800268616. html.

［12］中国电力建设集团国际项目（2020）. 公司签约几内亚比绍20MW太阳能现汇项目. http：//www. powerchina. cn/art/2020/3/4/art_7449_751151. html.

［13］中国电建（2018）. 水电六局中标赤道几内亚吉布洛水电站运维（三期）项目. https：//www. powerchina. cn/art/2018/11/6/art_7449_447986. html.

［14］中国电建（2017）. 赤道几内亚工业能源部长向赤道几内亚代表处发来感谢函. https：//www. powerchina - intl. com/gszx/466. html.

［15］中国电建（2022）. 赤道几内亚马拉博燃机项目完成72 + 24小时试运行. https：//www. powerchina. cn/art/2022/12/2/art_7449_1566319. html.

［16］中国石油新闻中心（2021）. 中国石油完成首次对东帝汶供油业务. http：//news. cnpc. com. cn/system/2021/06/23/030036518. shtml.

[17] 中国石油新闻中心（2022）. 写在莫桑比克 4 区科洛尔项目首船 LNG 外销之际. http：//news. cnpc. com. cn/system/2022/11/22/030085742. shtml.

[18] 中国海洋石油有限公司（2006）. 中海油签署赤道几内亚 S 区块的石油合同. https：//www. cnoocltd. com/art/2006/2/17/art_6641_1651361. html? ldgtmpegmpcvomws.

[19] 中核二二（2014）. 中核二二东帝汶国家电网工程输电线路基础完工. http：//www. cnecc. com/s/1844 – 5511 – 13392. html.

[20] 王磊. 巴西发展清洁能源的政策与实践［J］. 全球科技经济瞭望，2017，32（10），6.

[21] 许嫣然. 中国与巴西的可再生能源合作——基于全面战略伙伴关系的视角［J］. 当代财经，2019（4），9.

[22] 邹昊飞，王一童，韩勇，等. 中莫产能合作：需务实转型［J］. 中国投资（中英文），2017（22），3.

[23] 汪巍. 中国与安哥拉石油合作呈跨越式发展趋势［J］. 国际工程与劳务，2020，（3），48 – 49.

[24] 驻几内亚比绍使馆（2021）. 驻几内亚比绍大使郭策出席中国援几比农业技术合作项目物资捐赠仪式. http：//gw. china – embassy. gov. cn/xwdt/202112/t20211224_10475034. htm.

[25] 驻几内亚比绍使馆（2021）. 驻几内亚比绍大使郭策出席援几比西非沿海公路比绍至萨芬段项目奠基仪式. http：//gw. china – embassy. gov. cn/xwdt/202101/t20210122_6098594. htm.

[26] 驻圣多美和普林西比使馆经商处（2018）. 王卫大使和热苏斯总理出席援圣多美和普林西比道路整修和社区排水紧急项目竣工典礼. http：//st. mofcom. gov. cn/article/hd/201812/20181202821968. shtml.

[27] 国务院国有资产监督管理委员会（2016）. 中国石油与莫桑比克国家石油公司签署合作框架协议. http：//www. sasac. gov. cn/n2588025/n2588124/c3821764/content. html.

[28] 国家电网公司（2015）. 国家电网与三峡集团签署资本合作协议. http：//www. sasac. gov. cn/n2588025/n2588124/c3802305/content. html.

[29] 国家能源局（2022）. 我国光伏发电并网装机容量突破 3 亿千瓦 分布式发展成为新亮点. http：//www. nea. gov. cn/2022 – 01/20/c_1310432517. htm.

[30] 驻安哥拉共和国大使馆经济商务处（2022）. 安哥拉总统批准中安两国政府避

免双重征税协定生效. http：//www. mofcom. gov. cn/article/zwjg/zwxw/zwxwxyf/202204/20220403301615. shtml.

［31］驻佛得角使馆经商处（2012）. 中国援佛得角太阳能示范项目施工合同签署. http：//cv. mofcom. gov. cn/article/jmxw/201203/20120308031505. shtml.

［32］驻佛得角共和国大使馆经济商务处（2022）. 黄登平参赞拜访佛得角工贸能源总局. http：//cv. mofcom. gov. cn/article/zxhz/202203/20220303286026. shtml.

［33］驻赤道几内亚共和国大使馆经济商务处（2022）. 中国是赤道几内亚第一大出口目的地和第二大进口来源地. http：//gq. mofcom. gov. cn/article/jmxw/202211/20221103365512. shtml.

［34］驻赤道几内亚共和国大使馆经济商务处（2022）. 赤道几内亚呼吁非洲国家继续开发油气资源以便保障能源安全. http：//gq. mofcom. gov. cn/article/jmxw/202203/20220303285354. shtml.

［35］驻莫桑比克共和国大使馆经济商务处（2021）. 刘晓光经商参赞在《国际商报》发表署名文章《加强战略规划对接 推动中莫经贸合作转型升级》. http：//file. mofcom. gov. cn/article/zwjg/zwxw/zwxwxyf/202112/20211203222697. shtml.

［36］驻葡萄牙使馆经商参处（2006）. 葡萄牙能源产业调研. http：//images. mofcom. gov. cn/pt/accessory/200612/1164967876431. pdf.

［37］商务部国际贸易经济合作研究院和驻外使领馆经商机构（2022）. 对外投资合作国别（地区）指南：几内亚比绍（2021年版）. http：//www. mofcom. gov. cn/dl/gbdqzn/upload/jineiyabishao. pdf.

［38］商务部国际贸易经济合作研究院和驻外使领馆经商机构（2022）. 对外投资合作国别（地区）指南：巴西（2021年版）. http：//www. mofcom. gov. cn/dl/gbdqzn/upload/baxi. pdf.

［39］商务部国际贸易经济合作研究院和驻外使领馆经商机构（2022）. 对外投资合作国别（地区）指南：东帝汶（2021年版）. http：//www. mofcom. gov. cn/dl/gbdqzn/upload/dongdiwen. pdf.

［40］商务部国际贸易经济合作研究院和驻外使领馆经商机构（2022）. 对外投资合作国别（地区）指南：佛得角（2021年版）. http：//www. mofcom. gov. cn/dl/gbdqzn/upload/fodejiao. pdf.

［41］商务部国际贸易经济合作研究院和驻外使领馆经商机构（2022）. 对外投资合作国别（地区）指南：莫桑比克（2021年版）. http：//www. mofcom. gov. cn/dl/gbdqzn/upload/mosangbike. pdf.

［42］商务部国际贸易经济合作研究院和驻外使领馆经商机构（2022）. 对外投资合作国别（地区）指南：葡萄牙（2021年版）. http：//www.mofcom.gov.cn/dl/gb-dqzn/upload/putaoya.pdf.

［43］新华网（2020）. 中国与巴西签订智慧能源项目谅解备忘录. http：//www.xinhuanet.com/world/2020-11/27/c_1126793661.htm.

［44］新华社（2012）. 中国国家电网入股葡萄牙国家能源网公司. http：//www.gov.cn/govweb/jrzg/2012-02/24/content_2075370.htm.

［45］新华社（2014）. 中国国家电网公司中标巴西特高压输电项目. http：//www.gov.cn/xinwen/2014-02/08/content_2607513.htm.

［46］澳门贸易投资促进局（2021）. 佛得角. https：//www.ipim.gov.mo/zh-hans/market-information/portuguese-speaking-countries/portuguese-speaking-countries-briefing/cape-verde/.

［47］魏丹. 全球化世界中的葡语国家与中国［J］. 社会科学文献出版社，2014.

［48］BBC（2018）. 中国的大型光伏电站如何改变世界能源格局. https：//www.bbc.com/ukchina/simp/vert-fut-45509670.

［49］Ferreira, M. E. China in Angola：just a passion for oil？［J］. China returns to Africa：A rising power and a continent embrace, 2008, 295-317.

［50］Pv magazine China（2023）. 葡萄牙2022年度安装太阳能890 MW. https：//www.pv-magazine-china.com/2023/02/07/%e8%91%a1%e8%90%84%e7%89%992022%e5%b9%b4%e5%ba%a6%e5%ae%89%e8%a3%85%e5%a4%aa%e9%98%b3%e8%83%bd890-mw/.

［51］Wong, L., Weimer, et al. Thirst for Africa oil – Asian national oil companies in nigeria and Angola［J］. A chatham, 2009.

10. 深化发展中国与葡语国家能源合作

本章将在总结提炼中国与各葡语国家能源资源、市场消费、生产、供应、贸易、产业发展、基础设施建设、服务、环境、科技、结构、渠道、法律、理念、政策、规划和目标的基础上，结合俄乌冲突背景下国际能源环境的情势变化对中国与葡语国家能源状况的影响，陈述中国与葡语国家开展能源合作的现状与深入发展彼此能源合作的意义和可行性，探讨中国与葡语国家进一步开展能源合作存在的问题、彼此的优势与劣势以及面临的机遇与挑战，提出持续深入开展中国与葡语国家能源合作在构建合作多边机制、开展能源战略和技术层面合作的思考与政策建议。

10.1 中国与葡语国家总体能源状况

10.1.1 中国能源总体状况与政策

10.1.1.1 中国能源发展总体状况

进入 21 世纪以来，伴随经济社会持续发展，中国积极推进能源事业全面、协调、可持续发展，不断提升全社会能源安全可及性，优化调整能源消费和生产结构，加大清洁能源开发利用力度，提高能源效率，经过多年努力，现已发展为全球最大的能源消费和生产国，能源利用保障和安全可及性得到大幅提升。近十年来，中国坚持创新、协调、绿色、开放、共享发展理念，不断深化能源体制机制改革，加快促进能源消费方式改变，努力构建多元渠道安全清洁能源供应体系，持续推进能源领域国际合作，广泛参与全球能源治理，寻求全球能源可持续发展新道路。中国政府承诺，将采取更加有力的政策和措施，力争在2030年前实现碳达峰，2060年前实现碳中和。中国的能源发展状况为自身经济社会持续发展提供了有力保障，也为世界范围内的能源合作、维护国际能源安全以及应对全球气候变化作出了有益的贡献。中国能源进入了高质量发展的新阶段（中华人民共和国国务院新闻办公室．新时代的中国能源发展［J］．人民日报，2020，12）。

①能源资源富集但人均拥有量低

中国能源资源禀赋相对丰富，但能源结构严重失衡，主要的能源矿产中煤炭资源丰富，石油和天然气储量相对较低，核能发展相对滞后，可再生能源水力、风能、太阳能和地热能丰富，是可再生能源生产和利用大国，可再生能源产业发展潜力巨大（方圆，张万益，曹佳文，朱龙伟，2018）。中国作为全球人口最多的第二大经济体是能源消费最大的国家，传统化石能源尤其是石油天然气资源远远不能满足自身需求，每年仍需从国际能源市场进口大量石油和天然气以满足本国对能源的需求。

②能源消费需求持续增长结构加快转变

中国伴随经济发展能源消费总量持续增长，化石能源消费占比较高。截至2021年年底，中国的能源消费总量达到52.4亿吨标准煤，其中，煤炭消费占到能源总消费量的56.0%，较2012年降低了12.5%，煤炭仍然是消耗的主要能源；天然气、水力发电、风力发电、太阳能发电和核电等清洁能源消费占能源总消费量的25.5%，较2012年提高了11%。其中，非化石能源占能源消费总量的比重达16.6%，比2012年提高了6.9%，超过了2020年非化石能源消费比重达到15%的国家目标，但消费结构仍需进一步向可再生清洁能源转变（数据来源：国家统计局．中国统计年鉴2022［M］．中国统计出版社，2022）。

③能源生产供应能力不断增强

2021年，中国一次能源生产总量为43.3亿吨标准煤，继续维持世界第一大能源生产国地位。其中，原煤占比为67%，产量达29亿吨，产量维持高位运行，但占比从2011年的77.8%逐年持续回调，煤炭仍然是自主生产能源的主要供应构成。原油占比为6.6%，占比历年持续下降但生产稳定，2012年以来产量维持在2亿吨上下。天然气产量大幅提升，从2012年的1 106亿立方米增加到2021年的2 075.8亿立方米，占比从4.1%上升到6.1%，是自产清洁能源重要的供应渠道。一次电力及其他能源供应能力持续提升，占比从2011年的9.6%上升到2021年的20.3%；累计发电装机容量从2011年的106 253万千瓦增加到2021年的237 777万千瓦，2021年总发电量为85 000亿千瓦。目前，中国已基本形成包括煤炭、石油、然气、电力、核能在内的各种传统能源和新的可再生能源多元结构的能源生产体系（数据来源：国家统计局．中国统计年鉴2022［M］．中国统计出版社，2022）。

中国的能源生产、储存、输送和服务基础设施也日益健全完善。已基本建成全国范围内的煤炭港口铁路输送系统，建成了主要的石油、天然气储备基地和主干管道，建成的特高压输变电网线遍布全国，电力生产供应安全稳定运行居世界前列。能源基础设施的建成完善为国家整体能源供给提供了强有力的保障。

④优先发展非化石可再生清洁能源

在2023年2月13日中国国家能源局召开的新闻发布会上，国家能源局新能源和可再生能源司副司长王大鹏介绍，中国的可再生能源开发利用规模持续扩大，截至2022年年底，中国可再生能源装机容量达到12.13亿千瓦，占全部发电总装机容量的47.3%，超过煤电占总装机容量43.8%的占比，其中常规水力发电装机3.68亿千瓦、风力发电装机3.65亿千瓦、太阳能发电装机3.93亿千瓦、生物质能发电装机0.41亿千瓦、抽水蓄能发电装机0.45亿千瓦，全年可再生能源发电量达27 000多亿度，占全社会用电量的31.6%，中国的各种可再生能源开发利用规模均居世界首位。2022年9月14日中国核能行业协会发布的《中国核能发展报告2022》表明，中国在运核电机组53台装机容量达5 559万千瓦，在建核电机组23台装机容量为2 419万千瓦，在建核电规模居世界第一。

⑤能源利用效率显著提高

近十年来，中国社会厉行能源节约，能源利用效率大幅提高，单位国内生产总值能耗在2012—2019年累计降幅达24.4%，以能源消费年均2.8%的增长率支撑了国民经济年均7%的增长（数据来源：中华人民共和国国务院新闻办公室．新时代的中国能源发展［J］．人民日报，2020，12）。但是中国的能源效率与先进国家比较仍然存在较大差距。

⑥能源进出口贸易持续增长

中国的能源贸易以商品贸易为主，其次是围绕国际能源合作项目开展的投资、服务和技术贸易。中国是能源消费大国，能源消费量大于能源生产量，虽然中国每年也有一定数量的煤炭、石油和天然气出口，但总的来说中国已经是一个能源净进口大国，每年需要从海外进口大量的石油和天然气以及一定数量的煤炭，能源对外依存度很高。源于中国能源科技和产业的不断发展，中国在开展国际能源合作方面还有很大的发展空间和潜力。

⑦能源科技持续发展

21世纪以来，中国持续推进能源科技创新，能源技术水平不断提高。目前，中国大型煤矿采煤机械化程度达98%，完全掌握煤制油气产业化技术。低渗原油和稠油高效开发等技术世界领先。天然气水合物试采获得成功，页岩气勘探开发利用技术和装备水平大幅提升。新一代核电、小型堆等多项核能利用技术取得明显突破。已形成了水电、风电、光电和核电等清洁能源较完备的装备制造产业，技术水平和制造规模处于世界前列，形成全球规模最大、安全领先、供电可靠的电网体系。"互联网+"智慧能源、综合能源服务等一大批能源新技术、新业态正在兴起。

⑧能源环境影响继续改善

中国把推进能源绿色发展作为促进生态文明建设的重要举措。中国的煤炭清洁开采和利用水平继续提升，并且持续加大对各种能源生产利用带来的污染进行防治的力度。中国能源的绿色发展促进了空气质量的改善，CO_2、SO_2、氮氧化合物和烟尘排放量持续下降，整个碳排放强度2019年相比于2005年下降了48.1%，遏制了整个社会长期碳排放高增长的状况。

⑨能源治理机制不断完善

中国协同推进能源改革和法治建设，不断制定完善能源相关法律，覆盖面涉及能源政策、标准、规划、服务和监管，已基本形成全面的能源治理体制机制。从而全面提升了能源领域的市场化水平，进一步放宽了能源领域外资市场准入，投资主体更加多元，能源营商环境不断改善优化。

⑩能源可及性全面覆盖

中国把保障经济和民生用能作为发展能源事业的根本出发点，在保证经济建设能源需要的同时，始终把为城乡居民获得基本能源供应和服务放在首位，能源可及性取得了重大成效。2015年年底中国实现了全部人口都用上电的历史性成就，大大促进了城乡和贫困地区经济发展以及生活状况的改善。中国大力发展城镇天然气基础设施建设，尽可能扩大天然气供应使用区域，努力改善城镇居民清洁便利的用能条件和人居环境。

10.1.1.2　中国的能源理念与政策

①能源理念

中国作为世界第一人口大国和第二大经济体，能源一直是国家经济社会发展的重要基础资源。自20世纪后期以来，中国的能源理念也一直在不断发展和调整。进入21世纪中国提出全面协调可持续发展的能源理念，新时代中国牢固树立能源发展为了人民、依靠人民、服务人民思想，提出了"绿色、低碳、可持续"的能源理念。面对日趋严峻的全球气候变化挑战和能源供应紧张形势，中国基于人类命运共同体意识，积极参与全球能源治理合作，力求促进世界能源绿色安全可持续发展。

②能源政策

中国政府的能源政策主体导向是持续全面深化能源体制改革，健全完善能源法治体系和监管体系，推进能源市场依法依规治理。具体政策推介包括以下方面。

能源优先发展保障民生用能，加快加强与民生用能相关联的能源基础设施建设，运用现代智能技术提高民生能源公共服务能力水平，保证全社会用能的可及安全性。

更好发挥政府行政体制职能，加强国家能源发展战略规划导向，优化能源消费和生产布局结构，提高能源效率，降低对化石能源的使用和进口依存度，强化对碳排放和污染物排放总量的控制监管力度，完善促进能源绿色低碳安全转型的财税金融政策制度。

充分发挥市场配置资源的机制作用，国家支持各类属性市场主体依法平等进入负面清单以外的能源市场投资领域，形成中外方和公私营投资的多元能源市场主体格局。逐步完善能源市场合理的价格形成机制，促进市场公平竞争，最终建成统一开放、竞争有序的高标准能源市场。

清洁高效开发利用化石能源，推进煤炭安全智能绿色开发利用，清洁高效发展火电；提高天然气高效开采能力，重点发展页岩气和煤层气的勘探开发；提升石油勘探开发与加工水平。

建设多元清洁的能源供应体系，优先发展非化石可再生能源，推动水力、风能、太阳能发电的纵深有效环保低廉开发利用，有序安全可靠发展核电技术设施和产能，结合区域自然地理条件因地制宜发展生物质能、地热能和海洋能，加快提高清洁能源和非化石能源生产消费比重，全面提升可再生能源利用率。

深化能源科技体制机制改革，提高能源科技水平。中国国务院于2016年发布的《国家创新驱动发展战略纲要》提出，大力发展安全清洁高效现代能源技术以促进能源生产和消费向清洁低碳发展转型。能源科技创新是整个国家科技创新战略的重要领域，国家鼓励全社会加大能源技术创新投入，提升各类主体创新能力，构建多元化多层次的能源科技创新平台，开展能源重大领域协同技术攻关，提升能源技术装备能力水平，支持能源新模式新业态发展，形成政府引导、企业主体、社会参与、多方协同的能源技术创新体系（中华人民共和国国务院新闻办公室．新时代的中国能源发展 [J]．人民日报，2020）。

中国全方位开展国际能源合作，主动积极加入各种国际能源组织机构和公约，广泛开展双边及多边能源合作，推动国际能源互利共赢安全可持续发展进程。

10.1.2　葡语国家总体能源状况与目标

1996年7月17日在葡萄牙首都里斯本，由葡萄牙、巴西、安哥拉、莫桑比克、赤道几内亚、佛得角、几内亚比绍、圣多美和普林西比以及东帝汶九个官方语言为葡萄牙语的国家，正式宣布成立了总部设在里斯本的葡语国家共同体。九个国家地处欧洲、拉丁美洲、非洲和亚洲，各自处于不同的经济社会发展阶段，总人口约2.5亿。凭借独特和传统的文化，九国在相互理解、相互尊重基础上进行政治协商以及经济、文化等不同领域的合作。

10.1.2.1 葡语国家的总体能源状况

葡语国家的能源状况因其地理位置和经济发展水平而大有不同，有的是能源经济消费大国，而有的是薄弱小国；有的国家能源资源禀赋富有，而有的匮乏；有的国家能源生产供应渠道保障较为充分，而有的渠道不畅能源短缺；有的是能源依赖进口国，有的是能源净出口国；有的国家能源科技能力具有一定水平，而有的科技能力低下。其中，经济较为发展能源消费较大的国家主要有葡萄牙和巴西；能源资源较为富有的国家主要有巴西、安哥拉、莫桑比克、赤道几内亚和东帝汶，它们都存在一定数量的能源出口，但其能源资源结构普遍存在差异，有的化石能源资源丰富，有的可再生能源资源充沛，源于经济、科技和产业实力的限制其能源资源都有待进一步开发和利用，以满足国家经济和社会发展对能源供应和消费的需求；能源生产或供应保障能力较强的国家主要有葡萄牙、巴西、安哥拉、莫桑比克、赤道几内亚和东帝汶，但这些国家对需求的满足也存在结构性与渠道的差异，其中葡萄牙对化石能源的需求主要依靠进口，而其他国家也一定程度存在能源基础设施不足、二次能源尤其是电力供应和需求满足不平衡的情况；能源开发和能源科技利用能力较强的主要是葡萄牙和巴西这两个经济相对发达体量较大的国家。

葡萄牙是国土小、人口少，但能源消费较高的欧洲发达国家，虽然化石能源资源匮乏但过去能源需求供应渠道相对能得到保障，其化石能源主要依靠进口，新能源科技能力相对先进，已成为欧洲领先的可再生能源生产国之一，目前约50%的能源来自可再生能源，其中大部分来自水电和风能，而其海洋潮汐能还有待进一步开发。

巴西是经济体量较大的发展中国家，能源状况主要由丰富的石油、生物燃料和水力资源所驱动，是石油开采加工和输出大国，也是世界上最大的生物燃料生产国之一和最大的水电生产国之一。巴西的能源资源禀赋和能源生产对自身的能源消费需求形成了较强的供应保障能力，但其能源资源也还有待进一步开发和利用，以满足自身的能源和经济发展需求。

安哥拉是非洲大陆最大的葡语国家，拥有丰富的石油和天然气资源，是非洲的产油大国，也是天然气生产国，主要消费的一次能源为石油与天然气，石油产出除了满足本国的能源需求外也是主要的出口商品，是经济发展的重要资源。由于政治和经济因素的影响，安哥拉的能源基础设施建设长期以来一直受到限制，所以能源生产和供应也存在不稳定的状况。安哥拉二次能源的供应尤其是电力需求的供应缺口仍然很大，电力供给还存在很大的提升空间。

莫桑比克位于非洲南部，是贫穷的发展中国家，拥有丰富的天然气、煤炭资源和可再生能源，尤其是太阳能资源。消费的能源主要为生物质能、石油及天然气，煤炭和天然气是莫桑比克主要的自主生产能源，石油产品全部依赖进口，天然气产量大，多用于出口，有一些水力发电站，用电人口普及率低，可再生能源多来源于进口。

赤道几内亚是非洲撒哈拉以南石油和天然气产出大国，也是欧佩克（OPEC）成员国。消费的能源主要为石油与天然气，此外还使用少部分生活用生物质能。赤道几内亚的石油和天然气产量大，多用于出口，经济严重依赖石油和天然气工业。本国不具备炼油能力，国内的石油产品消费都来自进口，电力接入人口占比约为65%，可再生能源生产一直处于不稳定状态。

东帝汶位于亚洲东南部的太平洋上，比邻印度尼西亚。东帝汶海石油和天然气资源富集，主要能源消费为石油，电力普及率相对较高，天然气生产全部用于出口，是世界最依赖石油发展的国家之一。

佛得角位于北大西洋由十个岛屿组成的非洲群岛小国，没有化石能源资源，高度依赖外部能源满足能源需求，是能源净进口国。佛得角可再生能源资源丰富，政府鼓励积极使用可再生能源太阳能和风能进行发电，但发电主要还是依靠石油。

圣多美和普林西比位于非洲中西侧几内亚湾东南部的岛国，基础设施落后，是世界上最不发达的国家之一。虽然圣普已经有一定探明储量的石油，但国家一直不具有采炼能力，整个国家几乎完全依赖进口石油和生物质能，电力接入人口虽然在不断增加，但可再生能源发展严重落后于世界水平。

几内亚比绍地处非洲西海岸,是世界最不发达的国家之一。几内亚比绍化石能源资源严重短缺,水资源丰富,消费的能源主要为进口石油产品。全国电力接入人口比重在不断提升,电力人口接入总占比从2009年的11%已提升至2020年的31%,目前城镇电力接入人口占比已经超过50%。截至2019年几内亚比绍可再生能源生产量为178.08亿立方英尺,较上年减少了2.20%。几内亚比绍能源使用量约为每人每年0.3吨油当量(一次能源供应总量),是世界上人均能源使用量最低的国家之一。

总的来看,葡语国家除了巴西等少数国家能源资源丰富,多数国家能源资源结构不平衡,除了葡萄牙和巴西具有一定能源科技生产能力外,多数国家经济发展水平低,能源科技和基础设施能力不强,能源生产和供应保障不稳定,容易受到国际能源环境变化的影响。更有少数国家化石能源资源匮乏,不具能源生产能力,能源短缺进口依赖性强。葡语中的发展中国家几乎都拥有丰富的可再生能源资源,或拥有一定可再生能源生产能力,但缘于经济和科技产业发展水平滞后,可再生清洁能源产量总体规模不大且生产不稳定,潜力有待于进一步发掘,以提升电力的生产量和使用覆盖率。所有的葡语国家也同样都面临降低高污染化石能源消费,扩大可再生清洁能源供应使用以保护生态环境和经济可持续发展的问题。

10.1.2.2 葡语国家的能源理念与目标

葡语国家由于所处地区及经济发展水平与能源资源和产业发展状况相差较大,所以各国的能源理念与政策也存在一定的差异。但是在国际能源环境剧烈变化的背景下,他们共同的特征都是要致力于降低对化石能源的依赖和使用强度,采取措施提升对可再生清洁能源的开采和使用,并通过加强国际合作推动能源转型、促进能源安全保障和提升能源效率,助力实现全球能源环境减排与经济可持续发展社会进步目标。

葡萄牙是葡语国家中最发达的国家,其能源政策重心在于提高能源安全、绿色和可靠性,是世界上最早制定2050年实现碳中和目标的国家之一。为保障葡萄牙的能源供应安全可靠并促进节能减排、减少石油制品使用所造成的污染,葡萄牙政府致力于降低对化石能源的需求,促进清洁能源的发展和利用,重点目标是通过增加可再生能源的生产和使用,减少对进口石油和天然气的依赖，降低温室气体排放。葡萄牙政府制定了《2030年能源和气候框架战略》和《2020年能源和气候计划》等规划，以推进能源转型和可持续发展。政府鼓励所有部门增加电能占其所用能源的比例，颁布道路车辆税收制度鼓励购买更环保的电动汽车，并推出了针对纯电动汽车的货币激励补贴措施。预计到2030年葡萄牙将有36%的乘用车使用电力作为能源，到2050年该将达到100%。2016年，葡萄牙政府启动了"2030能源策略"，计划主要通过电力供应的脱碳和电气化来实现其可再生能源目标和长期脱碳目标，到2030年使可再生能源消耗占比达80%，减少温室气体排放量45%，成为欧洲最大的可再生能源净出口国，到2050年将几乎完全消除葡萄牙的石油能源需求（IEA，2021a）。

巴西的能源政策主要是由巴西政府的国家能源计划（National Energy Plan）和国家天然气计划（National Gas Plan）规划并指导。巴西政府注重国内丰富能源资源的开发和利用，支持清洁能源的发展应用，积极推进可再生能源、天然气和生物质燃料等领域的发展。巴西国家在2021年承诺到2050年实现净零排放和50%的碳减排目标计划，能源规划侧重于三个方面：①发展可再生能源，促进电力消费和电力供应结构转型，减少对化石能源的依赖，计划在2030年之前可再生能源在能源结构中占比达45%；②在保护森林资源和生态环境的前提下，实施长期生物燃料发展策略，可持续生物能源在能源结构中占比升至18%；③鼓励提升能源效率，推动天然气使用，平衡可再生能源的间歇不确定性以保障电力供应。巴西政府鼓励投资者参与可再生能源项目开发利用，通过引进国际能源新技术、提高能源开发利用效率等方式，确保其能源供应的长期稳定与可持续性。

安哥拉的能源政策主要是为政府的《国家能源战略》和《国家能源计划》所规划指导，安哥拉政府致力于提高能源生产和消费效率，支持可再生能源的开发和利用，促进国内油气资源的开发和产业发展与技术进步。安哥拉政府在非洲大陆能源发展规划下颁布了多项法令，通过制定能源政策、提高能源效率等方式，确保能源供应的稳定性和可持续性。一方面努力扩大能源基础设施建设以更好地利用丰富的能源资源；另一方面积极开发可再生能源，并促进民间投资者参与能源开发项目。安哥拉颁布的《安哥拉能源2025战略》和《新可再生能源国家战略》等文件重点规划了发展新能源发电和老旧电厂改造，以提升整个国家的用电覆盖率。

莫桑比克政府积极推进能源可持续发展，努力吸引外国投资发展能源基础设施，设定了两个主要的能源政策目标：一是通过可再生和不可再生能源并行发电的策略，努力提高可再生能源使用比例，计划到2030年可再生能源比例达到50%，70%的人口实现供电覆盖，提高电力普及率；二是提高能源供应稳定性，大力开发LNG液化天然气，通过增加能源供应的多样性和可靠性确保能源安全，在保证国内需求的同时对外出口液化天然气。

东帝汶和赤道几内亚这两个拥有丰富油气资源的国家，在发展可再生能源的同时更希望通过引进外资和技术来开发油气资源，以此提升能源使用率、保障能源安全并增加经济收入。

圣多美和普林西比虽然在近海发现了油田，但一直处于待开发状态，所以政府的能源政策在寻求国际合作开发石油资源的同时，也致力于开发利用本国的可再生能源。

佛得角和几内亚比绍这两个规模较小的葡语国家，由于化石能源资源匮乏，主要的能源策略都是致力于发展可再生能源以满足国内能源需求。

总的来说，葡语国家的能源政策目标都不断在加强自身能源安全、提高能源利用效率、支持可再生能源开发利用和推进清洁能源发展等方面作出积极努力，以保障经济社会发展的安全性与可持续性。

10.1.3 优势与劣势

10.1.3.1 中国的能源优势与不足

中国的能源优势是由于地域广阔能源资源丰富，除了拥有丰富的煤、石油和天然气等化石能源资源外，还拥有包括水能、风能和太阳能等在内的大量可再生能源。中国在能源领域拥有丰富的技术优势和市场优势，既是能源生产大国也是能源消费大国。中国拥有强大的化石能源开采和产品制造能力，有较为先进的核能技术与核电生产能力，能源装备制造和能源基础设施建设维护实力强大。中国也拥有在一定程度上领先世界的新型可再生清洁能源工程技术，是世界可再生能源的开发、生产和消费大国。同时，中国也广泛参与开展国际能源合作，为共同合作开发建设各种能源项目积累了丰富的经验。

中国能源状况发展不足的情况是虽然能源资源蕴藏丰富，但由于人口众多经济高速增长、导致能源消耗量一直居高不下，对煤炭、石油、天然气等化石燃料过度依赖，能源进口依赖大且结构不平衡，可再生能源比例还是较低，很多领域还存在高污染排放的情况，不利于保护环境和可持续发展，现有能源设施能效不高，能源安全仍存在潜在风险。

中国的能源发展状况优势与劣势并存，在满足国家经济发展和社会需求的同时，需要进一步发展新能源技术，积极开展国际能源合作拓宽能源渠道，改善能源结构发展可再生清洁能源，减少对进口化石能源的依赖，降低经济发展能耗提高能源使用效率，实现能源安全可持续发展。

10.1.3.2　葡语国家的能源优势与不足

葡语国家由于地域与国情不同，能源发展的状况也不尽相同。除了能源资源禀赋与结构不平衡、不一样外，能源市场、科技和产业发展水平也有很大差异。所有的葡语国家都面临能源供应短缺或紧张、能源发展不平衡、能源结构需要转型的问题，各国政府对此也普遍重视，通过政策规划支持，努力发展可再生能源支持能源和经济可持续发展。

葡萄牙作为欧洲发达国家，由于化石能源资源匮乏过去长期对化石能源进口依赖性很大，所以通过能源转型在可再生能源开发利用领域取得了优异的成就，发展了较为先进的可再生能源技术并积累了丰富的可再生能源开发利用经验，拥有很强的开展国际可再生能源合作开发利用的潜力。

巴西作为各类能源资源富有的发展中国家，拥有一定的能源采集和生产技术能力，是能源生产和消费的大国，但能源结构仍不合理，过度依赖化石能源，能源供应安全保障仍不充分，国家需要一个长期稳定的政策规划来进一步提升能源科技水平，促进能源结构和生产向可再生能源与可持续发展转型。

安哥拉、莫桑比克、赤道几内亚、东帝汶、佛得角、圣多美与普林西比和几内亚比绍作为全球南方国家，普遍存在基础设施落后、政局不稳定等因素，从而影响到各国经济发展，导致社会对能源消费需求增长缓慢，时常出现能源生产或供应不稳定状况。

而安哥拉、赤道几内亚、赤道几内亚和东帝汶等国虽然拥有丰富的石油或天然气资源，但由于能源科技能力不强，缺乏相关能源加工处理基础设施与产业，能源开采生产和供应不稳定，导致本国经济发展容易受到国际能源价格波动影响，丰富的油气资源未能得到很好的利用，影响到本国经济社会的可持续发展。

佛得角、圣多美和普林西比、几内亚比绍三个国家化石能源资源相对匮乏经济落后，仅生产少量的可再生能源，对能源进口依赖性大，能源供应极不稳定，可再生能源有待开发，能源保障面临极大的问题。

葡语国家大多数位于热带和亚热带海洋地区，水能、风能、太阳能、生物质能和海洋潮汐能等可再生能源资源丰富，具有广泛开展国际可再生能源合作开发利用的潜力，发展可再生能源促进能源结构转型是他们共同的方向，前景可期。

10.2　俄乌冲突对能源环境的影响

2022年2月24日，俄罗斯采取的"顿巴斯特别军事行动"开启了俄乌之间的战争冲突，而美国和整个欧洲随之也深陷其中，迄今为止，冲突已持续长达一年多的时间，但依然看不见有缓解和终止的迹象。由于西方国家对俄采取的全面制裁措施，在全球范围内产生了巨大的粮食、能源危机和经济发展影响。

10.2.1　对世界能源环境的影响

10.2.1.1　对世界能源市场的影响

俄罗斯是煤炭、石油和天然气能源生产和输出大国，同时乌克兰也是煤炭出口国和俄罗斯天然气过境输往欧洲国家。长期以来，几乎整个欧洲和东北亚都对俄罗斯煤炭、石油和天然气能源存在较高的依存度，同时，俄罗斯经济对能源出口也存在很大的依赖性。俄乌冲突爆发立即引发国际煤炭、石油和天然气等大宗能源商品价格飙升至历史高位，国际能源市场产生剧烈动荡，引发全球性的能源危机，导致众多国家出现严重通胀和经济增长放缓甚至衰退现象。以美国为首的西方国家和其他经济发达国家深度介入俄乌冲突，对俄罗斯实施各类严厉制裁，尤其是对煤炭、石油和天然气进行限量限价出口限制，导致国际能源市场供给紧张价格攀升。除美国以外的欧洲西方国家由于对俄罗斯能源的高度依赖，制裁也导致这些国家汽柴油、燃气和电力等能源短缺价格高企，深陷能源危机，对整个经济社会形成极大冲击。一些能源资源匮乏、能源产业不发达的发展中国家，也因为国际能源市场供应短缺价格暴涨而深受影响，普遍经受严重通货膨胀和经济滞涨压力。只有那些长期能源输出国和公司却因为这一次的能源危机而受益。此外，像印度等与俄罗斯仍然保持稳定能源贸易关系的国家和公司，通过从俄罗斯低买高卖的能源转手贸易也因此获利匪浅。一场地缘政治触发的战争冲突，极大程度地改变了世界能源市场的版图格局。

10.2.1.2　对世界能源发展前景的影响

俄乌冲突导致的能源领域对俄制裁以及北溪输油管道爆炸等一系列事件对国际能源市场、世界能源安全、全球经济发展造成重大冲击，对世界能源发展前景产生了广泛而深远的影响。危机影响到国际能源供需关系，全球化石能源市场博弈日趋激烈，能源生产国和消费国利益深度调整，世界能源安全格局发生了巨大的变化，清洁能源资源日益成为能源博弈的重要领域。美国和欧洲以及西方多数国家对俄罗斯实施了最严厉的金融和能源出口制裁，从封闭贸易金融结算通道到减少俄罗斯能源进口、对其能源出口进行限价，无所不用其极，并计划在较短时间内尽可能完全摆脱对俄罗斯能源的依赖。为了缓解能源电力压力对经济的冲击，德国和法国政府不得已放缓了他们的煤电和核电减量弃止计划，日本政府也大幅延长了在运核电站寿命，西方国家纷纷艰难地寻求从其他能源输出国获得原油和燃气的可能性。新的能源危机促使世界各国高度重视能源安全，并不得不把注意力更多地转向可再生清洁能源，加快了致力于发展可再生清洁能源技术的投资和行动步伐。可以预见，一次突发的黑天鹅事件将促进全球发展可再生绿色能源的决心并加快可再生能源资源开发，实现低碳清洁能源转型，新能源技术的开发和应用进程将获得突飞猛进的发展。

10.2.2　对中国能源的影响

中国是世界能源第一大消费国，也是第一大原油进口国，同时也是能源开采、生产、利用和技术领先的国家。为满足经济和社会发展需要，中国每年需要从国际能源市场进口大量的煤炭、石油和燃气等能源资源，同时也与世界各国开展广泛的能源贸易和技术合作。根据中国石化联合会的统计数据，2020 年，中国原油进口量为 5.4 亿吨，原油对外依存度为 73.6% 左右，天然气对外依存度也攀升至 43%（腾讯新闻．俄乌局势对我国能源行业的影响，2022）。俄乌冲突导致的地缘政治紧张和能源危机同样对中国的能源供应安全产生了强烈的挑战冲击，除了能源价格高企同时也面临广泛的渠道竞争问题。中国石油进口来源地主要集中在波斯湾、非洲、俄罗斯和中亚等地区，国别主要是沙特阿拉伯、安哥拉、俄罗斯、伊朗、伊拉克、科威特、委内瑞拉、阿曼、哥伦比亚、南苏丹和刚果（布）等国家，在中东地区的石油进口约占总进口的 50%（林学军．俄乌冲突对中国能源安全的影响和对策，2022）。2021 年中国液化天然气进口来源国为 27 个国家，比 2020 年增加 3 个国家，其中澳大利亚进口量仍居首位，占进口量的 39%；美国占比 11%，位居第二；其次为卡塔尔、马来西亚、印度尼西亚、俄罗斯联邦。2021 年中国进口管道气来源国有 6 个，分别为土库曼斯坦、俄罗斯联邦、哈萨克斯坦、乌兹别克斯坦、缅甸、美国。2021 年，中国从俄罗斯联邦进口的管道气大幅增加，同比增长 154%，俄罗斯成为中国第二大管道天然气供应国（腾讯新闻．俄乌局势对我国能源行业的影响，2022）。由于中东海湾地区及其周边海域通道长期存在地缘政治和利益博弈等不稳定因素，中国的原油供应和能源安全也长期承受着巨大压力。在俄乌冲突对世界能源格局和安全性影响背景下，中国的能源供应和安全既面临挑战也存在着机遇，势必促使中国加快能源转型转变战略，寻求能源构成和渠道更加多元化和安全的保障。

俄乌冲突前，出于地缘政治利益考虑，俄罗斯的能源战略和能源贸易重心在西方欧洲，中国与俄罗斯虽然20多年来一直保持着良好稳定的政治经济和贸易关系，由于资源禀赋和经济发展水平差异导致两国贸易发展始终总量不大且增长缓慢。随着俄乌冲突的延续，美欧西方持续加大对俄罗斯的各种制裁，迫使俄罗斯宣布将国家发展战略重心看向东方，似乎不再执着于融入欧洲西方。从世界范围看，全球在某个经济社会发展特定时间阶段对能源的总需求量是相对恒定的，就像俄乌冲突期间印度以优惠低廉的价格从俄罗斯进行了转口能源贸易并最终使得俄罗斯石油进入国际能源市场具有一定合理性一样，世界能源产出将会通过各种渠道进入国际市场。中国有强大的化石能源加工贸易能力，俄罗斯的重大地域战略决策和态度转变，无疑为深入扩大发展中俄两国能源贸易合作提供了契机。

10.2.3 对葡语国家能源发展前景的影响

俄乌冲突对葡语国家能源状况的影响，除了各国都面临当前国际能源市场价格和渠道激烈波动能源状况不稳定因素外，对能源发展前景的影响也因国别能源状况和国情不同而有所不同。对化石能源资源匮乏能源依赖性大的葡萄牙、佛得角、圣多美和普林西比、几内亚比绍等国而言，冲突带来的能源危机使得他们的化石能源供应渠道更加不稳定，能源短缺价格高企对经济发展的负面影响更大，使得他们不得不寻求新的能源合作与供应渠道，致力于发展本国的可再生能源，加快可再生能源的开发和利用，以保障能源渠道与结构的安全、平衡与可靠性。对于各类能源资源富有的巴西、安哥拉、莫桑比克、赤道几内亚和东帝汶等国而言，俄乌冲突虽然也给他们带来了能源产业和能源市场的波动冲击，影响到经济发展的稳定性，但同时也给他们带来了加速开发各种能源资源扩展能源贸易与合作渠道的机遇，以充分保障其能源的安全和稳定性，更有利于本国的经济发展。

可以预见，一次本不确定的黑天鹅突发事件反倒将促进全球发展可再生绿色能源的决心并加快可再生能源资源的开发利用进程，通过广泛的国际能源合作实现全球化的低碳清洁能源转型，新能源技术的开发和应用将获得突飞猛进的发展。

10.3　中国与葡语国家能源合作意义

10.3.1　中国的国际能源合作

进入 21 世纪以来，中国秉持全面协调可持续的科学发展观，践行绿色发展理念，加强国际交流实行开放条件下的能源发展和安全策略，全方位开展国际能源合作。中国促进能源投资便利化和能源基础设施互联互通建设，推进共建"一带一路"能源可持续发展，致力于降低壁垒畅通国际能源贸易，积极参与开展全球能源治理活动，大力维护世界能源市场的安全和稳定，努力引导应对全球气候变化挑战，与世界各国协商共建世界能源可持续发展新格局。

10.3.1.1　深化能源领域对外开放

中国遵循互利共赢、平等互惠原则，促进世界范围内能源贸易和投资的自由便利化，在国内不断扩大能源领域对外开放，放宽外商投资准入条件实行国民待遇负面清单制度，取消不合理的煤炭、油气、电力（除核电）和新能源各领域外商外资准入限制，努力打造市场化、法治化和国际化的国内能源市场营商环境。

10.3.1.2　着力推进能源国际合作

中国秉持共商共建共享原则，坚持开发、绿色、廉洁理念，与全球 100 多个国家和地区开展了广泛的能源投资、贸易、技术、装备等领域的交流与合作。中国企业高标准参与建设适应合作国资源条件和需求的能源项目，与一些国家跨国企业开展第三方能源市场清洁能源项目合作。中国积极推进周边沿线国家跨国跨区域能源基础设施互联互通建设，为实现能源资源协作互惠互补贸易创造条件。中国在土耳其负责建设并协助运行的胡努特鲁电厂在 2023 年 2 月发生的 7.8 级大地震中，经受住了地震考验，发电设施正常运行，为维持灾区电力供应提供了保证并得到广泛赞誉。

10.3.1.3 积极参与全球能源治理

中国是国际能源宪章签约观察国、国际能源署联盟国和国际可再生能源署成员国。中国支持国际能源组织推动全球能源治理，促进世界能源市场稳定安全和绿色低碳转型发展。中国与众多国家政府建立了能源合作机制，在联合国、亚太经合组织、二十国集团和"一带一路"框架机制下积极参与国际能源合作机构建设、搭建各种能源合作区域平台，为促进全球能源可持续发展作出贡献。

10.3.1.4 共同应对世界气候变化

中国与世界多数国家合作共同应对全球气候变化挑战。中国支持发展中国家尤其是最不发达国家和小岛屿国家提升应对气候变化的能力，在联合国、世界银行、全球环境基金、亚洲投资银行等国际机构支持下，帮助这些国家实施清洁低碳能源发展合作项目，减缓降低气候变化带来的负面影响，携手应对气候变化挑战。

10.3.1.5 促进全球能源可持续发展

中国倡议国际社会共同努力，深化能源领域对话沟通务实合作，完善国际能源治理合作机制，构建开放、包容、普惠、平衡、共赢的多边国际能源合作格局，在保护知识产权背景下促进先进能源技术转移推广，帮助欠发达国家和地区实现能源绿色安全普及发展，推进全球能源实现绿色低碳转型，实现全球能源经济可持续发展，建设清洁高效美丽世界。

10.3.2 中国与葡语国家能源合作的总体情况

中国与葡语国家能源领域的合作可以追溯到 20 世纪 80 年代，当时中国与葡语国家签署了第一份能源合作协议。随着时间推移，中国与葡语国家之间建立了一些合作关系，之间的能源合作不断加强。目前，中国与葡语国家之间在能源合作方面取得了一些进展，特别是在石油、天然气和可再生能源领域的合作，中国企业通过与葡语国家的国有和私营企业一道拓展能源合作领域，参与葡语国家油气项目招标采购。中国国家石油天然气集团公司在安哥拉、巴西、莫桑比克和东帝汶等葡语国家开展了多个石油天然气合作项目，与葡萄牙加尔帕石油公司合作在安哥拉进行石油勘探和生产；中国海洋石油总公司与巴西的石油公司合作在中国南海进行了石油勘探。中国与葡语国家在可再生能源领域也进行了合作，中国在巴西和葡萄牙等国开展了太阳能发电项目合作，中国与巴西合作建设了南美洲最大的风电项目，也与其他葡语国家在风能和水能等方面进行了合作，与安哥拉合作建设了水电站。此外，中国还与一些葡语国家在煤炭和核能领域进行了一些合作。

这些合作对中国和葡语国家的能源保障安全都有积极影响，对双方的经济发展具有积极意义。但总的来看，中国与葡语国家的能源合作多数还集中在石油和天然气领域，合作的领域和规模还比较有限，也存在一些问题和挑战。

10.3.3 深化中国与葡语国家能源合作的背景意义

中国与葡语国家地缘虽远但在经济、贸易、文化等方面存在良好的合作基础，双方能源资源和市场、产业技术和经济互补性强，具有开展能源合作的良好条件，是相互依存的合作伙伴。中国作为世界第一大能源消费国，能源科技和产业开发开采加工能力强，但每年需要进口大量的能源资源。多数葡语国家拥有丰富的能源资源，尤其是石油、天然气等传统能源资源和水力、风能、太阳能等可再生能源资源相对富有，是全球最重要的能源生产和储备地之一。但多数发展葡语中国家能源科技和开采加工能力弱，能源资源得不到充分开发和利用，能源需求和安全不能得到很好的保障。所以，双方在能源领域应该有很大的合作空间与开发潜力，双方的能源合作对全球能源市场稳定和可持续性发展也具有重要意义。

10.3.4 机遇

在葡语国家中，除葡萄牙以外大多都是发展中国家，其中既有能源资源富有的国家，也有能源资源匮乏的国家，无论是单纯的能源进口依赖消费国还是能源输出国，受全球性的能源危机冲击影响，都面临着巨大的挑战，同时也存在着能源发展的机遇，经济社会发展都更加依赖于能源供应保障或能源产业的发展，迫切需要同能源开发生产和技术强国开展能源技术和贸易合作来发展本国的能源事业。中国与葡语国家长期存在的友好经贸合作关系，也为中国与各葡语国家进一步加大能源技术与能源贸易合作奠定了基础。随着全球经济的快速发展和全球化进程的不断加深，中国与葡语国家的能源合作前景广阔，中国作为能源生产消费大国，在能源消费方面仍存在巨大的扩张需求，双方的合作将为彼此能源发展带来新的机遇和发展空间。

10.3.5 挑战

尽管中国与葡语国家在能源领域存在广泛的合作空间和潜力，但也面临一些问题和挑战，主要体现在以下方面。

①地缘政治风险

在一些葡语国家仍存在政治形势不稳定、安全局势不佳和政策不确定性等问题，可能会对国际能源合作产生一定的影响。例如，巴西、安哥拉等国家可能存在着政治交替动荡政策不稳定连续甚至是社会安全问题，这会对能源勘探和生产等活动造成一定的影响。国际合作双方需要加强政治沟通和协调，增强互信，共同应对可能存在的政治社会风险，保障能源合作的安全稳定。

②法律政策限制

由于国情制度不同，合作双方在法律政策许可和执行方面可能存在差异和不协调的情况，从而影响到合作的开展，如技术转让转移和知识产权保护必须严格按照国际法规则遵守执行，以确保能源合作项目的进一步开展。

③文化差异

中国与各葡语国家除了政治国情不同，在社会文化、宗教和习俗方面差异也较大，都会对能源合作产生一定的影响。例如，在商业谈判和合作项目实施过程中，双方可能存在一些不同的理解和做法，这可能会导致合作效果不佳。因此，加强文化交流和相互了解、增进互信，将有助于促进彼此能源合作的顺利开展。

④竞争

在一些能源领域，中国与一些葡语国家双方也存在着利益交错的竞争关系，甚至产生贸易壁垒。例如，在石油和天然气领域，中国和一些葡语国家双方都在寻求自己的能源安全和战略利益。因此，在合作过程中，双方需要平衡各自的利益和需求，以避免相互之间的激烈竞争和冲突。

⑤技术壁垒和资金障碍

双方在能源领域的合作还面临着一些资源技术上的挑战和资金缺口问题。例如，在深海油气开发、风电和太阳能利用等可再生能源领域，需要大量的技术应用保障和资金投入。合作各方需要加强技术人员交流，开拓合作资金来源，提高合作项目的技术水平和效率。

10.4 建立中国与葡语国家的能源合作多边机制

在推动中国与葡语国家能源合作过程中，不但会产生双边合作模式，也需要借助多边机制的支持，建立起更加稳定、透明、高效的合作平台，进一步推动双方或多方的合作。建立多边合作机制是促进双方或多方能源合作的有效手段，可以形成中国与葡语国家在能源领域进行广泛的合作与交流，增强合作的稳定性和可持续性。具体而言，建立多边合作机制可以有助于加强彼此在油气勘探、开发和利用，推动可再生能源的开发和利用，促成能源基础设施的建设和互联互通，促进能源市场的开放与包容，推动能源科技创新、知识产权保护和人才培养等方面的合作。

10.4.1 中国与资源富有葡语国家的能源合作

中国与化石能源资源富有的葡语国家开展能源合作时，合作双方可以通过与第三方能源消费国和国际能源组织建立多边合作机制来推动能源的交流与合作，从而更好地保障各方自身的能源安全和利益。在与化石能源资源富有葡语国家的合作中，应注重加强双方在油气勘探、开发和利用等方面的合作。对于中国而言，可以借助自身的能源技术和产业优势，加强与巴西、安哥拉、莫桑比克、赤道几内亚和东帝汶等国家的油气勘探和开发合作，提高这些国家的油气开采技术和产能水平，增加海外油气储备和国际市场的能源供应，促进这些国家的能源和经济发展。中国也可以与这些葡语国家在水力发电、风电、太阳能等可再生能源方面进行技术、开发和利用的双边或多边联合合作，促进可再生能源的开发和利用。

10.4.2 中国与资源匮乏葡语国家的能源合作

中国与化石能源资源匮乏的葡语国家合作时，同样可以在双边或多边合作参与的机制下，通过技术转移和资金支持的合作方式，建立生态合作与资源共享模式，推动这些国家水力、风能和太阳能等可再生能源资源的开发和利用，促进这些国家的能源供应安全保障和经济发展，实现互利共赢的格局。此外，在与资源匮乏葡语国家的合作中，应注重加强在节能、环保等领域的合作，可以在节能技术转移、能源产品出口等方面开展合作，提高葡语国家的能源利用效率，减少能源消耗和环境污染，也可以探讨在新能源领域的合作，推广新能源产品和技术的开发利用。

10.5 深化发展中国与葡语国家能源合作的政策建议

基于中国与葡语国家的能源环境与资源产业和市场状况，在深入开展中国与葡语国家能源合作时，应该从技术、资金、产业和组织等各个方面采取不同的策略。由于地域国情差异，合作各方也应进一步协调彼此间的法规政策，以更加有利于全面推进和提升各国间的能源合作水平与规模。

10.5.1 能源合作的战略层面

深化扩大中国与葡语国家的能源合作，首先需要在战略层面协调合作理念与意识，建立有效的合作机制平台，加强政策沟通平衡，增进合作互信。

10.5.1.1 建立能源合作组织

中国与葡语国家合作各方可以通过中国与葡语国家合作论坛，尝试建立中国与葡语国家能源合作联盟，建立中国与葡语国家能源合作研究中心，建立中国与葡语国家能源合作示范区，共同研究和探讨化石能源、可再生能源和核能等领域的合作模式与方案，以提高化石能源的开采利用水平，推广和普及可再生能源、核能等新能源技术。

10.5.1.2 加强政策沟通协调

深化中国与葡语国家的能源合作，需要进一步加强政策沟通，各方可以通过加强交流与合作，协调彼此的政策法规制定和完善，在能源合作的政策支持、合作领域范围、合作模式渠道、环境保护、知识产权保护和能源安全等方面，建立共同的合作机制与行为准则，为能源合作提供安全有效的法规保障。

10.5.1.3 增进战略互信

中国与葡语国家由于地缘环境与能源状况的差异，在国际能源市场领域难免存在一些利益交集与竞争，但从总体上来说，各合作方具有广泛而持续的经济贸易和能源合作基础，不存在根本的地缘利益矛盾和冲突。中国与各葡语国家可以本着互利互信共赢的原则，在合理竞争的基础上，建立畅通的能源信息沟通渠道，协调彼此的能源市场行为，尽可能规避彼此的重大能源利益冲突与竞争失误，增进能源合作互信，促成能源资源互补与利益共进分享，实现稳定而持续的能源合作态势。

10.5.2　能源合作的技术层面

深化扩大中国与葡语国家的能源合作需要在操作层面具备一系列的条件，包括资金、人员和技术等要素的来源保障，中国和葡语国家可以加强在能源合作资金、人员技术交流、科技成果共研互享方面开展合作。

10.5.2.1　建立多元化能源合作融资渠道

能源开发和利用需要大量的资金支持，中国与葡语国家可以建立共同能源合作基金，通过资金支持促进双方在能源领域的深度合作。同时，可以加强金融合作，探索资金互换、风险共担等方式，促进资金流动和合作项目的实施。此外，还可以组建双方或多方参与组成的能源企业，通过多元主体投资和资本市场拓宽合作融资渠道，通过合资、联合开发等方式，实现投资权利、责任和利益共管共担和共享格局。葡语国家与中国的能源互补性强，可以深化能源投资合作。例如，在非洲地区，许多葡语国家拥有丰富的石油和天然气资源，而中国在非洲地区具有丰富的清洁能源投资经验，这为双方深化能源投资合作提供了机遇。

10.5.2.2　促进人员交流

中国与葡语国家能源合作各方，需要深入开展人员文化技术交往交流，了解各方在传统能源、新能源、清洁能源、智能电网、能源装备和能源基础设施等方面的发展情况，增进相互了解和信任。可以通过组织交流、共同培训等多种方式，促进人员技术交流和经验共享，提高能源行业人员的综合素质和技术水平，培养更多的能源技术、开发、利用、运营和管理专业人才，为能源合作提供人才支持，促进彼此能源合作的长期发展。

10.5.2.3　加强能源科技合作

中国与葡语国家在能源领域各自都存在一些优势与短板，多数发展中葡语国家都存在能源结构单一或能源贫乏、能源科技发展水平有限、能源利用率低和能源基础设施建设不足的情况。技术合作是中国与葡语国家能源合作的重要组成部分，中国与葡语国家中能源科技能力较强的葡萄牙、巴西等国家，可以通过双边或多边的各种合作方式来开展中国与各葡语国家的科技合作，以促进彼此广泛的能源合作。

①加强科技交流

中国与葡语国家应加强科技交流与合作，共同探索新型、可持续的能源技术，特别是在可再生能源、智能电网、清洁燃煤和核能等方面的技术研究和开发。可以通过双边或多边合作项目、联合实验室等多种形式推进能源科技合作。

②推动技术创新

中国与葡语国家也需要加强技术创新合作，以提高能源合作项目的技术水平和效益。例如，可以推动联合研发，共同开发可再生能源等领域的创新技术。目前，中国在可再生能源技术和核能技术等领域拥有较强的实力，而葡语国家在生物质能、海洋能和风能等领域也有一定的技术积累。因此，双方可以在各自擅长的领域开展技术合作，并通过合作推动技术创新和发展，提高能源利用效率和减少污染排放。

③促进科技成果互享

能源合作各方可在科技层面通过技术共同研发和应用，实现技术创新与成果资源共享，提高能源技术水平。例如，联合研发新的可再生能源技术和智能电网技术，共同应对能源转型所带来的挑战。加强在能源装备领域的合作，共同推动能源装备产业的发展，提高能源装备的制造水平和质量。

④推广先进能源技术

中国与葡语国家可以推广先进的能源技术，例如，在智能电网建设方面，中国与葡语国家可以共同探讨新型的智能电网技术，促进技术的创新和应用。在核能领域，中国可以与葡萄牙、巴西共同研究开发新型的核电技术，降低核电的风险和成本，提高核电的安全性和可持续性。中国还可以在可再生能源、核能等领域向其他葡语国家提供技术支持。在能源基础设施领域，通过先进技术的应用，帮助欠发达的葡语国家建设新型现代化的能源基础设施，改变能源基础设施落后的状况。

⑤保护知识产权

中国与葡语国家在开展能源科技合作、进行科技成果共享和技术转移时，也要遵守国际知识产权保护规则，加强措施保护各方的知识产权和商业机密，确保技术合作的公平和互利。

本章小结

中国与葡语国家之间具有长期开展经贸技术互利合作的良好基础，在能源资源结构、市场需求、产业供应、技术和资金条件状况存在互补优势，在新的国际能源状况背景下，中国与葡语国家开展能源合作具有广阔的发展空间和深远的国际意义。协调中国与葡语国家各方能源合作立场、利益与机制，在能源领域开展资源、技术、市场、组织、人员、项目、开发、利用、资金等全方位的深入友好合作，将会促进中国与葡语国家共同应对世界能源危机和全球气候变化挑战，保障各方能源供应与安全，推动可再生清洁安全能源全面发展，促进能源转型可持续发展，并为维护世界能源安全与世界经济可持续发展产生有益的贡献。

中国与葡语国家在开展能源领域的实际合作中，应加强能源人员技术交流、深入了解对方的能源政策和发展情况，协调彼此利益立场，充分发挥各自的优势，共同探索能源合作机会和新模式，深化合作内涵，加强多层次、全方位的能源合作，积极推进能源互联互通建设和技术创新合作，共同推动能源领域的可持续发展和绿色转型，构建更为广泛的能源合作关系。政府和企业在能源合作中还应该严格遵守国际惯例和相关法律法规，为中国与葡语国家的能源合作创造更为有利的环境和条件。

本章数据来源

本章数据主要来源于中国国家统计局、国际能源署等机构组织。

本章参考文献

[1] 中华人民共和国国务院新闻办公室. 新时代的中国能源发展 [J]. 人民日

报，2020. 12. 22.

［2］方圆，张万益，曹佳文，等. 我国能源资源现状与发展趋势［J］. 矿产保护与利用，2018（4）：34-42，47.

［3］国家统计局. 中国统计年鉴2022［M］. 中国统计出版社，2022.

［4］中国国家统计局. 中华人民共和国2021年国民经济和社会发展统计公报2022. 2. http：//www. stats. gov. cn/.

［5］腾讯新闻. 俄乌局势对我国能源行业的影响. 2022. 3. qq. com.

［6］林学军. 俄乌冲突对中国能源安全的影响和对策. 2022. 中宏网. hgjjgl. com.

［7］葛小平. 中葡能源合作的现状及发展前景［J］. 中国国际能源，2017（1）：58.

［8］张春辉，刘小雷. "一带一路"倡议下中国与葡语国家能源合作现状与展望［J］. 南京航空航天大学学报（社会科学版），2020，22（2），19-26.